교사학습공동체의
이론과 실제

교사학습공동체의 이론과 실제

ⓒ 심영택 외, 2019

2019년 12월 30일 처음 펴냄

글쓴이 | 심영택, 구원회, 박영희, 나귀수, 황연주, 하정미, 김용, 박윤경, 김미혜, 장지은,
　　　　김남수, 이혁규, 김민조, 김남균, 김종원, 이현명, 김병수, 심승희, 윤옥경, 이선경
기획·편집 | 이진주, 이경은
출판자문위원 | 이상대, 박진환
디자인 | 이수정
종이 | 화인페이퍼
제작 | 세종 PNP

펴낸이 | 김기언
펴낸곳 | 교육공동체 벗
이사장 | 심수환
사무국 | 최승훈, 이진주, 이경은, 설원민, 김기언, 공현
출판등록 | 제2011-000022호(2011년 1월 14일)
주소 | (03971) 서울시 마포구 성미산로1길 30 2층
전화 | 02-332-0712
전송 | 0505-115-0712
홈페이지 | communebut.com
카페 | cafe.daum.net/communebut

ISBN 978-89-6880-127-3 93370

이 도서의 국립중앙도서관 출판예정도서목록(CIP)은 서지정보유통지원시스템
홈페이지(seoji.nl.go.kr)와 국가자료종합목록 구축시스템(kolis-net.nl.go.kr)에서
이용하실 수 있습니다. (CIP제어번호 : CIP2019052256)

교사 전문성 개발 총서 02

심영택 구원회 박영희 나귀수 황연주
하정미 김 용 박윤경 김미혜 장지은
김남수 이혁규 김민조 김남균 김종원
이현명 김병수 심승희 윤옥경 이선경

Professional
Learning Community

교사학습공동체의
이론과 실제

교육공동체벗

| 1부 |

학교 문화와 교사학습공동체

| 2부 |

교사학습공동체 실천 사례

〈교사 전문성 개발 총서〉는 2008년 한국연구재단의 중점연구소로 지정되어 '교사의 자기주도적 교수 역량 강화를 위한 PDS 구축 연구'라는 주제로 9년 동안 연구를 수행한 청주교육대학교 교육연구원의 성과를 정리하는 시리즈이다. 2014년에 《수업 비평의 이론과 실제》를 1권으로 발행하고 이번에 《교사학습공동체의 이론과 실제》라는 제목으로 2권을 발행하게 되었다.

뒤의 총서 서문에서도 기술했듯이 청주교육대학교 교육연구원은 교사의 교수 역량 강화에 초점을 두고 '수업 설계와 실행', '수업 성찰', '수업 소통'이라는 세부 주제를 중심으로 수업과 학교 문화의 변화를 추구해 왔다. 청주교육대학교 교육연구원의 연구는 기본적으로 대학과 현장, 이론과 실천이 함께하는 전문학습공동체에 기반한 실행 연구의 형태로 이루어졌다. 따라서 연구의 시작에서부터 일관되게 연구자들과 현장 실천가의 공동 작업을 기반으로 한 다양한 실험이 진행되었다. 그런 다양한 학습공동체의 실행 경험, 그리고 그것을 뒷받침하는 학습공동체에 관한 이론적 연구의 궤적들이 이 책에 담겨 있다. 이러한 청주교육대학교 교육연구원의 학습공동체와 관련된 이론과 실천의 경험들은 교사들의 전문학습공동체를 활성화함으로써 공교육을 혁신하려는 최근의 경향과도 정확히 부합한다. 동시에 단위 학교 차원의 교사들의 자족적 공동체에 관한 이야기뿐 아니라 대학 연구자와 현장 교사들의 다양한 학습공동체 활동 사례를 포함하고 있어서 더 의미가 있다.

이 책은 1부 〈학교 문화와 교사학습공동체〉에 7편의 논문을, 2부 〈교사학습공동체 실천 사례〉에 9편의 논문을 수록하고 있다. 교사학습공동체에 대한 여러 가지 이론을 천착하고 있을 뿐 아니라 다양한 학교 현장에서 전개된 공동체 실천의 풍부한 경험을 심층적으로 분석하여 제시하고 있다. 이 책을 읽어 가는 동안에 독자들은 실행 연구나 자기연구와 같은 현장 개선에 필요한 연구 방법들을 접할 수 있을 것이며 동시에 프로토콜과 같은 개념을 통해서 개개인이 획득한 실천적 지혜를 많은 교육자와 공유하는 프로그램으로 변환하는 데 유용한 절차에 대한 안내도 받을 것이다. 아울러 학년별 학습공동체, 교과별 학습공동체, 주제별 학습공동체, 학교 밖 학습공동체 등 다양한 학습공동체 운영 사례를 통해서 자신이 속한 학교 생태계에 맞는 학습공동체를 결성하고 지속할 수 있는 지혜도 얻을 수 있을 것이다.

부디 이 책이 개인주의를 넘어서 학교를 개선하는 길로 나아가는 많은 전문학습공동체에 도움이 되기를 기대한다. 동시에 이 총서에 대한 현장 교사의 질책과 편달은 9년간의 연구를 마친 청주교육대학교 교육연구원이 또 다른 연구의 길로 나아가는 자극제와 나침판이 될 수 있기를 바란다.

2019년 12월
청주교육대학교 교육연구원장 임진영

〈교사 전문성 개발 총서〉는 2008년 한국연구재단의 중점연구소로 지정된 청주교육대학교 교육연구원의 연구 성과를 집대성한 시리즈이다. 교육연구원은 '교사의 자기주도적 교수 역량 강화를 위한 PDS 구축 연구'라는 프로젝트 명 아래 수업 개선과 학교 문화 혁신을 위한 실행 연구를 전개해 왔다. 《수업 비평의 이론과 실제》는 〈교사 전문성 개발 총서〉의 1권이며, 앞으로 5권 정도의 시리즈 총서를 더 간행할 예정이다.

청주교육대학교 교육연구원은 한국연구재단의 중점연구소로 지정된 이래 '수업 설계와 실행', '수업 성찰', '수업 소통'이라는 세부 주제를 설정하고 수업과 학교 문화의 변화를 모색해 왔다. 교육연구원이 걸어오고 추구해 가는 교육 연구의 길은 다음의 세 가지 점에서 지금까지의 교육 연구와 차별화되는 인식과 실천의 전환을 보여 주고 있다. 첫째, 우리 교육연구원이 추구하는 연구 방법론은 교육 현장의 문제 해결을 지향하는 실행 연구라는 점이다. 둘째, 교육 현장의 문제 해결을 지향할 때 초점으로 삼은 것이 현장 문제의 당사자인 교사의 전문성 개발이라는 점이다. 셋째, 교사의 전문성을 개발하는 방법으로 선택한 것이 현장에서 이루어지는 체계적이고 집단적인 공동체 학습이라는 점이다. 이 세 가지 특징은 지금까지 이루어져 온 숱한 교육개혁 연구 프로젝트가 필연적으로 맞닥뜨린 좌절의 벽을 넘어서는 인식과 실천의 전환점이다.

실행 연구action research는 우리 교육연구원의 연구 방법론이다. 실행 연구는 문제에 대한 외부 전문가의 객관적인 관찰과 해석, 그에 기초한 합리적 처방을 모색하는 기존의 연구 방법과는 다른 접근법을 취한다. 교육에서의 실행 연구는 교육 현장의 당사자인 교사와 그들의 조력자가 연구의 주체가 되어 학교 현장의 문제를 인식하고 문제 해결을 위한 실행을 하고 실행의 과정과 결과를 성찰한다. 예컨대 수업 개선을 위한 교사학습공동체Professional Learning Community, PLC 운영에서 외부의 조력자는 느리게 가더라도 현장의 교사들이 주체가 되어 수업 개선 방향을 모색하도록 돕는다. 이것은 문제의 당사자가 실행 연구의 주체가 된다는 실행 연구의 원칙에 따른 것이다. 실행 연구는 문제의 해결을 목적으로 삼는다. 실행 연구가 '계획 – 실행 – 성찰 – 새로운 계획'이라는 심화·확장되는 나선형 발전 과정을 거치는 것도 현장 문제의 해결을 지향점으로 삼는 실행 연구의 본질에 따르는 양상이라 할 수 있다.

교사의 전문성 개발은 우리 교육연구원이 선택한 연구의 초점이다. '교육의 질은 교사의 질을 넘어서지 못한다'는 말에서 보듯이 교사는 교육의 질을 가늠하는 바로미터이다. 우리는 교사의 전문성 개발을 현장의 수업을 개선하고 학교 문화를 변화시키는 지렛대로 삼으려 했으며, 수년에 걸친 실행 연구의 과정에서 그러한 선택이 올바른 선택이었음을 확신하게 되었다.

교사의 전문성 개발을 위해 우리 교육연구원이 선택한 접근 방법은 체계적이고 자율적인 공동체 학습이다. 즉, 교사 개개인의 교육 역량 강화에 초점을 맞추기보다는 교사들의 자율적이고 집단적인 노력과 전문적인 질 관리에 중점을 두고 있다. 이러한 접근 방법으로 실현되는 것이 다름 아닌 교사의 전문성 개발 과정 자체가 현장의 변화를 수반하는 전문성개발체제Professional Development System, PDS이다.

청주교육대학교 교육연구원은 이러한 연구 주제와 방향에 따라 6년째 실행 연구를 진행해 오고 있으며, 3단계 연구 진입을 앞둔 시점에서 다음과 같은 네 가지 범주에서 성과가 나타나고 있다. 첫째, 현장 교사의 교육과정 문해력 향상을 위한 연구 성과이다. 현장 교사들은 전문가가 해석해 주는 교육과정을 소비하는 수동적인 주체가 아니라 스스로 교육과정을 읽고 쓰는 능동적인 주체로 새롭게 자리매김을 하고 있다. 둘째, 수업 비평을 통한 안목의 성장과 교류이다. 수업 비평은 수업을 새롭게 바라보는 성찰의 도구이고, 안목을 성장시키는 교육의 방법이며, 수업 문화를 나누는 교류의 방편이다. 수업 비평은 수업을 나누는 장을 넓으로써 우리 수업 문화의 폐쇄성을 극복하는 대안이 되고 있기도 하다. 셋째, 다양한 교사학습공동체 운영의 경험이다. 학교 현장의 요구에 따른 다양한 교사학습공동체 운영 경험을 통해 현장 교사가 중심이 되는 수업과 학교 문화의 변화 사례를 만들어 내었으며 학교 단위의 교사학습공동체가 학교 문화 변화의 핵심이 될 수 있음을 보여 주고 있다. 넷째, 대안적 수업을 위한 특화된 교사학습공동체의 개발이다. '읽기 회복reading recovery'과 '거꾸로 교실flipped classroom'은 교사 주도의 일제식 수업을 보완하는 대안으로서의 의미뿐 아니라 교사 전문성을 체계적으로 개발하고 관리하는 전형적인 PDS이기도 하다.

청주교육대학교 교육연구원의 〈교사 전문성 개발 총서〉 첫 번째 권인 《수업 비평의 이론과 실제》는 수업 비평을 통한 전문적 안목의 신장과 교류를 다루고 있다. 《수업 비평의 이론과 실제》에 이어 앞서 소개한 네 가지 범주에 해당하는 연구 성과들이 계속해서 묶여 나올 것이다. 〈교사 전문성 개발 총서〉는 교육 현장에서의 실행 연구를 통해 만들어진 것인 만큼 앞으로도 현장 교사의 연구와 실천에 동반자가 되기를 기대한다. 교육 분야에서의 연구와 실천이 지속적인 개선의 나선형적 발전을 거치는 것처럼 이 총서 또한 지속적인 개선과 발전을 거듭할 것이다. 그 개선과 발전의 길에 현장 교사들의 편달을 바란다.

2014년 11월
청주교육대학교 교육연구원장 엄훈

학교 혁신과
교사학습공동체[1]

심영택 외

1. 학교 혁신과 전문적 학습공동체

한국 공교육 현장에서 핵심적인 주제어 중 하나인 학교 혁신은 기존의 국가나 관 주도 방식에서 탈피하여 단위 학교나 교사가 주체가 되어 그 혁신을 주도적으로 그리고 자발적으로 실천하기를 소망하고 있으며, 공교육의 이념과 본질적 가치를 되살리는 데 초점을 두고 있다. '보편성, 평등성, 무상성, 전문성'을 그 이념으로 하는 공교육은 국가별로 다양한 맥락 속에서 그 제도가 성립되었다(나병현, 2001: 144-153).

그런데 신자유주의, 신마르크스주의, 포스트모더니즘 등의 사상적 흐름과 정보화, 가치의 다원화, 세계화 흐름에 직면하면서 이러한 공교

• • •

1 이 장은 이 책의 편집 책임자가 심영택 외(2018), 이혁규 외(2012), 노미란, 심영택(2019)에서 부분 발췌하여 수정하였다.

육 이념들이 서로 어긋나면서 그 유효성에 의문이 제기되고 있다. 한국의 경우, 1990년대 후반부터 '학교 붕괴', '학교교육 위기론'이 사회적으로 급부상하고, 사교육과의 관계 속에서 공교육 내실화에 대한 우려의 목소리가 점차 커져 갔다. 기실, 교육이라는 행위는 그 자체가 공익公益이며, 공동共同의 선을 추구하기에, 공교육의 과제는 교육을 교육답게 하는 것이다(나병현, 2001). 공교육 역사를 되돌아보면, 모든 정부마다 다양한 차원의 학교 개혁 노력들을 지속적으로 시도해 왔음을 알 수 있다.

그럼에도 불구하고 학교교육을 둘러싼 비판과 문제 제기가 개선되거나 축소되기보다는 더욱 증폭되어 가는 기이한 현상을 목격하게 된다. 이러한 현상은 비단 한국 사회에만 국한된 것이 아니며, 미국과 영국 등 서구 선진국에서도 유사하게 발생하고 있다. 그래서 미국을 중심으로 한 서구 선진국들은 1980년대부터 교육 제도나 정책 중심, 학생의 졸업이나 교사의 자격 요건 강화에 초점을 둔 학교 개혁 방식의 한계를 인식하면서 단위 학교 중심, 교사 주도 학교 개혁이라는 새로운 접근에 주목하기 시작하였다(김민조, 2016). 또한 교육 개혁에 대한 합리적·구조적 패러다임의 한계를 지적하면서 대안적 접근으로 체제적 접근, 생태론적 접근, 인간 중심 접근, 공동체적 접근 등도 시도하였다(김인희, 2008: 61).

한걸음 더 나아가 학교 문화를 변화시켜야 한다는 관점 또한 제기되었다. 학교 문화는 학교 구성원들의 행위에 영향을 미치는 규범과 가치, 신념과 태도 등의 총합체로서, 학교교육의 목적과 방법, 수업과 교육 환경, 학생과 교사들의 행위, 학교 경영 전반에 지속적으로 영향을 미치는 핵심적인 요소이다(김민조, 2016). 따라서 학교 또는 교직 사회에서 공유하고 있는 문화적 요소들을 이해하거나 변화시키지 않고서는 학교를 올바로 이해하거나 개선하는 것은 불가능해 보인다고도 한다(이정선, 2007: 130).

학교 문화와 관련된 국내·외 선행 연구들을 살펴보면, 대부분 교직 문화를 중심으로 설명하고 있다. 또한 그 교직 문화의 특징으로 고립주의, 형식주의, 개인주의, 보수주의 등 부정적인 의미가 담긴 용어들을 내세우고 있다. 이러한 교직 문화로 인해 교육 현장의 변화와 혁신을 이끌어 내는 데 한계가 있다는 것이다.

2000년대 후반 무렵, 구조적 패러다임에서 벗어나 단위 학교를 중심으로 한 새로운 학교 정책 및 혁신 운동이 전개되기 시작하였다. 실질적인 수업 혁신과 학교 변화를 이끌어 내는 데 초점을 둔 경기도 혁신학교가 그 시발점이다. 혁신학교 운동이 그 성과를 인정받으면서 혁신학교 모델을 구성하는 하위 요소인 전문적 학습공동체가 새롭게 주목받게 되었다.

Hargreaves & Fullan(2012)의 전문적 자본의 개념을 빌어 설명하자면, 전문적 학습공동체는 동료 교사들이 개별적으로 자신의 전문적 역량을 개발하는 데 그치는 것이 아니라, 우수한 교사들과의 사회적 관계를 기반으로 자신의 인적 역량을 제고하고, 이를 바탕으로 의사결정 자본을 형성함으로써 학교 전체의 전문적 자본을 형성하는 장으로서 그 의미를 가진다. 범박하게 말하자면 전문적 학습공동체가 경기도 혁신학교 모델에서 교사 주도의 자발적 학교 혁신 운동의 핵심적인 기제이자 추동력이었던 셈이다.

2. 학교 기반 교사학습공동체의 활성화

(1) 교사학습공동체의 개념

Barth(1990: 9)는 학습자 공동체를 학생들과 성인들이 중요한 문제에 대해 적극적으로 참여하는 학습자가 되는 공간이며, 모든 구성원들의 학습을 함께 촉진하는 공간으로 정의하고 있다(이현명, 2012: 588에서 재인용). 그리고 모든 학습자들이 서로의 배움을 이루어 내기 위해 협력적이고 동료적인 관계를 만들어 가는 것이 공동체에서 가장 강조되어야 할 요소로 보고 있다.

Myers & Simpson(1998: 2)은 학습공동체를 교사들의 삶을 개선하는 문화적 공간으로 정의하고 있다. 이러한 문화적 공간 속에서 모든 참여자들은 그 구성원들의 배움에 책임을 져야 하고 공동체 전체의 삶의 질을 높이는 데 기여할 수 있어야 한다. 말하자면 문화적 공간으로서 학습공동체는 자신의 전문성 성장뿐만 아니라, 동료 교사의 전문성 성장에도 책무성을 지니고 있음을 엿볼 수 있다. 특히 지속적이고 적극적인 대화와 협력을 통해 그러한 배움이 잘 일어나도록 하는 촉진 활동에 그 가치를 좀 더 부여하고 있으며, 단기적이고 일시적인 학습보다는 장기적이고 적극적인 참여를 통한 학습을 도모하고 있다.

외국 문헌에서는 전문적 학습공동체라는 용어를 많이 사용하지만, 국내 문헌에서는 전문적 학습공동체와 교사학습공동체를 혼용하기도 한다. 이러한 경향은 국내 연구자들이 두 개념을 통해 추구하고자 하는 목적과 그 대상의 차이에서 비롯된 것으로 보인다. 박영숙 외(2016)에서는 교사학습공동체를 교사 집단의 전문성 신장과 학생의 성장을 위해 교사들이 함께 모여 비판적으로 탐구하고, 협력적으로 실천하며, 지속적으로 학습하는 교사들의 조직화된 학습 집단으로 정의한다. 김민조 외(2016)에서는 교사학습공동체를 학교 개혁과 학교 문화 개선에 관한 공적 책무성을 지닌 교사들이 집단적이고 지속적인 탐구와 실행 연구를 통해, 학생의 학습 능력을 신장하고, 자신과 동료 교사의 전문성을 신장하고자 하는 학습 조직이라고 정의한 바 있다.

(2) 교사학습공동체의 구성 요소

교사학습공동체 구성원들 사이에 상호 작용과 배움의 환경이 잘 조성되기 위해서는 여러 가지 요소들이 필요한데, Roberts & Pruitt(2008: 6)는 그 기본 요소 5가지를 ① 반성적 대화, ② 학생의 배움에 초점, ③ 동료들 간의 상호 작용, ④ 협력, ⑤ 가치와 규범 공유로 제시한 바 있다(이현명, 2012: 588-599에서 재인용).

반성적 대화는 교사의 행위와 학습 결과에 초점을 맞춘 대화이다 (Schön, 1983). 교사들 간의 대화를 통해 수업 실천에 대한 논의를 할 수 있도록 촉진하는 것을 강조한다. 더불어 수업 실천이 개선될 수 있도록 교사들이 협력하는 데 초점을 두고 있다. 학생들의 배움에 초점을 맞춘다는 것은 교사학습공동체 내에서 교사의 행위의 근본 목적은 모든 학생의 성장과 발달을 이루기 위함이라는 것을 시사하고 있다(사토 마나부, 2001). 학생들의 학습 능력이 신장될 수 있도록 교육과정, 교수-학습과 관련된 지속적인 대화와 의사 결정은 매우 중요하다. 교사들 사이의 상호 작용은 교사들 간의 아이디어를 공유하도록 북돋우고, 다른 교사들로부터 배우며, 동료 교사들에게 도움을 받을 수 있도록 전문적인 관계를 발전시키는 것을 의미한다(Sergiovanni, 1994). 협력은 교수 전략과 기술을 공유할 때 가능하다. 특히 주목해야 할 점은 교수-학습 쟁점들을 결정할 때 가장 필요한 요소이다. 이를 통해 학교 공동체 모든 구성원들의 학습을 강화하기 위한 결정을 내릴 때 가장 필요하다. 가치와 규범의 공유는 모든 교사학습공동체 구성원들이 학교의 미션, 가치 및 규범을 통해서 교사가 전문가가 될 수 있도록 구성원 간의 합의에 도달할 수 있도록 하는 요소이다(Kruse et al., 1995; 서경혜 외, 2007).

(3) 학교 기반 한국형 교사학습공동체 활성화

외국의 교사학습공동체는 교사의 '학습'에 주목하였지만, 한국의 경우 학습 이외에 교사 생활, 학교 문화를 개혁하고자 하는 교사 운동적 성격, 교육 정책적 성격도 포괄하는 한국형 교사학습공동체를 형성하였다. 한국형 교사학습공동체는 배움의 공동체 수업 철학에서 핵심으로 삼고 있는 수업 혁신에서 진일보하여 학교 문화 개선 및 지역공동체와 파트너십을 모색하는 학교 역할의 변화를 단위 학교 교사학습공동체 차원에서 접근하고 있다(곽영순, 2017).

한국형 교사학습공동체의 목적은 학교 단위로 교사들이 자발적으로 학습 조직화하여 집단 지성을 발휘함으로써 학생들의 학습과 생활의 질을 높이려는 것으로, 학교 생태계 회복, 생활공동체, 학습공동체, 학교 교육과정 편성 운영의 자율성-책무성 제고 등 학교가 처해 있는 환경과 학교 구성원의 비전에 따라 다양하다. 이처럼 한국형 교사학습공동체는 외국과 다른 우리나라만의 학교 풍토를 반영하여 발전하고 있으며 학교 급별, 지역별, 그리고 단위 학교마다 그 비전과 문화가 다양하므로, 이를 반영한 교사학습공동체 활성화 방안을 모색할 필요가 있다.

박영숙 외(2016: 206)에서는 교사학습공동체 운영 지원을 위한 국가 수준의 정책 수립 단계의 정책 지향으로 다음 사항을 제안한 바 있다. 첫째, 학교교육 역량 강화를 위해 교사학습공동체가 활성화되기 위해서는 우선적으로 교사 집단의 전문성 신장과 교사 역량 개발을 지원하는 체계를 구축해야 한다. 둘째, 교사학습공동체는 단위 학교의 역량 제고를 위한 다양한 요구를 수렴하여 학교 맞춤형으로 지원한다. 셋째, 학교 간 및 교사 간 격차를 해소하는 관점으로 교사학습공동체 운영 지원을 확대한다. 넷째, 교사학습공동체 운영 주체는 교사가 되어야 하고, 자율 운영을 원칙으로 해야 한다. 다섯째, 교사학습공동체 운영을 확산하기 위해서는 국가와 시·도교육청, 교원 양성과 전문 지원 단체와 연계·운영되어야 한다. 여섯째, 교사학습공동체 운영에 필요한 시간과 공간 등 행·재정 지원 인프라를 구축해야 한다.

이러한 제언 중 주목해 볼 만한 사항은 교사학습공동체의 활성화를 위해서 단위 학교 요구를 기반으로 학교 상황에 맞게 대학과 같은 교원 양성 지원 단체와 시·도교육청이 연계하여 교사학습공동체를 지원해야 한다는 것이다. 많은 교육청에서 교사학습공동체 사업을 정책적으로 시행하고 행·재정 인프라를 구축하고 있다. 하지만 행·재정 인프라를 갖추는 것뿐만 아니라, 단위 학교 실정과 상황에 따른 맞춤형 지원 노력을 시도하고 확산하는 것이 필요하다. 대학이 시·도교육청과 협력하여 단위 학교가 학습공동체를 형성하게끔 하고 수업을 개선하고 학교 문화를 혁신하고자 한 실질적인 사례(이혁규 외, 2012)가 이미 보고된 바 있다.

혁신학교의 확산과 더불어 교사학습공동체의 활성화에 대한 요구와 필요가 거세어지고 있는 요즈음, 행·재정 인프라 구축과 함께 각 단위 학교별 특수한 상황과 요구를 조사하여 교사학습공동체가 활성화되도록 구체적인 지원이 확대되어야 한다. 특히 대학 등 전문가 집단과 함께 교사학습공동체를 조직하고 활동하는 방안이나 프로그램을 경험한 뒤에 교사들이 단위 학교를 기반으로 자생적으로 활동을 지속할 수 있는 그러한 집단적 역량을 길러 주는 체계적인 시도와 노력이 필요하다.

3. 단위 학교 기반 교사학습공동체 조직 및 운영

(1) 교사학습공동체 조직·운영 조건

교사학습공동체를 조직·운영하기에 앞서 Louis & Kruse(1995)가 제시한 구조적 조건과 인간적·사회적 조건을 살펴보면 다음과 같다 (이현명, 2012: 590-591에서 재인용).

먼저 구조적인 조건 5가지는 다음과 같다. ① 교사들이 아이디어를 교류하고 만날 수 있도록, 적절한 시간을 제공해야 한다. ② 동료들의 수업을 관찰하고 상호 작용을 할 수 있도록, 교사들 사이의 물리적 거리감을 줄여야 한다. ③ 학생들에게 가장 좋다고 믿는 것을 하도록, 그리고 교사들이 자유로움을 느낄 수 있도록, 학교 자치와 권한 위임이 보장되어야 한다. ④ 교수-학습 관련 쟁점이나 전문 쟁점에 헌신할 수 있도록, 모임이나 소통의 구조를 생성할 수 있어야 한다. ⑤ 교사들이 공동으로 수업 실천을 할 수 있도록, 팀티칭과 같은 방법 등도 활용 가능하여야 한다.

두 번째, 인간적·사회적 조건은 다음과 같다. ① 수업 능력을 신장하고자 다양한 도전을 하는 열린 교사를 지원한다. 열린 교사는 새로운 티칭 방법을 시도하고, 반성하며, 분석할 수 있어야 한다. ② 교사학습공동체는 구성원 각자의 능력과 자질에 대한 존중과 신뢰가 있어야 한다. ③ 동료성을 기반으로 한 학교 문화 속에서, 교사들이 사회화되도록 하는 과정이 있어야 한다. ④ 학교 행정가들로부터 충분한 지원을 받을 수 있어야 한다. ⑤ 교사학습공동체 형성에 필요한 새로운 지식과 기술을 습득할 수 있는 기회가 제공되어야 한다.

위에 제시된 5가지 구조적 조건과 인간적·사회적 조건은 교사들이 내·외적 지원으로부터 개방적인 태도를 갖는 것을 강조하고 있으며, 다양한 관계망과 파트너십 내에 적극적으로 참여할 필요성을 제시하고 있다. 따라서 전통적인 '내 교실' 중심의 학교 문화가 교사학습공동체 중심의 학교 문화로 전환되기 위해서는 이러한 전제 조건이 반드시 충족되어야 한다.

Peterson(2002)은 학교 문화를 바꾸기 위해서는 전문성 신장과 발달을 위한 학습뿐 아니라 교사들의 의지가 중요하다는 점을 지적하고 있다. 교사들의 의지는 그러한 신장과 발달이 어떻게 일어나고 있는지에 관한 자신들의 믿음을 검토하고 반성할 수 있는 기반을 제공해 주기 때문이다.

(2) 단위 학교 내 교사학습공동체 유형

교사학습공동체의 유형은 단위 학교마다 다양하게 존재한다. 구성원의 전공이나 관심 분야가 그 유형을 결정하는 데 가장 큰 영향을 미치겠지만, 학교 급별 특성 등을 포함한 다른 요인들도 그 유형에 영향을 미치기도 한다. 그 유형을 보다 자세하게 살펴보면 다음과 같다.

1) 학년별 교사학습공동체

이 공동체의 기본 구성 단위는 '학년'이며, 대체로 학년협의회 형태를 띠고 있다. 초등학교의 경우, 동학년 교사들이 학생들의 생활과 교육 내용을 공유할 수 있어, 공통의 관심사를 하나로 결집하기 쉽다는 장점이 있다(김혁동 외, 2017). 학생들의 학업 성취 발달 수준과 더불어 또래 집단의 생활 습관과 특성 파악은 교육과정을 재구성하고, 수업의 성패를 결정하는 매우 중요한 변인이다. 이 일은 동료 교사들과의 협력이나 서로의 배움 없이, 담임 혼자만의 힘으로는 불가능하다. 동학년 교사들과 집단 지성을 발휘하며 교육과정을 연구하고 실천할 때만이 가능하다. 동학년 구성이 힘든 경우, 저학년군(1·2학년), 중학년군(3·4학년), 고학년군(5·6학년)으로 확장할 수도 있다. 서우철 외(2013)의 《수업을 살리는 교육과정》에서 이러한 교사학습공동체의 특성을 엿볼 수 있는 구체적인 사례 몇 가지를 소개하면 다음과 같다. 1·2학년 교사들이 개발한 교육과정 사례는 ① 나무처럼 쑥쑥, ② 소중한 새싹, ③ 꿈꾸는 봄 등이며, 3·4학년 교사들이 개발한 교육과정 사례는 ① 나를 찾아 떠나는 시간 여행, ② 우리가 만드는 서정행주문화제, ③ 다! 패밀리 등이며, 5·6학년 교사들이 개발한 교육과정 사례는 ① 아! 대한민국, ② 행복한 미래, ③ 진실과 거짓 등이다.

2) 교과별 교사학습공동체

이 공동체의 기본 구성 단위는 '교과'이며, 대체로 교과협의회 형태를 띠고 있는데, 전공 교과 내용뿐만 아니라 교수-학습 방법에 대해서도 심도 있게 탐구하고, 공동으로 수업을 구상하고 자료를 개발하면서 교사의 수업 전문성을 신장하고자 한다. 김미혜(2012)의 연구를 통해 이러한 공동체의 특성을 살펴보면 다음과 같다. 연구 사례로 소개된 S초등학교에는 국어, 수학, 사회, 과학 등 4개 교과에 걸쳐 모두 5개의 수업 학습공동체가 구성되어 있으며, 그중 국어 수업 학습공동체는 1학기에 수업 관찰 및 분석의 이론, 교사 전문성 신장의 구체적 전략, 공개 국어 수업 지도안 검토, 동료 교사의 국어 수업 함께 보기, 2학기에 국어 수업 모형 분석과 활용, 우수 국어 수업 동영상 함께 보기, 공동 국어 수업 지도안 작성 등의 활동을 하였다고 한다. 이런 교과를 기반으로 한 학습공동체가 학교 단위를 넘어서게 되면 전국적인 조직이 된다.[2] 이 교사학습공동체는 교과 중심적인 성격으로 인해 초등학교보다 중등학교에서 그 모임이 다소 활발한 것이 특징이다.

3) 주제별 교사학습공동체

이 공동체의 기본 단위는 '주제'이며, 대체로 통합적 교육과정을 운영하는 범학년·범교과협의체 형태를 띠고 있다. 그 주제란 학생들이 살아가면서 실제 접하게 되는 문제, 즉 지역 사회 환경이나 학생들의 삶과 경험 등이다. 이 교사학습공동체는 이러한 주제로 교과의 벽을 허물고, 개별적인 지식을 넘어선 주제 통합적인 교육과정을 만들어 나간다. 김정안 외(2013)의 《주제 통합 수업 ― 교사와 학부모가 함께 읽는》에서 소개된 '놀이로 배우는 갈등과 평화'(원당초등학교), '온 동네가 함께 하는 탄소 줄이기'(삼정중학교), '기후 변화 주제 범교과 프로젝트 수업'(삼각산고등학교) 등이 대표적인 사례들이다. Helmane & Briška(2017)의 연구에 의하면, 통합의 수준이 학문 → 다학문 → 간학문 → 초학문으로 점진적으로 바뀌어 간다고 한다. 이 교사학습공동체는 학생들이 길러야 할 역량으로 초학문 수준의 통합, 즉 둘 이상의 교과에서 배운 지식과 기능으로 자신들의 실제 삶의 문제를 해결

• • •

2 역사를 전공한 교사들이 올바른 역사교육을 실현하고자 조직한 '전국역사모임' 등이 대표적인 사례라고 할 수 있다. 역사 속의 인물들과 다양한 방식으로 대화를 나누면서 과거를 생생하게 체험하게끔 하는 새로운 대안 교과서(《살아있는 한국사 교과서》)를 제작하여, 이를 통해 생동감 있는 이야기와 감동이 살아 있는 그러한 역사 수업을 실현하고자 한다. 물론 '전국국어교사모임', '전국수학교사모임' 등 교과별로 다양한 교사 모임이 있으며, 전국 단위, 지역 단위, 학교 단위로 조직되어 활동하고 있다.

하는 능력을 신장하게 하는 데 그 목적을 두고 있다.

(3) 교사학습공동체 운영

교사학습공동체를 운영하는 궁극적인 목적은 기존의 가치와 신념, 믿음으로부터 벗어나기 위함인데, 이는 '실행을 통한 배움'이라는 경험을 필요로 한다. 그 배움은 새로운 이론 체계와 교수 방법을 구성하거나 시도해 보는 그러한 과정이 아니라, 교사들이 가지고 있는 아이디어를 실천하는 일이다.

교사학습공동체 내에서 '새로운 수업 실천 방법'(DuFour, DuFour & Eaker, 2008)을 공동으로 설계하고 실행하고 성찰하는 것도 그러한 배움의 일환이다. 이를 통해 단위 학교가 처한 상황이 어떠한지 파악할 수 있게 해 준다(Collins, 2001). 또한 기존의 교육 방법이 매우 교육적이라 믿고 있는 대부분의 교사들에게 이러한 새로운 방법은 자신들이 가지고 있는 기존의 믿음들이 얼마나 위험할 수 있는지 그 실체를 파악하는 데 도움을 준다(Pfeffer & Sutton, 2006).

예를 들어 수업 설계를 둘러싼 교사들 간의 대화는 변화에 대한 두려움과 환상을 깨고 의미 있는 활동을 통해 새로운 경험을 시도해 보도록 촉진한다(Peters & March, 1999). 수업 개선에 도움을 주는 매개체나 시기 적절한 정보를 교사들 상호 간에 공유하는 것이 중요하다. 이러한 대화와 정보 공유를 통해 교사는 자신의 장점과 단점을 파악할 수 있게 된다. 또한 학생의 배움에 도움이 되는 가장 효과적인 방법을 찾을 수 있게 된다(Richardson, 2001).

학생들의 학습 결과물을 교사학습공동체 구성원들이 함께 읽고 이해하고 해석하는 작업도 '실행을 통한 배움'을 경험하는 일이다. 학습 능력이 효과적으로 신장된 학생이나 학습 활동을 적극적으로 경험한 학생은 누구인지, 그 사례와 증거는 무엇인지, 그 학습 과정에 교사는 어떠한 개입을 하였는지 등을 공유하는 일이다. 그 반대 사례도 마찬

가지이다. 학습 능력이 잘 신장되지 않는 학생이나 학습 활동이 기대치와는 달리 엉뚱한 반응이 나온 경우, 그러한 사례와 증거를 구성원들이 함께 이해하고 해석하는 경험을 공유하는 일이다. 이러한 교사의 실천적인 배움은 특히 학생들이 학습에 어려움을 겪고 있을 때, 동료 교사들로부터 부가적인 시간과 지원을 받을 수 있다.

교사학습공동체를 운영할 때 교사 자신이나 동료 교사의 수업 전문성 신장이나 학교 문화 개선 또는 교육 혁신도 중요하지만 가장 주목해야 할 점은 학생들에게 배움이 일어나도록 하는 일이다. 교사학습공동체는 그러한 배움을 일으킬 매우 구체적인 전략을 제공하여야 한다(권낙원, 2007; 장훈, 2010). 결론적으로 교사학습공동체 운영은 학생들의 배움을 전제로 하며, 교사의 전문성 신장은 그 전제를 충족시키기 위한 필수 불가결한 요소임을 간과해서는 안 된다. 특히 오늘날과 같이 교육 환경이 급변하는 정보화 사회에서 그 전문성 신장은 '내 교실'이라는 고립된 공간에서 벗어나, 학교라는 개방적인 공간에서 구성원 간에 자발적인 참여와 활발한 소통을 통해 실현 가능한 것임을 반드시 명심해야 한다.

4. 교사학습공동체 사례가 주는 시사점

끝으로 교사학습공동체를 조직·운영하여 학교 문화 변화 및 효과적인 수업, 좋은 수업, 우수 수업을 만들어 가는 과정을 보여 준 사례 몇 가지를 제시하고자 한다. 그리고 이를 통해 교사학습공동체 발전 방향을 모색해 보고자 한다.

(1) 초등학교
로웰 초등학교Lowell Elementary School은 미국 유타주의 솔트레이크시티에 있는 작은 공립 초등학교로 배움의 공동체를 실천하고 있다. 이 학교의 특징 하나는 학생들이 열린 학습을 할 수 있도록 모든 교실을 개방된 공간으로 설계한 점이다. 학습은 아동의 흥미를 중심으로 하는 협동 학습 방식으로 이루어지고 있다. 또 다른 특징 하나는 교사-학생 간의 협력 관계뿐 아니라 학부모가 직접 참여하는 형태로 학교를 운영하고 있다는 점이다. 모든 구성원들이 함께 협력하여 학생의 참여와 배움을 지원하는 체계로 구성되어 있다. 이러한 방식은 학교 문화 개선이나 교육 혁신을 도모하는 교사들에게 새로운 교육적 실천의 의미를 배울 수 있다는 점에서 몇 가지 시사점을 준다(Rogoff et al., 2001).

다음은 웰링턴 초등학교Wellington Elementary School 사례이다. 이 학교는 미국 북서부 태평양 연안에 위치한 학교이다. 학생들의 사회·경제적 수준은 매우 낮은 편에 속한다. 이 학교는 학생들의 사회·경제적 수준을 고려하여 학교와 교실에서 일어나는 일을 교사들이 팀을 구성하여 공유한다. 이를 통해 교사들의 집단적 전문성을 개발하고 교육과정을 재구조화하고 있다. 학생들의 생활상을 바탕으로 교사들의 집단적 전문성 신장과 교육과정을 재구조화하려는 노력을 하고 있다는 점에서 이 학교는 학생들을 이해하는 방식에 대한 새로운 시사점을 주고 있다(Goldman & Lindal, 2002).

또 다른 사례는 충북 청주시 외곽에 위한 S초등학교와 C교육대학교 부설 초등학교 사례이다. 이 두 학교는 교사들이 전문학습공동체를 구성하여 새로운 교수-학습 모델을 바탕으로 한 공동 수업 설계와 수업 실천에 관한 활동을 중심으로 공동체를 운영하였다. 자신들의 수업을 분석하고, 반성하여 수업에 대한 새로운 접근 방법을 모색하기 위한 교사학습공동체를 구성하였다. 수업 분석과 수업 성찰을 통하여 수업을 재설계하고 실천함으로써 교사의 수업에 대한 전문성을 신장하는 토대를 마련하고 있다. 이 두 학교의 사례는 수업 개선뿐 아니라 학교 문화를 바꾸는 것이 교육 개혁을 하는 데 중요한 역할을 한다는 것을 시사하고 있다. 따라서 한국적인 상황에서 수업 개선과 교사의 전문성 신장과 성장을 위한 방향성을 찾고자 한다면 중요한 참고가 될 수 있다(김경은, 2010; 김미혜, 2010; 김순희, 2010).

(2) 중학교

먼저 화이트헤드 중학교Whitehead Middle School 사례이다. 이 학교는 학생들에게 색다른 경험을 제공한다. 또한 학생 개인별 성장 계획을 기반으로 자신의 학습에 책임감을 갖도록 한다. 이를 위해 학교는 다양한 교과를 개설하고 교육과정을 재구조화하였다. 그러나 개별화 학습에 맞는 다양한 교과와 수업 내용을 준비할 수 있도록 충분한 시간이 확보되지 않아서 교사들의 업무가 과다하였다. 이로 인해 교사들은 좌절을 맛보게 되고 많은 스트레스를 받고 있는 것으로 나타났다. 특히 이와 같은 문제가 발생하게 된 이유는 외적 압력과 구조적인 문제 때문이었다. 이를 해결하기 위해 교사의 수업 시간을 줄이고 새로운 의사소통 채널을 확보하여 교사들 간의 공동 목표를 설정하도록 하였다. 더불어 교사들의 전문성을 높이고 학생들의 학습 의욕을 증진시키기 위해 교사들 간 반성적 대화를 강조하였다. 반성적 대화를 통해 학교의 문화가 지향하는 가치를 새롭게 정립하였다. 전문학습공동체를 통해 교사들 간의 신뢰와 유대감을 증진시키고 수업에 대한 반성적 대화를 통해 학교 문화를 바꾸는 틀을 마련하였다. 이를 통해 학교 내에서 갈등을 해소하는 계기를 마련할 수 있었다(Kruse et al., 1995).

업타운 중학교Uptown Middle School는 학교 구성원 간의 신뢰와 존중이라는 가치를 중시하는 학교이다. 교사들은 학생들의 배움에 초점을 맞추고 있으며 자신들을 배움을 촉진하는 촉진자로서 인식하고 있다. 교사학습공동체를 통해 이상적 공동체와 실제 공동체적 실천인 사회적 관계의 거리감을 좁히는 방법으로 신뢰와 존중이라는 가치를 구현할 수 있는 방법을 모색해 왔다. 신뢰와 존중이라는 가치를 실현하기 위해 학생들을 지원할 수 있는 가능한 모든 자원을 동원하였고 개별 학생의 발달 단계에 따라 개별 학습을 할 수 있도록 지원하였다 (Calderwood, 2000).

위 두 중학교 사례가 주는 시사점은 교사학습공동체를 통해 교사들 간의 갈등 해소 방안과 학교 구성원들이 학교에 대한 소속감을 회복할 수 있는 대안을 제시하고 있다는 점이다. 결론적으로 교사학습공동체가 성공적으로 운영되기 위해서 먼저 교사들 간의 신뢰와 존중이 수반되어야 한다. 이러한 신뢰와 존중을 바탕으로 협력 문화를 만들어 가고, 이를 통해 학교에 대한 소속감과 책임감을 확대해 나가야 한다. 그 다음에 수업 개선을 위해 교사들이 갖추어야 할 전문 역량을 탐구하고 반성적인 대화를 통해서 교사들이 스스로 성장할 수 있어야 한다.

(3) 교사학습공동체 발전 방향

이러한 운영 사례를 토대로 향후 나아가야 할 교사학습공동체 발전 방향을 모색하면 다음과 같다. 첫째, 교사학습공동체를 조직하고 프로그램을 운영할 때, 대학과 지역교육청, 그리고 단위 학교 현장이 긴밀한 공조 및 유대를 해야 한다. 김민조(2016)에서 알 수 있듯이, 대학에서 개발한 현장 적합성이 있는 다양한 교사학습공동체 프로그램을 지역교육청에서 교육 정책으로 입안하고 설명회를 개최하면서 그 프로그램을 홍보하고, 또 단위 학교는 뜻있는 교사들을 중심으로 교사학습공동체를 조직하고, 그 프로그램에 참여하고 실천하고 평가한 바 있다. 유관 교육 기관 사이에 최소한 이러한 선순환적인 과정과 사전 논의가 있어야 교사학습공동체와 그 프로그램이 효율적으로 운영되고 교육적인 성과를 얻을 수 있다.

둘째, 대학은 교사학습공동체 조직과 운영과 관련된 프로그램 개발도 중요하지만 예비 교사 리더십 신장을 위한 교육과정과 프로그램도 개발하고 운영해야 한다. 교사학습공동체 운영을 위한 교사 리더십은 어느 한순간에 길러질 수 없다. 뿐만 아니라, 경력 교사부터 그러한 리더십 훈련이 시작되어서는 안 된다. Katzenmeyer & Moller(2009)는 성공적인 학교 혁신이 일반 교사의 리더십을 기르는 데서 시작되는 것으로 보고 있지만, Sherrill(1999)은 예비 교사 시절부터 그러한 리더십을 길러야 한다고 주장한다. 교사학습공동체 운영을 위한 예비 교사의 리더십 훈련은 대학에서 배우는 교육 철학이나 교수법만큼 중요하다.

셋째, 교사학습공동체 조직과 운영뿐만 아니라 조직 내 갈등을 다루는 프로그램 등도 개발해야 한다. 지금까지 청주교육대학교에서 개발한 프로그램을 살펴보면, 교사학습공동체 운영 프로그램(소통, 두려움과 희망 나누기), 교육과정, 수업 이해 프로그램(수업 설계, 실행, 성찰), 학생 이해하기(학생 관찰하기, 학생 결과물 읽기), 교사 이해하기(자기 교육생애사, 교사의 암묵적 지식, 자기연구), 교육 도서 읽기(풍성한 텍스트 읽기 프로토콜) 등이다(심영택 외, 2018). 교사학습공동체를 운영할 때 이러한 프로그램들이 학교 문화나 교육 개혁, 그리고 교사의 전문성 신장에 도움을 주는 것은 분명하다. 하지만 최근에는 학교 조직과 교사학습공동체 내 '갈등'도 새로운 쟁점으로 부각되고 있다. 이전에는 학교 관리자와 교사 간의 갈등, 교사와 학습자 간의 갈등이 문제였다면, 최근에는 교사와 학부모의 갈등뿐만 아니라, 교사와 교사 간의 갈등도 점차 증폭되고 있다. 따라서 이러한 갈등 사례를 직면하고 그 면면을 교육적으로 진단하고 분석하여 집단 지성으로 그 해결책을 탐색하는 프로그램도 개발해야 내실화가 담보된 교사학습공동체를 운영할 수 있다.

넷째, 학교 '밖' 교사학습공동체와도 교육 네트워크를 구축해야 한다. 서경혜(2008)는 경기도 소재 학교 밖 '상록' 교사학습공동체를 연구하여 협력을 통한 교사의 학습, 반성적 실천을 통한 학습 등을 기술하고 교사학습공동체 구성원들이 이를 통해 서로의 경험과 전문 지식을 공유하고, 그리고 전문성을 향상시켜 나가는 모습을 연구한 바 있다. 이러한 학교 '밖' 교사학습공동체가 전통적인 교사 연수의 한계를 극복하는 대안이 될 수도 있겠지만, 단위 학교 '안' 교사학습공동체에 많은 시사점을 제공해 줄 수 있다. 예를 들면 학교 '밖' 구성원들의 자발성에서 비롯된 교사학습공동체의 결속력이나 지속성은 어떠한 특성을 지니고 있는지, 지역 사회와 연대를 어떻게 하고 있는지, 다루고 있는 교육 쟁점은 무엇인지 등이 그러하다. 이러한 학교 '밖' 교사학습공동체의 모습은 학교 '내' 교사학습공동체를 운영함에 도움을 줄 뿐만 아니라, 학교 안팎에 걸친 교육 네트워크 구축은 향후 지역 내 교육 자치구를 형성하는 튼실한 기반이 될 것이다.

| 참고 문헌 |

곽영순(2017). 교사 학습공동체 : 신자유주의 그 이후. 파주: 교육과학사.

곽영순, 김종윤(2016). 한국형 교사 학습공동체의 특성과 과제. 교육과정평가연구, 19(1), 한국교육과정
    평가원, 179~198쪽.

권낙원(2007). 전문학습공동체 구성 가능성 탐색. 학습자중심교과교육연구, 7(2), 학습자중심교과교육
    학회, 1~27쪽.

김경은(2010). 사회 수업 전문성 신장을 위한 대학-학교 간 협력 프로그램 개발 : C교육대학교와 S초등
    학교 사례를 중심으로. 초등교육연구, 23(3), 한국초등교육학회, 45~69쪽.

김미혜(2010). 초등 교사의 국어 수업 전문성 신장을 위한 PDS 프로그램 개발 연구. 한국초등국어교육,
    43, 한국초등국어교육학회, 63~102쪽.

    (2012). 초등학교 국어 수업 학습 공동체의 활동 사례 연구. 선청어문, 40, 79~115쪽.

김민조(2016). 학교교육력 제고를 위한 학교문화 개선. 이슈페이퍼, 한국교육개발원.

김민조, 심영택, 김남균, 김종원(2016). 교사들의 '반(半) 자발성'에서 출발한 학교내 교사학습공동체 운
    영 사례 연구. 한국교원교육연구, 33(4), 한국교원교육학회, 223~248쪽.

김성천(2011). 혁신학교란 무엇인가. 서울 : 맘에드림.

김순희(2010). 수업개선에 관한 사회과 교사의 인식 연구 : 사회과 수업 전문성 제고 방안 탐색. 시민교
    육연구, 42(1), 한국사회과교육학회, 53~76쪽.

김인희(2008). 학교교육 혁신론 - 교육개혁의 새로운 패러다임을 향하여. 파주: 한국학술정보.

김정안, 박미숙, 윤지혜, 허영주, 박준영 외(2013). 주제 통합 수업 - 교사와 학부모가 함께 읽는 . 서울 :
    맘에드림.

김혁동, 윤상준, 이동배, 임재일, 주주자, 최경철, 황정현(2017). 교사 학습공동체 - 나눔으로 행복하고
    배움으로 성장하는. 서울 : 즐거운학교.

나병현(2001). 학교교육의 위기와 공교육 이념의 재검토. 아시아교육연구, 2(2), 서울대학교 교육연구소,
    139~159쪽.

노미란, 심영택(2019). 초등학교 동학년 교사학습공동체 문화 진단 도구 개발 및 타당화 연구. 교육논총,
    39(1), 경인교육대학교 교육연구원, 1~27쪽.

박영숙, 김순남, 이동엽, 허은정, 허주, 서경혜, 전제상, 박효원(2016). 학교교육 역량 강화를 위한 교사학
    습공동체 운영 지원 방안 연구. 서울 : 한국교육개발원.

사토 마나부, 손우정 옮김(2001). 교육개혁을 디자인한다. 서울 : 공감

서경혜(2008). 학교 밖 교사학습공동체에 대한 사례연구. 한국교원교육연구, 25(2), 한국교원교육학회,
    53~80쪽.

서경혜, 이주연, 현성혜, 이자연, 심수원, 김지혜(2007). 교육과정 개혁과 학습문화. 교육과정연구, 25(3),
    한국교육과정학회, 155~191쪽.

서길원(2009). 참(authentic)교육 원리에 기초한 새로운 학교 만들기.

서우철, 이경원, 한은정(2013). 수업을 살리는 교육과정. 서울 : 맘에드림.

심영택, 이혁규, 김남균, 박윤경, 김민조, 김병수(2018). 학교 기반 교사학습공동체 촉진을 위한 연수 프
    로그램 개발 및 실행 연구. 충청북도교육청.

이정선(2007). 학교변화의 방법으로서 학교문화 변화전략. 교육인류학연구, 10(1), 한국교육인류학회,
    127~154쪽.

이현명(2012). C교육대학교와 부설초등학교 간의 영어교과 전문교사학습공동체(PLC) 활동의 실제와 의미. 학습자중심교과교육연구, 12(4), 학습자중심교과교육학회, 585~623쪽.

이혁규(2000). 한국 교육개혁의 진단과 분석. 시민교육연구, 31(1), 한국사회과교육학회, 231~269쪽.

이혁규, 구원회, 김경은, 김남수, 박상우 외(2012). 서울형 혁신학교 수업 혁신 컨설팅 실행 연구. 서울시교육청.

장훈(2010). 공립학교군별 전문학습공동체 형성 정도에 관한 연구. 박사학위 논문. 한국교원대학교.

Barth, R. S.(1990). *Improving school from within*. San Francisco, CA: Jossey-Bass.

Calderwood, P. E.(2000). *Learning community: Finding common ground in difference*. NY: Teacher College Press.

Collins, J.(2001). *Good to great: Why some companies make the leap... and others don't*. NY: Harperbusiness.

DuFour, R., DuFour, R. & Eaker, R.(2008). *Revisiting learning community at work: New insights for improving schools*. Bloomington, IN: Solution Tree.

DuFour, R., DuFour, R., Eaker, R. & Many, T.(2006). *Learning by doing: A handbook for professional learning community at work*. Bloomington, IN: Solution Tree.

Goldman, P. & Lindal, G.(2002). Contradiction of school community in restructuring elementary schools: Lessons from a case study. In Fuman, G.(Eds.), *School as community: From promise to practice*, Albany, NY: State University of New York, pp. 97-118.

Hargreaves, A. & Fullan, M.(2012). *Professional capital: Transforming teaching in every school*. NY: Teachers College Press. 진동섭 옮김(2014). 교직과 교사의 전문적 자본 - 학교를 바꾸는 힘. 파주: 교육과학사.

Helmane, I. & Briška, I.(2017). What is developing integrated or interdisciplinary or multidisciplinary or transdisciplinary education in school?. *Signum Temporis*, 9(1), pp. 7-15.

Katzenmeyer, M. & Moller, G.(2009). *Awakening the sleeping giant: Helping teachers develop as leader*. Thousand Oaks, CA: Corwin Press. 양성관, 이경호, 정바울 옮김(2019). 잠자는 거인을 깨워라. 서울: 에듀니티.

Kruse, S. D., Louis, K. S. & Bryk, A.(1995). An emerging framework for analyzing school-based professional community. In Louis, K. S. & Kruse, S. D.(Eds.), *Professionalism and community: Perspectives on reforming urban schools*, Thousand Oaks, CA: Corwin Press, pp. 23-24.

Myers, C. B. & Simpson, D. J.(1998). *The Whole-faculty study groups: Lessons learned and best practices from classroom, districts, and schools*. Thousand Oaks, CA: Corwin Press.

Peters, K. H. & March, J. K.(1999). *Collaborative observation: Putting classroom instruction at the center of school reform*. Thousand Oaks, CA: Corwin Press.

Peterson, K. D.(2002). Positive or negative. *Journal of Staff Development*, 23(3), pp. 10-15.

Peterson, K. D. & Deal, T. E.(2009). *The shaping school culture: Pitfalls, paradoxes, and promises*(2nd edition). San Francisco, CA: Jossey-Bass.(E-book).

Pfeffer, J. & Sutton, R. I.(2006). *Hard facts, dangerous half-truths and total nonsense: Profiting from evidence-based management*. Boston, MA: Harvard Business Press.

Richardson, J.(2001). Shared culture: A consensus of individual values. Results: Newsletter of National Staff Development Council. Retrived February 24, 2008.

Roberts, S. M. & Pruitt, E. Z.(2008). *School as professional learning communities: Collaborative activities strategies for professional development*. Thousand Oaks, CA: Corwin Press.

Rogoff, B., Turkanis, C. G. & Bartlett, L.(2001). *Learning together: Children and adults in a School Community*. NY: Oxford University Press.

Schön, D. A(1983). *The Reflective practitioner: How professionals think in action*. NY: Basic Books.

Sergiovanni, T. J.(1994). *Building community in schools*. San Francisco, CA: Jossey-Bass. 주철 안 옮김(2004). 학교 공동체 만들기. 서울: 에듀케어

Tichy, N. M. & Cardwell, N.(2004). *The cyle of leadership: How great leaders teach their companies to win*. NY: Harper Business.

1부

학교 문화와
교사학습공동체

자기주도적 교수 역량 강화를 위한
PDS 모형 개발에 관한 연구

———————————— 구원회*, 박영희**, 나귀수, 황연주, 하정미

I. 서론

지금까지 국내외에서 이루어진 여러 교육 개혁의 시도들에 대한 평가와 반성에서 교육 개혁이 표면적이거나 일시적이고 부과적인 변화가 아니라 지속적이고 자발적인 방식으로 진행되어야 성공할 수 있으며, 이때 교사를 개혁의 대상이 아닌 주체로 설정해야 한다는 인식이 공감대를 형성해 왔다(이정선, 2005; 김혜숙, 2003; 박순경, 2003; 서경혜, 2005). 이러한 인식의 전환은 교사 전문성 발달의 가치를 교사 개인의

• • •

* 제1저자
** 교신저자

발달이 아니라 교육 개혁의 중요한 과제로 인식하기에 이르렀다. 일례로, Darling-Hammond(1994)는 학교 구조 변화나 학습자의 성취도 향상에 우선적으로 초점을 맞추던 과거의 교육 개혁이 실패한 주된 원인을 교사에 대한 이해와 관심 부족에서 찾고 있다. 교사 교육은 교사를 학습자라는 입장에서 보고, 교사의 자발적인 발달을 지원할 수 있는 지속적인 체제로 기능해야 하는데 그렇지 못했다는 것이다.

그래서 최근의 교사 교육에서 학습자로서의 교사의 특성과 교사의 자발적인 학습을 촉진할 수 있는 다양한 방안들을 마련하는 데 대한 관심이 커지고 있다(박영만, 1997; 손영민, 2001; 유솔아, 2005; 서경혜, 2006). 성인 학습자로서의 교사에게 필요한 학습 조직은 자발성, 맥락성, 협력성, 연대성, 지속성 등이 강조되는 '학습공동체'로 개념화되고 있다. 이러한 측면에서 교사에게 필요한 학습공동체의 하나로, 또 교사의 전문성 발달의 주요 체제로 강조되고 있는 것이 바로 PDS이다. 미국에서의 PDS Professional Development School는 대학 또는 교육 전문가 집단과 협력적 관계를 맺고 상호 간에 이론과 실제를 공유하는 일선 학교를 말한다. 하지만, 본 연구에서는 PDS를 Professional Development System이라고 쓰고 있다. 여기서 School과 System의 용어 간 차이는 School은 초·중·고등학교가 교사 전문성 발달의 핵심적 역할을 담당하고 협력 공간을 제공한다는 의미를 갖고 있으며, System은 교사 전문성 발달을 위한 체제를 구축한다는 의미를 담고 있다는 점이다. 본 연구에서 PDS를 Professional Development System이라고 고쳐 쓰는 것은 교사 전문성 발달의 핵심 역할을 일선 학교와 대학이 공동으로 담당하고, 양자 간의 협력 체제를 구축하는 데 초점을 맞춘다는 점을 강조하기 위해서이다. 즉 본 연구에서의 PDS는 일선 학교와 대학이 상호 간에 긴밀하게 협력하면서 구축하는 교사 전문성 발달의 체제를 의미한다.

PDS는 종래의 교사 교육이 지닌 가정과 그로 인한 실제 교사 교육에서의 한계에 대한 비판에서 비롯된 교사 교육의 대안적 접근이다. 전통적인 교사 교육은 주로 결핍 모델deficit model에 근거하여 이루어져 왔다. 결핍 모델이란 교사들이 교사 양성 과정을 통해 습득한 지식은 풍부하지 못하고 제한되어 있으며, 교사들은 교육 혁신에 대해 잘 알고 있지 못하므로 외부에서 교사들을 개선하고 변화시켜야 한다는 것이다. 교육 개혁에 대한 인식의 전환은 PDS와도 밀접하게 관련되어 있다. PDS는 학교 외부에서 전문가들에 의해 개발된 교육 이론을 현장의 교사들이 단순히 적용 또는 실행하고, 교과 지식을 수동적으로 전달하는 역할에 머무르는 것을 경계하고, 교사들이 교육 전문가로서의 전문성을 자율적으로 주체적으로 발달해 갈 수 있도록 학교와 대학이 공동으로 협력하는 체제라는 점에서 그렇다. PDS의 의의와 목적, 기준 등을 살펴보면 이를 더욱 분명히 알 수 있다.

이 논문의 목적은 교사 전문성 발달의 새로운 접근으로 주목받고 있는 PDS의 관점에서 한국의 교사들이 자기주도적인 교수 역량을 강화할 수 있는 PDS 모형을 개발하고, 개발한 PDS 모형의 현실 적합성을 검토하는 것이다. 이를 위해 먼저 연구진이 PDS 모형을 개발한 과정을 기술하고, 개발된 PDS 모형 각각에 대해 살펴본 후, PDS 모형들을 현실에서 성공적으로 실현하기 위해 필요한 제반 조건들을 검토해 보고자 한다.

II. PDS 모형의 개발 과정

1. 자기주도적 교수 역량 강화를 위한 PDS

자기주도적인 교수 역량이란 기존의 수업 문화와 교사의 수업 역량의 문제점을 개선하기 위해 고안된 개념이다. 교사의 수업 전문성을 높이고 수업 문화를 개선하기 위해서는 교사의 자기주도성이 매우 중요하다. 교사 스스로 자기 수업 실천의 문제를 인식하고 이를 개선하여 끊임없이 교사로서 성장해 가려는 자기주도적인 역량을 갖추지 못하면 기존의 수업 관행의 문제점을 개선하기 어렵다. 이에 본 연구진은 교과서에 따라서 수업을 하는 교사가 아니라 교육과정의 능동적 실행자이며, 관행화되고 고착화된 방식으로 수업을 하는 교사가 아니라 자신의 수업 실천을 끊임없이 관찰하여 개선하는 성찰적 안목을 지닌 교사를 자기주도적인 교수 역량을 지닌 교사로 정의한다. 자기주도적인 교수 역량을 지닌 교사는 교사 중심의 독백적인 수업을 하는 교사가 아니라 학생과 상황에 대해 민감한 감수성을 가지고 수업의 맥락을 잘 파악하는 교사이며, 기존 이론이나 수업 방법을 무반성적으로 수용하는 교사가 아니라 예술적인 감식안과 비평 능력을 가지고 새로운 수업 실천을 기획할 수 있는 비평적 안목을 갖춘 교사이다. 또한 자기주도적인 교사는 자신의 수업 실천을 기록하는 교사이며, 동료 교사와 대화하고 소통함으로써 함께 성장하기를 추구하는 교사이다. 본 연구진은 교사들이 스스로 자기주도적인 교수 역량을 갖출 수 있도록 돕기 위해 PDS를 구축하고자 하는 것이다.

PDS는 일선 학교와 대학이 상호 간에 긴밀하게 협력하면서 구축하는 교사 전문성 발달의 체제이다. 따라서 PDS가 적절히 구축되기 위해서는 대학과 학교의 협력 실태에서 협력이 잘 안 되는 이유를 찾아내고, 이를 시정하기 위해 노력하고, 협력이 잘되는 데 필요한 전제 조건들을 검토하고 그러한 조건들을 충족하기 위한 연구 및 실천이 요구된다. 또한 PDS의 기본 정신이 아무리 좋고 옳은 것이라고 하더라도, PDS는 미국에서 나온 개념이고 모형이기 때문에 이것이 그대로 한국의 학교 문화에서도 실현될 수 있다고 보기는 어렵다. 따라서 PDS 구축을 위해서는 PDS의 기본 정신과 실천 방안들이 한국의 학교 문화에서 충분히 실현 가능한지에 대해서 냉철하게 분석하고 검토할 필요가 있다.

먼저 PDS의 의의, 목적, 기준, 기본 정신, 실천 방안들을 간략히 살펴본다. PDS의 의의, 목적, 기준은 PDS 관련 서적이나 논문에서 유사한 내용들이 다수 서술되어 있다(Teitel, 2003; Gordon, 2004; Abdal-Haqq 1998; Clark, 1999). Teitel(2003)에 따르면, PDS의 의의는 이론과 실제 사이의 간격을 메우고, 대학과 일선 학교의 파트너십에서 공유된 지식의 결과로서 학교와 대학이 모두 새로워지고renewal, 교사와 학생 모두의 학습을 향상시키는 데 있다. 또한 PDS는 예비 교사의 준비, 교사와 교수의 전문성 개발, 실제의 개선을 지향하는 탐구inquiry, 학생 성취도의 향상이라는 네 가지 목적을 갖는다. 이러한 목적을 성취하기 위해서 PDS는 학습공동체learning Community, 책무성과 질 보장Accountability & Quality Assurance, 협동Collaboration, 다양성과 평등성Diversity and Equity, 구조와 자원 및 역할Structures, Resources and Roles 등에 관한 기준Standard을 설정하고 있다. PDS에서는 다양한 성원들이 활동할 수 있는데, 이에는 대학의 연구자, 학교 교사, 예비 교사, 학부모, 교육 관련 기관(교육청, 관련 단체나 조직, 모임) 등이 해당된다. 이처럼 다양한 성원들로 이루어진 PDS가 성공적으로 구축되기 위해서는 성원들 간의 파트너십partnership, 상호성reciprocity, 상호 의존성mutual interdependence, 모두에게 이익이 되기benefiting all partners, 유대 의식relationship, 변혁성transformation, 질 높은 정보high-quality information, 리더십leadership 등의 기본 정신이 필수적으로 요구된다. Gordon(2004)은 이와 같은 PDS의 의의, 목적, 기본 정신을 실현하기 위하여 포괄적인 교사 전문성 발달 모형을 제안하였다. 그는 PDS의 목적을 학생의 성장과 발달, 학교 개선으로 보고, 이를 위한 핵심적 기능으로 교수와 학습의 개선, 학교와 학부모의 협력 증진, 교육과정과 수업의 개발, 학교 재구조화, 리더십 발달, 학생 평가 개선 등을 설정하였다. 또한 PDS의 핵심 기능을 신장하기 위한 체제frameworks로서 전문성 훈련training, 동료성 지원collegial support, 반성적 탐구reflective inquiry, 교사 리더십, 외부 지원 등을 제안하고, 핵심 기능의 실현 방안으로는 학교 행정가(교장, 교감)의 전문성 발달, 학교 문화 개선, 팀(조직) 발달, 개별 교사 발달 등을 구체적으로 제시하고 있다.

2. PDS 모형의 개발 방법 및 절차

본 연구에서 2008년 12월부터 2009년 4월까지는 PDS 모형 개발을 위한 이론적 탐색과 전문가 자문이 이루어졌다. 먼저, PDS에 관련된 국내외의 주요 문헌들을 분석하고, 전문가를 초청하여 PDS에 대한 학술 정보를 교류하고 논의했는데, 특히 미국에서 시작된 PDS 개념이 한국에서 적절히 도입되고 정착될 수 있는지에 관해 집중적으로 토론하였다. 이런 일련의 학술 활동을 통해 한국 현실에 맞는 PDS 모형에 대한 기초 연구를 하였다. PDS 모형 구축을 위한 이론적 탐색과 전문가 협의는 국제 학술 대회를 통해서도 모색되었다. 2009년 10월 30일, 서울대 교육연구소 주최의 국제 학술 대회에서 연구진들은 〈On Building up the Bases for PDS in Korea〉라는 논문을 발표하고, 참석한 해외의 전문가들과 한국에서의 PDS 구축에 대해 토론하였다.

10월 31일, 청주교대 교육연구원 주최의 국제 학술 대회에서도 PDS와 관련된 의미 있는 시사점을 얻었다. 미국의 Douglas Macbeth 교수는 교사가 교실 수업 장면의 최초 분석자임을 강조하였고, 일본의 Tetsuo Isozaki 교수는 일본의 고유한 교사 문화이자 수업 전문성 발달의 중요 전략이기도 한 수업 연구lesson study 문화에 대해서 자세히 소개하면서, 동료 간 협력이 수업 개선에 유용한 도구라고 밝혔다. 연구진은 국제 학술 대회를 통하여 외국의 전문성개발체제를 분석하면서, 교실 수업 연구자로서의 교사의 역할 및 전문성 신장을 위한 동료 간 협력의 중요성을 확인하였다. 또한, PDS의 참여 주체 간의 다양한 네트워크가 가능하며, PDS의 개발 방식이 각국의 문화적 고려 속에서 다양하게 전개되어야 한다는 인식을 갖게 되었다. 학술 대회에서의 토론은 우리의 현실에서 실현 가능한 PDS에 대한 논의를 진전하는 데 많은 도움을 주었다. 특히 단위 학교의 협력 체제가 잘 구축되어 있지 않은 한국의 현실을 고려할 때 한국에서의 PDS는 단위 학교뿐 아니라 교사공동체나 연수 프로그램과 같은 차원에서도 다차원적으로 시도되어야 한다는 시사점을 얻었다.

이와 같은 이론적 탐색 및 전문가 자문을 통해 미국의 PDS 기준인 학습공동체, 다양성과 평등성, 평가-책무성, 협동, 구조와 자원 등이 한국의 PDS를 구축하는 데에도 동일한 기준으로 설정될 수 있는가에 대해 검토하였다. 다양성과 평등성이라는 기준은 다양한 인종과 민족이 살고 있는 미국 사회의 특징으로 인해 설정된 것인데, 이 기준이 한국에서도 적용되는 것이 타당한가에 대해 주로 논의하였다. 다인종 다민족 국가라는 맥락으로 인해서 미국의 PDS에서는 다양성과 평등성이 매우 중시되고 있다. 최근에는 한국 사회도 빠르게 다문화 사회로 변모해 가고 있어서 다양성과 평등성에 대한 고려가 요구되고 있지만, 한국의 학교에서 일반적인 교사 전문성 신장의 주요 기준으로 미국적인 맥락에서 발생한 다양성과 평등성이라는 기준은 현재로서는 그리 타당하지 않다고 판단하였다. 연구진은 이러한 이유로 다양성과 평등성이라는 기준을 한국의 PDS 기준에서 제외하고, 우리의 현실에 더 필요한 기준이 무엇인지에 대해 논의하였다. 논의 결과, 다양성과 평등성을 자기주도성으로 대체하였다. 개별 교사와 단위 학교가 교실 수업 개선의 기본 층위인데, PDS에서 단위 학교마다 환경과 맥락이 다르다는 점, 개별 교실의 수업 개선의 성패는 해당 교사의 자발적인 참여와 노력에 따라 좌우된다는 점, 하지만 단위 학교의 교사들은 자발적 의지에 의해 결성된 학교 밖의 교사공동체에 비해 자기주도성이 매우 부족한 것이 현실이라는 점 등을 고려하여, PDS에서 교사의 자기주도성을 기준으로 설정하였다. 그리하여, PDS 모형에서의 다섯 가지 기준을 협동, 학습공동체, 구조와 자원, 자기주도성, 평가-책무성으로 설정하였다.

(1) 교사 대상의 전국 단위의 설문 조사 분석 및 교수 대상 설문 조사

연구진은 한국의 현실에 적용 가능한 PDS 모형을 개발하기 위해서 2009년 4월부터 7월까지 전국의 초·중·고등학교 교사들을 대상으로 PDS 요구 조사를 실시하였다. 먼저 4월 중순부터 4월 말까지 PDS에 관련된 교사들의 의식을 파악하기 위하여 교사들을 대상으로 예비 조사pilot-study를 실시하였다. 예비 조사를 통해 수집된 교사들의 응답 내용은 PDS에 관한 교사들의 요구를 파악하기 위한 본 조사 설문 문항을 제작하는 데 주요하게 활용되었다.

본 조사의 설문 문항은 예비 조사를 통해 수집된 교사들의 응답을 유사 문항별로 묶고, 진술한 내용은 의미가 중복되지 않는 한 최대한 많이 본 조사를 위한 문항으로 전환되었으며, 개조식 응답은 의미를 최대한 살려 문장으로 만들고, 복합 문장은 한 가지 의미만 담긴 여러 개의 문장으로 전환하는 절차를 통해 완성되었다. 이 과정을 거쳐 800여 개 문항을 추출하여 전문가 검토를 의뢰하였다. 5월 중순부터 6월 초까지 전문가 검토 의견을 반영하여, 최종 설문 문항 285개를 도출하였다. 도출된 문항에 대해서는 전문가 패널에 의해 안면 타당도를 검증받았다. 전국의 초·중·고 교사들을 대상으로 총 700부의 설문지가 배포되고, 523부가 회수되었다. 회수된 설문은 현장 교사들의 수업의 실태와 요구 측면에서 1차 분석하였다. 1차 분석 결과, 교사들의 수업 개선에 대한 요구 수준이 매우 높은 것으로 나타났으며, 수업 개선을 위한 다양한 차원의 지원책이 필요함이 확인되었다. 이러한 결과를 토대로 교사들의 PDS에 대한 요구를 보다 심층적으로 파악하기 위한 2차 분석을 실시하였다. 전체 문항 중에서 전문가 회의를 거쳐 PDS 모형 개발과 관련된다고 판단된 36개의 문항들에 대한 지향 수준과 실태 간의 평균값의 차이를 분석하였다. 교사들의 지향 수준과 실태 간의 차이가 큰 문항들은 한국의 학교 현실에서 교사들이 요구하고 있는 측면이 강한 것으로 가정하였다. 2차 분석 결과, 수업 개선 지원을 중심으로 한 단위 학교의 구조화, 교사-대학-교육청 간의 다양하고 실질적인 협력, 교과 전문가의 교사 지원, 단위 학교 내의 동학년협의회나 교과협의회 활성화, 수업 공개의 효과성 및 효율성 제고, 교사 재교육의 활성화, 경력 교사와 초임 교사 간의 연계, 수업 전문성 신장을 위해 다양하고 풍부한 수업 자료의 제시 및 제작 지원 등이 PDS에 관련된 주요 요구로 나타났다.

2차 분석 결과를 토대로 연구진은 대학이 현장과 협력할 수 있는 구체적인 PDS 프로그램의 형태로 교사공동체 중심의 PDS, 연수 프로그램 중심의 PDS, 단위 학교 중심의 PDS를 설정하였다. 그리고 세 가지 프로그램을 구체화하기 위해서 교사와 교수를 대상으로 설문 조사를 각각 실시하였다. 교사 대상 설문 조사에서는, 교사들에게 세 가지 프로그램별로 필요성, 참여 의사, 희망 참여 회수 등을 기술하게 함으로써 각 프로그램에 대한 현장 교사들의 요구를 구체적으로 확인하고자 하였다. 조사 결과, 대학과의 협력에 대한 교사의 인식은 〈표 1-1〉과 같이 나타났다.

그리고 2차년도 연구부터 단위 학교 차원의 PDS에 주로 참여하게 될 청주교육대학교 교수를 대상으로 PDS 협력의 필요성, 장애 요인, 주요 기준, 희망하는 유형, PDS 참여 의지 등을 조사하였다. 조사 결과, 교수들은 현장과의 전문성개발체제로 개별 교사에 초점을 맞춘 형태가 아닌 집단적 성장이 가능한 형태를 중요하게 생각하고 있었다. 또한 협력 대상으로는 교대의 부설 초등학교가 협력의 취지로 설립된 것이므로 일차적인 협력 대상으로 적합하다고 생각하고 있었으며, 전문성개발체제 수립 이후의 확산을 고려하는 차원에서 일반적이고 평범

한 공립 초등학교도 협력의 대상으로 적절하다고 생각하는 것으로 나타났다. 전문성 신장은 단기간이 아닌 장기적으로 이루어질 수밖에 없다는 점에서 장기적 지원 환경 마련을 강조하고 있다는 점도 확인되었다.

표 1-1 대학과의 협력에 대한 교사의 인식 결과[1]

주요 문항	답변 내용
대학과의 협력의 필요성	- 연수를 필요로 하는 단위 학교가 연수 프로그램이 준비된 대학에 요청하고 실시된다면 많은 도움을 받을 것이다. - 대학의 이론적 고찰과 현장의 적용에 대한 피드백이 절실하다고 여겨지는 바 반드시 협력 체제가 구축되어야 함. - 수업이 임용 시험의 필수 과목이 됨에 따라 대학은 현장에서의 수업 기술을 잘 이해할 필요가 있고, 학교는 새로운 교수-학습 이론을 접할 필요가 있음. - 수업 컨설팅을 위한 자문을 위하여 외부 인사가 필요함.
학교 차원에서 추진할 수 있는 활동	- 세미나, 워크숍 - 학년 체제로 이루어지는 동료 장학 및 연수 활동 - 예비 교사와 협력하는 팀티칭 - 지역별 수업 컨설팅 - 대학 연구원과 현장 학교 교사의 멘토링 활동
대학과의 협력 내용 및 기대하는 바	- 대학 연구소의 이론을 현장에 실천해 보고 피드백할 수 있고, 단위 학교는 대학 연구소의 최신 교육 정보를 공유할 수 있을 것임. - 선진 교수-학습 이론 - 학교 현장을 적극 반영한, 그래서 현장에서 실천 가능하고 유용한 프로그램 및 연수 개발 - 수업 컨설팅 활성화를 위한 인적 자원 지원 - 수업 전문성 향상을 위한 여러 가지 수업 방법 및 실제 적용 가능하고 용이한 콘텐츠 개발 - 실제의 문제점을 분석하고 이를 타개할 수 있는 실행 연구 활성화

(2) 교사공동체, 연수 프로그램 운영 경험 분석

연구진은 PDS 모형을 개발하기 위해 교사공동체를 초청하여 학술

• • •

1 청주교대 교육연구원의 2010년 6월 5일 학술 대회에서 발표된 김경은의 〈대학-학교 간 전문성 신장체제(PDS)에 관한 구성원의 인식 연구〉에서 인용.

대회를 개최하고, 연수 프로그램 운영 경험, 부설 초등학교 및 교사와의 실행 연구 경험 등을 분석하였다. '수업 연구와 교사의 성장 II: 현장 수업 연구 공동체를 찾아서'라는 주제로 열린 청주교대 교육연구원의 학술 대회(2009년 9월 25일)에서 수업공동체의 대표적인 경험을 접하기 위해서 '전국수학교사모임'의 '수업관찰연구모임' 대표인 세종과학고의 최수일 교사, '배움의 공동체 운동'을 전개하고 있는 대안학교 이우학교의 연구부장인 이현영 교사, 자발적인 수업 비평 모임인 '다온' 공동체를 이끌고 있는 충남 천안 보산원초의 윤양수 교사를 초청하여 수업 전문성 신장을 위한 현장의 경험을 공유하는 시간을 가졌다. 또한 청주교대 교육연구원의 수업 관찰 연수 프로그램에 참여한 교사들을 대상으로 사전 및 사후 설문 조사와 면담을 실시하고, 교사 전문성을 신장하기 위한 연수 프로그램을 개발하고 보완하였다.

　연구진은 이와 같은 교사공동체, 연수 프로그램 운영 경험 분석을 통해서 한국에서 교사 전문성을 신장하기 위해서는 교사공동체를 중심으로 한 프로그램과 연수를 중심으로 한 프로그램이 효과적이라는 인식을 갖게 되었다. 또한 교사공동체의 지속 및 활성화를 위해서는 교사의 자기주도성이 매우 중요함을 재차 확인하였고, 학교 밖 교사공동체와 단위 학교의 경우 전문성 신장을 위한 접근 전략이 매우 상이해야 함을 인식하였다. 학교 밖 교사공동체의 경우 자기주도성과 의지를 가진 구성원들로 구성되는 경우가 많기 때문에 전문성 신장과 관련된 이론적 지원을 제공하는 것이 더 중요하지만 단위 학교의 경우에는 자기주도성 자체를 추동해 내는 것이 PDS의 성공을 위해서 매우 중요하다는 점을 발견하였다. 즉 PDS 기준에서 다양성과 평등성을 자기주도성으로 대체한 것은 한국의 맥락을 고려한 것이다. 협동, 학습공동체, 구조와 자원, 자기주도성, 평가-책무성은 PDS를 개발하는 기준으로, PDS를 운영할 때 고려해야 할 핵심 요소로 기능한다.

III. 자기주도적 교수 역량 강화를 위한 PDS 모형

1. PDS 모형 개관

연구진은 이상의 과정을 통해 PDS 모형을 개발하였다. 본 연구에서 개발된 PDS 모형은 이론적 탐색, 전문가 자문, 설문 조사, 세미나와 연수, 연구공동체 경험 분석 등을 바탕으로 도출된 것이며, PDS 모형은 PDS 기준, PDS 참여 주체, PDS 형태를 종합적으로 포괄하고 있다. 또한 이 PDS 모형은 향후 청주교육대학교 교육연구원의 연구 계획에 따라 제1단계, 제2단계, 제3단계로 진행되면서 계속 확장되어 가는 방식으로 설계되어 있다(〈그림 1-1〉 참고).

그림 1-1 **PDS 모형**

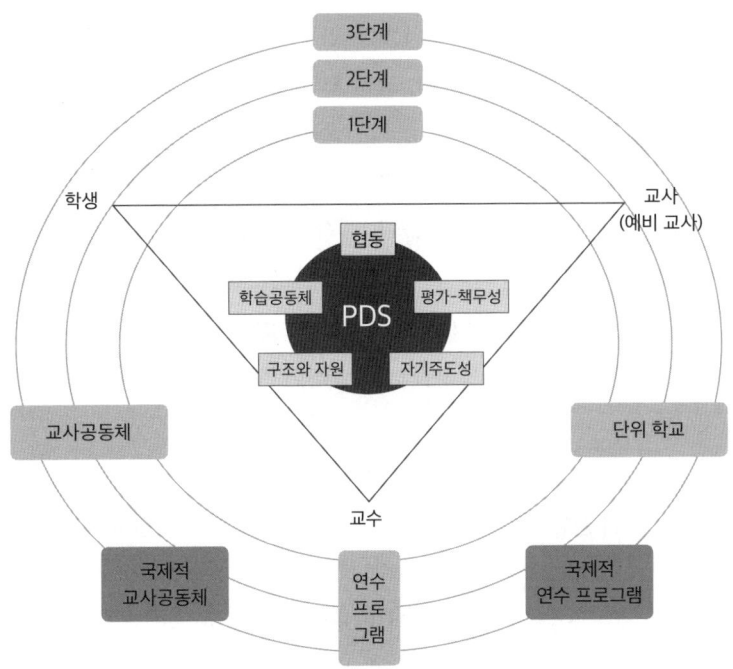

본 연구에서 개발한 PDS 모형은 핵심부에 PDS의 5가지 기준을 제시하고 있다. PDS의 5가지 기준은 구조와 자원, 자기주도성, 학습공동체, 협동, 평가-책무성이다. PDS의 5가지 기준을 간단히 설명하면, 협동 기준은 상호 보완적이고 협력하는 방향으로 협력 주체들 간에 파트너십을 형성하고 상호 발달하는 것을 의미한다. 학습공동체 기준은 PDS에 참여하는 주체들이 자신들의 실제를 개선하기 위해 지속적으로 학습함으로써 공동체를 형성하는 것과 관련된다. 구조와 자원 기준은 PDS 협력이 잘 구현되도록 조직 및 운영, 지원 내용 및 규모 등을 정하는 것과 관련된다. 자기주도성 기준은 협력 주체들이 스스로 본인의 수업 및 연구를 개선하기 위한 의지를 갖고 이를 지속적으로 실천하는 것과 관련된다. 평가-책무성 기준은 PDS 파트너십과 그 결과를 책무성의 관점에서 평가하는 것을 의미한다.

본 연구에서 개발한 PDS 모형에서 핵심적 구성원은 교사(예비 교사)와 교수이다. PDS의 형성과 관련하여 다양한 주체를 고려할 수 있으며, 여기에는 학생, 예비 교사, 교사(초임 교사, 경력 교사, 관리자), 대학의 교수, 다양한 외부 전문가, 지역교육청 전문가 등이 포함될 수 있다. PDS의 형성과 관련된 다양한 주체들 사이에는 다층적인 네트워크가 구축될 수 있다. 예를 들어, 대학의 구성원인 교수는 교사(예비 교사)와 공식적, 비공식적인 다양한 네트워크를 통해서 상호 성장에 도움이 되는 방식으로 PDS에 참여할 수 있다. 그리고 이러한 PDS 참여의 궁극적인 목적은 학생들의 바람직한 학습을 자극하고 촉진하는 것이다.

본 연구에서 개발한 PDS 모형은 한국적 상황에서 구현 가능한 PDS 형태로서 교사공동체, 연수 프로그램, 단위 학교를 포함하고 있다. 단위 학교와 더불어 교사공동체, 연수 프로그램 중심의 PDS 구현 형태를 고려한 것은, 단위 학교 중심의 PDS만으로는 한국의 현실에서 교사 전문성 신장에 접근하는 통로가 부족하다고 판단했기 때문이다.

학교 밖의 자발적인 교사공동체에 참여하거나 교사공동체를 추동해 내는 활동은 한국적 상황에서 교사 전문성 신장을 지향하는 네트워크 구축에서 중요하면서도 효율적인 방법이다. 그리고 연수 프로그램에서 대학의 전문적인 연구 역량을 바탕으로 수업 관찰과 분석 프로그램을 통해서 수업 전문가를 양성하는 통로 또한 대학의 고유한 역할에 비추어 볼 때 매우 중요한 PDS 형태이다. 다만, 이러한 연수 프로그램의 형태는 대학의 이론을 현장에 가르치는 방식이 아니라 대학의 이론과 현장의 실천 경험이 유기적으로 결합하면서 소통되는 방식이어야 한다. 마지막으로 학교 단위의 PDS 형태이다. 학교 단위 PDS는 가장 어려운 형태지만 회피할 수 없는 형태이다. 단위 학교의 교사들이 상호 학습을 통해서 성장하는 공동체를 형성하지 않고는 진정한 전문성 신장이 일어나기 어렵기 때문이다.

이상에서 본 연구에서 개발한 PDS 모형에 대해서 개관하였다. 이 PDS 모형은 향후 연구를 통해서 계속적으로 수정 보완할 잠정적인 모형이다. 이 PDS 모형은 연구가 제1단계에서 제2단계, 제3단계로 진행됨에 따라 국제적 네트워크의 수준으로 확장될 필요가 있다. 연구진은 1차년도 연구를 통해서 국제적 네트워크화의 가능성을 잠재적으로 확인하였다.

2. PDS 모형의 구체화

(1) 교사공동체 중심의 PDS

자기주도적인 교사공동체는 한국의 교사 전문성 신장에 있어서 핵심적인 역할을 한다. 현재 다양한 교사공동체들이 활동하고 있지만, 이런 공동체들이 대학과 유기적인 관계를 맺고 활동하고 있지 못하다. 따라서 대학과 교사공동체가 협력하는 새로운 모델을 구축할 필요가 있으며 PDS 요구 조사나 면담 조사들이 한결같이 이의 중요성을 확인해 주고 있다. 이와 관련된 대학과 교사공동체가 관계를 맺는 구체적인 모델은 〈그림 1-2〉와 같다.

그림 1-2 교사공동체 PDS 모형

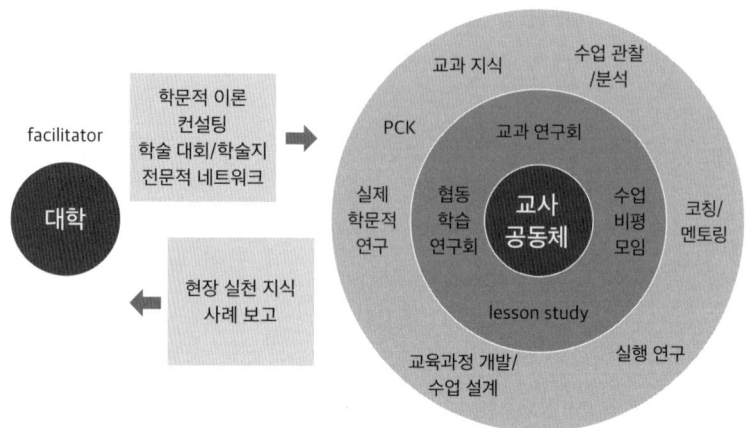

교사공동체 중심의 PDS 모형은 대학과 교사공동체와의 역동적인 상호 협력을 기반으로 한다. 교사공동체는 학교 안팎의 교사 연구 모임으로서 교과 연구회, 수업 비평 모임, 협동학습연구회, lesson study 모임 등을 포함할 수 있다. 대학의 주요 역할은 교사공동체를 통해 교사들이 함께 전문성을 신장하고 성장할 수 있도록 매개하는 촉진자facilitator이다. 예를 들면, 대학은 최신 학문적 이론 지식 제공, 컨설팅 제공, 개별 교사 연구 모임을 연결하여 전문적 네트워크를 결성하는 허브hub 역할을 담당하며, 대학 교수와 교사가 함께하는 학술 대회를 주관하여 교사공동체의 교사들이 실천적 연구 결과와 경험을 서로 공유하고 토론하도록 격려한다. 또한 교사의 실천 경험을 학술지나 학회지에 발표하도록 안내한다. 한편, 공동체 교사들은 현장의 생생한 실천 지식을 대학 교수나 연구진에게 제공함으로써 실천에 기반한 연구 활동을 촉진하고, 자신의 생생한 교육 현장의 실천 경험을 사례 보고서case reports로 작성하여 대학 교수와 공유한다. 궁극적으로 배움의 공동체 교사들은 자기성찰적 수업 관찰, 교육과정 개발, 실행 연구, 코칭/멘토링, 실질적 학문적 연구, 교과 지식 연구, 교수 내용 지식 연구 등에 능동적으로 참여함으로써 자기주도적 수업 역량을 향상시킨다. 이와 같은 교사공동체 중심의 PDS 모형이 잘 구현된다면, 교육 현장의 실천과 학문적 연구의 유기적인 연계가 공고해짐으로써 이론과 실천의 접목이라는 PDS의 목표를 달성하게 될 것이다. 다시 말해서, 교사는 학문적 이론을 바탕으로 수업을 설계하고 대학 교수는 현장의 실천 지식에 기반하여 학문적 이론을 발전시키고 대학의 교육과정을 재설계함으로써 교사와 대학 교수가 함께 성장할 수 있을 것이다.

학교 밖의 교사공동체에서는 회비 납부는 물론 일정 시간을 모임에 꾸준히 참석해야 하며, 모임에서 요구하는 일들을 감당하기 위한 각종 회의 참석, 준비 과정 참여를 위해 적지 않은 시간을 투자해야 한다(김성천, 2007: 234). 또한 교사들 스스로 자율적인 판단과 자기 필요에 의해서 모임 참여와 활동 여부를 결정하게 된다. 즉 교사공동체는 자발적이고 자율적인 참여에 의해서 움직인다. 이처럼 교사공동체는 자기주도적인 특성이 강하다. 상대적으로 위계화된 교육 체제 속에서 타율적이고 수동적 성격이 강한 학교에 비해 교사공동체가 보다 많은 교육적 성과를 낼 수 있는 교직 문화 특성을 보여 주므로, 교사의 성장은 학교보다는 학교 밖 교사공동체를 통해서 이루어질 가능성이 더 크다. 교사공동체 중심의 PDS 모형은 앞서 제시한 PDS의 다섯 가지 기준 중에서 특히 학습공동체, 협력, 자기주도성 기준을 강조하는 모형이다. 이 모형은 학교 밖에서 활동하는 여러 교사들이 다양한 주제와 내용을 정하고 이에 따라 학습공동체 활동을 수행하면서 연구자와 협력하는 것이다. 다양한 구성원들의 요구를 적절히 반영하기 위해서 이 모형에서는 협력의 시기, 방법, 영역 등에 대한 융통성이 매우 높다.

구조, 자원, 역할 등에 관한 의사 결정도 이 모형에서는 구체적이면서 융통성 있게 마련되어야 한다.

연구진은 교사공동체 중심의 PDS가 한국에서 정착될 수 있도록 하기 위해 우선 전국의 교사 자율 모임 혹은 교사공동체에서 활동하는 교사들과의 교류를 모색하고 있다. 이를 통해 자기주도성이 높고, 교실 수업 개선 및 학교 변화의 의지가 강한 교사들을 중심으로 대학과 협력하는 수업 연구 모임을 만들어 운영하고 있다. 교사공동체를 구축하기 위해 청주교대 교육연구원에서는 2010년 4월부터 청주 인근 지역에서 근무하는 초·중·고 교사들을 중심으로 수업 성찰과 실천을 위한 교사 연구 모임을 구성하여 매월 1회 모임을 개최하고 있다. 이러한 모임이 지속적으로 운영되면서 활성화되고, 대학의 연구자들과 교사 간에 지속적으로 호혜적인 관계가 형성되면 PDS의 구축에 크게 기여할 수 있다.

(2) 연수 프로그램 중심의 PDS

2008년 4~7월에 수행한 수업에 대한 요구 조사 분석에서 우리나라는 수업을 돕기 위한 노력들이 학교 자체적으로 혹은 교육청 차원에서도 많이 제공되고 있지만 교사들의 수업 전문성 향상에 실질적으로 기여하지 못하는 것으로 나타났다. 이에 본 연구에서는 대학과 대학의 전문가들이 지원하는 교사 연수 프로그램 운영의 필요성을 확인하게 되었다. 특히 연수 프로그램은 현장 교사의 수업 전문성 및 수업 전문가 양성을 꾸준히 할 수 있는 매우 중요한 PDS 형태이다. 그러나 기존에 해 왔던 것처럼 대학의 이론을 현장에 가르치는 방식이 아니라 대학의 이론과 현장의 실천 경험이 유기적으로 결합하면서 소통되는 방식이어야 한다. 대학과 현장이 전문성을 상호 소통하는 방식으로 교사 연수 프로그램을 운영함으로써 교사들이 요청하는 질적인 측면의 수업 전문성 계발에 도움을 줄 수 있을 것으로 예상하였다. 이에 대학이 지원하고 협력하는 연수 프로그램 중심의 PDS를 개발하게 되었다. 연수 프로그램 개발은 초안 개발, 검토 수정, 프로그램 확정의 순으로 이루어졌다. 연수 프로그램 중심의 PDS의 목적은 자기주도적 수업 전문성을 개발하여 수업 전문가로 성장하는 것이다. 초안에서는 기초 과정, 심화 과정, 전문 과정, 연구 과정의 4단계 프로그램을 상정하고, 각 과정의 연수 시간과 초점을 정하였다. 이렇게 개발한 초안을 연구진 협의와 현장 교사들과의 토의, 그리고 2009년 8월 하계 방학 때 실시된 연수 프로그램 참여자들에 대한 설문 및 면담 조사 자료를 토대로 수정 보완하였다.

이런 검토·수정 과정을 거쳐 연수 프로그램 중심의 PDS 틀을 개발하고 이 프레임을 준거로 연수 프로그램을 구체화하였다. 즉, 초안의 4단계를 기초, 심화, 전문 3단계로 조정하고 각 과정의 연수 초점을 분명히 하고 내용을 초점에 맞춰서 재구성하였다. 기초 과정은 수업 관점들 체험하기를 위주로, 심화 과정은 수업 관찰 및 분석 연습하기를 위주로, 전문 과정은 수업에 대한 탐구를 계속하는 전문가 및 수업 연수 강사 양성 위주로 설정하였다. 운영 측면에서 반별 인원 조정은 기초 과정은 40명, 심화, 전문 과정은 20명으로 조정하고, 운영 시기는 방학 중 집중 연수로, 시간은 30시간, 60시간, 30시간으로 구성하였다.

연수 프로그램 중심의 PDS는 대학 및 대학 연구소가 교사의 수업 전문성 계발에서 요청되는 것들을 풍부하게 지원함으로써 학교 자체 연수가 주는 구체적인 도움, 교육청의 지원 연수가 제공하는 체계적인 도움과 더불어 질적인 측면에서 교사의 수업 안목을 높여 줄 것으로 기대한다.

연수 프로그램 중심의 PDS 모형에서는 학습공동체, 협력, 자기주도성 기준이 강조된다. 이 모형은 대학의 연수 프로그램을 개발하고 운영함으로써 자기주도적인 교사를 길러 내려는 목적에서 만들어졌다.

방학이 되면 전국 각지에서 교사들을 위해 수많은 연수가 운영되지만, 수업을 보는 안목을 기르거나 질적인 수업 관찰 및 분석에 기초하여 수업 전문성을 신장시키려는 프로그램은 드물다는 점에 착안하여 연구진은 수업 전문성 신장에 초점을 맞춘 연수 프로그램 중심의 PDS 모형을 개발하였다.

그림 1-3 연수 프로그램 중심의 PDS

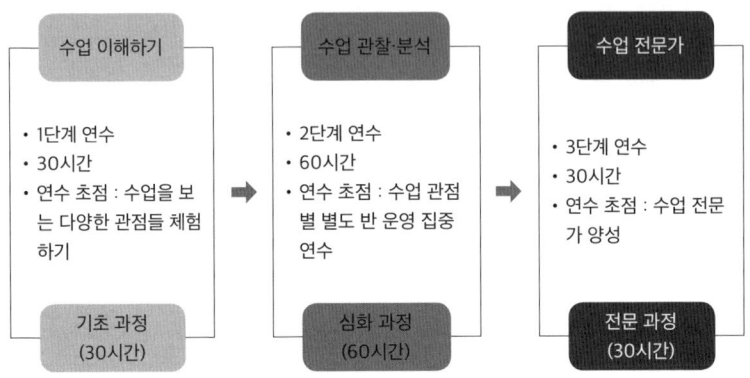

(3) 단위 학교 중심의 PDS

미국의 PDS는 대개 대학과 단위 학교가 협약을 맺고 상호 간의 전문성을 신장하기 위해 다양한 방식으로 교류하는 형태이다. 그러나 미국의 문화와 조건과는 다른 한국에서의 PDS는 미국의 그것을 그대로 따를 수는 없다. 한국에서의 단위 학교 중심의 PDS는 한국의 각급 학교가 처한 상황과 맥락에 기초하여 설정되고 운영되는 것이 바람직하다. 단위 학교 중심의 PDS는 각 지역별, 학교 급별로 서로 다른 상황과 맥락에 처해 있는 개별 단위 학교들이 PDS 체제의 중심 역할을 하는 모형이다.

그림 1-4 단위 학교 중심의 PDS

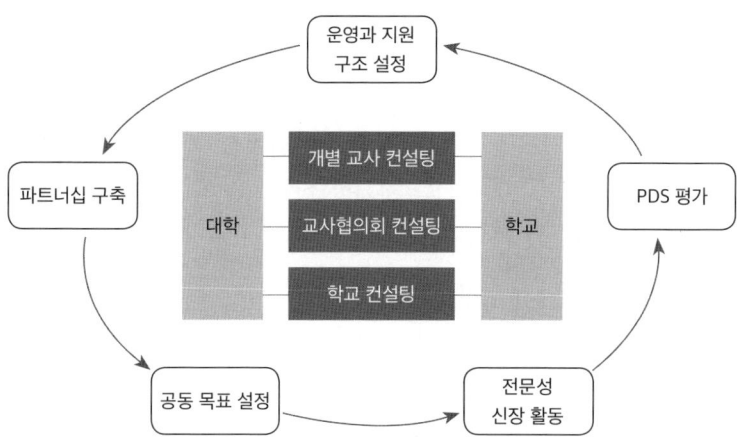

사실, 아직 한국에서는 단위 학교를 중심으로 PDS를 실천한 사례가 매우 드물다. 대학과 부설 초등학교가 교육과정 연구·개발을 위해 협력한 사례(유솔아, 2006)나 대학과 중학교가 연구학교 운영 차원에서 수준별 교육과정의 심화·보충 과정 운영을 위해 협력한 사례(양성관, 2006) 정도가 알려져 있다. 사정이 이러하여, 연구진이 단위 학교 중심의 PDS 모형을 개발하고 운영하는 데 참고할 만한 국내 자료가 매우 부족하였지만, 단위 학교 중심의 PDS는 다음과 같은 측면에서 구체화되었다. 현재 한국의 단위 학교에는 개별 교사가 교실 수업을 담당하고 있으며, 수업 협의는 각급 학교별로 동학년이나 동교과 간의 협의회 등을 중심으로 운영되고 있다. 그래서 단위 학교 중심의 PDS는 개별 교사 차원과 교사협의회 차원에 대한 컨설팅을 하고, 이를 확장하여 단위 학교 전 구성원이 전문성을 신장할 수 있도록 대학이 지원하는 학교 컨설팅을 하는 것으로 개념화되었다.

단위 학교 중심의 PDS 운영의 과정은 먼저 PDS를 운영하기 위한 지원과 구조를 설정하는 데서부터 시작한다. 그리고 대학과 단위 학교 상호 간에 파트너십을 구축하고, 협력을 위한 공동의 목표를 설정한다. 이를 기초로 상호 간에 전문성을 신장하기 위한 활동을 진행하고, PDS를 통해 전문성 신장이 충분히 이루어졌는지를 점검하고 평가한다. 마지막으로 PDS 평가는 운영과 지원 구조 설정, 파트너십 구축, 공동 목표 설정, 전문성 신장 활동 등 전 과정을 점검하고 보완한다. 각 과정은 단계별로 진행되기는 하지만, PDS 평가는 순환적이고 상호 보완적인 형태를 취한다. PDS에 대한 지속적인 평가를 통해 단위 학교 구성원들과 대학의 연구자들은 각자의 상황과 조건에 맞는 방식으로 전문성을 신장하고, 상호 간에 전문성 신장이 상승 작용을 일으킬 수 있도록 긴밀한 협력 관계를 유지하는 것이 중요하다.

단위 학교 중심의 PDS에서는 개별 교사 컨설팅, 교사협의회 컨설팅, 학교 컨설팅으로 접근할 수 있다. 어느 것부터 협력을 시작하는 것이 적절한지는 단위 학교가 처한 상황과 맥락에 따라 달라질 수 있다. 개별 교사 컨설팅은 초기에 접근하기 적절한 것으로 대학과 학교가 공동으로 개별 교사의 수업 개선을 지원하기 위해 수행한다. 교사협의회 컨설팅은 동학년협의회나 동교과협의회로 확대하는 것이다. 학교 컨설팅은 단위 학교의 교사 및 관리자, 학생, 학부모 모두가 대학과 컨설팅을 하는 것이다. 협력의 초기에는 개별 교사 컨설팅에서부터 시작하고 협력 체제의 틀이 잡히면 교사협의회 컨설팅과 학교 컨설팅으로 협력의 범위를 넓히는 것이 협력의 과정에서 겪을 수 있는 시행착오나 구성원 간의 갈등을 줄일 수 있을 것이다.

이 모형에서는 단위 학교를 중심으로 대학, 교육청, 각종 사회단체 및 기관 등이 동등한 지위와 권한을 확보함으로써 상호 호혜적이고 평등한 관계를 맺고 협력적 동반자 관계를 맺는다. 이 모형이 성공하려면 무엇보다도 단위 학교 구성원 모두의 전문성을 최대한 신장하기 위해 단위 학교의 자발적인 참여 의지와 수행력이 필요하며, 단위 학교 옆에서 대학과 교육청이 최대한 효과적이고 효율적인 방식으로 지원한다는 의식이 확립되고 이를 실천할 수 있는 의지와 능력이 갖추어져야 한다. 단위 학교 중심의 PDS에서는 책무성과 학습공동체 기준이 강조된다. 단위 학교 교사에게는 학생들의 학업 성취 향상과 교육 목표 달성에 대한 책임이 있다. 단위 학교 중심의 PDS는 교사 전문성을 발달시켜 교사들에게 주어진 책무를 만족스럽게 수행할 수 있는 능력을 갖출 수 있게 하려는 것이다.

연구진이 개발한 단위 학교 중심의 PDS를 실제에 적용하기 위해 청주교대 교육연구원은 충북교육청과 협의하여 2009년 12월에 "PDS 연구학교"를 공모하였고, 청주에 소재한 새터초등학교가 선정되었다. 2010년 4월에 청주교대 교육연구원과 새터초등학교는 PDS 협약을 맺고, "새터 수업 함께 보고 함께 읽기", "우리 학교에서의 수업 이해하기", "단위 학교 기반의 PDS 구축을 위한 프로그램" 등의 세 가지 PDS 프로그램을 운영하고 있다. 첫째, "새터 수업 함께 보고 함께 읽기"는 동학년과 특정 교과를 연계한 수업 공유 및 대화 팀을 구성하여, 정기적으로 만나 수업에 대한 각자의 안목을 확인하고, 공동으로 수업을 설계하고, 수업을 관찰 및 분석, 개선하기 위해 대화를 나누는 프로그램이다. 둘째, "우리 학교에서의 수업 이해하기"는 강의 및 세미나, 워크숍으로 진행되는 연수 프로그램으로 교사 전문성 신장을 위한 구체적 전략 및 협력의 중요성을 이해하는 활동, 수업을 관찰하고 분석하는 활동, 교과 전문가와의 대화를 통해 수업을 나누는 활동, 저널 쓰기 등을 통한 수업 돌아보기 활동 등으로 구성되어 있다. 셋째, "단위 학교 기반의 PDS 구축 프로그램"은 세미나, 구성원 면담 등의 활동을 통해 교육과정 운영, 개선에 대한 지원, PDS 협력 프로그램 개발·운영에 대한 지원, 동료성 구축을 지원하는 것이다.

연구진이 설정한 교사공동체 중심, 단위 학교 중심, 연수 프로그램 중심의 PDS에서는 공통적으로 참여하는 교사의 자기주도적인 학습 의지와 능력을 강조한다. 교사공동체 모형에서 교사와 연구자는 서로에게 도움을 줄 수 있는 능력이 있다고 전제된다. 교사는 연구자의 도움을 받아 학문적 이론을 바탕으로 수업을 설계하고 실천할 수 있으며, 연구자는 현장의 실천 지식에 근거하여 이론을 발전시키고 현장에 대한 이해를 심화할 수 있다. 연수 프로그램 중심의 PDS에서는 교사를 프로그램의 소비자, 구매자로 간주하지 않고 교사 전문성 신장 프로그램을 개발하고 운영할 때 꼭 동참해야 하는 파트너로 본다. 교사는 연수 프로그램을 수동적으로 받아들이는 것이 아니라 스스로 주체 의식을 갖고 연수에 자발적으로 참여하여 자신들의 요구와 기대를 연수에 반영해 줄 것을 요청할 수 있다. 또한 단위 학교 중심의 PDS에서는 연구자와 교사에게 상호 간의 자발적이고 능동적인 협의와 협력의 기본 정신에 대한 공유가 필수적으로 요구되지만, 협력의 내용과 운영 방식에 대해서는 융통성이 크다. 이러한 점에서 볼 때, 연구진이 제시한 세 가지 PDS 모형에는 교사와 연구자의 자발성(자기주도성)이라는 공통적인 속성들이 내포되어 있다.

IV. PDS 모형 구현을 위한 핵심 조건 논의

상기한 바와 같이 연구진은 미국의 PDS 개념과 모형을 참고하여, PDS의 다섯 가지 기준을 협동, 학습공동체, 구조와 자원, 자기주도성, 평가-책무성으로 설정하고, 교사공동체 중심, 연수 중심, 단위 학교 중심의 PDS를 개발하였다. 이 장에서는 연구진이 개발한 세 가지 PDS 모형을 한국에서 구현하는 데 필요한 핵심적인 조건들을 간략히 검토하고자 한다.

국내외 문헌에서 PDS의 성공적 구현에 필요한 핵심적인 조건으로 강조되는 것은 첫째로, 학교와 대학 간의 동등하고 호혜적인 협력이다 (Teitel, 2003: 49; Abdal-Haqq, 1998: 7; Clark, 1999: 122-135; Dallas & Horn, 2008: 99-116; 손영민, 2001). 많은 연구에서 학교와 대학의 협력이 PDS 성공의 관건이라고 보는 이유는 그동안 교사 교육을 혁신하려는 시도들이 대학의 연구자와 교사가 평등하고 호혜적인 관계를 맺지 못하고 위계적이고 일방적인 관계에 그친 채 이루어져 왔기 때문에 실패했다는 비판에서 비롯된 것이다. 대학의 연구자는 교육 이론을 생성하고 이를 실제에 적용하며, 교사들은 실제 적용의 대리인으로서, 혹은 이론의 소비자로서 기능하는 것이 전통적인 교사 교육에서의 연구자와 교사와의 관계였다. 그러나 PDS는 그러한 관점으로 접근하는 것을 경계하고 연구자와 교사가 수업과 학교 개선을 위해 적극적으로 협력하여 상호 간에 전문성을 신장하려는 정신을 실천하고자 한다. PDS를 통해 연구자는 교사로부터 풍부한 현장의 경험들을 제공받을 수 있고, 현장 교사들이 겪는 교육과 수업에서의 어려움에 대한 이해를 심화할 수 있으며, 교사는 연구자로부터 실천에서 겪는 여러 문제들에 대한 이론적 분석과 대안을 제시받고 연구자와 함께 교실 수업 개선에 대한 체계적인 탐구를 수행할 수 있게 된다. 그러므로 본 연구에서 PDS가 성공적으로 구축되려면 교사와 연구자 간의 협력 관계를 만드는 데 많은 노력을 기울여야 할 것이다. 특히 이는 단위 학교에서의 PDS가 PDS의 기본 정신에 따라 구축되었는지 여부를 판가름하는 데 결정적인 준거로 작용할 것이므로 단위 학교 중심의 PDS 구축에서 가장 중점적으로 고려해야 할 조건이다.

PDS 구현의 두 번째 핵심 전제 조건은 전문성 발달을 추구하는 교사의 학습 의지와 지속적인 실천 능력이다. 현재 우리나라에서는 스스로의 필요에 의해 자발적으로 생성된 교사 모임과 학교나 교육청의 요구와 지원에 의해 운영되는 교사 모임들이 다양하게 조직되어 활동하고 있다. 교사 모임에 대한 여러 연구들(김성천, 2007; 김지혜, 2008; 서경혜, 2006; 이선숙, 2005; 최수일, 2009)에 의하면, 자발적인 교사 모임은 지식의 소비자였던 교사의 위상을 지식의 생산자이자 연구자로 바라볼 수 있게 해 주었으며, 생산된 지식을 축적하고 보급하는 체계를 통해 전문적인 공동체로 발전할 가능성을 보여 주는 것으로 평가되고 있다. 이러한 교사 자율 모임에서 활발하게 활동하는 교사들은 리더십이 풍부하며, 성장을 위해 정신적, 물질적, 시간적인 노력을 헌신적으로 하는 것으로 나타나고 있다(김성천, 2007: 265). 이런 교사들이 바로 본 연구에서 추구하는 자기주도적인 교수 역량 강화의 실례라고 볼 수 있다. 따라서 본 연구에서는 자기주도적이면서 리더십을 갖추고 교수 역량이 우수한 전국의 초·중·고 교사들의 교육 실천 사례를 발굴하여, 이러한 교사들이 성장해 온 과정을 추적함으로써 교사의 개인 발달 과정과 교사 모임에 참여하여 쌓은 집단적인 성장의 과정들을 분석하고 검토하고자 한다. 이러한 연구를 통해 연구진은 자기주도적인 교수 역량 강화의 다양한 모델을 설정하고자 한다. 아직까지 우리나라에서 연구자로서의 교사teacher as researcher라는 개념이 대부분의 교사에게 낯설고 부담스러운 요구처럼 인식되고 있는 현실을 고려하면, 교사 학습의 자기주도성은 첫 번째 조건인 학교와 대학 간 협력에 못지않게 PDS 모형 실현의 중요한 전제 조건이다.

마지막으로 PDS 구현의 세 번째 핵심 조건은 교사의 요구에 기반한 전문성 발달 지원이다. 어떻게 보면 교사의 전문성 발달을 도우려는 제도나 물적 토대들은 지금도 모자라지 않다. 각종 연수, 대학원 진학, 수업 장학, 수업 연구 대회, 수석 교사제 등이 그러한 예이다. 하지만, 교사들이 그것들을 별로 탐탁지 않게 여기는 이유는 그것들이 교사들의 요구에 기반하여 이루어지고 있지 않기 때문이다. 따라서 PDS가 실현되려면 교사의 요구에 기반하여 전문성 발달을 지원하는 접근 방식을 취해야 한다. 예를 들어 현장의 교사들 대부분은 각종 연수에서 추상적이고 이론적인 교육 연구 내용보다는 당장 수업 실제에 활용 가능한 처방을 요구하고 있다. 교사들의 이러한 요구가 과연 타당하고 적절한 것인가는 별도의 문제이긴 하지만, 교사들의 요구에 적절히 대처하는 것이 PDS의 실현에 매우 중요한 영향을 미칠 것이다. 그러므로

PDS에서 교사들의 요구가 구체적으로 무엇인지 분석하고, 그러한 요구가 발생하는 이유와 요구를 해소해 줄 수 있는 대안과 처방에 대해서 깊이 있는 연구를 해야 할 것이다. 그렇게 해야만 교사들이 PDS를 통해 얻은 것이 있다고 생각할 것이며, 그럴 때 비로소 PDS가 자신에게 유익한 것임을 인식하고 대학의 연구자와 협력 및 자기주도적인 학습을 시도해 볼 수 있을 것이다.

V. 결론

연구진은 기존의 교사 연수에 참여하는 교사들이 대부분 실천과 괴리된 이론의 전수에 흥미를 느끼지 못하고 수동적으로 참여하는 것을 지양하고 대학과 현장 교사의 이론과 실천을 접목하여 교사의 자기주도적인 교수 역량을 강화하는 것을 본 연구의 핵심 목적으로 설정하였다. 이러한 목적을 성취하기 위하여 연구진이 주목한 것은 대학과 학교 간 협력의 구체적 모델인 PDS이다.

한국의 학교와 교실 수업에 대한 여러 연구들에 의하면, 우리 교직 사회는 수업에 대한 집단적 전문성을 형성하기 어려운 조건에 처해 있다(허병기, 1997; 정혜림, 허병기, 2009; 이정선, 2002; 이혁규 외, 2007; 남미정, 2009). 폐쇄적인 학교 풍토에서 평균적인 한국의 교사들은 초임 교사 시절부터 고립된 환경에서 혼자서 수업 전문성을 습득해야 하며, 경험과 시행착오를 통해 획득한 수업 지식의 타당성을 동료와 선배 교사의 조언을 통해 확인받기가 어렵다. 이런 상황을 개선하기 위해 여러 개혁 정책들이 시도되어 왔고, 제도화되고 있다. 하지만, 진정한 교실 수업 개선은 제도의 도입만으로는 이루어지지 않으며, 제도의 운용이 궁극적으로는 사람의 판단에 의존한다는 점을 고려할 때, 제도의 성공은 결국 구성원의 집단적 안목에 따라 결정될 수밖에 없다(이혁규 외,

2007).

연구진은 한국의 교육 현실을 감안하여 PDS 모형을 교사공동체 중심, 연수 중심, 단위 학교 중심으로 개발하였다. 이러한 PDS의 목적은 대학의 연구자와 교사, 교사공동체, 일선 학교 등이 연수 및 다양한 방식의 협력을 통해 교사전문성개발체제를 구축하는 것이다. 그동안에도 교사 전문성을 신장하기 위해 여러 정책과 제도들이 시도되어 왔다. 그동안 시도된 수많은 교사 개혁 정책들에 대한 연구에 의하면, 학교 개선 운동은 학교 문화의 이해와 작용의 중요성을 증명해 보였다고 한다. 즉 학교 개선 운동은 동료 간의 협동심, 신뢰, 협력적 관계를 촉진하고, 교수와 학습에 초점을 두는 학교 문화가 보다 자기 쇄신적이고 개선의 노력에 잘 반응한다는 사실을 일관되게 보여 주고 있다(박병량, 2006: 252). 한국의 교육 현실에서 단순히 교사 교육 제도의 변화나 일부 교사들의 개인적 각성만으로는 교사전문성개발체제가 구축되기 어렵다. 교육은 단순한 제도나 정책의 변화 문제를 넘어서는, 우리의 삶과 교육에 대한 가치와 문화의 문제이다. 학교가 변하고 교육이 변하려면 제도나 정책을 잘 만들고 운영하는 것도 중요하지만, 그보다 더 중요한 것은 바로 교육과 관련된 우리의 삶과 생각과 태도를 변화시키고 이를 실천하는 일이다.

PDS 내에서 대학과 학교, 교사공동체가 발전적으로 변화하려면 상호 간의 인식 차이를 좁히고 이해를 넓혀 가야 한다. PDS를 통해 서로 다른 환경과 문화에 처해 있는 대학 연구자와 교사가 서로를 더 잘 이해하고, 더 잘 협력할 수 있는 토대를 마련할 수 있게 될 것이다. 앞으로 연구진은 논문에서 제시한 PDS의 세 가지 모형을 더욱 구체화하고, 이 모형들이 실현되는 데 필요한 전제 조건들을 마련하려고 한다. 이러한 노력들이 결실을 맺는다면 한국의 초·중·고 교사들이 자기주도적인 교수 역량을 강화하면서 교사와 학생이 함께 즐겁고 행복한 수업을 하는 것이 머지않은 미래에 현실이 될 수도 있을 것이다.

| 참고 문헌 |

구원회(2009). '수업보기' 연수 프로그램의 실제. 수업 연구와 교사의 성장 II: 현장 수업 연구 공동체를 찾아서 - 청주교대 교육연구원 학술 대회 자료집, 청주교육대학교 교사교육센터, 265~284쪽.

김경은(2010). 대학-학교간 전문성 신장체제(PDS)에 관한 구성원의 인식연구. 수업 실천에 대한 반성과 전망 - 청주교대 교육연구원 학술대회 자료집, 청주교육대학교 교사교육센터, 235~257쪽.

김성천(2007). 교사자율연구모임을 통한 교사 전문성 성장 과정: 협동학습연구회에 관한 문화기술적 연구. 박사학위 논문. 성균관대학교 대학원.

김지혜(2008). 교사공동체 중심의 교사연수 교육과정 개발에 대한 사례 연구. 석사학위 논문. 이화여자대학교 대학원.

김혜숙(2003). 교원 '전문성'과 '질'의 개념 및 개선전략 탐색. 교육학연구, 41(2), 한국교육학회, 93~114쪽.

남미정(2009). 중등학교 교사들의 교단일기에 나타난 교직 탈전문화 현상 연구. 박사학위 논문. 충남대학교 대학원.

박병량(2006). 학교발전과 변화 - 이론·연구·실제. 서울: 학지사.

박순경(2003). 교육과정 탐구 주제로서의 교사 전문성 논의에 대한 대안적 관점. 교육학연구, 41(2), 한국교육학회, 75~92쪽.

박영만(1997). 교원교육의 협력모형(PDS)에 관한 연구. 교육논총, 13, 경인교육대학교 교육연구원, 97~146쪽.

서경혜(2005). 반성과 실천 : 교사의 전문성 개발에 대한 소고. 교육과정연구, 23(2), 한국교육과정학회, 285~310쪽.

_____ (2006). 교사의 학습과 교육과정. 교육과정연구, 24(2), 한국교육과정학회, 257~276쪽.

서경혜, 이주연, 현성혜, 이자연 외(2007). 교육과정 개혁과 학습문화. 교육과정연구, 25(3), 한국교육과정학회, 155~191쪽.

소경희(2003). '교사 전문성'의 재개념화 방향 탐색을 위한 기초연구. 교육과정연구, 21(4), 한국교육과정학회, 77~96쪽.

손영민(2001). 지식기반 사회의 교사교육을 위한 PDS. 교육사회학연구, 11(2), 한국교육사회학회, 77~100쪽.

양성관(2006). 단위학교 개선을 위한 지원방안 : 대학-단위학교 협력 프로그램을 중심으로. 지방교육경영, 11, 한국지방교육경영학회, 117~142쪽.

유솔아(2005). 반성을 통한 교사 전문성 신장을 위한 교사 교육 : PDS. 한국교원교육연구, 22(3), 한국교원교육학회, 97~121쪽.

_____ (2006). PDS에서의 교육과정 연구 및 개발에 참여한 교사들의 반성과 전문성 변화에 대한 연구. 박사학위 논문. 이화여자대학교 대학원.

이병진(1998). 현장교사론 - 21세기 초등교사의 효율성. 서울: 양서원.

이선숙(2005). 교과별 교사모임을 통한 교사의 전문성 개발에 관한 연구 : 전국역사교사모임을 중심으로. 석사학위 논문. 서울대학교 대학원.

이정선(2002). 초등학교문화의 탐구. 서울: 교육과학사.

이정선(2005). 학교발전의 필요조건으로서 학교문화의 변화전략. 지방교육경영, 9, 한국지방교육경영학회, 1~19쪽.

이혁규, 이경화, 이선경, 정재찬 외(2007). 수업, 비평을 만나다. 서울: 우리교육.

정혜림, 허병기(2009). 초등학교 교내자율장학에 관한 문화기술적 사례 연구. 교육행정학연구, 27(1), 한국교육행정학회, 433~456쪽.

최수일(2009). 수업분석 학습공동체 활동을 통한 수학교사의 전문성 제고에 관한 연구. 박사학위 논문. 서울대학교 대학원.

허병기(1997). 장학의 본질이탈 : 개념적 혼란과 실천적 오류. 교육학연구, 35(3), 한국교육학회, 181~212쪽.

Abdal-Haqq, I.(1998). *Professional development schools: Weighting the evidence.* Thousand Oaks, CA: Corwin Press.

Clark, R. W.(1999). *Effective professional development schools.* San Francisco, CA: Jossey-Bass.

Dallas, F. & Horn, S.(2008). Promoting professional development schools: A study in the viability of future PDS partnerships, taking the first step!. *University and School Connections,* Age Publishing, pp. 99-116.

Darling-Hammond, L.(1994). *Professional development schools: Schools for developing a profession.* New York: Teachers College Press.

Gordon, S. P.(2004). *Professional development for school improvement: Empowering learning communities.* Boston, MA: Allyn and Bacon.

Teitel, L.(2003). *The Professional development schools handbook: Starting, sustaining, and assessing partnership that improve student learning.* Thousand Oaks, CA: Corwin Press.

교육대학 부설 초등학교의
PDS 전환의 가능성과 조건

김용

I. 서론

1. 연구 배경 및 연구 문제

교육대학 부설 초등학교의 위상과 기능에 대한 논의는 여전히 현재 진행형이다. 각 지역에 산재한 15개의 교육대학 부설 초등학교는 해당 지역에서 가장 우수한 초등학교로 학부모들의 지지를 받고 있지만, 교육대학 부설 초등학교로서의 본연의 기능을 잘 수행하고 있는가에 관해서는 논란이 계속되고 있다. 이에 따라 여러 정부에서 국립대학 부설학교의 공립화 움직임이 있었고, 이에 대하여 대학과 학부모 등의 강한 반대 활동이 이루어지기도 하였다. 교육대학 부설 초등학교에 대한 기대와 현실 사이에는 어느 정도의 간극이 있다고 할 수 있다.

교육대학 부설 초등학교의 향후 진로와 관련하여, 크게 보면 두 가지, 즉 부설학교의 폐지냐 발전이냐는 선택이 가능하다. 부설학교 폐지론 또는 공립학교 전환론은 부설학교의 기능 부전^{不全} 타개 또는 교육 운영의 효율화라는 취지에서 이루어지고 있다. 그러나, 할 수만 있다면, 교육대학 부설 초등학교를 지원하여 본연의 기능을 제대로 수행할 수 있도록 하는 것이 더 바람직한 선택임은 분명하다.

이와 같은 맥락에서 각 부설학교는 스스로 발전 방안을 모색하기도 하고, 각 대학별로 자신들의 부설학교를 발전시키기 위한 방안을 활발하게 모색해 오고 있다. 또 정부 역시 간헐적으로 국립대학 부설학교의 발전 방안을 연구해 오고 있다(진동섭 외, 1999; 진동섭, 백학송, 양영주, 2001; 김민희 외, 2009).

교육대학 부설 초등학교 발전 방향과 관련하여 여러 가지 논의가 있을 수 있으나, 이 논문은 교육대학 부설 초등학교를 전문성개발학교 Professional Development School, PDS로 발전시킬 필요가 있다는 인식에서 출발한다. 그동안 여러 문헌을 통하여 소개된 바 있는 것처럼, 전문성개발학교는 교사 교육 개혁 전략으로서도, 학교 개혁 전략으로서도 각광을 받고 있다. 이하 글에서 자세히 서술하겠지만, 전문성개발학교를 형성하는 데에서 교육대학 부설 초등학교는 중요한 거점이 될 수 있고, 또 되어야 하는 바, 교육대학 부설 초등학교를 전문성개발학교로 전환하는 방안에 대한 논의가 필요한 시점이다.

이 논문은 교육대학 부설 초등학교의 전문성개발학교 전환을 위한 현재의 상황을 검토한 후, 전환의 가능성을 탐색하고, 전환을 지원하기 위한 방안을 제안하는 것을 연구 문제로 삼는다.

2. 연구 방법

연구 문제에 접근하기 위하여 전문성개발학교에 관한 선행 연구 문헌을 검토하고, 무심교육대학 부설 초등학교[1](이하 무심초등학교)를 대상으로 사례 연구를 실시하였다. 2011년 3월부터 6월까지 여덟 차례 학교를 방문하여 학교 관련 자료를 수집하고, 교장 및 교감, 그리고 교사들과 면담하였다. 면담자는 다음과 같다.

표 1-2 **면담자 현황**

성명	직위	교직 경력	부설학교 경력	성별
유인옥	교장			
구지운	교감			
하영만	연구부장	21.05년	5년	여
박형수	교육실습부장	20.06년	4년	여
임종원	담임 교사	14년	3년	여
임성순	수석 교사	20년	5년	남
장하용	담임 교사	5년	1년	남

면담 내용은 동의를 얻어 녹음하고, 면담 후에 전사하였다. 면담 기간 중 무심교육대학 교수와 부설학교 교사 사이에 학습공동체가 운영되고 있었는데, 두 차례의 학습공동체 모임에 참여하여 그 과정에서 이루어지는 대화를 녹음하고 기록하기도 하였다.

본 연구는 교육대학 부설 초등학교의 전문성개발학교 전환 가능성을 탐색하고자 하는 것으로, 부설 초등학교의 조직 및 운영을 검토할 필요가 있으며, 연구의 필요상 구성원, 조직, 과업, 재정을 중심으로 부

• • •

1 가명임. 이하 교사 이름도 동일함.

설 초등학교 운영을 살펴보았다. 흔히 3Ms이라는 용어를 사용하기도 하거니와, 구성원man, 과업material, 재정money은 조직 경영과 행정에서 중요한 요소이며, 조직organization은 이 요소들의 틀을 형성하는 중요한 변인이 되기 때문이다. 아울러, 부설 초등학교와 협력 관계를 형성하는 교육대학 및 일반 공립학교와의 관계를 분석하였다. 사례 분석의 틀을 정리하면 〈그림 1-5〉와 같다.

그림 1-5 사례 분석의 틀

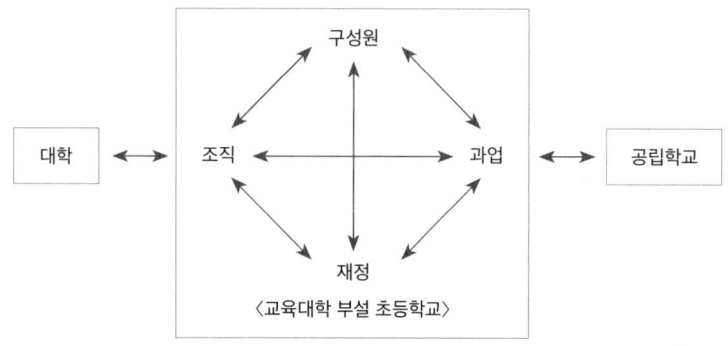

II. 교육대학 부설 초등학교와 PDS 관련 연구 동향

1. 교육대학 부설 초등학교 관련 선행 연구

교육대학 부설 초등학교에 관한 연구는 교육대학 스스로 부설 초등학교의 운영을 개선하고 발전 방향을 모색하기 위하여 시행한 연구와 국가 차원에서 국립대학 부설학교의 위상을 점검하고 발전 방향을 제안하기 위한 연구로 대별할 수 있다.

(1) 교육대학 자체 연구

교육대학 부설 초등학교는 교육대학의 운영을 위하여 필수 불가결한 존재이다. 이에 따라 교육대학의 자체 발전 계획을 수립하고 연구하는 과정에서 부설 초등학교에 관한 연구가 활발하게 이루어졌다. 특히, 교육대학 부설 초등학교의 가장 중요한 설립 취지이자 의의는 교사 양성 교육의 내실화를 기하기 위하여 교육 실습 기회를 제공하는 것인 바, 특히 교육 실습 운영의 개선을 위하여 부설학교 운영의 변화를 모색하고자 하는 연구가 각 교육대학별로 활발하게 이루어졌다. 이와 함께 각 부설 초등학교가 독특하게 안고 있는 문제를 개선 또는 해결하기 위한 방안이 모색되었다.

다음은 한 교육대학에서 이루어진 부설 초등학교 관련 연구 목록이다. 대학 또는 부설학교 자체 연구가 얼마나 활발하게 이루어지고 있는지를 알 수 있다.[2]

- 교육대학에서의 효율적인 교육 실습 방안(1986)
- 초등 교사 양성에 있어서 교육 실습의 과제(1991)
- 교육대학 교육 실습의 개선 방안에 관한 연구(1997)
- 교육 실습의 현황과 발전 방향 탐색(1998)
- ○○교육대학 부설 초등학교 발전 방안 연구(2001)
- 교육 실습 내실화의 방향 탐색(2002)
- 교대 부설 초등학교의 교육 실습 기능 강화를 위한 지원 방안(2007)*
- 수업 실습 프로그램 적용을 통한 부설학교 기능 개선에 관한 연구(2008)*

• • •

2 연구 수행년도 뒤에 * 표시가 있는 것은 부설학교 교사가 수행한 연구임.

위의 연구 목록을 살펴볼 때, 다음과 같은 사실을 알 수 있다. 첫째, 부설 초등학교의 가장 중요한 설립 취지인 교육 실습 운영의 효율화를 도모하기 위한 방안 연구가 양적으로는 활발하게 이루어진 것으로 보이지만, 비슷비슷한 연구가 상당히 많다는 점에서 진정한 의미에서 연구가 활발하였고, 그 결과가 현실 개선에 기여하였는가라는 데에 대해서는 이견이 있을 수 있다. 둘째, 부설학교 발전 방안에 대한 연구가 이루어졌지만, 부설학교 운영의 제도적 틀을 전제한 상태에서 개별 학교의 독특한 과제를 해결하기 위한 방안 연구가 이루어졌다. 위의 목록에 포함된 '발전 방안 연구'의 경우, 부설 초등학교 이전을 위하여 새로운 학교 설립과 학교 환경 구성에 관한 내용이 주를 이루고 있다. 셋째, 교육대학 부설 초등학교의 설립 목적과 취지를 주어진 것으로 전제한 연구가 대부분이다. 부설 초등학교 운영의 큰 방향에 관하여 자유롭게 모색한 연구는 찾아보기 어렵다.

(2) 정부 차원의 교육대학 부설 초등학교 연구

교육대학 부설 초등학교는 국립학교로서 국가가 관장하는 학교이다. 따라서 중앙 교육 행정 당국에서도 대학 부설 초등학교의 발전에 관심을 가지고 간헐적으로 대학 발전을 위한 과제를 제시하였다.

진동섭 외(1999)는 대학 부설학교의 문제를 첫째, 교육 여건과 재정 지원이 불충분하여 시범학교, 연구학교, 선도 학교로서 기능을 수행하기가 어렵다는 점, 둘째, 대학과의 연계 프로그램이 부족하다는 점, 셋째, 학교의 과업은 과중한 데 비하여 유인incentive이 충분치 않아서 우수한 교사의 지원이 부족하여 교원 인사상의 어려움이 있다는 점, 넷째, 국립학교이지만 대학 '부속학교'로서 모호한 위상에 처하여 있다는 점, 다섯째, 학구, 학군 배정의 문제 등을 들고 있다. 이 연구에서는 이상의 문제의식의 연장선에서 교육 여건을 개선하고 재정 지원을 확대하여 부설학교가 교육 실습 및 연구의 장으로서의 기능을 활성화할 수 있도록 하고, 부설학교 교원에 대한 각종 교육 및 연수 프로그램을 시행하고, 국립대학 교수와 공동 강의 및 연구를 진행할 수 있는 기회를 제공하고 가산점 외의 유인 수단을 확보하여 부설학교 교사의 전문성 향상을 위한 여건을 조성할 것 등을 개선 방안으로 제시하고 있다.

한편, 대학 부설학교의 특성화 운영 방안을 제시하고자 한 연구(진동섭 외, 2001)에서는 부설학교 본래의 설립 취지를 최대한 살리고, 국립학교의 위상에 맞는 경영과 교육을 실시하며, 개별 학교의 선택을 최대한 존중하고, 전국의 모든 부설학교를 획일적으로 개선하지 않는 것 등을 개선 방향으로 설정하였다. 이 연구에서는 부설학교를 자율학교로 운영할 것을 제안하고 있다. 구체적으로, '(가칭)국립대학부설학교협의회'에서 부설학교와 교원에 대한 장학을 담당하게 하고, 교장과 교감의 자격을 자율화하고 교장이 적임자 교사를 선발할 수 있도록 하며, 앞의 협의회를 중심으로 부설학교 교원 간 교육 및 연구 네트워크를 구축하도록 하는 방안을 제안하였다.

이명박 정부에서는 국립학교의 공립화가 정책 과제로 추진되었고, 이 맥락에서 이루어진 연구(김민희 외, 2009)에서는 국립대학 부설학교를 새로운 유형의 공립학교로 전환하는 방안이 제안되었다. 다시 말하여 '국립대학 부설형 공립학교'로 설치하여 현행 국립대학 부설학교의 기능은 지속적으로 담당하되, 시·도교육청의 교육에 대한 책임을 강화한다. '부설형 공립학교'는 다양하고 특색 있는 학교 운영이 가능하도록 '상설 자율학교'로 지정하며, 교육대학 재학생의 현장 연구와 교육실습 기능 강화를 위하여 대학과 부설학교가 협약을 맺는 등의 방안을 제안하였다.

이상의 연구를 살펴보면, 앞의 두 연구는 법령상에 규정된 부설학교의 기능 강화를 위한 방안을 도출하는 데 일차적 관심이 있으며, 마지막 연구는 자율과 분권, 민간의 참여가 교육 운영의 방향이 되어 가는 상황에서 부설학교의 법적 지위를 '국립학교'로 두어야 하는 것인지, 아니면 '공립학교'로 전환하되 기존의 기능을 수행하도록 하여야 하는 것인지에 관하여 관심을 가지고 있음을 알 수 있다.

2. PDS 관련 선행 연구

교사 교육에 대한 새로운 접근으로서, 그리고 근래에는 학교 개혁의 새로운 접근으로서 전문성개발학교가 1990년대 중반부터 여러 문헌을 통하여 소개되고 있다(박영만, 1996 등). 아직 전문성개발학교의 개념에 관하여도 충분한 합의가 이루어졌다고 할 수는 없으나, 근래에는 전문성개발학교를 논의 수준에서 끌어내려 현실로 구현하고자 하는 움직임이 일어나고 있으며, 이에 따라 전문성개발학교 연구도 점차 심화되고 있다.

(1) PDS의 정의

PDS는 실체가 있는 새로운 기관institution이나 체제system를 의미하기도 하고, 경우에 따라서는 새로운 아이디어idea를 의미하기도 한다. PDS를 주창한 것으로 널리 알려진 Holms Group은 '초보 교사의 전문 능력 개발, 중견 교사의 지속적 전문 능력 개발, 전문적 교수 활동에 대한 연구와 개발을 위한 새로운 기관'을 PDS로 정의한 바 있다. 이 정의에서 PDS는 기관을 의미한다. 구원회 외(2010)는 대학 또는 교육 전문가 집단과 협력적 관계를 맺고 상호 간에 이론과 실제를 공유하는 일선 학교를 PDS로 정의한 바 있다. 그들은 학교 자체가 아니라 학교와 대학 또는 교육 전문가 간의 협력 체제를 중심으로 보고, 한국에서 PDS는 전문성개발학교Professional Development School가 아니라 전문성개발체제Professional Development System의 줄임말로 이해하는 편이 더 바람직하다는 입장을 나타낸 바 있다.

한편, PDS는 기관 또는 방법론이 아니라 아이디어나 계획을 의미하는 것으로 활용되기도 한다. 유솔아(2006)는 종래에는 PDS를 예비 교사들을 위한 실험과 실습의 장으로 개념화하는 경우가 많았으나, 근래에는 현직 교사의 자질 향상과 동료 교사 및 기타 교육 전문가 집단과의 협력 체제를 통해 학교교육을 개선하는 기능을 강조하고 있음을 지적하고, PDS를 기관이나 방법론으로 보기보다는 아이디어로 바라볼 것을 주장한 바 있다. 이런 맥락에서 손영민(2001)은 대학과 학교가 미래의 교사를 보다 효율적으로 양성하는 데 대한 공동의 책임을 갖도록 하는 계획을 PDS로 본 바 있다. 또 PDS에서의 교사들의 반성 reflection을 연구한 유솔아(2006)는 "교사의 전문적 능력을 개발시키는 것을 최우선의 과제로 삼고, 관련 단체와 일선 학교 교사들이 주체로 함께 참여하여 이론과 실제를 결합하는 교사 교육을 위한 협력 프로그램으로 전문학습공동체 아이디어가 구체적인 방향으로 실현된 예"를 PDS로 정의하고 있다.

PDS에 관한 정의는 단일 기관에서 체제로, 그리고 방법론에서 아이디어로 확장되고 있음을 알 수 있는데, 이는 PDS 논의와 실제의 발전 과정을 반영한다.

(2) PDS의 지향과 전제 조건

PDS에 관한 국내외의 다양한 문헌을 검토한 박영만(1996)과 손영민(2001)은 PDS의 지향을 다음과 같이 정리한 바 있다. 첫째, 예비 교사 교육을 위한 적절한 실습 환경을 제공한다. 둘째, 현직 교사들의 전문적 능력 계발을 돕는다. 셋째, 지식의 진보를 위한 연구를 지도·촉진한다. 넷째, 유치원에서 초·중등학교에 이르기까지 선도적 학교교육 모델을 제공한다.

PDS의 두 주체는 대학과 학교라고 할 수 있는 바, 양자의 관계를 전환시키는 것은 PDS 구축의 중요한 전제 조건이 된다. 이와 관련하여, 두 기관 간의 상이한 문화에 대한 이해와 수용이 중요하며, 협력을 위한 충분한 시간과 적절한 행정 구조 및 지원, 새로운 프로그램에 참여하는 교사 및 교수에 대한 적절한 보상을 전제 조건으로 들기도 하고(손영민, 2001), 학교와 대학 간 동등하고 호혜적인 협력, 교사의 학습 의지와 지속적인 실천 능력, 교사의 요구에 기반한 전문성 발달 지원 등을 PDS 형성의 전제 조건으로 보는 견해(구원회 외, 2010)도 있다.

PDS 형성의 전제 조건에 관한 논의를 살펴보면, 협력의 주체인 대학과 학교 간의 협력이 줄곧 강조되고 있음을 알 수 있다. 그러나, 실제에서는 대학 구성원 우위의 관계가 형성되는 경우가 많았고, 이것이 PDS 실행에 장애가 된다는 지적이 계속되자, 근래에는 양자의 호혜적, 협력적 관계가 더 강조되고 있다. 또 초기에는 학교를 교육 실습의 장으로 변화시키기 위하여 행·재정적 지원이 강조되었으나, 근래 들어 학습공동체로서의 PDS, 학교 개혁 모델로서의 PDS가 강조되면서 교사들의 학습 의지와 교사의 전문성 발달을 지원하는 체제가 상대적으로 강조되고 있다.

(3) PDS의 운영 모형과 대학 부설 초등학교의 위상

PDS의 주창국인 미국에서는 다양한 양상의 PDS 운영이 시도되고, 그 결과가 보고된 바 있으나, 한국에서는 이에 관한 본격적인 실천과 보고는 이루어지지 않고 있다. 그러나, 근래 들어 한국에서 PDS를 구현하기 위한 다양한 방안이 제안되고 있다.

구원회 외(2010)는 한국에서 실현 가능한 PDS 모형으로 교사공동체 중심의 PDS 모형, 연수 프로그램 중심의 PDS 모형, 단위 학교 중심의 PDS 모형을 든 바 있다.

교사공동체 중심의 PDS 모형은 대학과 교사공동체와의 역동적인 상호 협력을 기반으로 하되, 교사공동체는 학교 안팎의 교사 연구 모임으로서 교과 연구회, 수업 비평 모임, 협동학습연구회 등을 포함하며, 대학은 교사공동체를 통하여 교사들이 함께 전문성을 신장하고 성장할 수 있도록 매개하는 촉진자facilitator의 역할을 하여야 할 것으로 가정된다.

연수 프로그램 중심의 PDS는 교사의 수업 전문성 계발에서 요청되는 것들을 대학 및 대학 연구소에서 연수 프로그램 형태로 지원하여 자기주도적인 교사를 길러 내는 형태를 상정하고 있다. 한편, 단위 학교 중심의 PDS 모형은 개별 교사 차원과 교사협의회 차원에 대한 컨설팅을 하고, 이를 확장하여 개별 학교 전 구성원이 전문성을 신장할 수 있도록 대학이 지원하는 학교 컨설팅을 하는 것으로 개념화된다.

이상의 PDS 모형을 살펴보면, 교육대학 부설 초등학교의 특별한 위상은 논의되지 않고 있으며, PDS 구축에서 교육대학 부설 초등학교의 역할에 대한 논의 역시 이루어지고 있지 않다. 이 책 53쪽에서도 소개하는 것처럼, 단위 학교 중심 PDS 모형에서는 대개 부설 초등학교가 나타나지 않는다.

그런데, PDS 논의에서 부설 초등학교는 이중의 위상을 갖는다고 할 수 있다. 첫째, 부설 초등학교 자체가 PDS로 전환할 때 가질 수 있는 위상이다. 부설 초등학교는 교육 실습의 장이자 연구학교로서 이미 PDS로 기능하도록 의도된 학교라고 할 수 있다. 둘째, 대학이 일반 공립학교 PDS를 구축하는 데에서 부설 초등학교가 가교로서 역할을 할 때 가질 수 있는 위상이다. 부설 초등학교는 실험 학교이자 선도 학교로서 일반 공립학교에 미치는 영향이 적지 않다. 이 점을 고려한다면, 한국에서 PDS를 구축할 때에는 부설 초등학교에 특별히 주의를 기울일 필요가 있다.

III. 연구 사례

1. 부설 초등학교의 조직과 운영

(1) 구성원

교육대학 부설 초등학교의 구성원으로는 교직원과 학생을 들 수 있으나, 이 연구에서는 교직원에 관한 논의가 긴요하다. 무심초등학교는 교장 및 교감 각 1인과 23인의 교사를 포함하여 총 43명의 교직원으로 구성되어 있다. 무심초등학교의 교직원 현황은 〈표 1-3〉과 같다.

표 1-3 무심초등학교 교직원 현황[3]

구분	교장	교감	교사	강사	직원	계
인원	1	1	23	1	17	43

이 가운데 교사들만을 보면 평균 경력은 16.09년이며, 평균 연령은 37.5세이다. 교사 가운데 최고 경력자는 25.03년이며, 최저 경력자는 5.0년이다. 교사들은 교육청의 교사 공모에 지원하여 소정의 절차를 밟아 선발된 집단으로서, 남다른 각오를 가지고 부설 초등학교의 구성원이 된다.

"부설학교를 '교육사관학교'라고 불러요. 교육 조직이나 시스템이 다르죠. 그만큼 부설학교에 지원하는 사람들은 목적성이 있어요. 사람에 따라 다르겠지만, 나름대로 교사로서 전문성을 신장하고자 하는 욕구가 있어서 부설

• • •

3 교사에는 특수 교사(1)와 보건 교사(1)가 포함되어 있음. 직원에는 과학 보조(1), 사서(1), 행정 보조(1), 조무(2), 영양사(1), 조리사(1), 조리 보조(1), 배움터 지킴이(1) 등이 포함되어 있음.

학교에 지원하죠."

- 하영만, 경력 21.05년

부설 초등학교 교사들은 '능력 있는 교사'라는 평가를 받으며, 이 사실에 대하여 스스로 자부심을 가진다. 그러나, 이와 같은 평가는 부설학교 교사와 일반 공립학교 교사 간에 장벽을 만드는 요인이 되기도 한다.

"저는 부설학교 교사는 특별한 집단이라는 인식을 가지고 있었어요. 능력 있지만 잘난 척하고, 인정받지만 이기적인 사람들이라고 생각했었어요. 전임 학교 교장이 적극 권유해서 부설학교 교사 공모에 응하기는 하였지만, 사실 일찍부터 준비해서 지원한 것은 아니죠."

- 박형수, 경력 20.06년

비록 학교 밖에서 때로 질시의 대상이 되기도 하지만, 능력과 의지가 충만한 교사들이 부설학교에 모여 있다는 사실은 학교장에게는 일반 공립학교와는 다른 여건을 조성한다. 학교장은 일반 공립학교에서는 시도하기 어려운 일들을 부담 없이 추진할 수 있다.

"부설학교 교사들은 선발된 집단이라서 무엇이든 요구해도 됩니다. 교장이 어떤 일을 하자고 하면 교사들이 어려움을 예상하고도 잘 따라 줍니다."

- 교장

한편, 교사 가운데 수석 교사가 존재한다는 사실에 주목할 필요가 있다. 본래 수석 교사는 수업에서 모범을 보이거나 교내 연수를 주관하고 교사들에게 멘토 역할을 할 것이 기대되고 있으나, 무심초등학교에서는 수석 교사의 역할이 아직 분명하지 않은 것으로 보인다.

"우리는 부설학교 전입 순서에 따라 보직을 우선 배정하고 있어요. 수석 교사의 역할을 부여한 것도 그 연장선에서 이루어졌죠. (……) 공립학교에서는 수석 교사의 수업 시수를 감면해 주고, 감축된 수업을 기간제 교사를 채용하여 진행하도록 교육청에서 재정을 지원해 주고 있는데, 국립학교인 우리는 재정 지원을 받지 못하고 있어요. 그래서 수석 교사의 수업 시수가 다른 교사와 같아요."

- 교감

비록 가산점이라는 유인이 부설학교에서 좋은 교사를 끌어모으는 기제가 된다고 할지라도, 부설 초등학교에 전문성 신장의 요구가 높은 교사들이 모여 있다는 사실은 PDS 구축에서 중요한 조건이다.

(2) 과업

부설 초등학교의 과업은 일반 공립학교의 과업에 더하여 추가적으로 과업을 수행하는 것으로 설명할 수 있다. 학생의 성장을 위하여 교육과정을 운영하는 기본적 과업 외에 '부설학교'이기 때문에 독특한 과업을 추가로 수행한다. 부설 초등학교 교사들은 기본적 과업과 관련해서는 일반 공립학교에 비하여 "매우 충실하게" 운영하고 있다는 인식을 공유하고 있다. 교과 중심의 교육과정을 충실하게 운영하는 것은 물론이며, 특별 활동과 재량 활동을 매우 활발하게 운영하고 있다. 국악 동아리 등 학생 동아리 활동이 활발하고 인라인 스케이트 등 체육 활동 역시 활성화되어 있다.

특별한 과업은 교육 실습과 정책 연구 외에 학교장의 특색 사업, 대학과의 연계·협력 과제 등을 들 수 있다.

1) 교육 실습

교육 실습은 부설 초등학교의 대표적인 특수한 과업이다. 무심초등학교의 경우 4월 중순부터 11월 초순까지 4회에 걸쳐 무심교육대학 전 학년의 교육 실습을 시행한다.

표 1-4 교육 실습 개요

구분	시기 및 기간	대상	배정 인원
교육 실습I	5월 중순(1주)	1학년	
교육 실습II	10월 중순(2주)	2학년	55명 내외
교육 실습III	10~11월(2주)	3학년	
교육 실습IV	4~5월(4주)	4학년	

부설 초등학교의 모든 학급 담임 교사들은 매 교육 실습에 3명 정도의 실습생의 지도를 담당하게 된다. 부설 초등학교에서는 실습생을 위하여 학교 자체의 실습 자료집을 제작하여 배부하며, 교사들은 실습생을 위하여 시범 수업을 제공한다. 또 교생들의 수업에 대하여 강평과 지도를 한다. 무심교육대학에서는 부설 초등학교 외에도 6~7개의 부설 대용 학교를 지정하여 교육 실습을 시행하고 있지만, 이 과정에서 부설 초등학교는 매우 중요한 역할을 한다. 무심교육대학은 교육 실습 지도 교사 연수를 15~30시간 실시하고 있는데, 이 과정에서 부설 초등학교 교사가 강사로 참여하고, 부설 초등학교의 교육 실습 운영 계획서가 모델로 활용된다. 실제 교육 실습 운영 과정에서도 부설 초등학교의 교육 실습은 "혹독하지만 매우 도움이 되는" 실습이라는 평가를 받고 있다. 교사들도 이에 대하여 상당한 자부심을 가지고 있다.

"우리 학교의 교육 실습은 협력 학교에서 이루어지는 지도와는 차원이 달라요. 다른 학교는 교사들이 연구 점수를 딴다는 동기에서 실습생을 지도하고, 학생들이 제대로 배우지 못하는 경우도 많아요. 그런데, 우리 학교의 경우는 자세가 다르고, 분명히 차별화되죠."

- 임종원, 경력 14년

2) 정책 연구

정책 연구는 부설 초등학교의 또 다른 특별한 활동이다. 부설 초등학교는 법령상 교육과학기술부의 상설 연구학교로서 매년 교육과학기술부에서 지정하는 정책 연구를 시행하고 있다. 정책 연구는 교육과학기술부에서 여러 개의 주제를 제시하고, 각 부설 초등학교에서 희망하는 연구 주제를 선택하는 방식으로 이루어진다. 부설 초등학교들이 선호하는 연구 주제가 크게 다르지 않기 때문에, 대개는 일부 주제에 집중이 이루어지며, 따라서 많은 경우에는 본래의 희망과 다른 연구 과제를 수행하게 된다. 〈표 1-5〉는 지난 3년간의 정책 연구 주제 목록이다.

표 1-5 정책 연구 주제 목록(2009~2011년)

연도	연구 주제
2009년	성 역할 정체성 프로그램 운영을 통한 양성평등 의식 함양
2010년	담당 업무 특성에 따른 교원 능력 평가 문항 개발
2011년	2011년 초등학교 국정 도서(2학년) 현장 적합성 검토

정책 연구는 일부 학교 구성원이 함께 수행하는 형태로 진행된다. 예컨대, 2010년도의 경우는 교감을 위원장으로 교무부장이 4명의 교사 및 5명의 학부모와 팀을 이뤄 연구를 수행하였다. 그러나, 과제의 특성상 많은 교사들이 직간접적으로 연구에 관여하게 되었다. 2011년도의 경우는 2학년 교사들이 중심이 되어 연구를 수행하고 있다.

부설 초등학교에서 수행하는 정책 연구는 다음과 같은 특징을 가지고 있다. 첫째, 부설 초등학교 교사들이 스스로 주제를 발굴하여 수행하는 연구가 아니라, 위탁 연구이다. 따라서 다행히 교사들의 희망대로 연구 주제가 선택된 경우에는 비교적 흥미를 가지고 연구를 추진하지만, 그렇지 않은 경우에는 교사들에게 '짐'만 될 뿐이다. 둘째, 위탁 연구이다 보니, 연구 주제가 매년 바뀌고 따라서 연구의 일관성이 보장되지 않는다.

이와 같은 상황에서 부설 초등학교 교사들은 소극적 방식으로 저항을 하기도 하며, 그 과정에서 교육 행정 당국과 갈등이 일어나기도 한다.

"교과부 상설 연구는 주제가 일관되지 않은 것이 문제이지요. 우리가 꼭 해야 할 주제, 예를 들면, 교육과정이나 교과서를 검토하는 연구 등이 오면 도움이 되지만, 그렇지 않은 경우에는 정말 부담만 될 뿐이죠. 이럴 때는 대충 해요. 교과부에서 '너희들 연구를 충실히 하지 않으면 다음 해에는 연구를 주지 않겠다'는 이야기를 들을 때도 있어요."

- 연구부장

정책 연구는 교육 실습과 함께 부설 초등학교의 대표적인 과업이지만, 교사들은 교육 실습에 비하여 정책 연구를 중요하게 생각하지 않으며, 현재의 정책 연구를 자신들의 전문성 신장과 결부하여 생각하지 않는다.

3) 수업 장학

앞의 두 가지가 모든 부설 초등학교에서 공통적으로 수행하는 특별한 사업이라면, 학교장의 결단에 따라 시행하는 학교별로 독특한 사업도 존재한다. 무심초등학교의 경력 5년 차 교사들에 따르면 현 학교장이 부임하기 이전에는, 교육 실습과 정책 연구 외에 특별한 사업은 이루어지지 않았다고 한다. 그러나 2009년 3월 현 학교장이 부임한 이후 수업 장학을 실시하고 있는데, 이것은 부설 초등학교 교사들에게

'특별한' 일이 되고 있다.

수업 장학은 한 학기를 단위로 모든 교사들이 한두 차례씩 공개 수업을 진행하고, 수업 후에는 모든 교사들이 모여서 수업에 대한 평가를 하는 방식으로 진행된다. 이 자리에서 모든 교사들은 의무적으로 한 차례 이상 발언을 하여야 한다.

학교장은 수업 장학을 시행하고 있는 이유를 다음과 같이 말한다.

"교사들이 학생들을 상대로 교육 실습만을 진행하다 보면, 자신의 수업이 다른 교사들에게는 어떻게 보이는지를 몰라요. 그래서 모든 교사들을 대상으로 연구 수업을 하고 있어요. 연구 수업을 통해서 교사들이 긴장하게 되었고, 맨 처음 이루어진 수업에 비하여 마지막 수업은 많이 달라졌어요."

― 교장

'교육사관학교'에 입교한 무심초등학교 교사들에게 수업 장학은 전문성을 갖춘 교사가 되는 필수적인 프로그램으로 평가된다.

"수업을 하면서 다른 사람의 수업을 보는 일이 힘들기도 하고, 논의 시간에 완곡하게 이야기한다고 해도 듣는 사람이 상처받는 경우가 있어요. 적나라한 토론 과정을 거치니 수업 준비 과정이 달라져. 처음 수업을 공개할 때보다 지금은 많이 달라진 것 같아요. 수업 능력이 향상된 것이죠."

― 장하용, 경력 5년

이와 같은 방식의 수업 장학은 부설 초등학교에서만 가능한 것이기에, '독특하다'는 평가도 있다.

"다른 학교에서도 수업 검토회를 하는데, 대개는 "잘했다", "수고했다"는 선에서 그치고, 한두 가지 개선할 사항을 알려 주는 선에서 그치는 경우가 많아요. 수업 검토회에 참여하는 사람들이 "허물을 같이 덮는다"는 생각으로 임하는 경우가 많거든요. 그래서 수업자가 수업의 맥을 잡지 못하고 검토회를 마치는 경우도 있지요. 평가를 심하게 하지 않으니까 수업 준비도 그다지 부담스럽지 않아요. 그런데, 부설 초등학교의 수업 검토회는 어떻게 보면 옛날 방식이지요. 옛날에는 눈물 쏙 빠지게 수업 장학을 했거든요. 사실 이런 방식은 부설학교니까 가능해요. 어떻게 보면 부설학교 조직이 훨씬 덜 민주적이죠."

- 박형수, 경력 20.06년

현 교장이 부임하면서 시작된 수업 장학은 분명 무심초등학교 교사들의 의식과 생활에 큰 영향을 준 것으로 보인다. 교사들은 이 과정을 거치면서 수업을 준비, 실행하고 비평하는 능력을 배양하였다. 그러나, 수업 장학이 현 교장의 특색 사업이라는 점에서, 교장의 임기가 만료된 후에도 수업 장학이 계속될 것인지는 현재로서는 누구도 알 수 없다.

4) 교육대학과의 연계 활동

교육대학 스스로 부설 초등학교와 교육 실습을 매개로 한 연계만이 아니라, 더 넓은 연계·협력을 추진하여야 한다는 사고가 확산되고, 특히 교원 양성 기관 평가에서 부설 초등학교와의 연계·협력이 평가에 반영되기 시작하면서 무심교육대학과 부설 초등학교 사이에도 2000년대 중반부터 연계·협력 사업이 추진되고 있다. 이와 관련해서는 교육대학과의 연계 부분에서 상세히 서술한다.

(3) 조직

무심초등학교는 업무 분장 조직으로 교무부, 연구부, 교육실습부, 교육정보부, 수학·과학부, 윤리·평생부, 체육부, 교육행정부를 두고 있다. 일반 공립학교의 업무 조직 편제와 비교하면, 교육실습부를 두고 있다는 점에서 차이가 있다. 대학 부설 초등학교의 과업과 연동된 조직 편제의 하나의 특징이라고 할 수 있다.

이와 함께 많은 위원회를 설치하여 운영하고 있다. 2011년 현재 무심초등학교에 설치되어 있는 위원회는 다음과 같다.

- 학교운영위원회
- 교육과정 편성·운영위원회
- 학업성적관리위원회
- 인사자문위원회
- 교무위원회
- 교내 자율장학위원회
- 교원능력개발평가관리위원회
- 영재교육위원회
- 학교폭력대책자치위원회
- 학생 복지 및 지도위원회

이처럼 위원회가 많이 조직되어 있지만, 많은 위원회가 학교 안내 책자에만 존재하며 실제로는 작동하지 않는 경우도 많다. 따라서 교사들은 위원회의 존재를 그다지 의식하지 않는다.

"우리 학교의 위원회 조직은 다른 공립학교의 조직과 비슷해요. 그렇지만, 오히려 공립보다 자유롭다고 할 수도 있어요. 위원회보다 교과나 동학년 모임을 더 중요하게 생각하거든요."

- 하영만, 경력 21.05년

무심초등학교의 학교 조직을 살펴보면, 공식적 조직에서는 교육실습부를 두고 있다는 것 외에는 일반 공립학교와의 차이를 발견할 수 없다. 위원회는 많이 조직되어 있지만, 형식적으로 운영되고 있다. 이와 함께 비공식 조직이 그다지 발견되지 않는다는 사실에도 주목할 필요가 있다.

(4) 재정

대학 부설 초등학교의 예산은 교육과학기술부에서 편성하여 대학을 거쳐 지원된다. 매년 학교운영비로 일정액이 교부되며, 이와 별도의 목적 사업 경비가 수시로 교부된다. 2010년도의 무심초등학교에 대한 재정 지원 현황은 〈표 1-6〉과 같다.

표 1-6 2010년 무심초등학교 예산 교부액(단위 : 천 원)

구분	학교 운영비	목적 사업비					합계
		방과 후 학교 운영	깨끗한 학교 만들기	원어민 영어 보조 교사 배치	정보 인프라 고도화	장애아 교육 지원	
금액	352,282	1,500	8,000	27,500	10,672	16,020	415,600

목적 사업비를 제외하고 학교 운영비는 학교에서 예산 편성 지침의 범위 안에서 자유롭게 예산을 편성하여 사용할 수 있다. 학교 행정가와 교사들은 재정이 충분하지 못하다는 사실을 부설 초등학교 발전의 장애로 인식한다.

"현재 교육 실습생을 한 시간 지도하는 데 수당이 삼백 원 정도입니다. 교사들의 사기를 높이고, 연수 자료를 개발하고, 실습생 필독 도서를 구비하는 데 쓸 수 있도록 교육 실습 예산이 늘어나면 좋겠어요."

- 교감

"연구 논문집을 우리 학교 스스로 발간하여 우리 지역의 모든 학교에 보내는 일을 했는데, 학교 자체 예산을 줄여서 사업을 했어요. 대학이나 교육청에서 예산을 넉넉하게 지원해 주면 더 많은 일을 할 수 있을 텐데요."

- 연구부장

3. 부설 초등학교와 다른 기관의 연계·협력

(1) 교육대학과의 연계·협력

무심초등학교와 무심교육대학은 교육 실습을 매개로 연계·협력 관계를 형성하여 왔으나, 두 주체 간의 협력이 본격화된 것은 2005년부터이다. 이 당시 무심교육대학의 교수들이 부설 초등학교와 더 밀접히 연계·협력할 필요를 제기하고, 이를 위하여 '교과별 수업 컨설팅을 통한 교수-학습 방법 개선' 사업을 시작하였다. 이 사업은 교과별로 교수 두 명과 교사 한 명을 팀으로 묶고, 교사가 수업을 진행한 후 교수들이 수업을 비평하고, 이후 다시 교사가 수업을 실행하는 형태로 교수와 교사 간 협력 사업을 추진하였다. 이 사업은 2006년도에도 지속적으로 추진되었다.

이후 2011년부터는 무심교육대학과 '교사의 전문성 향상을 위한 PDS 협력 체제 구축' 연구를 추진하고 있다. 이 사업은 다섯 명의 교수 및 연구자가 각각 서너 명의 교사들과 학습공동체를 구축하여 공동의 관심사를 자유롭게 논의하여 가는 형태로 진행된다. 과학과 교수와 과학 수업에 관심이 있는 교사들이 모여서 학교 자율 장학이나 교육 실습 기간 중의 공개된 수업을 준비하고 평가하는 모임을 갖거나, 국어과 교수와 교육 실습 지도에 특별한 관심을 가진 교사들이 모여서 교육 실습 지도 과정상의 문제를 자유롭게 논의하는 형태도 있다.

대학과의 연계·협력에 대하여 무심초등학교 교사들은 평등한 관계에서 이루어지는 진정한 협력이 아니라고 생각하기도 하고, '짐' 또는 '혹'으로 생각하기도 한다. 2011년 3월에 PDS 사업 계획을 설명하는 모임이 무심초등학교에서 열렸는데, 이 자리에 대학의 교수와 연구원 여섯 명이 참석하였다. 부설 초등학교 교사들은 모두 모였다. 이 자리에서 한 교사는 대학과의 연계·협력에 대한 불만을 다음과 같이 나타냈다.

"교수들이 교사들을 돕고자 하면, 교사들의 실제 생활을 잘 살펴보아야 합니다. 협력하자고 하면서 교사들은 모두 모이도록 하고, 교수들은 몇 사람만 오셨네요. 우리를 지도하러 오신 것처럼 보입니다. (……) PDS에 대한 설명을 듣고 보니 과거의 컨설팅과 무엇이 다른지를 모르겠네요. 교수들이 교사를 지도한 컨설팅과 PDS가 무엇이 다른가요?"

- 임성순, 경력 20년

컨설팅은 자발성을 생명으로 하는 활동이지만(진동섭, 2003), 교수 주도의 컨설팅 활동을 교사들은 자신들에 대한 지도로 인식하였고, 이는 추후의 연계·협력에 상당히 부정적 요인으로 작용하였다.

(2) 공립학교와의 연계

무심초등학교는 선도 학교로서 지역 사회의 공립학교에 적지 않은 영향을 미쳐 왔다. 가장 대표적인 예가 교육과정 개정기에 무심초등학교에서 다른 공립학교에 비하여 일찍 학교 교육과정 운영 계획서를 만들어서 학교 홈페이지에 올리면, 이후에 일반 공립학교에서 이를 참고하여 학교 교육과정을 편성하곤 한 것이다.

그러나, 이런 정도의 일을 제외하면, 공립학교와의 연계·협력이 활발하였다고 할 수 없다. 이런 상황에서 현 교장이 부임하였다. 그는 부설 초등학교의 지역 사회 공립학교에 대한 선도 역할을 강하게 자각하고 있다.

"부설학교는 우리 지역의 다른 교사들이 무엇인가를 배울 수 있는 학교
가 되어야 합니다. 그런데, 이제까지는 배울 것이 하나도 없었어요. 그래서
몇 가지 사업을 시작하게 되었어요."

- 교장

이런 배경에서 무심초등학교는 《현장연구》라는 책자를 2010년과
2011년에 제작하여 지역 사회의 모든 공립학교에 배포하였다. 2010년
의 《현장연구》 제1권은 교사들이 교과서 소단원의 수업 모형을 실행
하고 분석한 결과와 무심교육대학 교수들에게 위탁한 글 등 22편으로
구성되어 있다. 《현장연구》 제1권의 몇 가지 글 제목을 예시하면 다음
과 같다.[4]

- 수학과 1학년 〈시계〉 단원에서 개념 형성 모형의 수업 적용 및 개
  선 방안
- 사회과 〈고장 생활의 중심지〉 단원에 대한 개념 학습 모형 적용
  및 수업 개선 방안
- 연구 관점에서 본 과업 중심 언어교육(*)
- 공격 행동 및 반항 행동 관리(*)

2011년에는 《현장연구》 제2권을 발간하였는데, 제2권은 교과별 수
업 모형을 부제로 하고, 각 교과별로 교수-학습 방법과 수업 모형을
다루고 있다. 한편, 2011년 9월에는 전국의 모든 교육대학 부설 초등
학교와 지역 사회의 공립학교 교사들을 초청하여 무심초등학교 교사

• • •
4 (*)의 글은 무심교육대학의 교수가 작성한 글이다.

들이 수업을 공개하고, 이후에 수업 평가회를 갖는 워크숍을 개최할 계획이다.

이처럼 부설 초등학교와 공립학교 간의 관계가 형성되고는 있지만, 《현장연구》 책자를 배부하는 활동이 언제까지 지속될 수 있는지, 이 책자가 다른 교사들에게 어느 정도의 영향을 미치는지는 검증이 필요한 부분이라고 할 수 있다.

IV. PDS 전환의 가능성과 조건

이 장에서는 연구 사례 분석에서 활용하였던 틀을 다시 활용하여 교육대학 부설 초등학교의 PDS 전환의 가능성을 검토하고 이를 지원하기 위한 조건을 탐색한다.

1. 부설 초등학교의 조직과 운영

(1) 구성원

대학 부설 초등학교는 '교육사관학교'로서 입교 희망 교사들은 경력과 무관하게 자신의 전문성을 신장하고자 하는 강한 의욕을 가지고 있다. 또 교육 실습은 부설 초등학교 교사들의 전문성을 신장시킬 수 있는 핵심적인 기제가 되고 있다. PDS 구축의 핵심 조건 중 하나가 교사의 학습 의지와 지속적인 실천 능력(구원회 외, 2010)이라는 사실을 상기하면, 부설 초등학교 교사들의 전문성 신장 의지는 PDS 전환에 대단히 좋은 조건이 된다고 할 수 있다.

그러나, 교사들이 의지를 가지고 있다고 하여도 개별 교사들의 의지를 적절한 방식으로 모아 내지 못하면, 그것은 실현되지 않은 휴면 상태의 의지에 불과하다. 또, 부설 초등학교 교사들이 외부적으로 "능력 있다"는 평가를 받고는 있지만, 그들 역시 '사관생도'로서 배워야 할 것이 많다. 따라서 부설 초등학교에서는 적절한 프로그램을 제공할 필요가 있다.

여기에서 중요한 존재가 교장이며, 교장에게 요청되는 덕목이 리더십이다. 실제로 무심초등학교의 경우, 현 교장이 부임하기 전에는 교사들의 전문성을 신장하기 위한 특별한 활동이 이루어지지 않았으나, 근래에는 수업 장학을 중심으로 모든 교사들을 대상으로 하는 수업 전문성 신장 활동이 이루어지고 있다.

이와 같은 변화는 다소간 부정적으로 평가되는 경우도 있지만, 대체로 긍정적으로 평가되고 있다. 다만, 교장의 리더십에 의한 활동이 학교의 일상routine으로 자리 잡지 못하면, 교장의 교체와 함께 소멸될 가능성이 상존한다는 사실에 주의를 기울일 필요가 있다.

한편, 교사들의 높은 의지와는 별개로, 부설 초등학교 교사들이 공립학교 교사들에 비하여 훨씬 심한 업무 강도를 경험하고 있다는 사실은 PDS 전환의 부정적 여건을 조성한다고 할 수 있다.

> "부설학교에서 개인적 전문성 발달은 기대 이상이라고 생각해요. 그동안 수업에 대한 고민, 교생 지도, 강의 등을 통해서 다른 학교에서는 배울 수 없는 것을 많이 배웠다고 생각해요. 그런데, 업무가 과중하고 시스템이 타이트하여 육체적, 정신적으로 피로가 누적된 것이 문제이죠."
>
> — 하영만, 경력 21.05년

이 문제는 과업과 조직의 재구조화를 통하여 접근할 필요가 있다. 다시 말하여, 불필요한 일과 형식적으로 운영되는 조직을 정비하고, 교사들이 몰입할 수 있는 일을 중심으로 과업을 재구조화하고, 과업 수행을 효율적으로 뒷받침할 수 있도록 조직을 재편제하여 교사들의 업무 부담을 덜어내고 전문성 신장에 몰입할 수 있도록 하는 것이다.

(2) 과업

부설 초등학교의 상시적이고 대표적인 과업은 교육 실습과 연구학교 운영이다. 각각의 과제 운영에 개선할 점이 있다.

교육 실습은 현재도 교사들의 전문성을 신장하는 훌륭한 기제가 되고 있다. 교사들은 직접 수업을 하고 다른 사람의 수업을 보면서 수업을 실행하고 비평하는 능력을 키우고 있으며, 그 능력을 충분히 활용하여 교사 후보자들을 교육하고 있다. "교육 실습이 교대 교육과정의 절반"이라거나 "교육대학에서 배워야 할 것은 모두 교육 실습에서 배웠다"는 교육대학 학생들의 말에서 짐작할 수 있는 것처럼, 교사들의 교육 실습 지도는 학생들에게 큰 도움이 되고 있다. 다만, 여기에 한 가지를 보완한다면, 실습생을 대상으로 지도 강화를 한 후에, 교사들끼리 반성reflection의 시간을 갖거나, 수업 장학을 교육 실습 지도와 연계하여 진행하는 일을 하면, 교육 실습 지도 경험이 온전히 교사의 전문성 신장에 공헌할 수 있을 것이다.

한편, 교육과학기술부 정책 연구는 '연구'로서 기능하지 못한다는 사실이 큰 문제이다. 교사들이 자신들의 문제를 발굴하고, 그 문제에 대한 답을 찾아가는 과정으로서의 연구 활동을 경험하기보다는, 용역 사업을 처리해 주는 방식으로 정책 연구에 임하고 있다. 정책 '연구'가 교사들의 '연구'에 대한 생각을 부정적으로 변화시키고, 연구 결과를 희화화하는 역설이 발생하는 셈이다. 연구 주제를 발굴할 때, 부설학교 교사들의 의견을 수렴하는 절차를 강화하거나, 부설학교 교사와 대학의 교수가 공동으로 추진할 수밖에 없는 연구 과제를 발굴하여, '연구답게' 연구를 추진할 수 있도록 하고, 그 과정에서 자연스럽게 부설 초등학교와 대학의 연계·협력이 이루어지도록 하는 편이 바람직하다.

이 밖에 부설 초등학교 고유의 수업 전문성을 신장하기 위한 각종 사업은 '사업'에 그치지 않고, 부설 초등학교의 '일상'으로 정착되고 문화 속에 포함되어야 한다. 현재의 수업 장학은 교사들이 상당히 긍정적인 사업이라고 평가함에도 불구하고, 이 활동에 대하여 큰 부담을 느끼는 것도 사실이다. 학교장의 교체 이후에도 수업 장학이 지속될 수 있을지 누구도 장담하지 못한다. 따라서, 수업 전문성 신장 활동이 지속적으로 이루어지기 위해서는 교사들이 자유롭게 참여할 수 있는 여건하에서, 자유로운 형식으로 이루어질 필요가 있다. 이 과제는 부설 초등학교 조직 편제의 변화를 필수적으로 수반한다.

(3) 조직

현재 부설 초등학교는 조직으로서의 과업을 수행하기 위한 업무 분장 조직과 각종 위원회를 양 축으로 구성되어 있다. 부설 초등학교는 선도 학교, 실험학교로서의 위상을 지니지만, 특별한 지원은 없기 때문에 본연의 기능을 수행하기 어렵다는 지적은 일찍부터 계속되어 왔다(진동섭 외, 1999; 진동섭 외, 2001). 일부 지역에서 운영되고 있는 '혁신학교'의 경우 추가 재정 지원을 통하여 학교 자체의 교무 행정 보조 인력을 확보하고, 이들이 행정 업무를 담당하는 만큼, 교사들이 수업 전문성 향상에 시간을 할애하고 있다(성열관, 이순철, 2011). 이와 같은 사례를 모방한다면, 교사들의 행정 업무 부담을 덜어 주고, 그에 따라 교무행정 분장 조직을 개편할 수 있을 것이다. 이 경우, 교육 실습 운영과 교사들의 전문성 신장을 지원하는 조직을 중심으로 학교 조직의 재구조화를 도모할 수 있을 것이다.

학교에는 많은 위원회가 설치되어 있으나, 대개는 형식적 운영에 그치고 있기 때문에 교사들에게 크게 영향을 미치지는 않는다. 위원회는 학교운영위원회나 학교폭력대책자치위원회와 같이 법령에 따라 의무적으로 설치하여야 하는 위원회가 계속 늘어나고 있기 때문에, 학교 자체적으로 위원회를 임의로 폐지하기 어려운 실정이다. 따라서, 위원회 운영의 효율성을 도모하기 위하여 노력할 필요가 있다.

한편, 부설 초등학교가 PDS로 전환하기 위해서는 교사들이 자발적으로 학습공동체를 구축하는 일이 긴요하다. 교사들의 비공식 모임을 장려하는 일이 중요하며, 이를 위하여 기존 조직의 재구조화가 다시 강조될 필요가 있다.

(4) 재정

부설 초등학교의 과업과 조직을 재구조화하는 데에서 필수적인 자원이 바로 학교 재정이다. 현재는 공립학교와 동일한 수준의 예산 지원을 받을 수 있을 뿐이며, '국립학교'이기 때문에 교육청에서 하는 공립학교에 대한 재정 지원 대상에서 제외되어, 결과적으로 불이익을 당하는 경우까지 발생하고 있다. 따라서, 교육과학기술부나 대학에서 부설 초등학교가 취지를 살려 운영될 수 있도록 추가적인 재정을 지원할 필요가 있다. 재정 지원이 이루어지면 가장 먼저 교사들의 행정 업무 부담을 경감하고, 그만큼 교사들이 전문성 향상에 노력할 수 있을 것이다.

2. 부설 초등학교와 다른 기관의 연계·협력

(1) 교육대학과의 연계·협력

대학 부설 초등학교 교사들은 대학과의 연계·협력을 '대학 부설' 학교이기 때문에 당연한 것으로 받아들인다. 그러나, 무심초등학교 교사들은 대학 교수들과의 협력에 대하여 복합적 감정을 가진다. 첫째, 교수들과의 관계가 위계적이라고 느낄 때는 불편함을 가진다. 앞의 인용 사례가 그 예이다. 이 경우 진정한 의미의 협력은 어렵다. 둘째, 대체로 교수들이 먼저 연계·협력을 요청하고 교사들은 이를 수용하는 형식에 익숙하다. 교수들의 협력 요청을 '침입'으로 받아들이기도 하며, 교사들이 먼저 도움을 요청하는 일은 자주 일어나지 않는다. 셋째, 그럴지만, 어떤 경우에는 교수들이 다른 관점에서 문제를 바라보고, 자신들에게 도움을 줄 수 있다는 느낌을 가지기도 한다. 예컨대, 면담 기간 중에 PDS 협력 사업의 일환으로 이루어진 무심교육대학 교수 및 부설 초등학교 교사의 학습공동체에 참여한 교사는 교수와의 수업 비평 논의를 다음과 같이 평가하고 있다.

> "초등학교 교사들이 수업을 보는 관점과 교수가 보는 관점이 다른 것 같아요. 교사들은 동선, 시선 처리부터 출발해서 주로 교수-학습 방식에 관한 이야기를 많이 나누게 되는데, 오늘(교수와 수업 비평을 한 날)은 과학 지식에 집중해서 이야기를 한 것 같아요."
>
> - 임종원, 경력 14년

그동안 대학과 부설 초등학교 간의 연계가 활발하지 않았으며, 종종 위계적 관계가 형성되었다는 사실은 PDS 전환에서 부정적 요인으로 작용할 가능성이 있다. 또 PDS가 '사업'으로 교사들에게 다가올 때에는 교사들이 소극적으로 대응할 가능성이 크다. 이런 상황에서는 대학에서 교사들에게 전문성을 발휘할 수 있는 기회를 제공하고, 교사들이 주체로 참여할 수 있도록 하는 일부터 시작할 필요가 있다. 예컨대, 대학 강의에 교사를 초청하여 교육과정에 대한 현장 교사의 생각을 이야기하도록 하거나, 교수-학습 모형 적용에서의 문제를 논의하도록 하는 일 등을 시작할 필요가 있다. 이런 경험을 통하여 교수와 교사 간에 대등한 관계를 형성하고, 더 나아가 교사들이 먼저 협력을 요청하는 방향으로 발전할 수 있을 것이다.

(2) 공립학교와의 연계

대학 부설 초등학교는 선도 학교로서 공립학교와 적극적으로 연계할 필요가 있으나, 학교 구성원에 따라서 그것이 잘 이루어지기도 하고 그렇지 않은 경우도 있다. 무심초등학교의 경우 《현장연구》를 발간하여 배포하고 수업 공개를 통하여 연계를 시도하고 있으나, 이처럼 사업화된 연계는 지속가능성이 크지 않을 것으로 생각된다. 오히려, '사관학교' 출신 교사들이 부설 초등학교에서 근무하는 동안 양질의 학습공동체 운영을 경험하고, 그들이 공립학교로 전보되었을 때, 그 경험을 살려 공립학교 교사들과 학습공동체를 운영하고 부설 초등학교 또는 대학과의 가교 역할을 하는 방향의 연계를 검토할 필요가 있다. 이미 부설학교 출신 교사들의 동우회가 조직되어 있거니와, 이 동우회가 이 과정에 적극적으로 활동하도록 지원할 필요가 있다.

V. 결론

이 연구는 국립대학 부설 초등학교의 기능 부전 또는 공립화에 관한 논의가 심심치 않게 이루어지는 상황에서 부설 초등학교를 PDS로 전환하는 것을 향후 부설 초등학교 운영의 방향으로 설정하고, 그 가능성과 지원 조건을 검토한 것이다. 학교 방문 및 교사 면담을 통하여, 학교의 구성원, 과업, 조직, 재정 및 교육대학과 일반 공립학교와의 연계라는 측면에서 현상을 진단하고, PDS 전환의 가능성을 탐색하였다.

연구 결과, 부설 초등학교가 PDS로 전환할 수 있는 가능성을 다음과 같이 탐색하였다. 첫째, 구성원은 전문성 신장 의지가 높기 때문에 학교장이 리더십을 발휘하여 적절한 전문성 신장 기제를 제공하면 PDS 전환에 긍정적 요인이 될 수 있다. 둘째, 현재의 과업 가운데 교육실습은 교사 간의 반성 활동을 보완하고, 교과부의 정책 연구는 과제 추진 방식을 변화시킬 필요가 있다. 셋째, 학교 조직을 재구조화하여 교사들이 부담 없이 학습공동체 활동에 참여할 수 있도록 지원하여야 한다. 넷째, 이를 위하여 학교에 대한 재정 지원이 확대되어야 한다.

이와 함께, 부설 초등학교가 PDS로 전환할 수 있도록 하기 위한 추가적 조건을 다음과 같이 제시하였다. 첫째, 교육대학과의 연계·협력 과정에서 교사들이 수평적 관계를 형성할 수 있도록 교육대학에서 우선 노력하여야 한다. 둘째, 일반 공립학교와의 연계는 사업화된 연계보다는 사람을 통한 비공식적 연계를 확대할 필요가 있다.

근래 국가 수준의 교육 개혁이 아니라 학교로부터의 개혁의 필요성에 대한 논의를 자주 들을 수 있거니와, 각 지역에서 다양하게 추진되고 있는 '새로운' 학교와 함께 부설 초등학교의 PDS 전환도 한국 학교 개혁의 또 하나의 모델이 될 수 있을 것이다. 이 연구는 교원 양성 교육의 개선은 물론 학교 개혁에서 중요한 역할을 할 수 있는 교육대학 부설 초등학교를 전문성개발학교로 전환할 수 있는지를 가늠하고, 이를 지원하기 위하여 필요한 조건을 밝혔다는 점에서 의의를 지니지만, 이를 모형화할 수 있는 수준에는 이르지 못하였다는 점에서 향후 연구 과제를 남기고 있다.

| 참고 문헌 |

구원회, 박영희, 나귀수, 황연주, 하정미(2010). 자기주도적 교수 역량 강화를 위한 PDS 모형 개발에 관한 연구. 교과교육연구, 14(3), 이화여자대학교 사범대학 교과교육연구소, 579~599쪽.

김민희, 이차영, 이인회, 김민성(2009). 국립학교제도 개선방안 연구. 충북대학교 한국지방교육연구소 연구보고서, 11, 충북대학교 한국지방교육연구소, 3~139쪽.

박영만(1996). 교원교육의 협력모형(PDS)에 관한 연구. 교육논총, 13, 경인교육대학교 교육연구원, 97~146쪽.

성열관, 이순철(2011). 혁신학교 - 한국교육의 희망과 미래 . 서울: 살림터.

손영민(2001). 지식기반 사회의 교사교육을 위한 PDS. 교육사회학연구, 11(2), 한국교육사회학회, 77~100쪽.

유솔아(2006). PDS에서의 교육과정 연구 및 개발에 참여한 교사들의 반성과 전문성 변화에 대한 연구. 박사학위 논문. 이화여자대학교 대학원.

진동섭(2003). 학교 컨설팅. 서울: 학지사.

진동섭 외(1999). 초·중등 국립학교 제도 개선 방안 연구. 교육부 정책연구보고서.

진동섭, 백학송, 양영주(2001). 대학 부설 학교의 특성화 운영 방안 연구. 교육인적자원부 정책연구보고서.

교사학습공동체를 위한 교육과정 문해력 프로토콜의 개발 및 적용 가능성 탐색

박윤경*, 김미혜**, 장지은***

I. 서론

국가 교육과정은 교실 수업에서 실행되기를 바라는 교육의 목표와 내용을 담고 있지만 교실 수업에서 실행되는 교육과정과 항상 일치하지는 않는다. 구체적인 수준과 범위의 차이는 있겠지만 수업을 실행하는 교사에 의해 교육과정 재구성curriculum adaptation, 다시 말해 교육과정을 학교와 교실의 상황에 맞게 변형하거나 수정하는 작업(Blum & Grobman, 1991: 384; Smylie, 1991: 386)이 이루어지기 때문이다. 국가

• • •
* 주저자
** 공동저자
*** 교신저자

주도의 교육과정 체제 속에서 교육과정 재구성의 권한을 부여받은 우리나라의 교사들은, 국가 교육과정과 이를 구체화한 교육 자료인 교과서를 바탕으로 학생의 다양한 요구와 능력 차이, 학교 및 교실의 다양한 상황과 맥락을 고려하여 수업을 설계하고 실행해야 한다. 그래서 교사의 전문성에는 교육과정에 대한 이해와 재구성 역량, 나아가 교육과정을 읽고 쓸 수 있는 교육과정 문해력curriculum literacy[1]이 포함되며, 수업을 잘하고 싶은 교사는 교육과정 전반에 대한 전문성을 제고하기 위해 노력해야 한다.

이처럼 국가 교육과정을 해석하고 재구성하여 교육 현장과 학습자에 맞게 실행하는 현장 교사들의 역량이 중요하지만, 교육과정의 해석과 재구성 실행 양상은 교사마다 다양한 차이를 보인다. 많은 초등학교 교사들이 국가 교육과정을 이해하는 것이 중요하고 학교 현장에 맞게 변형해야 한다고 알고 있지만, 스스로 자신들의 국가 교육과정에 대한 이해 수준이 낮다고 생각하며, 재구성을 하더라도 한 차시나 한 단원 수준에서 교육 방법의 일부를 변경하는 소극적인 수준에 머무른다고 한다(박윤경, 정종성, 김병수, 2015). 교육과정에 대한 전문성의 중요도에 비해 교사들의 자기효능감이 높지 않은 이유는 교사의 전문성 개발을 지원하는 프로그램이 가진 한계에서 찾을 수 있다. 기존의 교사 전문성 개발 프로그램은 대개 일반화된 지식이나 기술을 전수하는 데 초점을 맞추는 연수 프로그램이 주를 이루었으며, 이러한 프로그램으로는 개별 교실에서 이루어지는 수업을 실질적으로 개선하는 교사의 역량을 기르는 데 한계가 있었던 것이다(서경혜, 2015: 22-26). 교사의 교육과정 문해력 또한 교육과정 문서에 대한 지식을 습득하고 교육과정을 재구성해야 한다는 당위적 명제를 아는 것만으로는 길러지지

• • •

1 '교육과정 문해력'은 '교육과정 재구성'에 대한 대안으로 등장한 용어로서, 교육과정이 지향하는 바를 읽어 내고 이를 구현할 수 있는 교사의 전문적 역량을 강조한다. 이에 대해서는 다음 장에서 자세히 설명하도록 한다.

않는다. 교사들에게 더 능동적이고 창의적으로 교육과정을 재구성할 것을 요구하려면 실제로 그렇게 할 수 있도록 지원하는 교육 프로그램이 마련되어야 한다.

교사들의 교육과정 문해력을 제고할 수 있는 효과적인 방안으로 교육의 질과 교사의 전문성을 높이기 위해 도입된 전문적 교사학습공동체Professional Learning Community, PLC의 활용을 모색해 볼 수 있다. 교사학습공동체는 참여 교사들이 서로의 수업을 공개하고 공동으로 관찰하며 평가하는 활동을 중심으로 운영되며, 교사 자신과 수업에 대한 반성적인 성찰을 통해 참여 교사들의 전문성을 신장시킬 수 있다고 보고된다. 교사학습공동체에 교육과정 문해력의 개념을 도입하면 참여 교사들이 수업 현장에서 공동으로 교육과정을 재구성하고 실행하고 평가하면서 교육과정 문해력을 높일 수 있을 것이다. 그러나 교사학습공동체가 항상 효과적으로 운영되지는 않는다. 공동체의 경험이 없는 교사들로 구성된 교사학습공동체에서는 구성원들 간의 신뢰가 구축되기 전에 협력 관계가 형성되지 못할 수 있고, 강제성도 진정한 교사 전문성 향상에 부정적으로 작용할 수 있다(서경혜, 2009). 또한 교사학습공동체 운영에서 오해가 발생하거나 합의가 이루어지지 않으면 교육적 장치와 구조들이 유지되지 못한다(Easton, 2009). 참여 교사들이 이러한 방해 요소들을 극복하고 교사학습공동체 내에서 전문적인 대화를 지속하기 위해서는 공동체 내의 토의를 조정하고 촉진하는 대화를 구조화한 프로토콜protocol을 활용할 필요가 있다(Easton, 2009). 교육과정 문해력 제고에 초점을 둔 프로토콜은 교사학습공동체 구성원의 교육과정 문해력 차이에 의해 발생하는 오해를 줄이고 교사학습공동체 내에 전문적이고 심도 있는 대화를 촉진하여 교사의 전문성 향상을 지원할 수 있다.

요컨대, 교사들에게 요구되는 전문성의 중심에 교육과정 문해력이 놓이며 교사학습공동체는 교사들의 교육과정 문해력을 제고할 수 있는 유용한 프로그램이다. 교육과정 문해력은 교사 개인에게도 중요하지만 교사학습공동체에서도 중요하다. 구성원 개개인의 교육과정 문해력의 차이는 교사학습공동체에서 지향하는 교육 방향을 혼란스럽게 만들 수 있으므로, 교사학습공동체는 각 구성원이 가진 교육과정 문해력의 수준이나 관점을 공유하고 이해해야 한다. 그리고 교사학습공동체 활동을 통해 교사들의 교육과정 문해력 신장을 지원하려면 구성원들 간에 목표 지향적이면서 전문적인 대화가 지속될 수 있도록 이끄는 '교육과정 문해력 프로토콜'을 개발할 필요가 있다.

이러한 현실적 요구에 부응하기 위해 본 연구에서는 '교육과정 문해력 프로토콜'을 개발하고, 2017년과 2018년 두 차례에 걸쳐 진행된 〈전문적 학습공동체 리더 역량 강화 직무 연수〉에 적용하여 프로토콜의 타당성 및 활용 가능성을 확인하였다. 그 결과를 토대로 본 연구는 먼저 교사학습공동체를 위한 교육과정 문해력 프로토콜의 개발 및 적용 사례를 제시하고 그 시사점을 제언하고자 한다.

II. 이론적 배경

1. 교육과정 문해력과 교사학습공동체

각 교과별로 표준화된 교육의 목표를 설정하고 개별 교과의 세부 영역과 학년군에 따라 교육의 내용을 성취 기준의 형태로 제시하는 국가 교육과정은 개별 학교 및 교실의 다양한 맥락을 반영하지 못한다. 그래서 교사에게는 교육과정이 지향하는 바를 이해하고 이를 교실 수업에서 구현해 내며 그 적절성을 성찰할 수 있는 전문성이 요구된다. 이와 관련하여 최근 교육과정 문해력이라는 용어가 주목을 받고 있다.

교육과정 문해력 개념이 논의되기 이전에는 교사의 교육과정 전문성과 관련하여, 국내외 학계에서 교육과정 실행curriculum implementation 개념을 중심으로 이론적 논의가 전개되어 왔다(Snyder, Bolin & Zumwalt, 1992; 박윤경, 2003; 최진영, 이경진, 2008; 김두정, 2009 등). 그리고 교육 현장에서는 문서화된 교육과정에 대한 단위 학교와 교사의 자율성이 강조되는 맥락 속에서 교육과정 재구성 개념이 더 활발하게 사용되어 왔다. 교육과정의 '재구성'은 제2차 교육과정의 총론에 처음 등장한 이후(김현규, 2016: 28) 국가 교육과정에서 여러 차례 언급되었다. 최근 지역교육청, 혁신학교 및 교사학습공동체가 주도하는 학교 혁신에 대한 논의도 대부분 교육과정 재구성 개념을 중심으로 전개되고 있다.

이에 비해 국내 학계에서 교사의 교육과정 문해력에 주목하기 시작한 것은 비교적 최근이다(정광순, 2012; 백남진, 2015; 김병수, 이현명, 2016; 박윤경, 김미혜, 장지은, 김동원, 2017; 박윤경, 김미혜, 김병수, 2017). 교육과정 실행과 재구성 개념은 교육과정을 실행하거나 재구성하는 행위 자체에 초점을 맞추고 있어서 그것을 행하는 교사의 역량이나 능력을 설명하거나 그 행위의 질적 차이를 논하기에 적합하지 않다. 또한 교육과정 실행과 재구성 개념은 교사의 교육과정 전문성의 범위를 교육과정을 적극적으로 평가하거나 개발하는 데까지 확대하는 것을 제한할 가능성이 있다(박윤경, 김미혜, 김병수, 2017: 8). 교사들이 더 능동적이고 창의적으로 교육과정을 재구성할 것을 요구받고 있는(김진필, 박종률, 박대원, 2012; 백남진, 2013; 김주환, 2014; 박윤경, 정종성, 김병수, 2015) 최근의 흐름을 감안한다면, 교사의 교육과정 전문성의 실체를 효과적으로 포착해 낼 수 있는 대안적 용어에 대한 요구가 발생한다.

교육과정 문해력은 이러한 대안적 개념 중의 하나로 교사의 교육과정 전문성의 핵심을 드러내는 데 효과적인 용어이다(백남진, 2015). 이론적 논의 초기에는 문해의 대상인 교육과정 문서에 대한 해석에 초점이 맞춰지면서, 교육과정 문해력은 주로 교육과정 문서를 이해하고 이를 활용하는 능력으로 제한적으로 정의되었다(정광순, 2012; 백남진, 2013). 그러나 '읽기의 차원'에서 교육과정 문해력을 정의하는 것은 초보적이고 낮은 기능적 문해력의 수준으로 교사의 전문성을 제한한다는 점에서 바람직하지 않다. 이와 달리 비판적 문해력의 수준에서는 문해의 대상을 문자 그대로 읽고 이해하는 수준을 넘어서 그 대상이 산출된 사회문화적 맥락에 대한 비판적 성찰과 함께 적극적 개선을 위한 실천 능력까지를 문해력의 범주에 포함한다. 비판적 문해력 패러다임을 토대로, 교사의 교육과정 문해력은 교육과정에 대한 해석을 통해 외부 개발자의 의도를 파악하는 것을 넘어, 교사 자신의 의미 구성을 통해 교육과정의 타당성을 따지고 필요한 경우 다시 쓸^{constructing or developing} 수 있는 단계까지 포괄하는 능력으로 정의할 수 있다(박윤경, 김미혜, 김병수, 2017: 40).

교사의 능동성을 제한하는 교육과정 실행이나 재구성보다는 교육과정 문해력이, 국가 교육과정과 교과서에 대한 심층적 이해와 해석을 토대로 자신의 교육과정을 타당성 있게 설계, 실행하고 성찰하는 교사의 전문성을 설명하기에 적합하다. 또한 문해력에 다양한 수준이 있는 것과 같이 '교육과정 문해력'에도 낮은 수준과 높은 수준이 있을 수 있다. 교사의 교육과정 문해력은 학습을 통해 향상될 수 있으며, 더 나은 수준의 교육과정 문해력을 갖춘 교사는 학습자에게 교실 수준에서 보다 적합한 교육과정을 제공하여 교육의 질을 높이게 될 것이다. 그리고 본 연구는 교사 전문성의 핵심인 교육과정 문해력을 실질적으로 제고할 수 있는 방안으로 교사학습공동체에 주목하였다.

교사학습공동체는 "학교 개혁과 학교 문화 개선에 관한 공적 책무성을 지닌 교사들이 집단적이고 지속적인 탐구와 실행 연구를 통해, 학생의 학습 능력을 신장하고, 자신과 동료 교사의 전문성을 신장하고자 하는 학습 조직"(김민조, 심영택, 김남균, 김종원, 2016: 228)이며, 본질적으로 구성원들 간의 상호 이해에 바탕을 둔 지속적인 협력을 지향한다. 최근 교사학습공동체는 교사들이 교육과정 전달자가 아니라 학교와 교실 수준의 교육과정을 집필하고 실행하는 주체로서의 역할을 효과적으로 수행할 수 있도록 지원할 수 있는 기제로 평가받고 있다 (곽영순, 2015: 85-86). 실제 교사학습공동체의 운영 사례에서도, 교과 수준에서의 수업 공동 설계와 실행(김남수, 2013; 김정원, 방정숙, 김상화, 2017)이나 교과 통합 수준에서의 교육과정 공동 실행(박민선, 최성욱, 2017)을 통해 교사의 교육과정에 대한 인식이 개선되고 효능감이 증가하는 등 교육과정 전문성이 전반적으로 향상된다는 점을 확인할 수 있다. 그러나 일부 사례에서는 국가 교육과정 문서에 대한 분석 없이 교과서나 지도서의 일부를 재구성해 활용하는 것을 교육과정 재구성으로 잘못 이해하고 있는 문제점이 발견되기도 한다. 교사학습공동체 구성원들이 국가 교육과정을 능동적으로 해석하고 그 결과를 토대로 교사 자신의 교실 맥락에 맞는 교육과정을 생성해 낼 수 있도록 하기 위해서는 교육과정 문해력의 관점에서 교사학습공동체 활동을 구조화할 필요가 있다. 본 연구에서는 이를 고려하여 교사학습공동체 구성원들이 교육과정에 대한 타당한 인식과 국가 교육과정 문서에 대한 읽기를 토대로 교실 또는 학교 교육과정을 쓰는 작업으로 이행해 갈 수 있도록 교육과정 문해력 프로토콜의 핵심 주제와 내용을 선정하여 순차적으로 배열하였다.

2. 교사학습공동체를 위한 프로토콜

교사의 전문성을 바라보는 기존의 관점은 크게 지식 중심의 관점, 기술 중심의 관점, 태도 중심의 관점, 그리고 지식과 기술, 태도 모두를 강조하는 통합적 관점으로 나누어 살펴볼 수 있다(서경혜, 2015: 27-46). 지식 중심관은 교사의 전문성을 학문적 지식에서 찾는 관점에서 출발하였다. 1980년대 이후 교사의 전문성에는 실천적 지식이 포함된다는 특수성에 주목하는 변화를 보여 주었으나, 지식 중심관은 외부 지식의 습득을 전문성 향상의 핵심 기제로 본다는 한계를 지닌다. 기술 중심관은 교사 전문성의 핵심을 교수 기술teaching skills로 보며, 효과적인 교수법을 습득한 교사는 잘 가르칠 수 있다고 설명한다. 그러나 이러한 관점도 모든 학생들에게 효과적인 교수법은 존재하지 않는다는 반론으로부터 자유롭지 못하다. 태도 중심관은 교사의 전문성을 학생들을 가르치는 일에 대한 교사의 마음가짐에서 찾는 관점인데, 교사의 태도를 객관적으로 측정하기 어렵다는 점에서 태도 중심관 또한 한계가 있다. 이들 관점은 모두 교사의 전문성이 외부의 전문가로부터 주입되는 지식이나 기술에 의해 향상되는 것으로 보았으며 교사의 전문성을 개별 교사에게서 찾고 평가하는 것을 넘어서지 못했다. 교사가 교육 현장에서의 다양한 교육적 실천과 시행착오를 통해 스스로의 전문성을 신장시켜 나가는 과정을 설명하지 못했고 교사 개개인의 전문성을 공유하고 전수하는 것의 가치를 발견하지도 못했던 것이다.

이에 대한 대안을 Schön(1983)의 반성적 접근에서 찾을 수 있다. Schön은 기술적 합리성의 관점에서 전문성을 설명하는 것을 비판하면서 실천 중 반성reflection in practice을 통해 형성되는 실천적 지식이야말로 현대 사회가 요구하는 전문성의 핵심이라고 설명했다. 전문가는 학문적 지식을 앎으로써가 아니라 실천 상황 속에서 자신의 행위와 그 기저에 있는 앎을 비판적으로 재구성하고 이후의 행위에서 이를 검증함으로써 새로운 지식을 형성한다는 것이 그의 설명이다. 이러한 Schön의 반성 이론은 반성적 교사 교육이 대두하는 배경이 되었다. 반성적 교사 교육은 교사들이 자신의 교육 실천에 대한 반성을 통해 전문성을 신장시킬 수 있도록 지원하고자 한다. 이에 더해 교사들이 교실의 경계를 허물고 전문가 공동체의 구성원으로서 동료 교사들과 적극적으로 협업할 때 자신의 전문성을 신장시킬 수 있다는 패러다임이 확산되면서 최근에는 교사학습공동체가 교사 전문성 향상의 방안으로 주목받고 있다(김남균, 2013; 서경혜, 2015; 김민조, 심영택, 김남균, 김종원, 2016).

앞 절에서도 밝혔듯이 동료 교사들 간의 수업 공유와 수업 관찰 및 분석, 수업 공동 설계 등의 활동을 통해 교사의 전문성이 신장되었다는 여러 교사학습공동체의 성공 사례가 보고되고 있는데(김경은, 2010; 나귀수, 2010; 김미혜, 2010), 특히 많은 학자들이 교사학습공동체 성공의 핵심 요인으로 교사들 간의 대화와 협력의 중요성을 강조하고 있다 (서경혜, 2009; 곽영순, 2015; 김남균, 심영택, 김민조, 이현명, 2014; 곽영순, 김종윤, 2016; 김민조, 심영택, 김남균, 김종원, 2016; 박민선, 최성욱, 2017; 김주영, 장재홍, 박인우, 2018). 일례로 단위 학교 교사학습공동체에 대한 사례 연구에 따르면(박민선, 최성욱, 2017), 참여 교사들이 수업 대화에 익숙해질수록 자신들의 교수 실천이나 교육과정에 대한 협력적 상황에 몰입하기 시작하는 것으로 나타났다. 교사학습공동체의 특성이 교사 전문성에 미치는 영향에 관한 국내 선행 연구들을 분석한 연구에서도(김주영, 장재홍, 박인우, 2018), 교사학습공동체의 특성 중 협력 변인이 교사 전문성을 신장시키는 데 가장 중요한 요소 중 하나인 것으로 나타났다. 즉, 교사학습공동체 내 구성원 간의 대화와 협력은 단지 하나의 형식적 특성이 아니라 교사학습공동체의 목표 달성과 교사의 전문성 발달을 좌우할 수 있는 가장 핵심적인 요소인 것이다.

그러나 모든 교사학습공동체가 성공적인 경험을 하는 것은 아니며, 동료 교사와의 협력 경험이 부족한 교사들에게는 부정적인 반응을 불러일으키기도 한다. 서경혜(2009)는 현장 교사들이 교사학습공동체에 형식적 수준에서 참여하고 있으며 협력 관계 형성에 어려움을 겪고 있다고 지적한 바 있다. 수학 교사학습공동체 참여자를 대상으로 설문 조사를 수행한 권나영(2015)의 연구에서도, 교사들은 시간 부족이나 일정 조정의 문제 외에 교사들 사이의 경력이나 지식 등의 차이로 인해 의견 소통이 쉽지 않다는 점을 교사학습공동체 참여의 어려움으로 들고 있었다. 또한 강원도 지역 교사학습공동체 실태를 조사한 박철희 외(2017)의 연구에 따르면, 교사학습공동체가 교사들의 진정한 만남과 대화를 나누는 장이 아니라 형식적이거나, 소수의 교사들에 의해서 주도되는 일방적 전달 위주의 의사소통 방식으로 운영되고 있는 것으로 나타났다.

교사학습공동체 내 협력과 의사소통의 문제는 가치와 비전의 공유, 협력적 학습, 개인적 실천의 공유 등과 같은 교사학습공동체의 핵심적인 특징이 발휘되기 어려운 구조를 만들어 결과적으로 교사 전문성 발달이라는 교사학습공동체의 목표 달성을 저해할 수 있다. 이 때문에 국내 많은 연구자들은 교사학습공동체가 교사 전문성 발달에 유의미한 효과를 갖기 위해서는 교사 간의 협력적 관계 구축, 발전적 상호 작용, 실천을 공유하는 경험과 반성적 대화 등이 전제되어야 한다고 강조한다(서경혜, 2009; 김민조, 심영택, 김남균, 김종원, 2016; 박민선, 최성욱, 2017; 박철희 외, 2017). 이와 관련하여 최근 교사학습공동체 내에서 전문적 대화를 지속하기 위한 대화 구조(Easton, 2009)인 프로토콜이 긍정적인 대안으로 제시되고 있다.

프로토콜은 원래 외교에서 국가 간 의례, 또는 국가 간 조약을 보완하거나 개정하는 국가 간의 약속을 담은 의정서를 의미하는 말로 쓰였으나, 점차 어떤 현상이 일어나는 절차의 기록물 또는 어떤 과정의 절차를 의미하는 말로 사용되고 있다. Easton(2009)은 프로토콜이 대화를 통하여 깊이 있는 이해를 이끌어 내고자 하는 집단을 돕는 절차로서, 교사학습공동체에서의 프로토콜은 공동체 구성원 사이의 대화에 규칙을 제시하여 자신의 수업에 대한 평가와 같이 일상적인 대화와는 다른 유형의 전문적인 대화를 촉진하고, 교육 현장에서 발생하는 쟁점과 문제를 탐구하도록 도우며, 대화를 생산적인 방향으로 이끄는 절차라고 보았다. McDonald, Mohr, Dichter & McDonald(2007)는 교사학습공동체에서 프로토콜의 활용이 교사의 전문성 신장과 매우 밀접한 관계가 있다고 강조한다. 교사학습공동체 내에서 프로토콜 없이도 대화를 진행할 수 있지만, 프로토콜이 있다면 교사학습공동체 구성원들이 교육 활동에 대해 체계적이고 심도 있는 대화를 할 수 있으며 이를 통해 교사의 반성적 성찰과 전문성 향상의 기회를 가질 수 있기 때문이다. 따라서 교사들에게 프로토콜에 기반한 집중적인 대화가 필요하다고 강조한다. 앞서 선행 연구에서 나타난 바와 같이 참여교사들이 가진 특성의 차이로 인해 누군가 대화를 독점하여 공평한 대화 참여 기회를 갖지 못하거나, 목표 지향적인 대화를 나누기 어려운 상황에 놓여 있는 경우, 프로토콜과 같이 대화를 중재하는 장치(김남균, 2013)를 도입하는 것이 효과적일 것이다.

공동체 내의 토의를 조정하고 촉진하기 위해 대화의 규칙과 절차를 구조화해 제시하는 프로토콜은 다소 인위적으로 느껴질 수 있지만, 이에 기반을 둔 대화는 교사학습공동체 내의 작업이 일정한 순서에 따라 이루어지도록 한다. 프로토콜을 도입하면 교사학습공동체의 작업은 표준화된 절차를 따르게 되어 일상에서와는 달리 목표 지향적이며 협력적인 대화를 이어 나갈 수 있게 된다. 이 때문에 최근 북미를 중심으로 교사학습공동체에서 다양한 프로토콜을 개발하여 사용하는 사례들이 다수 제시되고 있다(김남균, 2013: 2-3). 하지만 국내에서는 교사학습공동체 형성 및 운영의 문제점을 지적하는 연구들은 많은데 비해, 이를 개선하기 위한 구체적인 전략으로서 프로토콜의 개발이나 적용에 대한 연구는 많지 않다. 드물지만, 한 초등학교 교사학습공동체에서 프로토콜을 적용한 김남균(2013)은 단지 몇 개의 프로토콜 활용만으로도 교사들이 소통에 더 자신감을 갖고 학생 결과물 분석이나 수학 교과 지식의 측면에서도 적극적으로 활동하는 등의 많은 변화가 나타났다고 보고한다. 초등학교 수학 교사학습공동체에서 공동수업 설계와 공동 수업 성찰에 대한 프로토콜을 적용하고 참여자들의 대화를 분석한 연구(김남균, 심영택, 김민조, 이현명, 2014)에 따르면, 프로토콜이라는 매개 도구의 도입이 교사학습공동체 구성원 간의 대화의 주제와 흐름을 결정하고, 구성원들의 경험과 성찰을 더 체계적으로 만들었으며, 기존 교사나 신규 교사들이 모두 동등하게 활동에 참여하고 교사들의 수업 반성이 깊이 있게 이루어진 것으로 나타났다. 이런 점에서 프로토콜은 교사들의 전문성 발달을 외부의 형식적인 도구를 통해서 억압하기 위한 기제라기보다는 공동체 내의 교류와 협력을 바탕으로 교사 스스로 전문성을 신장해 나갈 수 있는 환경과 문화를 형성하기 위한 지원 기제라고 할 수 있다.

교사학습공동체의 운영을 위한 프로토콜의 유형은 매우 다양한데 본 연구에서는 교육과정 문해력을 제고하기 위한 프로토콜을 설계하고자 하였기 때문에 교육 현장의 변화를 의도한 프로토콜 유형들 중 선행 사례를 통해 검증된 몇 가지 유형을 참조하였다. 예를 들어, McDonald, Mohr, Dichter & McDonald(2007)가 제시한 사례들 중에서 수업의 변화에 초점을 맞추고 있는 '실천 기준 만들기 프로토콜'과 '새로운 설계안 도출 프로토콜', '진짜 하고 싶은 것을 하라' 등이 이에 해당한다. 먼저 '실천 기준 만들기 프로토콜'은 교사학습공동체 활동을 지원하는 프로토콜로서 교사가 제시하는 과제의 엄밀성을 높이는 것을 목적으로 한다. 이 프로토콜은 ① 과제 제시하기, ② 학습 목표 평가하기, ③ 적용되는 기준 확인하기, ④ 대략적인 채점 지침 만들기, ⑤ 학생 활동 결과물 평가하기, ⑥ 학생 활동 결과물 활용하기의 6단계로 구성된다. '새로운 설계안 도출 프로토콜'은 교사학습공동체 구성원들이 공통으로 인식하는 문제에 대한 해결책을 도출하는 협력적 대화의 과정을 표준화하여 제시한 것으로, 교사학습공동체 내의 여러 팀이 설계한 안을 함께 검토하면서 더 나은 설계안을 만들어나가고자 할 때 적용할 수 있는 유형이다. 이 프로토콜은 ① 준비하기, ② 발표하기, ③ 명료화 질문하기, ④ 온정적인 피드백 하기, ⑤ 냉정한 피드백 하기, ⑥ 피드백에 대답하기, ⑦ 종합(신시사이저) 회의, ⑧ 신시

사이저 보고하기, ⑨ 질문과 공개 토의하기, ⑩ 새로 설계하기, ⑪ 합의 도출하기의 단계로 이루어져 있다. 마지막으로 '진짜 하고 싶은 것을 하라'는 개혁을 지향하는 교육자들이 공동으로 이론을 탐구하고 그 결과를 바탕으로 더 나은 교육적 실천을 모색하도록 안내하는 프로토콜이다. 이 프로토콜은 ① 소개하기, ② 이론 파악하기, ③ 명료화 질문하기와 대답하기, ④ 이론 적용하기, ⑤ 발표하기, ⑥ 합의 이끌어 내기의 6단계로 구성된다. 교육과정 문서에 대한 분석을 바탕으로 교과 수준 또는 교과 통합 수준에서 교육과정의 재구성 방향을 만들어 가도록 설계된 본 연구의 교육과정 문해력 프로토콜은 이 유형의 프로토콜과 비슷한 구조를 지니고 있다.

이상의 연구와 사례들을 참고하여 본 연구에서는, 내용적인 면에서는 교육과정 문해력을 반영하면서 교사들의 교사학습공동체 활동에 실질적이면서도 수월하게 적용할 수 있도록 전문적인 대화의 과정을 구조화한 프로토콜을 제시하고자 하였다. 이때 교사학습공동체 구성원 간 협력적 상호 작용이 활발하게 이루어질 수 있도록 촉진자의 역할 및 활동 중심 구성에 대해서도 고려하였다. 김남균(2013)에 따르면, 교사학습공동체의 학습 주제와 관련한 탐구 활동과 문제 해결을 위한 협력적 대화가 성공적으로 진행되기 위해서는 구성원들의 참여를 독려할 수 있는 촉진자의 역할이 매우 중요하다. 따라서 교육과정 문해력 프로토콜에서는 교사학습공동체 내의 대화를 중재하기 위해서 촉진자가 수행해야 할 역할을 명시하고 핵심적인 질문들을 제시하였다. 또한 주제와 관련한 개별 구성원들의 생각을 이끌어 내고 적극적인 참여를 유도할 수 있도록 활동을 중심으로 프로토콜을 구성하였으며 활동의 형태는 개별, 모둠별, 전체 활동이 적절히 배치될 수 있도록 하였다. 활동의 정리 단계에서는 결과를 구성원 전체가 공유하도록 하였다. '새로운 설계안 도출 프로토콜'에서 보듯이 교사학습공동체는 공동의 문제 상황에 대한 해결책을 찾아가는 목표 지향적이며 협력적인 대화를 필요로 하므로, 활동을 개인 또는 모둠의 수준에서 수행하는데 그치지 않고 구성원 전체가 활동 결과를 공유하고 그 의미를 모색해 볼 수 있도록 한 것이다.

III. 연구 방법

1. 프로토콜의 개발 방법 및 절차

이 연구는 교사학습공동체에서 활용할 수 있는 교육과정 문해력 프로토콜을 개발하고 그 적용 가능성을 탐색하기 위한 연구로서, 문헌 검토에 기반한 전문가 공동 연구의 과정을 통해 프로토콜을 개발하고, 시범 적용 사례 분석을 통해 그 타당성 및 가능성에 대해 탐색하였다. 먼저, 교사학습공동체를 위한 교육과정 문해력 프로토콜의 개발은 2017년 3월부터 7월 사이에 이루어졌다. 사회과, 국어과, 과학과의 교과교육학 전문가들로 구성된 연구진은 대학에서 이론 중심 과목인 교과교육 1과 실습 중심 과목인 교과교육 2 강의를 담당하고 있다. 각각 다른 교과 전공자인 연구진은 2015년도부터 교육과정 문해력 관련 프로젝트에 공동 연구진으로 참여하여, 교육과정 문해력 개념 연구, 2015 개정 교육과정 문서 분석 및 현장 교사와 예비 교사들의 교육과정 문해력 분석 등의 공동 연구를 수행하고 그 결과를 세미나, 학술 대회 및 학술지를 통해 발표해 오고 있다. 따라서 이론적, 실천적 측면에서 교육과정 문해력 프로토콜 개발진으로서의 전문성을 갖추고 있다고 볼 수 있다.

프로토콜의 개발 과정은 크게 세 단계로 진행되었다. 먼저 교육과정 문해력 프로토콜 개발을 위한 기본 원칙을 설정하고 프로토콜의 구성 형식에 대해 논의하였다. 프로토콜의 개발 원칙은 선행 연구에서 강조한 교사학습공동체 운영의 핵심 요소를 반영하는 한편, 프로토콜의 현장 적용 가능성을 염두에 두고 다음과 같이 설정하였다. 첫째, 초등학교 및 중등학교의 모든 교과에서 활용할 수 있도록 교과 일반적인 프로토콜을 개발한다. 둘째, 현장 교사들이 교사학습공동체에서 실제로 사용할 수 있도록 상세하고 친절한 프로토콜을 개발한다. 셋째, 지식이나 이론 중심이 아닌 '실습을 통한 학습learning by doing'이 이루어지도록 활동 중심 프로토콜을 개발한다. 넷째, 학습공동체 구성원에게 목적 지향적이고 공평한 대화 기회를 제공할 수 있도록 개별 활동 및 모둠 활동을 포함하여 방향성 있게 활동을 구성한다. 다섯째, 목적에 따라 다양한 방식으로 활용할 수 있도록 차시별 완결성을 갖추고 대안적 활용 방안을 제시한다. 프로토콜의 구체적인 형식은 A교육대학교 교육연구원에서 기존에 개발한 프로토콜의 형식적 틀을 참조하여 변형하였다.

두 번째 단계에서는 교육과정 문해력 프로토콜의 내용 선정 및 계열성에 대해 논의하였다. 이를 위해 교육과정 재구성 및 교육과정 문해력에 대한 선행 연구 내용을 검토하여 교사학습공동체에서 다룰 필요가 있는 핵심 주제와 내용을 선정하였다. 연구진이 선정한 핵심 주제는 교사학습공동체 구성원들의 교육과정에 대한 인식, 교육과정 재구성 실태 및 경험에 대한 성찰, 교육과정 재구성과 교육과정 문해력 개념의 이해, 교사의 교육과정 재구성 범위와 수준에 대한 논의, 2015 개정 교육과정 문서의 이해, 교과별 성취 기준 분석, 성취 기준 및 학습 주제 분석에 기초한 교육과정 재구성 주제 선정, 교육과정 재구성 설계 등이다. 프로토콜의 핵심 주제 요소를 선정한 후 이를 크게 기본 개념과 인식을 공유하는 입문 성격의 내용과 교육과정을 분석하고 재구성하는 실습 성격의 내용으로 구분하고, 내용 전개의 논리적 순서에 따라 차시별로 배열하였다.

세 번째 단계에서는 각 단계별 개관 및 차시별 프로토콜을 작성하고 해당 차시에 제공할 연구 사례 등 읽기 자료를 선정하였다. 세 번째 절차는 연구진이 역할을 분담하여 개별적으로 개발 작업을 수행한 후 전체 연구진이 검토하여 수정 보완하는 방식으로 이루어졌다. 이를 통해 프로토콜이 특정 교과뿐 아니라 여러 교과에서 공통으로 사용할 수 있는 일반성을 갖출 수 있도록 하였다. 사례 등 읽기 자료는 선행 연구에 제시된 교사 생애사, 설문 조사 결과, 개념 및 이론 관련 문헌 자료 등 교사학습공동체 구성원의 사고를 자극하고 구성원 간 대화를 촉진하는 데 유용한 자료를 부분 발췌한 후 재구조화하여 제공하였다.

이러한 절차를 거쳐 두 단계, 총 11개의 하위 프로토콜로 구성된 교육과정 문해력 프로토콜을 개발하였다.

2. 프로토콜의 적용 방법 및 절차

교육과정 문해력 프로토콜의 타당성 및 현장 적용 가능성을 확인하기 위해, 이 연구에서는 2017년과 2018년 두 차례에 걸쳐 A교육대학교가 주관한 〈전문적 학습공동체 리더 역량 강화 직무 연수〉에서 프로토콜을 적용하고 관련 결과물을 분석하였다. 이 연수는 충북 지역의 유치원, 초·중등학교 교원을 대상으로 단위 학교에서 교사학습공동체를 운영하는 교사들의 역량을 키우는 것을 목적으로 시행된 것이다. 2017년에는 3월부터 7월까지 6일간 30시간의 연수가 이루어졌고, 2018년에는 3월부터 6월까지 4일간 30시간의 연수가 이루어졌다. 두 해 모두 동일하게 직무 연수 프로그램은 크게 교사학습공동체 운영 일반에 대한 전체 워크숍과 교육과정 문해력, 수업 비평, 책 읽기의 세 주제로 나누어 진행한 분임별 워크숍의 두 부분으로 구성되었다. 연수 과정은 매 연수 단계별로 '프로토콜의 학습→프로토콜의 현장 적용 및 결과 보고→프로토콜 적용 결과 공유'의 흐름으로 진행되었다. 즉 교사들이 월 1~2회 진행되는 워크숍에 참여하여 교사학습공동체 운영 프로토콜을 익힌 다음, 각 단위 학교의 교사학습공동체에 적용하고 다음 연수 일정에 각자 적용한 경험을 공유하는 형식이다.

'교육과정 문해력 프로토콜'은 '교육과정 분임'에 속한 교사들을 대상으로 적용되었다. 2017년 연수에서는 교육과정 분임이 두 반으로 편성되었고, 2018년 연수에서는 한 반으로 편성되었다. 반별 인원은 25명 내외로 유치원부터 고등학교까지의 학교 급을 모두 포함하였다(2018년의 경우, 총 22명; 유치원 2명, 초등학교 8명, 중학교 10명, 고등학교 2명). 2017년 연수에서는 분임별 워크숍이 3주 차와 4주 차에 각각 세 시간씩 총 여섯 시간 배정되어, 3주 차에는 1단계 프로토콜을 적용하고 4주 차에는 2단계 프로토콜을 적용하였다. 4주 차 적용 시에는 반별로 교과 수준과 교과 통합 수준으로 구분하여 프로토콜을 적용하였다. 이와 달리 2018년 연수에서는 분임 워크숍이 3주 차에 총 여섯 시간 배정되어, 오전에 1단계 프로토콜을 적용하고 오후에 2단계 프로토콜을 적용하였다. 2단계 프로토콜 적용 시 모둠별로 교과 수준, 또는 교과 통합 수준 프로토콜을 선택하여 적용하였다.

연수 과정에서의 프로토콜 적용을 통해 교사들이 연수 중 작성한 활동 산출물, 프로토콜 적용 결과 보고서, 연수 활동 촬영 동영상과 사진 및 사후 설문 자료가 산출되었다. 결과 보고서는 연수에 참여한 교사들이 각자 단위 학교 교사학습공동체로 돌아가 해당 프로토콜을 일부 적용한 후 작성한 것으로, 인적 사항, 프로토콜 적용 일지(날짜, 주제 또는 내용, 과정), 프로토콜 적용 결과 반성 및 성찰로 구성되어 있다. 교사들은 A4 1매에서 10매 내외로 사진이나 활동 산출물 등을 포함하여 자유롭게 결과 보고서를 작성하였다(2018년 연수의 경우, 총 10부 제출; 유치원 1부, 초등학교 5부, 중학교 3부, 고등학교 1부). 2018년 연수에서는 참여 교사를 대상으로 교육과정 문해력 프로토콜의 적용 가능성에 대한 설문 조사를 추가로 실시하였다. 사후 설문지는 연수 참여 후 자신의 교육과정 이해 및 교육과정 문해력 제고 여부(3문항), 교육 과정 문해력 프로토콜의 적용 가능성(5문항)을 묻는 폐쇄형 문항과 교육과정 문해력 프로토콜에 대한 의견(적용 시 어려운 점, 도움이 되었던 점, 개선이나 보완이 필요한 점 등)을 묻는 개방형 문항으로 구성되었다. 설문 조사 대상은 4주 차 연수에 참여한 교사 총 15명이다(유치원 2명, 초등학교 7명, 중학교 5명, 고등학교 1명). 이상과 같이 두 차례의 실제 연수를 통해 프로토콜을 적용하고 그 결과를 분석하여 교육과정 문해력 프로토콜의 교사학습공동체에서의 타당성과 적용 가능성에 대해 평가하고 개선점을 모색하였다.

IV. 교육과정 문해력 프로토콜의 개발 및 적용

1. 교육과정 문해력 프로토콜의 개발

(1) 프로토콜 전체 개관

이 연구에서 개발한 교육과정 문해력 프로토콜은 크게 두 단계로 구성되어 있다. 첫 번째 단계는 '교육과정 재구성과 교육과정 문해력 이해하기'로 일종의 입문 단계이다. 1단계 프로토콜의 목표는 교사들이 교육과정 재구성의 의미와 실천 양상에서의 문제점을 인식하고 교육과정 문해력의 중요성을 이해하도록 돕는 데 있다. 두 번째 단계는 '교육과정 재구성하기'로 본격적인 교육과정 재구성 실습 단계이다. 2단계 프로토콜의 목표는 교사들이 교육과정 문해력에 기초하여 교육과정 재구성 과정을 경험하도록 돕는 데 있다. 2단계 프로토콜은 다시 '2-1. 교과 수준 재구성' 프로토콜과 '2-2. 교과 통합 수준 재구성' 프로토콜로 구분하여, 교사학습공동체의 필요에 따라 전자의 경우에는 동일 교과 내 단원 간 재구성을, 후자의 경우에는 다른 교과 간 교육과정 재구성을 실습하는 데 활용할 수 있도록 되어 있다. 전체 프로토콜은 〈표 1-7〉과 같이 총 11개의 하위 프로토콜로 구성되어 있다.

표 1-7 교육과정 문해력 프로토콜의 전체 구성

구분	단계별 구성	
[프로토콜 1] 교육과정 재구성과 교육과정 문해력 이해하기	P1. "교육과정"의 의미 P2. "교육과정 재구성과 교육과정 문해력"의 의미 P3. "교육과정 재구성의 수준과 범위" 설정하기 P4. "교육과정 재구성 스토리" – 교육과정 재구성의 성공과 실패 경험	
[프로토콜 2] 교육과정 재구성하기	**2-1. 교과 수준 재구성** P5. 교과 교육과정 문서 분석 P6. 수업 목표 및 주제 분석 P7. 교과 수준 재구성 계획	**2-2. 교과 통합 수준 재구성** P8. 교과 간 교육과정 비교 분석 P9. 교과 통합적 주제·목표 분석 P10. 교과 통합 수준 재구성 계획
	P11. 재구성 과정 및 결과에 대한 성찰(P7 다음에 적용 가능)	

각 단계별 프로토콜은 프로토콜의 주요 내용 및 목표에 대한 개요, 준비물, 차시별 진행 단계, 대안적 진행 방법, 프로토콜 적용 시의 유의점으로 구성되어 있다. 각 차시는 다시 독립적인 프로토콜로, 개별 활동 및 모둠 활동, 발표 및 공유, 활동 정리로 구성되어 있다. 각 단계별 프로토콜은 4개의 하위 프로토콜로 구성되어 있는데, 활동 시간이나 주안점을 고려하여 4개의 하위 프로토콜 중 일부를 선택하여 대안적으로 활용할 수 있도록 되어 있다. 예를 들어, 1단계 프로토콜을 적용할 때, 교사들의 주관적 경험 공유에 초점을 둘 경우에는 P1 + P2 + P4의 순으로 적용하고, 교사학습공동체 활동 진입에 초점을 둘 경우에는 P1 + P2 + P3의 순으로 적용할 수 있다. 각 단계별 프로토콜의 내용 구성은 아래와 같다.

표 1-8 프로토콜 1단계 : 교육과정 재구성과 교육과정 문해력 이해하기

구분	프로토콜 1단계 : 교육과정 재구성과 교육과정 문해력 이해하기		
개요	"교육과정 재구성과 교육과정 문해력 이해하기"는 교사들이 전문적 교사학습 공동체에서 교육과정 재구성을 기획/실행하기에 앞서 미리 확인하고 공유해야 할 교육과정/교육과정 재구성/교육과정 문해력의 개념과 의미(학문적/경험적, 개인적/집단적)에 대한 이해를 돕는 데 초점을 둔 프로토콜들을 소개하고 실습한다. 이 과정을 통해 교사학습공동체 구성원 간 협동적 교육과정 재구성 활동의 공통 기반을 마련한다.		
준비물	필기구, 매직펜(칼라 펜), 전지(1/4), 포스트잇, Postcard		
진행 단계		구분	활동 주제 및 프로토콜
		1차시 (50분)	(P1) "교육과정"의 의미 - 개별 활동 : 나에게 교육과정이란? - 모둠 활동 : 우리에게 교육과정이란? - 발표 및 정리하기 : 교육과정 개념, 교육과정의 중요성
		2차시 (50분)	(P2) "교육과정 재구성과 교육과정 문해력"의 의미 - 생각 열기 : 교육과정 재구성이란? - 개별 활동 : 나는 왜, 어떻게 교육과정을 재구성하는가? - 모둠 활동 : 우리는 왜, 어떻게 교육과정을 재구성하는가? - 발표 및 정리하기 : 교육과정 재구성에서 교육과정 문해력으로
		3차시 (50분)	(P3) "교육과정 재구성의 수준과 범위" 설정하기 - 생각 열기 : 교육과정에서 내가 바꿀 수 있는 것은 무엇인가? - 개별 활동 : 내가 생각하는 교육과정 재구성의 수준과 범위 - 모둠 활동 : 우리가 생각하는 교육과정 재구성의 수준과 범위 - 발표 및 정리하기 : 교육과정 재구성의 수준과 범위
		4차시 (50분)	(P4) "교육과정 재구성 스토리" : 교육과정 재구성의 성공과 실패 경험 - 생각 열기 : 한 교사의 교육과정 이야기 - 개별 활동 : 나의 교육과정 이야기 - P4 정리하기 : 교육과정 재구성의 경험과 교사의 성장
대안적 진행 방법	[모듈1] 교사들의 주관적 경험 공유에 초점을 둘 경우 : P1 + P2(+P4) [모듈2] 교사학습공동체 활동 진입에 초점을 둘 경우 : P1 + P2 + P3		
유의점	프로토콜 적용 전이나 활동 정리 단계에 교육과정 개념, 교육과정 재구성, 교육과정 문해력 관련 학문적 논의와 연구 내용에 대한 정보(읽기 자료)를 제공하기		

(2) 단계별 프로토콜 개관

먼저, 1단계 프로토콜은 〈표 1-8〉과 같이 크게 "교육과정의 의미-교육과정 재구성의 의미-교육과정 문해력의 의미-교육과정 재구성의 수준과 범위 설정"으로 구성되어 있으며, 선택 활동으로 '교육과정 재구성의 성공과 실패 경험'이 제시되어 있다. 1단계의 내용을 이렇게 구성한 것은, ① 학교 현장에서 교육과정에 대한 이해 수준이 높지 않고, ② 교

표 1-9 프로토콜 2-1단계 : 교과 수준 교육과정 재구성하기

구분	프로토콜 2-1단계 : 교과 수준 교육과정 재구성하기	
개요	"교과 수준 교육과정 재구성하기"는 교사들이 전문적 교사학습공동체에서 교과 수준의 교육과정 재구성을 계획하여 실행하고자 할 때 활용할 수 있는 프로토콜을 소개하고 실습한다. 학습공동체 구성원들은 교과 교육과정 문서를 토대로 교육 이념, 내용, 목표를 분석하여 교육과정 재구성의 필요성과 방향을 토의하고, 이어서 재구성의 방향에 맞게 수업 목표와 주제를 위계적으로 배열해 본다. 마지막으로 교육과정 재구성의 틀에 따라 구체적인 교육과정 계획을 작성하면서 교육과정 재구성의 경험을 공유하고 교육과정 문해력을 제고한다.	
준비물	2015 개정 교육과정, 필기구, 매직펜(칼라 펜), 전지(1/4), 포스트잇, Postcard	
진행 단계	**구분**	**활동 주제 및 프로토콜**
	1차시 (50분)	(P5) 교과 교육과정 문서 분석 - 모둠 활동 : 교육과정 문서 읽고 문서의 해석을 공유하기 - 발표 및 정리하기 : 교육과정 내용을 명확하게 이해하기
	2차시 (50분)	(P6) 수업 목표 및 주제 분석 - 생각 열기 : 교육과정 재구성을 다시 생각하기 - 모둠 활동 : 교과 교육과정 학습 내용의 위계 구성하기 - 발표 및 정리하기 : 교과 수준 교육과정 학습 내용의 위계와 순서
	3차시 (50분)	(P7) 교과 수준 재구성 계획 - 생각 열기 : 교과 수준 교육과정 재구성 사례 - 모둠 활동 : 교과 수준 교육과정 세부 계획 작성 - 모둠 발표 및 정리하기 : 교과 수준 재구성과 교과 통합 재구성
	4차시 (50분)	(P11) 교과 수준 재구성 과정 및 결과에 대한 성찰 - 생각 열기 : 재구성 과정 및 결과 되짚어 보기 - 개별 활동 : 교과 수준 교육과정 재구성의 의미 - 발표 및 정리하기 : 재구성을 넘어, 돌아보는 교육과정

표 1-10 프로토콜 2-2단계 : 교과 통합 수준 교육과정 재구성하기

구분	프로토콜 2-2단계 : 교과 통합 수준 교육과정 재구성하기
개요	"교과 통합 수준 교육과정 재구성하기"는 교사들이 전문적 교사학습공동체에서 교과 통합 수준의 교육과정 재구성을 계획하여 실행하고자 할 때 활용할 수 있는 프로토콜을 소개하고 실습한다. 학습공동체 구성원들은 개별 교과의 교육과정에 대한 분석을 토대로 서로 다른 교과의 교육과정을 비교하고 분석하는 것에서부터 교과 통합 수준에서의 교육과정 재구성 작업을 시작할 수 있다. 이어서 여러 교과의 범위를 넘어선 교과 간 통합의 중심이 될 교육과정 재구성의 목표와 주제를 수립하고 구체적인 재구성 계획을 마련해 봄으로써 교과 통합적 교육과정 문해력을 제고한다.
준비물	2015 개정 교육과정, 필기구, 매직펜(칼라 펜), 전지(1/4), 포스트잇, Postcard

진행 단계	구분	활동 주제 및 프로토콜
	1차시 (50분)	(P8) 교과 간 교육과정 비교 분석 - 교과별 전문가 모둠 구성 - 전문가 모둠 활동 : 교과 수준 교육과정 엿보기 - 전문가 모둠 발표 및 정리하기 : 교과 간 교육과정 비교
	2차시 (50분)	(P9) 교과 통합적 주제 및 목표 분석 - 생각 열기 : 왜 교과 통합을 이야기하는가? - 개별 활동 : 교과 통합적 주제망 준비하기 - 모둠 활동 : 교과 통합적 주제망 짜기 - 발표 및 정리하기 : 교육과정 문해력과 교과 통합
	3차시 (50분)	(P10) 교과 통합 수준 재구성 계획 - 생각 열기 : 교과 통합 수준의 교육과정 재구성 사례 - 모둠 활동 : 교과 통합의 주제와 목표 정하기 - 모둠 활동 : 교과 통합 수준의 교육과정 만들기 - 모둠 발표 및 정리하기 : 재구성을 넘어 교사의 교육과정으로
	4차시 (50분)	(P11) 교과 통합 수준 재구성 과정 및 결과에 대한 성찰 - 생각 열기 : 재구성 과정 및 결과 되짚어 보기 - 개별 활동 : 교과 통합적 교육과정 재구성의 의미 - 발표 및 정리하기 : 재구성을 넘어, 돌아보는 교육과정

유의점	필요에 따라, 프로토콜 적용 전 사전 안내나 사후 정리 단계에서 교과 통합 수준 교육과정 재구성 관련 연구 내용과 현장 교사들의 실천 사례에 대한 정보를 제공하기

육과정 재구성이 교육적으로 의미 있는 방향으로 이루어지고 있지 않으며, ③ 교사들 사이에 교육과정 재구성에 대한 교육적 대화가 활발하지 않다는 선행 연구 결과를 반영한 것이다. 따라서 1단계 프로토콜을 통해 ① 교사들 각자가 가지고 있는 교육과정과 교육과정 재구성에 대한 이해 및 경험 양상의 다양성과 문제점을 드러내고, ② 교사들이 교육과정 문해력이라는 개념에 기초하여 교육과정 재구성의 올바른 방향성을 탐색하는 계기를 마련하고자 하였다.

2단계 프로토콜은 교과 수준 및 교과 통합 수준에서 교육과정을 재구성하는 내용을 담고 있다. 먼저 교과 수준 교육과정 재구성 프로토콜은 〈표 1-9〉와 같이, "교과 교육과정 문서 분석-수업 목표 및 주제 분석-교과 수준 재구성 계획-교육과정 재구성 과정 및 결과에 대한 성찰"로 이루어져 있다. 교과 통합 수준 교육과정 재구성 프로토콜은 〈표 1-10〉과 같이, "교과 간 교육과정 비교 분석-교과 통합적 주제 및 목표 분석-교과 통합 수준 재구성 계획-교육과정 재구성 과정 및 결과에 대한 성찰"로 이루어져 있다. 교과 수준 교육과정 재구성 활동과 교과 통합 수준 교육과정 재구성 활동은 모두 교육과정 문서 내용에 대한 체계적인 분석으로부터 출발한다. 이는 현장에서 이루어지는 교육과정 재구성이 교육과정 문해력에 기초해야 한다는 점을 강조하는 것이다.

(3) 차시별 프로토콜의 내용 구성 예시

각 차시별 프로토콜은 교사들의 교육과정 문해력 제고를 돕기 위해 교육과정에 대한 인식을 공유하고 국가 교육과정에 대한 직접적인 읽기와 쓰기를 촉진할 수 있는 활동들로 구성하였다. 이때 촉진자는 질문을 통해 사고를 자극하거나 교사 간 의견 교환을 촉진할 수 있는 활동을 안내한다. 예를 들어, 1단계에 해당하는 1차시에는 〈표 1-11〉에 예시한 바와 같이 적절한 질문을 통해 교사들이 평소 가지고 있는 교

표 1-11 차시별 프로토콜 내용 구성 예시 1 : P1-"교육과정"의 의미

(P1) "교육과정"의 의미 (35분)

- 개요
- 교육과정을 둘러싼 교사들의 다양한 생각들을 자유롭게 드러내게 함으로써 학교 현장에서 교육 과정이 갖는 의미에 대해 생각해 보기
- 교사학습공동체에서 교육과정 재구성 활동을 할 때 발생할 수 있는 용어 사용상의 혼란에 대해 미리 생각해 보고, 교육과정의 다양한 개념들 중에서 국가 교육과정의 의미와 중요성에 대해 생 각해 볼 수 있는 기회 제공
- 준비물 : 필기구, 칼라 펜, 포스트잇, 활동 전지(모둠 활동판)
- 진행 절차

개별 활동(1단계) : 나에게 교육과정이란? (5분)
- 촉진자는 다음 질문들을 활용하여 교사들이 교육과정에 대해 평소에 갖고 있는 다양한 생각들 을 드러낼 수 있도록 돕는다.
(질문 1) "교육과정" 하면 어떤 말들이 떠오릅니까?
(질문 2) 교육과정에 대한 느낌, 관련 지식들을 가능한 한 많이 떠올려 보세요.
- 교육과정에 대한 자유 연상 내용을 제한된 시간에 가능한 한 많이 떠올려 본 후, 개인별로 배부 한 포스트잇에 적어 보게 한다.

모둠 활동(2단계) : 우리에게 교육과정이란? (15분)
- 촉진자는 1단계 활동을 바탕으로 교사들에게 교육과정이 의미하는 바가 무엇인지를 모둠별로 정의해 보도록 돕는다.
- 각 모둠에서는 우선 모둠 구성원들이 한 명씩 돌아가면서 자신이 교육과정에 대해 자유 연상한 내용을 소개한다.
- 각 모둠 구성원들의 발표 내용을 바탕으로 "교육과정이란 (   )이다"라는 정의를 도출한다.
- 모둠별로 정의한 내용을 전지(모둠 칠판) 등의 가운데에 적는다.
- 전지(모둠 칠판) 등의 나머지 부분에 교육과정을 그렇게 정의한 이유를 마인드맵 형식으로 정리 한다.

공유하기(3단계) (10분)
- 촉진자는 각 모둠별 발표 내용을 경청할 수 있는 분위기를 만든다.
- 각 모둠별로 교육과정의 정의와 그렇게 정의한 이유/배경을 설명한다.
- 각 모둠별 활동 자료는 발표 후에 칠판이나 벽면에 게시한다.

정리하기(4단계) (5분)
- 촉진자는 각 모둠별 정의에 나타난 공통점이나 차별점 등을 언급하며, 교육과정에 대한 교사들 의 다양한 감정, 교육과정 개념 활용의 다양한 층위, 현장에서 교육과정이 갖는 다양한 의미들을 도출할 수 있도록 돕는다.
  (예) "교육과정은 구속이자 기회이다", "거부하고 싶지만 무시할 수 없다", "모르면 부담스럽지만 알면 유용한 지침이자 도구이다" 등
- 교사학습공동체에서 교육과정 재구성 활동을 진행할 때 구성원들이 사용하는 교육과정 개념의 다양한 층위를 인지하고 이로 인한 혼란을 최소화하는 사전 작업이 중요함을 확인한다.

표 1-12 차시별 프로토콜의 주요 과제 : 2단계 프로토콜의 주요 활동

(P5) 교과 교육과정 문서 분석 (45분)

모둠 활동(2단계) : 교육과정 문서의 해석을 공유하기 (25분)

(질문1) 5~6학년군 ○○과 (△△단원) 교육과정은 어떤 내용을 담고 있습니까?
- ○○과 교육과정에서, 가르치려고 하는 주제는 무엇일까요?
- ○○과 교육과정에서, 가르치려고 하는 성취 기준은 무엇일까요?

(질문2) 5~6학년군 ○○과(△△단원)에서 어떤 내용을 가르쳐야 한다고 생각합니까?
- 자신의 생각에, 교육과정의 재구성이 필요하다고 생각하십니까? 이유는?
- 자신의 생각에, 재구성이 필요하다면 어떻게 하시겠습니까?

(P6) 수업 목표 및 주제 분석 (50분)

개별 활동(2단계) : 교과 교육과정 학습 내용 위계 구성하기 (10분)

(질문1) 재구성한 교과 교육과정의 핵심 주제는 무엇입니까?

(질문2) 핵심 주제와 연결되는 성취 기준은 무엇입니까? 각 성취 기준에는 어떤 학습 내용과 수행 활동이 있습니까? 학습 내용과 수행 활동은 어떤 위계 관계로 연결됩니까?

(P9) 교과 통합적 주제 및 목표 분석 (50분)

개별 활동(2단계) : 교과 통합적 주제망 준비하기 (10분)

(질문1) 교과 수준 교육과정에서 유사한 학습 요소가 있습니까?

(질문2) 하나의 주제로 묶어서 다루어 볼 만한 학습 요소가 있습니까? 또는 여러 학습 요소를 하나로 묶을 수 있는 주제가 있습니까?

모둠 활동(3단계) : 교과 통합적 주제망 짜기 (20분)

- 촉진자는 1단계 활동을 바탕으로 현장 교사들이 교과 통합 수준에서 주제망을 개별적으로 준비하고 모둠 구성원과 협의하여 보다 상세하게 작성해 볼 수 있도록 돕는다.
- 각 모둠에서는 우선 모둠 구성원들이 한 명씩 돌아가면서 자신이 준비한 교과 통합 주제망을 소개한다.
- 각 모둠 구성원들의 발표 내용을 바탕으로 교과 통합 주제망을 구체화하거나 연결하여 전지 (모둠 칠판)에 하나의 큰 교과 통합 주제망을 정리한다.

(P10) 교과 통합 수준 재구성 계획 (50분)

모둠 활동(2단계) : 교과 통합의 주제와 목표 정하기 (5분)

(질문1) 교과 통합의 주제와 목표를 정하기 위해 고려해야 할 것들은 무엇입니까?

(질문2) 우리 학교에서 교과 통합 수준 교육과정 재구성을 시도한다면 어떠한 주제와 목표를 설정해 볼 수 있을까요?

육과정에 대한 다양한 생각들을 떠올려 볼 수 있게 돕는다. 2단계에 해당하는 교과 수준 교육과정 재구성 관련 차시별 프로토콜에서도 특정 학년 또는 교과의 교육과정 성취 기준을 해석하고 재구성한 핵

심 주제와 교육과정 성취 기준의 관계를 검토하는 질문들을 활용한다. 예를 들어, 교과 통합 수준 재구성 프로토콜에서는 '주제망 짜기 활동'을 통해 교과 통합적 주제를 찾고 이를 중심으로 서로 다른 교과의 학습 주제를 통합할 수 있도록 한다. 즉 차시별 프로토콜은 〈표 1-12〉에 간략히 정리한 바와 같이 교사학습공동체가 교육과정 문해력에 초점을 두고 교육과정 재구성 활동을 하는 데 도움이 되는 핵심 질문 또는 과제들을 중심으로 구성되어 있다. 교사들은 차시별 프로토콜에 제시된 주요 질문과 활동 규칙 등을 활용하여 학습공동체 구성원들과 목적이 있는 대화를 나눌 수 있다.

2. 교육과정 문해력 프로토콜의 적용

(1) 교육과정 문해력 프로토콜의 연수 적용

이 연구에서 개발한 교육과정 문해력 프로토콜은 2017년도와 2018년도에 다음 〈표 1-13〉과 같이 〈전문적 학습공동체 리더 역량 강화 직무 연수〉 프로그램에 적용되었다.

2017년도와 2018년도의 연수 프로그램 구성에 차이가 있어 2017년도에는 1단계 프로토콜과 2단계 프로토콜 사이에 연수 대상자가 프로토콜을 현장에 적용하는 기간이 있었으나, 2018년도에는 하루에 1단계 프로토콜과 2단계 프로토콜을 오전과 오후에 연속하여 학습한 후 현장에 적용하였다. 2017년도와 2018년도의 적용 일정은 다르지만 교육과정 문해력 프로토콜의 적용은 동일하게 두 단계로 나누어 이루어졌다.

1단계 프로토콜에서 연수 참여 교사들은 제일 먼저 교육과정의 의미에 대해 생각해 보고(P1), 교육과정 재구성과 교육과정 문해력의 의미에 대해 생각을 공유하는 활동을 하였다(P2). 세부 단계의 활동에서 교사들은 개별적으로 포스트잇에 주어진 질문에 대한 자신의 생각을

표 1-13 교육과정 문해력 프로토콜의 연수 적용 일정

'프로토콜 1 : 교육과정 재구성과 교육과정 문해력'의 학습	2017년 4월 21일 15:00~17:50	2018년 5월 12일 10:00~12:50

⬇

프로토콜 1의 현장 적용 및 결과 보고	2017년 4월 22일 ~5월 25일	

⬇

프로토콜 적용 결과 공유	2017년 5월 26일 14:00~14:50	

⬇

'프로토콜 2 : 교과 수준/교과 통합 수준 교육과정 재구성'의 학습	2017년 5월 26일 15:00~17:50	2018년 5월 12일 14:00~16:50

⬇

프로토콜 2의 현장 적용 및 결과 보고	2017년 5월 27일 ~6월 22일	2018년 5월 12일 ~6월 29일

⬇

프로토콜 적용 결과 공유	2017년 6월 23일 14:00~14:50	2018년 6월 30일 14:00~14:50

메모한 후, 모둠 구성원들과 함께 이야기를 나누면서 전지에 모둠의 의견을 정리하여 발표하였다. 〈그림 1-6〉은 P1 활동 결과물의 예시로, 이 모둠은 구성원 개개인의 의견을 바탕으로 교육과정은 다양성이며 함께 해야 의미 있는 계획서라는 결론을 도출했다. 〈그림 1-7〉은 P2 활동 결과물의 예시로, 교사들은 교육과정을 왜, 어떻게 재구성하는지에 대한 자신의 경험과 생각을 개별적으로 작성한 후 모둠 구성원들과 공유하였다. 연수에 참여한 교사들은 주로 학습의 난이도, 흥미, 학습 효과, 참여도, 실제성, 다양성, 시사성 및 교과와 비교과의 결합 등을 교육과정 재구성이 필요한 이유로 제시하였다.

그림 1-6 P1 활동 결과물   **그림 1-7 P2 활동 결과물**

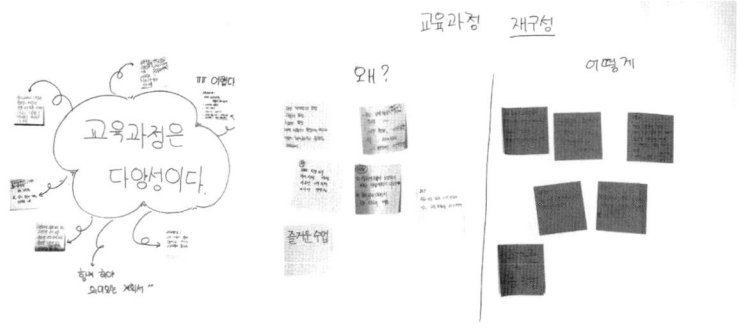

　　이 연구에서는 교육과정 문해력 프로토콜을 교사학습공동체의 필요에 따라 대안적 활용이 가능하도록 설계하였다. 예를 들어, 1단계 프로토콜은 교사들의 주관적 경험을 공유하는 데 초점을 둘 경우와 학습공동체 활동 진입에 초점을 둘 경우 프로토콜 진행 방법을 달리 적용할 수 있도록 설계하였다. 2017년도의 경우, 1개 반은 교육과정 재구성의 수준과 범위에 대한 P3를 적용하였고, 다른 반은 교육과정 재구성 성공과 실패의 경험에 대한 P4를 적용하였다. P4는 교사 개개인이 교직 생활 동안 특별했던 교육과정 재구성 경험을 떠올려 보고 그 경험이 나를 어떻게 변화시켰는지 생각해 보도록 하는 활동지를 작성하고 그 결과를 공유하는 단계로 진행되었다. 〈그림 1-8〉은 P4의 활동 결과물을 예시한 것이다.

　　2단계 프로토콜은 2017년도와 2018년도의 연수 운영 상황의 차이에 따라 다소 다르게 적용하였다. 2개 반을 운영한 2017년도에는 반별로 구분하여, 1개 반은 교과 수준에서 교육과정을 재구성하는 프로토콜 2-1을 적용하고, 다른 반은 교과 통합 수준에서 교육과정을 재구성하는 프로토콜 2-2를 적용하였다. 이와 달리 1개 반을 운영한 2018년도에는 교사들의 희망에 따라 교과 내 재구성 모둠과 교과 통합 재구성 모둠을 구성한 후, 각각 2-1과 2-2를 적용하였다. 2017년

그림 1-8 **P4 활동 결과물**

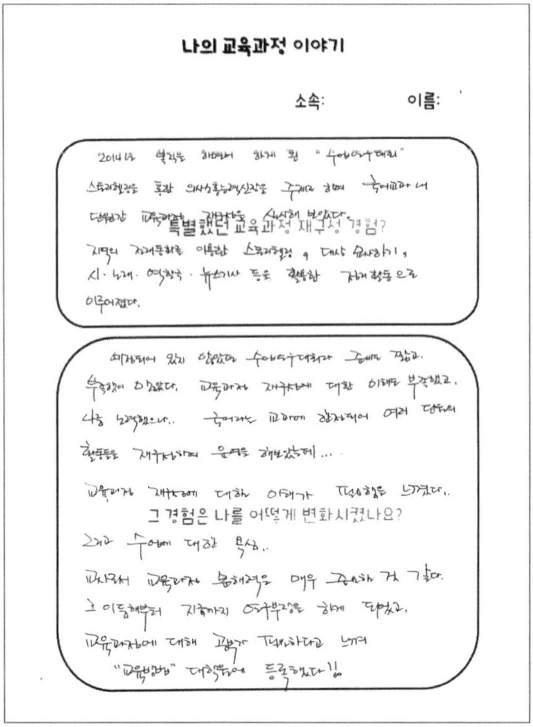
나의 교육과정 이야기

소속: 이름:

특별했던 교육과정 재구성 경험?

2014년 복직을 하면서 하게 된 "수업연구대회" 스토리텔링을 통한 의사소통능력신장을 주제로 하여 국어교과 내 단원간 교육과정 재구성을 시행해 보았다. 지역의 자체동화를 이용한 스토리텔링, 대상 묘사하기, 시·노래·역할극·뉴스기사 등을 활용한 자체 활동으로 이루어졌다.

그 경험은 나를 어떻게 변화시켰나요?

체계되어 있지 않았던 수업연구대회가 준비도 적었고, 부족한 점이 많았다. 교육과정 재구성에 대한 이해도 부족했고, 나중 노력했으나.. 국어과는 교과에 한정되어 여러 단원의 활동들을 재구성하여 운영을 해보았는데... 교육과정 재구성에 대한 이해가 필요함을 느꼈다. 그리고 수업에 대한 욕심.. 교사로서 교육과정 문해력은 매우 중요한 것 같다. 그 이듬해부터 지금까지 연구부장을 하게 되었고, 교육과정에 대해 공부가 필요하다고 느껴 "교육방법" 대학원에 등록했다!!

과 2018년 모두 교육과정 분석 활동은 2015 개정 교육과정 문서를 대상으로 진행하였다. 2015 개정 교육과정에 따른 교과서는 2017년도에는 1~2학년군만 현장에 적용되었고 2018년도에도 3~4학년군까지 현장에 적용되는 등 교과서가 완전히 적용되지 않았기 때문에 교사들이 교과서의 제약을 받지 않고 교육과정 내용 성취 기준의 재구성 가능성에 대해 사고할 수 있다고 판단했기 때문이다. 단, 2017년도에는 연수 참여 교사들의 학교 급과 담당 학년 및 담당 교과가 다양하다는 점을 고려해 교육과정 비교 분석을 위한 학년군과 교과를 초등학교 5~6학년군 국어, 수학, 사회, 과학과 교육과정으로 한정하여 연습하였다. 이와 달리 2018년도에는 모둠을 교사들의 희망에 따라 구성한 후 유치원과 초등학교는 자신이 원하는 과목을 중심으로, 중학교와 고등학교는 각자 자신이 담당하는 과목을 중심으로 프로토콜을 적용하였다. 〈그림 1-9〉와 〈그림 1-10〉은 2단계 프로토콜의 적용 결과물을 예시한 것이다.

그림 1-9 P8 활동 결과물 : 교과 수준　　　　**그림 1-10 P9 활동 결과물 : 교과 통합 수준**

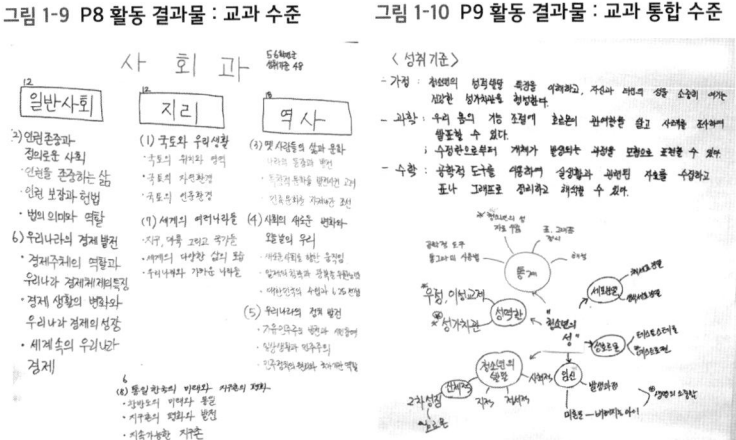

전자는 2017년도 연수 활동의 결과물로, 초등학교 교사들이 교과 교육과정의 문서를 분석하는 P8 프로토콜을 적용하여 5~6학년군 사회과 교육과정의 성취 기준을 분석하고 학습 주제를 사회과 내용 영역별로 구분한 것이다. 후자는 2018년도 연수에서 교과 간 교육과정을 비교 분석하는 P8 프로토콜과 교과 통합적 주제 및 목표를 분석하는 P9 프로토콜을 적용한 결과물이다. 각각 가정, 과학, 수학 과목을 담당하는 고등학교 교사들로 구성된 이 모둠에서는 교과 간 교육과정 성취 기준을 분석하여 '청소년의 성'이라는 교과 통합 재구성이 가능한 주제를 선정하고, 해당 주제를 바탕으로 수업할 수 있는 주제를 도출하였다. 교사들은 교과서나 지도서 없이 교육과정 문서만을 참조하여 2단계 프로토콜 활동을 수행하였다.

　각 단계별 연수에 참여한 교사들은 연수에서 연습하거나 소개한 프로토콜을 각 단위 학교의 교사학습공동체에 적용한 후 결과 보고서를 작성하고 다음 연수 강의에서 그 결과를 다른 연수 참여자들과 공유하였다. 2017년도에는 7개 학습공동체가 결과 보고서를 제출하였고, 2018년도에는 10개 학습공동체가 결과 보고서를 제출하였다. 보고서를 제출한 경우에도 교육과정 프로토콜 적용에 대한 내용이 아닌 학습공동체 활동 과정을 정리한 경우도 일부 있었다. 이는 연수 진행 시기의 적절성과도 연관되어 있다. 학기가 시작한 뒤에 연수가 진행되어 교사학습공동체마다 이미 준비한 주제에 따라 프로그램을 진행하고 있는 상황에서 새로운 프로토콜을 적용하기가 쉽지 않았다고 연수 참여 교사들은 이야기하였다.

　교육과정 문해력 프로토콜을 적용한 경우, 프로토콜 1단계 중 일부 차시 프로토콜을 적용하거나 2단계 프로토콜을 활용하여 교육과정을 재구성한 결과들을 보고하였다. 예를 들어, 2018년도에 연수에 참여한 A초등학교 교사학습공동체 리더와 B유치원 교사학습공동체 리더는 P1을 적용하여 교육과정의 의미에 대한 생각을 공유한 사례를 보고하였다. 〈그림 1-11〉은 2017년도 연수에 참여한 C초등학교 교사학습공동체 리더가 P3 프로토콜에서 제공한 설문지를 활용하여 학습공동체 구성원들이 교육과정 재구성을 어떤 수준과 범위로 실행하고 있는지에 대해 설문을 실시하고 그 결과를 정리한 것이다. 한편, 교육과정 재구성 프로토콜을 적용한 경우에는 교육과정 문서의 성취 기준에 대한 분석을 바탕으로 재구성 활동을 진행하고 있음을 확인할 수 있다. 예를 들어, 2018년도에 연수에 참여한 B초등학교 교사학습공동체 리더는 사회과 4학년 성취 기준을 분석하여 '우리 지역에 대해 자세히 알아보기'라는 주제로 재구성한 사례를 보고하였고, A중학교 교사학습공동체 리더는 〈그림 1-12〉에 제시한 바와 같이 수학, 사회, 일본어 성취 기준 분석을 바탕으로 '나와 마을'이라는 주제로 교과 융합적 재구성에 대해 활동한 결과를 보고하였다.

그림 1-11 1단계 프로토콜 적용 보고서

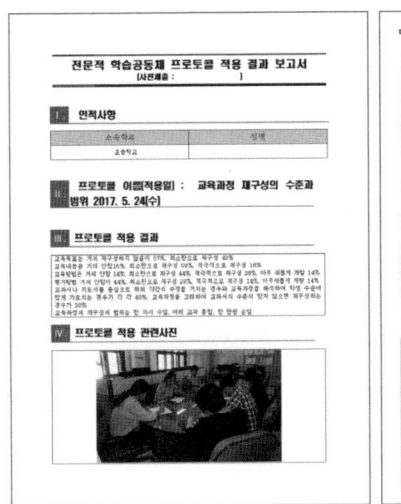

그림 1-12 2단계 프로토콜 적용 보고서

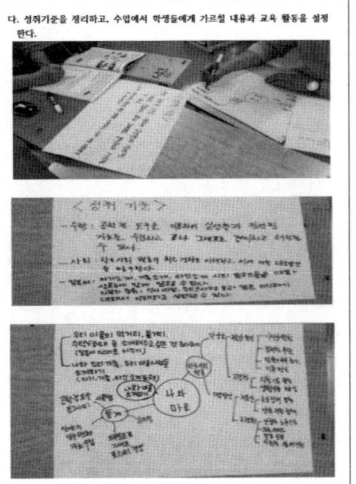

(2) 교육과정 문해력 프로토콜의 적용 가능성 분석

교육과정 문해력 프로토콜의 타당성 및 적용 가능성에 대한 교사들의 인식을 확인하기 위해 2018년도 연수 참여 교사들을 대상으로 한 사후 설문 결과를 분석하였다. 설문 조사는 연수 마지막 날에 이루어졌으며, 조사 대상은 연수 참여자 총 22명 중에서 연수 과정 이수자인 14명이다. 표본의 수가 적어 통계 분석은 하지 않고 응답의 경향성만을 파악하였다. 〈표 1-14〉에 제시한 바와 같이 응답 결과를 보면, 교육과정에 대한 이해나 교육과정 문해력 프로토콜에 대해 부정적인 응답은 없었다. '보통'이라고 응답한 1~3명을 제외하면 80~90%의 교사들이 교육과정 문해력 프로토콜을 교사의 교육과정 문해력을 높이고 현장에 적용할 만한 유용한 프로토콜로 인식하고 있는 것으로 나타났다. 구체적으로 살펴보면, 프로토콜이 교육과정 문해력에 대한 이해를 도울 뿐 아니라 목표 지향적 의사소통과 공평한 대화를 촉진하는 측면에서도 긍정적으로 평가하고 있는 것으로 나타났다.

표 1-14 교육과정 문해력 프로토콜 연수 사후 설문 자료

설문 문항	그렇다	조금 그렇다	보통	조금 아니다	아니다
1. 나는 교육과정을 더 잘 이해하게 되었다.	10	2	2		
2. 나는 교육과정 문해력의 뜻을 이해한다.	9	4	1		
3. 나는 교육과정 문해력이 높아졌다고 생각한다.	7	4	3		
4. 나는 교육과정 문해력 프로토콜의 내용을 이해한다.	9	5			
5. 나는 교육과정 문해력 프로토콜의 활용이 PLC 내의 목표 지향적 의사소통을 촉진한다고 생각한다.	10	2	2		
6. 나는 교육과정 문해력 프로토콜이 PLC 내의 공평한 대화 참여를 촉진한다고 생각한다.	11	3			
7. 나는 교육과정 문해력 프로토콜이 교육과정에 대한 이해도 또는 교육과정 문해력을 높이는 데 도움이 된다고 생각한다.	10	3	1		
8. 나는 교육과정 PLC에서 교육과정 문해력 프로토콜을 사용하고 싶다.	10	3	1		

사후 설문 자료의 서술형 자유 응답 항목에는 8명이 응답하였는데, 〈표 1-15〉에 제시한 바와 같이 교육과정 문해력 프로토콜에 대해서는 긍정적인 의견을 제출하였다. 부정적인 의견은 주로 학교의 업무 과다, 적절하지 않은 연수 시기 등 학교 상황과 연수 일반에 대한 의견이었다. 설문 자료에서 수집한 의견을 볼 때, 교육과정 문해력 프로토콜이 교육과정에 대해 생각할 수 있는 기회를 제공하고 교사학습공동체 내에서 의사소통을 촉진하여 교사들의 교육과정 문해력 제고 및 교사

학습공동체의 활동 지원에 일정한 효과가 있음을 보여 준다.

표 1-15 교육과정 문해력 프로토콜 연수 사후 설문 자료(자유 응답형)

교육과정 문해력 교사학습공동체 운영 프로토콜에 대한 의견

- 프로토콜이 잘되려면 학습공동체의 구성원이 누군지가 가장 중요한 것 같음.
- 상황이 서로 다르기 때문에 프로토콜을 배워도 그대로 운영하기 어려운 경우가 많았음. 연수가 학기 시작 전에 있으면 더 좋을 것 같고, 정작 전문적 학습공동체를 운영하며 생기는 어려움을 나눌 시간이 부족했던 것 같음. 그래도 이야기를 풀어낼 수 있는 방법을 배운 점은 좋았음. 교육과정 재구성 실습을 해 본 점도 좋았음.
- 프로토콜 연수를 받으면서 짧게라도 실습을 해 보고 배워서 학교에 적용하기가 좀 쉬웠다.
- 연수를 시기적으로 더 먼저 했으면 좋겠다.
- 전문적 학습공동체에 대한 이론적 강의와 실제 적용 분임 활동 등이 전반적으로 조화를 이루었다고 생각함. 현장 적용 사례 후 장단점 등에 대한 발표 기회를 좀 더 늘리는 것도 좋을 듯함.
- 학교 구성원들이 시간을 맞추어 다 함께 모이기가 어려움. 서로 다른 과목에 대해 알게 됨.
- 학교에서 바빠 선생님들과 대화 나눌 시간이 어려움.
- 현장에 적용하며 많은 도움이 되었다.

V. 결론 및 제언

최근 교육과정 문해력이 교사 전문성의 요체로 강조되고 있으며, 교사학습공동체가 교사 전문성을 높이기 위한 대안으로 현장에서 널리 확산되고 있다. 그럼에도 불구하고 교사학습공동체의 내실화된 운영을 위한 구체적인 실행 내용과 방법에 대한 모색은 아직 미흡한 상태이다. 이에 본 연구는 교사들의 교육과정 전문성을 제고하기 위한 방안으로 교사학습공동체에서 활용할 수 있는 교육과정 문해력 프로토콜을 개발하고 그 적용 가능성을 탐색하고자 하였다. 이를 위해 크게 2단계, 총 11차시로 구성된 교육과정 문해력 프로토콜을 개발하여, 2017년과 2018년 두 차례에 걸쳐 A교육대학교에서 주관한 〈전문적 학습공동체 리더 역량 강화 직무 연수〉에 투입하였다. 연구 결과, 이 연구에서 개발한 교육과정 문해력 프로토콜이 교육과정 문해력의 제고

와 교사학습공동체의 운영 지원이라는 측면에서 모두 일정한 효과가 있는 것으로 나타났다.

먼저, 이 연구에서 개발한 프로토콜은 교육과정 문해력 제고를 목표로 하는 교사학습공동체의 활동 방향과 방법에 대한 구체적인 모델을 제시하고 있다는 점에서 의의를 지닌다. 교육과정 문해력 프로토콜은 프로그램의 운영 절차 및 방법에 대한 기술적 정보와 함께 교육과정 문해력의 개념을 비롯해 교육과정 문해력을 이해하는 데 필요한 학술적 정보들을 포함하고 있다. 이를 바탕으로 교사학습공동체 구성원들은 교육과정 재구성 활동의 기초가 되는 개념과 비전에 대한 생각들을 상호 검토하고, 교육과정 재구성 자체보다 교육과정 성취 기준의 달성이라는 목표에 집중할 수 있도록 하였다. 실제 적용 사례 분석 결과, 교사들은 교과서나 지도서가 아닌 교육과정 성취 기준을 중심에 놓고 교육과정 재구성 활동을 수행하였으며, 설문 조사에서도 교육과정 이해 및 교육과정 문해력 제고 효과에 대해 긍정적으로 반응하였다. 이를 통해 본 연구에서 개발한 프로토콜이 교육과정 문해력의 제고라는 목표의 측면에서 내용적 타당성을 담보하고 있음을 확인할 수 있다.

다음으로 교육과정 문해력 프로토콜은 교사학습공동체 구성원 간에 협력적 상호 작용이 가능한 기반을 제공할 수 있다는 점에서 의의가 있다. 선행 연구들에 따르면, 구성원 간의 협력이 교사학습공동체의 핵심 속성임에도 불구하고, 교사들이 제한된 시간에 쫓기며 목표 지향적인 대화나 공평한 대화 기회의 배분 등 구성원 간 상호 작용에 어려움을 겪고 있는 것으로 나타났다. 교육과정 문해력 프로토콜은 50분 단위의 세션을 효율적으로 진행할 수 있도록 활동 과제별로 시간을 안배하고, 모든 구성원들이 고루 대화에 참여할 수 있는 구조를 마련하였다. 연수 과정에서도 모든 교사들이 소외되지 않고 과제 중심의 대화를 나누는 모습을 확인할 수 있었으며, 설문 조사 결과도 교육과정 프로토콜이 목표를 가진 대화 및 대화 기회의 공평한 분배에 긍정적인 기능을 하는 것으로 나타났다. 이를 통해 교육과정 문해력 프로토콜이 교사학습공동체 운영 도구로서의 방법적 효과성을 담보하고 있음을 확인할 수 있다.

이러한 의의에도 불구하고 교육과정 문해력 프로토콜의 현장 적용 가능성을 높이기 위해서는 향후 다음과 같은 점에 대한 고려가 필요하다. 첫째, 이 연구에서 개발한 프로토콜은 교육과정 문해력에 초점을 두고 개발되어 교육과정 분석을 통해 도출된 공동 주제를 바탕으로 수업을 설계하는 구체적인 활동은 포함하지 않는다. 따라서 수업 경험이 부족한 예비 교사들이나 통합 교과 수업의 설계 경험이 부족한 교사들의 경우 이후의 교육과정 재구성 활동을 이어 나가는 데 어려움을 겪을 수 있다. 따라서 이러한 경우에는 구체적인 수업 설계 및 실행 사례를 발굴하여 제시하거나, 향후 교육과정 문해력 프로토콜에 이어지는 수업 설계 및 실행 프로토콜을 개발하여 제공할 필요가 있다.

둘째, 교사 연수 과정에서 교육과정 문해력 프로토콜을 적용할 때는 적절한 연수 시기에 대한 고려가 필요하다. 이 연구에서의 적용 사례에서 나타난 바와 같이 연수 시기가 교사학습공동체 활동 시기와 맞지 않을 경우 프로토콜의 실질적 적용이 어려울 수 있다. 이를 보완하기 위해서는 연수 프로그램을 학기 중보다는 한 학기 또는 1년의 학습공동체 운영을 준비하는 시기에 운영하는 것이 적절할 것이다. 또한 교과 수준/교과 통합 수준의 교육과정 재구성에 대한 연습이 좀 더 깊이 있게 이루어지기 위해서는 연수 집단을 어느 정도 동질성을 지닌 교사들로 구성하는 것이 타당해 보인다. 학교 급과 전공 배경이 다양한 교사들을 대상으로 할 경우에 교사들이 만족할 수 있는 수준에서 교과 교육과정 문해력을 다루거나 교육과정 재구성 계획을 실천 가능한 수준까지 구체화하기 쉽지 않았다. 본 프로토콜을 연수 프로그램에 적용하여 교사학습공동체의 교육과정 문해력을 제고하고자 한다면 이러한 점을 사전에 고려할 필요가 있다.

한편, 이 연구는 교사학습공동체 연수에 참여한 리더 교사의 적용 사례를 통해 교육과정 문해력 프로토콜의 현장 적용 가능성을 간접적으로 탐색하였다는 점에서 한계가 있다. 향후 실제 단위 학교 교사학습공동체 적용 사례에 대한 질적 연구 등을 통해 교육과정 문해력 프로토콜이 교사학습공동체에서 어떻게 활용되며 구성원 간의 상호 작용에 어떤 방식으로 작용하는지 등에 대해 심층적으로 분석할 필요가 있다. 또한 이 연구에서는 교육과정 문해력 제고와 관련된 효과를 교사들의 인식을 통해 확인하였으나, 향후 교육과정 문해력 프로토콜을 적용하여 산출된 결과물들에 대한 면밀한 분석이 필요하다. 이에 대해서는 후속 연구 과제로 남기고자 한다.

| 참고 문헌 |

곽영순(2015). 교사 학습공동체의 발달 단계 탐색. **교육과정평가연구**, 18(2), 한국교육과정평가원, 83~104쪽.

곽영순, 김종윤(2016). 한국형 교사 학습공동체의 특성과 과제. **교육과정평가연구**, 19(1), 한국교육과정평가원, 179~198쪽.

권나영(2015). 수학교사 학습공동체의 의미와 활동. **교육문화연구**, 21(3), 인하대학교 교육연구소, 83~102쪽.

김경은(2010). 수업전문성 신장을 위한 사회 수업 학습공동체 활동 사례 연구. **열린교육연구**, 18(4), 열린교육학회, 31~55쪽.

김남균(2013). 교사학습공동체에서 프로토콜을 적용한 사례와 그 유용성에 대한 연구. **초등교육연구**, 26(3), 한국초등교육학회, 1~20쪽.

김남균, 심영택, 김민조, 이현명(2014). 교사학습공동체의 대화 분석과 교육적 의미 탐색 : 초등 수학 교과를 중심으로. **화법연구**, 25, 한국화법학회, 7~40쪽.

김남수(2013). 초등학교 전문학습공동체의 환경 수업 공동 설계와 실행 사례 연구. **환경교육**, 26(3), 한국환경교육학회, 315~335쪽.

김두정(2009). 교육과정 실행에 관한 교사의 이론 : 혼합적 연구 방법을 통한 교사의 실천적 지식의 탐구. **교육과정연구**, 27(3), 한국교육과정학회, 127~157쪽.

김미혜(2010). 초등 교사의 국어 수업 전문성 신장을 위한 PDS 프로그램 개발 연구. **한국초등국어교육**, 43, 한국초등국어교육학회, 63~102쪽.

김민조, 심영택, 김남균, 김종원(2016). 교사들의 '반(半) 자발성'에서 출발한 학교내 교사학습공동체 운영 사례 연구. **한국교원교육연구**, 33(4), 한국교원교육학회, 223~248쪽.

김병수, 이현명(2016). 예비교사와 경력교사의 교육과정 문해력 수준 비교에 대한 사례 연구 : 국어교과를 중심으로. **교육연구**, 67, 성신여자대학교 교육문제연구소, 117~144쪽.

김정원, 방정숙, 김상화(2017). 전문적 학습공동체의 초등 수학 수업에 관한 사례연구. **초등수학교육**, 20(4), 한국수학교육학회, 267~286쪽.

김주영, 장재홍, 박인우(2018). 전문적 학습공동체 참여 여부에 따른 교사협력정도, 수업개선활동, 교사효능감, 교직만족도 비교 분석. **교사교육연구**, 57(1), 부산대학교 과학교육연구소, 1~15쪽.

김주환(2014). 스마트교육 시대 국어과 교사들의 교육과정 재구성 실태 조사. **청람어문교육**, 50, 청람어문교육학회, 35~60쪽.

김진필, 박종률, 박대원(2012). 중등체육교사의 교육과정 재구성 경험에 대한 내러티브 탐구. **한국체육교육학회지**, 17(1), 한국체육교육학회, 31~50쪽.

김현규(2016). 국가 교육과정 문서에 나타난 '교육과정 재구성'의 의미. 석사학위 논문. 한국교원대학교 대학원.

나귀수(2010). 초등학교 수학 수업 학습 공동체 활동에 대한 연구. **수학교육학연구**, 20(3), 대한수학교육학회, 373~395쪽.

박민선, 최성욱(2017). 단위학교 교사학습공동체 내 초등교사의 교육과정 실행 경험에 관한 근거이론 연구. **교원교육**, 33(2), 한국교원대학교 교육연구원, 171~203쪽.

박윤경(2003). 사회과 수준별 교육과정 실행에 대한 연구. **시민교육연구**, 35(1), 한국사회과교육학회, 143~172쪽.

박윤경, 김미혜, 김병수(2017). 교육과정 문해력의 개념 정립을 위한 시론. **교육연구논총**, 38(4), 충남대학교 교육연구소, 27~50쪽.

박윤경, 김미혜, 장지은, 김동원(2017). 초등학교 교육과정 재구성 우수 사례 교사가 갖는 교육과정 문해력의 특성 연구. **학교와 수업 연구**, 2(2), 1~19쪽.

박윤경, 정종성, 김병수(2015). 초등학교 교사들의 교육과정 인식 및 재구성 실태 조사. **초등교육연구**, 28(4), 한국초등교육학회, 117~143쪽.

박철희, 김왕준, 이태구, 이정윤, 민경용(2017). 교사학습공동체의 실태와 활성화 방안 : 강원도 지역을 중심으로. **교육문화연구**, 23(5), 인하대학교 교육연구소, 223~249쪽.

백남진(2013). 교사의 교육과정 해석과 교육과정 잠재력. **교육과정연구**, 31(3), 한국교육과정학회, 201~225쪽.

_____(2015). 과학적 소양에 기반한 과학과 성취기준의 개발 방향 탐색 : 캐나다, 호주, 싱가포르 과학 기준을 중심으로. **교육과학연구**, 46(2), 이화여자대학교 교육과학연구소, 1~29쪽.

서경혜(2009). 교사전문성 개발을 위한 대안적 접근으로서 교사학습공동체의 가능성과 한계. **한국교원교육연구**, 26(2), 한국교원교육학회, 243~276쪽.

_____(2015). 교사학습공동체 - 집단전문성 개발을 위한 한 접근. 서울: 학지사.

정광순(2012). 교사의 교육과정에 대한 문해력. **통합교육과정연구**, 6(2), 한국통합교육과정학회, 109~132쪽.

최진영, 이경진(2008). 실행의 깊이에 따른 교사신념 및 지식과 교육과정 실행 간의 관계 : 초등 사회과 수행평가를 중심으로. **교육과정연구**, 26(1), 한국교육과정학회, 103~126쪽.

Blum, A. & Grobman, A. B.(1991). Curriculum adaptation. In Lewy, A.(Ed.), _The international encyclopedia of curriculum_. Oxford: Pergamon Press. pp. 384-386.

Easton, L.(2009). _Protocols for professional learning_. Alexandria, VA: ASCD.

McDonald, J. P., Mohr, N., Dichter, A. & McDonald, E. C.(2007). _The power of protocols_. 심영택, 김남균, 김남수, 김민조, 김종원, 이현명 옮김(2017). 교사학습공동체 운영을 위한 프로토콜. 서울: 도서출판 하우.

Schön, D. A.(1983). _The reflective practitioner: How professionals think in action_. New York: Basic Books.

Smylie, M. A.(1991). Curriculum adaptation within the class. In Lewy, A.(Ed.), _The international encyclopedia of curriculum_, Oxford: Pergamon Press, pp. 386-388.

Snyder, J., Bolin, F. & Zumwalt, K.(1992). Curriculum implementation. In Jackson, P. W.(Ed.), _Handbook of research on curriculum_, New York: Macmillan, pp. 402-435.

연수 프로그램을 통한
공동 수업 설계와 실행 사례 분석

김남수*, 이혁규**

I. 들어가며

지금까지 교육 개혁의 경향은 교사들을 개혁의 주체가 아닌 개혁의 대상으로 보는 시각이 지배적이었고 개혁의 기본 단위로 개별 교사를 상정하고 있는 경우가 대부분이다(권낙원, 2007; 이혁규, 2000; 장훈, 2010). 최근 들어 이러한 경향에서 벗어나 단위 학교 중심의 교육 개혁을 강조하며, 공동체성, 동료성, 상호 작용, 학습 지향성의 공유 등을 학교 변화를 위한 핵심 원리로 제안하는 논의들이 이루어지고

• • •
* 제1저자
** 교신저자

있다. 또, 이런 핵심 원리들은 교사들 내부에서 다양한 교사학습공동체Teacher Learning Community, TLC 혹은 전문학습공동체Professional Learning Community, PLC 활동의 형식으로 모색되고 구현되고 있다(DuFour & Eaker, 1998; 장훈, 2010; DuFour, DuFour, Eaker & Many, 2006). 이와 같이 동료성에 기반을 둔 공동체 학습이 최근에 강조되고 있는 것은 가르치는 전문가로서 교사들 스스로 자신의 학습과 발달을 위해 능동적으로 노력해야 하며, 그런 노력이 집단적 학습의 형태로 교사 집단 내부에서 일어날 필요가 있음을 의미한다. 나아가 이러한 집단적 학습에의 참여 여부는 개별 교사가 자신의 전문성 발달을 위해서 경우에 따라서 선택할 수 있는 무엇이기보다는 필수적인 것으로 인식되기도 한다. 가령, 교사의 수업 역량은 수업의 설계 및 실행 능력 그리고 성찰 능력에 소통 능력까지를 포함하여 규정되기도 한다(cf. 이혁규 외, 2012a).

교사의 성장과 발달에 관한 새로운 연구 분야 중 하나인 자기연구self-study 역시 교수 실천의 바탕이 되는 교사의 정체성 혹은 교육 철학은 교사가 살아오면서 만나는 다양한 사람들과 여러 가지 사건들에 의해서 영향을 받아 형성되며, 현재의 실천 또한 개별 교사가 접하는 다른 교사들과 학생들 그리고 사회문화적 맥락과 상호 작용 하면서 형성된다고 전제한다. 그리고 교사의 정체성과 교육 철학을 드러내고 바꿀 수 있는 힘 또한 대화적 공동체 안에 있음을 강조하고 있다 (Austin & Senese, 2007; Feldman et al., 2004). 따라서 교사의 성장과 학교 변화가 가능하기 위해서는 교사들의 실행과 대화를 위한 공동체의 필요성을 공유하고 공동체 활동을 촉진할 수 있는 기회를 마련하는 것이 무엇보다 중요하다. 그리고 교사학습공동체 구성을 돕거나 촉진하는 연수 프로그램을 개발하는 것도 학교 변화를 위한 공동체 활동을 돕는 주요한 통로가 될 것이다. 연구자들은 교사학습공동체의 중요성을 인식하고 이를 촉진할 수 있는 연수 프로그램을 개발하여 운영하였다. 연수 프로그램은 공동 설계와 실행을 위한 강의와 워크숍으로 구성되었다. 연수에 참여하는 교사들은 연수 과제의 일환으로 모둠을 구성하여 공동으로 수업을 설계하고 실행하였으며 그 과정을 전체 연수 참가자들과 공유하였다. 본 연구는 그 연수 과정에서 교사들이 어떻게 활동하였으며 무엇을 경험하였고 그 의미는 무엇인지를 드러내고자 한다. 이를 위해서 연수 프로그램을 분석하였는데 프로그램 분석의 범위는 교사들의 연수에 대한 만족도 등 연수 전반에 대한 평가가 아니라 교사들이 발표한 '공동 수업 설계와 실행 이야기'에 초점을 맞추었다. 그리고 이를 통하여 교사들의 공동 수업 설계와 실행 경험을 이해하고 교사학습공동체 활동 촉진을 위한 함의를 얻고자 한다. 구체적인 연구 질문은 다음과 같다.

- 교사들이 공동 수업 설계와 실행 과정에서 해결하려는 수업 고민은 무엇인가?
- 교사들은 공동 수업 설계와 실행을 어떻게 해석했는가?
- 교사들의 공동 작업에는 어떤 유형들이 나타났는가?
- 교사들에게 공동 수업 설계와 실행 경험은 어떤 의미인가?

이를 위해서 먼저 전문성 발달 전략과 교사학습공동체 그리고 협력적 수업 설계와 관련하여 이론적 논의를 하고자 한다. 둘째, 연구의 대상이자 사례인 연수 프로그램에 대한 소개와 연구 방법에 관하여 밝히고, 셋째, 수업하기 3에서 교사들이 발표한 공동 수업 설계와 실행 이야기를 분석한 결과를 논의하고자 한다.

II. 이론적 배경

1. 지속적 전문성 발달(CPD)

전문가 학습professional learning, 전문성 발달, 교원 현직 연수 등과 같이 양질의 수업을 만드는 데 기여하며 교사 개인, 집단 혹은 학교에 직간접적으로 도움이 되는 모든 일상적인 학습 경험과 의식적이고 계획적인 활동들을 총칭하여 지속적 전문성 발달CPD : Continuing Professional Development이라고 한다(Eaton & Carbone, 2008). Kennedy(2005)는 다양한 형식의 CPD의 특징을 파악하여 9가지 범주로 구분하였고 그 목적에 따라서 크게 '전달', '전이', '전환'으로 구분하였다(〈표 1-16〉 참조).

표 1-16 CPD 모형의 스펙트럼(Kennedy, 2005)

CPD 모델	모형의 목적	
훈련 모형 포상 모형 결핍 모형 폭포cascade 모형	전달transmission	↓
표준 기반 모형 코칭/멘토링 모형 실행공동체 모형	전이transitional	↓
실행 연구 모형 변혁 모형	전환transformative	↓

전문적 자율성의 증가 (↓)

이 분류에서 각 모형의 목적이 전달-전이-전환으로 이동할수록 전문적 자율성professional autonomy이 커진다. 전문적 자율성이란 가르치는 전문가로서 교사에게 필요한 지식과 개선 방향을 교사 스스로 결정할 수 있음을 의미한다. 외부 전문가나 교육 행정가에 의해서 수업 개선의 방향과 필요한 지식을 공급받거나 지시를 받는 경우 상대적으로 전문적 자율성은 작다고 볼 수 있다. 코칭/멘토링, 실행공동체, 실행 연구와 같이 전문적 자율성이 커지는 모형일수록 교사들이 처한 구체적인 맥락을 반영하거나 맥락을 기반으로 진행된다. 이는 김병찬(2007)이 제안한 네 가지의 교원 연수 모형 중 '문제 해결 모형'과도 유사하다. 이 모형은 교내에서 곤란을 겪고 있는 교사가 동료와 함께 토의와 협동 학습 등을 통하여 문제를 해결하는 것을 의미한다. 현재 교사 전문성 발달을 위한 노력들은 구체적인 맥락 속에서 교사 집단 스스로 문제를 해결하는 접근을 강조하는 추세이다. Smith & Gillespie(2007)는 이러한 접근을 현장 기반 전문성 발달job-embedded professional development 모형으로 구분한다. 이들의 분류에 따르면 워크숍, 학회 세션, 세미나, 강의 및 여타의 단기간의 훈련 기회들은 전통적인 전문성 발달traditional professional development 모형에 해당한다. 이 전통적인 전문성 발달 모형의 경우도 장기간 동안 진행하고, 교사들의 실천 맥락과 연결되고, 분석과 반성을 강조하고, 다양한 종류의 활동을 포함하고, 같은 직장 내 동료들과 함께 참여하며, 실행 학습action learning의 요소가 포함될 경우 긍정적인 평가를 받는 경향이 있다(Smith &Gillespie, 2007). 따라서 전문성 발달을 위한 교사 연수 방식을 고려할 때 특정한 접근과 모형을 절대적인 우위에 놓기보다는 다루는 주제와 상황에 따라서 적절한 접근을 선택할 수 있으며 각각의 프로그램의 장점을 최대한 살리기 위한 방법들을 고민하는 것이 필요하다(이혁규 외, 2012b).

현장 기반 전문성 발달 모형은 현장 교사들끼리, 혹은 외부 전문가의 도움을 받아 진행될 수 있다. 이 속에서 교사들의 활동을 촉진하는 연수 또한 고려할 필요가 있다. 가령, Küçük & Çepni(2005)와 Dana & Yendol-Silva(2003) 등은 교사의 실행 연구를 돕기 위해 실행 연구의 절차와 유사하게 교사 교육 프로그램을 구성하여 진행하였다. 본 연구에서 소개하는 연수 사례 또한 전문적 자율성을 강조하는 교사

전문성 발달 과정 촉진을 목적으로 개발되었으며 구체적으로 교사학습공동체와 공동 수업 설계와 실행에 초점을 맞추었다.

2. 교사학습공동체와 협력적 수업 설계

최근 들어 교사학습공동체(McLaughlin & Talbert, 2006; Sergiovanni & Starratt, 2007; 서경혜, 2009), 전문학습공동체(Hord, 1997; Dufour & Eaker, 1998; DuFour, 2004; Annenberg Institute, 2003; Stoll & Louis, 2007; 권낙원, 2007), 교사전문공동체Teachers' Professional Communities(Louis, Marks & Kruse, 1996; Newmann & Wehlage, 1995) 등에 대한 관심이 커지고 있다. 서경혜(2009)에 따르면 이들 공동체는 교사의 학습과 학생의 학습에 중점을 두고, 가치와 규범 및 리더십과 실천 경험을 공유하며 반성적 대화, 집단 반성, 공동 탐구, 공동 문제 해결, 공동 실천 등의 활동을 한다. 이러한 특징을 종합하면 교사학습공동체는 한마디로 실행 연구action research 공동체라고 할 수 있다.[1] 교사학습공동체에 대한 관심은 교사의 전문적 자율성과 관련이 있다.

Hargreaves(2000)를 참고하면 자율적 전문가autonomous professional로서 고유의 역할과 지위를 부여받는 교사들에게 개인주의individualism 혹은 홀로교사isolated teacher(Rosenholtz, 1989) 문화가 생겨나기 쉽다. 홀로교사는 동료와 전문적 대화professional dialogue를 나누거나 동료에게서 자기 수업에 대한 피드백을 받지 못하면서 (혹은 않으면서) 자기 실천을 반성하고 개선하는 데 어려움을 겪게 된다. 따라서 개별 교사들은 수업의 문제 해결을 위해 시행착오에 의존하거나, 자신이 받았던 학교교육의 기억으로 돌아가서 자기에게 영향을 준 교사에게서 가르침

• • •

1 본 연구에서는 각 용어가 표방하는 의미의 차이에 비하여 공통점이 더 많다는 점을 고려하여 교사학습공동체라는 용어로 통일하여 지칭하고자 한다.

의 모델을 찾기도 한다(Rosenholtz, 1989). 교사들은 이런 관성적 실천을 극복하기 위해서 반성적 실천reflective practice(Schön, 1991)에 관심을 두게 되지만 개인적 반성만을 가지고는 교사가 실행 지식을 획득하는 데 한계가 있다. 수업에 반영되는 다층적인 맥락을 고려한다면 교실 수업 개선은 개별 교사의 노력만으로는 한계가 있으며, 교사의 개별 지식을 정당화할 수 있는 타자를 필요로 한다(박선미, 2006). 수업 실천을 비롯한 교사의 교육 활동의 변화가 개별적 노력으로 일어나기 어려운 것은 학교 교육과정이나 학교 구조 등과 같이 교실을 넘어서는 더 큰 맥락적 요인들이 중요한 영향을 끼치기 때문이다. 그러므로 교사들이 자기 실천을 개선하고 변화시키기 위해서는 고립된 개인으로 활동하거나 외부 연구자들이나 정책 입안자의 처방을 맹목적으로 따르기보다는 전문적 자율성을 바탕으로 동료들과 협력하는 것이 훨씬 더 효율적이다. Hargreaves(2000)는 이를 두고 동료성에 기반을 둔 전문가collegial professional라고 표현한다. 결국 교사학습공동체에 대한 관심은 교사의 전문적 자율성을 담보하기 위해서 동료성이 필수적임을 인식한 데서 비롯된다고 할 수 있다.

그렇다면 교사학습공동체는 어떻게 형성될 수 있을까? 교사학습공동체는 다양한 토양에서 다양한 경로로 구성될 수 있지만 개별 교사들이 모여 있는 집단이 교사학습공동체가 되기 위해서는 사회적 학습과의 관계를 고민할 필요가 있다. 사회적 학습social learning은 각기 다른 지식과 경험을 공유하는 개인들이 모인 가운데 저마다의 관점을 드러내고 통합하는 과정으로서 개인(혹은 조직)이 다른 개인(혹은 조직)은 현실을 어떻게 이해하는지를 알고 새롭게 접하는 생각과 경험에 관해서 성찰하는 과정을 통해서 일어난다. 성공적인 사회적 학습은 단순히 모여 있기만 한 개인들을 공동의 목적을 가지는 하나의 공동체 혹은 집합적 행위로 옮길 수 있는 집단으로 바꾸는 기능을 한다(Johnson et al., 2012; Muro & Jeffrey, 2008). 그러므로 교사학습공동체는 사회적 학습이 일어나는 장인 동시에 사회적 학습의 과정을 통해서 형성될 수 있다.

사회적 학습을 위한 매개 활동에 대한 고민도 필요하다. 가령, 책 혹은 수업 동영상을 함께 보고 이야기를 나눌 수 있고 수업 중 학생들이 만들어 낸 결과물을 함께 해석할 수 있다(Allen & Blythe, 2003). 수업 비평 활동을 매개로 형성된 공동체 사례는 비교적 널리 알려져 있다.[2] 수업 비평 공동체는 새롭게 수업을 보는 눈을 집단적으로 형성한다는 점에서 중요한 의미를 지닌다. 그런데 수업 실천이 교사의 핵심적인 교육 활동이라는 점에서 무엇보다 수업 설계와 실행이 교사의 전문적 협력 작업의 핵심이 될 필요가 있다. 그러나 교사 전문성의 핵심 영역인 수업 설계와 실행을 매개로 하는 교사학습공동체의 사례 보고는 아직 찾아보기 쉽지 않다. 수업 설계와 실행 활동을 매개로 만들어진 교사학습공동체로는 교육방송의 〈최고의 교사〉 프로그램에서 소개된 동교과 간, 타 교과 간 팀티칭 사례나,[3] 최근 혁신학교를 중심으로 일어나는 공동 수업 설계와 실행 등 몇몇 예에 그치고 있다.[4] 본 연구자들은 공동 수업 설계와 실행이 교사학습공동체를 형성하고 유지하는 핵심적인 매개 활동이 될 수 있다고 보고 이러한 활동을 권유하고 촉진하는 연수 프로그램을 개발하여 운영하게 되었다. 다음에서는 연구의 대상인 연수 프로그램에 대하여 구체적으로 소개하고자 한다.

. . .

2 '배움과 나눔의 공간 다온', '경기도중등수업비평교육연구회', '대전동화중 수업비평연구회' 및 이우학교의 수업 연구 활동이 있다(엄훈, 2010 참고).

3 이 프로그램에서 소개한 "동북고 논술 3인방"은 같은 고등학교에 근무하는 서로 다른 교과를 담당하는 3명의 교사를 지칭한다. 이들은 통합 주제를 결정하고 이를 다루는 논술 수업을 함께 설계하고 실행하였다(이혁규 외, 2012a 참고).

4 학교 기반 전문적 학습공동체에서 공동으로 수업을 설계하고 실행한 사례로 경기도 성남 보평 초등학교의 사례가 있다(서길원, 2012 참고).

III. 연구의 대상과 방법

1. 연구 사례

(1) '수업하기' 연수

본 연구자들은 전국의 교육대학교 중 하나인 C교육대학교 부설 교육연구원(이하 C교육연구원)을 중심으로 교사 전문성 신장을 위한 다양한 연구를 진행하고 있다. 교사의 수업 능력 신장을 위한 연수 프로그램을 개발하는 일도 그중 하나이다. C교육연구원은 2011년부터 교사의 자기주도적 수업 설계 및 실행 역량 강화에 초점을 맞추어 연수 프로그램을 개발하여 진행하고 있다. 그리고 이를 수업 비평을 주제로 하는 '수업보기' 연수와 구분하여 '수업하기' 연수라 부르고 있다. 수업하기 연수는 현재까지 세 차례 진행되었으며 실시된 시기에 따라 순서대로, 수업하기 1(2011년 4월 5일~6월 7일), 수업하기 2(2011년 6월 16일~7월 26일), 수업하기 3(2012년 4월 28일~7월 14일)으로 구분하여 부르고 있다. 세 차례의 수업하기는 그 맥락이 조금씩 다르다. 지역만 보면 각각 충청북도 청주, 경기도 성남, 경기도 시흥에서 이루어졌다. 일련의 수업하기를 진행하면서 관련 연구진과 강사들은 집단 사고와 반성을 통하여 그 내용과 형식을 조금씩 바꾸었다. 수업하기 1, 2는 공통적으로 '개별 교사의 수업 실행과 반성 및 대화'에 초점을 맞추었다면 수업하기 3은 '공동 수업 설계와 실행과 반성'에 초점을 맞추었다.

수업하기 3은 경기도 시흥교육지원청 소속 학교에서 근무하는 초·중등학교 교사들이 참여했다. 교사들은 여러 강의와 워크숍에 참석하여 자신들의 아이디어를 나누었고 2~5명씩 모둠을 구성하여 2회에 걸쳐서 '공동 수업 설계와 실행'을 하고 그 과정을 기록하여 다른 교사들과 공유했다. 한편 C교육연구원은 2010년부터 지역 교사들의 자율적 연구 모임을 지원하기 위하여 '성찰과 실천' 연수를 실시하고 있다.

2012년에는 30시간 연수를 총 2회에 걸쳐 진행하였는데 첫 번째 진행한 연수의 내용을 수업하기 3과 유사하게 구성하여 진행하였다. 다음에서는 수업하기 3의 구체적인 내용을 소개하고자 한다.

(2) 수업하기 3
1) 프로그램

수업하기 3 연수는 전체 30시간으로 구성되어 2012년 4월부터 7월까지 진행되었다. 이 연수 프로그램의 목적은 반성적 실천가로서 교사의 수업 능력을 신장하는 것이며 구체적으로는 수업 설계에 대한 이해를 바탕으로 교사학습공동체를 만들어서 공동 수업 설계와 실행의 과정을 경험하고 이에 대해 성찰하는 것이다. 그 구체적인 일정은 다음 〈표 1-17〉과 같다.

표 1-17 수업하기 3(2012년 4월 28일~7월 14일)

순서	주제	
1강(4월 28일)	수업 개선을 위한 실행 연구와 PLC	
2강(4월 28일)	활동 중심 수업 설계	
3강(5월 12일)	탐구 수업 설계	배움의 공동체 수업 설계
4강(5월 12일)	프로젝트 수업 설계	토론 수업 설계
5월 13일~6월 1일	수업 설계와 실행 및 기록	
5강(6월 2일)	사회의 변화와 학교의 변화에 따라 바뀐 내 수업	
6강(6월 2일)	수업 설계와 실행 이야기 1(팀별 발표)	
7강(6월 16일)	교과 발달의 이론적 기초와 실제	
8강(6월 16일)	수업 지도안과 수업 설계	
6월 17일~7월 13일	수업 설계와 실행 및 기록	
9강(7월 14일)	수업 설계와 실행 이야기 2(팀별 발표)	
10강(7월 14일)	연구자로서의 교사	

1, 2, 3강은 강의와 워크숍에 참여하고 약 3주 동안 '수업 설계와 실행 및 기록'을 한 뒤 모여서 각 모둠의 수업 설계와 실행 이야기를 공유하고 다시 약 4주 동안 수업 설계와 실행 및 기록을 하고 다시 모여서 해당 경험을 공유하는 순서로 구성되어 있다. 강의 혹은 워크숍 형식으로 진행된 1, 2, 3, 5, 7, 8강은 공동 작업의 과정에서 참고할 수 있는 주제를 다루었다. 전체 연수가 진행되는 과정에서 교사들은 모둠을 만들어서 한 차례의 공동 수업 설계와 실행을 하여 발표(1차)를 하고 이후 그 과정을 성찰하여 다시 수업 설계와 실행을 하여 발표(2차)하는 과제를 수행하였다. 1차 실행은 수업 설계와 실행 자체에 초점을 맞추도록 과제를 설계하였다. 이렇게 두 번의 발표를 하게 한 것은 계속적인 성찰을 강조하는 실행 연구의 아이디어를 반영하기 위해서이다.

2) 연수 참여자

처음 연수 참여자를 모집하는 과정에서 교육청과 협의하에 같은 학교에서 2~3명의 교사들이 함께 참여하기를 권유했다. 연수 과정에서 자연스럽게 개별 학교 단위에서 학습공동체가 형성되기를 바랐기 때문이다. 연수 신청을 받은 결과 수업하기 3 연수의 신청 교사는 모두 60명으로 32개 학교에서 참여했다. 2명 이상 참가한 학교는 모두 20개교였으며 한 학교에서 가장 많이 참가한 인원은 5명이다. 참여자의 대부분은 직전에 실시한 '수업보기' 연수에 참가했으며 일부는 일정 조정 과정에서 여건이 맞지 않아 포기하기도 했다. 연수 운영진은 연수 주무 장학사와 함께 학교 급과 지역을 고려하여 3~5명으로 구성된 모둠을 편성했으며 같은 학교에서 참가한 교사들이 있을 경우 같은 모둠으로 배정했다. 모두 8개의 초등 모둠과 8개의 중등 모둠이 구성되었다.

3) '공동 수업 설계와 실행 이야기' 작성 안내

'공동 수업 설계와 실행 이야기'는 본 연수를 진행하면서 모둠 단위의 교사공동체에 과제 형태로 부과되었다. 이와 관련하여 연수 운영진은 교사들에게 수업하기 연수 그리고 '수업 설계와 실행 및 기록' 과정의 취지에 관하여 안내는 했지만 교사들이 그대로 따라 할 수 있는 상세한 프로토콜은 제시하지 않았다. 왜냐하면 교사들이 처한 맥락과 관점이 모두 다르기 때문에 저마다의 맥락과 모둠 활동에 대한 해석을 반영하여 실천이 이루어질 것으로 기대했기 때문이다. 다만, '수업 설계와 실행 이야기' 발표에 앞서 연수 진행자가 수업 설계와 실행 이야기 작성 안내 메일을 교사들에게 보냈다(〈표 1-18〉 참조).

표 1-18 〈수업 설계 실행 이야기〉 안내문 중 일부

〈수업 설계와 실행 이야기〉 작성 1. 공동 수업 설계의 개관 2. 공동 수업 설계에 대한 각자의 이야기 3. 공동 수업 설계의 과정 4. 공동 수업 실행의 내용 5. 수업 성찰과 공동 수업 설계의 의미

2. 연구의 자료 및 분석 방법

본 연구에서 분석 대상으로 삼은 주된 자료는 크게 수업하기 3에 참여한 교사들이 작성한 수업 설계 실행 이야기와 구두로 발표한 내용을 전사한 자료이다. 또 2012년에 실행된 유사한 연수 프로그램인 '성찰과 실천' 연수에 참여한 교사들의 발표도 참고하였다.

2회에 걸쳐서 진행된 '수업 설계와 실행 이야기' 발표는 녹음하여 전사록을 작성하였다. 교사들은 또한 자신들의 수행 결과를 작성하고 인쇄하여 연수 동료들과 공유했는데, 파워포인트 파일이나 한글 파일 형식으로 된 이 자료도 분석에 활용하였다. 이 자료 중 일부는 C교육연구원이 관리하고 있는 온라인 카페 〈성찰과 실천cafe.daum.net/TRnP〉에

서 볼 수 있다.

이 자료들에 대하여 일차적으로 오픈 코딩을 실시했으며 그 과정에서 드러난 개념들을 범주화하여 주제를 찾고 이를 연구 질문과 관련지어 핵심 주제를 확정하였다. 핵심 주제를 중심으로 새롭게 코딩 작업을 했다. 경우에 따라서 유사한 용어 혹은 내용의 언급 빈도 분석도 실시했다.

IV. 공동 수업 설계와 실행 사례 분석 결과

1. 수업 고민과 지향하는 교수-학습 방법

교사들은 서로의 수업 고민에 대하여 이야기를 나누었다. 가령, 수업하기 3의 2강에서 진행된 워크숍에서 교사들은 "내 수업과 관련해서 해결하고 싶은 문제는 (   )이다"라는 질문을 가지고 수업에 관한 고민을 나누었다. 〈표 1-19〉는 그 내용을 정리한 것이다. 교사들이 모둠 구성원들과 함께 공동으로 수업을 설계하는 과정에서 해결하려 했던 고민 역시 이 내용과 크게 다르지 않았다.

표 1-19 **수업하기 3 참가 교사들의 수업 고민(수업하기 3 연수 2강 결과물 분석)**

해결을 바라는 문제	빈도
학생 참여(협동 학습, 모둠 학습 등 포함)	17
소통(상호 작용, 교감, 공감)	6
재미(유머 감각, 감동, 활력, 즐거움, 존중, 행복, 기쁨)	4
학습자의 다양성 존중	3
교육과정 및 교과서 재구성	6

교사들이 해결을 바라는 문제는 교사들이 생각하는 좋은 수업과 그 내용이 유사했다. 즉, 교사들의 수업에 대한 고민은 자신의 수업이 자신이 생각하는 좋은 수업과 다르다는 점이었다. 교사들이 이를 해결하기 위해서 수업 설계의 초점으로 삼은 내용을 단적으로 요약하면 "학생들이 적극적으로 참여하고 소통하는 수업"이다. 이에 덧붙여서 일부 교사들은 "인성 교육과 결합된 수업", "아이들의 인생사적 관점을 반영하는 수업" 등을 수업 설계를 위한 기본 관점이라고 소개했다. 이러한 지향을 반영한 수업 형식으로 교사들이 설계한 수업은 공통적으로 '모둠 활동'(명칭은 협력 학습, 팀별 활동, 조별 활동, 모둠 학습 등으로 표현)이 포함되어 있었다. 교사들이 자신들이 설계한 수업을 소개하면서 언급한 수업 방식 명칭으로 '배움의 공동체 수업(배움 중심 수업 포함) (4)'과 '토론 수업(3)', '시뮬레이션 혹은 게임(2)', '주제 통합 수업(1)', '문제 해결 학습(1)' 등이 있었다. 참고로 수업하기 3의 2, 3, 4강에서 다룬 수업 설계 방식은 '활동 중심 수업', '탐구 수업', '배움의 공동체 수업', '프로젝트 수업', '토론 수업'이었다.

2. '공동 수업 설계와 실행'에 대한 해석

활동을 시작하면서 교사들은 '공동 수업 설계와 실행'에 대한 해석을 둘러싸고 고민을 하게 되었다.

> "저희도 공동 수업 설계를 어떻게 하라는 건지 약간 헷갈렸어요. 다섯 사람이 모여서 하나의 주제에 대한 수업을 설계해야 되는 것인지, 아니면 각자가 나가는 진도에 대해서 함께 수업을 설계해 줄 것인지."
>
> – 중 3, 1차[5]

따라서 교사들은 자신들의 관점 혹은 상황에 맞추어 나름의 해석을 하고 과제를 수행하였다.

"저는 공동 수업을 이렇게 이해했어요. 우리가 한 수업을 보고 실제 수업을 해 보고 '그 지도안에 대해서 내가 이런 고민을 했고, 그래서 이렇게 수업을 했는데 이게 잘 안 되었다' 이런 부분에 대해서 코멘트를 해 달라. 이렇게 공동 수업을 진행했어요."

- 중 4, 1차

"사실 저희끼리도 공동 수업에 대한 이해가 조금 부족하다는 생각을 했어요. 저도 주도적으로 수업하고 그때그때 코멘트를 받는 게 쉬운 편이거든요. 그런데 교과도 다 다르기 때문에 공동 수업이 정말 어려웠어요."

- 중 2, 1차

'공동 수업 설계와 실행'의 의미에 관한 고민이나 논의를 언급한 모둠은 4개 모둠 정도이다. '공동 수업 설계와 실행'의 과정을 살펴보니, 구분되는 유형이 몇 가지 나타났는데 이러한 유형 안에 '공동 수업 설계와 실행'에 대한 의미 해석이나 교사들이 처한 상황이 반영되어 나타난 것으로 보인다. 구체적인 내용은 다음과 같다.

3. 공동 작업의 유형

참여한 모든 교사들이 성공적으로 공동 작업을 수행한 것은 아니다. 모둠 활동이 이루어지지 않거나(1차 실행의 경우 2개 모둠), 혹은 발표를 하지 않아 모둠 활동 실행 여부를 파악할 수 없는 모둠(1차 실

• • •

5 공동 수업 설계와 실행에 대한 발표는 1차와 2차로 구분되며, 모둠은 초등학교 소속 교사들로 구성된 여덟 모둠과 중등학교 소속 교사들로 구성된 여덟 모둠으로 조직되었다. 발언 내용 표시에서 1차는 1차 발표를, 중 3은 중등 세 번째 모둠을 의미한다.

행의 경우 1개 모둠)이 있었다. 그리고 나머지 모둠은 나름의 '공동의 수업 설계와 실행'을 했다. 2차 실행 이야기는 주로 학생의 이해에 초점을 맞추어 진행되었기 때문에 교사들 간에 이루어진 공동 수업 설계와 실행 과정의 구체적인 내용을 가늠할 수 있는 언급은 많지 않았다. 전체적으로 공동 작업 방식은 크게 네 가지 유형이 있었다. 유형별로 정리하면 다음과 같다.

(1) 하나의 지도안, 한 명의 수업 교사, 한 차시의 수업

1차 실행을 범위로 한다면 공동 작업을 했다고 언급한 15개 모둠 중에서 9개 모둠 교사들의 공동 수업 설계와 실행은 한마디로 '하나의 지도안, 한 명의 수업 교사, 한 차시의 수업'으로 표현된다. 이 속에는 연수 참가 교사들끼리 이루어진 활동뿐 아니라 개별 교사가 속한 학교에서 이루어진 같은 학교 교사 간의 협력이나 개별 컨설팅 사례도 포함된다. 이들의 공동 작업은 수업 교사를 정하는 일부터 시작되었다.

> "수업을 누군가는 하셔야 하는데 참 고민스러웠어요."
>
> – 초 8, 1차

> "제가 마침 5월 31일에 동료 장학 공개 수업이 있어서 제 수업을 가지고 주변 선생님들이 협조해 주는 식으로 진행을 했어요."
>
> – 초 2, 1차

공동 작업이 수업 설계와 실행을 중심으로 진행되었기 때문에 누가 수업을 할 것인지가 중요한 의사 결정 사항이었다. 논의 과정에서 자연스럽게 해당 학교에서 공개 수업을 준비해야 하는 교사나 컨설팅 장학을 받을 계획이 있는 교사가 수업을 하기로 결정되었다. 수업을 하기로 한 교사가 주도적으로 수업 지도안을 구성했다. 모둠 동료들은 수업 교사가 정한 수업 주제와 고민을 함께 나누고 수업 교사가 구성한 수업 지도안에 대하여 조언을 했다. 그리고 수업 교사의 수업을 볼 때 기준이 되는 질문을 정해서 함께 수업을 참관하고 수업협의회를 가졌다. 이때 수업 교사와 동료 교사는 조언을 하는 사람과 조언을 주는 사람으로 역할이 구분되었다.

(2) 하나의 지도안, 여러 명의 수업 교사, 시차를 둔 수업

두 번째 공동 작업 유형은 '하나의 지도안, 여러 명의 수업 교사, 시차를 둔 수업들'로 표현할 수 있다. 즉, 교사들이 함께 모여 하나의 지도안을 구성하고 한 명의 교사가 수업을 하면 함께 참관을 하고 참관 소감을 반영하여 수업 지도안을 고쳐서 다른 교사가 수업을 했다.

> "우리는 1학년 세 명이 지도안을 함께 짰어요. 그리고 금요일에 세 명이 각자 수업을 했어요. 수업을 마친 후 셋이 모여서 어떤 게 미흡하고, 또 무엇을 보완하면 좋을지 논의를 했어요. (……) 기대가 되는 거예요. 우리 반에서 이런 반응을 보였던 수업안을 월요일에 1반에서 했을 때 어떤 다른 반응이 나올지."

> — 초 6, 1차

'공동 설계 – 개별 실행 1 – 공동 반성 – 개별 실행 2 – 공동 반성 – 개별 실행 3' 순으로 진행된 이 유형은 초등학교의 사례에 해당하지만 중등학교에서 같은 교과 담당 교사끼리 시도할 수 있는 공동 수업 설계 및 실행 방식이라고 볼 수 있다. 이 유형에서 교사들의 관계는 오페라에 더블 캐스팅이 된 배우들과 같아서 함께 수업을 설계하되, 같은 설계안에 따라 각자 실행을 하고 실행에 대한 반성은 함께 하는 방식을 취했다. 이 유형의 공동 작업에 참여한 교사는 같이 계획한 다른 교사의 수업을 참관하면서 "마치 내가 수업을 하는 듯이 떨렸다"고 말

했다. 또, 같은 수업 설계안을 다른 반에서 실행할 때 어떤 결과가 나타날지 기대가 된다고 했다. 공동 수업 설계 과정에 함께한 경험이 다른 교사의 수업을 참관할 때 공감과 감정 이입의 정서를 만들어 낸 것이다. 이런 정서적 유대는 교사학습공동체를 유지하고 발전시키는 데 훌륭한 자원이 될 것이다.

(3) 하나의 지도안, 여러 명의 수업 교사, 한 차시의 수업

"저희는 팀티칭을 한번 해 봤어요. 그 전부터 혼자 하는 수업 말고 같이 설계해서 하는 수업을 해 보고 싶었거든요. 이번에는 시간이 별로 없어서 협의와 협력을 많이 하지는 못했지만, 계획 단계에서 어떤 수업을 할지 논의하고 함께 수업도 진행해 봤습니다."

- 중 6, 2차

한 모둠은 팀티칭 수업을 계획했다. 팀티칭은 2명 이상의 교사가 공동으로 수업 계획을 하고 하나의 수업을 같이 진행하는 것을 의미한다. 실제로 주제 통합 수업이나 프로젝트 수업 등에서 시도해 볼 수 있는 공동 작업 방식이다. 다른 유형의 공동 작업과 다른 점이라면 한 수업에서 필요한 교사의 역할을 나누어 담당한 것이다. 다만 관찰 사례에서는 한 차시의 수업에서 협력이 이루어졌는데 주제 통합 수업이나 프로젝트 수업 등과 같이 장기간 진행되면서 교사 저마다의 전문성을 충분히 살릴 수 있는 기회로 확장될 수 있는 토대를 마련했다고 볼 수 있다.

(4) 여러 개의 지도안, 여러 명의 수업 교사, 여러 차시의 수업

몇몇 모둠에서는 같은 모둠을 구성하는 교사 2~3명이 각각 나와서 자기 수업의 고민을 나누고 각자의 수업 실행에 대해서 소개를 하기도 했다. 대부분의 경우 공동 작업을 하지 못했기 때문에 개별 교사별로 자신의 이야기를 발표한 것이다. 그런데 공동 작업이 이루어졌음에도 여러 교사가 모두 각자의 수업 실행에 대해 발표한 사례도 있었다. 그들의 공동 작업은 '여러 개의 지도안, 여러 명의 수업 교사, 여러 차시의 수업'으로 표현할 수 있다. 이들은 공동 설계와 실행의 의미에 관해서 고민하다가 또 하나의 독특한 유형을 개척한 경우라고 할 수 있다. 첫 번째 유형과 다소 유사한 측면이 있으나 한 명의 교사가 아니라 모두의 수업을 소재로 대화를 나누었다는 점에서 첫 번째 유형과 상이하다. 여러 개의 수업 아이디어를 함께 의논해야 했기 때문에 이들은 한 번 모이면 상당히 오랜 시간을 함께 보낼 수밖에 없었다.

> "학교에서 다섯 시쯤에 만나서 여덟 시쯤에 헤어질 때까지 자기가 했던 수업에 대해서 지도안도 보여 주고 서로 조언도 해 줘요. 보통 공개 수업을 하고 나서 토론회를 해도 대부분 좋은 말씀만 해 주시잖아요. 제가 실제로 고민하는 부분에 대해서는 어떤 도움이나 조언도 받을 수 없고요. 그리고 평소에 선생님들 만나면 대부분 수업에 대한 이야기를 나누는 게 아니라 '우리 애들이 어떻고, 부장이 어떻고, 교감이 어떻고, 학교가 어떻고' 이런 얘기만 하게 되잖아요. 그러다가 수업에 대해서 뭔가 건설적으로 이야기를 하게 되니까 세 시간이고 열 시간이고 지루하지가 않고, 집에 좀 늦게 가더라도 마음이 너무 뿌듯해요."
>
> – 중 4, 1차

이 유형에서 개별 교사들은 자신이 세운 실행 계획을 가져와서 검증받고 확인하며 수정하는 과정을 거친 것으로 볼 수 있다. 이는 개별 교사가 자기의 수업 실행 계획에 관한 고민을 동료들과 함께 했다는 점에서 수업 컨설팅의 과정과 유사하다. 그러나 일반적인 수업 컨설팅의 과정과 다르게 조언을 받는 사람과 주는 사람의 역할이 고정되어 있지 않고 바뀌었다.

　이상에서 공동 작업 방식을 지도안, 수업 교사, 수업 차시 등을 기준으로 간략하게 구분을 해 보았다. 지도안, 수업 교사, 수업 차시의 수는 각각 계획 단계와 실행 단계와 관련이 있다. 첫 번째 유형과 네 번째 유형은 계획 단계를 중심으로 협력이 이루어졌으며 두 번째 유형과 세 번째 유형은 계획 단계뿐 아니라 실행과 반성의 단계도 집단적으로 진행되었다.

　첫 번째 유형이 압도적으로 많았는데 이는 수업을 함께 계획하는 작업이 실행하는 일보다 상대적으로 수월하기 때문인 것으로 해석된다. 또한 수업 교사를 먼저 정하고 수업 계획과 실행에 대해서 조언이나 자문을 하는 접근은 컨설팅 장학과 유사하다. 컨설팅 장학은 어느 정도 제도화된 측면이 있어서 교사들이 누군가의 도움을 받아 수업을 설계하고 실행하려 할 때 가장 먼저 떠올릴 수 있는 익숙한 방식으로 볼 수 있다. 그러므로 다수의 교사들이 '공동 수업 설계와 실행'을 이와 유사한 방식으로 해석하고 실천한 것으로 해석된다. 나머지 세 유형은 각각 한두 모둠에서만 시도했다. 적은 수의 모둠만이 공동 수업 설계와 실행을 그와 같이 해석하고 시도하게 된 데에는 현재 학교 현장에서 익숙한 작업 방식이 아니고, 소통을 위한 시간과 공력이 상대적으로 많이 필요하며, 실행을 같이 할 만큼 구성원 간의 물리적, 심리적 거리가 가까워야 하는 요건이 충족되지 못했기 때문이었던 것으로 해석된다. 한편 네 유형은 교사 간의 역할 분담과 역할 바꿈 가능성으로도 구분이 된다. 첫 번째 유형은 한 명의 수업 교사를 확정하는 작업에서 시작되었고 수업 교사 이외의 교사들은 기존에 외부 전문가들이 했던 역할을 맡았다. 각 교사의 역할은 공동 작업 과정에서 바뀌지 않았다. 나머지 세 유형에서 모둠을 구성하는 각 구성원이 맡은 역할은 작업 단계와 상황에 따라서 바뀌었다. 공동 작업은 기본적으로 역할 분담을 전제로 하지만 역할 분담을 결정하는 과정과 역할

바꿈 가능성 여부에 따라서 구성원 간의 관계가 달라진다는 점에서 동료 간의 수평적 관계를 강조하는 교사학습공동체 활동에서 주목해야 할 지점으로 보인다.

다음에서는 교사들이 이러한 공동 작업에 대해서 어떤 의미를 부여했는지를 소개하고자 한다.

4. 공동 수업 설계와 실행 경험의 의미

(1) 배움의 기회이자 공동의 책임

공동 작업을 통해서 교사들은 협력의 필요성을 절감하게 되었다. 심지어 공동 작업을 하지 못한 교사들까지도 자신이 지향하는 공동 작업 방식에 관해서 언급하기도 했다.

> "혼자 하면 굉장히 어려워요. (……) 제가 조현초등학교 공개 수업 과정을 봤는데 상당히 좋더라고요. 조현초에서는 수업안을 교사 혼자서 짜는 게 아니라 교사들이 함께 짜고 그 다음에 담임 교사가 수업안을 정리해서 수업을 해요. 동료 교사들은 그 수업에 참관해서 수업을 보고 난 후 비평을 하거나 토의를 합니다. 그리고 그 내용이 교육과정에 반영이 됩니다. 그래서 힘든 부분도 있겠지만, 이러한 과정 때문에 조현초가 주목을 많이 받게된 것 같아요. 저희도 이런 방식으로 수업을 하면 수업에 대한 생각이 넓어지고 더 좋은 아이디어가 나오지 않을까라고 생각합니다."
>
> — 초 2, 1차

교사들은 "똑같은 수업을 보고도 다른 관점으로 조언을 해 주기 때문에", "그래서 서로 배움의 계기가 되었다"(1차, 초 1)고 평가하였다. 즉, 다양한 관점과 경험을 가진 교사들이 모여서 서로에게 배우는 기회가 되었다. 공동 작업은 교사들에게 배움의 기회가 될 뿐 아니라 곧 '공동의 책임'에 관한 것이기도 하다.

"이 수업에 대해서 논의를 할 때 저는 직접 수업을 할 사람이 아니기 때문에 의견을 편하게 낼 수 있었어요. (그런데) 수업이 이렇게 흘러가면서 두 번째 활동에 들어갔을 때, 긴장하는 저를 봤어요. 제가 그 김○○ 선생님이 되어 가고 있었어요. 애들이 하는 말들 하나하나가 제 귀에 가시처럼 박히는 거예요. 더 이상 제가 관찰자가 아니었어요. 제가 김○○ 선생님이랑 같이 수업을 하고 있는 저를 딱 마주친 거죠. 그래서 저도 깜짝 놀랐어요. 수업을 같이 만드니까 내가 이런 생각을 하게 되는구나."

- 초 6, 1차

교사들은 수업을 함께 설계했기 때문에 동료가 내 수업을 참관해도 평가받는 느낌이 아니라는 점에서 마음이 편하고 참관하는 교사로서는 평가자가 아니라 수업 교사의 입장이 되어 보는 경험을 했다. 한 교사는 이러한 느낌을 "공동체 의식"이라고 표현했다.

(2) 즐거운 '수업 수다'

교사들은 수업을 함께 설계하고 실행하는 과정에서 서로의 고민을 나누며 같은 어려움을 겪고 있음을 공감하고 서로에게 격려와 지지를 구할 수 있기에 도움이 되었고 이를 두고 "수업 수다"라 불렀다.

"3명이서 이야기를 하면서 저의 가려웠던 부분들을 나눌 수 있다는 것이 굉장히 행복하고 흐뭇했어요. 그래 이거야, 좋다. 수업 수다, 좋다."

- 초 6, 1차

"달인이 되지 못한 것에 대한 자괴감과 두려움이 되게 많았던 때 이 연수를 받으면서 많은 도움이 되었어요. 다른 선생님들의 지지와 격려를 받으면서 그분들도 나랑 똑같은 고민을 하고 있다는 데서 위안을 받는 거예요.
아, 나만 이런 고민을 하는 게 아니구나."

- 중 4, 1차

교사들의 모둠은 구체적인 수업 설계와 실행이라는 연수 프로그램의 과제 수행을 목적으로 운영하였지만 이를 계기로 자신이 수업을 하면서 느낀 중압감이나 부담을 공유하고 편안함을 느꼈다. 이런 분위기는 이후 모임의 지속성과 관련하여 중요한 요소로 작동할 것으로 보인다. 왜냐하면 교사들의 "일상적 대화는 서로의 신념, 지식, 태도에 대해서 알게 되고 결국에는 아이디어를 표현하고 실천을 표현할 수 있는 공통 언어를 만들어 내기(Nias et al., 1989: 79)" 때문이다.

(3) 부족한 시간과의 싸움

교사들에게 공동 작업은 여전히 어려운 작업이다. 가장 큰 장애는 시간 부족이었다. 시간이 부족하다는 점은 모든 프로젝트 수행 과정에서 빠지지 않고 언급되는 제약 조건이다. 교사들은 학교에서 업무가 많아서 모일 시간이 부족할뿐더러 퇴근 후에는 가사와 육아 문제로 인해서 따로 시간을 내기 어려웠다.

모둠 구성원의 다양성 또한 공동 작업을 어렵게 했다. 이는 시간 부족과도 밀접하게 관련이 있다. 가령, 관점과 아이디어가 다양하면 과제의 내용을 풍부하게 하는 데는 긍정적이지만 "시간이 부족"해서 무엇인가를 빠른 시간 안에 결정하고 처리해야 하는 데는 어려움으로 작동했다. 즉, 수업 설계의 초점을 정하거나 실행 중 관찰 질문을 정할 때 다양한 생각을 나누고 하나의 일치된 의견으로 모으려면 상당한 시간이 소요되었다. 예컨대, 다음의 예에서 볼 수 있듯이 담임 교사와 전담 교사는 맡고 있는 역할이 다르기 때문에 만나기도 어렵고 공동의 수업 설계 초점을 설정하는 데도 어려움이 발생하였다.

"김○○ 선생님은 담임 교사이고 저는 전담이라서 의도적으로 기회를 만들지 않으면 만나기 힘들어서 어려운 점이 있었어요. 그리고 수업 초점을 맞추는 것도 쉽지 않았어요. 서로 오래 대화할 시간이 있으면 괜찮은데 그렇지 않아서……."

- 초1, 1차

(4) 가장 어려운 질문, 차이들

수업하기 3의 경우 대부분의 모둠은 구성원의 교과, 학년, 학교가 모두 달랐는데 이 점은 공동 작업의 장애 요인으로 작용하였다. 연수 프로그램 평가 설문 결과를 보면 "다른 학교 선생님들과의 수업공동체 구성은 시간적, 공간적, 업무적으로 어려운 점이 많았다"는 의견이 많았다. 그렇기 때문에 같은 모둠 내에서도 같은 학교에 근무하는 교사들을 중심으로 모둠 활동이 이루어지고 다른 학교 교사와의 오프라인 모임은 1~2회가량만 진행되거나 이메일로 소통하는 경우가 대부분이었다. 논의 대상인 수업을 직접 참관하지 못해서 동영상만 공유하기도 했다. 이와 같이 다른 학교 교사와의 공동 수업 설계와 실행은 상당히 어려운 측면이 있다. 그러나 모든 교사들이 교과나 학교가 달라서 어려움을 겪은 것은 아니었다. 중등 4모둠은 수학과, 국어과, 사회과 교사들로 구성되었는데, 국어과 교사들이 수학 교사의 수학 독서 토론 수업 지도안을 함께 검토하고 이야기를 나누며 도움을 주고받기도 했다.

"저희 모둠은 4명인데 국어과 선생님이 두 분 계셨고, 저는 수학입니다. 저희 학교에서는 모든 교과에서 독서 토론을 추진하고 있거든요. 반드시 학기당 한 시간을 교수법을 해야 하고, 결과물을 제출하고 활동 사진까지 찍어서 내야 해요. 그런데 국어과나 사회과 같은 문과 계열은 독서 토론이 가능한데, 저는 수학을 어떻게 독서 토론을 해야 할지 머리에 쥐가 나는 거예

요. (……) 그래서 저는 학습지를 만들었어요. 그런데 이게 정말 괜찮은지 검
증을 받고 싶은 거예요. 그래서 국어과 선생님들도 계시고 하니까 학습지
를 공유했는데 반응이 너무 좋은 거예요."

- 중 4, 1차

모둠 내에서 교사 간의 경력 차이도 문제가 되었다. 가령, 한 교사
는 모둠 내에서 동료가 해 준 조언을 수업에 어느 정도 반영할 것인가
를 두고 고민을 했다. 현실적으로 경력이 낮은 교사가 경력이 많거나
지위가 높은 교사의 조언을 자기 수업에 반영하지 않기는 상당히 어려
웠다.

"공동 설계라고 하지만 가끔은 일방적인 느낌이 들 때가 있어요. 좀 더
나이가 많은 선생님들이 이렇게 하는 게 어떠냐고 조언을 해 주면, 후배 교
사 입장에서는 따르지 않기가 어려운 거예요. 선배 교사가 말씀을 해 주셨
는데, 그리고 내 수업도 보러 오실 텐데 말씀해 주신 대로 안 하면 혹시 무
시한다고 생각하지 않을까, 이런 고민이 들더라고요. 그래서 수업 지도안
에 대해서 컨설팅을 받을 때 제 의도와 다른 말씀을 해 주시면 마음의 부
담이 생겨서 좀 힘들었어요."

- P 교사, 2차

이러한 의견을 듣고 있던 한 교사는 본인이 컨설턴트로 활동한 사
례를 소개하며 컨설팅은 도움이 필요한 교사에게 매우 유용하다는 점
을 강조했다. 컨설턴트가 해 주는 조언들은 수업 개선에 도움이 되므
로 경험이 부족한 교사들은 그대로 따르는 것이 좋겠다는 의견을 간
접적으로 밝힌 것으로 해석된다. 이 사안은 앞서 분류한 첫 번째 유형
의 공동 작업에서 더 많이 제기될 수 있는 문제로 보인다.

교사들은 경력 차이와 함께 수업(혹은 교육)에 대한 관점의 차이로

인해 어려움을 겪었다. 한 모둠은 한 명의 교사가 수업 지도안을 작성하여 수업을 실시한 뒤 모둠에서 수업 지도안을 공유하고 새롭게 작성하고 반성의 활동을 가졌다. 그런데 자신들의 활동을 '공동체' 활동으로 표현할 수 있을지 의문스럽다고 밝혔다. 왜냐하면 모둠 구성원 간에 '동기 유발', '수준별, 개별화', '활동의 다양성', '자료의 다양성', '수업 모형' 등의 주제를 둘러싸고 의견 차이가 커서 대화를 진행하기가 어려웠기 때문이다. 모둠을 대표하여 발표를 준비한 교사는 경력 차이와 교육관의 차이를 그 이유로 판단하고 있었다. 그리고 수업공동체가 되려면 "수업 자체의 분석과 준비보다는 서로의 교육관의 차이를 어떻게 극복"할 수 있을지를 고민해야 하고 경력 차이를 고려한다면 "일방적 전수가 아닌 공동의 배움, 소통을 위하여" 노력할 것을 제안하였다. 이 모둠의 교사들은 공동 작업을 통해서 수업의 개선이라는 실질적인 목표에는 도달하지 못했지만 이 모임이 교사학습공동체가 되기 위해서 반드시 해결해야 할 중요한 과제를 도출한 것이다.

요약하면, 교사들에게 공동 수업 설계와 실행 과정은 공동의 책임을 느끼며 실존적 고민을 함께하는 과정인 동시에 구성원 간의 차이를 확연하게 깨닫는 경험이었다. 그리고 진정한 교사학습공동체가 되기 위해서 이러한 차이를 어떻게 다룰 것인지를 고민할 필요성을 깨닫게 된 기회였다.

차이와 관련된 질문은 교사들뿐 아니라 교사학습공동체 활동을 촉진하려는 입장에서도 고민이 필요한 과제이다. 이와 관련하여 염두에 둘 수 있는 몇 가지를 생각해 보면 다음과 같다. 먼저, 경력 차이로 인하여 생겨난 수직적 관계를 보다 수평적인 관계로 만들기 위해서는 모임 운영 프로토콜(Easton, 2009)과 같이 분산적인 리더십distributed leadership(Spillane et al., 2004; Harris, 2004) 발달을 위한 장치를 고민할 필요가 있다. 또한 자기연구에서 제안하는 바와 같이 '나는 왜 이 수업을 선호하는가?' 혹은 '나는 왜 이 수업을 이렇게 하는가?'라는 질문을 두고 교육 생애사와 같이 교육과 인간의 성장과 발달에 관한 신념 체계에 바탕이 된 여러 가지 사건과 경험을 함께 탐색하고 공유하는 작업도 필요하다. 그런데 보다 근본적으로는 교사 간 협력 활동이 필요한 이유를 끊임없이 짚어 볼 필요가 있다. 구성원의 다양성으로 인해서 얻는 이로움에 비해서 그 차이로 인한 어려움이 더 크다면 굳이 교사학습공동체 활동을 할 필요가 있는가? 지금 우리에게 필요한 것이 우리들 간의 차이들을 없애고 균질한 집단이 되어 가장 빠른 시간 안에 효율적으로 문제를 해결하는 것인가? 혹은 이러한 차이들을 겉으로 드러내고 그 차이들 속에서 서로에게 배우며 공동의 의미를 새롭게 만들어 가는 과정 자체가 필요한가? 이 질문들에 대한 답은 이론적 작업이나 다른 사례에서 찾을 것이 아니라 교사학습공동체를 꾸리려는 각각의 교사 모임에서 함께 고민하여 나름의 결론을 만들어 가야 할 사안이다. 이 사안에 대한 논의를 생략하고 소기의 결과물을 만들어 낼 수는 있겠지만 교사학습공동체 활동의 지속성을 위해서는 이 질문에 대한 탐색이 동반되어야 한다.

V. 나가며

이 글에서는 교사들이 연수라는 매개를 통하여 모둠을 구성하여 공동으로 수업을 설계하고 실행한 경험에 대해서 정리해 보았다. 교사들의 이야기를 통해서 우리는 현재 교사들이 '학생들의 적극적인 참여와 소통이 활발해서 즐거운' 수업을 지향하고 이를 위한 교수-학습 방법으로 협력 학습에 관심이 많음을 알 수 있었다. 새로운 철학에 바탕을 둔 수업 설계는 교사의 학습 과정과 경험과 밀접하게 관련이 있다. 즉, 학생들에게 의미 있는 협력 학습의 기회를 제공하는 수업을 지향하고 실행하려는 교사들에게는 공동 수업 설계와 실행과 같은 협력 활동의 경험이 필요하다. 이런 공동의 협력의 과정을 실제로 안내하고 교사들에게 체험할 수 있는 기회를 제공했다는 점에서 본 연수는 교사들의 요구에 부응했다고 볼 수 있다. 교사들은 자신들의 맥락에 따라 공동 수업 설계와 실행의 의미를 해석하고 이에 따라 공동 작업을 했다. 그 유형을 분류해 보았는데 1명의 수업 교사를 정하고 이 교사의 수업을 돕는 형식이 압도적으로 많았다. 이 유형을 선택하게 된 데에는 일정 정도 제도화가 된 컨설팅 장학의 방식과 밀접하게 관련이 있다고 해석된다. 시간과 공력이 상대적으로 더 많이 필요했던 나머지 유형은 한두 모둠에서만 실시했다. 각 유형 속에서 교사들의 공동 작업 속에서 역할 분담과 역할 바꿈 가능성 또한 다르게 나타났다. 이 점은 협력 활동 중 교사 간의 관계에 영향을 끼칠 것으로 보인다. 교사들에게 나타난 다양한 공동 작업 유형들은 교사들이 동료들과 공동으로 수업을 설계하고 실행하려고 할 때 참고할 수 있는 사례인 동시에 공동 수업 설계와 실행 활동을 매개로 교사학습공동체가 형성될 수 있는 다양한 경로를 의미한다.

교사들이 동료들과 새로운 수업을 설계하고 실행하는 경험은 직업상의 고민을 함께 나누고 심리적으로 지지해 주는 과정이자 관점과 경험의 다양성을 통해서 서로에게 배우는 과정이었다. 또한 하나의 수업에 대한 공동의 책임을 느끼는 과정이며 협력과 소통을 위해서 노력이 필요한 과정이기도 했다. 요컨대 공동 수업 설계와 실행의 경험은 교사들에게 그 자체로 사회적 학습의 기회였다. 한편, 구성원의 다양성과 관련하여 끊임없이 염두에 두고 고민해야 할 질문들도 드러났다. 지식과 경험 그리고 문화의 차이가 있을 고경력 교사와 저경력 교사 간의 협력을 위해서 필요한 장치는 무엇이며 수업 실천을 둘러싼 신념 체계의 차이를 어떤 방식으로 이해하고 해결할 수 있을지를 고민하는 작업이 필요함을 깨닫는 계기가 되었다.

수업하기 연수를 통하여 다양한 수업 설계 전략과 사례에 대하여 안내를 하고 교사들에게 공동 설계와 실행을 권유했으며 그 경험을 공유할 수 있는 장을 마련했다. 이 속에서 개별 교사들이 모여 공동 수업 설계와 실행의 의미를 해석하고 이를 바탕으로 나름의 과정을 진행하면서 공동의 결과물을 냈으며 이 과정에서 해결해야 할 문제 혹은 질문거리가 생겨났다. 공동 수업 설계와 실행이라는 과제를 통하여 교사들은 공동의 해석, 공동의 실행, 공동의 결과물, 공동의 의미, 공동의 질문을 만들어 내었다. 따라서 우리가 제공한 연수가 차이들 속에서 공통적인 것들을 만드는 경험의 매개가 되었다고 할 수 있다. 이후에 교사학습공동체 활동을 촉진하는 연수를 진행하고자 한다면 성공적인 사회적 학습과 협력 조건에 대한 연구를 바탕으로 보다 구체적인 촉진의 방법과 절차를 마련할 필요가 있다.

| 참고 문헌 |

권낙원(2007). 전문학습공동체 구성 가능성 탐색. 학습자중심교과교육연구, 7(2), 학습자중심교과교육학회, 1~27쪽.

김병찬(2007). 교원연수제도의 발전방향과 과제. 교육력 제고를 위한 교원교육의 발전 방향과 과제 - 2007년도 제 49차 교원교육 학술대회 자료집, 105~130쪽.

박선미(2006). 협력적 설계자로서 사회과 교사 전문성 개발을 위한 패러다임 탐색. 사회과교육, 45(3), 한국사회과교육연구학회, 189~208쪽.

서경혜(2009). 교사 전문성 개발을 위한 대안적 접근으로서 교사학습공동체의 가능성과 한계. 한국교원교육연구, 26(2), 한국교원교육학회, 243~276쪽.

서길원(2012). 전문적 학습공동체를 통한 창조적 수업개발. 수업 전문성 신장과 학교 개선을 위한 협력 - 한국열린교육학회, 한국협동학습연구회, 청주교대교육연구원 공동 주관 학술대회 자료집, 한국열린교육학회, 9~12쪽.

엄훈(2010). 수업 비평 개념에 대한 대안적 탐색. 교육과정평가연구, 13(2), 한국교육과정평가원, 79~101쪽.

이혁규(2000). 한국 교육개혁의 진단과 분석. 시민교육연구, 31(1), 한국사회과교육학회, 231~269쪽.

이혁규, 김남수, 김병수, 신지혜(2012a). 〈최고의 교사〉 수업 사례를 활용한 수업 전문성 신장 방안. 열린교육실행연구, 15, 덕성여자대학교 열린교육연구소, 101~138쪽.

이혁규, 이선경, 엄훈, 김남수, 최수일(2012b). 수업 비평 연수 프로그램 모듈에 관한 연구. 학교 문화 변화를 위한 컨설팅의 현황과 전망 - 한국교육교육학회, 한국 학교컨설팅연구회, 청주교대 교육연구원 공동 주최 학술대회 자료집, 47~72쪽.

이혁규, 심영택, 김남수, 이현명(2012c). 교사의 자기연구(self-study) 필요성 탐색. 교육문화연구, 18(2), 인하대학교 교육연구소, 5~43쪽.

장훈(2010). 공립학교군별 전문학습공동체 형성 정도에 관한 연구. 박사학위 논문. 한국교원대학교 대학원.

Annenberg Institute for School Reform(2003). *Professional learning communities: Professional development strategies that improve instruction*. Province, RI: Author.

Austin, T. & Senese, J. C.(2007). Self-study in school teaching: Teachers' perspectives. In Loughran, J. J. et al.(Eds.), *International handbook of self-study of teaching and teacher education practice*, Berlin: Springer, pp. 1231-1258.

Allen, D. & Blythe, T.(2003). *A Facilitator's book of questions: Resources for looking together at student and teacher work*. Teachers College Press.

Dana, N. & Yendol-Silva, D.(2003). *The reflective educators' guide to classroom research*. Corwin Press, Inc.

DuFour, R.(2004). What is a "professional learning community"?. *Educational Leadership*, 61(8), pp. 6-11.

DuFour, R. & Eaker, R.(1998). *Professional learning communities at work: Best practices for enhancing student achievement*. Alexandria, VA: ASCD.

DuFour, R., DuFour, R., Eaker, R. & Many, T.(2006). *Learning by doing: A handbook for professional learning community at work*. Bloomington, IN: Solution Tree.

Easton, L. B.(2009). *Protocols for professional learning*. Alexandria, VA: ASCD.

Eaton, P. & Carbone, E.(2008). Asking those who know: A collaborative approach to continuing professional development. *Teacher Development*, 12(3), pp. 261-270.

Feldman, A., Paugh, P. & Mills, G.(2004). In Loughran, J. J. et al.(Eds.), *International handbook of self-study of teaching and teacher education practice*, Dordrecht, The Netherlands: Kluwer Academic Publishers, pp. 943-978.

Hargreaves, A.(2000). Four ages of professionalism and professional learning. *Teachers and Teaching: History and Practice*, 6(2), pp. 151-182.

Harris, A.(2004). Distributed leadership and school improvement: Leading or misleading?. *Educational Management Administration & Leadership*, 32(1), pp. 11-24.

Hord, S. M.(1997). *Professional learning communities: Communities of continuous inquiry and improvement*. Austin, TX: Southwest Educational Development Laboratory.

Johnson, K. A., Dana, G., Jordan, N. R., Draeger, K. J., Kapuscinski, A., Schmitt, L. K., Olabisi, S. & Reich, P. B.(2012). Using participatory scenarios to stimulate social learning for collaborative sustainable development. *Ecology and Society*, 17(2), pp. 1-9.

Kennedy, A.(2005). Models of continuing professional development: A framework for analysis. *Journal of In-service Education*, 31(2), pp. 235-250.

Küçük, M. & Çepni, S.(2005). Implementation of an action research course program for science teachers: A case for turkey. *The Qualitative Report*, 10(2), pp. 190-207.

Louis, K. S., Marks, H. N. & Kruse, S. D.(1996). Teachers' professional community in restructuring schools. *American Journal of Education*, 106, pp. 532-575.

McLaughlin, M. W. & Talbert, J. E.(2006). *Building school-based teacher learning communities: Professional strategies to improve student achievement*. New York: Teachers College Press.

Muro, M. & Jeffrey, P.(2008). A critical review of the theory and application of social learning in participatory natural resource management processes. *Journal of Environmental Planning and Management*, 51(3), pp. 325-344.

Newmann, F. M. & Wehlage, G. G.(1995). *Successful school restructuring: A report to the public and educators*. Madison, Wisconsin: CORS.

Nias, J., Southworth, G. & Yeomans, R.(1989). *Staff relationships in the primary school*. London: Cassell.

Rosenholtz, S. J.(1989). *Teachers' workplace: The social organization of schools*. New York: Longman.

Schön, D. A.(1991). *The reflective practitioner: How professionals think in action*. Aldershot: Ashgate Publishing Limited.

Sergiovanni, T. J. & Starratt, R. J.(2007). *Supervision: A redefinition*. New York: McGraw Hill.

Smith, C. & Gillespie, M.(2007). Research on professional development and teacher change: Implications for adult basic education. *Review of Adult Learning and Literacy*, 7(7), pp. 205-244.

Spillane, J., Halverson, R. & Diamond, J. B.(2004). Towards a theory leadership practice: A distributed perspective. *Journal of Curriculum Studies*, 36(1), pp. 3-34.

Stoll, L. & Louis, K. S.(2007). Professional learning communities: Elaborating new approaches. Stoll, L. & Louis, K. S.(Eds.), *Professional learning communities: Divergence, depth, and dilemmas*. Berkshire, England: Open University Press. pp. 1-13.

교사들의 '반﹢ 자발성'에서 출발한
학교 내 교사학습공동체 운영 사례 연구

김민조*, 심영택**, 김남균, 김종원

I. 서론

    교사학습공동체는 학교 개혁과 교사 전문성 개발에 대한 새로운 접근과 맞물려 있다. 전통적인 패러다임하에서 학교와 교사는 개혁의 주체이기보다는 대상이었으며, 학교 개혁과 교사 전문성 개발은 학교 밖 전문가 집단과 정책 결정자들에 의한 하향식Top-Down 방식과 결핍 모델에 기반을 두었다. 그러나 학교 효과성 연구, 교사 학습과 교사 전문성에 대한 지속적인 연구들 속에서 전통적인 패러다임의 한계가 드러나

. . .

제1저자
** 교신저자

고 학교 개혁과 더불어 교사 전문성 개발에 대한 새로운 접근의 필요성이 제기되기 시작하였다.

1980년대 초부터 학교 개혁과 혁신, 교사 전문성 개발에 대한 주요 기제로서 교사학습공동체가 실제적인 차원과 학문적인 차원에서 주목을 받기 시작하였다. 교사에 대한 인식의 틀이 수동적인 존재에서 주체적인 존재로, 지식 소비자에서 지식 창조자로, 지식 전달자에서 비판적·성찰적 실천가로 이동하고 있음을 교사학습공동체가 보여 주기 때문이다. 하지만 본격적인 논의는, 미국의 경우 1990년대 후반부터 시작되었지만, 국내에서는 2000년대 중반에 시작된 것으로 보인다. 국내의 경우, 1990년대 후반부터 2000년대 초반에 이르기까지 학교 운영위원회 제도라는 맥락과 더불어 기존 학교 개혁에 대한 비판 속에 단위 학교 중심의 교육 개혁 가능성이 제기되고 개별 교사가 아니라 교사 집단이 변화의 구심점이 되어야 한다는 점을 강조하면서 '학교공동체', '교육공동체' 담론이 활발하게 전개되기도 하였다(주철안, 2002; 이정훈, 2003). 그러나 교사의 학습과 교사 전문성 개발 맥락에서 교사학습공동체, 전문적 학습공동체라는 용어가 본격적으로 등장하기 시작한 것은 2000년대 중반 이후라고 볼 수 있다(권낙원, 2007; 최진영, 송경오, 2006; 서경혜, 2008; 2009 등).

최근 교사학습공동체에 대한 연구가 증가하고 교육 현장에서 교사학습공동체 운영을 통하여 수업과 학교 문화를 개선하고 교사의 전문성을 신장시키기 위한 노력들이 다각도로 이루어지고 있다. 인디스쿨, 초등교육과정연구회 등 학교 밖뿐만 아니라 학교 내 자발적인 교사들의 모임이 그 단적인 예이다. 특히 학교 내 교사 모임의 경우 학교 개혁과 학교 혁신의 맥락에서 연구자와 교육 행정가들에게 그 가치를 인정받으면서(경기 광주 남한산초, 양평 조현초 등), 현재는 교육청과 학교 단위에서 적극적으로 추진되고 있다. 경기도의 경우, 2010년 초반에는 혁신학교를 중심으로 교사학습공동체가 자생적으로 운영되었지만, 이제는 전문적 학습공동체라는 이름으로 일반 학교에도 확산되고 있다. 충북, 인천, 세종교육청의 경우, 2016년부터 단위 학교 내에서 교사학습공동체의 운영을 통하여 교사의 전문성 향상을 도모하고 교육적 지향을 달성하기 위하여 전문적 학습공동체 정책을 추진하고 있다.

교사학습공동체의 운영에 관한 연구들은 교사의 반성적 성찰과 전문성 향상, 학교 문화의 변화와 혁신 등 많은 성과들을 보고하고 있다. 한편, 교사학습공동체 연구들은 대체로 교사의 자발적 참여를 교사학습공동체의 출발점 또는 촉진 요인으로 설명하고 있다. 이러한 맥락에서 교사의 자발성 정도에 주목하고 있는 두 연구(오지연, 최진영, 김여경, 2016; 이준희, 이경호, 2015)를 살펴보면, 교사의 자발성이 강한 경우 활발한 교사학습공동체를 형성하고, 학교장과 외적 동기에 의해 형성된 교장 주도 교사학습공동체의 경우 교사 주도 교사학습공동체에 비해 구성원들의 반성적 대화, 교사들 간 실천의 공유, 협력적 탐구 등의 차원에서 상대적으로 덜 활발한 것으로 보고하고 있다.

선행 연구들은 교사학습공동체의 몇 가지 한계들과 난점들을 보여 준다. 첫째, 교사학습공동체는 협력을 핵심적 특징으로 하지만 협력 경험이 별로 없는 교사들에게 협력 관계를 구축하는 것은 매우 어렵다(서경혜, 2009). 구체적으로는 교사들의 부정적인 반응, 두려움과 거부, 냉소적인 반응, 프로토콜과 적절한 언어를 제대로 사용하지 못하는 상호 작용상의 어려움(Wachob, 2011) 등으로 나타난다. 둘째, 교사들로만 구성된 교사학습공동체에서 교사들은 매우 적극적으로 참여하나 수업 전문성의 측면에서 한계를 가진다(방정숙, 선우진, 2014). 이처럼 교사학습공동체 연구들은 참여 구성원들의 자발성의 차이, 교사학습공동체 운영 과정에서 겪을 수 있는 어려움과 갈등 들에 주목하고 있다.

본 연구에서는 교육청의 전문적 학습공동체 정책 제안에 터하여

'반牛 자발성'에서 출발한 특성을 보이는 두 초등학교의 교사학습공동체 운영 사례를 보고하고자 한다. 이들 사례들은 다음과 같은 두 가지 특징을 지니고 있다. 첫째, 교육청의 정책 제안에 의해 출발하기는 하였지만 참여 교사들의 자발성에 기반을 두고 출발하였다는 점이다. 둘째, 외부 연구자들인 대학 연구팀이 촉진자로 역할을 하였지만 그 과정이 학교 내 교사학습공동체의 자발적 요청에 의해 이루어졌다는 점이다. 대학 연구팀은 학교 내 교사학습공동체가 초기 단계에 겪을 수 있는 어려움과 갈등을 조정하기 위하여 초기 교사학습공동체 운영에 촉진자로 참여한다는 점을 공고문과 설명회를 통해 안내하였고, 촉진자의 필요성을 인식한 학교 내 교사학습공동체가 자발적으로 요청하여 협력이 진행되었다는 점이다. 연구자들은 이러한 특징을 고려하여 이들 사례들을 '반 자발성'에서 출발한 교사학습공동체 사례라고 규정하였다.

II. 교사학습공동체의 개념과 성격

'교사학습공동체'와 유사한 수많은 명칭들이 오늘날 교육 현장에서 광범위하게 사용되고 있다. 이는 학교 개혁과 학교 문화 개선, 그리고 전문성 신장을 위한 교사들의 모임이 학교 안팎에서 그만큼 활발하게 이루어지고 있음을 보여 주는 방증이라고 할 수 있다. 이들 공동체는 그 성격도 다르며, 지향점도 다소 다르다. 그럼에도 불구하고 이들을 혼용하여 쓴다면, DuFour(2004: 6)의 지적대로 각각의 공동체가 지닌 의미를 모두 다 잃을 위기에 처할 수도 있다.

우선 교사학습공동체라는 개념이 탄생하게 된 맥락을 통해 이러한 용어 사용의 혼선과 혼란을 조금이나마 줄여 보려고 한다. Stoll et al.(2006)은 교사학습공동체 개념의 근원을 탐구와 반성, 그리고 '자기-평가 학교' 등과 관련지어 다음과 같이 여러 학자들의 주장을 인용하면서 설명하고 있다.

우선 탐구라는 개념은 지금은 별로 새롭지 않지만, 지난 20세기 초 Dewey(1929)가 '교사의 일practices은 자료와 주제에 관한 탐구 문제를 만들고, 이를 제시하는 것이다'고 말한 바 있다. 그리고 반성이라는 개념은 '교사는 학교 연구와 교실 연구자가 되어야 하며, 교육과정 개발 과정에 참여해야 한다'는 Stenhouse(1975)의 주장과 '반성적 실천가'로서 교사를 강조한 Schön(1983)의 주장에서 엿볼 수 있다. 한편, 1970년대 초에는 학교를 기반으로 하는 교육과정 개발이 시작되었는데, 프로젝트나 활동을 강조하는 '생각하는 학교', '문제를 해결하는 학교'(Bolam, 1977), '창조적인 학교'(CERI, 1978) 등이 등장하다가, 1980년대 후반에는 그 패러다임이 변하여 '자기-비평 학교'나 '자기-평가 학교'(Abbot & Holly, 1984) 등이 등장하게 되었다. (Stoll et al, 2006: 223)

Stoll et al.의 설명에서 우리는 흥미로운 점 한두 가지를 발견할 수 있다. 그 하나는 논의의 초점이 '교과'에서 '교사', 그리고 '학교'로 변화하는 점이다. 그리고 이와 더불어 '교과'와 '탐구', '교사'와 '반성', 그리고 '학교'와 '프로그램, 활동' 등이 짝을 이루고 있다는 점이다. 이러한 초점 변화와 짝은 학술 담론의 장과 교육 실천의 장에서, 교과 지식 탐구나 교사의 자기성찰, 그리고 학교 문화 개선과 같은 주제를 제공해 주었을 뿐만 아니라, 교사학습공동체 탄생의 교육사적 맥락을 제공해 주었다.

그러면 본격적으로 학자들이 사용하고 있는 교사학습공동체의 개념에는 어떠한 의미가 담겨 있는지 하나씩 살펴보기로 하자. 첫째는 '학생의 학습 능력 신장'이라는 목표를 보편적으로 지향하고 있다는 점이다. 예를 들면, '학생의 학습 능력 신장'이라는 집단의 목적을 달성하기 위한 전문가 집단(Costantini, 2008: 7), 또는 '학생들의 학습 능력 신장'이라는 목표를 공유하는 일종의 학교(Leo & Cowan, 2000: 1)로 정의하는 경우가 그러하다. 그런데 '학생의 학습 능력 신장'이라는 책무성은 교사학습공동체에 참여하지 않는 교사에게도 동일하게 부과된다. 따라서 '학생의 학습 능력 신장'이 들어 있다고 해서 그 개념이 교사학습공동체를 온전히 보장해 주는 것은 아니다.

둘째는 그 초점을 '전문성'에 두고, 교사학습공동체를 '모든 공동체 구성원들이 학습하고 성장하게 하는 과정 및 관계로 이루어진 공동체' (Lambert et al., 1995)로 정의하기도 한다. 이는 학생의 학습 능력 신장뿐만 아니라, 동료 교사의 전문성 신장에도 개별 교사가 책무성을 지닐 것을 요구하는데, 이러한 책무성은 전문가들이 자신들의 전문성을 효과적으로 신장하기 위해 학교 교사와 학교 관리자들이 '배움을 지속적으로 찾고 공유하며, 그 배움을 실천하는' 공동체(Hord, 1997: 1)에서 엿볼 수 있다. Hord(1997)는 교사 자신과 동료 교사의 전문성 신장을 위한 지속적인 배움이 있어야 하며, 그 배움을 실천하여야 교사학습공동체로서 자격을 지닐 수 있음을 강조하고 있다. 즉, 관리자들을 포함한 교원들이 집단적 탐구collective inquiry와 실행 연구action research를 지속적으로 수행할 것을 요구하고 있다. 서경혜(2009: 251)는 이러한 집단적 탐구와 실행(실천)에 덧붙여 '가치와 규범의 공유'와 '협력적 배움'도 강조하고 있다.

셋째는 교사학습공동체를 협력을 통하여 학교라는 생활세계에서 발생하는 문제를 해결하는 수준을 넘어서서 학교라는 공동체에 속한 모든 사람들의 '삶의 질을 개선하는 문화적 공간'(Myers & Simpson, 1998)으로 보는 학자들도 있다. 여기서 언급된 생활세계에서 발생하는 문제란 '학생의 학습 능력 신장'이나 '동료 교사의 전문성 신장'과 관련된 교과 내용에 대한 지식과 수업 기법의 문제 등일 것이다. 그런데 Myers & Simpson(1998)은 교사학습공동체가 교사들의 삶의 질을 개선하는 문화적 공간이 되어야 함을 강조하고 있다. 즉, 전문적 지식과 기술의 전이가 이루어지는 공간을 넘어서, 자기성찰과 함께 보편적 인간으로서 감성과 덕성의 고양enhanced이 이루어지는 문화 공간이 되어야 함을 강조하고 있다. 즉, 학교 문화의 변화에 그 지향점을 두고 있다.

넷째는 그 초점을 학교 개혁이나 변혁에 두면서 교사학습공동체를 보고자 하는 학자도 있다. 교사학습공동체를 '학교 역량의 핵심 요인이자 작업 방식'으로, 그리고 가장 강력한 전문성 신장 방법으로, '교육 시스템 개선'을 위한 적용 가능한 변화 전략(Huffman & Hipp, 2003: vii)으로, 또는 학교 구성원의 내적 역량을 통해 '학교 스스로 지속적으로 변혁하게끔 하는 그러한 지원 구조'(Morrissey, 2000)로 보기도 한다. Huffman & Hipp, 그리고 Morrissey는 교사학습공동체가 학교 구성원의 모든 역량을 결집하고, 학교 개혁의 비전과 방향, 실행 지침, 결과 평가 등을 결정하고 책임지는 권리와 의무를 지녀야 함을 강조하고 있다. 대부분 학교가 (학사) 일정 등을 조정해 가며 교사들로 하여금 충분한 시간을 갖고 교실 수업에 대해 협력하고, 계획하고, 관찰하고, 분석하게 하는 까닭이 바로 여기에 있다. 즉, 학교 개혁을 이끌고 그 개혁을 지속가능하게 하려면 교사학습공동체가 의사 결정을 하는 공동체가 되어야 한다는 것이다.

끝으로 교사학습공동체를 Senge(1990: 3)가 주장한 학습 조직learning organization을 토대로 학교 안에 구축된 공동체로 보고자 하는 학자들도 있다. 학습 조직이라는 개념은 ① 구성원들이 진실로 바라는 결과를 만들어 낼 때까지 자신들의 역량을 지속적으로 확장하며, ② 새로운 사고 유형과 확장성을 지닌 사고 유형을 조성하며, ③ 집단의 열망이 공개되며, ④ 구성원들이 함께 학습하는 방법을 지속적으로 배우는 터전을 의미한다. 이 개념은 학교 개혁을 계획하고 실행하고자 하는 다음과 같은 교육학자들의 관심을 끌게 되었다. Louis &

Kruse(1995)는 학교에서 교사학습공동체를 여러 직종의 구성원이 협동적으로 그리고 지속적으로 함께하는 작업으로, Brookhart(2009)는 교사학습공동체를 여러 명의 교사가 한 팀이 되어 정기적으로 만나고 공동 목표를 설정하여 주어진 과제를 자율적으로 학습함으로써 설정한 목표를 달성하도록 설계된 학습 조직으로 정의한 바 있다. 학교 안에서 수행하는 이러한 공동 작업은 학생과 가르침, 배움에 대해, 그리고 관련된 쟁점이나 문제를 확인하기 등에 관한 대화, 즉 반성적 대화 reflective dialogue로 인해 가능한데, Griffin은 이런 활동을 '탐구inquiry'라고 언급한 바 있다(Sergiovanni, 1994: 154에서 재인용).

지금까지 논의에 터하여, 필자들은 교사학습공동체를 '학교 개혁과 학교 문화 개선에 관한 공적 책무성을 지닌 교사들이 집단적이고 지속적인 탐구와 실행 연구를 통해, 학생의 학습 능력을 신장하고, 자신과 동료 교사의 전문성을 신장하고자 하는 학습 조직'으로 보고자 한다.

III. 연구 방법

1. 운영 사례 연구 배경 및 사례 선정

C교육대학교 교육연구원은 2009년부터 교사전문성개발체제 연구의 일환으로 교사학습공동체에 관한 연구를 진행하면서 대학-초등학교 협력 기반의 사례 연구를 통해 단위 학교 내에서 교사학습공동체의 운영 가능성을 탐색하였다(김경은, 2010; 나귀수, 2010; 이현명, 2012; 김남균, 2013a; 2013b; 이선경, 2013; 김병수, 2014; 심영택 외, 2014; 심승희, 2015). 당시 교사학습공동체 협력 운영은 대학에서 교육청을 통해 연구학교를 선정하거나 부설학교에 협력을 제안하면 학교가 이를 수용

하여 교사학습공동체를 구성하는 방식이었다(구원회, 2011). 즉, 교사의 자발성을 바탕으로 시작되었다기보다 대학이라는 외부자의 제안에 의해 수동적으로 구성된 공동체였다. 이러한 방식은 초기 의도와는 달리 협력 기관 사이의 갈등을 초래하고 상호 간의 신뢰 구축에 방해 요인으로 작용하기도 하였다(이현명, 2012). 이 과정을 통해 연구진들은 교사학습공동체의 성공 요인 중 하나인 자발성을 우선으로 하여 자율적 교사학습공동체의 운영을 촉진하고 지원하는 방식으로 협력의 방향을 전환하는 것이 필요하다는 문제의식을 공유하게 되었다(심영택 외, 2014).

2016년 C교육대학교 연구팀은 협력의 방식을 교사 자발성에서 출발한 학교 내 교사학습공동체 중 연구팀과 협력 관계를 형성하기를 원하는 곳을 대상으로 운영 과정에서 촉진자, 지원자의 역할로 참여하는 것으로 수정하였다. 이 계획은 C교육청의 〈2016 행복배움터 전문적 학습공동체 학점화 계획〉이라는 정책적 여건이 조성되면서 구현될 수 있었다. C교육청에서는 '행복배움터 전문적 학습공동체'의 개념을 학교 내 교원들 간의 동료성을 기반으로 한 공동 연구, 공동 실천을 통해 집단 성장을 추구하는 학교 내 학습 조직 및 활동으로 보고 있었다. 이에 초등학교 내에 구성된 147개의 교사학습공동체가 자발적으로 참여 신청을 하였고, C교육청은 이들을 대상으로 학점화 정책에 관한 사전 설명회를 개최하였다. 연구자들은 이 설명회에 참석하여 교사학습공동체의 개념 및 운영 방법에 관하여 간략하게 설명하고, 협력 운영교를 공모하였다. 그 결과 총 3개의 초등학교가 신청하였는데, 협력 운영에 대한 찬성률과 운영 내용, 교사학습공동체 운영 형태(학년 또는 전체 학교) 등을 기준으로 심사하여 C시에 소재한 S초등학교와 O군에 소재한 K초등학교를 협력교로 선정하였다. 이 과정을 다시 요약하면 〈표 1-20〉과 같다.

표 1-20 교사학습공동체 운영 사례 대상 학교 선정 절차

전문적 학습공동체[1] 학점화 계획 발표(C교육청)

↓

전문적 학습공동체 직무 연수 예비 신청(초등학교)

↓

전문적 학습공동체 학점화 사전 설명회(C교육청)

↓

전문적 학습공동체 협력 운영교 공모 및 선정(교육연구원)

2. 자료 수집 및 분석

자료 수집은 관찰 및 동영상 촬영, 인공물, 면담 등 다양한 방법을 활용하였으며, 주된 방법은 면담이다. 면담은 반구조화된 면담을 실시하였다. 반구조화된 질문 내용은 크게 두 부분으로 구성되었다. 첫째, 1학기 동안의 활동 경험에 대한 인식, 둘째, C교육대학교 연구팀의 역할 등이다. 보다 구체적으로 1학기 동안의 활동 경험과 관련하여 교사학습공동체의 시작 동기, 활동에 대한 인식, 어려움, 교사학습공동체 활동 경험의 이점, 교사학습공동체와 학교 문화 변화, 교사학습공동체의 지속가능성과 확산 등에 대해 질문하였다. 둘째, C교육대학교 연구팀의 역할과 관련하여 어떤 점이 도움이 되었는지, 개선되어야 할 점은 무엇인지 등을 질문하였다.[1]

면담 조사 방법은 FGI[Focus Group Interview]로 진행되었고, 면담 내용은 참여자들의 동의를 구하여 녹음하고 녹음된 자료는 모두 전사하였다.

• • •

1 C교육청에서는 '전문적 학습공동체'라는 용어를 사용하고 있다. 그러나 본 연구에서는 '교사학습공동체'로 통일하여 기술하도록 한다.

면담 대상자는 S초등학교의 경우 3학년 참여 교사 5명 모두였고, K초등학교의 경우 개인 사정에 의해 면담에 참여하지 못한 2명을 제외한 9명의 교사였다. 각 학교의 교사학습공동체에 참여한 개별 교사의 구체적인 특징을 정리하면 〈표 1-21〉과 같다.

표 1-21 학교 내 교사학습공동체 운영 사례 참여 교사 및 면담 교사의 특징

S초 교사학습공동체 참여 구성원			K초 교사학습공동체 참여 구성원		
교직 경력	담당 학년	비고	교직 경력	담당 학년	비고
9년	3학년	3학년 2년 중임, 대학원 석사과정	12년	1학년	면담 미참여
9년	3학년	학년 및 교육과정부장	8년	2학년	
3년	3학년	3학년 3년 중임	11년	3학년	공개 수업 촬영 담당
15년	3학년	교사학습공동체 업무 담당	17년	4학년	교사학습공동체 업무 담당
15년	3학년	대학원 석사과정	18년	5학년	교무
			2년	6학년	
			13년	과학 전담	수업 공개 교사
			5년	특수 학급	
			6년	특수 학급	
			25년	보건	면담 미참여
			26년	유치원	

* 교직 경력과 담당 학년은 2016년을 기준으로 함

면담은 S초등학교의 경우 7월 4일(월), K초등학교는 7월 6일(수) 각각 1회 방문하여 1~2시간에 걸쳐 이루어졌다. S초등학교는 2명의 연구진이 방문하였고 K초등학교는 3명의 연구진이 방문하였다. 두 학교의 면담은 모두 동일한 연구자가 주도하였다. 본 논문에 나온 교사 이

름은 가명임을 밝힌다.

자료 분석은 전사된 면담 결과를 반복해서 읽으면서 다음과 같은 질문들의 답을 찾는 데 중점을 두었다. 첫째, 두 학교의 교사학습공동체는 어떠한 배경과 동기에서 시작하였는가? 둘째, 두 학교 교사학습공동체 참여 교사들의 활동에 대한 인식은 어떠한가? 셋째, 두 학교 교사학습공동체 참여 교사들은 활동 과정에서 어떠한 어려움을 경험하였는가? 넷째, 두 학교 교사학습공동체 참여 교사들은 참여 후 자신, 동료, 우리가 어떠한 것들을 얻었다고 생각하는가? 다섯째, 두 학교의 교사학습공동체는 학교 문화에 어떠한 영향을 미쳤다고 인식하고 있는가? 여섯째, 두 학교 교사학습공동체의 지속가능성과 확산에 대해 어떻게 인식하고 있는가? 일곱째, C교육대학교의 역할에 대해 어떻게 인식하고 있는가?

IV. 두 초등학교 교사학습공동체의 활동 내용과 특징

1. 두 초등학교 교사학습공동체의 활동 내용

C교육대학교 연구진은 3월 초 S초등학교와 K초등학교의 교사학습공동체 담당자와 협의하여 20시간 운영 계획을 공동으로 수립하였다. 교사학습공동체 활동 내용은 각 학교에서 원하는 내용으로 구성하되, 교사학습공동체 개념을 이해하기 위한 강의를 포함시키고 교사학습공동체 초기 운영을 촉진하기 위해 C교육대학교 교육연구원에서 개발한 프로토콜을 활용하는 내용으로 구성하였다. 교사학습공동체 활동은 4월부터 7월까지 약 3개월간 진행되었다. S초등학교 교사학습공동체는 학년 중심 교사학습공동체이고, K초등학교 교사학습공동체는 학교 중심 교사학습공동체이다. 각 교사학습공동체별로 활동 내용을

살펴보면 다음과 같다.

(1) S초등학교의 활동 내용

S초등학교의 교사학습공동체는 4월 7일부터 7월 18일에 걸쳐 총 10회, 20시간으로 구성되었으며, 각 모임은 약 2시간 동안 진행되었다. 각 모임은 주로 2주에 한 번씩 월요일마다 진행하되, 특별한 사정이 있을 경우 목요일이나 금요일로 날짜를 변경하기도 하였다.

처음에 계획된 내용은 교사학습공동체 활동이 진행되면서 구성원들의 협의를 거쳐 수정되었다. S초등학교는 '비전과 목표 세우기' 활동 이후에 계획을 전면 수정하여 운영하였다. 당초에는 배움의 공동체, 거꾸로 교실, 창의적인 교육과정 등 다양한 주제를 하루씩 배정하였으나, 공동체의 비전과 목표를 세우는 과정에서 공동 수업 설계에 대한 관심과 요구가 생기면서 수업 설계, 실행, 성찰에 관한 내용으로 변경하였다.

1차와 2차 교사학습공동체 활동은 수업 연구와 실천, 학교 문화 변화의 맥락에서 교사학습공동체의 필요성을 공유하기 위한 강의 연수 형태로 진행되었는데, 이 강의 연수에는 인접 학교 교사 또는 교내 전체 교사들이 참여하였다. 교사학습공동체 참여 구성원들이 중심이 된 본격적인 활동은 3차 모임부터이다. 3차와 4차 활동에서는 교육연구원에서 관련 연구물을 바탕으로 개발한 프로토콜을 활용해 교사학습공동체 운영을 위한 기초를 다지는 활동을 하였다. 3차에서 사용한 '나의 교육 생애사'와 '두려움과 희망' 프로토콜은 구성원 간의 관계를 형성하고, 서로를 이해하고, 의사소통을 원활하게 하기 위한 도구이다. 4차에서 활용된 '비전과 목표 세우기' 프로토콜은 교사학습공동체가 나아가야 할 방향과 목표에 합의하고 어떤 활동을 얼마나 수행할 것인지를 구체화하는 것을 목적으로 한다. 이 과정을 통해 구성원들은 '과제 만들기를 통한 수학 단원 재구성 및 공동 수업 설계'로 활동 방향을 정하였다. 이후 진행된 5, 6차 모임에서는 수업 설계에 관한 논의가 진행되었고, 7차 모임에서는 대학의 연구진과 동학년 교사를 대상으로 유혜정 교사가 공개한 수업을 다 함께 참관하였다. 8, 9차 모임에서는 유혜정 교사의 수업에 비추어 구성원 각자의 수업 과제와 학생들의 결과물을 토대로 수업을 성찰하고 개선 방안을 논의하였다. 마지막에는 한예슬 교사의 수업을 함께 보고 성찰함으로써 한 학기의 활동을 마쳤다. 9차 모임에서는 1학기 동안 수행한 교사학습공동체 활동을 되돌아보면서 성과와 전망에 대하여 정리하고, C교육대학교와의 협력에 관하여 평가하였다.

(2) K초등학교 교사학습공동체의 활동 내용

K초등학교의 교사학습공동체는 4월 6일부터 10월 23일까지 걸쳐 총 11회, 20시간으로 구성되었으며,[2] 각 모임은 약 1시간에서 2시간 30분 동안 진행되었다. 각 모임은 주로 2주에 한 번씩 수요일마다 진행하되, 특별한 사정이 있을 경우 화요일이나 목요일로 날짜를 변경하기도 하였다. K초등학교의 교사학습공동체는 연구학교 과제를 해결하기 위한 내용이 포함된 계획을 수립하였고, 초기에 수립한 계획서의 내용대로 활동이 진행되었다.

K초등학교에서는 1차 교사학습공동체와 학교 문화 변화에 대한 연수 강의를 실시하였는데, 이때 인근 학교 교사들이 함께 참여하였다. 2차 모임에서는 '비전과 목표 세우기' 프로토콜을 활용하여 본격적으로 교사학습공동체 구성원들이 중심이 되어 활동을 하였는데, 이 활동을 통해 구성원이 도출한 비전은 '학력 격차 없는 행복한 어린이 기르기'였다. 인근 학교 교사들은 2차 모임까지 함께 참여하였다. 이 비전은 이후 진행된 공동 수업 설계 및 성찰의 과정에서 교사들이 논의

• • •

2 본 논문을 작성하는 시기인 1학기까지 총 8회, 15시간의 모임이 진행되었다.

의 주제로 제시하기도 하였다. 3차, 4차 모임에서는 '공동 수업 설계'
프로토콜을 활용하여 유하진 교사의 수업을 공동 설계하고 검토하는
활동이 진행되었고, 5차 모임에서 유하진 교사가 수업을 공개하였다.
수업은 연구학교 과제와 연관된 주제였으며 컨설턴트와 학부모를 대
상으로 공개되었고, 인터넷 방송을 통해 중계, 녹화되기도 하였다. 6차
모임에서는 수업 영상을 함께 보고 이어서 수업협의회를 진행하였는
데, 평가 중심의 협의회 방식에서 벗어나 수업자와 참관자의 자기 수
업 성찰을 중심으로 논의하였다. 7차와 8차 모임은 연구학교 과제를
해결하기 위한 소프트웨어 모듈 작성법 및 실제 워크숍이 진행되었다.

2. 교사의 인식에 기반한 교사학습공동체 활동의 특징 분석

(1) 교사학습공동체 시작 동기 : 궁금증과 호기심 vs. 파도에 휩쓸리는 돛단배

S초등학교의 경우, 교감이 2016학년도 학년 배정과 연동하여 교사
학습공동체를 구성·운영할 것을 제안하였다. 구체적으로 3학년에서
교사학습공동체를 구성·운영할 계획임을 밝히고 이를 희망하는 교사
들만 자발적으로 3학년 담임을 지원하도록 하였다. 이 과정에서 교감
은 교사학습공동체에 참여할 의사가 없는 교사의 경우 3학년이 아닌
다른 학년을 담당하도록 유도하였다.

> "처음에 제안을 받은 건 2016학년도 시작하기 전에 교감 선생님으로부터
> 였어요. '학년 배정을 하면서 교사학습공동체를 구성할 계획인데 관심 있는
> 분들은 이야기를 해 달라'고 해서 희망자들이 교감 선생님을 찾아가서 말씀
> 을 드렸어요. 그래서 어찌 보면 다들 자발적으로 참여를 하게 된 거죠."
>
> – S초, 유혜정 교사

K초등학교의 경우는 연구부장이 연수에서 〈C교육청 행복배움터

전문적 학습공동체 학점화 계획〉에 대한 정보를 듣고 여러 가지 이점이 있을 것으로 판단되어 학교 관리자들과 상의하여 추진하게 되었다.

"올해 1월에 어느 연수를 갔는데 ○○교육청 ○○○ 장학사님이 오셔서 '전문적 학습공동체 운영에 대한 공문이 발송될 건데 많이 알려 주길 부탁한다'고 하셨어요. 학교에서 학점 이수도 할 수 있고 자유 연수를 위해 예산 집행도 할 수 있고, 여러 가지 좋은 점들이 있다고 해서 학교에 돌아와서 교장, 교감 선생님께 상의를 했어요. 두 분도 괜찮을 것 같다고 해서 선생님들에게 제안을 했는데, 아마 처음에는 전문적 학습공동체가 뭔지 잘 모르셨을 것 같아요."

– K초, 오연주 교사

이처럼 S초등학교와 K초등학교는 모두 2016년 1월 발표된 〈C교육청 행복배움터 전문적 학습공동체 학점화 계획〉이 계기가 되어, S초등학교는 학년 단위 교사학습공동체를, K초등학교는 학교 전체 교사학습공동체를 구성·운영하였다. 이들 교사학습공동체 구성·운영에 있어 자발성이 존재하기는 하였지만, 교사학습공동체 학점화를 신청하는 과정과 운영 계획 수립 과정에서 교사학습공동체 구성원 모두의 협의에 기반을 두기보다는 담당자 1인에 의해 추진된 경향이 있다. 그럼에도 기존의 연수 방식과는 차별적인 특징들로 인해 교사학습공동체 참여 구성원들의 자발성의 측면을 좀 더 부각시키고 있었다. 이와 관련하여 교사들은 자신들의 활동을 '자발성 반'이라는 표현을 사용하기도 하였다.

두 학교 교사학습공동체 참여 교사들의 자발성 정도는 다양한 층위를 보였다. S초등학교의 경우는 학년 배정과 연동하여 교감이 교사학습공동체 참여 구성원들을 조정하는 과정 속에서 '뭔가 더 배우고 싶다는 생각', '한번 배워 보고 싶다는 생각', '대세니까' 등 궁금증과 호기심에서 자발적인 참여 의사를 가진 교사들로 구성된 경향이 높은 것으로 나타났다. 이에 반해 K초등학교의 경우는 이왕 연구학교 때문에 교내 연수를 해야 하는 상황에서 학점을 인정받을 수 있는 이점이 있어 참여하게 되었다는 실속파 참여 교사도 있었고, 학교 전체 교사가 참여해야 하는 상황에서 참여 의사가 명확하지 않았던 교사들이 "파도에 휩쓸리는 돛단배"가 되어 참여하기도 하였다.

유시진 저도 처음에 얘기했던 것 같은데요, 파도에 휩쓸리는 돛단배처럼 참여하게 됐습니다.

연구자 1 돛단배처럼……. 그 돛단배의 심정은 어떠셨나요?

유시진 돛단배에 심정이 있나요? 그냥 가는 거죠, 뭐.

연구자 1 돛단배에도 심정 있는데요. 하하.

유시진 하하. 바람 불면 가는 거죠.

연구자 2 강교민 선생님은?

강교민 저는 용어가 되게 멋있어 보여서 참여하게 되었어요. 요즘 다 개인주의잖아요. 교사라면 수업을 전문으로 하는데 동료 교사들과 같이 연수를 받고 수업을 설계한다는 것이 멋있어 보였어요. 그리고 저도 처음에는 어떻게 보면 조금 휩쓸려서……. 하하.

- K초 면담

(2) 교사학습공동체 활동에 대한 인식 : 긍정적 경험 vs. 남는 게 없다

S초등학교와 K초등학교 교사학습공동체는 20시간 활동으로 구성되었으며, 개별 학교의 상황에 따라 운영 과정에서 활동 내용들이 수정되었다. 그럼에도 두 학교 모두 교사학습공동체의 핵심 활동으로 공동 수업 설계-수업 공개(실행)-성찰 및 협의 등이 자리 잡았다. 이와 관련한 참여 교사들의 인식은 두 학교 간에 약간의 차이를 보인다.

S초등학교의 경우, 참여 교사들은 호기심과 궁금증에서 교사학습공동체 활동에 자발성을 가지고 참여하였는데, 몇몇 교사들은 C교육대학교 연구팀에서 '이끄는 방향으로 한번 따라가 보자'라는 막연한 생각에서 출발하였다고 고백한 바 있다. 그러나 일련의 초기 활동과 공동 수업 설계를 진행하는 과정에서 활동이 진행되면서 긍정적인 경험과 감정들을 갖게 되었다. 다만, 진행 과정에서 부담과 책임감 또한 구체적인 감정으로 경험하게 된 것으로 보였다.

> "매일 제 업무를 볼 시간도 없이 일과 끝날 때까지 회의하면서 계속 얘기가 오가는 게 너무 힘들었는데, 과정을 마치고 나니까 '아, 이렇게 하면 되는구나!'라는 느낌이 들었어요. 혼자선 되게 힘들었을 텐데 같이 하니까 이렇게 길이 보이는구나 하는."
>
> - S초, 한예슬 교사

K초등학교 교사학습공동체 참여 교사들은 주로 공동 수업 설계-수업 공개 등의 활동을 중심으로 이야기를 하였다. 이들은 참여 교사모두가 자발성에서 출발한 것은 아니지만 '집단 사고를 통한 협업', '같이 하나의 수업을 완성해 나갔던 것'을 의미로 꼽았다.

> "처음에 공동체 비전하고 목표를 세우고, 수업에 초점을 두고서 활동을 전개했기 때문에 수업을 공동으로 설계하고 수업에서 일어날 수 있는 변인

이나 어떤 문제에 대한 대안 같은 것을 논의하는 데 도움을 받은 것 같아요. 그 과정에서 공동체가 모여서 집단 사고를 통해서 협업할 수 있었던 과정이 되게 인상적이었습니다."

- K초, 홍지홍 교사

특히 한 교사는 교사들이 학교 비전 세우기 활동 과정에서 학교의 시급한 과제로 '학습 부진아' 과제가 도출된 것에 대해 깊은 인상을 가지게 되었다고 하였다. 학습 부진 담당 교사로서, 동료 교사들이 학습 부진 문제에 대해 공동의 문제의식을 가지고 있다는 점을 새삼 알게 되었다고 밝혔다.

"저는 학교에서 '학습 부진 담당'인데, 평소에는 이 사안에 대해서 저 혼자 고민하고 클리닉이나 어디에 전화해서 상담하고 그랬는데, 학교 비전 세우기 할 때 다른 선생님들이 학습 부진 문제에 대해서 많이 이야기하셔서 깜짝 놀랐어요. 다들 학습 부진 문제에 대해 인지하고 걱정도 하고 계시는구나…….

- K초, 오연주 교사

K초등학교 참여 교사들 중에는 참여 의지가 부족했던 교사의 경우 인상에 남는 게 없다고 말하는 교사도 있었다.

두 학교 교사학습공동체 참여 교사들은 활동 과정에서 자신들의 생각을 드러내고 이를 여러 구성원들과 조율해 나가는 것에 대한 어려움을 제기하는 한편, 이러한 논의 과정을 통해 공동의 과제(수업)를 함께 해결해 나가는 협력적 과정에 대한 긍정적인 경험을 하기도 하였다. 실제 교사학습공동체 활동을 경험하면서 긍정적인 부분들에 대해 공감하지만 여전히 두려움과 부담을 크게 느끼는 복합적인 감정들을 엿보게 된다.

(3) 교사학습공동체 활동 과정에 대한 어려움 : 이해 부족 vs. 시간적 심리적
   여유 부족

교사학습공동체 활동 과정에 대한 어려움에 대해, S초등학교 참여
교사들은 수업에 대한 견해 차이의 조율, 초기 방향 설정의 어려움, 어
느 정도 하나의 틀에 맞춰야 한다는 강박관념 등을 꼽았고, 물리적 시
간의 한계들을 꼽기도 하였다.

"대부분 10년 차 언저리에 있는 선생님들이라 다들 자기 수업에 대해 나
름의 시각과 방법이 있을 텐데 그것을 조율해 내는 게 쉽지 않았어요. 무엇
을 조율하고 무엇을 조율하지 않아도 될지 구분했어야 하는데, 지나고 보
니 '모든 것을 조율하려고 했었구나' 하는 생각이 들었어요. 물론 그 과정에
서 배운 것도 많지만 명확하게 조율할 것과 조율하지 않을 것을 구별했다
면 더 논의가 빨라졌을 것 같아요."

                                                         - S초, 박신혜 교사

K초등학교 교사학습공동체 참여 교사들은 활동 과정에서의 어려
움을 '교사학습공동체에 대한 이해 부족', '자신의 교과나 관심과의 연
계성 부족', '일정 조정의 어려움', '심리적 시간적 여유 부족' 등을 제시
하였다. 또한 활동 과정에서 자신의 생각을 얘기하고 활동에 참여해야
하는 것들에 대한 부담이 컸다는 점을 제기하기도 하였다.

"포스트잇으로 붙이고 발표하는 활동이 힘들다고 하시더라고요. 듣기만
하면 편한데……. 그래도 참여하는 게 인상적이라고도 하고요."

                                                         - S초, 오연주 교사

두 학교 교사학습공동체 참여 교사들은 활동 과정에서 자신들의
생각을 드러내고 이를 여러 구성원들과 조율해 나가는 것에 대한 어려

움을 제기하는 한편, 여전히 물리적 시간 확보를 넘어 심리적인 시간적 여유의 필요성에 대해 크게 인식하고 있었다.

(4) 교사학습공동체 활동 경험의 이점 : 연대감, 동료 의식 등

S초등학교 교사학습공동체 참여 교사들은 겸손함, 서로에 대한 존경심, 용기, 동지애 등 긍정적인 측면에서 설명하기도 하였지만, 다시 한 번 두려움을 가지게 되었다는 의견도 있었다. 이와 더불어 교사 전문성 맥락에서 '수업에 대한 자극', 수업에서 촉진자로서의 교사 역할에 대한 인식 등 수업 디자인 능력과 안목의 필요성에 대한 인식을 가지게 된 점을 언급하였다.

> "첫 번째로는 수업 목표에 따른 디자인이 필요하다는 생각이 들었고, 두 번째로는 수업에서 촉진자로서 나는 어떤 모습이어야 하는가 고민이 들었어요. 사실 촉진자로서의 교사라는 개념에 디자인에 대한 부분도 들어갈 수 있는 거거든요. 그리고, 세 번째로는 멈추면 신장이 되지 않을 것이라는 두려움도 들었어요."
>
> – S초, 박신혜 교사

K초등학교 교사학습공동체 참여 교사들은 대체로 수업에 관한 이야기를 많이 하게 된 것, 남의 수업을 보는 것에 대한 인식의 변화, 참여 의식과 공동체 의식, 협력, 동료 교사의 재발견, 신뢰 또는 연대, 공동체의 책임, 많은 교사들이 함께 이야기를 나눌 수 있었던 점 등을 교사학습공동체 활동 경험의 이점으로 꼽았다.

> "동료 교사들과 학생들에 대한 이야기나 학생들의 가정 환경에 대한 이야기는 많이 하는데, 수업과 관련해서는 의사소통을 많이 하지는 않잖아요. 저희 직업이 교사니까 수업에 대한 이야기를 많이 하게 됨으로써 교사

로서 전문성에 대해서 같이 생각해 볼 수 있는 기회가 되었어요."

- K초, 강교민 교사

"교직 사회가 자기 교실에 갇혀 있고, 약간 개인주의적인 성향이 있잖아
요. 교사학습공동체를 하면서 교사라는 직업의 본질에 관한 협력을 처음
경험해 본 것 같아요. 다른 선생님들도 다들 어느 정도 도움이 되었을 거라
는 생각이 들었어요."

- K초, 이순신 교사

두 학교에서 진행한 교사학습공동체는 3~4개월 정도의 짧은 기간
이었다. 그럼에도 불구하고, 교사들은 교사학습공동체 활동 경험을
통해 자신들을 재발견하거나 기존의 인식 틀을 깨는 경험, 동료 교사
들과의 동료애, 연대 의식 등 긍정적인 점들을 경험하였음을 밝히고
있다. 학교 내에서 교사들이 학년협의회를 통해 끊임없이 소통하고 있
었지만, 전문가로서의 교사 위상을 재인식하고 그 위상을 정립할 수 있
는 기회가 제공되었다는 점에서 긍정적인 인식을 하는 것으로 나타
났다.

(5) 교사학습공동체 활동과 학교 문화 변화 : 소통의 자유로움 vs. 유보적 입장

S초등학교 교사학습공동체는 학년 중심으로 구성·운영되는 형태
로, 다른 학년에 영향을 미치는 정도들에 대해 명확하고 긍정적인 의
견을 가지고 있지는 않았다. 다만, 학교 내에서 특정 학년이 교사학습
공동체를 구성·운영함으로써, 교사학습공동체 활동에 대한 거부감이
좀 덜하지 않을까라는 생각을 전하기도 하였다.

"저희는 교사학습공동체가 동학년에서 이루어지다 보니까 다른 학년에
영향을 못 미친다는 아쉬움이 있었어요. 그런데, 반면에 이런 점도 있었어

요. 보통 전문적 학습공동체라고 하면 굉장히 어렵게 느껴지는데, 아무래도 3학년에서 함께하니까 그런 거부감이 덜하지 않았을까 싶기도 해요."

- S초, 유혜정 교사

K초등학교 교사학습공동체 참여 교사들은 대체로 소통할 수 있는 자리가 마련되었고, 소통이 자유로워졌다는 점, 함께 뭔가를 만들어 냈다는 차원에서 학교 문화 변화를 언급하였다.

"저도 장기적으로 봤을 때 긍정적인 영향을 미칠 수 있다고 생각해요. 보통 누가 이렇게 물어봐 주지는 않잖아요. '너의 교육관은 어떠하니?' '너는 수업을 왜 이렇게 구성했니?' 그런데 가끔은 그런 부분을 강조하고 싶을 때가 있거든요. 그럴 때 다른 선생님들과 이야기를 나누면서 서로 더 잘 이해할 수 있는 자리가 되었어요."

- K초, 김혜진 교사

"그런 걸 더 공적인 자리에서 같이 협의할 수 있었던 시간이 되었던 것 같아요. 그래서 장기적으로 봤을 때 선생님들 간의 소통을 더 증진하고 서로 의견을 조율하고 공유할 수 있게 된 것 같아요."

- K초, 이보영 교사

교사학습공동체는 기존의 관료적 학교 문화가 아니라 수평적, 민주적, 개방적 학교 문화를 지향하고 이를 구현하기 위한 대표적인 기제로 설명되고 있다. 학교 문화는 오랜 기간 학교 구성원들의 행위에 영향을 미치는 규범과 규칙, 가치 등을 일컫는 것으로, 단기간에 그 변화를 이끌어 내는 것은 어려운 일이다.

S초등학교 교사학습공동체 참여 교사들은 자발적으로 참여한 교사들임에도 불구하고 학년 중심으로 운영되었기 때문인지 학교 전반

에 교사학습공동체가 영향을 미치고 있는지에 대해 굉장히 유보적인 입장을 취했다. 이에 반해 일부 교사들의 자발성을 중심으로 출발한 K초등학교 교사학습공동체는 학교 전체가 하나의 교사학습공동체로 운영되면서 교사학습공동체의 문화 자체가 학교 문화의 변화로 연계되고 있는 것으로 보인다.

(6) 교사학습공동체의 지속가능성과 확산 : 확산 가능성 vs 두려움

S초등학교 교사학습공동체 참여 교사는 대체로 2학기에 계속해서 참여할 의향을 가지고 있다고 하였다. 한편, S초등학교 내에서 교사학습공동체가 학교 전체로 확산될 가능성과 관련하여 자신들의 활동들을 보면서 두려움이 생긴 것 같기도 하지만 여전히 학교 내에 관심 있는 교사들이 있어 어느 정도 가능성이 있다고 보았다.

"오히려 저보다도 관심이 많으신데 다른 학년으로 배정이 되거나 바빠서 직접 경험을 못 해 본 분들이 계세요. 물론 저희가 하는 활동을 보면서 두려워하시게 된 분들도 있지만, 여전히 관심을 가지고 있는 선생님들도 계신 것 같아요."

- S초, 오해영 교사

그러나 학년이 흩어져 있고 2학기가 길지 않으며 준비가 부족한 상태라고 현 상황을 진단하면서, 교사학습공동체 참여 교사들은 대체로 당장 2학기에 다른 학년으로 확산시키는 것은 어려움이 있다고 보았다. 하지만 교감 선생님이 확산에 많은 관심을 가지고 있다는 점을 생각하면서 익년에 학교 내에 교사학습공동체가 확산될 가능성에 대해서는 어느 정도 열어 두는 교사도 있었다. 한편, 확산 맥락에서 자신들이 촉진자로서 역할을 수행해야 할 것에 대해 많은 부담을 가지고 있었다.

"2학기 일정이 너무 짧잖아요. 바로 준비하고 시작해도 안 되는데 우리는 이미 여름 방학을 한 달 앞두고 있는데 논의는 못 하고 있고······. 이 상태에서 다른 학년으로 확산시키는 것은 쉬운 일이 아닌 것 같아요. 하지만 두 학년이나 세 학년 정도 바뀔 때쯤이면 가능할 수도 있을 것 같아요. 물론 우리보고 촉진자 역할을 하라고 하면 너무 힘든 일이겠지만요."

– S초, 박신혜 교사

K초등학교 교사학습공동체 참여 교사들은 지속적인 활동이 이루어질 것이라는 의견도 비쳤지만, 강제성이 없으면 어렵지 않을까라는 견해를 보이기도 하였다. 한편, 이에 대해 또 다른 교사는 '약간의 강제성'을 확보하는 것도 필요하다는 점을 강조한다.

"근데 꼭 자발적인 모임일 필요는 없을 것 같아요. 예를 들어 의사들이 좀 난해한 수술을 하고 나서 일종의 콘퍼런스를 열어서 수술 정보를 공유하는 것처럼 교사들도 일정한 시간을 정해서 다 모이는 거죠. 차를 한잔 마시더라도 항상 모이게 되면 자연스럽게 '이런 것도 한번 해 볼까?' 이런 게 가능할 것 같기도 해요."

– K초, 홍지홍 교사

교사들은 지속가능성을 확보하기 위해서는 물리적 시간보다 심리적 여유가 필요하다는 점을 강력하게 주장한다. 또한 배움에 대한 욕구, 학교 공동의 사안이 존재한다면 교사학습공동체의 지속가능성이 클 것이라고 보았다. 즉, 교사들이 '오고 싶은 학습공동체'를 만드는 것을 언급하였다.

두 학교 모두 교사학습공동체의 지속가능성 및 확산성을 열어 두고 있었지만 흔쾌한 입장은 아니었다. 어느 정도 필요성과 의의에 대해 공감하지만 시간 확보 및 업무 부담, 활동 과정에 대한 부담 등으로 유보적인 입장을 취하였다.

(7) C교육대학교 연구팀의 역할에 대한 인식 : 엄마, 멘토, 촉진자

C교육대학교 연구진들은 교사학습공동체 리더가 아니라 조력자 그리고 촉진자로서의 역할에 주력하였으며, 교사 출신 연구자는 운영 과정의 실무를 담당하면서 두 초등학교의 교사학습공동체 구성원들과 대학 연구자들을 연결하는 매개자 역할을 수행하였다.

S초등학교 교사학습공동체 참여 교사들은 C교육대학교 연구진의 역할을 '물가에 혼자 서 있는데 엄마가 손잡아 주는 느낌', '멘토'라고 표현하면서, 자신들이 어떠한 방향으로 어떻게 가야 하는지를 안내해 주었다는 측면에서 큰 힘이 되었음을 강조하였다.

> "저도 물가에 혼자 서 있는데 엄마가 손을 딱 잡아 주는 느낌이 들었어요. 그 전까지는 '어떻게 해야 하지?' 하면서 방황했는데 C교대와 함께하면서 안정감을 갖게 되었고 열심히 하면 되겠구나 하는 생각이 들었어요."
>
> – S초, 고현정 교사

연속선상에서 2학기에 C교육대학교 연구진의 촉진자로서의 역할이 '빠졌을 때'에 대한 약간의 두려움, 상실감을 내비치기도 하였다.

K초등학교 교사학습공동체 참여 교사들은 C교육대학교 연구진들의 역할을 일반적으로 강의 방식의 연수일 것이라고 생각했는데 경험한 결과, 자신들과 "함께" 한다는 느낌을 가지게 되었고 그러한 경험들이 긍정적인 영향을 미쳤다고 생각하였다. 이러한 생각은 C교육대학교 연구진의 성의 있는 참여 속에 교사들이 신뢰를 하게 된 맥락 또한 영향을 미친 것으로 생각된다.

> "이렇게 끝까지 적극적으로 개입하실 거라고는 사실 기대를 안 했거든요.

이전에 저희가 강사를 불러서 진행했던 것과는 뭔가 다르게 운영하시는 것 같아요."

- K초, 오연주 교사

"오연주 선생님 말씀처럼 보통 연수라고 하면 강의를 듣는 형식인데 교사학습공동체를 하면서는 교수님이나 연구원들과 같이 한다는 느낌이 들었어요. 물론 저희의 의견을 많이 유도하는 게 부담이 되는 부분도 있었지만 생각을 좀 더 표현할 수 있게 되는 그런 시스템인 것 같아요. 저도 질문을 안 하면 입도 뻥긋 안 하는 사람인데, 이야기를 많이 한 점이 좋았어요. 그리고 어떤 주제를 이야기할 때 틀을 잡아 주시니까 이론적으로도 도움을 받았고요. 만약 내년에도 이런 학습공동체를 운영하게 된다면 어떻게 해야 할지 구체적인 실행 방법에 대한 팁을 얻은 것 같아요."

- K초, 이순신 교사

C교육대학교 연구진들은 교사들이 주체가 되어 주도하되, 초기 과정에서 겪을 수 있는 어려움을 줄여 주기 위한 촉진자로서 그 역할을 수행하는 데 주력하였고, 이러한 역할 과정에서 두 학교 교사학습공동체 참여 교사들로부터 신뢰와 연대감을 확보하게 되었던 것으로 판단된다.

V. 논의 및 결론

본 연구는 C교육청의 전문적 학습공동체 정책 추진에 터하여 교사들의 '반# 자발성'에서 출발한 특성을 보이는 학교 내 교사학습공동체 운영 사례를 분석한 것으로, 교사학습공동체 출발 단계에서 개별 학교의 교사학습공동체의 자발적 요청에 의해 C교육대학교 연구진들이 촉진자로서 함께 참여한 사례이다. 이들 두 교사학습공동체 참여 교사들은 '반 자발성, 반 강제 또는 의무감'으로 출발하였지만, 대체로 긍정적인 경험을 함으로써 교사학습공동체의 지속가능성과 학교 문화의 변화 가능성에 대해 열린 입장과 태도를 지니게 된 것으로 보인다.

특히 학년 배정과 연동하여 추진된 S초등학교 교사학습공동체는 상대적으로 교사들의 자발성 정도가 좀 더 높은 수준이었고, 이것은 공동 수업 설계를 진행하는 과정에서 정해진 날짜 이외에도 수시로 만나 각자 수업을 실행한 결과와 수업에서 겪은 어려움을 공유하고 함께 개선점을 찾는 활동을 자발적으로 진행하는 과정으로 연계된 것으로 보인다.

한편, 학교 전체 구성원들이 참여한 K초등학교의 경우, 일부 교사들의 자발성으로 출발하였지만 활동 과정에서 초기 단계 교사학습공동체 활동에 대해 미온적인 입장을 보였던 교사가 오히려 '약간의 강제성'은 확보되는 것이 필요하다는 입장을 보이는 등 교사들의 인식 변화를 엿볼 수 있었다. 물론 일부 교사들의 경우 인상에 남는 것이 없다는 반응을 보이기도 하였지만, 대체로 소규모 학교라는 맥락 속에서 학교 관리자, 교사들 모두 교사학습공동체의 필요성에 대해 어느 정도 공감대가 형성되는 과정을 경험하였고 학교 문화 변화에 긍정적인 영향을 미쳤다는 점에 대해 공감하는 반응을 보였다.

이상의 분석 결과들을 바탕으로 본 연구의 의미와 시사점을 몇 가지 차원에서 논의하고자 한다. 이들 두 사례는 교사의 자발성이 교사학습공동체 운영에 있어 중요한 출발점이라는 점을 보여 주며, 한편으로 교사들의 '완전한' 자발성을 확보하지 못하였다 하더라도 교사학습공동체 운영 과정에서 어떠한 경험들을 하고, 인식 변화들을 경험하느냐에 따라 참여 교사들의 참여 의지는 변화될 수 있다는 점 역시 확인할 수 있었다. 비록 1학기 동안의 짧은 기간임에도 불구하고 두 학교 교사학습공동체는 그 지속가능성에 대한 일말의 기대를 가지고 있었는데, 그 배경에는 교사들의 '반[#] 자발성'이 크게 작용한 것으로 보인다. 오지연 외(2016)의 연구와 이준희, 이경호(2015)의 연구 역시 교사의 자발성이 교사학습공동체 형성 수준에 영향을 미치고 있다는 점을 강조하고 있다. 오지연 외(2016)의 연구에서는 교사들의 자발적 의지로 형성된 교사학습공동체를 교사 주도 교사학습공동체로 명명하고, 이를 학교장 또는 외적 동기에 의해 형성된 교사학습공동체의 특징과 비교 분석하고 있다. 그 결과, 교사 주도 교사학습공동체는 실천과 목표 및 가치에 대한 반성적 대화, 협력적 탐구의 지속성과 실천 공유 방식 등에 있어 차이가 있는 것으로 분석되었다. 이준희, 이경호(2015)의 연구 역시 교사의 자발성이 강한 교사학습공동체가 강력한 교사학습공동체를 형성한다는 점을 밝히고 있다.

한편 두 개 학교 참여 교사들이 보인, 학년 단위 또는 학교 전체 단위에서의 '다양한 층위의 자발성'은 Brookhart(2009)가 언급한 '학습조직'에 다음과 같은 시사점을 제공해 준다. 첫째, 그가 교사학습공동체를 정의하면서 언급한 학습 조직은 주어진 과제를 '자율적'으로 학습하는 그러한 모임이다. 말하자면 교사학습공동체가 원칙을 스스로 정하고, 그 원칙에 따라 구성원들 모두 또는 대다수가 자발적으로 참여하면서 주어진 과제를 '반성적 대화'(Hord, 1997)를 통해 수행해 나간다. 따라서 '자율적으로 잘 운영되어' 가고 있는 완성 단계의 학습조직을 '반 자발성으로 이제 막 구성되어' 가고 있는 두 개 학교의 교사학습공동체와 동일한 선상에서 평가할 수는 없다. 하지만 다행스럽게도, 학교 개혁 작업에 적극 나서고 그 피드백을 적극 수용하고자 하는 '자발적인 의지'를 지닌 구성원이 S초등학교와 K초등학교에 또한 분명히 존재하고 있다. 따라서 두 개 학교 참여 교사들의 '다양한 층위의 자발성'은 '자율적인 학습 조직'으로서의 교사학습공동체를 구성하고 운영하기 위한 기반으로 충분하다고 생각된다.

둘째, 교사학습공동체는 '학교의 조직 변화'와 '학교의 문화 변화'를 통해 학교 개혁을 이끌어 가고자 하는데(Mullen & Schunk, 2010: 186), 학교 문화 변화와 관련하여 Fullan(2005)은 "더 좋은 학교 문화 변화는 어렵지만 불가능하지 않다"(Harris, 2010: 12에서 재인용)고 주장한다. 즉, 전문학습공동체에 내재된 '역량 구축 훈련'을 통해 그러한 변화가 가능하다고 본다. K초등학교의 경우, 규범과 규칙, 가치 등과 같은 학교 문화가 서서히 형성되기 시작했음을, 그리고 학교 구성원 간에 영향을 미치고 있음을 알 수 있다. 이러한 변화가 지속된다면 교사학습공동체는 교사들의 삶을 개선하는 '문화적 공간'(Myers & Simpson, 1998)이 될 것이다.

셋째, 일부 학자들은 교사학습공동체의 개념과 성격을 규명하면서 '가르침보다는 배움'을 강조하고 있다. 특히 학교 관리자와 교사들이 '그 배움을 지속적으로 찾고 공유할 것'을, 그리고 반성적 대화를 통해 '지속하는 역량'(Costantini, 2008: 7)이 길러지기를 바라고 있다. 말하자면 교사학습공동체를 배움을 실천하는 공동체로 보고, 전문가로서 효율성을 높여 학생들에게 도움을 주고자 한다(Hord, 1997: 1). 그런데 Moyer, Dockery, Jamieson & Ross(2006)는 학생들에게 도움을 주고자 하는 '지속적인 배움' 그 자체가 참여 교사들만의 특혜라고 한다(Mullen & Schunk, 2010: 186-187에서 재인용). 서로의 관점을 나누며, 배워 나가고 바람직한 결과를 위해 협력적으로 촉진하는 활동을 통해 '지속적인 배움'이 일어나기 때문이다. 그리고 그러한 지속적인 배움은 비전을 공유하고, 학교 개혁을 하는 데 '모퉁잇돌cornerstone'이 된다고 본다. S초등학교 참여 교사들의 '지속적인 활동 의향'과 K초등학교 참여 교사들의 '배움에 대한 욕구'는 교사학습공동체의 지속가능성과 확산성을 높이는 모퉁잇돌이 될 것이다.

넷째, 멘토링 개념은 가르침과 배움의 맥락에서, 전문가나 학생에 의해 일어나는 지식의 발달이나 기술의 전이를 의미한다. 하지만 Mullen & Schunk(2010: 187)는 교사학습공동체 속에서 일어나는 멘토링을

'협력적 멘토링collaborative mentoring'으로 규정하고, 그 가치를 다시 매기고자 한다. 즉, 모든 구성원의 성장과 발달에 기여하는 평등한 전문적 파트너십으로 보고자 한다. C교육대학교 연구진들이 두 개 학교 참여 교사들에게 교사학습공동체와 학교 문화 변화에 대한 지식을 전해 주고 공동 수업 설계 절차와 실행 등에 대한 기술을 전이해 주는 그러한 역할을 해 주는 촉진자로 그리고 조력자로 인식된 점도 하나의 수확이지만, 두 개 학교 참여 교사들이 C교육대학교 연구진들에게 신뢰와 연대감을 준 것은 '협력적 멘토링'으로 말미암은 것으로 보인다. 즉, 일방적으로 보조해 주거나 가르쳐 주는 개념이 아니라, C교육대학교 연구진과 참여 교사가 함께 학교와 수업 문화, 그리고 교사학습공동체의 문제를 창의적으로 해결하고 배우는 데 시간과 노력을 아낌없이 투자한 결과로 생겨난 관계 구축의 수확물이다.

다섯째, 교사학습공동체는 참여 교사들이 하나의 단위가 되어 정기적으로 모여 학습하고, 의사 결정을 하고, 문제를 해결하고, 자신들의 과제를 '언제', '어디서', '어떻게' 할 것인가를 결정해 나간다. 그런데 이 과정에서 교사학습공동체가 생산적으로 기능하기 위해서는 두 가지 지원 조건이 있는데, 그 하나는 시간과 같은 물리적 조건이며, 다른 하나는 참여하는 교사의 자질과 역량과 같은 인적 조건이다(Hord, 1997: 13). 두 개 학교 참여 교사들이 교사학습공동체 활동을 경험하면서 물리적·심리적 시간의 한계와 더불어 의사소통 과정에서 견해 차이, 의견 조율의 어려움, 방향 설정의 어려움 등을 포함한 '복합적인 감정'을 호소하고 있는데, 이는 결국 이러한 지원 조건과 결부된 문제이다. 두 개 학교의 교사학습공동체가 성공적으로 운영되기 위해서는 참여 교사들의 이러한 '복합적인 감정'을 해소할 지원 조건들이 우선적으로 충족되어야 한다.

교사학습공동체는 전부이기도 하고, 아무것도 아니기도 하다. 교사들이 함께 모여 나누는 수다 모임에서부터 사회 변혁이라는 거대한 과제들을 함께 탐구하고 나누는 정교하고 체계적인 공동체 또는 학습 조직까지 교사학습공동체의 스펙트럼은 광범위한 것으로 생각된다. 어느 것은 교사학습공동체이고, 어느 것은 아니라고 규정할 수 있는 기준을 설정하는 것은 교육 연구자들에게 여전히 과제로 주어지고 있다. 이러한 맥락에서 이 연구에서 보여 주는 두 학교의 교사학습공동체 운영 사례는 교사학습공동체를 이제 시작하려고 하는 교사들에게 교사학습공동체의 실체를 조금이나마 보여 주는 것으로 여겨진다.

교사학습공동체는 거창하게, 모든 것들을 정교하고 체계적으로 잘 갖추어서 출발하는 것이 아니라 교사들 몇몇이 함께 수업과 학생, 교육에 대한 생각들을 나누고 공유하고 새로운 과제들을 도출하고 탐구해 가면서 만들어 가는 것임을 두 사례는 명확히 보여 주고 있는 것으로 판단된다. 그럼에도, 앞서 교사학습공동체의 개념과 성격에서 밝히고 있듯이 교사학습공동체의 궁극적인 목적, 존재 이유는 학생의 학습 지향과 학생에 있음을 염두에 두고 교사들의 협력적 탐구와 반성적 성찰이 이루어지는 장이 교사학습공동체의 지향이 되어야 한다는 점은 학교 현장에서 공유되고 있는 것으로 여겨진다.

마지막으로 학교 개혁과 교사학습공동체 논의에서 교사의 '자발성', 또는 '반(半) 자발성'에 대한 이론적 논의 탐색과 이에 대한 보다 의미 있고 확장적인 논의들이 필요할 것이다.

| 참고 문헌 |

구원회(2011). 교육대학과 초등학교간 협력(PDS) 프로그램 운영의 쟁점에 관한 내부자 연구. 한국교원
　　교육연구, 28(1), 한국교원교육학회, 191~220쪽.

권낙원(2007). 전문학습공동체 구성 가능성 탐색. 학습자중심교과교육연구, 7(2), 학습자중심교과교육
　　학회, 1~27쪽.

김경은(2010). 수업전문성신장을 위한 사회수업 학습공동체 활동 사례 연구. 열린교육연구, 18(4), 한국
　　열린교육학회, 31~55쪽.

김남균(2013a). 교사학습공동체에서 프로토콜을 적용한 사례와 그 유용성에 대한 연구. 초등교육연구,
　　26(3), 한국초등교육학회, 1~20쪽.

　　(2013b). 초등교사 전문학습공동체의 사회수학적 규범에 관한 연구. 교원교육, 29(3), 한국교육대
　　학교 교육연구원, 419~441쪽.

김병수(2014). 수업전문성 신장을 위한 학습공동체 사례 연구. 청람어문교육, 50, 청람어문교육학회,
　　7~35쪽.

나귀수(2010). 초등학교 수학 수업 학습공동체 활동에 대한 연구. 수학교육학연구, 20(3), 대한수학교육
　　학회, 373~395쪽.

박나실, 장연우, 소경희(2015). 내부로부터의 학교변화: 학교 안 교사학습공동체의 형성 및 발달에 관한
　　사례 연구. 교육과정연구, 33(4), 한국교육과정학회, 91~114쪽.

방정숙, 선우진(2014). 교사학습공동체를 기반으로 한 초등학교 수학 수업연구의 긍정적인 측면과 한계
　　점 분석. 초등수학교육, 17(3), 한국수학교육학회, 189~203쪽.

서경혜(2008). 학교 밖 교사학습공동체에 대한 사례연구. 한국교원교육연구, 25(2), 한국교원교육학회,
　　53~80쪽.

　　(2009). 교사 전문성 개발을 위한 대안적 접근으로서 교사학습공동체의 가능성과 한계. 한국교
　　원교육연구, 26(2), 한국교원교육학회, 243~276쪽.

심승희(2015). 전문적 학습공동체(PLC) 활동을 통한 초등 사회과 스토리텔링 수업에 대한 탐구. 한국지
　　리환경교육학회지, 23(1), 한국지리환경교육학회, 19~35쪽.

심영택, 김남균, 김민조, 이현명(2014). 교사학습공동체 참여 교사들의 인식 분석. 학습자중심교과교육
　　연구, 14(7), 학습자중심교과교육학회, 233~254쪽.

오지연, 최진영, 김여경(2016). 초등학교 내 교사 주도 교사학습공동체와 교장 주도 교사학습공동체에
　　대한 사례 비교 연구. 교원교육, 32(2), 한국교원대학교 교육연구원, 213~241쪽.

이선경(2013). 교육대학과 부설학교 간 협력에 기반한 과학과 학습공동체 운영 사례와 시사점. 초등과
　　학교육, 32(4), 한국초등과학교육학회, 437~451쪽.

이준희, 이경호(2015). 전문가 학습공동체 구현양상에 관한 질적 연구: 혁신학교를 중심으로. 교육문제
　　연구, 28(2), 고려대학교 교육문제연구소, 231~259쪽.

이정훈(2003). 학습공동체로서의 작은 학교 운동에 관한 연구 분석. 초등교육연구, 16(1), 한국초등교육
　　학회, 23~43쪽.

이현명(2012). C 교육대학교와 부설초등학교 간의 영어교과 전문교사학습공동체(PLC) 활동의 실제와
　　의미. 학습자중심교과교육연구, 12(4), 학습자중심교과교육학회, 585~623쪽.

주철안(2002). 단위학교 교육공동체 구축의 원리와 상황적 조건. 교육연구, 12(1), 부산대학교 교육연구
　　원, 45~59쪽.

최진영, 송경오(2006). 교사학습공동체 수준에 따른 사회과 교수-학습활동에 대한 연구. 초등교육연구, 19(2), 한국초등교육학회, 217~240쪽.

Brookhart, S. M.(2009). *Exploring formative assessment*. The professional learning community series. VA: Association for Supervision and Curriculum Development.

Costantini, R.(2008). *The influence of professional learning communities on teachers levels of self-reflections*. MI: ProQuest LLC.

DuFour, R.(2004). What is a "professional learning community"?. *Educational Leadership*, 61(8), pp. 6-11.

Harris, A. T.(2010). Using professional learning communities to build teacher leadership capacity: Creating sustainable change in education. *Online Submission*.

Hord, S. M.(1997). *Professional learning communities: Communities of continuous inquiry and improvement*. Austin, TX: Southwest Educational Development Laboratory.

Huffman, J. & Hipp, K.(2003). *Reculturing schools as professional learning communities*. MA: Scarecrow Education.

Lambert, L., Walker, D., Zimmerman, D. P., Cooper, J. E., Lambert, M. D., Gardner, M. E. & Slack, P. J. F.(1995). *The constructivist leader*. NY: Teacher College Press.

Leo, T. & Cowan, D. E.(2000). Launching professional learning communities: Beginning actions. *Issues about change*, 8(1), pp. 1-16.

Louis, K. S. & Kruse, S. D.(1995). *Professionalism and community: Perspectives on reforming urban schools*. Thousand Oaks, CA: Corwin Press.

Myers, C. B. & Simpson, D. J.(1998). *The Whole-faculty study groups: Lessons learned and best practices from classroom, districts, and schools*. Thousand Oaks, CA: Corwin Press.

Morrissey, M. S.(2000). *Professional learning communities: An ongoing exploring*. MI: ProQuest: Information and Learning Company.

Mullen, C & Schunk, D. H.(2010). A view of professional learning communities through three frames: Leadership, organization, and culture. *McGill Journal of Education*, 45(2), pp. 185-203.

Senge, P.(1990). *The fifth discipline: The art and practice of the learning organization*. NY: Currency Doubleday.

Sergiovanni, T. J.(1994). *Building community in schools*. San Francisco, CA: Jossey-Bass.

Stoll, L., Bolam, R., McMahon, A. Wallace, M. & Thomas, S.(2006). Professional learning communities: A review of the literature. *Journal of Educational Change*, 7(4), pp. 221-258.

Wachob, P.(2011). Critical friendship circles: The cultural challenge of cool feedback. *Professional Development in Education*, 37(3), pp. 353-372.

교사학습공동체 참여 교사들의
인식 분석

심영택*, 김남균**, 김민조, 이현명

I. 서론

Palmer(1998)는 교직을 모든 공적인 직업 중에서 가장 개별화된 직업이라고 설명한다. 정해진 수업 시간과 교실 공간 속에서 '혼자' 수업을 하며, 교실에 들어서는 순간 그 수업을 들여다볼 수 있는 교실 문은 자동적으로 닫히며, 교실에서 나오면 그 안에서 벌어지는 일에 대해서는 입을 꼭 다문 채 수업 속의 '나'의 모습과 교사로서의 '나'의 경험에 대해 이야기하지 않기 때문이다. 교사들은 자신들의 전문성 개발

• • •

* 제1저자
** 교신저자

을 위해 학교에서 떨어져 나와 학습하고 학교로 돌아간다. 이것은 공교육 개혁의 시발점과 그 성패를 교사 개인의 변화와 그 전문성 신장에 두고 '교사 학습'의 중요성과 필요성이 강조되고 시도되어 왔지만(소경희, 2009), 교사 학습의 결과가 학교의 성장과 발전으로 이어지지 않고 개인 차원의 성장에 머물고 있다는 것을 보여 준다.

최근 학자들은 교사들이 교육 활동을 수행하고 직무를 수행하는 학교에 기반을 두고 학교 '안'에서 동료 교사들과 함께 그들의 직무 수행과의 연속선상에서 교사 학습이 이루어져야 한다는 점을 강조하였다(Grossman, Wineburg & Woolworth, 2001). 학생의 학습에 대한 책무성뿐만 아니라, 교사의 전문성 신장에 대한 책무성을 개별 교사가 아니라 동료 교사들과 상호 협력적 학습을 통해 학생의 학습에 대한 이해를 공유하게 하고, 동료 교사의 전문성 신장에 동참하여 함께 보장해 나가야 한다는 공감대가 형성되기 시작하였다. 이러한 배경에서 많이 주목받고 있는 것이 교사학습공동체Professional Learning Community, PLC이다.

본 연구자들은 교사전문성개발체제 구축의 일환으로 인근의 2개 초등학교를 중심으로 교사학습공동체를 구성하고 이를 운영해 왔다. 그동안 연구자들은 주로 교사학습공동체 운영 모델 개발, 운영 방법과 컨설팅, 사례 탐색과 유형 개발 등에 초점을 두었다. 그러나 현장 교사들은 '기존의 단위 학교에 존재하는 '동학년 모임', 'ㅇㅇ 교과 모임', 'ㅇㅇ연구회', 'ㅇㅇ동아리' 등의 공동체와 어떤 차이가 있는지?', '그리고 어떤 교육적인 의미가 있는지?'라는 질문을 지속적으로 제기해 왔다. 이 과정에서 연구자들은 교사학습공동체 구성원으로 참여하고 있는 현장 교사들이 교사학습공동체에 대해 어떻게 인식하고 있으며, 그 성과를 어떻게 평가하고 있는지에 대한 의구심을 가지게 되었다.

만약 구성원 각자가 서로 다른 비전과 가치를 지니고 있다거나, 운영 방식이나 의사소통 방식에 대한 불만이나 갈등을 지니고 있다거나, 동료 교사의 지적 성장에 무관심한 상태라면, 그 공동체는 더디게 발달하거나 퇴보할 수밖에 없다. 따라서 현 상태에서 참여 교사들이 교사학습공동체의 목표와 규범, 갈등 조정, 성과 등을 어떻게 인식하고 수용하고 있는지 조사하고 분석하는 과제는 매우 중요한 일이다. 그 일은 자기가 몸담고 있는 공동체가 처한 수준과 상태를 진단하게 하고 앞으로 개선할 점과 발전 방향을 모색하게 해 주기 때문이다.

또한 단위 학교 간 교사학습공동체의 목표와 규범, 갈등 조정, 성과 등에 대한 참여 교사들의 인식을 비교하는 일도 의미가 있다. 교사의 자율성과 책무성을 강조하는 학교인지, 자발적인 열정을 지닌 교사가 어느 정도 있는 학교인지 등과 같은 단위 학교 고유의 학교 맥락은 참여 교사의 인식에 영향을 미치는데, 이러한 맥락에 대한 조사와 분석은 교사학습공동체의 조직 방식과 운영 방식을 다시 가늠할 수 있게 해 주기 때문이다.

그러나 그동안 교사학습공동체 개념과 운영 사례 등에 대한 학자들의 논의가 활발하게 이루어졌지만(서경혜, 2011; 송경오, 최진영, 2010; 김미혜, 2010; 구원회, 2011 등), 정작 교사학습공동체에 참여하고 있는 교사들이 교사학습공동체에 대해 어떻게 인식하고 있는지, 그 성과를 어떻게 수용하고 있는지에 대한 논의는 부족한 상황이다.

따라서 본 연구는 교사학습공동체 활동에 참여하고 있는 교사들이 교사학습공동체에 대해 어떻게 인식하고 있는지를 밝히는 데 구체적인 목적이 있다. 이를 위하여 연구 문제를 다음과 같이 설정하였다. 첫째, 교사학습공동체 참여 교사들은 '교사학습공동체'에 대해 어떻게 인식하고 있는가? 좀 더 구체적으로 교사학습공동체의 목표와 규범, 갈등 조정, 성과 등에 대해 어떻게 인식하고 있는지를 분석하였다. 둘째, 학교의 맥락에 따라 교사학습공동체 참여 교사들의 인식에 차이가 있는가? 2개의 초등학교는 공립과 국립학교라는 차이를 보임에 따라 이러한 학교의 맥락에 따라 참여 교사들의 교사학습공동체에 대한 인식에 차이가 있는지를 분석하였다.

본 연구는 교사학습공동체의 의미를 규범적 차원에서 논의하는 것에서 벗어나 교사학습공동체에 직접 참여하고 있는 교사들의 인식을 드러냄으로써 교사학습공동체 구성원들에 대한 이해를 높이고 교사학습공동체의 현재를 보여 주고자 했다는 점에서 그 의의가 있다. 또한 교사학습공동체 참여 교사들이 교사학습공동체에 대해 어떠한 인식을 가지고 있는지를 면밀하게 드러내는 연구는 교사전문성개발체제 구축의 맥락에서 교사들에 대한 이해를 높이고 이를 바탕으로 향후 보다 발전적인 교사학습공동체를 형성, 운영하는 데 기초 자료가 될 것이다. 다만 본 연구자들이 참여하고 있는 교사학습공동체의 참여 교사들만을 대상으로 하였기 때문에 연구 결과를 일반화하는 데 한계가 있음을 밝힌다.

II. 이론적 배경

1. 교사학습공동체의 개념과 성격

(1) 교사학습공동체의 개념

교사학습공동체의 개념은 공동체가 추구하는 목적과 문화적 특성에 따라 그 개념이 조금씩 차이가 있어 일반화되거나 또는 통일된 개념을 제시하기가 어렵다(권낙원, 2007; 서경혜, 2009). Leithwood, Leonard & Sharratt(1998)의 연구에 의하면 교사학습공동체는 학습 조직learning organization과 닮은 점이 많은데, 둘 사이의 공통점은 현실 세계에서 일어나는 다양한 문제를 공동체의 구성원들이 함께 협력하여 개선하려는 데 있다. 그러나 권낙원(2007)은 학습 조직이 기업에서 주로 사용되고 있다는 점과 교육 분야에서 교사학습공동체라는 용어가 많이 사용되고 있다는 점을 들어 학습 조직과 학습공동체를 구분짓고 있다.

교육 분야에서 주로 다루고 있는 학습공동체로는 학습자공동체, 학습공동체와 교사학습공동체 등이 있다. 학습자공동체란 학생과 성인의 생활세계에서 자신의 문제를 해결하기 위해 적극적으로 참여할 수 있는 학습 공간이며 구성원 간의 협력을 통해 서로의 학습을 촉진하고 신뢰 관계를 기반으로 한 동료성이 형성될 수 있도록 하는 공동체이다(Barth, 1990). 개인이 가지고 있는 문제를 집단과의 협력을 통해서 해결해 가는 장을 의미한다. 학습공동체는 모든 공동체 구성원들이 학습하고 성장하게 하는 과정 및 관계로 이루어진 공동체를 의미한다(Lambert et al., 1995). Myers & Simpson(1998)은 학습공동체의 의미를 설명하고 있는데, 학습공동체란 문화적 공간으로서, 협력을 통하여 학교라는 생활세계에서 발생하는 문제를 해결하는 수준을 넘어서서 학교라는 공동체에 속한 모든 사람들의 삶의 질을 개선하는 데 초점을 두고 있다.

한편, Hord(1997)는 전문학습공동체라는 용어를 사용하고 전문학습공동체는 학생들의 학습을 위하여 학교 구성원들이 집단적으로 연구하고, 작업하고, 계획하고 실천하는 것을 의미한다고 설명한다. 학생들의 학업 성취를 높일 목적으로 교사들이 기존의 자신의 실천을 성찰하고 새로운 아이디어를 공유하며, 현장 친화적인 수업 설계와 수업 실행을 위한 정기적인 모임을 갖는다고 한다. 최근에 가장 보편적으로 사용되는 교사학습공동체의 개념은 교육에 관련된 모든 이해 당사자들이 서로 학습하고 성장하도록 협력적으로 일하는 과정으로 보는 것인데(DuFour et al., 2006; DuFour, DuFour & Eaker, 2008), 이는 교사를 포함한 교육자들이 학생들의 학업 성취를 높이기 위해 집단적 탐구collective inquiry와 실행 연구action research를 지속적으로 수행한다는 점을 특징으로 한다.

이상의 여러 학자들의 논의에 터하여 교사학습공동체는 '학생의 학습 능력 신장에 대한 공적 책무성뿐만 아니라 동료 교사의 전문성 신장에 대한 공적 책무성을 지닌 교사를 포함한 전문가들이, 집단적이고 지속적인 탐구와 실행 연구를 통해, 학생의 학습에 대한 자신의 실천을 성찰하고 동료 교사 집단의 집단적인 전문성 신장과 발전을 촉진하여, 단위 학교가 추구하는 교육적 목표를 달성하는 것을 지향하는 공동체'라고 정의할 수 있다.

(2) 교사학습공동체의 특징

교사학습공동체가 지역, 문화, 목적에 따라 그 개념이 달리 규정되고 있는 바와 같이 교사학습공동체의 특징도 다양하게 규정된다. Hord(1997) 연구에서 나타난 교사학습공동체의 7가지 특징을 정리하면 다음과 같다. 첫째, 상호 협력과 반성적인 대화를 통한 집단적 학습이다. 이는 성찰적이고 협력적인 경험을 통해 능동적인 학습 참여 기회를 가질 수 있도록 해 준다. 둘째, 비전과 가치의 공유이다. 학교 문화의 변화와 수업 개선과 같은 공동 목표의 설정은 구성원 간의 수업 설계와 실천을 위한 고민과 방법을 함께 모색하게 하며, 동료 교사들에게 자신의 수업을 공개하고, 공개된 수업 관찰을 통하여 보다 좋은 수업과 학교 문화 변화를 위한 진지하고 건설적인 토론 경험을 맛보게 해 준다. 이러한 공통적인 인식은 학생의 학습에 대한 이해 능력의 신장과 더불어 교사의 전문성 신장을 도모할 수 있게 해 준다. 셋째, 새로운 아이디어를 공유하고 비판적인 사고를 촉진하는 기회의 장이다. 즉 관행적으로 이루어졌던 수업 설계와 수업 실천을 되돌아보는 계기를 갖게 됨으로써 현재의 경험과 앞으로 겪게 될 경험의 연결고리를 찾아낼 수 있도록 한다. 넷째, 전문성 신장을 위한 사회화 과정이다. 공동체에 참여하고 있는 구성원들로부터 다양한 피드백을 제공받게 됨으로써 교육에 대한 새로운 관점과 수업에 대한 새로운 관점을 형성할 수 있게 된다. 다섯째, 의사소통 방식과 구조의 재조직화이다. 공동체에 참여하는 모든 구성원들은 토론과 논의 과정에 누구나 공평하게 참여할 수 있는 권한을 갖게 되고, 의사 결정 과정에도 자신의 의견을 반영할 수 있는 적절한 기회를 얻을 수 있게 된다. 여섯째, 자율성의 보장이다. 실천적 전문가로서 성장하려면 외부 전문가(교수나 장학사)들의 강압에 의해 학습이 일어나기보다는 교사 집단 내부 구성원들의 자율적인 선택이 중요하다(이현명, 2012). 마지막으로 공적 책무성이다. '학습을 목적으로 하는' 공동체 구성원 각자가 지켜야 할 가치나 행동 규범, 실질적인 역할 분담과 같은 공적인 책무성을 부여한다(Darling-Hammond, 1994; Lieberman & Miller, 2001).

DuFour & Eaker(1998)와 DuFour, DuFour & Eaker(2008)의 연구에서 나타난 교사학습공동체의 특징을 6가지로 정리하면 다음과 같다. 첫째, 비전과 가치, 임무의 공유다. 공동 목표와 비전 또는 가치가 공유될 때 상호 간 이해가 돈독해지고 교사들 간의 상호 신뢰가 증진되어 이를 동력으로 변화의 지향점을 설정하거나 혹은 개선을 위한 노력에 매진할 수 있게 된다. 둘째, 개별적인 학습보다는 집단적 학습(집단적 탐구)을 중시한다. 공동체 구성원 간의 수업 설계와 실행, 교사로서 학생과 동료 교사들 간의 관계, 직무 활동 등에서 나타나는 현상들에 대해 끊임없이 의문을 제기하고 새로운 방법을 함께 모색하는 집단 학습 문화를 지향한다. 셋째, 팀 중심의 협력을 바탕으로 한다. 공동 목적 또는 공유된 비전과 가치를 실현하기 위해서, 그리고 교사 개인뿐만 아니라 집단 전체의 전문성 신장과 발전은 소규모 집단의 협력을 전제로 한다(Fullan, 2001). 넷째, 활동 지향적이다. 개별 구성원들이 가지고 있는 비전이 실제로 구현될 수 있도록 학습 활동과 경험을 중시하며, 또한 이러한 활동과 경험에 대한 성찰을 통해 교사로서 삶의 의미를 새롭게 탐구하게 한다. 다섯째, 활동의 지속성이다. 단발성 혹은 일회성으로 끝나는 집단적 탐구 주제나 활동이 아니라, 지속적으로 개선 가능한 주제나 활동을 지향한다. 마지막으로 결과 지향적이다. 즉 공동으로 설정된 목표가 어느 정도 달성되었는지 확인이 필요하다. 성패는 학생의 학습에 대한 교사의 이해 능력 신장 여부, 학생의 학습 능력 신장 여부가 중요한데, 이를 토대로 전문성 신장을 위한 집단 학습 활동의 유의미성을 판단할 수 있기 때문이다.

이러한 내용을 종합해 보면, 교사학습공동체는 몇 가지 공통점을 내포하고 있다. 첫째, 학교 구성원 각자가 실천적 연구자로서 특정한 목적 달성을 위해 자발적인 열정을 가지고 공동체 활동에 참여한다. 둘째, 수평적인 의사소통 방식으로 공동체의 정체성과 목표, 규범을 설정해 간다. 셋째, 자신의 수업 실천에 성찰과 더불어 다양한 집단 학습 활동과 경험을 통해 교사의 전문성이 신장될 수 있도록 학습에 대한 새로운 의미를 탐색해 간다. 넷째, 이상의 과정을 통해 실제 학교 문화의 변화와 수업 개선에 실질적인 도움을 주고자 한다는 점이다. 이처럼 교사학습공동체는 교사 전문성 신장을 위한 동력이 교사 집단 외부에 존재하는 것이 아니라 교사 집단 내부에 잠재되어 있는 것으로 보고 집단적 탐구와 실행 연구 등의 방법(Barth, 1990; Meyer & Simpson, 1998)을 통해 지역 단위 학교 중심으로 공동으로 수업 설계와 실행을 하고 성찰한다는 점, 나아가 교사 개인의 전문성 신장뿐만 아니라 구성원 전체의 집단적인 성장과 발전을 도모한다는 점 등에서 단위 학교 내에 존재하는 기존의 공동체와 차별성을 지닌다.

2. 한국에서의 교사학습공동체 연구의 동향

국내에서 교사학습공동체에 대한 관심이 대두되기 시작한 것은 2000년대 초반이다. 기존의 교사 전문성 개발 전략의 비판과 한계에 대한 반성 속에서 교육 현장에서 수행되고 있는 교사학습공동체에 대한 연구는 크게 3가지 범주로 구분된다.

첫째, 교사학습공동체에 대한 이론적 논의에 초점을 둔 연구들이다

(박선형, 2004; 권낙원, 2007; 이경호, 2010; 김희규, 주영효, 2012; 김희규, 2013). 박선형(2004)은 〈학습공동체 구축을 위한 이론적 모델 탐색〉 연구에서 변화하는 사회에 대한 적응과 사회적 현실과 맥락의 변화를 비판적으로 검토할 수 있어야 한다는 점을 강조하였다. 개인보다는 집단적 의사 결정을 통해서 변화가 이루어져야 한다는 것이다. 권낙원(2007)은 〈전문학습공동체 구성 가능성 탐색〉 연구를 수행하였는데, 기존의 학습 조직, 학습자공동체, 학습공동체 및 전문학습공동체의 개념에 대한 정의와 특징을 분석하여 앞으로 단위 학교 중심으로 이루어지게 될 변화의 주체들에게 모임을 구성하고 운영할 수 있도록 일종의 프로토콜을 제시하였다. 이경호(2010)의 연구는 미국의 실천 사례 분석을 통해 교사학습공동체의 운영 사례와 학교 혁신에 주는 정책적 시사점을 제시하였고, 김희규(2013)는 학습공동체의 이론의 정립과 실천 사례 분석을 통해 학습 조직으로서 학습공동체의 이론적 함의를 제시하였다. 교사학습공동체와 다른 변인 간의 관계를 설명하고 있는 김희규, 주영효(2012)의 연구로 학교 단위 교사학습공동체 형성과 활성화를 위한 분산적 지도성 연구가 있다.

둘째, 교사학습공동체 활동 사례에 대한 연구들이다. 교사학습공동체 활동 사례 연구는 여러 층위로 구분되는데, 학교 '밖'과 학교 '안', 학교 내에서 학교 전체를 학습공동체로 다루고 있는 사례와 교과별 활동 사례 등이다.

학교 밖 교사학습공동체 사례인 온라인 학습공동체 활동 사례 연구로 서경혜(2011)의 연구가 있다. 그의 연구는 단위 학교 차원의 학습공동체를 넘어서 가상 공간에서 교사들의 개인적인 관심사에 따라 참여할 수 있는 온라인 기반 교사학습공동체에 대한 연구이다. 종래의 한국의 교사 문화에서 가장 큰 걸림돌로 생각했던 고립 문화를 극복하고 시간과 공간적인 제약을 해결할 수 있는 대안으로서 온라인 공동체의 가능성과 한계를 모색하는 데 초점을 맞추었다. 특히 일반적으로 교사들이 가지고 있는 수업 자료가 사적인 소유물로 간주되었다면 온라인 공동체를 통해 수업 자료의 공동 생산과 대량 유통이 가능한 구조로 바뀌게 될 가능성이 있음을 밝히고 있다. 이 연구는 온라인 공동체에 기반한 지식의 생성과 분배라는 교사학습공동체의 새로운 가능성을 탐색하였다는 점에서 의의가 있다.

단위 학교 차원의 교과별 활동 사례 연구로는 김미혜(2010), 박영희(2011), 김순희(2009), 김경은(2010), 김남수(2013) 등이 있으며, 학교 전체를 학습공동체 혹은 교육공동체로 삼아 운영하는 방안을 다루고 있는 주철안(2002)과 이정훈(2003) 등의 연구가 있다. 김미혜(2010)의 연구는 국어과 학습공동체를 중심으로 교사 전문성 발달의 가능성에 대해 사례 중심으로 분석하였다. 박영희(2011)는 수학과 학습공동체를 중심으로 교사 전문성 발달의 가능성을 실천 사례를 중심으로 분석하였다. 김순희(2009)와 김경은(2010)은 현장 기반 학습공동체가 교사의 학습과 전문성 개발의 가능성을 모색하는 연구와 사회과 학습공동체 운영 사례를 중심으로 그 가능성을 탐색하는 연구를 수행하였다. 김남수(2013)는 초등학교 6학년을 대상으로 환경 수업을 공동으로 설계하고 실행하며, 반성한 사례를 중심으로 연구를 수행하였다. 이는 일본의 수업 연구lesson study를 확장 발전시킨 공동 수업 설계와 실행의 사례를 중심으로 교사학습공동체를 운영했던 경험을 바탕으로 한 연구이다.

셋째, 교사학습공동체 측정 도구 개발 연구이다. 대표적으로 송경오, 최진영(2010)이 있다. 이 연구는 교사학습공동체의 구성 요소를 추출하여 측정 모형을 제시하고 측정 모형을 활용하여 우리나라 초·중등학교에서 교사학습공동체 수준을 분석하기 위한 연구이다. 측정 모형을 활용하여 교사학습공동체의 수준을 분석하게 된 이유는 교사학습공동체가 활성화되는 데 필요한 지원 요소를 확인하고 이를 토대로 교사의 학습에 대한 문화적 풍토와 토양을 마련하기 위한 것이다.

이처럼 국내에서 수행된 교사학습공동체 관련 선행 연구물들은 대체로 이론적 논의와 운영 사례, 측정 도구 개발 등에 대한 연구이다. 물론 교사학습공동체 사례 연구를 통해 참여 교사들의 인식을 부분적으로 드러내고 있기는 하지만 교사학습공동체 운영 전반에 대한 참여 교사들의 인식을 드러내는 보다 포괄적인 논의는 미흡한 상황이다. 이러한 점에서 본 연구의 의의를 찾을 수 있다.

III. 연구 방법

1. 조사 도구

본 조사 도구는 교사학습공동체에 대한 교사들의 인식을 조사하기 위하여 Grossman, Wineburg & Woolworth(2001)를 참고하였다. 그들은 교사전문가공동체 형성 모델을 제안하고 있는데, 교사전문가공동체는 ① 그룹 정체성 형성과 상호 작용 규범, ② 다름과 갈등fault lines 조정, ③ 기본적인 긴장essential tension, ④ 개인 성장에 대한 공동 책임 등 4가지 요소에 따른 특징을 중심으로 초기 단계, 진화 단계, 성숙 단계로 형성되어 간다고 설명하였다. 이러한 논의를 바탕으로 본 연구자들은 크게 교사학습공동체의 목표, 규범, 갈등 조정, 교사 성장 등으로 구분하여 설문 영역을 구성하였다. 이때, 학교 맥락에 따라 참여 교사들의 인식에 차이가 있을 것이라는 가설하에 배경 변인으로 학교 변인을 구성하였다. 설문 문항별 답안은 Grossman, Wineburg & Woolworth(2001)가 제안하고 있는 교사전문가공동체의 기초 단계, 진화 단계, 성숙 단계에 따라 보이는 특징들을 참고하여 작성하고, 이에 대해 교사학습공동체 참여 경험이 있는 교과 전문가 3인과 박사급 교사학습공동체 운영 실무자 1인 등 전문가 4인의 2차례에 걸친 검토 과정을 통해 확정되었다. 다만, 설문 문항별 답안에 대한 보다 정교한 타당화 과정이 이루어져야 할 필요가 있다는 연구자들의 판단에 따라 조사 결과와 교사학습공동체의 발전 단계를 연계하여 논의하기보다는 교사학습공동체에 대한 인식이 어떠한지를 밝히는 데 초점을 두었다. 본 설문 조사 도구의 설문 영역과 항목을 제시하면 다음 〈표 1-22〉와 같다.

표 1-22 **교사학습공동체 참여 교사의 인식 조사 문항**

설문 영역 및 문항	문항 번호
교사학습공동체의 목표와 규범	1-1, 1-2, 3-2, 5-1
교사학습공동체 운영 과정 - 갈등 조정	3-1, 2-1, 2-2
교사학습공동체의 성과 - 구성원의 지적 성장	4-1, 4-2, 4-3

2. 조사 대상

교사학습공동체는 여러 지역과 학교 급에서 다양한 유형으로 운영되고 있다. 그러나 본 연구에서는 대학과 협력 관계 속에서 운영되고 있는 A초등학교와 B초등학교 교사학습공동체 사례에 주목하여 두 학교에서 운영되고 있는 교사학습공동체 참여 교사들이 교사학습공동체 전반에 대해 어떠한 인식을 가지고 있는지를 분석하는 데 초점을 두었다.

A초등학교와 B초등학교는 연구자들이 소속된 C대학교와 협력 관계 속에서 교사전문성개발체제 구축 연구의 일환으로 교사학습공동체를 구성·운영하고 있는 학교들이다. A초등학교는 충청북도 한 도시의 남부 지역에 위치한 국립 초등학교로서 1941년 4월 20일 6학급에 교사 9명으로 개교하였다. 2013년 기준 18학급 규모로 모두 25명의 교직원

이 근무하고 있다. A초등학교는 C대학교의 교육 실습을 담당하고 있으며 이전에도 C대학교와 다양한 방향으로 협력을 했던 경험이 있다.

A초등학교와 C대학교는 2011년부터 형식적인 협력 관계에서 벗어나 교사의 자기주도적 전문성 신장을 위한 전문성개발체제Professional Development System, PDS 구축을 위한 실행 연구를 공동으로 수행하고 있다. 이를 위하여 단위 학교에 교과별 교사학습공동체를 구성·운영하고 있으며, 2012학년도까지 직무 연수 방식과 연계한 교과별 교사학습공동체가 운영되었다. 최근 2013학년도에는 A초등학교의 참여 교사들을 중심으로 학습공동체 활동 계획이 수립되었는데, 활동 주제도 교사들 간의 논의를 통해 확정하였으며 활동 시기와 방법 또한 교사들 스스로 정하였다. 이와 함께 기존의 강의식 15시간 직무 연수를 폐지하고 교사들의 참여를 촉진하고 시간 효율성을 고려하여 A초등학교 자체 프로그램인 자율 장학과 결합하여 운영할 수 있는 새로운 방식을 채택하였다.

B초등학교는 충청북도의 한 도시의 외곽에 자리 잡은 공립 초등학교로서 1994년에 개교했으며 2013학년도에 27개 학급이 편성되어 모두 33명의 교직원이 근무하고 있다. B초등학교는 2010년부터 C대학교와 파트너십을 맺고 교사학습공동체를 중심으로 교사전문성개발체제 구축을 위한 실행 연구에 참여하고 있다. 대학과 초등학교 간의 관계와 대학의 교과교육 전문가들의 협력 방식은 매년 조금씩 달라지고 있다.

C대학교는 공모 과정을 거쳐 B초등학교를 협력 학교로 선정하고, B초등학교는 2014년 현재까지 매년 협약을 체결하면서 전문성개발체제 협력 연구학교로 운영되고 있다. 2010학년도에는 단위 학교 중심 전문성개발체제 모형을 개발하는 데 초점을 두었으며, 2011학년도에는 프로그램을 보다 체계화하는 데 중심을 두었다. 2012학년도가 시작되면서 C대학교는 활동을 시작하기 전에 모든 구성원들이 교사학습공동체 활동에 대해서 기본적인 이해와 공감대를 형성하는 과정이 필요하다

고 판단하여 15시간의 직무 연수를 실시했다. 2013학년도가 시작되면서 B초등학교는 C대학교에 직무 연수를 마련해서 진행해 줄 것을 요청하였다. 이에 C대학교는 교사학습공동체 활동을 위한 주제들을 모아 15시간의 직무 연수를 진행하였다. 이 연수는 2013학년도에 자율적으로 교사학습공동체를 운영하는 데 필요한 주제로서 교사학습공동체에 대한 안내, 구성을 위한 워밍업 활동, 수업 비평 활동, 공동 수업 설계와 실행 프로토콜 등으로 구성하였다. 한편, B초등학교 교사들은 자체적으로 교사학습공동체 활동 방향에 관해서 논의를 진행하였고, 공동 수업 설계와 실행을 모든 학년 공동체 모임의 활동 주제로 삼았다.

3. 자료 수집 및 처리

본 설문 조사는 연구자들이 참여하고 있는 2개 초등학교 교사학습공동체 참여 교사들을 대상(총 58명 중 57명 설문 응답)으로 2013년 6월에 실시되었으며, 이들의 교사학습공동체 참여 경험은 1학기에서 7학기까지 다양하게 분포되어 있다. 이들 응답자의 경우 5학기(32.1%), 3학기(34.0%), 1학기(24.5%) 순으로 많았다. 이것은 교사들이 매년 인사 이동에 따라 1/3 정도가 학교를 옮기고 있고, 7학기 참여 경험은 4년 차 연구학교를 운영하고 있는 B초등학교 교사만 해당되는 데 반해 5학기와 3학기는 A초등학교와 B초등학교 교사가 모두 포함된 결과이다. 자료 처리는 빈도 분석과 교차 분석 방법을 활용하였다. 다만, 본 연구는 C대학교와의 협력 관계 속에서 교사학습공동체 구성·운영이 이루어지는 2개 학교 교사 모두를 대상으로 설문 조사를 하였다는 점에서 전수 조사인 한편 사례 수가 적다는 점을 고려하여 유의도 수준을 따로 제시하지 않았다.

Ⅳ. 교사학습공동체 참여 교사의 인식 조사 결과

교사학습공동체 참여 교사의 인식 조사 결과를 크게 교사학습공동체의 목표와 규범, 갈등 조정, 지적 성장 등으로 나누어 제시하였다.

1. 교사학습공동체의 목표와 규범

우선, A초등학교와 B초등학교 교사학습공동체 참여 교사들을 대상으로 '전문성 신장'이라는 교사학습공동체의 목표에 대해 살펴본 결과, 다음 〈표 1-23〉과 같이 나타났다. 대체적으로 ④ 교사 학습과 학생 학습이 긴밀하게 얽혀 있음을 모두가 목표로 인식하였다(68.4%)와 ③ 우리 학교에서 추진하고 있는 과제를 그대로 목표로 받아들였다(29.8%)에 답한 교사들이 많았다. A초등학교 교사들의 경우 ④ 교사 학습과 학생 학습이 긴밀하게 얽혀 있음을 모두가 목표로 인식하였다는 응답률이 B초등학교 교사들에 비해 상대적으로 높았다.

표 1-23 '전문성 신장'이라는 교사학습공동체의 목표에 대한 인식

	'전문성 신장'이라는 목표에 대해				
	① 이 목표를 구현하기 위한 활동을 둘러싸고 서로 의견 일치가 되지 않았다.	② 한 명의 교사가 제시한 몇 가지 활동을 마지못해 그 목표로 받아들였다.	③ 우리 학교에서 추진하고 있는 과제를 그대로 목표로 받아들였다.	④ '교사 학습'과 '학생 학습'이 긴밀하게 얽혀 있음을 모두가 목표로 인식하였다.	합계
A초등학교	1(4.2%)	0(0%)	4(16.7%)	19(79.2%)	24(100.0%)
B초등학교	0(0%)	0(0%)	13(39.4%)	20(60.6%)	33(100.0%)
전체	1(1.8%)	0(0%)	17(29.8%)	39(68.4%)	57(100.0%)

둘째, 교사학습공동체 구성원 상호 간 행동 규범의 발달 정도에 대

해 〈표 1-24〉에서 보듯이 대체적으로 ④ 계속해서 새로운 행동 규범을 개발하려고 노력하고 있다(66.7%)와 ③ 첫 모임 때 만든 규범이 현재까지 작동하고 있다(29.8%)고 인식한 교사들이 많았다. B초등학교 교사들의 경우 ③ 첫 모임 때 만든 규범이 현재까지 작동하고 있다고 응답한 교사들의 비율이 A초등학교 교사학습공동체 참여 교사들에 비해 상당히 높았다.

표 1-24 구성원 상호 간 행동 규범에 대한 인식

	구성원 상호 간 행동 규범이				합계
	① 학교 조직과 같이 관료적으로 작동하고 있다.	② 다른 교사학습공동체에서 만든 규범을 모방하고 있다.	③ 첫 모임 때 만든 규범이 현재까지 작동하고 있다.	④ 계속해서 새로운 행동 규범을 개발하려고 노력하고 있다.	
A초등학교	0(0%)	0(0%)	3(12.5%)	21(87.5%)	24(100.0%)
B초등학교	0(0%)	2(6.1%)	14(42.4%)	17(51.5%)	33(100.0%)
전체	0(0%)	2(3.5%)	17(29.8%)	38(66.7%)	57(100.0%)

표 1-25 공적인 규범에 대한 인식

	개인적인 상황, 여건과 공적인 규범(예: 책임, 의무)을 비교해 볼 때, '나'는				합계
	① 개인적인 상황, 여건을 공적인 규범보다 언제나 우선적으로 고려하고 있다.	② 개인적인 상황, 여건에 따라 수시로 공적인 규범을 조정하고 있다.	③ 공적인 규범을 위해 구성원 개인적인 상황, 여건을 어느 정도 규제하고 있다.	④ 공적인 규범을 개인적인 상황, 여건보다 항상 우선 적용하고 존중하고 있다.	
A초등학교	1(4.3%)	3(13.0%)	12(52.2%)	7(30.4%)	23(100.0%)
B초등학교	0(0%)	3(9.4%)	22(68.8%)	7(21.9%)	32(100.0%)
전체	1(1.8%)	6(10.9%)	34(61.8%)	14(25.5%)	55(100.0%)

셋째, 교사학습공동체에서 '나'의 태도에 대해 ③ 공적인 규범을 위해 구성원 개인적인 상황, 여건을 어느 정도 규제하고 있다(61.8%), ④ 공적인 규범을 개인적 상황, 여건보다 항상 우선 적용하고 존중하고 있다(25.5%)고 인식하였다. 〈표 1-25〉에서 보듯이 전체적인 반응 경향은 A와 B초등학교 모두 비슷하게 나타났다.

넷째, 교사학습공동체의 성격과 의미에 대한 나의 인식 정도에 대해 ④ 그 차이점을 정확히 잘 파악하고 있다(54.4%), ③ 어렴풋하지만 대충 파악하고 있다(38.6%)의 반응 경향을 보였다. 〈표 1-26〉에서 보듯이 B초등학교 교사들의 경우 교사학습공동체의 성격과 의미를 대충 파악하고 있거나 정확히 파악하고 있다는 의견이 비슷하게 나타난 데 반해, A초등학교는 스스로 교사학습공동체의 성격과 의미를 정확하게 파악하고 있다고 인식하는 교사들의 비율이 높았다.

표 1-26 교사학습공동체의 성격과 의미에 대한 인식

	교사학습공동체의 성격과 의미에 대해				합계
	① 아직도 전혀 파악하지 못하고 있다.	② 다른 공동체와 비슷한 것으로 파악하고 있다.	③ 어렴풋하지만 대충 파악하고 있다.	④ 그 차이점을 정확히 잘 파악하고 있다.	
A초등학교	0(0%)	2(8.3%)	6(25.0%)	16(66.7%)	24(100.0%)
B초등학교	0(0%)	2(6.1%)	16(48.5%)	15(45.5%)	33(100.0%)
전체	0(0%)	4(7.0%)	22(38.6%)	31(54.4%)	57(100.0%)

2. 교사학습공동체에서의 갈등 조정

우선, A초등학교와 B초등학교 교사학습공동체 참여 교사들을 대상으로 교사학습공동체에서 의견 차이가 발생할 시 해결 방법에 대한 인식을 분석하였다. 그 결과, 〈표 1-27〉에서 나타난 것처럼 ④ 공동체 활동 목표나 주제를 살리는 방향으로 골고루 반영한다(69.6%)와 ③ 공동체 활동 목표나 주제에 따라 선별적으로 수용한다(26.8%)는 인식 경향을 보였다. 이러한 반응 경향은 A초등학교와 B초등학교 교사학습공동체 참여 교사 모두 비슷하게 나타났다.

표 1-27 교사학습공동체의 갈등 조정 방식에 대한 인식

	구성원 사이에서 의견 차이가 생겼을 때,				합계
	① 누군가의 의견은 일방적으로 무시당하기만 한다.	② 서로의 입장 차이만을 확인하고 넘어 간다.	③ 공동체 활동 목표나 주제에 따라 선별적으로 수용한다.	④ 공동체 활동 목표나 주제를 살리는 방향으로 골고루 반영한다.	
A초등학교	0(0%)	0(0%)	6(25.0%)	18(75.0%)	24(100.0%)
B초등학교	0(0%)	2(6.3%)	9(28.1%)	21(65.6%)	32(100.0%)
전체	0(0%)	2(3.6%)	15(26.8%)	39(69.6%)	56(100.0%)

둘째, 교사학습공동체에서 '나'의 역할에 대한 참여 교사들의 인식을 살펴보았다(〈표 1-28〉 참고). 그 결과를 살펴보면, ③ '나' 나름대로 무엇인가 독특한 기여를 하고 있다(38.6%), ② 때로는 소모품적인 역할을, 때로는 주인 의식을 지니고 있다(24.6%), ④ 다양한 관점을 제시하며 집단을 활기차게 만들고 있다(22.8%)라는 응답 경향을 보였다. A초등학교 교사들의 경우 때로는 소모품적인 역할을, 때로는 주인 의식을 지니고 있다고 인식하는 교사와 스스로 독특한 기여를 하고 있다고 인식하는 교사의 비율이 비슷하게 나타났다. 이에 반해 B초등학교의 경우 교사 자신이 집단을 활기차게 만들고 있다고 인식하는 교사들이 A초등학교에 비해 많았다. 특히 B초등학교 교사들의 경우 자신에게 주어진 역할만을 기계적으로 하고 있다는 의견이 A초등학교에 비해 많은 것으로 나타났다.

표 1-28 교사학습공동체에서 나의 역할에 대한 인식

	구성원으로서 '나'는					합계
	① 자신에게 주어진 역할만을 기계적으로 하고 있다.	② 때로는 소모품적인 역할을, 때로는 주인의식을 지니고 있다.	③ '나' 나름대로 무엇인가 독특한 기여를 하고 있다.	④ 다양한 관점을 제시하며 집단을 활기차게 만들고 있다.	⑤ 기타	
A초등학교	1(4.2%)	8(33.3%)	9(37.5%)	4(16.7%)	2(8.4%)	24(100.0%)
B초등학교	5(15.2%)	6(18.2%)	13(39.4%)	9(27.3%)	0(0%)	33(100.0%)
전체	6(10.5%)	14(24.6%)	22(38.6%)	13(22.8%)	2(3.6%)	57(100.0%)

셋째, 교사학습공동체 구성원 간 갈등 발생 시, '나'의 해결 방법에 대해 조사한 결과, 〈표 1-29〉에서 보는 바와 같이 대체적으로 ④ 공적으로 다룸으로써 적극 해결하고자 나선다(76.4%), ③ 해결책은 제시하나 책임지고 싶지는 않다(18.2%)에 대한 응답이 많았다. 이러한 반응 경향은 두 초등학교 교사들 모두에게 공통적으로 나타났다. 전반적으로 구성원들 간의 갈등이 생겼을 때, 갈등을 회피하기보다는 갈등을 해결하려는 입장을 가지고 있는 것으로 보인다.

표 1-29 교사학습공동체 구성원 간 갈등 발생 시, '나'의 해결 방법에 대한 인식

	구성원 간의 갈등이 생겼을 때, '나'는				합계
	① 가능한 한 무조건 피하고자 한다.	② 두려워서 '내' 입장을 조심스럽게 말한다.	③ 해결책은 제시하나 책임지고 싶지는 않다.	④ 공적으로 다룸으로써 적극 해결하고자 나선다.	
A초등학교	0(0%)	0(0%)	4(17.4%)	19(82.6%)	23(100.0%)
B초등학교	0(0%)	3(9.4%)	6(18.8%)	23(71.9%)	32(100.0%)
전체	0(0%)	3(5.5%)	10(18.2%)	42(76.4%)	55(100.0%)

3. 교사학습공동체 구성원의 지적 성장

우선, A초등학교와 B초등학교 교사학습공동체 참여 교사들을 대상으로 교사학습공동체에서 나의 지적 성장에 대해 조사한 결과, 〈표 1-30〉에서 제시된 바와 같이 ③ 어느 정도 있었다(66.7%), ④ 엄청나게 많았다(22.8%)라고 인식하였다. 두 학교 모두 비슷한 응답 경향을 보였다.

표 1-30 나의 지적 성장에 대한 인식

	내가 생각하기에 '나'의 지적 성장은				합계
	① 거의 없었다.	② 아주 조금 있었다.	③ 어느 정도 있었다.	④ 엄청나게 많았다.	
A초등학교	0(0%)	3(12.5%)	16(66.7%)	5(20.8%)	24(100.0%)
B초등학교	0(0%)	3(9.1%)	22(66.7%)	8(24.2%)	33(100.0%)
전체	0(0%)	6(10.5%)	38(66.7%)	13(22.8%)	57(100.0%)

둘째, 교사학습공동체에서 구성원 각자의 지적 성장 방식에 대해 ④ 구성원 모두가 헌신적인 노력을 함으로써 이루어졌다(68.4%)와 ③ 헌신적인 교사 몇 명에 의해 주도적으로 이루어졌다(12.3%)의 반응을 보였다(〈표 1-31〉 참고). A초등학교와 B초등학교 참여 교사들 간에 큰 인식 차이를 보였는데, A초등학교의 경우 구성원 각자의 지적 성장에 대해 구성원 각자의 개별적인 노력에 의해 주도적으로 이루어졌다는 의견이 25.0%로 높은 비율을 차지하였다.

표 1-31 **구성원의 지적 성장에 대한 인식**

	'나'를 포함한 우리 공동체에 참여한 구성원 각자의 지적 성장이 있었다면, 그것은				합계
	① 구성원 각자의 개별적인 노력에 의해 주도적으로 이루어졌다.	② 헌신적인 교사 한 명에 의해 주도적으로 이루어졌다.	③ 헌신적인 교사 몇 명에 의해 주도적으로 이루어졌다.	④ 구성원 모두가 헌신적인 노력을 함으로써 이루어졌다.	
A초등학교	6(25.0%)	1(4.2%)	1(4.2%)	16(66.7%)	24(100.0%)
B초등학교	3(9.1%)	1(3.0%)	6(18.2%)	23(69.7%)	33(100.0%)
전체	9(15.8%)	2(3.5%)	7(12.3%)	39(68.4%)	57(100.0%)

셋째, 교사학습공동체에서 구성원의 지적 성장에 대한 나의 역할에 대해 조사한 결과, 〈표 1-32〉에서 제시된 바와 같이 ④ 다른 구성원과 함께 주도적인 역할을 기꺼이 수행하였다(59.6%), ③ 다른 구성원이 하는 일에 보조적인 역할만을 수행하였다(35.1%)는 반응 경향이 나타났다. A초등학교와 B초등학교 교사 모두 자신이 구성원들의 지적 성장에 대해 주도적, 보조적 역할을 수행하였다는 인식을 보였다.

표 1-32 **구성원의 지적 성장에 대한 나의 역할에 대한 인식**

	우리 공동체에 참여한 모든 구성원들의 지적 성장에 대해, '나'는				합계
	① 그다지 관심도 없으며 억지로 참여하였다.	② 다른 구성원이 하는 일을 관심 있게 지켜보기만 했다.	③ 다른 구성원이 하는 일에 보조적인 역할만을 수행하였다.	④ 다른 구성원과 함께 주도적인 역할을 기꺼이 수행하였다.	
A초등학교	0(0%)	0(0%)	9(37.5%)	15(62.5%)	24(100.0%)
B초등학교	0(0%)	3(9.1%)	11(33.3%)	19(57.6%)	33(100.0%)
전체	0(0%)	3(5.3%)	20(35.1%)	34(59.6%)	57(100.0%)

4. 논의

본 연구는 연구진들이 지역의 2개 초등학교와 협력 관계 속에서 전문성개발체제 구축을 위한 일환으로 구성·운영한 교과별 교사학습공동체 참여 교사들의 인식을 조사·분석한 것이다. 조사 결과를 간략하게 정리하면 다음과 같다. 첫째, '전문성 신장'이라는 교사학습공동체 목표와 관련하여 참여 교사들은 단기적 관점에서 현재 수행하고 있는 학교의 과제 차원에서 수용하는 한편 궁극적인 차원에서 교사 학습과 학생 학습이 긴밀하게 연결되어 있다는 인식에 기반하여 받아들이고 있었다. 둘째, 구성원 상호 간의 행동 규범에 대해 참여 교사들은 계속해서 새로운 규범을 개발하려고 노력하고 있었다. 다만, 공립 초등학교인 B초등학교 교사들의 경우 처음 개발한 규범을 지속적으로 적용하고 있다고 인식한 교사들의 비율과 새로운 행동 규범을 개발하려고 노력하고 있다고 응답한 교사들의 비율이 비슷한 결과를 보였다. 셋째, 교사학습공동체의 성격과 의미에 대해 참여 교사들은 그 차이점을 정확히 잘 파악하고 있다는 응답이 상대적으로 많았다. 그러나 공립 초등학교이고 4년 차 학교였던 B초등학교의 경우 어렴풋하지만 대충 파악하고 있다는 의견이 상대적으로 높은 비율을 보였다. 넷째, 교사학습공동체에서 의견 차이가 발생할 때 해결 방법에 대해서도 공동체 활동 목표나 주제를 살리는 방향으로 골고루 반영한다는 의견이 많았다. 다섯째, 교사학습공동체에서 나의 역할에 대해 독특한 기여를 하고 있다는 의견이 많았지만, 전반적으로 의견들이 넓게 분포되어 있었다. A초등학교 교사들의 경우 B초등학교에 비해 때때로 소모품적인 역할을, 때로는 주인 의식을 지니고 있다고 응답한 교사가 많았다. 그러나 B초등학교 교사들 역시 주어진 역할만을 기계적으로 하고 있다고 응답한 경우가 A초등학교에 비해 많았다. 여섯째, 교사학습공동체에서 나의 지적 성장에 대해 어느 정도 유보적인 입장을 보인 반면, 구성원들의 지적 성장과 관련하여 구성원 모두의 헌신적인 노력을 가장 큰 요인으로 보았다.

이처럼 교사학습공동체 참여 교사들은 교사공동체의 목표와 규범 설정, 갈등 해결 과정, 성과 전반에 대해 어느 정도 긍정적인 인식을 보였다. 하지만 이론적 배경에서 설명한 바 있는 교사학습공동체의 개념과 성격을 다시 재점검할 필요성이 있는 듯하다. 공동체의 성격에 대해 어렴풋하게 대충 파악하고 있다거나, 자신은 그저 기계적인 역할을 하고 있다거나, 자신의 지적 성장에 대해 유보적인 판단을 하고 있다는 반응이 그러하다. 이는 교사학습공동체에서 강조한 바 있는 '자율성'과 '공적 책무성' 등에 대한 근본적인 성찰을 요구한다. 말하자면 공동체 구성원 간에 이 부분에 대한 합의를 이끌어 내기 위한 지속적인 논의가 필요하며, 이러한 합의 내용을 실천하기 위한 노력이 수반되어야 함을 의미한다. 자율적인 참여를 전제로 한 공동 수업 설계, 공동 수업 실천, 공동 수업 성찰 등과 같은 활동이 그러하다.

한편 학교 맥락에 따라 교사학습공동체 참여 교사의 인식에 차이를 보였다. 교사학습공동체 운영 기간이 상대적으로 짧지만 국립학교인 A초등학교 교사들의 경우 B초등학교 교사들에 비해 교사학습공동체에 대해 상대적으로 긍정적이고 적극적인 인식을 보였다. 이것은 A초등학교 교사들의 경우 공립 초등학교에서 일정한 선발 과정을 거쳐 교사의 전입이 이루어지는 상황을 감안할 때, 개별 교사들의 역량 수준과 전문성에 대한 인식이 높을 개연성이 크다.[1] 이러한 점이 반영된 것으로 유추되는 인식 결과를 볼 수 있다. 예를 들어 교사학습공동체에서 나의 역할에 대해 자신을 소모품적인 역할, 때로는 주인 의식을 지니고 있다는 이중적인 관점을 가진 교사의 비율이 높았다. 그리

• • •

[1] 국립 초등학교는 대체적으로 심화 영역에서 수업 연구 대회 입상 등 관련 전문성을 인정받은 교사들일 뿐만 아니라 전반적으로 자신의 전문성 개발을 위한 강한 의욕을 가지고 있다(박채형, 박상완, 2009: 16).

고 구성원 각자의 지적 성장이 구성원 각자의 개별적인 노력에 의해 주도적으로 이루어졌다고 인식하는 교사들이 상대적으로 높은 비율을 차지하였다는 점이다.

교사학습공동체는 비전과 가치, 임무의 공유, 집단적 학습의 중시, 팀 중심의 협력, 활동의 지속성, 결과 지향성 등을 그 특징으로 한다 (DuFour & Eaker, 1998; DuFour, DuFour & Eaker, 2008). 이러한 점에 비추어 볼 때, A초등학교와 B초등학교 교사학습공동체 참여 교사들의 인식 조사 결과는 A와 B초등학교 교사학습공동체 모두 교사학습공동체로서 그 정체성을 갖추어 나가고 있음을 보여 준다. 다만, 정체성 정립 정도가 교사학습공동체 참여 기간과 비례하는 것으로 보기는 어려울 것으로 판단된다. 즉 B초등학교에 비해 1년 정도 늦게 출발한 A초등학교가 오히려 교사학습공동체의 지향에 보다 가까운 것으로 나타났다. 다만, 개별 교사의 역량이 높을 것이라는 개연성의 작용 속에서 집단적 협력의 힘보다는 개별 교사의 역량에 더 주목하고 있는 것으로 나타난 점은 주의 깊게 들여다보아야 할 것으로 판단된다.

이러한 결과는 그동안 교사학습공동체 참여 교수들이 가졌던 문제의식에 반하는 결과로 의구심을 가지게 된다. 그동안 A초등학교와 B초등학교 교사학습공동체 참여 교수들은 교사학습공동체 참여 교사들의 소극성과 방어적인 태도를 심각하게 제기하면서 교사학습공동체 활성화의 방해 요인으로 지적해 왔다. 다음은 교사학습공동체 참여 연구자들의 회의록에서 발췌한 내용이다.

"결국에는 저더러 '알아서 해 주세요. 1학기 때도 그렇게 했어요. 저희는 시키는 대로 할게요'란 표현을 하시더라고요."

　　　　　　　　　　　－ 2012년 11월 20일 B초등학교 참여 교수(또는 연구원)들

　　　　　　　　　　　　　활동에 대한 반성과 성찰에서 S 연구원

"작년에도 그랬지만 역시 어려운 것은 수동적인 면이죠. 물론 제가 그걸 감안하고 들어가긴 하지만, 경력이 30년가량 된 분들도 너무 수동적이더라고요."

- 2012년 11월 20일 B초등학교 참여 교수(또는 연구원)들
활동에 대한 반성과 성찰에서 K 연구원

교사학습공동체 참여자들의 수동성에 대한 지속적인 문제 제기 속에 교사학습공동체 참여 교사들의 자발성과 자율성을 조금이라도 확보하기 위하여 2013년 활동 방향의 전환을 꾀하게 되었다. 즉 학교 단위 교사들 중심의 자율적 교사학습공동체 형태로 운영 방식을 전환하게 되었다. 이러한 방식의 전환 속에 참여 교사들은 학기 말 만족도 조사에서 보다 긍정적인 인식 결과를 보였다. 이러한 점이 작용한 결과는 아닌지 좀 더 심층적인 분석이 필요할 것으로 판단된다.

V. 결론

본 연구자들은 짧게는 3년, 길게는 5년 정도 교사학습공동체 운영과정에 참여해 왔다. 그 과정에서 본 연구자들이 '피부'로 느끼는 참여 교사들의 교사학습공동체에 대한 인식은 실망스러운 상황들이었고, 이에 교사학습공동체의 존재 의의와 지속가능성에 대해 계속해서 질문을 제기하였다. 이러한 상황들에 비추어 볼 때, 교사학습공동체 참여 교사들의 인식 조사 결과는 다양한 차원의 질문을 제기한다. 예를 들어, 교사학습공동체 참여 교사들의 인식과 연구자들이 학교 현장에서 '피부'로 느낀 교사학습공동체는 왜 차이가 있는 것인가, 교사학습공동체 참여 교사들의 인식은 교사학습공동체의 '현재'를 보여 주는 것일까, 혹 교사학습공동체의 '미래'를 보여 주는 것은 아닐까 등이다.

이에 대한 잠정적인 답은 교사학습공동체에 대한 참여 교사들의 인식이 교사학습공동체의 '현재'와 더불어 '미래'의 소망을 동시에 담고 있는 것이 아닐까 하는 것이다.

　마지막으로 향후 대학과는 별도로 지역 단위 학교에서 자발적으로 그리고 자생적으로 운영되고 있는 교사학습공동체는 어떠한 성격을 지니고 있는지, 그리고 어떠한 목적으로 활동하고 있는지 등 참여 관찰을 한 다음, 본 연구에서 살펴본 교사들의 인식, 그리고 교사학습공동체의 의미와 비교·연계할 필요도 있으리라 생각된다.

| 참고 문헌 |

구원회(2011). 교육대학교 초등학교간 협력(PDS) 프로그램 운영 쟁점에 관한 내부자 연구. **한국교원교육연구**, 28(1), 한국교원교육학회, 191~220쪽.

권낙원(2007). 전문학습공동체 구성 가능성 탐색. **학습자중심교과교육연구**, 7(2), 학습자중심교과교육학회, 1~27쪽.

김경은(2010). 사회 수업 전문성 신장을 위한 대학-학교 간 협력 프로그램 개발: C교육대학교와 S초등학교 사례를 중심으로. **초등교육연구**, 23(3), 45~69쪽.

김남수(2013). 초등학교 전문학습공동체의 환경 수업 공동 설계와 실행 사례 연구. **한국환경교육**, 26(3), 한국환경교육학회, 315~335쪽.

김미혜(2010). 단위학교 기반 PDS 프로그램 운영 사례연구: 초등 국어과 수업의 관찰 및 분석 활동을 중심으로. **한국초등국어교육**, 43, 63~102쪽.

김순희(2009). 교사의 반성적 수업 실천을 위한 방안 탐색. **한국교원교육연구**, 26(2), 한국교원교육학회, 101~121쪽.

김희규(2013). 학교공동체 형성을 위한 학습조직의 이론적 함의. **교육사상연구**, 27(1), 한국교육사상연구회, 69~91쪽.

김희규, 주영효(2012). 학교단위 전문가학습공동체 형성 및 활성화를 위한 분산적 지도성 실행: 그 과제와 시사점. **교육문제연구**, 43, 고려대학교 교육문제연구소, 1~26쪽.

박선형(2004). 학습공동체 구축을 위한 이론적 모델 탐색. **교육행정학연구**, 22(1), 한국교육행정학회, 157~177쪽.

박영희(2011). 초등 수학 수업 전문성 신장을 위한 대학과 초등학교의 학습공동체 사례 연구. **한국수학교육학회지 시리즈 E - 수학교육 논문집**, 25(1), 한국수학교육학회, 47~61쪽.

박채형, 박상완(2009). 부설초등학교 교사들이 지각하는 전문성의 성격과 발달 : 부산교육대학교 부설초등학교를 중심으로. **초등교육연구**, 22(3), 한국초등교육학회, 1~21쪽.

서경혜(2009). 교사 전문성 개발을 위한 대안적 접근으로서 교사학습공동체의 가능성과 한계. **한국교원교육연구**, 26(2), 한국교원교육학회, 243~276쪽.

        (2011). 교사공동체의 온라인상 협력을 통한 수업자료 개발의 실제와 쟁점. **교육과학연구**, 42(3), 이화여자대학교 교육과학연구소, 25~53쪽.

소경희(2009). 교사학습 이해를 위한 이론적 기초 탐색. **교육과정연구**, 27(3), 한국교육과정학회, 107~126쪽.

송경오, 최진영(2010). 초·중등학교 교사학습공동체의 측정모형 및 수준 분석. **한국교원교육연구**, 27(1), 한국교원교육학회, 179~201쪽.

이경호(2010). 전문가학습공동체 운영사례와 정책적 시사점: 미국 'Cottonwood Creek School'의 실천을 중심으로. **한국교육과정연구**, 한국교원교육학회, 27(4), 395~419쪽.

이정훈(2003). 학습공동체로서의 작은 학교 운동에 관한 연구 분석. **초등교육연구**, 16(1), 한국초등교육학회, 23~43쪽.

이현명(2012). C 교육대학교와 부설초등학교 간의 영어교과 전문교사학습공동체(PLC) 활동의 실제와 의미. **학습자중심교과교육연구**, 12(4), 학습자중심교과교육학회, 585~623쪽.

주철안(2002). 단위학교 교육공동체 구축의 원리와 상황적 조건. **교육연구**, 12(1), 부산대학교 교육연구원, 45~59쪽.

Barth, R. S.(1990). *Improving school from within.* San Francisco, CA: Jossey-Bass.

Cochran-Smith, M. & Lytle, S. L.(1999). Relationship of knowledge and practice: Teacher learning in communities. Iran-NeJad, A. & Pearson, C. D.(Eds), *Review of Research in Education,* Vol. 24, Washington, DC: American Educational Research Association, pp. 249-306.

Darling-Hammond, L.(1994). *Professional development schools: Schools for developing a profession.* New York: Teachers College Press.

DuFour, R. & Eaker, R.(1998). Professional learning communities at Work: Best practices for enhancing student achievement. Reston, VA: ASCD.

DuFour, R., DuFour, R. & Eaker, R.(2008). *Revisiting learning community at work: New insights for improving Schools.* Bloomington, IN: Solution Tree.

DuFour, R., DuFour, R., Eaker, R. & Many, T.(2006). *Learning by doing: A handbook for professional learning community at work.* Bloomington, IN: Solution Tree.

Fullan, M.(2001). *Learning in a culture of change.* San Franscisco: Jossay-Bass.

Grossman, P., Wineburg, S. & Woolworth, S.(2001). Toward a theory of teacher community. *The Teachers College Record,* 103, pp. 942-1012.

Hord, S. M.(1997). *Professional learning communities: Communities of continuous inquiry and improvement.* Austin, TX: Southwest Educational Development Laboratory.

Lambert, L., Walker, D., Zimmerman, D. P., Cooper, J. E., Lambert, M. D., Gardner, M. E. & Slack, P. J. F.(1995). *The constructivist leader.* NY: Teacher College Press.

Leithwood, K., Leonard, L. & Sharratt, L.(1998). Conditions fostering organizational learningin schools. *Educational Administration Quarterly,* 34(2), pp. 243-276.

Lieberman, A. & Miller, L.(2001). *Teacher caught in the action: Professional development that matters.* New York: Teachers College Press.

Myers, C. B. & Simpson, D. J.(1998). *The Whole-faculty study groups: Lessons learned and best practices from classroom, districts, and schools.* Thousand Oaks, CA: Corwin Press.

Palmer, P. J.(1998). *The courage to teach.* San Francisco, CA: Jossey-Bass. 이종인 옮김(2000). 가르칠 수 있는 용기. 서울: 한문화.

자기연구를 통한
교사학습공동체의 리더 역할 성찰

학교 안 과학 학습공동체 사례를 중심으로

김종원

I. 서론

　교사라면 누구나 수업을 잘하기를 희망한다. 좋은 수업을 열망하는 교사들은 각종 연수를 통해 수업 전문성을 신장시키기 위하여 끊임없이 노력해 왔으며, 수업 자료 및 교수-학습 방법을 공유할 수 있는 각종 온라인, 오프라인 모임에 적극적으로 참여해 왔다. 최근 10년 전후로 교사 전문성 신장과 관련하여 눈에 띄는 점은 인디스쿨, 교컴, 좋은 교사, 협동학습연구회, 배움의 공동체, 미래교실네트워크 등 교사들이 주체가 된 자발적인 커뮤니티를 중심으로 수업 개선을 위한 실천적 활동이 전개되고 있다는 것이다. 이러한 교육 현장의 변화를 들여다보면 그 중심에는 공동체성이 포함되어 있음을 파악할 수 있다. 이와 발

맞추어 국내 연구자들은 앞서 언급한 커뮤니티들의 공동체성과 집단적 학습에 주목하여, 교사 커뮤니티를 일종의 교사학습공동체로 간주하고 이들이 교사 전문성 신장과 학교교육 개혁에 기여하는 바와 관련된 연구를 수행하기 시작하였다.

국내에서 이루어진 교사학습공동체에 관한 초기 연구는 주로 온라인상이나 학교 밖 교사학습공동체를 분석하는 양상으로 진행되었다(서경혜, 2008; 2009; 2011; 이경호, 2010; 이성은, 김예진, 유선경, 2007). 하지만 학교 밖에서 이루어지고 있는 교사학습공동체가 수업 실천을 담보할 수 있는 학교 문화 변화나 동료 교사와의 동반 성장을 이끌어 내기에는 한계가 있음을 지적받으면서(서경혜, 2008) 최근에는 학교 안 교사학습공동체에 대한 연구의 필요성이 제기되고 있다(박나실, 장연우, 소경희, 2015). 지금까지 학교 안 교사학습공동체에 관한 연구는 주로 사례연구의 형태로 청주교육대학교 교육연구원과 혁신학교를 중심으로 이루어졌다. 연구 내용은 학습공동체의 주요 활동 내용 소개와 교사 전문성 신장에 주는 시사점에 대한 분석(김경은, 2010; 김남균 외, 2014; 나귀수, 2010; 박영희, 2011; 이선경, 2013; 이현명, 2012), 교사학습공동체에 대한 교사들의 인식 및 교육적 의미 탐색(김혜진, 김혜영, 홍창남, 2015; 선우진, 방정숙, 2014; 심영택 외, 2014), 교사학습공동체의 유형 및 특성 분석(곽영순, 2015) 등 관찰 및 면담을 토대로 현상을 분석하여 교사학습공동체의 가치와 특성을 탐색하는 내용이 대부분이다.

한편, 교사학습공동체를 접한 교사들은 서경혜(2009)가 교사학습공동체의 한계로 지적한 바와 같이 촉박한 시간, 협력 경험의 부족, 갈등 상황, 불간섭주의로 대변되는 학교 구조와 문화 이외에도 관계 형성, 자율성, 전문적 지식 부족 등의 어려움을 토로한다. 따라서 학교 안에서 교사학습공동체가 자리를 잡고, 학교 변화를 추동하기 위해서는 교사학습공동체 구성에 대한 당위성만 강조할 것이 아니라 교사들이 언급한 어려움을 해결하는 데 도움이 될 만한 사례를 제공할 필요가 있다.

교사학습공동체를 운영하는 데 실천적인 도움을 주기 위한 목적으로 몇몇의 연구가 진행되기도 하였으나(김남균, 2013; 김송자, 맹재숙, 박수정, 2013; 박나실, 장연우, 소경희, 2015), 구체적인 실행 단계에서 교사들이 요구하는 바를 충족시키기 위한 연구는 아직 미흡하다고 할 수 있다.

이는 연구자와 실천가가 추구하는 목적 사이의 괴리, 관찰자로서의 역할로 한정되는 연구자의 연구 환경 등의 요인에서 기인한 것으로 보여진다. 교사들의 전출입으로 해마다 구성원이 변하는 학교 환경과 연구자에게 개방적이지 않은 학교 문화로 인해 학교 안 학습공동체의 모습을 장기간 들여다보고 그 안에서 이루어지는 양상을 세밀하게 파악하여 실천을 위한 제언까지 하는 것은 쉽지 않은 일이다.

이 점에서 본 연구는 교사들이 주도적으로 교육 개혁에 참여할 수 있는 연구 방법인 자기연구self-study에 주목하게 되었다. 본 연구자는 교사로서 학교 안에 조직된 과학 교과 수업 실천 및 성찰을 위한 교사학습공동체에 참여하면서 구성원들의 공동 성장을 목격한 경험이 있다. 그리고 현 시점에서 당시의 경험을 복기함으로써 학교 안 교사학습공동체가 효과적으로 운영될 수 있었던 조건이 무엇이었는지를 탐색하고, 그 성찰의 결과를 앞으로의 실천에 반영하고자 연구를 시작하였다. 이 과정에서 연구자는 교사학습공동체의 리더로서 참여했던 기간에 수행했던 역할에 주목하게 되었다. 이러한 맥락에서 본 연구에서는 교사학습공동체에 참여하면서 활동한 경험과 그 과정에서 이루어진 대화를 분석하여 교사학습공동체에서 리더로서 어떤 역할을 수행하였는지를 분석하고 성찰하고자 한다. 그리고 성찰의 결과를 토대로 최근 들어 교육 현장에서 활성화되고 있는 학교 안 교사학습공동체의 리더들에게 구체적인 실천을 위한 시사점을 제공하고자 한다. 다만 이 연구에서 분석된 교사학습공동체는 과학 교과의 수업 실천 및 성찰을 위한 활동을 중심에 두었기 때문에 일반 교사학습공동체로 일반화하는 데에는 한계가 있음을 미리 밝힌다.

II. 이론적 배경

1. 교사학습공동체의 개념 및 특성

학교교육에 적용된 학습공동체는 '전문적 학습공동체Professional Learning Community', '교사학습공동체Teacher Learning Community', '탐구공동체Inquiry Community', '실천공동체Community of Practice' 등 참여 구성원, 학습의 유형, 목적에 따라 다양한 이름과 양상으로 구현되고 있다. 하지만 차별화된 용어처럼 학습공동체를 엄밀히 구분하여 정의하거나 활동을 규정짓기는 어렵다. 서경혜(2009)는 학습공동체와 관련된 용어들의 정의를 분석하여 '가치와 규범의 공유', '학습 중심', '협력'이라는 세 가지 공통된 속성을 찾아낸 바 있으며, 김진규(2009)는 전문적 학습공동체와 교사학습공동체는 서로 다른 의미를 지니고 있다기보다는 강조의 차이에 불과하다고 언급하였다. 그러나 연구자 또는 실천가의 입장에서 본인이 연구하거나 활동하고 있는 공동체의 속성을 규정할 수 있는 정확한 용어를 선택하는 것은 중요한 일이다. 최근 국내에서는 경기도 혁신학교를 중심으로 '전문적 학습공동체'라는 용어가 많이 사용되고 있으나(경기도교육청, 2016), 발표되는 연구물에서는 '전문적 학습공동체'보다는 '교사학습공동체'를 사용하는 경향이 강하다(김송자, 맹재숙, 박수정, 2013; 김남균 외, 2014; 박나실, 장연우, 소경희, 2015; 서경혜, 2015; 심영택 외, 2014). 에넌버그 학교개혁연구소(Annenberg Institute for School Reform, 2003; 서경혜, 2015에서 재인용)에서는 전문적 학습공동체의 구성원을 행정가, 대학 교수, 연구원, 학부모, 지역 사회 구성원, 학교교육 이해 당사자들로 확장하여 정의하고 있지만, Wiliam(2007)은 교사들을 중심으로 구성된 학습공동체가 특정한 전문가의 지도에 의존하는 것이 아니라 참여하는 교사가 주도적으로 상호 도움을 주는 것을 강조하는 의미에서 전문적 학습공동체보다는 교사학습공동체라는 용어를 사용해야 한다고 주장하고 있다. 이러한 논의에 비추어 볼 때, 본 연구자가 참여한 학습공동체는 교사학습공동체의 성격이 더 강하다고 판단되어 본 연구에서는 교사학습공동체로 기술하기로 한다.

서경혜(2015)는 교사학습공동체를 '교사 전문성 신장과 학생 학습 증진을 위하여 비판적으로 탐구하고 협력적으로 실천하며 끊임없이 깨우고 실천하는 교사들의 결속체'라고 정의하였고, 심영택 외(2014)에서는 교사학습공동체를 '학생의 학습 능력 신장에 대한 공적 책무성 뿐만 아니라 동료 교사의 전문성 신장에 대한 공적 책무성을 지닌 교사를 포함한 전문가들이, 집단적이고 지속적인 탐구와 실행 연구를 통해, 학생의 학습에 대한 자신의 실천을 성찰하고 동료 교사 집단의 집단적인 전문성 신장과 발전을 촉진하여, 단위 학교가 추구하는 교육적 목표를 달성하는 것을 지향하는 공동체'라고 정의하였다.

국내에서는 2000년대 초반부터 교사학습공동체에 대해 관심을 갖고 이론적 논의와 더불어 사례 연구를 진행하였다. 초기에 이루어진 사례 연구는 주로 학교 밖 학습공동체가 그 대상이었다. 서경혜(2008, 2009)는 학교 밖 교사학습공동체 연구를 통해 전통적인 방식의 교사 연수의 한계를 극복하는 대안으로 교사학습공동체의 가능성을 제시하였다. 즉, 교사학습공동체를 통해 협력적 전문성, 교육 현장에서 부딪히는 문제에 기초한 전문성, 학생들의 학습에 초점을 둔 전문성, 실천 중심 전문성, 실험 지향적 전문성, 교사 주도적 전문성 등의 교사 전문성을 개발할 수 있다는 것이다. 그러나 학교 밖 교사학습공동체의 경우 학교 밖에서 이루어지는 협력을 통한 학습이 학교 안으로 연결되지 못한다는 것이 한계로 지적되기도 하였다. 박나실, 장연우, 소경희(2015)는 이러한 점에 착안하여 학교 안 교사학습공동체의 형성 및 발달에 관한 사례 연구를 통해 이들이 학교 변화에 있어 의미 있는 역할을 할 수 있음을 밝혔다. 학교 안 학습공동체가 갖는 교육적 의미 탐색에만 그치지 않고 교사학습공동체가 성공적이고 지속적으로 운영되기 위한 방안을 제시한 연구도 있다. 김송자, 맹재숙, 박수정(2013)은 학교 안에서 결성된 교사학습공동체의 운영 과정의 특성을 분석하여 성공적인 교사학습공동체가 형성되고 지속적으로 운영되기 위한 방법으로 교육청과 학교의 물질적·시간적·공간적 지원, 공동체 평가 방법의 개선 등을 제안하였다. 이형빈(2013)도 같은 맥락에서 교사학습공동체가 실현되기 위한 요건으로 교육 행정 당국의 법적, 제도적 장치마련, 자발성을 바탕으로 전문성을 개발할 수 있는 여건 마련, 학교 내장애 요인 제거, 교사 스스로의 자발적 실천 등을 요구한 바 있다.

2. 교사 리더십과 교사학습공동체의 리더

교사 리더십의 개념은 전통적으로 인식되어 온 행정가나 관리자의 리더십과는 달리 교사의 의사 결정의 공유, 권한 강화, 팀워크, 커뮤니티 형성 등을 포함하는 개념이다. 교사 리더십의 효과는 교사 리더, 동료 교사, 학생들에게 매우 강하게 나타나며, 이것은 학교의 역량을 강화하는 데 공헌하고 있다(황기우, 2008).

교사 리더십의 개념은 수행되는 연구의 강조 영역이나 관심 영역에 따라 다양하게 규정되고 있으며, 단일 개념이 아니라 복합 개념의 속성을 지닌다(Katzenmeyers & Moller, 2001; 정광희 외, 2008). 정광희 외(2008)는 교사 리더십을 발휘 대상, 발휘 영역, 속성의 세 영역을 설정하여 설명하였다. 교사 리더십의 발휘 대상은 관점에 따라 학생, 동료교사, 학부모, 학교 관리직 등 학교와 직접적인 관련이 있는 대상으로 한정하기도 하고 지역 사회까지 확대하기도 한다. 교사 리더십 발휘 영역은 수업 지도, 생활 지도, 학급 운영, 동료 교사의 교육 활동, 행정 업무, 학부모 관계로 나눌 수 있다. 또한 국내외의 리더십 속성에 대한 다양한 논의를 바탕으로 교사 리더십의 공통된 속성을 목표 지향성, 공동체성, 과업 주도성, 전문성으로 도출하고, 각 속성과 관련된 요소들을 〈표 1-33〉과 같이 정리하였다.

표 1-33 교사 리더십의 속성별 관련 요소(정광희 외, 2008)

속성	관련 요소
목표 지향성	신념, 철학, 비전 공유, 목표 의식, 목표 설정과 관리 능력
공동체성	협력(상하좌우), 의사소통(상하좌우), 의사 결정, 권한 이임, 상호 존중
과업 주도성	책임감, 적극성, 헌신과 열정, 집중(몰입, 긍정적 집념), 개혁성(도전성, 개선 주도성), 창의성, 추진력, 의사 결정력
전문성	숙련성과 유능함(동기 유발, 교육과정 재구성, 교수 방법, 평가와 피드백 등), 과업과 목표 숙지, 전문 지식과 방법의 숙련성(교과, 교수-학습, 행정), 방법적 모범, 정보 수집과 활용 능력, 팀워크 형성 능력(응집 능력 : 수업, 학급, 그룹)

교사 리더십이 대두되게 된 배경에는 기존의 교육 개혁 방식으로는 목표한 만큼 만족스러운 성과를 거두기 어렵다는 점이 큰 부분을 차지하고 있다. 즉, 국가 또는 학교 행정가 주도로 이루어지는 교육 개혁에는 한계가 있음을 깨닫고 교사들을 교육 개혁의 대상이 아닌 주체로 삼고자 하는 방향으로 전환한 것이다(Holmes Group, 1995; Suranna & Moss, 2002; Danielson, 2006).

이러한 흐름에 맞게 교사가 학교 개혁의 공동 주체가 되기 위해서는 교사가 학교 경영에 능동적으로 참여하고, 상호 협력을 통해 책임을 분산시키고 그 책임을 완수하기 위해 공동으로 노력할 것을 강조하는 참여적, 민주적, 공유적 성격을 지닌 분산적 리더십을 실행할 필요가 있다(Leithwood et al., 2007). 분산적 리더십은 리더십이 한 사람에게 집중되어 있는 것이 아니라, 학교장과 교사 그리고 학교 상황과 교사의 상호 작용에 분산되어 발휘되는 것이다(문성윤, 2013). 분산적 리더십과 관련하여 강경석과 박찬(2013)은 학교 조직에서의 분산적 리더십과 교사 효능감이 학습 조직화에 유의한 정적 영향을 미치는 것을 밝히고 기존의 학교장 중심의 리더십에서 벗어나 학교 조직 구성원들에게 리더십이 분산되고 확대되어야 함을 주장하였다.

학교장에게만 머물러 있던 리더의 자리가 교사에게로 분산되면서 교실에서 학생들을 대상으로 수업과 생활 지도를 하는 것에 머물러 있던 교사들의 역할은 점차 그 영역이 확장되고 역할도 다양해졌다. Smylie & Denny(1990)는 교사들의 리더십을 분석하여 교사 리더들이 촉진자facilitator, 조력자helper, 변화의 촉매자catalyst for improvement, 정서적 지원자emotional support, 지식의 원천source of knowledge의 역할을 하고 있음을 밝혔다. 또한 그들은 학교의 의사 결정 과정과 교육과정 계획에 적극적으로 참여하였다.

한편, 황기우(2008)는 Kimberly & Gamble(2001)을 인용하여 20세기의 리더십은 수평적인 위계 체제, 책무성을 갖는 권한 강화, 협력과 전문성 개발의 촉진 등의 특성을 나타내며 이것은 학교의 공동체 관점, 즉 학습 조직으로서 학교를 강조한다고 하였다.

교사학습공동체에서는 교사들이 실천적 지식을 바탕으로 서로 조언하며 수업의 전문성을 향상시키기 때문에 공동체 구성원들 사이에 수평적 리더십이 작용하게 된다. 동료 교사에게 작용하는 리더십의 기능은 학교 내 교사의 경력, 직위, 지위의 성격, 숙련도 등에 따라 다소 달라질 수는 있지만 동료 간 우호 관계를 증진시킴으로써 상호 간 성취감과 조직 유대감을 갖게 하며, 궁극적으로는 직무 수행의 목표를 성공적으로 달성하게 하는 일반 조직의 기능과 크게 다르지 않다. 다만 교사는 동료 교사와의 관계 속에서 리더십의 '주체'가 되기도 하고, '대상'이 되기도 하는 복합적인 구조 속의 구성원이며, 이 경우 교사 리더십의 가장 중요한 기능은 전문가 공동체 문화, 즉 '교사 문화를 바꾸어 가는 것'이라고 할 수 있다(정광희 외, 2008).

이주형(2007)은 실천공동체의 발달 단계별 학습 리더의 리더십 유형을 형성 단계, 성숙 단계, 재도약 단계의 3단계로 도출하고, 각각의 리더가 가지는 특성과 역량을 분석함으로써 학습 리더의 성격적 특성과 행동적 특성을 규명하였다. 형성 단계에서 필요한 리더는 성실과 끈기를 기반으로 하여 솔선수범으로 공동체를 이끌고, 말보다는 강력한 행동을 요구하는 파워 리더이다. 성숙 단계에서는 풍부한 지식을 활용하는 슈퍼 리더가 필요한데, 그들은 사람의 기본적인 역량을 중시하며, 구성원들에게 스스로 주인 의식을 갖는 셀프 리더가 되기를 요구하고 자신은 그들의 멘토가 되기를 즐긴다. 재도약 단계에서는 올바른 비전을 제시하고 구성원 모두가 동참할 수 있도록 동일 벡터 리더십을 확보하여 같은 방향으로 나아가는 비전 리더가 필요하며, 이들은 한발 앞서서 학습하고 학습을 통해 결과를 예측하고 미래를 내다보는 것을 좋아한다.

김성천과 양정호(2007)는 협동학습연구회에 참여한 교사들이 연수 과정을 통해 리더로 성장하는 과정을 관찰하여 그들이 연구자로서의 자세, 개척자로서의 자세, 섬김이로서의 자세를 내면화하고 리더가 된 후에는 다른 새내기 교사들이나 일반 회원을 돕는 역할을 수행한다는 것을 알아내었다. 이때 교사의 리더십은 직위나 경력에 입각한 것이 아니라 전문성을 중심으로 발현되는 수평적 리더십이었다. 전남익, 최은수(2010)는 온라인 교사학습공동체인 교사 커뮤니티의 교사 리더십 개발 과정을 분석하여 리더 교사는 동료 교사들에게 토론할 기회를 주고, 정보와 도움을 제공하며, 수평적이고 협력적인 관계를 유지하여 교사들이 자연스럽게 공동체 안에서 상호 작용을 하도록 돕는다는 것을 밝혔다.

III. 연구 방법

1. 연구의 맥락

본 연구는 교사학습공동체의 리더 경험을 바탕으로 리더로서의 역할과 역량에 관한 성찰을 담은 자기연구이다. 자기연구는 특정한 교육적 실천에 종사하는 교사들의 신념과 가치에 대한 자기 이해를 심화시킴으로써 실천의 변화를 이끌어 내려는 활동으로 '자신의 교육적 실천 행위와 그 맥락'을 연구 내용으로 한다(이혁규 외, 2012). 자기연구는 특정 방법이나 절차가 있지는 않지만 LaBoskey(2007)는 다음과 같이 자기연구를 실행하는 데 갖춰야 할 방법적 특징을 언급하였다. 자기연구는 자기로부터 시작되어야 하고, 자기 자신에 초점을 맞추며, 실천을 개선하는 것을 지향하고, 사회구성주의적인 학습 이론과 사회적이고 맥락적인 인간 인지를 반영하여 상호 작용적인 특성을 지닌다. 연구 방법은 상황, 맥락, 문화에 민감해야 하기 때문에 다원적이지만 주로 질적 방법에 의존한다. 그가 제시한 자기연구의 방법론으로는 교수법, 대화적 공동체, 내러티브, 자서전/생애사, 시각과 극예술, 활동적 학습, 성찰적 탐구, 실행 연구, 포트폴리오, 모델링 등이 있다(이혁규 외, 2012; 박영은, 2014에서 재인용). 이러한 맥락에서 본 연구는 연구자가 2011년부터 2013년까지 3년간 활동한 교사학습공동체에서 리더의 역할을 수행하면서 경험한 내용을 현 시점에서 복기하고 성찰적 탐구의 방식으로 조명함으로써 앞으로의 실천에 대한 개선 방안을 고민하는 방법으로 진행하였다.

연구자가 참여한 교사학습공동체의 개요는 다음과 같다.

C대학교 교육연구원과 부설 초등학교는 교사전문성개발체제의 일환으로 2011년부터 교사학습공동체를 구성하여 운영하였으며, 연구자는 2011년부터 2013년까지 3년간 C대학교 부설 초등학교에 근무하면서 교사학습공동체에 참여하였다. 부설 초등학교의 교사학습공동체는 교사들의 요청에 따라 해마다 4개 혹은 5개의 각 교과를 중심으로 하는 분과를 구성하였고, 3월 초에 교사의 희망에 따라 분과의 구성원을 결정하였다. 연구자가 참여한 분과는 과학 교과 수업 연구를 주된 활동으로 한 과학 교사학습공동체였다. 과학 교사학습공동체

는 해마다 3월부터 11월까지 한 달에 1~2회 모임을 구성하여 2011년 11회, 2012년 11회, 2013년 10회, 3년간 총 32회의 모임을 진행하였다. 모임 날짜는 구성원의 일정을 고려하여 정하였으며, 각 모임은 1~2시간 동안 진행되었다. 3년 동안 과학 교사학습공동체에 참여한 구성원은 과학교육을 전공한 교과 전문가 1인과 부설 초등학교 교사 6인이었는데, 교사들 중 3인은 3년간 과학 교사학습공동체에서 활동하였고, 나머지는 각각 1년간만 참여하였다. 참여한 교사의 특징은 〈표 1-34〉와 같다.

표 1-34 과학 교사학습공동체 참여 교사의 특징

구분	교직 경력[1]	참여 연도	담당 학년	비고
A	-	2011~2013년	-	교과 전문가
B 교사[2]	17년	2011년	4	동학년 영어 담당
		2012년	2	담임, 연수부장
		2013년	3, 6	과학 전담, 연구부장
C 교사	12년	2011년	3	동학년 체육 담당
		2012년	5	동학년 과학 담당
		2013년	5	동학년 과학 담당, 체육부장
D 교사	9년	2011년	5	동학년 과학 담당
		2012년	3	동학년 음악 담당
		2013년	5	동학년 사회 담당
E 교사	24년	2011년	1	담임, 실습부장
F 교사	25년	2012년	1	담임
G 교사	20년	2013년	5	동학년 실과 담당

• • •

1 교직 경력과 담당 학년은 2013년을 기준으로 함.
2 연구자

2. 자료 수집 및 분석

전술한 바와 같이 연구자는 2011년부터 2013년까지 3년간 과학 교사학습공동체에 참여하였다. 당시 대학에서 온 교과 전문가는 과학 교사학습공동체에서 주고받은 대화를 녹음하고 녹음된 파일을 구성원들에게 공유하였다. 연구자는 이 녹음 자료를 전사한 텍스트 문서를 본 연구의 주된 분석의 대상으로 삼았다. 본 연구의 목적이 연구자가 과학 교사학습공동체에서 리더로서 수행한 역할을 분석하는 것이기 때문에 이 글에서는 연구자가 중심 리더 역할을 하였던 2013년의 내용을 중심으로 분석하여 기술하였으며, 필요할 경우 2011년과 2012년 자료를 참고하였다.

자료 분석을 위해 텍스트를 반복적으로 읽고 코딩하는 과정을 거쳤는데, 개방 코딩의 단계에서는 설명 코딩과 과정 코딩을 활용하였다. Corbin & Strauss(2007)은 과정을 "목표를 성취하거나 문제를 다루는 목적으로 상황이나 문제에 반응하여 진행 중인 행동/상호 작용/정서"로 설명하였다(Saldaña, 2009; Corbin & Strauss, 2007). 따라서 과정 코딩은 연구자가 공동체 안에서 어떻게 리더 역할을 수행하였는지를 분석하는 데 적절한 방법이라고 할 수 있다. 코딩 과정을 통해 의미 단위를 추출하고, 유사한 개념들을 묶어 하위 범주와 상위 범주를 구성하였다. 그리고 각 범주에 대한 해석을 통해 학습공동체 리더의 역할에 관한 주제를 구성하였다. 이를 중심으로 연구자의 경험을 내러티브 형식의 글쓰기로 기술하고 리더로서의 역할을 성찰하였다. 코딩 및 범주의 구성 과정에서 연구자와 공동체 구성원 2인의 전문가의 검증 과정을 거쳤으며, 자료의 해석은 교사학습공동체의 리더에 관한 선행 연구물을 참조하여 기술하였고, 전문가의 검토를 거쳐 내용을 수정·보완하였다.

IV. 교사학습공동체 리더 역할 성찰

분석 결과 총 88개의 의미 단위를 추출하였으며 유사한 것을 묶어 33개의 하위 범주와 10개의 상위 범주를 추출하였다. 그리고 각 범주에 대한 해석을 통해 학습공동체 리더의 역할에 관하여 '공동체의 비전과 목표 설정하기', '개방적인 소통을 통해 공동체성 형성하기', '구성원들과 조율하며 공동체 운영하기', '문제 해결을 통해 나와 구성원의 성장 촉진하기', '역할 분담으로 리더십 분산시키기'의 5가지 주제를 구성하였다〈표 1-35〉.

표 1-35 코딩과 범주화에 의한 주제 구성

상위 범주	하위 범주	개념어	주제
비전 세우기	발전적 방향 모색	활동에 의미 부여, 새로운 아이디어 제안	공동체의 비전과 목표 설정하기
	공동체 방향 설정	방향 고민, 방향 제시, 방향 확인	
	성찰	성찰, 문제점 파악	
	의미 부여	활동에서 의미 찾기, 결과에 의미 부여	
공동체의 문제 해결하기	문제 드러내기	문제 드러내기	
	문제 해결	해결 방법 고민, 의견 보충, 해결 방법 제안, 제안 이유 설명, 의도 설명	
관계 형성하기	자기 드러내기	내 상황 설명, 고민 꺼내 놓기, 부족함 인정	개방적인 소통을 통해 공동체성 형성하기
	친밀감 표현	새로 온 구성원 소개, 자기소개	
	격려	구성원 칭찬, 격려, 감사 표현	
	배려	발언권 양보, 배려	
소통하기	적극적 반응	관심, 감사 표현, 긍정적 반응	
	공감	동의, 공감, 어려움 공감	
	지지	지지, 만족감 표현, 긍정적 평가	
	구성원 이해하기	의견 확인, 구성원 상황 확인	
	구성원 이해시키기	의도 설명, 의견 평가 후 이유 설명, 협의 내용 정리	

공동체 결속 다지기	자부심 높이기	결과에 만족감 표현, 의미 부여, 긍정적 평가, 자부심 높이기, 도움에 만족감 표현	
	솔선	부족함 인정, 솔선	
	책임	공동 책임	
공동체 운영하기	일정 조정	일정 조정, 상황 파악	구성원들과 조율하며 공동체 운영하기
	계획	일정 계획, 할 일 계획	
	안내	운영 방향 안내, 일정 안내	
	제안	활동 제안	
	추진	적극 추진, 구성원 독려	
나의 문제 해결하기	문제 확인	수업 관련 문제 드러내기, 내가 처한 상황 설명, 문제 상황 설명, 수업 관련 고민 꺼내 놓기, 고민 구체적으로 설명, 어려움 토로	문제 해결을 통해 나와 구성원의 성장 촉진하기
	정보 공유	수업 계획 공유, 학생 상황 공유, 수업 자료 정보 공유, 수업 활동 공유, 수업 상황 공유	
	해결 방법 찾기	조언 구하기, 질문하며 공동으로 해결 방법 찾기, 해결 방법 찾기	
구성원의 문제 해결하기	문제 단순화	문제 단순화	
	수업 아이디어 찾기	아이디어 제안, 아이디어 더하기, 아이디어 설명, 아이디어 정리, 조언	
	해결 방법 평가	아이디어 의미 부여, 해결 방법 긍정적 평가	
외부와 협력하기	공동체와 학교 연결	학교 구성원의 협력 구하기, 학교와의 일정 조정, 학교 상황 공유, 학교 정보 공유	
	공동체와 학교 밖 연결	학교 밖 상황 공유, 외부에 공동체 활동 소개, 외부의 평가 반추	
능력에 맞는 역할 분담하기	역할 분담	역할 분담	역할 분담으로 리더십 분산시키기
	구성원의 능력 활용	구성원의 강점 드러내기, 구성원에게 도움 요청	

이렇게 구성한 5가지 주제를 중심으로 과학 교사학습공동체에서 리더로서 수행한 역할을 기술한 후, 일반적인 교사 리더십의 속성과 비교하여 교사학습공동체의 리더 역할의 특성에 대해 성찰해 보고자 한다.

1. 공동체의 비전과 목표 설정하기

해마다 새로운 학년도가 시작되는 시기에는 공동체의 구성원들이 모여 그해에 교사학습공동체가 나아갈 방향을 설정하였다. 학교 차원에서는 C대학교 교육연구원 및 학교 구성원들과의 논의를 통해 분과 구성, 운영 방향, 운영 결과 발표 방법 등에 관한 계획을 수립하였고, 각 분과별 교사학습공동체 차원에서는 주제 및 일정 등에 관한 사항을 논의하였다. 구체적인 내용과 이 과정에서 연구자가 수행한 역할은 다음과 같다.

학교에서는 2013년 학교 교육과정을 계획하면서 동료 장학의 일환으로 모든 교사가 수업을 공개한다는 방침을 수립하였고, 11월에는 교사학습공동체 워크숍을 개최하기로 결정하였다. 이 두 가지 업무의 주무를 담당하고 있었던 연구자는 동료 교사 및 관리자와 협의하여 동료 장학, 교사학습공동체 운영, 워크숍 개최를 일원화시키는 계획을 수립하여 안내하고 구성원들의 특성에 맞게 역할을 분담하였다. 특히 지난 2년간의 경험을 토대로 2013년 워크숍의 주제를 '학습공동체와 나누는 수업 이야기'로 설정하고, 교사학습공동체 활동의 경험을 공유함으로써 수업 설계 및 실행, 분석의 새로운 시각을 모색하는 것을 워크숍의 목적으로 정했다. 그리고 이 목적에 맞게 각 분과별 활동 방향을 수립하도록 안내하였다.

과학 교사학습공동체의 첫 번째 모임에서는 2013년에 공동체가 나아갈 방향과 해야 할 활동들을 논의하였다. 연구자는 3년 동안 같은 분과에서 활동하였기 때문에 그동안의 경험을 반추하여 부족한 부분은 수정하고 우수한 활동은 발전시켜 나가기 위한 방향을 제안하였다. 지금까지 공동체가 한 활동에 의미를 부여하고, 새로운 아이디어를 제안하는 것은 공동체의 발전 방향을 함께 모색하는 데 도움이 되었다. 이 과정을 통해 2013년 과학 교사학습공동체의 활동 방향은 '나무 한 그루 프로젝트'라는 프로젝트 학습을 계획하여 1년간 운영하는 것으로 정해졌다. '비전 세우기'라는 명시적인 목적을 지닌 활동은 아니었으나 논의 과정에서 공동체가 나아갈 방향을 확인하고, 활동 과정과 결과에서 지속적으로 의미를 찾다 보니 자연스럽게 공동체의 비전이 설정된 것으로 보인다. 또한 마지막 모임에서는 그동안의 교사학습공동체 활동을 성찰하고 문제점을 파악하여 그에 관한 개선 방향을 정리함으로써 다음 해에 공동체 활동 방향을 설정하는 데 참고하도록 하였다.

〈2013년 계획 세우기〉

A 오늘은 B 선생님이 말씀하신 것처럼 주제와 일정을 정하는 게 제일 중요한 것 같고요, 그리고 혹시 시간이 되면 작년에 했던 활동 중에서 좋았던 점과 부족했던 점을 이야기해 주시면 이후 계획을 세우는 데 반영이 될 것 같아요.

B 교사 작년에는 C 선생님이 너무 고생을 하셨는데, 또 그만큼 좋은 결과가 나온 것 같아요. 그래서 본인도 만족스러웠죠? (……) 올해는 조금 더 일찍 시작하게 된 셈인데, 또 마침 파릇파릇 새싹도 돋는 시기라서 주제와 연결 지어서 시작할 수 있으면 좋겠어요. 작년과 똑같이 할 수는 없겠지만 그렇다고 거기서 크게 벗어나면 힘들어지니까 작년에 했던 경험을 충분히 살리면서 약간만 수정하면 어떨까 합니다. 그렇게 해서 우리 학교의 트렌드로 정착시키는 단계가 되면 좋지 않을까 생각해요.

- 2013년 1차 모임(4월 2일)

정광희 외(2008)에 의하면 교사 리더십의 속성 중 하나인 '목표 지향성'은 교사가 학교 및 학급에서 교육 활동을 수행하면서 분명한 목표 의식과 비전을 가지고 학교 구성원들을 고무, 진작시키는 특징을 지닌다. 학교 전체가 1년간 수행할 목표를 설정하고, 동기를 부여하여 공동체 구성원들이 목표를 달성하도록 독려했던 역할과 과학 교사학습공동체에서 그동안의 활동을 성찰하여 공동체의 새로운 비전을 세우고 이를 이루기 위해 적극 노력했던 역할은 '목표 지향성'과 연결하여 해석될 수 있는 부분이다. 다만, 연구자가 학교 전체의 상황을 조망하고 이를 반영하여 목표를 수립하는 데 주도적인 역할을 한 것은 2013년도가 처음이었기 때문에 초기에는 분명한 목표를 설정하는 데 서툴렀으며 공동체 활동이 진행되면서 목표 및 활동 방향을 수정하는 과정을 거쳤다. 시행착오를 겪는 과정에서 과학 교사학습공동체에 교과 전문가로 참여한 A와 C대학교 교육연구원에 속한 연구자들의 조언은 연구자가 리더로서 역할을 수행하고 역량을 키우는 데 많은 도움을 주었다.

2. 개방적인 소통을 통해 공동체성 형성하기

교사학습공동체는 교사들의 협력을 핵심적 특징으로 하지만 강제된 협력은 역효과를 가져올 수 있다. 따라서 교사들의 협력적 전문성 개발은 교사들의 자발성을 전제로 한다(서경혜, 2009). 또한 리더십에 기초한 비판적 협력 관계는 친분과 신뢰를 토대로 이루어진다(서경혜, 2008). 연구자가 교사학습공동체 활동을 하면서 가장 중요하게 생각했던 것도 구성원과의 긍정적인 관계 형성을 기반으로 공동체성을 형성하는 것이었다.

부설 초등학교의 교사학습공동체는 대학 연구자들의 제안으로 시작되었기 때문에 처음부터 교사의 자율적 참여를 기대하기가 어려웠다. 부설 초등학교의 교사들 중 일부에게는 과거에 교육대학교와 공동으로 진행되었던 수업 컨설팅에 대한 부정적인 인식이 형성되어 있었다. 또한 수업에 관한 한 교사들의 실천적 전문성이 연구자들보다 우위에 있다는 이유로 간섭을 거부하는 분위기도 강하게 자리하고 있었다. 이런 이유로 교사학습공동체의 초창기인 2011년에는 교사학습공동체를 제대로 이해하기 전부터 부정적인 반응을 보인 교사들도 있었고, 과학 교사학습공동체의 분위기도 크게 다르지 않았다.

2011년 첫 모임에서 과학 교사학습공동체의 대표로 추천받은 연구자는 뜻하지 않은 책임을 맡게 되어 약간의 부담을 안고 활동을 시작하였다. 초기에는 대학과 초등학교 사이에서 중립적인 입장을 취하며 교과 전문가와 교사들의 소통의 통로 역할을 하였고, 2013년에는 대학뿐 아니라 학교와 과학 교사학습공동체 사이의 일정이나 의견을 조율하는 조정자의 역할을 하게 되었다. 해가 거듭할수록 과학 교사학습공동체에 참여한 구성원들의 만족도는 다른 분과의 참여자들보다 높았는데, 그 이유는 구성원들 간에 원활한 소통이 이루어져 긍정적인 관계가 형성될 수 있었기 때문이었다. McDoland et al.(2007)은 공동체에서 촉진자에게 중요한 것은 정보 수집 능력, 과제 수행 능력, 의사 결정 능력과 같은 프로그램 내용보다도 적극적인 참여 유도, 공평성 보장, 신뢰 구축과 같은 핵심 과제 처리 능력이라고 언급한 바 있다. 〈표 1-35〉의 개념어에서 나타난 것처럼 구성원을 칭찬하고, 격려하고, 도움을 받은 것에 감사를 표현하는 사소한 것에서부터 자신을 드러내고, 부족함을 인정하며, 자신의 고민을 먼저 꺼내 놓는 것은 구성원들과 친밀감을 형성하고 신뢰를 구축하는 데 도움이 된 것으로 보인다. 어려운 상황에서 먼저 실천하고, 잘못된 부분에 대해 공동으로 책임지고, 구성원의 강점을 드러내며, 공동체에 대해 자부심을 표현한 것은 구성원의 참여를 유도하면서 공동체의 결속을 다지는 데 기여하였다고 생각된다. 구성원의 의견에 관심을 보이고, 동의하고, 지지하는 적극적인 반응과 공감하고, 이해하고, 만족하는 긍정적인 표현은 소통을 더욱 원활하게 해 준 것으로 보인다.

〈구성원의 강점 드러내기〉

B교사 내가 알기로는 공부 시간에 그렇게 적극적으로 참여하는 아이가
아닌데, 더군다나 공개 수업에서 그렇게 용기 내서 이야기하다니 놀랐어요.
또 그 내용들을 D 선생님이 알기 쉬운 언어로 바꿔서 아이들한테 이해시켜
주고, 그 아이가 말할 때 가까이 가서 자상하게 들어 주고…… 그런 부분들
을 봐 줬으면 좋겠어요.

C교사 D 선생님이 학생들한테 진짜로 인간적으로 다가가려고 노력도 굉
장히 많이 하고…….

B교사 평상시에 아이들에게 되게 잘하는 것 같더라고요. 그래서 수업은
거기서 좀 더 하면 되는 거고. 내가 보기에 D 선생님의 장점은 그거 같아요.

- 2013년 10차 모임(10월 8일)

〈적극적으로 반응하기, 동의하기〉

C교사 활동 1에서 a, b, c가 이런 특징들로 다른 종류구나, 하고 나눴어
요. 그리고 나서 아이들에게 분류표를 주고 그에 따라서 분류를 해 보는 활
동이 심화가 되면 되지 않을까요.

B교사 분류표를 가지고 분류를 해 보는 활동이요?

C교사 네, 그래서 말씀하신 대로 분류표를 따라서 나뭇잎들을 갈라 볼
수도 있고요.

B교사 모둠 활동으로요?

C 교사 네.

B 교사 그래요, 이것을 모둠 활동으로 하면 더 좋겠네요.

- 2013년 5차 모임(6월 11일)

교사 리더십은 교사가 학교에서 교육 활동을 수행해 나가면서 다른 사람과 관계를 맺고, 유지하고, 발전시켜 나가는 '공동체적' 속성을 가진다(정광희 외, 2008). 위와 같이 구성원과 원활한 의사소통을 통해 긍정적인 관계를 형성하고, 구성원의 다양한 입장이나 의견을 존중함으로써 자발성과 협력을 이끌어 내었던 역할은 교사 리더십의 속성 중 공동체성으로 해석될 수 있다.

여기서 간과할 수 없는 사실은 연구자가 리더로서 공동체성을 발휘할 수 있었던 배경에는 교과 전문가인 A의 원활한 의사소통 능력과 적극적인 협력이 큰 몫을 차지하고 있었다는 것이다. 예를 들어, C 교사가 가진 고민을 논의의 중심으로 끌어들여 수업의 아이디어로 활용하고, 구성원들에게 필요한 자료를 적극적으로 제공하고, 구성원들의 어려운 상황을 공감하고 위로하는 등 A는 전문성을 바탕으로 촉진자, 조력자, 정서적 지원자의 역할을 수행하며 과학 교사학습공동체에서 공동체성을 발휘하는 또 한 사람의 리더였다고 할 수 있다. 이것은 나중에 언급하게 될 분산적 리더십과도 연결된다.

3. 구성원들과 조율하며 공동체 운영하기

연구자는 2011년 과학 교사학습공동체의 첫 모임에서 바로 공동체의 대표로 추천되었다. 그 이유는 대학과 꾸준히 연계된 활동을 해 왔기 때문에 과학 교사학습공동체에 참여한 교과 전문가와 소통이 원활할 것이라는 의견이 우세했기 때문이다. 처음에는 교과 전문가와 연락을 주고받는 정도의 역할을 맡았지만 해가 거듭되면서 공동체와 학교에서 맡은 역할의 비중은 커졌다. 2013년에는 연구부장을 맡게 되면서 학교 안과 밖의 상황을 조망하는 것도 가능해졌다.

　연구부장으로서 연구자는 학년 초에 설정된 목표를 실천하기 위한 계획을 수립하고 실행하는 과정에서 구성원들의 상황을 파악하여 일정을 조정하고 구성원들을 독려하는 역할을 하였다. 여기서 구성원은 학교의 관리자, 각 교과별 교사학습공동체에 참여하는 교사, 대학의 연구자들이 모두 포함된다. 이것이 가능했던 것은 같은 학교에 5년간 근무하면서 구성원들의 상황을 잘 이해하고, 학교 시스템과 학교에서 이루어지는 제반 상황을 파악할 수 있는 위치에 있었기 때문이라고 생각된다.

　B 교사 수업 공개와 협의회까지는 다 끝났고, 11월 22일에 있을 워크숍 준비를 해야 되는데요, 지금 대략 초안이 나왔어요. (……) 간략하게 말씀드리자면 등록하고 개회식을 한 다음에 학습공동체를 3년간 운영하면서 어떤 변화를 가져왔고, 어떻게 도움이 됐는지를 소개하는 시간을 가졌으면 좋겠고요. (……) 분과에서 워크숍을 진행할 때 앞부분에 20분 정도를 교수님이 과학 학습공동체를 어떻게 시작하게 되었는지 이야기해 주셨으면 좋겠어요. 그 다음에 우리가 과학 학습공동체를 소개하는 거죠. (……) 그 과정이 끝나면 C 선생님의 수업 사례를 이야기하는 게 제일 좋을 것 같아요. '나는 이런 의도로 이런 수업을 하고 싶었고, 그래서 이렇게 계획을 했다.' (……)

　A 수업보기 틀은 항목을 만들면 되니까요.

　B 교사 네, 그건 제가 만들게요. 다음에 모였을 때는 뭘 하면 좋을까요?
　C 선생님 수업 동영상 다음까지 하면 너무 힘드니까 수업보기 기본 틀을

만들어 오면 그것을 한번 점검해 보는 것 정도만 할까요?

- 2013년 10차 모임(10월 8일)

또한 연구부장의 역할 중 하나였던 교내 자율 장학의 기획 및 실행 과정에서 공동체 활동을 통해 수업의 계획 및 실행에서 개선할 점을 찾아내고 새로운 아이디어를 제안하며 주도적으로 발전적인 방향을 모색하는 것도 가능하였다. 예를 들어 지도안 작성에 있어서 지금까지의 틀에서 벗어나 교사학습공동체에서 협의한 내용을 반영하는 새로운 형태의 지도안을 고안하였고, 이를 과학 교사학습공동체뿐 아니라 다른 분과에도 적용하도록 제안하였다.

B 교사 지금까지 우리가 지도안을 짜는 방식이 고정돼 있었잖아요. 맨 앞에 학생 실태 조사 하고, 모형 넣고, 이론적인 것 좀 넣고, 본시 넣고 해서. 거기에서 탈피해서 우리가 협의한 이 과정들이 지도안에 들어가게 하면 좋겠다는 생각을 한 거죠.

C 교사 우리는 교육과정에 있는 걸 다루니까 지도안에서 I에는 교육과정 관련된 내용이 들어가고, II는 학생 수준, 학습자 분석이, 그 밖에 그 우리가 연구한 것들이 III에 들어가는 형태 아니었나요?

B 교사 그런데 그게 지금까지는 서술하거나 표로 나타내는 형태였는데 거기서 좀 탈피하자는 거죠. 자기 수업을 설명하는 독특한 방법들이 있는데, 지금까지 우리 학교는 너무 고정돼 있었다는 느낌이거든요.

- 2013년 3차 모임(5월 28일)

이와 같이 공동체의 목표를 실천하기 위해 주도적으로 계획을 수립하고 적극적으로 실행하며, 개선점을 찾아 새로운 방향을 제시하고 추진하는 리더로서의 역할은 정광희 외(2008)에서 언급한 리더십의 한 속성인 '과업 주도성'과 연결 지어 해석될 수 있다. 과업 주도성은 상황이나 조건에 관계없이 과업에 대한 책임감과 애착을 가지고 적극적으로 수행하거나, 과업 수행에 있어 변화를 두려워하지 않고 도전적이며 모험적인 속성이 있다. 그러나 당시 연구자는 일정 부분에서는 변화를 시도하였으나 연구자 자신의 한계와 오랫동안 형식주의로 점철되어 있던 학교 문화에 부딪혀 지금까지의 틀을 완전히 벗어난 새로운 변화를 주도하지는 못했다.

4. 문제 해결을 통해 나와 구성원의 성장 촉진하기

과학 교사학습공동체의 초기 모임에서 구성원들은 좋은 수업에 대한 고민, 이론적으로 알고 있는 내용과 과학 수업 실행에서의 괴리감, 실험 활동 지도의 어려움, 과학 탐구 지도 방법, 과학실 환경 및 활용 문제 등의 어려움을 토로하였다. 그리고 과학 교사학습공동체를 통해 이러한 어려움들이 해결되기를 바랐고, 더불어 현장 교사들의 실천적 지식과 교과 연구자의 내용적 지식이 합쳐져서 전문성이 신장될 것이라는 기대를 가졌었다.

공동체의 리더는 구성원이 원하는 것을 파악하고 그들이 성장할 수 있도록 조력자의 역할을 해야 한다. 그런 점에서 협동학습연구회에서 바라는 섬김의 리더십(김성천, 양정호, 2007)은 교사학습공동체의 리더가 가져야 하는 중요한 역량이라고 할 수 있다. 그러나 공동체를 운영하고 지원하는 역할만 수행할 뿐 자신이 함께 성장하고 있다는 것을 확인하지 못한다면 리더 자신이 공동체에서 진정한 의미를 찾기는 어려울 것이다. 과학 교사학습공동체를 통해 연구자는 자신의 수업 전문성을 신장시키고, 이를 기반으로 동료들이 성장을 자극하는 역할을 하였다.

공동체 활동의 대부분을 차지했던 공동 수업 설계 과정에서 연구자는 지속적으로 자신이 가지고 있는 수업에 대한 고민을 꺼내 놓으면서 구성원들의 도움을 요청하였다. 먼저 수업 계획을 구체적으로 작성하여 제시하고 각 단계별로 생각했던 고민, 그동안 과학 수업을 하면서 겪었던 문제들, 학생들의 일반적인 상황과 현재 상황, 수업자가 처한 상황을 자세히 설명하였다. 이 과정은 구성원들이 정확한 정보를 토대로 구체적인 해결 방법을 제시하는 결과로 이어졌다.

〈수업 주제 선정에 대한 고민 해결하기〉

B 교사 3학년이니까 1학기 때 기초 탐구를 익히는 차원에서 나무를 가지고 한번 해 보면 어떨까요. (……) 그런데 이것을 한 차시 안에 다 할 수는 없으니까 이 중에 3학년 수준에서 해 보면 참 좋겠다든가, 나중에 '나무 한 그루 프로젝트'에 합류를 한다면 이런 부분이 준비돼 있으면 도움이 될 것 같다, 이런 것을 같이 협의했으면 좋겠어요. (……)

A 그래서 관찰하고 나름대로 분류하고 검색표까지 만들면 되게 좋은 활동이 될 것 같아요.

B 교사 재미있을 것 같아요. 그럼 3학년 수준에서 동화랑 연결해서 한번 찾아보죠.

A 책을 이용하는 것도 저는 되게 좋은 방법인 것 같아요.

B 교사 확 땡기는 수업인데요, 하하.

- 2013년 4차 모임(5월 28일)

지난 모임에서 선정된 주제로 지도안을 작성하여 제시하면서 수업을 계획할 때 생각했던 고민들을 구체적으로 꺼내 놓자 구성원들은 문제를 함께 해결하기 위해 적극적으로 논의에 참여하였고, 이를 통해 수업자의 고민이 하나씩 해결되면서 수업이 완성되어 갔다. 그리고 구성원들이 제안한 아이디어들을 수용하고 수업에 반영하기 위하여 자료를 찾고 공부하는 과정과 수업이 끝난 후에도 부족한 부분을 성찰하는 과정에서 스스로 과학 교사로서 전문성이 신장되어 가는 것을 느낄 수 있었다.

〈수업 지도안 설명하기〉

B 교사 수업을 처음부터 설명해 볼게요. 본시 지도안을 먼저 보시면, 일단은 경험 학습 모형에서는 지식보다는 관찰이나 분류 같은 이런 탐구 기능을 중심으로 하는 것이니까 그렇게 하고요.

(수업 계획 설명 과정 생략)

〈수업의 고민 해결하기〉

B 교사 3학년이라 이 분류표 만드는 데 상당히 시간이 오래 걸릴 것 같아요. 시간 안에 수업을 끝내야 되는데 교사가 어느 정도까지 개입을 해 줘야 하는지 고민이에요.

C 교사 제 생각에는 한 사람한테 잎을 한 장씩 준 다음에 분류표대로 이게 어디에 위치하는지 직접 해 보게 하는 게 좋을 것 같아요.

B 교사 아, 이 분류표를 주고요?

(……)

　D 교사　첫 번째 기준을 가지고 여섯 개를 둘로 분류해 본 다음에, 다음 사람이 나와서 그 한쪽을 다른 기준을 가지고 나눠 보고, 또 다른 사람이 나와서 다른 한쪽을 나눠 보고. 그렇게 해서 각각을 찾아가는 방법도 괜찮을 것 같아요.

- 2013년 5차 모임(6월 11일)

〈수업 검토회〉

　B 교사　이 수업을 준비하면서 모르는 분야에 대해서 공부를 참 많이 하게 되었어요. 수업을 준비할 때 우리는 거의 지도서만 읽잖아요? 그런데 아까 본 것처럼 지도서 말고도 이렇게 많은 책을 찾아보게 됐고, 산에 가서 채집을 하면서 제 스스로 수업 내용에 더 깊이 빠져 버리게 된 거예요. (……) 준비하면서 애들이 이러이러한 것을 관찰했으면 좋겠다는 것에 초점을 두게 되었고, 그 과정에서 저에게 변화가 있었던 것 같고 (……) 더 많이 고민을 하게 된 수업이었던 것 같습니다.

- 2013년 6차 모임(6월 18일)

　연구자의 수업 공개 이후 다른 교사들의 수업을 공동으로 설계하기 위한 협의의 과정이 이어졌다. 연구자가 먼저 수업을 계획하고 실행하면서 겪었던 경험은 나중에 다른 교사가 수업을 설계하고 실행하는 것에 조언을 해 줄 수 있는 밑거름이 되었다. 구성원이 고민을 꺼내 놓으면 문제를 단순화시켜 보다 쉽게 해결 방법에 접근할 수 있도록 도왔고, 아이디어를 제안할 때는 자세한 설명을 덧붙여 이해하기 쉽도록 하였으며 다른 구성원이 제안한 아이디어에 의견을 더해서 논의를 확장시키고, 아이디어에 의미를 부여하여 긍정적으로 평가함으로써 공동으로 문제를 해결해 나갔다.

C 교사는 '나무 주변의 작은 생물'이라는 주제로 수업을 설계하였다. 그는 학생들이 직접 나가서 관찰한 결과를 스마트 교실에서 자료로 제작하여 발표하는 연차시 수업을 계획하였다. 공개 수업으로는 이례적이지만 2시간으로 수업을 설계할 수 있도록 학교의 일정을 조정함으로써 수업자는 새로운 수업을 시도하고, 참관자는 그것을 공유할 수 있는 여건을 마련해 주었다.

B 교사 그럼 수업 시간을 어떻게 할까요? 계속 이야기 나온 게……

C 교사 2시간이요.

B 교사 네. 그래야 할 것 같아요. 우리, 수업 시간을 40분에 구애받지 말아 볼까요?

C 교사 그래서 처음에 5분 설명하고, 30분 탐구하고, 20분 자료 검색하고 조사하고, 나머지 30분 발표하고, 이런 식으로 하려고 하거든요.

B 교사 그럼 수업이 5, 6 교시가 되는 거죠?

C 교사 네. 야외에 나가기 때문에 위험 요소와 관련해서 환경 분석을 해서 여기에 붙여 놓고, 그에 따른 수업 전략이라든지 수업 모형을 선택하고……. 그리고 여기서 제가 다룬 작은 생물에 관련된 이론적인 배경 같은 것들이 앞부분에 붙으면 좋겠어요.

B 교사 탐구 부분은 저한테 주세요. 제가 분석해서 줄게요.

- 2013년 6차 모임(6월 18일)

공동 수업 설계 과정에서 연구자가 먼저 수업을 공개하고, 동료 교사들의 전문적 성장을 자극하며, 수업을 위한 개선 방안이 실천으로 이어질 수 있도록 추진하였다는 점에서 정광희 외(2008)가 제시한 교사 리더십의 속성 중 '과업 주도성'과 연결 지을 수 있다.

한편 연구자는 학교와 학교 밖의 상황을 공유함으로써 공동체가 외부로부터 어떤 도움을 받을 수 있는지 가능성을 타진하고 필요에 따라 도움을 요청하기도 하였다. 학술 대회나 연수를 통해 외부에 공동체 활동을 소개하고, 외부에서 이루어지는 과학 교사학습공동체에 대한 평가를 공동체의 활동 과정에 반영하기도 하였다. 이러한 일종의 정보 수집과 활용 능력은 리더십의 속성 중 '전문성'과 연결될 수 있는 부분이다.

5. 역할 분담으로 리더십 분산시키기

과학 교사학습공동체 활동을 하는 동안 연구자뿐 아니라 다른 공동체 구성원들도 다양하게 리더의 역할을 수행하였다. 교과 전문가로 참여한 A는 공동체 활동의 초기에서부터 주도적으로 협의를 진행하면서 촉진자의 역할을 하였다. 교사학습공동체가 생소한 구성원들에게 전문가의 안내는 교사학습공동체 활동의 의미를 인식하고 활동 방향을 설정하는 데 큰 도움이 되었다. 초기에는 과학 교사학습공동체가 A에게 의지하여 운영되었으나 시간이 지날수록 구성원들이 맡은 역할이 다양해지고 각자의 역할을 주도적으로 수행하면서 점차적으로 리더십이 분산되었다. 연구자가 교사학습공동체를 효율적으로 운영하기 위한 환경을 조성하는 하드웨어 중심의 리더 역할을 수행하였다면, C 교사는 과학 분과의 주요 과제인 '나무 한 그루 프로젝트'를 주도적으로 계획하고 실행하는 소프트웨어 중심의 리더 역할을 수행하였다고 할 수 있다. 또한 2013년에 합류한 G 교사는 분과의 실무를 담당하는 대표를 맡아 협의록을 기록하고 구성원들에게 일정을 알리는 역할을 수행하였다.

A 이미 희망에서도 '나무 한 그루 프로젝트'를 했으면 좋겠다라고 말씀을 해 주셨고, 그 다음에 아마 두 분도 동의를 하시겠죠? 그러면 그대로 진행하는 걸로 하겠습니다. 이후 진행과 관련해서 고민이 필요한데, 아직까지 자유 탐구는 시작 안 하신 거죠? 학생들과 시작을 하기 전에 우리 모임을 한번 하면 어떨까요? 그 과정에서 전반적인 계획과 이후의 진행 일정 같은 게 공유가 되면 좋겠어요. (B 교사가 맡은) 역할이 많으셔서요.

C 교사 그래서 지난해에 B 선생님이 하신 역할을 G 선생님이 맡고……

(……)

B 교사 계획서를 읽어 보셨는지 모르겠는데, 올해는 자율 공개 수업이랑 연결해서 교사학습공동체를 운영하려고 해요. 다른 교과는 선생님들 수업 안을 검토해서 진행하면 되는데, 과학과는 어떻게 해야 할지 조금 걱정이 되었어요. 일단 수업은 C 선생님 혼자 하는 게 아니라 모든 선생님이 다 하는 것이 어떨까요? 올해도 '나무 한 그루 프로젝트'로 간다면 프로젝트에 들어갈 차시별 주제를 얼른 잡아서 D 선생님도 그중 한 주제의 수업안을 짜서 수업을 진행하면 좋겠어요.

― 2013년 1차 모임(4월 2일)

한편 공동체 운영의 초기 단계에서 촉진자 역할을 했던 A는 교과 전문가로서 수업의 계획 및 실행, 성찰의 과정에서 풍부한 전문적 정보를 제공하는 조언자로서의 역할로 점차 중심축이 이동되었다. A가 제공하는 전문적 지식과 외부 자원 및 지원 등은 과학 교사학습공동체의 전문성을 보완해 줌으로써 '나무 한 그루 프로젝트'라는 목표를 수행하는 데 큰 도움이 되었다.

　B교사　저도 KWL 차트에 대해 들어도 보고 이론상으로도 알고 있었지만 수업에 적용해 볼 생각은 못 했는데, 이번에 저도 정말 많이 배운 것 같아요. 교생 실습 지도를 하면서 '이게 이렇게 사용될 수도 있구나' 느꼈고, 우리 프로젝트에도 활용할 수 있을 것 같아요.

　A　네. 나무 한 그루 프로젝트에도 KWL 차트를 사용할 수 있을 것 같아요. 혹시 수업을 보셨어요?

　C교사　네, 봤어요.

　A　KWL 차트는 보통 이미 알고 있는 것, 알고 싶은 것, 끝난 다음에 알게 된 것을 정리하는 거죠. 처음에 도입하셔도 상관없어요. 나무 프로젝트를 하기 전에 나무에 대해 무엇을 탐구하고 싶은지, 그래서 지금 나무에 대해서 알고 있는 게 뭐고, 알고 싶은 건 뭐고, 나중에 알게 된 건 뭐고 이렇게 하면 되게 재미있어요. 처음에 나무에 대해서 알고 있는 게 뭔지 생각해 보는 활동을 할 때는 아이들한테 칠판에 적어 보게 해도 되고, 아니면 컴퓨터에 바로 작업하셔도 돼요.

　　　　　　　　　　　　　　　　　　　　　　－ 2013년 3차 모임(5월 7일)

　이렇게 과학 교사학습공동체는 구성원들이 적절히 역할을 분담하여 각자 주도적인 역할을 수행하였는데, 이는 Leithwood et al.(2007), 문성윤(2013), 강경석, 박찬(2013) 등이 언급한 분산적 리더십이 발휘된 것이라 할 수 있다. 이들의 연구는 학교장에게 집중되어 있던 리더십을 교사에게 분산시킴으로써 교사 효능감을 높이고 교사공동체 형성을 촉진시킨다는 것을 보여 준다. 연구자의 경험을 성찰한 결과, 학교 조직과 마찬가지로 교사학습공동체 내에서도 분산적 리더십이 발휘될 필요가 있다. 리더의 역할이 어느 한 사람에게 집중되는 것보다는 공동체 구성원들이 역할 분담을 통해 각자 리더의 역할을 수행하면서 상호 보완해 나갈 때 구성원들의 만족도가 높아지고 공동체의 전문성이 더 발달한다는 것을 볼 수 있었다.

V. 결론 및 제언

본 연구에서는 학교 안 교사학습공동체에 참여한 경험을 바탕으로 리더로서 어떤 역할을 수행하였는지 성찰하고, 앞으로의 실천에 관한 개선점을 도출하고자 자기연구를 수행하였다.

교사학습공동체에서 수행한 리더의 역할은 '공동체의 비전과 목표 설정하기', '개방적인 소통을 통해 공동체성 형성하기', '구성원들과 조율하며 공동체 운영하기', '문제 해결을 통해 나와 구성원의 성장 촉진하기', '역할 분담으로 리더십 분산시키기'이다.

이러한 교사학습공동체의 리더 역할은 대부분 정광희 외(2008)가 밝힌 일반적인 학교 조직에서 발휘되는 교사 리더십의 속성과 연결된다. 즉, '공동체의 목표 설정과 비전 세우기'는 목표 지향성, '개방적인 소통을 통해 공동체성 형성하기'는 공동체성, '구성원들과 조율하며 공동체 운영하기'와 '문제 해결을 통해 나와 구성원의 성장 촉진하기'는 과업 주도성과 연결된다. 이것은 교사학습공동체의 리더 역할이 일반적으로 학교 조직에서 발휘되는 교사 리더십과 크게 다르지 않음을 의미한다.

한편 교사 리더십의 속성 중 전문성의 영역에서는 공동체 구성원들이 대학에서 참여한 교과 전문가에게 의지하는 경향이 컸다. 이는 연구의 대상이었던 교사학습공동체가 과학 교과를 중심으로 운영되었기 때문이라고 판단되며 일반적인 교사학습공동체에서는 다른 양상이 나타날 수 있다. 즉, 리더십의 발휘 영역에 따라 리더십의 속성이 다르게 나타날 수 있음을 의미한다. 또한 교사학습공동체에서는 리더십이 공동체 구성원들에게 분산되어 나타났음을 확인할 수 있었다. 역할 분담을 통한 분산적 리더십은 리더의 부담을 줄이고 공동체의 구성원이 주도적, 적극적으로 공동체 활동에 참여하는 데 촉매 작용을 하였다.

본 연구를 통해 연구자는 교사학습공동체 안에서 리더로서 어떤 역할을 수행하였는지 심도 있게 이해할 수 있었으며, 이를 기반으로 교사학습공동체의 리더가 수행해야 할 역할과 교사학습공동체 운영에 관해 다음과 같은 시사점을 얻었다.

첫째, 교사학습공동체 활동에서는 무엇보다도 긍정적인 관계 형성과 구성원의 성장을 중요하게 고려해야 할 것이다. 이들은 교사학습공동체의 속성 중 하나인 협력의 전제 조건이 되는 자발성을 이끌어 내는 핵심 요인이라고 할 수 있다.

둘째, 교사학습공동체의 초기 단계에서는 솔선수범하는 리더의 역할이 중요하다. 이것은 구성원 간의 관계 형성 및 신뢰 형성에 큰 영향을 준다고 할 수 있다. 교사학습공동체 안에서 구성원들 간에 긍정적인 관계가 형성된 후 성숙 단계로 접어들었을 때에는 전문성을 바탕으로 구성원들의 성장을 촉진시켜 주는 역할이 중요하다.

셋째, 학교 안 학습공동체의 활동은 학교 시스템 및 학교 문화에 많은 영향을 받기 때문에 교사학습공동체의 리더는 학교 내의 상황을 긴밀히 파악하고 학교와 공동체 내의 상황을 조정할 수 있는 역량을 지닐 필요가 있다.

넷째, 분산적 리더십을 통해 구성원들이 스스로 주도적이고 적극적으로 참여하도록 이끌어야 한다. 분산적 리더십은 공동체 구성원들이 자신이 가진 역량을 발휘하여 서로 부족한 점을 상호 보완함으로써 공동체 전체가 발전적인 방향으로 나아가게 해 준다.

다섯째, 교사학습공동체의 요구를 분석하여 외부 전문가나 자원을 적절하게 연계해 줄 필요가 있다. 외부와의 협력은 구성원들에게 새로운 아이디어, 전문적 지식, 정보 등을 제공해 줌으로써 전문성 발달을 촉진시키는 데 도움이 된다.

본 연구의 결과가 교사들이 교사학습공동체의 리더와 구성원으로서 자신의 역할을 성찰하는 데 의미 있게 활용되기를 기대한다. 다만, 과학 교과를 중심으로 한 교사학습공동체라는 점과 자기연구라는 특성상 연구의 결과를 교사학습공동체의 리더의 역할로 일반화하는 데 한계가 있다. 따라서 다양한 사례 연구를 통해 교사학습공동체의 리더들의 활동을 추가로 분석함으로써 교사학습공동체 리더들의 역할 및 역량을 개념화하는 후속 연구가 필요하다고 하겠다.

| 참고 문헌 |

강경석, 박찬(2013). 학교조직에서의 분산적 리더십과 교사효능감 및 학습조직화 간의 관계. **중등교육연구**, 61(2), 경북대학교 중등교육연구소, 309~337쪽.

곽영순(2015). 교사 학습공동체의 발달 단계 탐색. **교육과정평가연구**, 18(2), 한국교육과정평가원, 83~104쪽.

경기도교육청(2016). 2016 경기교육 기본계획 주요업무계획. 경기도교육청.

김경은(2010). 수업전문성신장을 위한 사회수업 학습공동체 활동 사례 연구. **열린교육연구**, 18(4), 한국열린교육학회, 31~55쪽.

김남균(2013). 교사학습공동체에서 프로토콜을 적용한 사례와 그 유용성에 대한 연구. **초등교육연구**, 26(3), 한국초등교육학회, 1~20쪽.

김남균, 심영택, 김민조, 이현명(2014). 교사학습공동체의 대화 분석과 교육적 의미 탐색 : 초등 수학 교과를 중심으로. **화법연구**, 25, 한국화법학회, 7~40쪽.

김성천, 양정호(2007). 전문성을 지닌 교사리더로 성장하기 : 협동학습연구회에 대한 문화기술적 연구. **교육사회학연구**, 17(4), 한국교육사회학회, 1~33쪽.

김송자, 맹재숙, 박수정(2013). 초등학교 교사학습공동체 운영 사례 연구. **교육연구논총**, 34(1), 충남대학교 교육연구소, 227~247쪽.

김진규(2009). 교사 학습공동체 활용 평가연수의 실천 전략. **교육평가연구**, 22(4), 한국교육평가학회, 939~959쪽.

김혜진, 김혜영, 홍창남(2015). 교사 협력이 교사 만족에 미치는 효과 분석 : 혁신 학교와 일반 학교의 차이를 중심으로. **한국교원교육연구**, 32(2), 한국교원교육학회, 123~148쪽.

나귀수(2010). 초등학교 수학 수업 학습공동체 활동에 대한 연구. **수학교육학연구**, 20(3), 대한수학교육학회, 373~395쪽.

문성윤(2013). 분산적 리더십 진단 도구 개발 연구. 박사학위 논문. 충남대학교 대학원.

박나실, 장연우, 소경희(2015). 내부로부터의 학교 변화 : 학교 안 교사학습공동체의 형성 및 발달에 관한 사례 연구. **교육과정연구**, 33(4), 한국교육과정학회, 91~114쪽.

박영은(2014). 자기 연구(Self-Study)를 통한 초임 교사교육자의 교수 경험 성찰. **한국교원교육연구**, 31(3), 한국교원교육학회, 221~243쪽.

박영희(2011). 초등 수학 수업 전문성 신장을 위한 대학과 초등학교의 학습공동체 사례 연구. **한국수학교육학회지 시리즈 E - 수학교육 논문집**, 25(1), 한국수학교육학회, 47~61쪽.

서경혜(2008). 학교 밖 교사학습공동체에 대한 사례연구. **한국교원교육연구**, 25(2), 한국교원교육학회, 53~80쪽.

_____(2009). 교사 전문성 개발을 위한 대안적 접근으로서 교사학습공동체의 가능성과 한계. **한국교원교육연구**, 26(2), 한국교원교육학회, 243~276쪽.

_____(2011). 교사공동체의 온라인상 협력을 통한 수업자료 개발의 실제와 쟁점. **교육과학연구**, 42(3), 이화여자대학교 교육과학연구소, 25~53쪽.

_____(2015). **교사학습공동체 - 집단전문성 개발을 위한 접근**. 서울: 학지사.

선우진, 방정숙(2014). 교사학습공동체를 기반으로 한 초등학교 수학 수업연구의 긍정적인 측면과 한계점 분석. **초등수학교육**, 17(3), 한국수학교육학회, 189~203쪽.

심영택, 김남균, 김민조, 이현명(2014). 교사학습공동체 참여 교사들의 인식 분석. **학습자중심교과교육**

연구, 14(7), 학습자중심교과교육학회, 233~254쪽.

이경호(2010). 전문가학습공동체 운영사례와 정책적 시사점: 미국 'Cottonwood Creek School'의 실천을 중심으로. 한국교육과정연구, 한국교원교육학회, 27(4), 395~419쪽.

이선경(2013). 교육대학과 부설학교 간 협력에 기반한 과학과 학습공동체 운영 사례와 시사점. 초등과학교육, 32(4), 한국초등과학교육학회, 437~451쪽.

이성은, 김예진, 유선경(2007). 초등학교 온라인 교사 학습 공동체에서의 지속적 지도력. 초등교육연구, 20(3), 한국초등교육학회, 17~35쪽.

이주형(2007). 실천공동체(CoP)에 영향을 미치는 학습 리더의 리더십 유형에 관한 사례연구. 석사학위 논문. 한양대학교 대학원.

이혁규, 심영택, 김남수, 이현명(2012). 교사의 자기연구(self-study) 필요성 탐색. 교육문화연구, 18(2), 인하대학교 교육연구소, 5~43쪽.

이현명(2012). C 교육대학교와 부설초등학교 간의 영어교과 전문교사학습공동체(PLC) 활동의 실제와 의미. 학습자중심교과교육연구, 12(4), 학습자중심교과교육학회, 585~623쪽.

이형빈(2013). 교사 전문성 향상을 위한 교사학습공동체 구축 방향에 대한 연구. 교육발전연구, 29(2), 53~80쪽.

전남익, 최은수(2010). 교사리더십 개발과정에 대한 근거이론적 접근 : 교사학습공동체의 경험과 상호작용을 중심으로. Andragogy Today, 13(4), 한국성인교육학회, 149~176쪽.

정광희, 김갑성, 김병찬, 김태은(2008). 한국 교사의 리더십 특성 연구. 한국교육개발원 연구보고 RR 2008-06.

황기우(2008). 학교개혁을 위한 교사 리더십의 연구. 교육문제연구, 31, 고려대학교 교육문제연구소, 23~47쪽.

Annenberg Institute for School Reform(2003). *Professional learning communities: Professional development strategies that improve instruction.* Province, RI: Author.

Corbin, J. & Strauss, A.(2007). *Basics of qualitative research.* Thousand Oaks, CA: Sage Publication Inc. 신경림, 김미영, 김정선, 신수진, 강지숙 옮김(2009). 근거이론. 서울: 현문사.

Danielson, C.(2006). *Teacher leadership: That strengths professional practice.* Alexandria, VA: ASCD.

Holmes Group(1995). *Tomorrow's schools of education: A report of the holmes group.* East Lansing, MI: Holmes Group.

Katzenmeyers, M. & Moller, G.(2001). *Awakening the sleeping giant: Helping teacher develop as leaders.* Thousand Oaks, CA: Corwin Press.

Kimbery, K. & Gamble, M.(2001). *Reforming schools.* NY: Continuum.

LaBoskey, V. K.(2007). The methodology of self-study and its theoretical understandings. In Loughran, J. J. et al.(Eds.), *International handbook of self-study of teaching and teacher education practice,* The Netherlands: Springer Publishers, pp. 817-869.

Leithwood, K., Mascall, B., Strauss, T., Sacks, R., Memoon, N. & Yashkina, A.(2007). Distributing leadership to make schools smarter: Taking the ego out of the system. *Leadership and Policy in Schools,* 6(1), pp. 37-67.

McDonald, P. J., Mohr, N., Dichter, A. & McDonald, C. E.(2007). *The power of protocols.* New York, NY: Teachers College Press.

Saldaña, J.(2009). *The coding manual for qualitative researchers.* London, UK: Sage Publication Ltd. 박종원, 오영림 옮김(2012). 질적 연구자를 위한 부호화 지침서. 서울: 신정.

Smyile, M. A. & Denny, J. W.(1990). Teacher leadership: Tension and ambiguities in organizational perspective. *Educational Adminstration Quarterly,* 26(3), pp. 235-259.

Suranna, K. J. & Moss, D. M.(2002). Exploring teacher leadership in the context of teacher preparation. Paper presented at the 83rd *Annual American Education Research Association(AERA) Meeting*, New Orleans, LA.

Wiliam, D.(2007). Changing classroom practice. *Educational Leadership*, 65(4), pp. 36-42.

2부

교사학습공동체
실천 사례

수업 전문성 신장을 위한
학습공동체 사례 연구

초등학교 국어 수업을 중심으로

김병수

I. 교사학습공동체 선행 사례와 자기연구

1. 교사의 수업 전문성 신장을 위한 자기연구

자기연구self-study는 교육적 연구와 실천에 종사하는 사람들의 자기 이해와 개선에 초점이 있다. 자기연구의 역사적 기원은 과학적 연구와 실천을 결합하기 위한 시도로 다양한 교수-학습에의 접근법으로 시작하게 되었다(Loughran, 2004). 특히, 교수-학습에 대한 구성주의 관점의 대두가 교사 학습과 교사 교육에 대한 새로운 관점을 고무했다는 사실이 자기연구 대두의 배경이라 할 수 있다(Korthagen & Lunenberg, 2007). 구성주의는 교사 스스로 자신의 실천에 대한 성찰이 핵심적인 원리가 되고 있는데, 이것이 교사 교육자에게 역시 적용되기 시작한 것이다.

자기연구는 연구 방법과 관련하여 주로 교육의 장에서 활동하는 '나'라는 존재에 대한 이해, 해석, 새로운 의미를 지향한다. 따라서 자기연구는 양적 연구 방법을 부인하지는 않지만 거의 대부분의 경우에 인간의 주관적 의미의 세계를 이해하기 위해서 노력해 온 광범위한 질적 연구 방법들을 활용하고 있다.

자기연구가 주목한 것은 모든 인간 현상에 적용 가능한 보편적인 것이 아니다. 대신에 가르치는 활동이라는 특수한 직업 영역에 속하는 존재들의 실천을 이해하고 개선하는 것과 관련된 특수한 관심에 한정되어 있다. 즉, 자기연구의 자아는 모든 인간이 아니라 일차적으로는 가르치는 활동에 종사하는 교육적 자아educational self라고 할 수 있다 (이혁규 외, 2012a).

자기연구의 가장 큰 특징은 당사자적이라는 것이다(Beck, Freese, & Kosnik, 2004). 즉 셀프, 내러티브 탐구, 그리고 참여자 연구를 강조한다. 자기연구는 개인적 경험을 존중하고 지식 구성을 강조하며 끊임없는 탐구의 요소들을 갖추고 있으므로 구성주의적이다. 자기연구는 수업뿐 아니라 교사 자신, 수업에 대한 신념과 가정, 그리고 수업에 대한 이데올로기 등에도 관심을 갖는다. 이러한 자기연구는 스스로의 수업을 개선하는 데도 필요할 뿐 아니라 동료들과의 협력이 요구되는 현재의 학교 문화 변화에 있어서도 필요하다.

자기연구는 기본적으로 질문하기question-asking를 그 토대로 두고 있다(Austin & Senese, 2007). 질문하기는 개인에게 중요한 실천상의 질문뿐 아니라 교사공동체에도 중요한 질문을 탐색한다. 왜냐하면 자기연구는 교사 개인에게만 초점을 맞추는 것이 아니라 교사와 조직 전체의 연구에도 해당하기 때문이다(김남수, 2012). 가령 자기연구는 자신의 실천에 초점을 맞추어 하는 연구, 다른 동료들과 함께 자신의 실천을 보는 연구, 교사 집단이 스스로의 활동에 대해서 협력적으로 하는 연구 등을 다 포함하고 있다.

자기연구는 반성과 탐구라는 개인적 과정 위에서 구축되며 이러한 과정들을 취하여 공개적인 비평의 대상으로 열어 둔다. 그렇기 때문에 혼자서 수행하지 않으며, 혼자서 알게 된 점들의 타당성을 검증하는 과정과 대화를 통하여 새로운 이해를 얻게 된다(이혁규 외, 2012a). 그래서 궁극적으로는 개인에게 중요한 수업 실천을 조사하고 교사교육 공동체의 폭넓은 관심을 추구한다(Clarke & Erickson, 2007).

자기연구는 자기에 대한 연구와 관련되므로 연구에 자신이 주인 의식을 가지고 실천상의 딜레마를 해결하고 '개선을 위한 보다 심층적인 문제 진단'에 기여할 수 있다. 자기연구는 또한 동료성에 기반한 협력적 대화 공동체 구축에도 기여한다(이혁규 외, 2012a). 자기연구에서 협력은 특정한 사안이나 문제에 대한 공동의 노력뿐 아니라 개인 간의 유대를 의미한다. 최근 들어 국내에서 동료성에 기반한 학습공동체 구축과 활동이 주목받고 있는데, 동료성 구축에 필요한 몇 가지 접근 중 하나가 바로 자기연구이다.

2. 교사학습공동체 선행 연구 및 시사점

교사학습공동체 선행 연구는 S초등학교 및 C초등학교의 교사학습공동체 활동을 바탕으로 이루어진 연구물을 중심으로 살펴보고자 한다. 우선 국어과와 관련해서 김미혜(2010), 김병수(2013)의 연구가 있다. 김미혜(2010)는 3개월간 운영된 국어과 학습공동체의 경험을 정리하였다. 이 연구는 교사들이 대학의 연구자와 협력적 관계를 맺고 학습공동체에 지속적으로 참여함으로써 교사의 수업 전문성을 신장시킬 수 있음을 밝혔다.

김병수(2013)는 초등학교 1학년 교사학습공동체 사례를 중심으로 교과 발달 단계에 따른 이해 방법의 연구를 하였다. 교과 발달의 관점이란 교실 수업을 통해 일어나는 학습을 매개로 한 변화를 뜻한다. 1학년 교사학습공동체 활동을 통해 교사 수업 전문성 신장의 초점을 교사에게서 학생들에게 옮겨 적용해 보았다는 데 의의가 있는 연구물이다.

타 교과와 관련해서는 수학과의 연구(나귀수, 2010; 박영희, 2011; 김남균, 2012), 사회과의 연구(김경은, 2010), 영어과의 연구(이현명, 2012), 음악과의 연구(류미해, 2012), 도덕과의 연구(박형빈, 2012), 스마트 교육 관련 연구(송연옥, 2013) 등을 들 수 있다.

나귀수(2010)와 박영희(2011)는 수학과 학습공동체의 활동 내용과 과정을 상세하게 기술하였다. 수학과 학습공동체 활동은 국어과 학습공동체 결과와 마찬가지로 수업을 보는 안목을 넓히고 수업 전문성을 향상시킬 수 있었다고 보고하고 있다. 사회과의 김경은(2010), 영어과의 이현명(2012), 음악과의 류미해(2012)의 연구에서도 교사학습공동체 활동이 교사로 하여금 수업에 대한 다양한 관점을 공유하고 반성하는 기회를 제공해 줌으로써 참여 교사의 수업 전문성 신장을 위한 태도가 보다 적극적으로 변화했다고 논의하고 있다.

반면에 김남균(2012)은 교사학습공동체 운영 방법에 대한 다섯 가지의 논쟁점을 제시하였다. 첫째, 활동에서 수업 분석과 수업 계획에 대한 논의가 바람직한지에 대한 의문이다. 둘째, 활동 후의 공동의 산출물이나 결과물이 어떤 유형인지에 대한 논의이다. 셋째, 활동에서 교수인 연구자의 개입 시점에 관한 점이다. 넷째, 참여하는 교사와 협력 학교의 환경에 따라 운영 목표와 방법이 달라야 하는지에 대한 사항이다. 다섯째, 활동 과정에서의 변화와 쟁점을 정리하는 방법을 마련할 필요성에 대한 것이다. 이러한 논의점들은 교사학습공동체 제도화 방안과 관련하여 좋은 시사점을 제공해 준다.

박형빈(2012)의 연구는 교사학습공동체 운영 사례를 통해 도덕과에서 수업 비평의 의미와 방향을 살폈다. 이 연구에서는 도덕과 학습 공동체 활동은 교사와 연구자가 함께 고민하고 개선해 가는 만남, 공감, 치유의 장이 되어야 한다고 주장하였다. 송연옥(2013)에서는 스마트 교육 내실화를 위한 교사학습공동체 사례 연구를 실시하였다. 연구자는 스마트 교육 학습공동체 활동 운영을 통해 스마트 교육을 실제적으로 체험할 수 있는 환경 구축이나 스마트 교육 연구학교와의 연계 활동에 대한 지원 방안에 대한 논의가 필요하다고 제시하였다.

선행 연구를 분석해 본 결과 교사학습공동체 활동은 각 교과별 수업 전문성 신장에 긍정적인 역할을 하고 있었다. 그리고 공통점은 교사학습공동체 모임의 활성화를 위해서는 자발성과 책임감 그리고 체계가 필요하다는 것이다(송연옥, 2013). 먼저 자발적으로 형성된 구성원들을 중심으로 교사학습공동체를 형성하고, 구성원들에 의해 활동 주제 및 활동 방향이 계획될 수 있도록 해야 한다는 것이다. 이후 계획된 주제를 토대로 활동에 직·간접적으로 참여할 전문가를 연계하여 활동이나 지식을 보완하는 방식으로의 전환이 필요해 보인다. 그리고 학교의 개입은 최소화하며, 활동에 참여한 모든 이들이 책임감을 가지고 활동을 운영할 수 있도록 운영 체계 마련이 필요하다고 주장하고 있다.

제시된 선행 연구들의 한계점은 보통 1년 이내에 이루어진 활동이라는 점이다. 연구자는 이를 극복하기 위하여 2년 동안 보다 장기적인 연구를 하고자 하였다. 장기간 연구의 장점은 교육 현장과 함께한 교사들의 삶이나 공동체 속에서의 갈등과 그 해결 방식, 리더나 구성원들의 역할 및 변화, 새로운 도전 과제를 향한 열정 등을 제대로 이해하고 포착할 수 있다는 점이다(심영택 외, 2013). 참여 구성원의 변화는 있었지만 교사학습공동체 활동의 질적인 변화를 파악해 보고, 연구자 및 참여 교사들의 변화, 반성을 드러내 보고자 한다.

II. 국어과 학습공동체 운영 과정과 그 의미

1. S초등학교 국어과 학습공동체의 구성과 운영

연구자의 국어과 학습공동체 활동은 2011학년도, 2012학년도 2년 간에 걸쳐 진행되었다. 2011학년도 활동은 4~12월까지 이루어졌다. 1학기 18시간, 2학기 18시간이 이루어졌다. 1학기 활동은 자신의 수업 분석을 통해 내가 하는 국어 수업을 이해해 보고자 하였고, 2학기는 국어과 각 영역별 이론과 실제를 다루면서 수업 분석 활동을 하였다. 한 번에 3시간 정도 시간이 소요되었으며, 장소는 주로 S초등학교 1학년 교실에서 이루어졌다.

2012학년도 활동은 2011학년도 활동을 반성하고 보다 실제적이면 서도 학년 특성에 맞는 활동을 하고자 하였다. 그래서 1학년 특성에 맞는 '국어 문식성 실태를 통한 교사의 학생 이해'에 대해서 1학기 때 활동을 하였고, 2학기 때는 교사의 수업 화법과 공동 수업 설계에 대한 활동을 하였다.

2년간 참여했던 구성원은 〈표 2-1〉과 같다.

표 2-1 **교사학습공동체 구성원(2011~2012학년도)**

성명	담당 학급	경력	비고
A	1학년 1반	26년	2011, 2012학년도 참여
B	1학년 2반	33년	2011, 2012학년도 참여
C	1학년 3반	15년	2012학년도 참여
D	영양 교사	19년	2012학년도 참여
E	1학년 2반	8년	2011학년도 참여
F	1학년 4반	22년	2011학년도 참여

2. 2011년 활동 내용

(1) 연구의 과정

1) 1학기 – 내가 하는 국어 수업 이해하기

각 교과 학습공동체 활동을 시작하기 전에 전체 교과가 함께 모여 간담회 자리를 가졌다(4월 6일). 실제 국어과 학습공동체 첫 모임은 4월 22일에 있었다. 첫 만남이었기 때문에 서로 소개를 하고, 논의를 통해 구체적인 일정과 내용을 정하였다. 교사학습공동체 활동에 대해서는 1학년의 특성에 맞는 활동을 했으면 하는 바람도 엿보였다.

연구자 제가 처음 계획했던 것은 이론에 관한 활동이었습니다. 그리고 선생님들이 관심 있는 교사 화법이나, 제가 관심 있는 동화 구연과 동화 읽기(를 하고 싶습니다.) (……) 해 보고 싶은 건 많은데 현실적인 한계가 있기 때문에 선생님들이 원하시는 것들을 더 해 보려고 합니다.

E교사 말씀하신 것 중에 번쩍 눈에 띄는 것이 동화 구연이에요. 다른 학년들과 달리 1학년에서는 교사가 동화 구연을 잘하면 아이들이 받아들이는 효과가 커요. 그런 경험이 많았던 것 같아요. 우리 교사들이 동화 구연을 잘했으면 좋겠다는 생각을 해요.

두 번째 모임은 일상적인 국어 수업의 특성과 그 수업과 자신의 수업을 비교하는 시간을 가졌다(4월 28일). C교육대학교 연수 프로그램인 '수업하기'와 접목하여 교사학습공동체 활동으로 연결하였다. 첫 시간에는 국어 수업의 특성과 수업의 상황을 이해하고, 일상적인 국어 수업을 시청하며, 내 수업의 상황적 요소와 비교해 보는 시간을 가졌다. 참여 교사들은 수업에서 상황적 요소가 수업의 차이를 만드는 중요한 요소임을 실감하는 분위기였다.

세 번째 모임은 국어 수업 분석을 통해 내 수업의 패턴을 찾아보는 활동을 하였다(5월 12일). 먼저 국어 수업 분석의 필요성과 절차를 이해하고 기존의 일상적인 국어 수업을 보고 내 수업의 흐름을 파악하고자 하였다. 이어서 네 번째 모임은 내 수업을 촬영한 것을 보고 내 수업의 흐름과 원리를 파악해 보는 활동을 하였다(5월 26일). 4명의 참여 교사 중 1명만이 수업 촬영을 해 와서 활동이 제대로 이루어지지 않았다. 교사들은 자신의 수업 분석의 필요성을 인식하고 있으면서도 실제 수업을 분석하고 피드백이 이루어지는 과정을 수행하기를 꺼리고 있었다. 다섯 번째 모임은 초등학교 교사의 국어 수업 두 편을 보고 내 수업과 비교하는 활동을 하였다(6월 9일). 교사들은 좋은 수업에 대해 닮고 싶은 마음은 가지고 있었지만, 자신의 수업에서 어떤 부분을 고쳐야 하는지에 대해서는 자세히 이야기하지 않았다. 여섯 번째 모임은 참여 교사인 B 교사의 공개 수업을 보고 논의하는 시간을 가졌다(6월 24일). 동료 교사들은, 활발한 상호 작용 속에 이루어졌고 교사의 안정감이 돋보이는 수업이라고 평가했다. 배운 내용을 구체적으로 정리하면 좋았을 것이라는 아쉬움도 표현했다.

일곱 번째 모임은 1학기 마지막 모임으로 교과 전문가를 초청하여 국어 수업 전문성 신장은 학교 문화 개선에 어떤 도움을 줄 수 있는지에 대한 논의를 하였다(6월 28일). 참여 교사들은 국어과 학습공동체 활동에서 수동적이었다는 사실을 인정하면서도 1학기 활동에 나름대로 의미를 부여하고 있었다.

A 교사 저는 올해에 이 학교에 와서 전문성개발체제, 교사학습공동체 활동을 하는 것이 낯설어서 따라가는 입장이었어요. 연수도 받지 않아서 아직 적응을 못 했어요. 그래도 많은 것을 배웠고 2학기 때는 적극적으로 참여해서 국어 수업에 변화가 있도록 해 보고자 합니다. 우리가 학습공동체

에서 협의하고 교수님께서 연수하신 자료를 아직 학생들에게 적용하지 못한 상태예요. 적응을 하고 나면 2학기 때에는 변화가 있을 것 같아요.

2011학년도 1학기 국어과 학습공동체 활동을 요약하면 〈표 2-2〉와 같다.

표 2-2 **2011학년도 1학기 학습공동체 주요 활동 내용**

월일 \ 내용	2011학년도 1학기 국어과 학습공동체 활동 내용
4월 6일(수)	간담회 : 작년 활동의 반성, 학습공동체의 요구 인식, 프로그램 일정 논의
4월 22일(금)	교육과정 및 교과서 변화로 인한 국어 수업의 변화와 그 의미 - 좋은 수업이란? (국어) 수업 중에서 바꾸고 싶은 것
4월 28일(목)	국어 수업의 특성과 수업 상황 이해하기, 수업 보기의 절차 이해하기 - 일상적인 국어 수업 보기, 내 수업과 비교해 보기(상황적 요소)
5월 12일(목)	내 수업 패턴 찾기 - 국어 수업 분석의 필요성, 수업 분석 절차의 이해하기, 내 수업 흐름 파악하기
5월 26일(목)	내 수업 다시 보기 - 내 수업 촬영하기, 학생들이 내 수업 적기, 내 수업의 패턴 도출해 보기
6월 9일(목)	'수업 통제와 국어과 수업 설계 방법' 강의 - S 교사 국어 수업 보고 내 수업과 비교해 보기, 내 수업 고치고 실행해 보기
6월 24일(금)	공개 수업 보고 논의하기(P 교사 수업) - 바꾼(공개) 수업 실행 및 논의하기
6월 28일(화)	국어 수업 전문성 신장은 학교 문화 개선에 어떤 도움을 줄 수 있는가? - 교과 전문가 만남-수업 개선 경험 나누기, 1학기 활동 반성 및 2학기 계획 수립

2) 2학기 - 영역별 내용

첫 모임은 2학기 활동 프로그램을 논의하였다(9월 29일). 1학기 모임은 실제적인 국어과 학습이 이루어지지 못했다는 의견이 많아 각 영역별로 중요한 이론과 실제를 함께 공부하고자 했다. EBS TV 프로그램 〈최고의 교사〉의 수업 장면을 시청하고 논의하였다. 참여 교사들은 고등학교 국어 수업인데도 불구하고 모둠 수업, 역할 놀이 등 활동적인 국어 수업이 이루어짐에 자극을 받은 듯했다. 두 번째 모임은 화법 영역에 대한 활동을 하였다(10월 27일). 교사들은 수업의 각 부분에서 이루어지는 화법의 차이에 대해 호기심을 가지고 있었으며, 특히 국어 수업 중 질문하는 것에 대해 많은 관심을 보였다.

B 교사 저 같은 경우는 1학년 하다 보니까 낮은 수준의 의미 없는 질문 있죠? 이거를 교사가 본의 아니게 해야 될 때가 굉장히 많더라고요. (연구자 : 그러니까 다음 수업의 진행을 위해서?) 그런 것도 있고, 교재 내에서 그런 것을 질문하게끔 해요. 근데 문제가 되는 게 학습에 대한 흥미를 떨어뜨릴 수가 있다는 점이에요. 그래서 그럴 때마다 어떻게 좀 발전시켜서 질문해 볼까, 해서 난이도를 높이면 따라오는 애들이 현저히 차이가 나요. 그래서 1학년은 어려운 거 같아요. 저학년이다 보니 수준에 맞추어서 질문하는 것이 참 어려워요.

E 교사 저는 읽기 같은 경우는 질문을 많이 해 줘요. 읽기는 내용 파악하는 게 제일 중점이잖아요. 저는 내용을 몇 번을 읽어요. 그런 다음에 여기 있는 것처럼 구체적으로 하나하나 다 질문해서 완전히 내용을 파악하게 한 다음에 그 다음에 거기에 따르는 이유라던가, 생각을 질문을 하는 편이에요. 책에 있는 것들을 하나하나 질문하니까 아이들이 읽기 책 내용을 잘 파악하는 것 같아요. 질문을 많이 하니까 아이들도 발표를 더 많이 하려고 해요.

세 번째 모임은 읽기와 문학 영역에 대한 활동을 하였다(11월 3일). 교사들은 동화책 읽기를 통한 문학 치료에 대해 많은 관심을 가졌다. 네 번째 모임은 쓰기 영역에 대한 활동을 하였다(11월 9일). 참여 교사가 실제 진행하는 쓰기 수업 방법에 대해 논의하고 수업 자료를 공유하였다. 수업 분석 방법의 마지막 시간으로 국어 수업 비평에 대한 논의를 하였다. 교사들은 그동안의 체크리스트로 대별되는 양적 수업 분석에 익숙해서인지 수업 비평에 낯설어하면서도 관심을 가지고 활동에 임하였다. 교사들의 변화를 그들의 대화 속에서의 표정과 어투에서 느낄 수 있었다.

다섯 번째 모임은 문법 영역에 대한 활동을 하였다(11월 17일). 초등학생의 발음과 맞춤법 지도의 어려움에 대한 논의를 한 후, 〈최고의 교사〉 수업 관찰 및 논의가 이어졌다. 여섯 번째 모임은 2학기 활동 마지막 모임으로 국어 수업 전문성 신장의 과제라는 주제로 활동을 가졌다(12월 1일). 지난 2학기 활동을 반성하면서 국어 수업 개선의 경험을 함께 나누었다. 참여 교사들은 영역별 논의를 통해 각 영역에 대한 이해도 깊어졌고 국어 수업 전체의 총체성, 효율성을 생각해 볼 수 있는 기회가 되었다고 소회를 밝혔다. 2011학년도 2학기 국어과 학습공동체 활동을 요약하면 〈표 2-3〉과 같다.

(2) 연구의 쟁점

교사들 간에 교사전문성개발체제 프로그램에 참여하고자 하는 동기에 차이가 있었고 전반적으로 참여하고자 하는 의지가 낮았다. 구원회(2011)는 PDS 협력 프로그램 운영에서 나타난 문제점으로 교사들의 낮은 참여, 연구자와 교사 간의 원활하지 못한 의사소통, 교사의 탐구 지향적인 학습의 충실성 전도, PDS에 대한 지속적인 평가를 들었다. 연구자는 교사학습공동체 활동보다 교사들의 동기를 끌어올리는 것에 초점을 맞추어야 했다. 교사들 간의 참여 의지가 다르다는 것도 교사학습공동체 활동을 어렵게 했다.

활동의 역할 구분에서도 연구자는 혼동을 겪어야 했다. 대학과 학교의 공동체 조직에서 대학의 연구자는 조정자coordinator와 촉진자

표 2-3 2011학년도 2학기 학습공동체 주요 활동 내용

월일 / 내용	2011학년도 2학기 국어과 학습공동체 활동 내용
9월 29일(목)	국어과 교수-학습의 주요 관점과 특성 - 2학기 활동 프로그램 논의 - 〈최고의 교사〉(박지은) 수업 시청 및 논의
10월 27일(목)	국어 수업 교사의 화법은 어떻게 하는 것이 좋은가? - 듣기·말하기 수업 방법 논의 - 국어 수업 분석 방법 1(양적 분석)
11월 3일(목)	동화책 읽기를 통한 문학 치료 - 읽기 수업 방법 논의 - 국어 수업 분석 방법 2(수업 대화, 수업 담화 분석)
11월 9일(수)	살아 있는 글쓰기 수업을 어떻게 할 것인가? - 쓰기 수업 방법 논의 - 국어 수업 분석 방법 3(국어 수업 비평)
11월 17일(목)	초등학생의 발음과 맞춤법 지도 - 총체적 언어 학습 방법 논의 - 〈최고의 교사〉(김선희) 수업 시청 및 논의
12월 1일(목)	국어 수업 전문성 신장의 과제(도서 소개) - 국어 수업 개선 경험 나누기 - 2학기 활동 반성 및 1년 활동 돌아보기

facilitator로 구분된다고 한다(나귀수, 2010). 조정자가 활동의 방향을 결정하고 결정에 대한 책임을 지는 역할이라면 촉진자는 말 그대로 어떠한 활동이나 논의 등이 매끄럽게 진행될 수 있도록 돕는 촉매나 윤활유의 역할을 하는 것이다. 연구자는 조정자에서 촉진자로의 역할로 전환하고자 했으나 그게 잘되지 않았다. 1년 동안 연구자는 조정자의 역할을 계속했다.

내용 선정과 운영 방법에 대한 어려움이 있었다. 내용 선정과 관련해서는 교사학습공동체 활동의 핵심은 수업 전문성 신장이기 때문에 주된 활동이 수업을 계획하고 분석하는 것이었다. 하지만 참여 교사들은 다양한 내용을 요청하였고 이로 인해 교사학습공동체 활동에서 수업 분석만 할 수는 없었다.

운영 방법에 대한 딜레마도 있었다. S초등학교 교사학습공동체는 학년별로 활동이 이루어졌다. 연구자가 활동한 1학년 모임에는 다경력 교사들이 많았다. 보통 교사학습공동체를 구성할 때 인적 구성의 적절성이 팀 활동의 성과에 영향을 미치는 요소(구원회, 2011)라고 한다. 활동 초기에는 서로 간의 대화와 소통이 잘 이루어지지 않았다. 그래서 신뢰 관계를 형성하는 데 많은 노력을 기울였다. 교사학습공동체 초기에 상호 간에 어떻게 질문하고, 자신의 의견을 말하고, 문제를 제기하는 등 참여자의 상호 작용의 규칙을 함께 수립하고 이를 배우는 데 많은 시간을 보냈다. 활동이 거듭됨에 따라 경력 교사들은 적극적으로 활동에 참여하였다. 그러면서 참여 교사들은 대화와 소통의 중요성을 깨닫고, 상호 교육적인 교섭이 이루어지게 되었다.

결과적으로 경력 교사들이 가지고 있는 실천 지식을 나눔으로써 서로가 겪게 되는 어려움과 해결되지 않았던 고민을 어느 정도 해소할 수 있게 되었고, 구성원들이 갖고 있는 생각과 방향이 협력에 크게 영향을 미치게 되었다.

3. 2012년 활동 내용

(1) 연구의 과정

1) 1학기 - 교과 발달을 통한 교사의 학생 이해 능력 강화

S초등학교 1학년 학습공동체 2012학년도 1학기 활동 주제는 '교사의 학생 이해 능력 강화를 통한 전문성 신장'이었다. 구성원으로 1학년을 맡고 있는 세 선생님과 영양 교사가 함께했다. 5월부터 7월까지 총 15시간의 활동이 이루어졌다. 첫 모임은 1학기 활동에 대한 계획을 협의하는 자리였다(5월 3일). 우선 교사학습공동체 활동에 대한 두려움

과 희망 나누기 활동을 하였다. 교사들은 '과제, 수업, 발표에 대한 걱정, 생소한 분야' 등에 대해 두려움을 갖고 있었고, '자신감, 학생 이해, 국어과 교수-학습 지식, 새로운 수업 기술 습득'에 대한 희망을 갖고 있었다. 교사들은 국어 교과의 특성을 살린 공동체 활동이 되기를 바랐고, 좋은 수업을 관찰하기를 희망하였다.

두 번째 모임은 문식성의 발달과 관련해서 먼저 읽기 발달과 그에 대한 학생 이해에 대한 활동을 하였다(5월 23일). 읽기 관련 자료를 읽고 아이들의 읽기 실태에 대한 의견을 나누었다. 활동을 통해 교사들은 요즈음의 아이들은 자모 이전 단계와 같은 심각한 정도의 아이는 없고, 대부분의 아이들은 자모 단계에 이르고 있다고 하였다. 그리고 쓰기에 비해 읽기 발달의 변화는 관찰하기 어려움을 토로하였다.

세 번째 모임은 학생들의 쓰기 발달 변화와 그에 따른 쓰기 지도를 주제로 활동이 이루어졌다(6월 7일). 학생들의 쓰기 변화 모습을 이야기해 보고 의견을 나누었다. 1학년 학생들에게는 연필 바르게 잡기, 글 쓰는 순서 등 쓰기 태도에 대한 지도를 많이 한다는 의견이 있었다. 글씨 쓰는 속도가 늦거나 쓰는 순서가 틀리는 아이들이 간혹 있으며, 때로 쓰기 행위를 통해 아이들 자신이 갖는 독특한 정서, 감정 표현을 보고 놀라기도 한다고 했다.

네 번째 모임은 우수 수업 동영상을 보고 논의하였다(6월 21일). 1학년 어휘 수업 영상이었는데, 교사들은 초등학교 저학년 아이들을 대상으로 낱말의 뜻을 놀이로 가르치는 수업을 인상적으로 생각했다. 수업 방법 측면에서 주로 관심을 가졌는데, 이 수업을 통해 교사의 교수 내용 지식의 중요성에 대해 다시 생각해 보게 되었다.

다섯 번째 모임은 쓰기 산출물을 통한 학생 이해하기라는 주제로 활동과 함께 1학기 활동을 정리하는 시간을 가졌다(7월 5일). 각 반별로 그림일기 산출물을 제공받아 그것에 대해 논의하였다. 교사들은 1학기 활동을 통해 자기 반 아이들의 읽기, 쓰기 변화 과정에 관심을 가지게 되었으며, 학생을 이해하기 위한 노력을 더 해야겠다는 점, 그러면서도 학생 수 등 제도적이고 구조적인 문제도 제기하였다.

2012학년도 1학기 국어과 학습공동체 활동을 요약하면 〈표 2-4〉와 같다.

표 2-4 **2012학년도 1학기 학습공동체 주요 활동 내용**

월일\내용	2012학년도 1학기 국어과 학습공동체 활동 내용
5월 10일(목)	1학기 활동 계획 수립, 두려움과 희망 나누기 - 1학년 아이들의 국어(문식성) 발달, 교사의 학생 이해 방법
5월 23일(수)	읽기 발달(예시 자료) 실행 연구, 쓰기 오류 - 읽기 발달 변화와 학생 이해
6월 7일(목)	쓰기 오류에 대한 추가 논의, 교육과정과 교사의 암묵적 지식에 대한 논의 - 쓰기 발달 변화와 학생 이해
6월 21일(목)	우수 수업 동영상(어휘 지도) 보고 논의 - 인상적인 부분, 질문, 조언
7월 5일(목)	동화 읽기, 1학기 활동 정리 - 읽기, 쓰기 변화 과정, 쓰기 산출물, 2학기 계획

2) 2학기 - 교사의 화법 능력과 공동 수업 설계

S초등학교 1학년 학습공동체 2012학년도 2학기 활동 주제는 '교사의 화법 능력 신장과 공동 수업 설계를 통한 전문성 신장'으로 잡았다. 구성원은 1학기와 동일하였고, 2012년 10~12월까지 3개월간 총 15시간의 활동이 이루어졌다. 첫 모임은 2학기 활동 계획을 협의하고, 교사 화법에 대한 기본적인 개념을 설명하였다(10월 4일). 교사들은 국어 수업에 활용할 수 있는 화법에 대해 관심을 많이 가져 이에 대한 의견을 나누었다.

두 번째 모임은 교사 화법과 관련한 실제 이야기를 나누었다(10월 18일). 교사들은 교사 화법과 함께 교사와 학생 사이의 대화법에도 관심을 가졌다. 그리고 경기 성남 보평초등학교 1학년 공동 수업 설계 사례를 함께 본 후 공동 수업 설계에 대한 논의를 하였다. 세 번째 모임은 공동 수업 설계를 위한 개괄적인 모임을 가졌다(11월 1일). 참여 교사들은 공동으로 수업을 만들고 각자 수업을 실행한 후 실행한 것에 대한 이야기를 나누기로 하였다. 공동 수업 설계를 위한 단원으로 1학년 2학기 6단원 '이렇게 해 보아요' 4/4차시 수업으로 정하였고, 수업 모형, 수업과 학습의 형태, 수업의 설계 등 거시적 관점에서 논의가 이어졌다.

네 번째 모임은 공동 수업 설계에 대한 두 번째 모임을 가졌다(11월 8일). 지난주 논의에 이어 보다 미시적 관점에서 수업 설계에 대한 이야기를 나누었다. 수업 설계 차시에 대한 교과 지식과 재구성에 대한 이야기, 수업 설계 과정에서의 딜레마에 대한 이야기 등을 나눈 후에 공동 수업 지도안을 작성하였다. 공동으로 수업 지도안을 작성한다는 것은 참여한 교사의 다양한 실천적 지식이 반영될 수 있다는 점, 수업 설계의 어려움의 상당 부분을 동료 교사와의 협력에 의해서 해소할 수 있다는 장점이 있다(서경혜, 2012). 다음 모임 전에 공동 수업을 실행하고 공동 수업 실행에 대한 이야기를 나누기로 하였다.

다섯 번째 모임은 공동 수업 설계에 대한 실행 이야기를 나누고 2학기 활동을 반성하는 활동을 가졌다(11월 15일). 교사들은 공동 수업 설계에 대한 의미를 긍정적으로 평가하고 있었다. 공동 수업 설계는 집단적으로 사고하고 추론하며 교사가 함께 협동하는 사회적 작업(심영택 외, 2013)의 역할을 하기 때문이다. 공동 수업 설계를 통해 참여 교사들은 학생의 학습을 이해하고, 교사 자신뿐만 아니라 동료 교사의 전문성을 신장하게 되었다.

A 교사 저는 1학년 아이들이 자신의 기분을 잘 드러나게 자세히 말할 수 있게 하는 데 초점을 두고 수업을 진행하였습니다. 아이들은 자신의 기분

을 길게 말하지 못하고 간단하게 말하는 데 익숙해져 있었습니다. 그래서 역할극을 통해 수업을 진행했습니다. 소도구를 사용하여 실행했더라면 하는 아쉬움이 있지만, 공동 수업 설계를 통한 수업이어서인지 깊이 있고 자신 있는 수업이 된 것 같습니다.

B 교사 저는 교과서를 살펴보기 전에 교사가 상황을 설명해 준 후 역할 놀이를 바로 해 보게 했습니다. 다음에 교과서를 펴고 상황을 살펴본 후 선택하여 역할 놀이를 했습니다. 그림에 나와 있는 대사에 연연하지 않게 하고 자기 기분을 자세히 표현하게 하니 새로운 면이 보이는 아동들도 있었습니다. 혼자 수업 준비를 하다 보면 깊이 있게 생각하거나 연구할 시간이 부족한 편이나 공동 수업 설계 시간을 갖고 수업을 실행해 보니 더 재미있는 수업이 되고 효과적이었던 것 같습니다. 현실은 그렇지 못하지만 앞으로 시간이 된다면 동학년끼리 공동 수업 설계를 하는 시간이 주어진다면 좋을 것 같습니다.

2012학년도 2학기 국어과 학습공동체 활동을 요약하면 〈표 2-5〉와 같다.

(2) 연구의 쟁점

2년 차에는 공동체 과정에서 점차 참여 교사의 목소리가 높아졌다. 운영의 과정도 구조화된 모델에서 보다 자유로운 형태로 운영되었다. 그리고 연구자 위주의 공동체 학습에서 벗어나 교사들의 적극적인 참여로 공동체의 학습 내용이 다양해졌다. 특히, 1학년과 관련하여 교과 발달 관련 활동을 실시하였고 2학기 때는 2011년 때 못 해 보았던 공동 수업 설계를 실행하였다. 어려운 점도 있었다. 구성원들이 변화하는 공립학교의 특성상 새로 참여하는 교사에게는 활동의 의미와 성격을 다시 설명해 주어야 했다. 하지만 기존 참여 교사와의 신뢰 관계 속에

표 2-5 2012학년도 2학기 학습공동체 주요 활동 내용

월일＼내용	2012학년도 2학기 국어과 학습공동체 활동 내용
10월 4일(목)	국어 수업 때 활용할 수 있는 교사의 화법 - 2학기 활동 계획
10월 18일(목)	교사의 화법, 교사와 학생 사이의 대화법 - 내가 하는 교사 화법
11월 1일(목)	공동 수업 설계의 의미와 유형 - 공동 수업 설계에 대한 논의
11월 8일(목)	공동 수업 설계 사례 제시, 자기 수업 이야기 - 공동 수업 설계 과정(경과)에 대한 이야기
11월 15일(목)	자기 교육 생애사, 동화 읽기 공동 수업 설계 결과에 대한 발표 및 논의, 2학기 반성

서 잘 극복할 수 있었다.

연차별로 성과도 다르게 나타났다. 1년 차(2011년) 때의 중요한 성과는 대학-학교 간 협력을 통해 폐쇄적이고 관행화된 수업 문화를 변화시키고, 국어 수업 전문성 신장과 교실 수업 개선의 가능성을 본 것이다. 2년 차(2012년)에는 1년 차에 비해 협력의 양상이 달라졌다. 단순히 형식적인 협력에서 벗어나 실질적이고 창조적인 차원으로 협력의 깊이를 확장하였다. 협력의 목적과 방향이 심화되었으며 이에 따라 결과의 산출물도 변화되었다.

또한 활동이 진행되면서 1년 차 때는 말하지 않았던 일반적 조건의 어려움도 토로하였다. 참여 교사들은 업무 등 시간의 부족을 주로 이야기하였고, 제도적 지원이 뒤따라야 한다는 의견을 내놓았다. 교사가 교사학습공동체 활동에 열심히 참여하고 싶어도 학교 문화가 관료화되어 있고 업무에 대한 부담이 활동을 방해하는 상황이라면 교사들의 수업 전문성 신장을 향한 노력 자체가 상당한 제약을 받을 수밖에 없음을 실감했다. 결국 수업 혁신은 학교 문화의 변화와 함께 이루어지는 것임을 공유했다.

4. 국어과 학습공동체 활동을 통한 변화와 그 의미

2년간의 교사학습공동체 활동은 연구자의 정체성이 변화되는 계기
가 되었다. 활동 이전에 연구자는 초등학생을 지도하는 초등 교사로
서의 정체성을 가지고 있었다. 전문가라는 위치로 참여하게 되었으나
10여 년간 초등 교사로서의 경험 덕분에 참여 교사들에게 열린 마음
openness을 가지고 활동에 임할 수 있게 되었다. 이는 자연스럽게 협력
collaboration의 토대가 되었으며, 협력의 과정에서 연구자는 차츰 교사
교육자로 그 위치가 변화되었다. 지금 연구자는 2년간의 활동을 통해
배운 것을 반성하고, 재구성reframing하며, 새롭게 다시 예비 교사 교육
자로서의 삶을 구현해 내고 있다.[1]

정체성의 변화는 연구자에게만 일어난 것이 아니라, 활동에 참여한
교사들에게도 함께 일어났다. 우선 교사들의 협력 관계가 강화되었다.
그동안 수업에 대해 개인적인 실천으로 접근하던 개인주의적인 입장
에서 수업에 대한 공동체적 접근을 가능케 하였다. 참여 교사들은 서
로를 인간으로서 그리고 동료로서 배려하고 학생들을 가르치는 열정
을 공유하며 협력적으로 전문성을 키워 나갔다. 서로의 실천 경험을
나누고 조언과 도움을 주고받으며 활동이 진행되었다.

교사학습공동체 활동은 또한 국어 수업 전문성 개발이 사회적 과
정을 거치게 됨을 확인시켜 주었다. 교사는 자신들이 가진 국어에 대
한 지식과 실천을 교류, 공유하고 서로가 서로를 가르치고 서로에게 배
우는 기회를 가졌다. 교사 교육 프로그램 속에서 교사 학습이 이루어

• • •

1 Barns(1998)는 openness, collaboration, reframing 이 세 가지를 자기연구의 핵심적인 특징이
   라고 주장하였다.

진 것이다. 국어 수업 전문성 개발은 교사 스스로의 전문성 신장에 대한 학습 의지나 노력과 공존했을 때 상승효과를 발휘할 수 있다. 즉 변화하기 위한 혹은 전문성을 신장시키기 위한 교사 자신의 노력이 수반되어야 한다는 것이다.

국어 수업 실천의 전문성 신장은 결코 개인의 힘만으로 이루어질 수 없는 것이다. 교사학습공동체 활동은 연구자를 비롯해 참여 교사들에게 많은 배움을 주었다. 참여 교사들은 수업 전문성 신장을 위해서는 끊임없이 의미를 가지고 탐구하는 노력이 필요하다는 점에 공감하였다. 교사학습공동체 활동은 국어 내용 지식에 대한 습득과 더불어 수업 계획 및 분석하는 능력이 향상되는 계기가 되었다. 수업을 공유하고 의사소통하는 문화가 형성되었으며, 교사 연구자로서 국어교육 전문성 신장의 자리가 마련된 것이다. 이러한 배움은 결국 연구자, 참여 교사 모두가 자신을 알고 전문가로서의 정체성을 키워 나가는 데 의미가 있었다.

문화는 어떤 제도적 장치를 구안하여 변화를 도모하기는 쉽지 않다. 교사전문성개발체제의 제도화 방안도 마찬가지이다. 교사학습공동체가 실제로 잘 구현된다면, 교육 현장의 실천과 학문적 연구의 유기적인 연계가 공고해짐으로써 이론과 실천의 접목이라는 교사전문성개발체제가 지향하는 목표를 제대로 달성하게 될 것이다.

III. 맺는 말

이 글은 자기연구가 국어교육 연구 지평을 확대하는 데 기여할 수 있는 가능성을 탐색하고자 하는 의도에서 쓰였다. 연구자는 2년간의 교사학습공동체 사례를 교육 실천 행위로 보고 자기연구의 관점으로 설명하고자 하였다. 이를 통해 연구자 개인에게 국어교육에서 중요한 교육 실천을 이해하게 되었다. 그리고 실천 활동에서의 긴장감, 어려움, 딜레마 등은 교사 교육에 대한 재구성과 재개념화를 이끌어 낼 수 있었다.

2년간의 교사학습공동체 활동에서 연구자와 교사의 구체적인 개별 사례를 산출한 것은 의미가 있었다. 국어 수업 전문성 신장을 위해 참여한 이 기간은 연구자나 참여 교사들 모두에게 많은 변화를 겪은 시간이었다. 이 변화는 국어교육에 대한 사고방식이나 세계관이 바뀌어 가는 과정, 즉 교육적 성장이 이루어졌다. 이러한 교육적 성장은 연구자와 함께하는 교사학습공동체 교사들이 함께 탐구하면서 형성된 것이다.

최근 들어 국내에서 동료성에 기반한 교사학습공동체 활동은 학교 문화 변화를 위한 가장 중요한 수단으로 주목받고 있다. 교사학습공동체 운영은 단순히 이론을 실현하는 것이 아니라 이론과 현장의 실천적 지식이 결합되어 새로운 이론을 창출할 수 있는 단초를 보이는 데에 의미가 있다. 교과교육 연구의 궁극적 목적은 교육 개선을 위한 것이므로, 교사의 현장 경험은 실천에 유용한 도움이 되는 이론 연구의 기초가 된다. 따라서 이론적 지식 중심의 연구자들은 실천에 보다 관심을 두도록 하고, 실천적 지식 중심의 교사들은 실제의 현장을 보다 학문적 탐구심으로 접근할 수 있도록 하는 데, 교사전문성개발체제의 목적이 있다.

| 참고 문헌 |

구원회(2011). 교육대학과 초등학교간 협력(PDS) 프로그램 운영의 쟁점에 관한 내부자 연구. 한국교원교육연구, 28(1), 한국교원교육학회, 191~220쪽.

_____(2012). 교사문화 분석에 기초한 전문성신장체제(PDS) 구축에 관한 연구 : S 초등학교를 중심으로. 초등교육연구, 25(1), 한국초등교육학회. 97~122쪽.

김경은(2010). 사회수업 전문성 신장을 위한 대학-학교간 협력 프로그램 개발. 초등교육연구, 23(3), 한국초등교육학회, 45~69쪽.

김남균(2012). PLC 운영 사례(1) 수학과. 학교 수업의 이해와 교사의 자기 주도적 교수 역량 강화 – 학습자중심교과교육학회 및 청주교대 교육연구원 공동 주관 학술대회 자료집, 211~228쪽.

김남수(2012). 셀프스터디 연구를 시작하는 배경. 청주교대 교육연구원 스터디 발표 자료.

김미혜(2010). 초등 교사의 국어 수업 전문성 신장을 위한 PDS 프로그램 개발 연구. 한국초등국어교육, 43, 한국초등국어교육학회, 63~102쪽.

김병수(2013). 교과 발달 단계에 따른 이해 방법의 연구: 초등학교 제1학년의 학습공동체 사례를 중심으로. 교육연구, 56, 성신여대 교육문제연구소, 107~132쪽.

나귀수(2010). 초등학교 수학 수업 학습공동체 활동에 대한 연구. 수학교육학연구, 20(3), 대한수학교육학회, 373~395쪽.

류미해(2012). 초등 저학년 PLC 활동을 통한 예술 교과에 관한 현장 교사들의 인식 조사 및 현황 연구. 한국협동학습연구회, 청주교대 교육연구원 공동 주관 학술대회 자료집, 한국열린교육학회, 153~164쪽.

박성선(2003). 수학 교사의 전문성 신장을 위한 논의. 교과교육공동연구 학술세미나, 한국교원대학교 교과교육연구소, 231~246쪽.

박영희(2011). 초등 수학수업 전문성 신장을 위한 대학과 초등학교의 학습공동체 사례 연구. 한국수학교육학회지 시리즈 E – 수학교육 논문집, 25(1), 한국수학교육학회, 47~61쪽.

박형빈(2012). 협력공동체 운영 사례를 통한 도덕과에서의 수업비평의 의미와 방향. 한국열린교육학회, 한국협동학습연구회, 청주교대 교육연구원 공동 주관 학술대회 자료집, 한국열린교육학회, 197~209쪽.

서경혜(2009). 교원 전문성 개발을 위한 대안적 접근으로서 교사학습공동체의 가능성과 한계. 한국교원교육연구, 26, 한국교원교육학회. 243~276쪽.

_____(2012). 예비교사들의 협력적 수업연구에 대한 실행연구. 한국교원교육연구, 29, 한국교원교육학회, 49~76쪽.

송연옥(2013). 스마트교육 내실화를 위한 학습공동체 사례 연구. 한국사회과교육학회, 한국실과교육학회, 한국정보교육학회, 한국초등미술교육학회 및 청주교대 교육연구원 공동 주관 학술대회 자료집, 193~204쪽.

심영택(2012). 교사학습공동체(PLC)의 운영 방안 모색. 한국열린교육학회, 한국협동학습연구회, 청주교대 교육연구원 공동 주관 학술대회 자료집, 한국열린교육학회, 211~222쪽.

심영택 외(2013). 교사학습공동체와 참여 과정에 관한 인식 연구. 한국오등영어교육학회 외 5개 교과교육학회 및 청주교대 교육연구원 공동 주관 학술대회 자료집, 37~50쪽.

유솔아(2005). 반성을 통한 교사 전문성 신장을 위한 교사 교육 : PDS. 한국교원교육연구, 22, 한국교원교육학회, 97~121쪽.

이혁규, 심영택, 김남수, 이현명(2012a). 교사의 자기 연구(Self-Study) 필요성 탐색. 교육문화연구, 18(2), 교육연구소, 5~43쪽.

이혁규 외(2012b). 서울형 혁신학교 수업 혁신 컨설팅 실행 연구. 서울특별시교육청.

이현명(2012). 전문적 교사학습공동체(PLC) 개념·절차 및 운영원칙 및 좋은 환경 구축. 한국열린교육 학회, 한국협동학습연구회, 청주교대 교육연구원 공동 주관 학술대회 자료집, 한국열린교육학 회, 167~180쪽.

Austin, T. & Senese, J. C.(2007). Self-study in school teaching: Teachers' perspectives. In Lughran, J. J. et al.(Eds.), *International handbook of self-study of teaching and teacher education practices*, Berlin: Springer, pp. 1231-1258.

Barnes, D.(1998). Foreword: Looking Forward: The Concluding Remarks at the Castle Conference. In Hmamiton, M. L.(Ed.), *Reconceptualizing teaching practice: Self-study in teacher education*, London: Falmer press, pp. ix-xiv.

Beck, C., Freese, A. & Kosnik, C.(2004). The preservice practicum: Learning through self-study in a professional setting. In Lughran, J. J. et al.(Eds.), *International handbook of self-study of teaching and teacher education practices*, Berlin: Springer, pp. 1259-1293.

Clarke, A. & Erickson, G.(2007). The nature of teaching and learning in self-study. In Lughran, J. J. et al.(Eds.), *International handbook of self-study of teaching and teacher education practices*, Berlin: Springer, pp. 41-67.

Darling-Hammond, L.(1994). *Professional development schools: Schools for developing a profession*. New York: Teachers College Press.

DuFour, R., DuFour, R., Eaker, R. & Many, T.(2006). *Learning by doing: A handbook for professional learning community at work*. Bloomington, IN: Solution Tree.

Korthagen, F. & Lunenberg, M.(2007). Links between self-study and teacher education reform. In Lughran, J. J. et al.(Eds.), *International handbook of self-study of teaching and teacher education practices*, Berlin: Springer, pp. 421-449.

Lughran, J. J.(2004). A history and context of self-study of teaching and teacher education practices. In Lughran, J. J. et al.(Eds.), *International handbook of self-study of teaching and teacher education practices*, Berlin: Springer, pp. 7-39.

Wenger, E., McDermott, R. A. & Snyder, W.(2002). *Cultivating communities of practice: A guide to managing knowledge*. Boston, MA: Harvard Business Press.

독서교육 전문성 신장을 위한 교사학습공동체의 활동 사례 연구

김미혜

1. 서론

최근 교육과정 운영에서 교사의 자율성과 책무성이 강화되면서 교사가 자신의 전문성을 지속적으로 신장시켜 나갈 수 있도록 지원하는 기제로 교사학습공동체가 주목을 받고 있다(곽영순, 2015: 85). 교사학습공동체는 크게 학교 안 학습공동체와 학교 밖 학습공동체로 구분되는데, 국내에서는 인디스쿨, 한국협동학습연구회, 초등교육과정연구회 등 잘 알려진 학교 밖 교사학습공동체뿐 아니라 자발적이고 비공식적인 교사들의 모임이 학교 안팎에 존재해 왔다. 최근 몇 년 사이 교사학습공동체에 대한 관심과 행·재정적 지원이 급증한 이유는, 단위 학교를 기반으로 하는 학교 안 학습공동체가 학교 혁신의 맥락에서 유의미한 역할을 담당한다는 것이 입증되었기 때문이다. 교사학습공동체는 교사의 반성적 성찰과 전문성 향상, 학교 문화의 변화와 혁신 등의 성과를 거둔 것으로 평가받고 있다. 구체적으로 남한산초등학교, 조현초등학교 등 초기 혁신학교들의 공교육 개혁 노력이 결실을 거두면서, 연구자와 교육 행정가들이 학교의 문화를 바꾸는 데 교사학습공동체가 매우 중요한 역할을 한다는 것을 인정하게 되었다. 이에 따라 현재는 더 많은 교육청과 단위 학교가 교사학습공동체의 조직과 운영을 적극적으로 추진하고 있다(김민조 외, 2016: 173-174).

교사학습공동체의 가장 일반적인 탐구 주제는 '수업'이다. 이는, 수업 전문성이야말로 교사 전문성의 요체이며 단위 학교의 교사들이 서로의 일상적인 수업을 공유하고 반성적으로 성찰하면서 수업을 개선해 나가는 것이 교사의 수업 전문성을 강화하는 데 적절한 방법이라고 보는 시각에 따른 것이다. 그러나 교사학습공동체의 활동을 수업 연구에 국한할 필요는 없다. 독서와 토론 활동을 중심으로 함께 배우고, 실천하고, 성장해 나가는 교사학습공동체의 사례도 있으며(한현미, 2016), 수업 연구에 초점을 맞추는 교사학습공동체에서도 관련 서적을 함께 읽고 생각을 공유하고 토론하는 활동이 종종 이루어진다(김미혜, 2010; 박철희 외, 2017). Myers & Simpson(1998)은 교사학습공동체가 전문적 지식과 기술의 전이가 이루어지는 공간을 넘어서, 구성원들이 스스로를 성찰하고 보편적 인간으로서 감성과 덕성을 고양시킬 수 있는 문화 공간이 되어야 함을 강조한 바 있다(김민조 외, 2016: 176). 인문학적 독서는 교사학습공동체의 그러한 특성에 부합하면서 공동체 활동을 통한 교사의 성장을 지원할 수 있으며, 교사학습공동체는 성찰적 사유를 촉진하고 인문학적 소양을 기르는 독서 활동을 지속적으로 추동할 수 있는 공간이다.

이 연구는 독서와 소통을 통한 교사의 성장이 이루어지는 공간으로서의 교사학습공동체의 기능에 주목한다. 구체적으로 이 연구는 독서교육이라는 주제를 8년 동안 지속적으로 탐구해 오고 있는 교사 학습공동체의 사례를 분석하여, 공동의 독서 활동과 독서교육에 관한 전문적인 탐구 활동이 교사들의 독서교육 역량에 미치는 영향을 실증적으로 살펴보고자 한다. 독서 활동에서 독서교육 프로그램 개발 및 실행에 이르는 선행 교사학습공동체의 경험이 독서교육 중심의 교사학습공동체를 준비하는 교사들에게 유의미한 사례가 되기를 기대한다.

2. 연구 대상 및 방법

이 연구는 충북 지역에서 2011년부터 활동해 오고 있는 학교 밖 학습공동체인 '라온(가칭) 교사 독서교육연구회'(이하 라온)를 대상으로 한다. 교사들은 이 학습공동체에서 다양한 독서 활동을 함께 하고 독서교육에 대한 비전과 실천을 나눔으로써 독서교육에 대한 전문성을 신장하고 학생들의 독서 활동을 지원할 수 있는 다양한 프로그램들을 개발해 왔다. 또한 교사들은 개발한 독서교육 프로그램을 실제 수업에 적용해 보고 지역교육청 홈페이지 등을 통해 동료 교사들과 공유함으로써 지역의 독서교육 역량을 강화하는 데에도 기여해 왔다. 2018학년도에도 이 학습공동체는 "온책읽기와 함께 하는 행복한 독서 세상"이라는 주제로 활동을 진행하고 있다. 처음 만들어진 2011년 이후 라온을 거쳐 간 교사는 〈표 2-6〉과 같이 총 26명이고, 교사 개개인의 활동 연수는 1년부터 8년까지 다양하며 라온 활동에 참여한 모든 교사들의 평균 활동 연수는 3년이다.

8년 동안 한 해도 빠지지 않고 라온에 참여하고 있는 B 교사는 첫해부터 이 교사학습공동체의 리더로 활동해 왔으며, 올해는 활동 6년 차인 O 교사가 리더 역할을 맡고 있다. 단위 학교 기반의 교사학습공

표 2-6 라온 참여 교사 명단

2011년	2012년	2013년	2014년	2015년	2016년	2017년	2018년
A	A						
B	B	B	B	B	B	B	B
C	C	C	C	C	C	C	
D		D			D		
E	E						
F					F	F	F
G					G		
H		H	H	H	H	H	H
I	I						
	J						
	K	K	K	K	K	K	K
	L	L		L	L	L	
	M	M	M	M			
	N						
		O	O	O	O	O	O
		P	P	P			
		Q	Q				
			R				
			S				
				T	T	T	T
				U			
				V	V		
				W	W		
					X		
							Y
							Z
9명	10명	10명	10명	12명	13명	8명	8명

동체가 아니어서 참여 교사들의 근무 학교가 일치하지 않으며 심지어 지역이 다른 경우도 있지만 교사들은 책과 독서교육이라는 공통의 관심사를 가지고 이 모임에 자발적으로 참여하였다. 출산과 육아, 근무지 이동 등의 사유로 중간에 구성원이 교체되기도 하였으나 매년 8명 이상의 교사들이 협력적으로 독서교육에 대한 탐구와 실천을 지속해 오고 있다.[1]

교사학습공동체들이 교사의 전문성 향상, 학교 문화의 변화와 혁신 등의 성과를 거두고 있는 반면에 교사들 간의 협력 관계를 구축하는 데 어려움을 겪는 경우가 많다(김민조 외, 2016: 174; 박철희 외, 2017: 239; 박민선, 최성욱, 2017: 189)는 현실에 비추어 보면 구성원들의 자발적이고 적극적인 참여는 라온의 가장 큰 강점이라고 할 수 있다.

교사학습공동체에서의 독서와 협력적 탐구 활동이 교사의 독서교육 전문성 신장에 끼치는 영향을 규명하고자, 이 연구는 질적 사례 연구qualitative case study의 방법을 적용하여 라온의 사례를 심층적으로 분석하였다. 라온의 활동에 관한 자료는 문서 분석document analysis과 면담 등의 방법을 이용하여 수집하였다. 리더와의 사전 면담과 교사학습공동체의 정기 모임에 강사로 참여한 연구자의 경험[2]이 연구를 설계하는 데 영향을 끼치기는 했지만, 이 연구는 주로 학습공동체 활동을 통

• • •

1 〈표 2-6〉을 보면, 2011년에 활동을 시작한 이후 2016년에 라온의 참여 교사는 13명까지 늘어났으나 2017년에는 인원이 8명으로 줄어든 것을 확인할 수 있다. B 교사에 따르면 참여 인원이 늘어나면서 시간 운영, 교사들 간의 역할 분담 등과 관련한 어려움이 생기고 정기 모임에의 출석률이 낮아지는 등 라온 활동의 밀도가 떨어진다는 생각이 들었다고 한다. 또한 라온 활동을 내실 있게 운영하기에는 경험적으로 8명 내외로 인원을 제한하는 것이 적절하다고 판단했기 때문에, 2017년부터는 라온 활동을 충실하게 할 수 있는 8명 내외의 교사들만으로 교사학습공동체를 구성, 운영하고 있다. 2018학년도의 경우, 8명의 교사가 라온 활동을 시작하였으나 Z 교사가 건강상의 이유로 활동을 중단하여 7월 현재는 7명의 교사가 활동을 이어 가고 있다.

2 연구자는 라온의 정기 모임에 연수 강사로 2번 참여하였다. 2015년 10월 13일에는 "진짜 고전의 매력 : 다시 읽는 옛이야기"라는 주제로, 2017년 8월 29일에는 "문학 작품, 여럿이 함께 읽기"라는 주제로 연수를 준비하고 진행하면서 이 교사학습공동체의 전반적인 특성에 대해 이해할 수 있었다.

해 산출된 보고서와 계획서에 대한 분석을 토대로 이루어졌다. 라온의 활동을 연구하기 위해 연구자는 2018년 2월에 B 교사를 통해 라온의 활동 계획 및 결과 보고 내용이 담긴 문서 자료를 수집하였으며, 연구자가 수집하여 분석한 문서 자료의 세부 목록은 〈표 2-7〉과 같다. 이 밖에 《제1회 교사학습공동체PLC 워크숍 리더에게 듣는 교사학습공동체 이야기 자료집》(청주교육대학교 교육연구원, 2015)에 수록된 B 교사의 글도 참고하였다. A4 용지 13장 분량의 해당 자료에는 라온의 역사와 목표, 참여 구성원, 활동 방법 및 자료, 운영 규칙, 구성원의 역할 등 교사학습공동체의 운영에 대한 제반 사항들이 간략하게 제시되어 있으며, 공동체 리더로서의 경험을 소개하고 성찰한 내용이 덧붙여져 있다.

표 2-7 라온 산출 문서 자료 목록

2011년	2011학년도 활동 내용 보고서
2012년	2012학년도 연구 활동 보고서 〈아이들과 교사와 그리고 그림책이 있는 교실 ─ 그림책으로 풀어 가는 학급 경영 know-how〉
2013년	2013학년도 연구 활동 보고서 〈독서 기반 학생 인성 함양 프로그램 ─ 책으로 나를 채워 감동 나누기〉
2014년	2014학년도 연구 계획서 〈독서 기반 학생 진로 지도 교육 활동 프로그램 ─ 책으로 세계 지도보다 넓은 나의 꿈 만나기〉
2015년	2015학년도 연구 활동 보고서 〈우리 고전 독서교육을 통한 인문 소양 함양〉
2016년	2016학년도 교육 연극 연수 활동 보고서
2017년	2017학년도 연구 활동 보고서 〈책 읽는 거미의 생각 그물 만들기〉
2018년	2018학년도 연구 계획서 〈온책읽기와 함께 하는 행복한 독서 세상〉

연구자는 문서 자료를 연도순으로 모두 읽은 다음, 독서 및 협력적 탐구 활동을 중심으로 라온의 활동 내용을 시간적 순서에 따라 일차적으로 정리하였다. 그리고 교사학습공동체의 일반적인 특성에 대한 이론적 설명을 토대로 교사학습공동체의 형성 및 운영의 선행 사례와 라온의 사례를 비교하면서 라온의 특성을 분석하였다. 이러한 과정을 통해 연구자는 4월에 초고를 완성하였고, 연구자의 자의적 해석을 최소화하기 위해 6월 말에 분석 결과가 사실과 다른 부분은 없는지, 연구자의 해석에 오해는 없었는지 라온의 교사들에게 초고를 검토받았다.

한편 문서 자료에 교사들의 수업 일지와 활동 소감 등이 수록되어 있으나 라온 활동이 교사 개개인에게 끼친 영향을 직접적으로 파악하기 위해서는 참여 교사들을 대상으로 면담을 진행할 필요가 있었다. 따라서 연구자는 6월 말에 2018학년도의 라온 활동에 참여하고 있는 7명의 교사 중 활동 기간이 4년 차 이상인 5명의 교사를 대상으로 구조화된 설문지를 활용하여 온라인상으로 서면 인터뷰를 진행하였다. 서면 인터뷰에 사용된 설문 문항의 내용은 〈표 2-8〉과 같으며, 서면 인터뷰에 참여한 교사의 특성은 〈표 2-9〉와 같다.

표 2-8 설문 문항 내용

문항 내용
1-1. 교육 경력
1-2. 라온 활동 기간
2-1. 라온 활동을 시작하게 된 동기
2-2. 라온 활동을 지속해 오고 있는 까닭
2-3. 라온 활동을 하면서 가장 힘들었던 점과 극복 방법
2-4. 라온 활동이 교사의 독서교육에 끼친 영향

표 2-9 서면 인터뷰 참여 교사 현황

교사	성별	교육 경력	라온 활동 기간
B	여	20년 4개월	8년 차
O	여	20년 4개월	6년 차
K	여	20년 4개월	7년 차
H	여	10년 4개월	7년 차
S	여	8년 4개월	4년 차

* 2018년 7월 1일 기준

3. 라온의 형성 및 활동 과정

"Sergiovanni(1994)에 따르면, 공동체는 공동의 가치, 생각, 정서를 가진 개인들의 결속으로, 공동체에서의 관계는 헌신에 기초하며 상호 의존성과 연대 책임 등 정서적, 규범적 유대를 특징으로 한다"(서경혜, 2008: 57). 이는 교사학습공동체도 마찬가지이다. 공동의 가치, 생각, 정서를 가진 교사들이 모여 교사 자신의 전문성과 학생의 학습 능력 신장을 위해 협력적으로, 반성적 실천을 통해 학습해 나아가는 공간이 교사학습공동체이다. 라온의 구성원들이 함께 지향하는 가치의 중심에는 독서와 독서교육이 자리하고 있다.

이 교사학습공동체의 교사들은 2011년 "교사들부터 책을 생활화하여 아이들에게 본보기"가 되기를 바라면서 자발적으로 독서 동아리를 꾸리게 되었고, 다양한 독서 활동을 실천함으로써 생각하는 힘을 기르는 것을 독서 동아리의 목표로 삼았다. 당시 동아리 활동의 주된 내용은 한 달에 한 번 독서 모임 갖기, 이달의 책을 선정하여 독서를 생활화하기, 같은 책 읽고 독서 토론하며 생각 나누기, 다양한 독서 관련 수업(창의적 사고 함양) 등으로 계획하고 실천하였다. 사서 교사가 따로 없는 초등학교에서는 일반 교사들이 도서관 업무를 병행하게 되는데, B 교사는 그 전부터 도서관 업무를 맡으면서 독서교육에 관심을 가지고 다양한 독서교육 연수에 참여해 왔고 2010년에는 충청북도교육청의 학교 도서관 운영 지원단 장학 자료 원고 집필에 참여할 정도로 독서교육에 대한 전문성을 키워 오고 있었다. 그런데 B 교사가 2011년 타 학교로 근무지를 옮기게 되면서 이전에 함께 근무했던 교사들과 함께 독서 동아리 형태로 공동체 활동을 시작하게 된 것이다.

교사들은 청주시의 대표적인 작은 도서관인 초롱이네도서관에서 한 달에 한 번 책을 읽고 이야기를 나누는 것부터 활동을 시작했다. 첫해 교사들은 이 모임에서 《창가의 토토》, 《그림책을 읽자, 아이들을 읽자》, 《재미있는 숙제, 신나는 아이들》, 《배움으로부터 도주하는 아이들》, 《왜 세계의 절반은 굶주리는가?》, 《핀란드 교실 혁명》, 《책 읽는 교실》, 《토론하는 교실》 등을 읽어 나갔고, 전문가의 추천을 받아 여러 편의 그림책도 함께 읽었다. 선정된 책들은 주로 교육을 바라보는 패러다임이나 독서 및 토론교육의 방법과 관련 있는 것들이었는데, 이때의 독서 경험은 이후 라온의 정체성을 만들어 가는 데 중요한 역할을 한 것으로 보인다. 책을 통해 교육의 방향성과 방법을 고민하고, 이를 토대로 독서교육 프로그램을 만들어 교실에 적용하고 그 경험을 공유하면서 독서교육에 대한 전문성을 강화하는 활동 구조가 초기부터 안정될 수 있었던 것은 함께 책을 읽고 이야기를 나누는 과정에서 공동체의 목표와 가치를 공유하면서 교사학습공동체의 정체성을 탄탄하게 다졌기 때문이다.

D 교사는 2011학년도 활동 내용 보고서에 실린 후기에서, 교사학습공동체 활동으로 인한 자신의 변화를 다음과 같이 적었다. 교사학습공동체에서 독서와 독서 수업에 대한 탐구와 실천 활동을 지속적으로 하면서 교사로서의 자기 효능감이 높아진 것이다.

그동안 읽었던 책에 관해 이야기도 나누고, 또 그렇게 읽었던 책과 다른 선생님들의 수업 방법들에서 얻은 소중한 아이디어를 내 교실에서 적용해 보면서 조금씩 아이들과 함께 책 읽는 즐거움도 점점 커져 갔습니다. (……) 독서 모임을 시작하면서 책을 읽는 시각도 변하고, 또 결과만 중요하게 생각했던 독서교육에 대한 관점도 바뀌었습니다.

- D 교사의 2011학년도 활동 후기 중에서

2년 차부터 교사들은, 보다 구체적인 주제를 정하고 그에 맞는 연구 및 교육 활동을 해 오고 있다. 매달 정기적인 모임을 진행하면서 독서 교육의 세부 주제를 정하고, 그 주제에 맞는 교육 프로그램을 함께 만들어 교실에서 실제로 적용해 본 후에 결과를 성찰하고 공유하는 활동을 해 오고 있는 것이다. 〈표 2-7〉에서 살펴보았듯이 2012년 라온의 연구 주제는 "아이들과 교사와 그리고 그림책이 있는 교실"이었다. 일본의 고등학교 교사였던 하야시 히로시가 제창한 아침 독서 10분 운동을 독서교육 프로그램을 설계하는 기본적인 토대로 삼았다. 또한 교사들은 생활과 인성, 월별 주제, 교과를 고려하여 일련의 그림책을 선정하고, 방법적인 면에서 아침 독서와 유저스토리북userstorybook.net을 활용한 온라인 독서 활동을 진행하였다. 교육의 대상은 교사들이 담임을 맡고 있는 학급의 학생들이었고, 교육 프로그램의 실행 과정에서 '독서 달력'과 '온새미 북북'으로 명명된 독서 수업 모형들을 자체적으로 개발·적용하였다. 독서교육 프로그램의 개발과 실행을 비롯한 라온의 활동 결과는 260쪽 분량의 보고서로 제작하여 지역의 교사들과 공유하였다.

2013년 라온의 연구 주제는 "책으로 나를 채워 감동 나누기"였으며, 이는 독서를 기반으로 한 학생 인성 함양 프로그램을 염두에 두고 설정한 주제였다. 교사들은 전문성 신장을 위해 자체 연수를 진행하고 사이버 연수에 참여하였으며 독서 지도를 위한 자료를 개발하였다. 자

표 2-10 2012년 라온이 제작·활용한 독서 달력 부분

4월	장애 및 생명

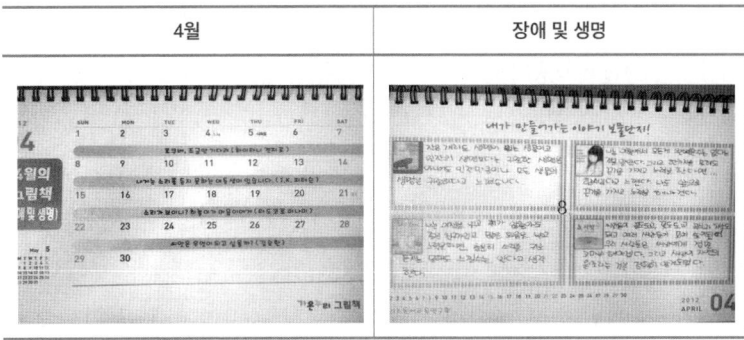

체 연수에서는 그림책, 동화, 독서 지도 관련 서적 등을 함께 읽고 공유하는 활동을 통해 독서 지도에 대한 전문성을 신장하고자 하였으며,《그룹 지니어스》,《자라지 않는 아이》,《학교 속의 문맹자들》등을 함께 읽었다. 독서 지도 자료로는 2012년의 독서 달력을 보완한 책 달력, 월별 동아리 활동 자료집 등을 제작하였으며, 교사들이 담임을 맡았던 학급이나 독서 동아리 수업에서 이 자료를 토대로 한 교육 프로그램이 운영되었다.

표 2-11 월별 동아리 활동 자료집 구성 예시

1학기				2학기			
월	인성 주제	담당 교사	선정 도서	월	인성 주제	담당 교사	선정 도서
3월	관계 지향	노○하	《우리는 친구》 《짜장 짬뽕 탕수육》	9월	관계 지향	오○희	《엄마의 의자》 《마당을 나온 암탉》

2013년에도 독서교육 프로그램의 설계와 실행, 성찰의 과정을 담은 보고서를 작성하여 지역 교사들과 공유하였으며, 2014년에는 독서를 기반으로 한 진로 지도 교육 활동 프로그램을 개발하고자 하였다. 이때의 연구 주제는 "책으로 세계 지도보다 넓은 나의 꿈 만나기"였으며

10명의 교사가 독서교육연구회 활동에 참여하였다.

2015년의 연구 주제는 "우리 고전 독서교육을 통한 인문 소양 함양" 이었다. 교사와 학생의 다양한 독서 활동을 중심으로 교사학습공동체 의 활동이 이루어진다는 점에서 예년과 같지만 '고전'과 '인문 소양'을 강조하여 인문교육에 대한 사회적 요구를 반영하고자 하였다. 교사들 은 스스로의 인문 소양을 함양하기 위해 함께 책 읽고 토론하기, 원격 연수 프로그램 이수, 전문가 초청 워크숍 참여 등의 활동을 했다. 그리 고 학급의 창의적 체험 활동 시간이나 독서 동아리 활동에 적용할 수 있는 인문 소양 함양을 위한 창의적인 독서교육 프로그램을 개발하고 이를 토대로 수업을 실행하였다. 학생의 고전 읽기 활동을 지원하기 위 해 독서 통장 기록하기, 아침 독서 활동 등의 방법을 독서교육에 적용 하고 교사들이 지도하는 모든 학생들이 함께 참여할 수 있는 북 콘서 트를 기획하여 진행하기도 하였다.

2016년에는 교육 연극을 중심으로 교사학습공동체 활동이 이루어 졌으며, 2017년에는 올바른 책 읽기를 통한 사고력 확장 프로그램을 지향하면서 "책 읽는 거미의 생각 그물 만들기"라는 주제로 활동을 진 행하였다. 교사의 활동은 사고력과 독서교육에 대한 연구회 자체 연수 및 온라인 연수와 문학 기행, 독서 토론 등으로 진행하였다. 독서 토 론은《백설공주는 왜 자꾸 문을 열어 줄까》와《교사, 삶에서 나를 만 나다》두 권을 읽고 학기당 1회 진행하였다. 학생의 활동은 학년별 수 준에 맞는 독서와 생각 그물 만들기 독후 활동을 중심으로 이루어졌 고, 이를 위해 생각 그물을 활용한 사고 확장 프로그램을 구안하여 수 업에 적용하였다.

생각 그물! 수업 시간에 가끔 사용하긴 했지만 잘은 몰랐기에 생각 그 물을 다룬 논문을 다 함께 읽어 보았다. 그 후 동화책을 한 권 정해 그 책 과 관련된 다양한 생각 그물을 만들어 보기로 했다. 처음엔 쉽게 생각했는

그림 2-1 '생각 넓히기 그물' 활동 예시

1) 생각 넓히기 그물 (Circle Map)

생각 넓히기 그물

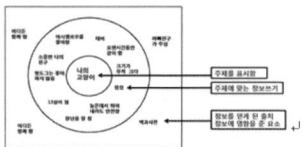

배경지식을 찾거나 개념을 정의하는 것에 사용. 책을 읽고 주제에 대한 관련 정보를 생성할 수 있게 해주며, 주제가 되는 대상에 대한 생각을 정리할 수 있도록 활동 하는 생각그물

📚 도서명 『마법의 설탕 두조각 』

● <생각 넓히기 그물> 활동 예시

● **활동 1. 부모님에게 불만이 있어서 이렇게 하고 싶었어요!**
 - 부모님에게 불만이 있어서 가끔 어떻게 하고 싶었는지 적어보는 활동을 하게 하고 이런 활동을 통해서 렝켄을 이해해 볼 수 있게 한다. <활동지 활용>

☀ 학생들의 경험

| 학생 1 | 공부만 하든 빨래만 하든 둘 중 하나만 하고 싶다고 말하고 싶다. |
| 학생 2 | 주무시는 엄마를 깨우고 TV를 끄고 주무시라고 하고 싶다. |

데 직접 해 보니 책의 내용을 생각 그물에 적용시키는 것이 꽤 까다로웠다. 몇 번의 열띤 토론 끝에 우리는 생각 그물의 표준 모델을 만들어 낼 수 있었다. 표준 모델이 만들어진 후 본격적으로 적용에 들어갔다.

- F 교사의 2017학년도 활동 후기 중에서

후기에 따르면, 교사들은 올해의 연구 주제로 생각 그물을 정한 뒤 관련 논문을 함께 읽으면서 생각 그물의 개념과 8가지 유형(생각 넓히기 그물, 생각 묶기 그물, 생각 자세히 그물, 비교 대조 그물, 전체 부분 관계 그물, 차례 순서 그물, 원인 결과 그물, 유추하기 그물 유형) 등 기본적인 내용을 학습하고, 각 유형별로 사고 확장 프로그램을 구안하였다. 교사학습공동체의 주제에 대한 탐구와 실천이 협력적이고 체계적으로 이루어지고 있음을 확인할 수 있다.

2018년 라온은 '온책읽기'에 주목하고 있다. "온책읽기와 함께 하는 행복한 독서 세상"이라는 주제로 온책읽기를 기반으로 한 통합 독서 활동 프로그램을 개발하는 것을 학습공동체 활동의 목표로 삼고 있다. 이를 위해 교사들은 〈'온작품읽기'로 꽃피우는 한 학기 한 권 읽기〉 등의 참고 자료를 읽고 독서 토론을 진행하고자 하며 연수 참여와 온책읽기 독서 프로그램의 개발 및 적용을 실천해 나가고 있다.

이상에서 살펴본 바와 같이 2014년과 2016년을 제외하면 라온의 활동은 독서 토론과 연수 참여, 당해 연구 주제에 부합하는 독서교육 프로그램의 개발 및 적용 등의 내용으로 이루어졌다. 프로그램의 기본 틀과 수업 모형을 만들고 각 학년군의 특성을 고려한 책을 선정하는 작업은 교사들이 협력하여 진행하였고, 프로그램의 세부 내용을 채우는 것은 개별 교사들이 나누어 맡았다. 교사들이 활동 중심 독서교육을 지향하는 만큼 독서교육 프로그램은 역동적인 활동들로 꾸려졌다. 매년 연구 주제를 바꾸어 교사들의 독서교육 전문성을 다방면으로 확대하는 한편으로, 독서교육 프로그램의 형태로 라온의 노하우를 축적하고 심화시켜 온 것은 눈여겨볼 부분이다. 이는 근무지가 각기 다른 교사들이 모여 있는 학교 밖 학습공동체임에도 불구하고 라온이 오랜 기간 안정적으로 활동할 수 있는 기반이 되고 있다. 또한 라온은 교사학습공동체의 활동 내용 전반을 보고서의 형태로 제작하여 공동체 밖 교사들과 공유함으로써 지역의 독서교육에 긍정적인 영향을 끼쳐 오고 있다. 다음 절에서는 라온의 이러한 특성에 대해 상세하게 살펴보도록 하겠다.

4. 라온의 특성

교사학습공동체가 교사의 전문성에 유의미한 영향을 끼친다는 점을 국내외의 여러 연구 결과에서 확인할 수 있지만 모든 교사학습공동체가 성공을 경험하는 것은 아니다. 교사학습공동체 운영이 어려움을 겪는 요인으로는 업무 과다로 인한 시간 부족, 비전 공유의 어려움, 변화에 대한 열정과 동기 부족, 관 주도의 성과주의 문화, 전문적 학습공동체에 대한 전문성 부족, 리더의 부재, 경쟁주의적 환경 등이 지적되며(정바울, 이승호, 2017), 특히 학교 안 학습공동체의 경우 소위 '비자발성 딜레마' 때문에 어려움을 겪기도 한다(박민선, 최성욱, 2017: 189). 학교 밖 학습공동체인 라온의 경우도 회원이 자주 교체되고 매년 교육부나 교육청의 재정적 지원을 받기 위해 우수한 성과를 내야 하는 등의 어려움을 겪고 있다. 그러나 라온은 다양한 독서 활동을 통해 생각하는 힘을 기른다는 하나의 목표를 공유하고 공동체 전체와 구성원 개개인의 독서교육에 대한 전문성을 지속적으로 강화해 오고 있다. 이 장에서는 라온의 교사들이 독서교육에 대한 능동적이고 협력적인 학습과 실천을 지속해 올 수 있었던 요인을 중심으로 라온의 특성을 분석해 보기로 한다.

(1) 공동체의 목표 설정과 활동의 유기적 결합

라온은 교사의 전문성과 학생의 학습이 독서 활동을 중심으로 유기적으로 관련되어 있고 매년 새로운 주제에 대한 탐구와 실천을 해오고 있다는 점에서 교사학습공동체를 지속시켜 나가는 데 필요한 내적 동력을 확보하고 있다.

교사 개인적으로도 책에 대한 관심이 많았으며 평소에도 책을 많이 읽으려고 노력하는 편입니다. 하지만 혼자서 책을 읽고 그 내용을 이해하거나 공감하는 데 어느 정도 한계를 느끼고 함께 공유하고 싶다는 생각을 하고 있었습니다. 더불어 독서 활동을 수업이나 생활 지도에 적용하여 학급 운영을 했었는데, 학생들에게 읽힐 책을 선정하고 활동을 계획하는 데 어려움이 많았습니다.

- S 교사의 서면 인터뷰 답변 중에서

교육 트렌드의 변화와 개혁에도 독서교육만큼 꾸준히 강조되어 온 화두는 없다고 생각합니다. (……) 라온에서는 학교 현장에서 곧바로 활용 가능한 독서 지도의 실제를 논의하고 있습니다. 교실에서 이루어졌던 독서 지도의 경험을 나누고 학급 경영과 맞물려 돌아가는 독서 지도에 대해 함께 이야기하다 보면 어느새 독서 지도에 대한 고민이 한결 가벼워지게 되었습니다.

- O 교사의 서면 인터뷰 답변 중에서

S 교사는 책에 대한 관심과 독서 경험을 공유하고 싶은 욕구, 독서교육의 방법에 대한 정보를 얻고 싶은 기대 등이 라온 활동을 시작하게 된 동기라고 밝혔다. 라온의 교사들은 독서교육의 중요성에 대해 공감하고 독서교육에 대한 전문성을 기르고 싶어서 자발적으로 교사학습공동체에 참여했다. 그리고 지역도 학교도 경력도 다양한 교사들이 모여서 교실에서의 독서 지도에 대한 경험과 고민에 대해 이야기를 나누면서 유용한 아이디어를 얻고 "더 새롭고 더 재미있는 독서 활동을 아이들과 함께 하고 싶다는 생각"(O 교사의 서면 인터뷰 답변 중에서)으로 활동을 지속해 나가고 있다. 공동의 비전을 공유하고 비전에 맞게 활동을 하고 있는 것이 교사들의 결속력을 유지할 수 있는 기본적인 요인이 되고 있는 것이다.

게다가 라온은 독서교육에 대한 전문성을 강화하고자 매년 연구 주제를 새롭게 정하고 있다. 구체적인 활동 주제는 해마다 주어지는 교육부의 대주제와 연계하여 정하고, 이에 따른 실천 계획을 수립한 다음 매년 도서 목록을 비롯한 독서교육 프로그램을 개발하여 실행해 나가고 있다. 매달 공동체 구성원들이 모여서 수업 지도안을 작성하고 학습지 등 자료를 개발하며, 각자가 맡고 있는 학급이나 독서 동아리를 대상으로 수업을 실행한 후에는 수업 일지를 작성해 공유한다. 또한 라온은 교사들의 독서 모임으로 출발한 공동체인 만큼 지금도 함께 책을 읽고 토론을 하는 활동을 하고 있으며 그림책 읽어 주기를 포함한 아침 독서 활동을 통해 학생들에게 책을 읽는 교사의 모습을 보여 주기 위해 노력하고 있다.

요컨대 라온은 목표가 분명하고 구성원들의 활동이 그 목표에 맞게 이루어지고 있는 교사학습공동체이다. 독서교육의 큰 틀 안에서 매년 소주제를 새롭게 수립하여 공동체 활동에 변화를 주면서 기존에 공동체가 쌓아 온 노하우를 발전시켜 나가고 있는 점도 주목을 요한다. 북콘서트나 도서 목록, 독서 활동 자료 등은 기존의 경험을 바탕으로 보완해 나가고 있다.

(2) 교사의 전문성에서 학생의 학습으로의 전이

교사의 독서교육에 대한 전문성이 그와 관련한 학생의 학습, 즉 독서로 이어지는 과정을 가시적으로 확인할 수 있다는 점도 라온의 강점이다. 2011년 교사들은 매달 독서 토론을 진행하면서 전문가의 추천을 받아 그림책을 함께 읽기도 했다. 《개구리네 한솥밥》, 《점》, 《내가 라면을 먹을 때》, 《사라, 버스를 타다》, 《파랑이와 노랑이》 등의 그림책은 이후 교사들이 개발한 독서교육 프로그램에도 반영되었다. 〈그림 2-2〉는 2013학년도 연구 활동 보고서에 수록된 독서교육 프로그램의 일부로 《내가 라면을 먹을 때》를 제재로 활용한 것이다.

표 2-12 2011년 그림책 읽기 도서 목록

순	제목	지은이	그림	출판사
1	개구리네 한솥밥	백석	유애로	보림
2	숨은 소리 찾기	하신하	양경희	바람의아이들
3	엄마 마중	이태준	김동성	한길사
4	넉 점 반	윤석중	이영경	창비
5	막걸리 심부름	이춘희	김정선	사파리
6	아들아, 아빠가 잠시 잊고 있었단다	코하세 코헤이	후쿠다 이와오	깊은책속옹달샘
7	내가 라면을 먹을 때	하세가와 요시후미		고래이야기
8	그리운 메이 아줌마	신시아 라일런트		사계절
9	우리 할머니는 달라요	수 로우슨	캐롤라인 마젤	봄봄
10	점	피터 레이놀즈		문학동네어린이
11	맥도널드 아저씨의 아파트 농장	쥬디 바레트	론 바레트	미래아이
12	똥벼락	김회경	조혜란	사계절
13	서서 걷는 악어 우뚝이	레오 리오니		마루벌
14	신데룰라	엘렌 잭슨	케빈 오말리	보물창고
15	사라, 버스를 타다	윌리엄 밀러	존 워드	사계절
16	행복한 우리 가족	한성옥		문학동네
17	파랑이와 노랑이	레오 리오니		물구나무
18	슬픈 란돌린	카트린 마이어	아네테 블라이	문학동네어린이
19	그림책의 그림읽기	현은자 외		마루벌
20	뇌가 좋은 아이	신성욱		마더북스
21	헨쇼 선생님께	비벌리 클리어리	이승민	보림
22	마녀의 독서처방	김이경		서해문집

그림 2-2 《내가 라면을 먹을 때》 관련 독서 프로그램 예시

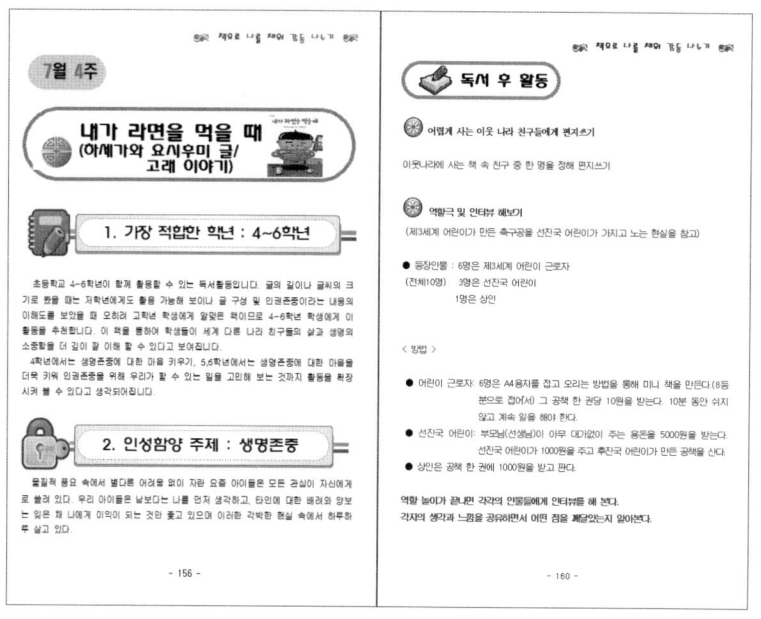

초등 교사들인 데다 도서관 업무를 맡거나 독서 동아리를 지도하면서 그림책에 대해 특별한 관심과 애정을 가진 교사들이 많기 때문에 교사들의 독서 목록에는 그림책을 비롯한 아동 도서가 자연스럽게 포함되었고, 교사들은 그림책을 읽고 난 후의 감상을 이야기하면서 그림책을 아이들과 함께 읽는다면 어떻게 읽을 수 있을지에 대해서도 이야기를 나누었다. 한 교사가 활동 후기에 "라온 독서 모임은 단지 책 읽기에서만 동기 부여를 받는 게 아니라서 더욱 의미가 있다. 회원 모두가 초등학교에 근무하시는 선생님들이기 때문에 좋은 교사가 되기 위한 고민과 수업 아이디어와 같은 교직 생활에 꼭 필요한 이야기 또한 자연스럽게 오고 간다"(I 교사의 2011학년도 활동 후기 중에서)라고 썼거니와, 그러한 과정은 독서교육 프로그램의 개발 및 실행과 자연스럽게 이어졌다.

교사들은 아침 독서 활동 등을 통해 책을 읽는 모습을 보여 주고 실제로 읽어 주기도 했으며, 독서교육 프로그램을 통해 책을 읽는 방법을 가르쳐 주기도 했다.

전에는 "책 읽어라, 독서는 중요한 거다"라고 입으로만 가르치고 어른으로서의 책만 읽던 교사였지만 지금은 아이들과 책을 함께 읽고 아이들에게 재미있게 책을 읽어 주려고 노력하는 교사가 되었습니다. (……) 지금도 교실에서《오세암》이라는 책을 아침 활동으로 아이들과 한 문장(또는 문단)씩 돌아가며 읽기, 책 읽어 주는 선생님이 되어 읽기 등 다양한 방법으로 읽고 있습니다. 완전 '깡촌'의 우리 반 아이들은 책을 읽는 것에 관심이 없어서 5학년인데도 책을 더듬더듬 읽었지만 지금은 아침에 아이들이 모두 오면 자기들이 먼저 꺼내서 읽게 되었고 책 읽어 주는 선생님 시간을 고대하는 아이들이 되었습니다. 그렇게 책 읽기를 즐겁게 생각하는 아이들과 교사가 된 것이 가장 큰 변화가 아닐까 싶습니다.

- K 교사의 서면 인터뷰 답변 중에서

라온 활동이 교사의 독서교육에 어떤 영향을 끼쳤는지를 묻는 질문에, K 교사는 책 읽기를 즐길 수 있는 교실을 만든 것이 라온 활동이 가져온 가장 큰 변화라고 답했다. 아래 인용문은 2012학년도에 라온 참여 교사의 "책과 함께하는 수업"에 참여했던 학생이 남긴 소감문 중 하나이다.

교과서로만 보면 이야기의 끝을 잘 모르는데, 하지만 책으로 보면 이야기를 잘 알 수 있어서 좋고 이야기를 잘 알다 보니까 답을 어렵게 달지 않고 그냥 답을 달 수 있다. 지루한 수업이 책과 같이하니 지루하지도 않고 재미있다. 또 실감 나게 읽어 주니까 읽은 책이라도 더 재미있게 볼 수 있고 인상 깊은 부분을 더 잘 찾을 수 있다. 시간이 오래 걸린다는 단점이 있지만 솔직히는 상관이 없다. 책과 함께하는 수업은 나로선 맘에 든다.
　　　　　　－ 5학년 학생의 '책과 함께하는 수업에 대한 의견' 예시 자료 중에서

　학생들은 교과서가 아닌 책을 중심으로 한 수업에 대해 지루하지 않고 흥미롭다는 점을 가장 큰 장점으로 꼽았다. 교사가 읽어 준 부분은 기억에 오래 남고 교사가 읽어 준 책은 혼자서도 다시 찾아 읽게 된다는 것도 아이들이 꼽은 장점이었다. 라온 활동이 독서교육에 대한 교사의 자기 효능감을 높이고 다양한 독서 지도 방법을 교실에 적용해 볼 수 있도록 했고, 이로 인해 독서에 대한 학생의 태도를 긍정적으로 변화시키는 성과가 나타나고 있는 것이다.

　그러나 첫해에 라온의 활동에서 독서 토론이 매우 중요한 비중을 차지하고 안정적으로 진행되었던 데 비하면 최근에는 그렇지 못하다는 점은 보완이 필요하다. 2011년에 라온의 교사들은 매달 한 권의 책을 읽고 이야기를 나누는 독서 모임을 가졌으나 2017년에는 교사 독서 토론을 학기당 1회만 실시했다. 독서교육 프로그램을 산출하고 정교화하는 데 많은 노력을 들일수록 역설적이게도 교사학습공동체 내에서 교사들 자신이 의미 있는 독서 활동을 할 기회가 줄어드는 양상을 보이고 있는 것이다. 외부로 드러나는 교사학습공동체의 성과도 물론 중요하지만 독서교육 전문성 신장을 목표로 하는 라온의 정체성을 감안한다면 공동체 활동에서 독서 토론의 비중이 줄어든 데 대한 반성과 이를 개선하려는 노력이 있어야 한다.

(3) 독서교육 프로그램의 개발 및 실행 경험의 축적

　라온 활동이 교사들의 독서교육 전문성을 신장시켜 왔음을 증명할 수 있는 가장 객관적인 근거는, 교사들이 독서교육과 관련한 세부 주제에 대한 학습과 협력적 대화를 거쳐 개발한 독서교육 프로그램이다.

자신이 직접 개발에 참여한 프로그램을 수업에 적용하고 성찰하는 과정에서 교사는 "독서교육에 대한 자신감이 생기고 체계적으로 지도할 수 있게 되었다"(O 교사의 서면 인터뷰 답변 중에서)고 느꼈다. 이러한 긍정적인 경험이 학교 업무와 교사학습공동체 활동을 병행하는 것이 쉽지 않은 상황에도 교사들이 라온 활동을 지속하게 하는 이유가 되고 있다.

또한 라온은 독서교육과 관련한 세부 주제를 매년 새롭게 설정하여 활동의 내용에 변화를 주고 있다.

한 해가 시작되면 독서교과연구회 선생님들께서 서로 모여 올해는 어떠한 주제를 잡아서 독서교육을 해야 될까 의견을 나누는 시간을 가집니다. 이 주제를 잡고, 디테일한 방법을 정할 때 좋은 아이디어가 생각나지 않아, 시간이 정말 한참 걸릴 때도 있고, 정했던 계획을 다시 여러 번 수정할 때도 있습니다. 이 과정이 매우 힘들기는 하나 서로 힘을 합쳐 토론을 거듭해 나가다 보면 (……) 서로 협력하며 더 좋은 아이디어를 떠올려 내고, 서로가 멘토, 멘티가 되어 이끌어 주는 배움의 과정을 가질 수 있다는 것이 매우 뜻깊은 경험인 것 같습니다.

- H 교사의 서면 인터뷰 답변 중에서

그리고 라온은 2011학년도부터 2017학년도까지 진로교육과 교육연극을 소주제로 다루었던 해를 제외하고는 매년 공동체 활동의 결과를 보고서 형태로 발간해 왔다.

안정적인 지원을 받고자 교육부나 교육청 사업에 참여했고, 그로 인해 우수한 결과물이 나와야 한다는 심적 부담감이 있었습니다. 그리고 재정적 지원을 받기 위해 계획서를 내야 하고 통과가 되어야 한다는 의무감까지 생기게 되어 그 부분이 어려웠습니다. 계획서가 통과하지 못했던 해는 사비를 털어서 새로운 분야에 대한 배움을 지속했는데 그것은 회원들 모두 배움에 대한 열정이 있었기 때문인 것 같습니다.

- K 교사의 서면 인터뷰 답변 중에서

K 교사의 인터뷰 내용처럼 라온이 매년 계획서와 보고서를 꾸준히 작성해 온 것은 교육부나 지역교육청의 재정적 지원을 받아야 한다는 상황과 무관하지 않다. 학교 밖 학습공동체의 특성상 학교로부터의 지원을 기대하기 어렵기 때문에 교사들은 재정적 지원을 받기 위해 우수한 성과를 내기 위해 노력해야 했다. 이러한 상황은 라온 활동을 하는데 부담이 되기도 했지만 새로운 주제와 관련한 독서교육 프로그램을 개발하고 실행할 수 있게 하는 외부적 자극이 되기도 했다.

결과적으로 교사들은 1년 단위의 독서교육 프로그램을 개발하고 수업을 실행한 후에는 수업 일지를 통해 수업을 성찰하는 전체적인 과정을 보고서에 기록하였다. 그리고 보고서를 지역교육청 홈페이지 등을 통해 공유하여 지역의 교사들이 라온의 독서교육 프로그램을 활용할 수 있도록 하였다. 교사학습공동체에 참여한 과정과 결과가 가시적인 성과로 남게 된 것이다. 교사들 간의 협력을 통해 다양한 독서교육 프로그램을 개발하여 실행하고 성찰한 경험은 교사 개인의 전문성 신장과 관련이 있을 뿐 아니라 교사학습공동체 전체의 역량이 축척되고 한 단계 발전할 수 있는 토대가 되고 있다.

(4) 전문성을 갖춘 열정적 리더와 구성원들 간의 유대감

정바울, 이승호(2017)에서는 교사학습공동체를 활성화할 수 있는 방안을 제안했는데 친밀한 관계의 형성과 리더의 역량 강화가 그 내용으로 포함되어 있다. 물론 교사학습공동체의 구성원들은 분산적 리더십 distributed leadership을 갖춰야 하고 공동체 내의 협력을 유지하기 위해서는 구성원들이 대등한 관계에서 대화를 나눌 수 있는 민주적인 의사소통 구조가 만들어져야 한다(곽영순, 2015: 85-86). 그러나 교사학습공동체에는 구성원들의 협업을 이끌어 낼 수 있는 촉진자로서의 리더가 필요하다. 관리자의 전폭적인 지지를 받는 학교 안 교사학습공동체의 경우에도 운영의 동력을 지속적으로 유지하기 쉽지 않은데 학교 밖 학습공동체인 라온이 8년 동안 운영의 동력을 유지할 수 있었던 중심에는 독서교육에 대한 전문성과 공동체 활동에 대한 열정을 두루 갖춘 리더의 역할이 있었다.

Beach & Reinhartz(2000)에 따르면, 리더는 조직 구성원 전체를 이끌 수 있는 문화를 창조하는 능력, 신뢰를 형성하고 타인과 더불어 업무를 수행하는 대인 관계 기술 능력, 사명, 목적, 전략을 의사소통하고 구체화하는 능력, 타인과 상호 작용을 할 때 통합성과 책임성의 본보기를 보여 주는 능력, 문제를 진단하고 평등에 기초해 원인과 절차를 선택하고 위험을 감수하는 능력, 성과를 거두기 위해 목적과 노력을 일치시키는 능력을 갖추어야 한다(김종원, 김남균, 2017: 102에서 재인용).

> 저는 어디에 흥미를 느끼면 끊임없이 노력하는 강점은 하나 가지고 있는 것 같습니다. 그리고 어느 학교를 가든 도서관에 관한 업무는 자처합니다. (……) 그렇게 독서를 가지고 교육과정을 운영을 할 정도로 독서에 애정이 있습니다. 그리고 늘 책을 읽으려고 아이들에게 책책책 떠들면서 돌아다닙니다. 그러면서 한 가지 부끄러운 것은 제가 책을 많이 못 읽는 그 부끄러움이 있지만 읽으려고 많이 노력합니다. (김종원, 김남균, 2017: 112-113)

B 교사는 독서와 독서교육에 대해 남다른 관심과 열정을 가지고 있었고, 교육부가 해마다 제시하는 대주제를 토대로 독서교육의 이슈

를 구체화하는 능력 또한 갖추고 있었다. B 교사가 독서교육에 대해 전문성을 갖추고 있었기 때문에 그 노하우를 공유하고자 하는 교사들이 모여 라온 활동을 시작하고 지속해 올 수 있었다.[3] B 교사는 라온의 리더로 활동하면서 자신의 전문성을 심화하고자 교육대학원에서 초등 국어교육 전공 석사과정을 이수하기도 했다. 동아리 교부금 제도 등을 활용해 학교 밖 학습공동체를 유지하는 데 필요한 행·재정정적 기반을 만드는 것도 리더의 몫이었다. 교사학습공동체의 운영 동기가 외부로부터 주어지는 것이 아니라 자율적인 참여에 의해 만들어지는 학교 밖 학습공동체에서 리더는 전문성과 열정을 두루 갖추고 있어야 한다.

참여 교사들 간의 유대감이 매우 끈끈하다는 점도 라온이 가진 특징이다. 동료 교사들과의 유대는 신뢰와 존중을 바탕으로 협력을 지속해 나갈 수 있는 동력이 되며, 교사학습공동체 활동을 이어 가면서 겪는 어려움을 극복할 수 있는 이유가 되기도 한다.

– B 교사의 서면 인터뷰 답변 중에서

처음 라온에 들어갔을 때 기존 선생님들끼리의 유대 관계가 매우 끈끈하고, 책에 대한 경험도 많으셔서 제가 잘 활동할 수 있을까 걱정스러운 부분도 있었습니다. 하지만 함께 활동하다 보니 저에게도 소속감과 유대감이 생겼고, 이러한 감정은 자연스럽게 활동을 지속할 수 있는 원동력으로 작용하였습니다. (……) 끈끈함, 유대감을 바탕으로 활동을 진행하다 보니 꼭 독서 활동이 아니더라도 수업 및 학교 생활에 대해서 다양한 이야기를 나눌 수 있었습니다. 특히나 선후배로 구성된 구성원의 특징으로 선배님들의 다

• • •

3 2011학년도 라온 참여 교사들은 대부분 B 교사와 같은 학교에 근무했던 이들이었으며, 이후에도 다수의 교사들이 B 교사의 권유로 라온 활동에 참여하고 있다.

양한 경험을 토대로 후배들의 새로운 시선이 더해지니 활동이 재미와 깊이
를 모두 채울 수 있었습니다.

- S 교사의 서면 인터뷰 답변 중에서

S 교사는 독서와 독서 활동에 대한 학습만으로 4년간 라온 활동을
지속하기는 어려웠을 것이며 동료 교사들과의 인간적인 유대가 활동
에 대한 흥미를 잃지 않을 수 있었던 이유라고 설명했다. 라온이 대부
분 동문으로 구성되어 있다는 특수성 때문이기도 하지만, 교사들에게
라온은 독서교육에 대한 배움이 일어나는 공간이면서 교사로서의 삶
을 나누는 공간인 것이다.

그러나 위 인용문의 첫머리에서 보듯이 기존의 구성원들 간에 유대
관계가 매우 강하다는 것은 새롭게 라온에 합류하고자 하는 교사들에
게는 심적인 부담으로 작용할 수 있다. 라온은 초기부터 리더를 중심
으로 한 친밀한 인간관계에 의해 만들어지고 유지되어 왔는데 최근 구
성원의 규모를 8명 내외로 정비하면서 라온이 새롭게 활동에 합류하
고자 하는 교사들에게는 배타적으로 비칠 수 있다는 점이 우려된다.
공동체 활동이 목표 지향적으로 밀도 있게, 체계적으로 진행되어 올
수 있었던 배경에 강한 리더십과 구성원 간의 끈끈한 유대 관계가 있
었다면 반대로 8년 차를 맞고 있는 라온을 정체시킬 가능성도 있는
것이다. 2장에서 언급했듯이 라온은 올해 큰 변화를 맞고 있다. 지난
7년 동안 리더를 맡았던 B 교사 대신 새로운 리더가 라온을 이끌게
된 것이다. 교사학습공동체의 활동에 큰 변화를 가져올 수 있는 선택
을 한 만큼 앞으로 라온이 기존의 장점을 잘 살리면서 지난 성과에 만
족하지 않고 지속적으로 독서교육이라는 주제를 탐구하면서 성장해
나갈 동력을 스스로 찾아낼 것으로 기대한다.

4. 결론 : 연구의 시사점과 한계

이 연구는 독서교육에 대한 전문성을 신장시키고자 하는 목표를 가지고 활동하고 있는 교사학습공동체의 성공적인 사례로 라온의 활동 내용을 조사하여 그 특성을 분석하였다. 이를 통해 2011년부터 현재까지 지속적이고 체계적으로 활동해 오고 있는 학교 밖 학습공동체인 라온의 사례가 유사한 목표를 가지고 활동하고자 하는 교사학습공동체에 시사하는 바를 도출하고자 하였다.

먼저 라온의 사례는 교사학습공동체에서의 독서 활동, 독서교육 프로그램 설계와 실행 및 성찰에 이르는 과정을 공유한 경험이 리더 및 구성원들의 독서 교사로서의 전문성 신장과 독서 수업의 개선에 긍정적인 영향을 끼칠 수 있음을 시사한다. 또한 교사들 자신이 개발한 프로그램을 수업에 적용한 경험이 독서교육에 대한 교사의 자기 효능감을 높였고 그 결과 참여 교사들이 라온에서의 협력적 탐구 활동을 지속해 나갈 수 있는 동력을 얻었음을 확인할 수 있었다. 성과를 내야한다는 부담감은 교사학습공동체의 운영에 부정적으로 작용할 수 있지만 그 성과가 교사들에게 유의미한 것으로 받아들여진다면 새로운 주제를 가지고 탐구 활동을 지속해 나가는 동기가 될 수 있음을 라온의 사례는 보여 주고 있다. 독서교육에 대한 전문성과 열정을 갖춘 리더의 존재, 신뢰와 존중에 기반한 구성원들 간의 유대감이, 학교 업무와 교사학습공동체 활동을 병행하는 것이 쉽지 않았음에도 불구하고 교사들이 다년간 라온 활동을 지속하게 한 조건이었다.

그러나 라온의 사례를 토대로 독서교육에 대한 전문성을 강화하고자 하는 교사학습공동체의 일반적인 운영 모델을 제시하는 데까지 나아가려면 몇 가지 보완해야 할 점도 있다. 객관적인 자료에 대한 연구자의 해석이 적절한지를 뒷받침하기 위해서는 교사학습공동체 참여 교사들의 경험에 대한 질적 연구가 보완되어야 한다. 교사들의 독서교육 전문성이 제고되었음을 입증하기 위해서는 라온의 독서교육 프로그램의 질에 대한 평가가 필요한 부분도 있다. 독서교육 프로그램 개발에 대한 부담이 커질수록 교사들의 독서 활동 비중이 줄어들고 있는 점과 리더를 비롯한 구성원들의 특성과 친밀한 유대감을 형성하고 있는 구성원들 간 관계의 특성을 배제하고 라온 모델의 확산 가능성을 낙관하기 어렵다는 점도 고려해야 할 부분이다. 이러한 한계를 보완하는 것은 추후의 과제로 남겨 두기로 한다.

| 참고 문헌 |

곽영순(2015). 교사 학습공동체의 발달 단계 탐색. 교육과정평가연구, 18(2), 한국교육과정평가원, 83~104쪽.

김미혜(2010). 초등 교사의 국어 수업 전문성 신장을 위한 PDS 프로그램 개발 연구. 한국초등국어교육, 43, 한국초등국어교육학회, 63~102쪽.

김민조, 심영택, 김남균, 김종원(2016). 교사들의 '반(半) 자발성'에서 출발한 학교 내 교사학습공동체 운영 사례. 제25회 학교와 수업연구 학술대회 자료집, 청주교육대학교 교육연구원, 173~192쪽.

김정진, 송성숙(2017). 교사학습공동체 네트워크 구축과 활용사례 연구. 제27회 학교와 수업 연구 학술대회 자료집, 청주교육대학교 교육연구원, 3~16쪽.

김종원, 김남균(2017). 교사학습공동체 리더의 역할과 역량에 관한 사례 연구. 학교와 수업 연구, 2(1), 청주교육대학교 교육연구원, 97~121쪽.

박민선, 최성욱(2017). 단위학교 교사학습공동체 내 초등교사의 교육과정 실행 경험에 관한 근거이론 연구. 교원교육, 33(2), 한국교원대학교 교육연구원, 171~203쪽.

박철희, 김왕준, 이태구, 이정윤, 민경용(2017). 교사학습공동체의 실태와 활성화 방안 : 강원도 지역을 중심으로. 교육문화연구, 23(5), 인하대학교 교육연구소, 223~249쪽.

서경혜(2008). 학교 밖 교사학습공동체에 대한 사례연구. 한국교원교육연구, 25(2), 한국교원교육학회, 53~80쪽.

_____(2015). 교사 학습 공동체 = Teacher learning communities - 집단전문성 개발을 위한 한 접근. 서울: 학지사.

윤정, 조민지, 유경훈, 김병찬(2017). 하늘초등학교 교사학습공동체 운영에 관한 질적 사례 연구. 한국교원교육연구, 34(2), 한국교원교육학회, 27~56쪽.

정바울, 이승호(2017). 한국의 전문적 학습공동체 실행에 관한 탐색적 연구: 효과적 실천의 저해요인에 대한 교사들의 인식을 중심으로. 한국교원교육연구, 34(4), 한국교원교육학회, 183~212쪽.

한현미(2016). 더불어 읽기: 독서로 성장하는 교사 학습공동체. 서울: 맘에드림.

전문적 학습공동체 활동을 통한
초등 사회과 스토리텔링 수업에 대한 탐구

———————————————————————————— 심승희

I. 서론

본 연구는 일반적인 연구 순서와는 다른 방식을 취했기 때문에 연구 배경에 대한 상세한 설명이 필요하다. 본 연구를 시작하게 된 배경은 다음과 같다. 청주교육대학교 교육연구원과 부설 초등학교는 2011년부터 대학과 단위 학교 간 협력을 통해 교사의 전문성 신장에 기여하는 기반 연구를 수행하였다. 2012년에는 본격적으로 교실 내 수업 실천의 변화와 학교 문화의 변화를 모색하기 위해 청주교육대학교 교수들과 부설 초등학교 교사들이 교과별(국어, 영어, 수학, 사회, 과학, 미술)로 교사학습공동체를 구성하였다(청주교대 교육연구원, 청주교대 부설초, 2013: III).

이에 따라 연구자는 2012년부터 사회과 학습공동체 모임에 참여했는데, 매년 3월 말에서 4월 초에 연구 주제를 정하고 11월 전체 교과가 참여하는 워크숍 개최 시까지 10여 회의 모임을 통해 문헌 연구, 공동 수업 설계, 수업 실천 및 평가회를 진행했다. 2012년 사회과 학습공동체는 연구자와 부설초 교사 4명을 합하여 총 5명으로 구성되었다. 이때의 연구 주제는 '6학년 사회 세계지리 단원 교재 분석 및 공동 수업 설계'였다. 하지만 2012년의 활동은 체계가 잡히기 어려운 초창기였고 실제로 수업을 설계하고 공개하기로 계획된 구성원이 교사 1명뿐이었기 때문에 적극적인 활동보다는 이를 시도했다는 점에 의의를 두었다.

2013년에는 부설초의 상황 변화로 총 5명 중 2명의 구성원 변화가 있었지만, 교사 4명의 수업에 공통적으로 적용할 연구 주제를 정하고, 그 주제에 집중할 수 있는 제반 여건이 마련되었기에 본 연구와 같은 결과물이 나올 수 있었다. 2013년 초등 사회과 학습공동체 활동의 주제는 '스토리텔링을 적용한 사회과 수업'이었다. 2013년 4월 첫 모임에서 이 주제를 정하고 11월 22일 학습공동체 활동 전체 워크숍에서 활동 결과를 발표하기까지 총 12회의 모임을 가졌다(수업 공개 및 참관 활동까지 포함하면 총 16회).

첫 회 모임에서 활동 주제를 정하고 3회 차부터 한 명씩 수업 설계를 하고 실행해야 하는 빡빡한 일정 속에서 '사회과 스토리텔링 수업'에 대한 이론적 탐색이 충분히 이루어지지는 못했다. 2회 차 모임에서 각자 '스토리텔링 수업'에 대해 공부해 온 것을 가지고 집중 토론하고 구성원 모두의 수업에 적용할 스토리텔링 수업의 구조를 대략적으로 정한 이후부터는 이를 각자 자기 수업에 적용하여 수업 설계안을 짜 오면, 함께 토론하고 수정한 뒤 수업을 실행 및 참관하고 난 뒤 평가 및 토론회를 갖는 방식으로 9회 차까지의 모임이 진행되었다. 이후부터는 12회 차로 예정된 전체 워크숍에서 발표할 교사학습공동체 활동의 성과와 과제를 정리했다.

결론적으로 교사학습공동체 활동에서 얻은 최고의 성과를 꼽는다면 사회과 스토리텔링 수업에 대한 어떤 확실한 정답이 아니라 의미 있는 질문의 도출이었다. 비록 '스토리텔링'이라는 최근에 널리 사용되고 있는 용어를 명시적으로 사용하지는 않았지만, 이와 같은 스토리텔링류의 수업은 다른 교과에 비해 사회과에서 일찍부터 광범위하게 적용해 왔기 때문에, 우리 학습공동체는 이를 적용해 수업을 설계하고 실행만 하면 된다고 생각했다. 하지만 실제로 '스토리텔링 사회 수업'이라는 타이틀을 붙인 공개 수업을 목적으로 사회 수업에 적용하려고 보니 '스토리'와 '스토리텔링'은 어떻게 다른가라는 질문부터 시작해 아주 다양한 질문들에 답해야 하는 상황에 직면했다. 하지만 여러 질문에 대한 답을 찾아가는 도중 학교 차원에서 미리 정해진 일정대로 교사학습공동체 활동은 종료되었다. 따라서 교사학습공동체 활동 중 도출된 질문에 대한 답을 찾는 일은 여러 여건상 연구자가 문헌 연구를 중심으로 진행하게 되었다.

본 연구의 목적은 두 가지이다. 즉 교사학습공동체 활동을 통해 도출된 사회과 스토리텔링에 대한 몇 가지 질문에 대한 답을 찾아가는 것이고, 이 첫 번째 목적을 수행하는 과정을 통해 교사학습공동체 활동이 갖는 교육적 의의를 찾고 이를 널리 공유하는 것이 두 번째 목적이다. 본 연구가 기존의 일반적인 스토리텔링 관련 연구와 차별화되는 점은 연구 순서가 다르다는 점이다. 기존의 연구는 스토리텔링 관련 문헌들을 검토하여 이를 토대로 스토리텔링 수업을 설계하고 실행함으로써 그 효과를 검증하는 순서를 취한다. 하지만 본 연구는 교사학습공동체 활동이라는 실천적 활동을 통해 스토리텔링을 초등 사회 수업에 적용해 보는 일이 먼저고, 그 과정에서 탐구되어야 할 사회과 스토리텔링 수업에 관한 질문이 구체적으로 도출되고, 이 질문에 대한 답을 문헌 연구를 통해 찾아가는 순서로 이루어졌다.

이런 방식의 연구가 가지는 의의는 특정 교육 이론이나 패러다임이 학교 현장에 적용되고 확산될 때, 실제로 이 교육 이론을 수업에 적용하는 교사들의 입장에서는 어떤 식으로 수용되는지, 그리고 그 과정에서 어떤 질문과 문제들이 도출되고 또 이것들이 어떤 방식으로 해결되는지 보다 생생하게 살펴볼 수 있다는 것이다. 또한 이를 통해 새로운 교육 이론이 현장에서 본래 목적한 바를 성취하기 위해서는 어떤 일들이 수행되어야 하는지를 알아보는 데도 기여할 수 있을 것이다.

따라서 다음 장에서는 초등 사회과 교사학습공동체 활동과 그 과정에서 도출된 질문을 본 논문의 연구 문제로 설정할 것이고, 그 다음 장에서는 설정된 각 연구 문제에 대한 탐구를 문헌 연구를 중심으로 진행할 것이다.

II. 초등 사회과 학습공동체 활동과 도출된 질문

이 장에서는 2013년 4월 2일부터 11월 22일까지 '스토리텔링을 적용한 사회과 수업'이란 주제로 진행된 초등 사회과 학습공동체 활동을 정리하였다. 활용한 자료는 연구자가 작성한 회의록 및 기록지, 공동 연구원 교사 4명의 수업 설계안, 워크숍 자료집(청주교대 교육연구원, 청주교대 부설초, 2013), 연구자가 4명을 대상으로 진행한 면담 자료 등이다.

1. 초등 사회과 학습공동체 활동의 진행 과정

(1) 활동 주제 선정 : '스토리텔링을 적용한 사회 수업'

1년간의 활동의 주제는 4월 2일 첫 회 모임에서 결정되었다. 교무부장을 겸직한 A 교사가 다른 업무로 불참해 총 4명만 참석하였는데, 부설초 내에서는 자체적으로 활동의 결과를 11월에 있을 '자율 컨설팅 장학 워크숍'에서 발표하기로 계획되어 있었고, 4명의 교사가 공개 수업을 할 학년, 과목, 날짜도 이미 정해진 상황에서 공통적으로 적용할 주제를 정하는 자리였다.

연구자는 직접 수업을 실행하지 않기 때문에, 수업 공개를 할 교사들이 활동 주제를 미리 논의해 오기로 이메일을 통해 협의한 뒤에 1차 모임이 이루어졌다. 여기서 제안된 주제는 2가지였는데, 1안이 '스토리텔링을 적용한 사회 수업', 2안이 '스마트 기기를 활용한 사회 수업'이었다. 모임이 끝난 후 연구자가 면담을 해 보니 1안을 제안한 C 교사는 역사 영역으로 구성된 5학년 담임을 맡게 될 것으로 예상하고, 역사교육 석사학위 소지자로서의 전공을 살려 '스토리텔링 역사 수업'을 적극적으로 시도해 보고자 제안했다고 한다. 하지만 실제로 맡게 된 학년은 1학년이어서 통합 교과 안에서 사회 수업을 해야 하는 상황이었지만, 이 기회에 스토리텔링을 역사 영역이 아닌 다른 영역에도 적용해 보는 시도로 제안했다고 한다. 2안을 제안한 D 교사는 마침 부설초에 마련된 스마트 교실과 스마트 기기를 활용해 보고자 '스마트 기기를 활용한 사회 수업'을 제안했다. 결국 3:1로 1안을 활동의 주제로 결정하였다.

이후에 활동을 진행하면서 처음 이를 제안한 C 교사와 이를 지지한 B 교사에게 왜 '스토리텔링을 적용한 사회 수업'을 선택하였는지 질문했는데 다음과 같이 답변했다.

"이번에 수학 교과는 수업을 부드럽고 친숙하게 하기 위해 스토리텔링을 도입했다. 이를 사회과에도 적용하고자 했다. 사회 수업은 딱딱하다. 이야기 속에 묻어가는 수업, 흥미롭고 쉽게 접근할 수 있게 '예시 자료'를 보여 주는 방법으로 스토리텔링을 선택했다. '교사가 만드는 이야기', '학생이 만드는 이야기' 형태의 스토리텔링 수업을 생각한 것이다."

- C 교사, 2013년 6월 4일 모임에서

"학생들은 왜 사회 수업을 싫어할까? 지난번에 참여한 연수에서 들으니 사회 교과서의 내용이 거대 담론이라서 학생들의 생활과 유리되어 있다고 한다. 따라서 스토리텔링을 통해 나의 문제로 느끼게 해 주어야 한다는 생각에 스토리텔링 수업을 적용하고자 했다."

- B 교사, 2013년 6월 24일 모임에서

이처럼 우리 교사학습공동체에서 스토리텔링을 사회과에 적용하고자 한 계기는 수학과에 도입된 스토리텔링이었으며, 이를 사회과에 적용했을 때 그려 본 사회 수업의 모습은, '딱딱하지 않고 부드러우며 흥미롭고 쉬운 사회 수업', '교사와 학생이 이야기를 만들어 나가는 사회 수업', '생활과 유리되지 않은 나의 문제로 느껴지는 사회 수업'이었다. 이는 초등 교사들은 대개 학습자가 수업 속의 문제를 자신의 문제로 인식하는 것을 좋은 사회과 수업의 가장 중요한 요소로 인식한다는 연구 결과(장소연, 남상준, 2015: 88)와 맥을 같이한다. 이 목표를 달성하기 위해 우리 교사학습공동체가 해야 할 과제는 다음과 같은 문제였다. 첫 번째, 스토리텔링이란 무엇인가? 무엇이기에 사회 수업을 부드럽고 흥미로우며 쉽게 만들어 주고, 나의 문제로 만들어 주는가? 두 번째, 스토리텔링을 수업에 적용하려면 어떤 형식을 갖춰야 하는가? 구체적으로 여기에는 '학생 스스로 이야기를 만드는 활동'이 들어가야 하는가 등의 문제가 포함된다.

(2) 공동 수업 설계 중심의 활동

1) 스토리텔링 수업에 대한 이론적 탐구 : 2회 차 모임

2회 차 모임(5월 9일)에서는 각자 스토리텔링 수업에 대해 조사해 온 내용과 공개 수업을 할 단원과 스토리텔링을 어떻게 적용할지에 대한 대략적인 계획을 발표하고 토론했다. 교무부장이란 보직 때문에 5학년 도덕 전담을 맡아 사회과 학습공동체 팀임에도 불구하고 5학년 도덕 수업을 공개해야 하는 A 교사는 '교실 수업 개선 실천 사례 연구 발표 대회'에 제출된 도덕 스토리텔링 수업 계획서를 참고하여 발표했다. 4학년 사회 수업을 할 B 교사는 기존 자신의 수업에서 스토리텔링을 활용한 사례들을 발표했다. 1학년 통합 교과 수업을 할 C 교사는 스토리텔링의 개념, 목적, 학습 단계 등에 관한 자료를 발제해 왔다. 연구자는 스토리텔링뿐 아니라 내러티브도 키워드에 포함해서 문헌 자료를 찾았고 그 결과 스토리텔링 기반 교수 설계에 관한 박사학위 논문(박소화, 2012)과 Lauritzen & Jaeger(강현석 외 옮김, 2007)의《내러티브 교육과정의 이론과 실제》를 발제해 갔다.

우리의 토론은《내러티브 교육과정의 이론과 실제》에 집중되었다. 이 문헌은 내러티브를 수업의 어떤 단계에서 어떻게 활용할지 선택 가능하다는 것, 학습에 사용될 내러티브가 갖춰야 할 조건, '계획 템플릿'이란 이름의 수업 설계 구조를 구체적으로 제시했기 때문이다. 3회 차부터 공동 수업 설계를 해야 하는 급한 일정 속에서, 곧바로 수업에 적용할 수 있는 유용한 정보라고 판단한 것이다.

Lauritzen & Jaeger의 논의를 직접 사회 수업에 적용한다고 전제하니 다음과 같이 논의가 보다 구체화되고 진지해졌다. 주요 논의 사항은 세 가지였는데 첫째는 Lauritzen & Jaeger가 말한 내러티브를 스토리텔링과 동일한 것으로 보아도 되는가? 즉 내러티브와 스토리텔링은 무슨 관계인가? 연구자는 이 저자들이 내러티브와 스토리를 동일하게 보았으므로[1] 스토리텔링도 내러티브와 동일하게 보아도 될 것 같다고 주장했지만, 이 문제에 대해 석연치 않아 했다.

　두 번째는 스토리텔링 수업이라는 용어의 사용이 매우 광범위하므로, 우리 학습공동체에서 추구하는 사회과 스토리텔링 수업의 특징을 분명히 하자는 것이었다. Lauritzen & Jaeger는 내러티브가 수업에서 차지하는 역할을 ① 수업의 동기 유발로서의 이야기 ② 적용으로서의 이야기 ③ 수업의 마무리를 위한 이야기 ④ 자원으로서의 이야기 ⑤ 교육과정 틀로서의 이야기, 이렇게 5가지로 유형화했는데, 우리는 이 중 '② 적용으로서의 이야기'를 선택하기로 결정했다. 우리 학습공동체는 수업 수준의 연구 활동이므로 교육과정 차원까지 다룰 수 없고, 나머지 동기 유발이나 수업의 마무리, 자원으로서의 이야기는 기존의 사회 수업에서도 많이 해 오던 방법이었기 때문에, 새로운 수업을 시도하려는 우리 학습공동체의 위상에 맞으려면 수업의 전 과정에 스토리텔링 요소가 들어가게 하자는 데 합의한 것이다. 그리고 이를 위한 모델로 Lauritzen & Jaeger가 제시한 '계획 템플릿'(《표 2-13》)을 우리 수업에 적용하기로 잠정 합의하였다. 그러자 B 교사가 이 '계획 템플릿'은 사회과에서 많이 해 오던 PBL[Problem Based Learning] 수업과 거의 유사하다는 점을 지적했다. 그러자 PBL 수업과 스토리텔링 수업이란 어떤 관계인가라는 세 번째 문제가 제기되었고, 이는 다음 모임에서 계속 논의하기로 하였다. 따라서 이후의 활동은 여기서 제기된 문제들을 염두에 두면서 진행되었다.

2) 스토리텔링 수업 단계 개발 : 3~4회 차 모임

　3회 차 모임(6월 4일)에서는 5학년 도덕 전담을 맡은 A 교사가 지난

• • •

1　내러티브는 그것을 구성하는 짧은 이야기(story)보다 훨씬 더 길고 광범위하면서 포괄적인 일종의 삶에 대한 이야기로 언급되고 있음에도 불구하고, 사전에서뿐만 아니라 많은 작가들은 내러티브를 이야기의 동의어로 사용한다(강현석 외 옮김, 2007: 73).

모임에서 적용하기로 한 '계획 템플릿'을 변용하여 스토리텔링 수업 단계를 만들어 왔다(《표 2-13》). 그런데 이 모임에서 제기된 문제는 크게 3가지이다. 첫 번째는 Lauritzen & Jaeger가 제시한 '계획 템플릿'에서 사용하는 용어들이 낯설어 스토리텔링 수업을 설계하는 데 어려움을 느낀다는 것이고, 두 번째는 이 수업의 주제인 '게임 중독 예방 지킴이' 같은 가치 갈등적 주제가 스토리텔링 수업에 적절한가라는 문제이며, 이와 관련하여 세 번째는 교과마다 스토리텔링 수업에서 다루는 스토리의 성격이 다를 수 있지 않을까라는 문제였다.

여기서 제기된 문제들 때문에 A 교사는 6월 12일에 있었던 공개 수업에서는 '계획 템플릿'을 적용했던 스토리텔링 수업 단계를 도덕 이야기 수업 모형 및 익숙한 수업 단계(도입-전개-정리)의 틀을 고려하여 새롭게 구성하였다. 이 수업에 대한 평가는 4회 차 모임(6월 13일)에서 이루어졌다.

표 2-13 사회과 학습공동체에서 개발한 사회과 스토리텔링 수업 단계

Lauritzen & Jaeger의 계획 템플릿		계획 템플릿을 1차 적용한 수업 단계	최종 수정된 수업 단계
내러티브 필터	맥락 제시	맥락 만들기	이야기 준비하기 (문제의식 갖기)
	탐구 질문 도출		
목표 필터		탐구 질문하기	이야기 펼치기 (이야기 제시하기, 경험 공유하기)
탐구 조사		탐구 조사 1	이야기 만들기 (가치 갈등 문제에 대해 판단하기)
		탐구 조사 2	
		완성하기	
완성 및 정리		정리하기	이야기 나누기 (적용 및 생활화 : 이야기 재구성하기)

최종 수업안에 따라 진행된 수업에서 주목할 점은 이야기 만들기 단

계에서 조별로 갈등 상황에서 무엇을 선택했느냐에 따라 어떤 결과가 초래되는지를 이야기로 만들어야 하는 것이었다. 그런데 이 활동은 시간이 너무 많이 걸려 공개 수업 활동으로는 적합하지 않으며 그 활동이 일종의 작문이기 때문에 국어 수업이 될 가능성이 있다고 판단하여 선생님이 개입하여 상황을 이끌어 나가는 즉석 역할극으로 대체하여 수업이 이루어졌다. 여기서 이야기 만들기 단계가 현실적으로 상당히 어려울 수 있음을 확인했다. 하지만 A 교사가 만든 스토리텔링 수업 단계가 상당히 만족스럽다고 보아 다른 구성원들도 이후의 수업에서 이를 적용하기로 합의하였다.

여기서 확인할 수 있는 것은 학습공동체에 참여한 교사들이 새로운 수업을 시도할 때는 기존의 익숙한 틀과의 연결을 시도하려고 했다는 점이고(이야기 준비하기, 문제의식 갖기 등) 또 하나는 우리의 스토리텔링 수업의 특징으로 '적용으로서의 스토리텔링'을 선택하고 이를 위해 이야기 만들기 단계를 중요하게 시도하고자 하였으나 실제 수업에서는 시간이나 학생들이 느끼는 어려움 등으로 간단히 다뤄졌다는 점이다.

3) 개발된 스토리텔링 수업 단계의 적용 : 5~9회 차 모임

5회 차 모임(6월 24일)에서는 6학년 사회과 공개 수업을 할 B 교사의 수업 설계안을 검토했다. 학습 주제는 '하나뿐인 지구의 환경 문제 해결을 위해 노력할 점 말하기'인데, 수업 설계의 주요 단계는 지난번 공개 수업과 동일하게 '이야기 준비하기-이야기 펼치기-이야기 살펴보기-이야기 만들기-이야기 나누기' 순서였다. 하지만 수업의 단계별 명칭에 이야기란 용어가 들어갔을 뿐 이야기적 요소를 발견할 수 있는 단계는 동기 유발 단계인 이야기 준비하기뿐이고, 나머지 단계는 일반적인 탐구식 수업이라는 지적이 많았다. 그에 따라 이야기적 요소를 강화하기 위해 반 아이들의 일기를 이야기로 만들어 나의 일상 속 환경 문제 유발 사건들을 읽어 내고 그 해결책을 생각해 보도록 수업 설

계안을 수정하였다.

6회 차 모임(7월 4일)은 이 수업의 공개 수업이 끝난 뒤에 그 수업에 대한 평가 모임 차원에서 이루어졌다. 지난 5회 차 모임에서 스토리텔링 요소를 더 강화하기로 했고, 그에 따라 실제 수업에서는 학생들의 일기 속에서 '하루 발자국'을 읽어 냄으로써 생활 속 환경 문제를 파악하는 활동을 포함시켰다. 하지만 그 외의 활동에서는 스토리텔링 요소가 두드러지지 못했고, 따라서 스토리텔링 수업이라기보다 문제 해결 수업처럼 보였다. 이 때문에 이번 모임에서는 스토리텔링 기법을 모든 과목과 모든 주제에 적용하려 하기보다, 이에 적합한 수업 주제를 선정하는 것이 더 중요한 문제가 아닐까라는 문제의식이 서서히 나타나기 시작했다.

B 교사의 수업 평가 이후에는 다음 수업을 공개할 C 교사의 수업 설계안을 검토했는데, 1학년 통합 교과 중 '이런 집에 살아요'라는 주제의 수업이었다. C 교사는 다양한 집에 대한 학습을 위해 북극에서 온 이글루에 대한 편지를 통해 이야기를 펼치고 살펴보는 활동을 한 후 아마존강에서 온 편지를 통해 이야기 만들기 활동을 하는 것으로 수업을 설계하였다. 하지만 실제로 공개된 수업(7월 17일)에 대한 평가 모임이었던 7회 차 모임(7월 18일)에서 C 교사의 수업 역시 이전 B 교사의 수업과 마찬가지로 스토리텔링 특성이 기대보다 적고 새로움도 많지 않다는 문제가 제기되었다. 이로 인해 "스토리텔링 수업이 정착되는 단계니까 이제 좀 더 새로운 도전이 필요할 때인 것 같다"(B 교사)는 제안이 나왔다. 결국 우리가 시도하려는 스토리텔링 사회 수업이란 어떤 것인가라는 문제가 반복적으로 제기되었다.

이에 따라 사회과에서는 수학과와는 달리 상황적·맥락적 성격의 지식과 기능을 학습하기 때문에 일찍부터 다양한 형태의 광의의 스토리텔링 수업을 진행해 왔다는 점에 주목했다. "수학과는 교과서 차원에서 스토리텔링 학습 내용으로 교과서가 개발되어 나와 있지만 사회과는 교사 차원에서 다양한 학습 주제를 스토리텔링 수업으로 재구성할 수 있게 되어 있다. 이는 스토리텔링 수업이 사회과에서 보다 폭넓게 활용되어 왔음을 의미한다"(A 교사). 따라서 특별히 우리 학습공동체에서 새로운 시도로서의 스토리텔링 수업을 하려면 기존의 스토리텔링 사회 수업과 차별화될 필요가 있다는 데 공감했다. 그래서 각자 스토리텔링 수업이 차별화되려면 어떤 특징을 가져야 하는지 말해 보기로 했는데, 우리가 수업에서 사용하는 스토리는 "의도성이 깊은 스토리로서 의미 있게 사용하는 스토리"라는 의견(B 교사), 스토리텔링 수업의 가장 중요한 특징은 "아이들이 이야기를 만들어서 말하는 'restroytelling'"이라는 의견(A 교사), "글쓰기에 어려움을 느끼는 아동들도 있으므로 아동의 수준에 따라 이야기 읽기reading보다 텔링telling 중심으로 가야 한다"는 의견(C 교사), 그리고 "하나의 캐릭터가 수업의 시작부터 끝까지 일관되게 이야기를 진행해야 한다"는 의견(연구자) 등이 나왔다.

이에 덧붙여 연구자는 우리 학습공동체가 추구하는 스토리텔링 사회 수업이 객관적이고 보편적이며 추상화된 지식을 학생들이 공감하고 참여할 수 있는 작은 이야기로 만드는 것이라면 수업에서 다룰 학습 내용이 양적·질적으로 달라져야 하지 않을까라는 의문이 생겼다. 예를 들어 수학에서 스토리텔링을 도입한다면 기존에 세 문제를 풀던 것을 한 문제로 줄이는 대신 수학적 문제 상황에 학생들이 깊이 몰입되도록 해야 하지 않을까? 그런데 우리 학습공동체가 지금까지 수행한 스토리텔링 사회 수업은 교과서에 제시된 학습 내용을 모두 학습하려다 보니 기존 수업과 차별화되기 어렵지 않았을까, 라는 고민이 들었다. 그렇다면 스토리텔링 사회 수업은 단순히 수업 차원이 아닌 교육과정과 교과서 차원에서 지원되어야 하는 것은 아닐까라는 문제의식을 갖게 되었다.

이러한 문제의식을 가진 채 여름 방학이 지나고 마지막 D 교사의 공개 수업을 위해 8, 9회 차 모임을 가졌다. D 교사의 수업 주제는 4학년 사회 '사회 변화에 따른 직업의 변화'였는데, 아빠의 일기를 통해 과거의 직업을, 나의 일기를 통해 현재의 직업을, 그리고 미래의 명함 만들기를 통해 미래의 직업에 대해 학습하는 내용으로 설계되었다. 그런데 수업을 공개한 뒤 D 교사는 수업에 대한 만족도가 높지 않았는데, 그 이유는 이 수업 주제는 조사 학습이 더 적합한데 스토리텔링 수업으로 구성하다 보니 수업 구성이 체계적이지 않았다는 것이다. 수업을 참관한 동료 교사들도 스토리텔링 요소는 앞부분에만 적용되었고 스토리의 맥락이 잘 파악되지 않고 오히려 문제 해결 학습처럼 보인다는 평을 했다.

이에 따라 우리 학습공동체 구성원들은 두 가지 문제를 도출했다. 하나는 "모든 사회 수업에 스토리텔링을 적용하기는 불가능하다. 따라서 스토리텔링에 적합한 주제 찾기가 우리의 과제인 것 같다"(C 교사)라는 점이다. 또 하나는 스토리텔링 수업은 교수-학습 모형(수업 모형)인가 아니면 수업 기법인가, 라는 문제이다. D 교사뿐 아니라 C 교사의 수업도 수업의 성격상 문제 해결 학습이라는 교수-학습 방법을 취하고 있는데, 여기에 스토리텔링이란 기법을 도입한 것으로 보인다는 점 때문에 스토리텔링 수업의 위상과 성격에 대한 논의가 더 필요하다는 점을 확인하였다.

4) 활동의 성과와 문제의식의 공유 : 10~12회 차 모임

10회 차(10월 29일)와 11회 차(11월 12일)는 12회 차(11월 22일)에 있을 전체 교과 워크숍에서의 발표 준비를 위해 그동안의 사회과 학습공동체 활동을 정리하고 그에 대한 각자의 평가를 모으고, 공유된 결과를 보고서로 작성하는 활동을 했다. 이 과정에서 연구자는 그동안의 활동 일지를 검토하고, 수업을 설계하고 실행한 4명의 교사들에게 면담을 하고 다 같이 모여 토론을 하기도 했다.

그 결과를 성과를 중심으로 정리하면 다음과 같다. 사회과 학습공동체 활동의 성과 중 하나는 구성원들이 이 활동을 통해 스토리텔링 사회과 수업에 대해 수동적이고 수용적 태도에서 탐구적이고 주체적 태도로 변화되었다는 점이다. 즉 스토리텔링 수업을 그저 주어진, 적용하기만 하면 되는 수업 방법으로 받아들이다가 점차 스토리텔링 수업을 주체적으로 평가하는 모습으로 전환되어 갔다. 그 예가 앞에서 언급했듯이 스토리텔링의 가장 중요한 특징을 'restorytelling'이라고 보기도 하고(A 교사), 초등 1학년은 쓰기 능력이 낮으므로 읽기보다 말하기가 중심이 되어야 한다(C 교사)라고 주장한 것이다.

두 번째 성과는 보통의 스토리텔링 수업은 동기 유발 단계, 또는 마무리 단계에서만 사용되는 경우가 많은데, 우리는 수업의 모든 단계에서 스토리텔링이 적용되는 수업을 시도하고자 했다는 점이다. 전자가 광의의 스토리텔링 수업이라면, 후자는 협의의 스토리텔링 수업이라고 명명할 수 있다. 하지만 실제 수업에서는 만족스러운 정도로 스토리텔링 특성이 치밀하지는 못했다. 따라서 협의의 스토리텔링 수업의 내용과 틀을 보다 정교하게 모색해 볼 필요가 있다는 데 공감했다. 예를 들어 B 교사는 수업의 전 과정을 하나의 이야기로 끌어가는 수업, 수업 전개 과정에서 학생 스스로 이야기를 구성해 나가는 수업, 정리 활동 시간에 새로운 이야기 상황을 가지고 실생활에 적용하는 방법 등을 고려해 볼 수 있다고 제안했다. 또한 더불어 협의의 스토리텔링 수업이 모든 사회과 학습 주제에 적합하지 않을 수 있으므로, 이에 적합한 학습 주제를 선정하고 짜임새 있는 스토리를 만들어 내야 한다는 점을 인식하기도 했다.

세 번째 성과는 우리 학습공동체가 개발한 스토리텔링 수업이 기존 사회 수업의 대표적인 교수-학습 모형인 문제 해결 학습과의 차별성을 명료화할 수 없다는 점에서 스토리텔링 수업이 수업 모형인지 수업 기법인지를 밝힐 필요가 있음을 발견하였다. 마지막으로 스토리텔링을 수업 기법으로 설정한다면 이를 활용하여 다양한 수업 모형과 접목시키는 방법도 시도해 볼 필요가 있다는 점을 공유하였다.

표 2-14 공개 수업 : 스토리텔링을 적용한 사회 및 도덕 수업

	첫 번째 수업 (A 교사)	두 번째 수업 (B 교사)	세 번째 수업 (C 교사)	네 번째 수업 (D 교사)
학년 및 과목	5학년 도덕	6학년 사회	1학년 슬기로운 생활	4학년 사회
학습 목표	게임 중독 예방을 위한 가치 판단 학습	지구 환경 문제 해결 방안 찾기	다양한 집을 관찰하고 특징 파악하기	사회 변화에 따른 직업 변화 예측하기

적용된
스토리텔링
요소
	- 동주의 고민 이야기
	  듣기
	- 동주의 선택을 이야기
	  로 만들고 판단하기
	- 동주에게 권고하는
	  편지 쓰기
		- ○○의 일기
		  속에서 탄소
		  발자국 읽기
		- 환경을 보호하기
		  위한 ○○의
		  일기 쓰기
			- 연이의 편지 속
			  집의 특징 읽기
			- 돌담집에서 온
			  편지 읽기
			- 우리 집 자랑
			  편지 쓰기
				- 아빠의 일기
				  살펴보기
				- 나의 일기
				  살펴보기
				- 미래의 나의
				  명함 만들기

수업 모형적 특징	도덕 이야기 수업 모형	문제 해결 수업	문제 해결 수업	문제 해결 수업

2. 사회과 학습공동체 활동에서 도출된 질문들

위와 같은 사회과 학습공동체 활동을 통해 스토리텔링 사회 수업에 대해 여러 질문들이 도출되었는데 이를 크게 세 가지로 정리하면 다음과 같다.

첫 번째는 스토리텔링 수업이란 무엇인가이다. 즉 스토리텔링은 내러티브와 스토리 등과 어떤 관계를 가지며, 다시 스토리텔링 수업이란 교수-학습 모형을 말하는 것인가, 아니면 수업 기법을 말하는 것인가? 또 교육과정이나 교과서 등과는 어떤 관계를 갖는가 등에 대한 질문들이 도출되었다.

첫 번째 문제에서 스토리텔링 수업의 성격이 파악된다면, 두 번째는

이를 사회과에 적용한다는 것은 어떤 의미인가라는 질문이다. 여기에는 사회과의 스토리텔링 수업은 다른 교과와 어떻게 다른가? 그리고 사회과 내에서도 지리, 역사, 일반사회 영역에서의 스토리텔링 수업은 차별적인가 아니면 유사한가? 등의 질문이 포함된다.

세 번째는 두 번째 질문과 연관될 것으로 예상되는데, 스토리텔링 사회 수업에 적합한 학습 주제가 있는가? 있다면 무엇인가라는 질문이다. 다음 장에서는 이 질문들에 대한 답을 문헌 연구를 통해 탐구해 보고자 한다.

III. 사회과 스토리텔링 수업에 대해 도출된 문제 탐구

1. 스토리텔링 수업이란?

(1) 내러티브, 스토리[2], 스토리텔링과의 관계

스토리텔링 수업의 의미를 이해하기 위해서는 먼저 관련 개념들과의 관계부터 탐구해 볼 필요가 있다. 앞에서 Lauritzen & Jaeger는 내러티브와 스토리를 동일한 것으로 보았음을 확인했다. 하지만 홍서영(2014)에 따르면 내러티브와 스토리의 관계에 대한 학자들의 입장은 크게 3가지인데, 내러티브가 스토리보다 큰 개념이라는 입장, 스토리가 내러티브보다 큰 개념이라는 입장, 그리고 내러티브와 스토리를 동일한 개념으로 보는 입장이 있다.

따라서 연구자는 이 중 첫 번째 내러티브가 스토리보다 큰 개념이라는 입장과 세 번째 내러티브와 스토리를 동일한 개념으로 보는 두 가지 입장을 병용하려고 한다. 이는 Lauritzen & Jaeger의 입장을 수

• • •

2 본 연구에서는 맥락에 따라 스토리와 이야기 이 두 가지를 혼용하여 사용하고 있음.

용한 것인데, 내러티브는 스토리들로 구성된 광범위하면서도 포괄적인 것이지만 보통 내러티브와 스토리를 동의어로 사용하는 경향이 많기 때문이다.

내러티브와 스토리를 동의어로 본다면, 결국 스토리텔링은 이것들과 어떤 관계인가가 중요하다. 박인기 외(2013: 14)는 내러티브(곧 스토리)를 구체적 상황에서 구체적 필요에 따라 구체적 대상에게 구체적 매체로 실현하는 것을 스토리텔링이라고 정의했다. 다시 말해 스토리텔링은 이야기가 구현되는 역동성, 특히 매체의 다양성과 그것으로부터 파생되는 이야기 효과의 다양성에 근거를 두고 생겨난 개념이다. 따라서 스토리텔링에서는 '텔링' 개념이 상대적으로 중요하게 인식되어야 한다. 이는 지금까지 내용이나 구조 중심으로 이야기를 이해하던 것에서 이야기의 전달 작용 모습을 강조하는 쪽으로 이야기하기의 개념이 확장된 것이다(박인기 외, 2013: 27). 즉 내러티브나 스토리는 내용이나 구조로 볼 수 있고, 스토리텔링은 내러티브나 스토리가 구체적으로 실현되는 과정이나 행위로 볼 수 있겠다.

그런데 이 스토리텔링을 교육 영역인 수업에 적용한 스토리텔링 수업이란 어떤 의미를 갖는 것인가? 우리나라에서는 2009 개정 교육과정에서 수학 과목에 스토리텔링이 도입되면서 교육 영역에서 스토리텔링이라는 용어가 널리 사용되고 있다. 하지만 교육학에서는 스토리텔링과 유사한 의미로 사용되는 내러티브 관련 논의가 보다 앞서 진행되어 왔다. 두 용어 모두 이야기에 주목하는데, 1995년 미국 콜로라도에서 열린 '디지털 스토리텔링 페스티벌' 이후 내러티브라는 용어가 스토리텔링이라는 용어로 대체되거나 혼용되어 사용되고 있다고 한다(류은영, 2009; 조대헌, 2014에서 재인용). 이를 통해 보면, 교육 영역에서는 스토리텔링을 기존의 내러티브나 스토리와 굳이 구분하기보다는 내러티브의 구현 과정이라고 보는 것이 타당해 보인다. 지리교육 영역에서는 스토리텔링의 교육적 의미를 "스토리텔링이란 학생들이 자신의 삶의 경험을 상호 작용적으로 말하고 듣고 대답함으로써 그들 자신의 관점이 변화되고 자신의 삶에 변화를 동반하는 대화이다"(조철기, 2011b: 162)라고 정의하기도 했다.

(2) 내러티브 논의를 중심으로 탐색한 스토리텔링 수업의 의미

앞에서 보았듯이 스토리텔링은 내러티브(스토리)의 구현이기 때문에 내러티브가 교육적으로 어떤 의미를 갖느냐에 따라 스토리텔링 수업 역시 그 의미를 갖게 될 것이다. 따라서 여기서는 내러티브에 대한 논의를 중심으로 스토리텔링 수업의 의미를 찾고자 한다.

조철기(2011b)는 내러티브를 교육에 적용할 때 사고방식으로서의 내러티브, 텍스트 서술 방식으로서의 내러티브, 수업의 소재이자 교수 내용 지식으로서의 내러티브 이렇게 3가지 차원으로 분류한 바 있다. 그리고 수업의 소재이자 교수 내용 지식으로서의 내러티브를 활용하여 스토리텔링 전략과 유기적으로 결합할 수 있다고 보았다. 홍미화(2013)는 지금까지 사회과에서 이루어지고 있는 내러티브 혹은 스토리텔링 관련 교육은 사회과 교수-학습 활동 및 수업 방법 측면, 사회과 교재 구성과 관련한 측면, 수업에서의 내러티브 가치 측면 등에 주목하고 있다고 정리했다. 홍서영(2014: 49)은 교육과정의 구성, 교사의 실천, 학습 과정의 이해, 교과서 텍스트 구성의 방식, 교사와 학생의 목소리 이해의 도구 등의 차원에서 내러티브를 바라볼 수 있다고 했다.

연구자 역시 이들의 논의를 토대로, 내러티브의 교육적 의미를 사고방식 측면에서의 내러티브, 교육과정 및 교과서 측면에서의 내러티브, 수업의 측면에서의 내러티브로 분류하여 고찰하고자 한다. 먼저 사고방식으로서의 내러티브는 무엇보다 Bruner(1996)가 기존의 전통적인 논리-과학적 사고의 대응으로 《브루너 교육의 문화》에서 제시한 내러티브 사고와 밀접한 관련이 있다. 이 책은 문화심리학의 기본 질문들을 교육과 연결하여, 문화가 마음을 형성하며 그 문화는 우리의 세계뿐만 아니라 우리 자신의 존재와 역량에 대한 개념을 구성하는 도구를 제공해 준다는 명제를 교육의 영역에 적극 도입했다. 물론 여기에는 구성주의 이론으로 유명한 비고츠키의 '문화적·역사적 발달 이론'의 영향도 있었다. Bruner는 세계를 소통 가능한 방식으로 조직하고 이해하기 위한 도구를 제공하는 것이 문화인데, 이 문화는 내러티브를 통해 구성원들에게 제공된다고 보았다.

따라서 Bruner는 학교교육에서 중요한 것은 과목이나 교육과정이 아니라 학생들이 자신의 정체성을 형성하고 세계관을 창조할 수 있도록 도와주는 사고와 감정의 양식인데, 내러티브가 그러한 세계관을 창조하는 데 필요하다고 주장한다. 학교는 내러티브 양식을 개발하고 북돋아 주어야 하는데, 현재 문학뿐만 아니라 역사와 사회과에서도 이 분야에서의 흥미 있는 도약을 보여 주는 많은 프로젝트가 있다고 보았다. 이로 보아 내러티브 사고 양식의 개발에 무엇보다 문학, 그리고 역사를 포함한 사회과가 일찍부터 적극적이었다는 의미로 해석할 수 있겠다. 그런데 흥미롭게도 이 책에서는 논리-과학적 사고의 대표 격이라 할 수 있는 과학 과목 역시도 내러티브적 사고를 통해 생동감이 느껴지는 과학 학습이 가능하다고 주장하면서 주로 과학을 사례로 내러티브 학습을 제시하고 있다. 우리나라 2009 개정 교육과정에서 초등 수학 과목에 대한 스토리텔링 적용이 부각된 것도 전통적으로 논리-과학적 사고가 중심이 되는 수학 과목에 적용되었다는 점이 어느 정도 작용하였을 것이다.

그런데 연구자는 Bruner가 주장한 내러티브 사고를 교육과정에 적용할 때 언급한 것들 중 특히 두 가지를 강조하고자 한다. 첫 번째는 내러티브 사고란 하나의 정답을 도출해 내는 설명을 추구하는 사고가 아니라, 인간들과 그들의 문제를 대상으로 하는 해석의 문제라는 것이다. 주어진 하나의 정답이 아니라 다양하고 그럴듯한 해답을 찾아가는 사고라는 것이다. 마치 드라마 〈미생〉에서 주인공 장그래를 두고 한

"그는 정답은 모르지만 해답은 아는 사람 같다"는 표현이 바로 내러티브 사고가 추구하는 인간상이 아닐까? 스토리는 증명 가능성이 아니라 그럴듯함이 중요한 특징이고, 또 스토리는 화자를 갖고 그에 따른 화자의 관점을 가지기 때문에 학습자들이 화자의 관점에 이입함으로써 주어진 문제를 나의 문제로 받아들이고 "삶의 유사성이나 살아 있는 생생함" 같은 것에 근거하여 판단할 수 있도록 돕는다(강현석, 이자현 옮김, 2005). 두 번째 역시 이와 관련되어 있는데, Bruner는 학습에 대해 "적은 것이 오히려 더 많은 것이다Less is more"라고 주장했다. 적은 것은 자신을 짜릿하게 하는 내러티브를 지니고 있다. 따라서 스토리는 학습자로 하여금 최소에서 최대를 도출해 내는 역할을 한다. 이에 따르면 내러티브적 사고를 양성하려면 적어도 교과서에 제시된 학습 내용의 분량은 줄이고 학생들이 이를 풀어 내는 과정에 더 많은 시간을 부여해야 할 것이다.

다음으로 교육과정 및 교과서 텍스트 차원에서의 내러티브는 Lauritzen & Jaeger(강현석 외 옮김, 2007)의 논의를 중심으로 살펴보고자 한다. Lauritzen & Jaeger는 스토리를 통한 학습 통합으로서의 내러티브 교육과정을 주장했다. 내러티브 교육과정이란 학습에 있어서의 동기 유발과 촉진제로 이해되는 것이 아니라, 학생들이 스토리에서 생성된 질문들을 탐구해 나가면서 훌륭하고 통합적이며 자연스런 방법으로 세상에 대해 많은 것을 학습하도록 하기 위한 것이다. 즉 문학작품 같은 하나의 이야기를 제시하고 그 속에 담긴 문제를 학생들이 탐구하는 과정에서 지리, 문학, 과학, 음악 등을 자연스럽게 학습할 수 있다는 것이다. 이처럼 이들이 학습에 스토리를 활용하는 이유는 이미 조철기(2011a, 51)도 인용한 바 있는, ① 기억하기 위해 ② 삶과 유사하게 관련시키기 위해 ③ 의미를 구성하기 위해 ④ 유의미한 맥락에서 학습하기 위해 ⑤ 개인차를 조정하기 위해 ⑥ 공동체에 참여하기 위해서이다. 이 6가지 이유는 Bruner가 주장한 내러티브 사고의 특성과도 연결된다. 즉 내러티브란 유의미한 맥락에서 의미를 구성함으로써 자신이 속한 공동체 속에서 자신의 정체성을 형성하고 공동체의 문화를 공유하며 살아갈 수 있도록 하는 사고를 길러 준다고 할 수 있다. 따라서 Lauritzen & Jaeger 역시 구성주의 학습 이론에 기초한 내러티브 교육과정을 주장한다. 특히 이들은 Hirsh의 핵심 지식 교육과정에 토대한 전달 중심 교수 모형을 비판하면서 내러티브를 통한 유의미한 맥락에서의 개방적인 학생 중심의 학습을 통해 훨씬 많은 것을 학습할 수 있다고 본다. 따라서 적절한 내러티브를 선정하고 이 내러티브가 가진 이야기 지도story map가 제공하는 맥락을 따라 학생 중심의 학습이 이루어질 수 있도록 교육과정을 구성해야 한다.

하지만 Lauritzen & Jaeger의 내러티브 교육과정이 학교교육에 적용되는 데에는 어려움이 많다. Lauritzen & Jaeger에 따르면 별도의 공식적인 교과서 텍스트는 필요 없고 교사가 스스로 내러티브를 선정하여 수업을 구성해야 한다. 이처럼 개방적이고 통합적인 내러티브 교육과정에 따른 학습 방법을 조직할 적절한 교재와 자료의 부족, 그리고 단순히 정보를 기억하고 말하는 것과 비교되는 것으로서 의미를 구성하는 데 필요한 시간의 길이, 그리고 교사와 학습자의 행동에 필요한 거대한 변화들이 포함되기 때문이다(강현석, 이자현 옮김, 2005: 126). 이것들은 우리 학습공동체에서 스토리텔링 수업을 구성할 때 모두 고스란히 겪었던 문제들이다.

Lauritzen & Jaeger처럼 특정한 교과서 텍스트를 제시하지 않은 채 모든 것을 교사에게 맡기는 경우와 달리, 교과서 텍스트 자체가 내러티브로 구성되는 경우는 부담을 보다 줄여 줄 것이다. 오스트레일리아 빅토리아주의 지리 교과서《Heinemann Geography: A Narrative Approach》(Guest et al., 2009; 조철기, 2013b에서 재인용)가 그 예다. 우리나라로 치면 중학생을 대상으로 쓰인 이 교과서는 대화, 관찰기, 이메일, 야외 학습, 여행기, 자전적 글쓰기, 뉴스, 일기 등 다양한 내러티브 형식으로 쓰인 10개 단원으로 구성되어 있다(조철기, 2013b). 반면 우리나라 고등학교 지리 교과서의 경우는 본문은 설명적 텍스트로 구성되고 도입, 탐구 활동, 읽기 자료 등 보조 자료 등에 선택적으로 내러티브 텍스트를 사용함으로써 보조적 역할로만 사용하고 있다(조철기, 2011a). 초등 사회 교과서의 경우는 아동의 인지 발달 특성상 중등 교과서에 비해 내러티브 텍스트의 비중이 높은데, 주로 화자를 내세워 학습할 문제를 제시하고 이를 탐구해 나가는 형식을 띤다. 그런데 특이하게도 2007 개정 교육과정에서는 화자로 시작하는 교과서 텍스트가 사라졌었다. 이는 7차 교육과정이 지나치게 활동 중심 교육과정으로 구성되다 보니 정작 학생들이 학습해야 할 지식이 정선되어 제시되지 못했다는 비판 때문이었다. 그러나 다시 2009 개정 교육과정에서는 다음 인용문과 같이 초등 사회 교과서가 이야기 중심 서술로 변화되었다.

새로운 사회 교과서의 내용은 이야기, 사례 중심으로 학습 내용을 서술하였다. 학생들의 창의적 사고에 장애가 되는 요소로는 무엇보다도 사회과의 학습 내용이 관련성 없는 정보들의 연속적 나열로 이루어져 있는 경우이다. 이러한 단편적이고 분절적인 정보 즉, 구조화되지 않은 정보는 기억속에서 쉽게 망각될 뿐만 아니라 진정한 의미 구성을 방해한다. 그러므로 사회 교과서로 의미 있는 학습을 실현하려면 학습 내용이 이야기식(내러티브)으로 구성되어야 한다. 내러티브는 이야기라는 단순한 의미가 아니라 많은 개념들을 포괄하는 일종의 사고방식을 뜻하는 것으로 내용을 의미 있게 만들어 주는 효율적 도구로서, 그 구조 속에 시간의 흐름, 논리적 관계, 인과성의 개념을 구성하는 방법이기 때문이다. (교육부, 2014c: 74)

이를 보면 2009 개정 교육과정에서 초등 사회과 역시 사고방식이자 교과서 서술 방식으로서 내러티브적 요소를 강화했는데, 사실 이는 기존 초등 사회 교과서 서술 방식으로의 귀환적 성격이 강할 뿐 새로운 학습 방법을 제시한 것은 아니다.

다시 말해서 우리나라 사회과에서 내러티브 학습으로의 변화가 생겼다고 판단하려면 교과서 서술 방식보다 새로운 학습 방법의 변화에 주목해야 한다. 그렇다면 자연스럽게 수업 수준에서의 내러티브에 대한 논의로 이어진다. 수업 수준에서의 내러티브에서야 스토리텔링이 그 역할을 하게 되는데, 이때의 스토리텔링은 교수-학습 방법, 즉 수업 모형 차원과 수업 기법 차원으로 구분할 수 있다. 수업 모형이란 특정한 교육 내용이나 사고 과정을 학생들에게 익히게 할 것을 목적으로 복잡한 수업 과정을 특징적인 요인을 중심으로 단순화시킨 설명 체제나 구조를 의미한다. 반면 수업 기법이란 수업 모형을 학생들에게 적용하려고 교사가 선택하여 고안하는 특정한 수단을 뜻한다(최용규 외, 2008; 교육부, 2014c: 25). 이 같은 수업 기법은 수업 모형과 밀접한 관계를 가지고 있는데 수업 기법은 수업 모형 속에서 구체적으로 전개되는 교사와 학생의 상호 작용 방법 또는 수업이 진행되는 형태라고 할 수 있다(차경수, 모경환, 2008). 하지만 이러한 정의에 따라 스토리텔링 수업이 수업 모형(교수-학습 모형)인지 수업 기법인지를 구분하기란 쉽지 않다. 〈표 2-13〉에서 보았던 Lauritzen & Jaeger가 제시한 계획 템플릿은 내러티브적 사고를 기르기 위한 교수-학습 모형이라고 볼 수 있고, 또 한편으로는 탐구 능력 또는 문제 해결 능력을 기르기 위한 스토리텔링 수업 기법으로도 볼 수 있기 때문이다. 홍서영(2014: 106)이 제시한 Brewster & Ellis의 스토리텔링 수업 모형과 Eagan의 이항 대립 모형, 이 두 스토리텔링 수업 설계도 수업 모형으로 볼 수 있고, 한편으로는 창의적 문제 해결력을 기르기 위해 스토리텔링 기법을 활용했다고 볼 수도 있다.

구글 학술 검색 도구를 통해 '스토리텔링 수업 모형'과 '스토리텔링 수업 기법' 두 개의 키워드를 검색해 보면 후자가 더 많이 검색된다. 박인기 외(2013)는《스토리텔링과 수업 기술》이라는 책 제목에서도 알 수 있듯이 스토리텔링을 수업 기법으로 보고 있으며, 사회과 스토리텔링 수업 사례로 '뽀로로의 부탁' 같은 학습 동기 유발로서만 스토리텔링을 활용하거나, '할머니가 들려주는 근현대사 이야기' 같은 구술사 자료를 활용한 수업을 제시하고 있다.

우리 학습공동체의 스토리텔링 사회 수업 역시 수업 모형과 수업 기법 사이 어딘가에 있었던 것으로 보인다. 즉 우리 학습공동체는 수업 모형으로서의 스토리텔링 수업을 구현하고자 했으며 그에 따라 〈표 2-13〉에서와 같은 수업 모형을 만들었다. 하지만 결과적으로는 설계된 스토리텔링 수업이 문제 해결 수업 모형에 스토리텔링 수업 기법을 적용한 수업으로 보인다는 점에 학습공동체 구성원 모두가 동의했다.

그렇다면 스토리텔링 수업 모형과 수업 기법을 어떻게 구분하는 것이 좋을까? 굳이 이 구분을 하고자 하는 이유는 다음과 같다. 수업 모형이 특정 학습 내용이나 사고방식을 기르고자 정교하게 고안된 설계도라면 수업 기법은 단순히 보조적인 수단을 의미하는 것으로 볼 수 있는데, 사회과에서 기존에도 많이 사용해 오던 스토리텔링에 새롭게 의미를 부여하려 한다면, 그것은 수업 기법이 아닌 수업 모형으로서의 스토리텔링 수업이어야 한다고 보기 때문이다. 그런데 수업 모형과 수업 기법을 나누는 기준을 연구자는 Bruner가 말한 '내러티브 사고'로 삼고자 한다. 수업 모형이든 수업 기법이든 스토리텔링은 공통적으로 화자의 제시를 통해 주어진 문제를 나의 문제로 생각하게 만드는 기능을 한다. 하지만 둘의 차이는 다음 단계에서 드러난다. '내러티브 사고'의 핵심은 학습자가 맥락적인 의미 구성을 통해 다양하지만 그럴듯한 해답을 찾아갈 수 있도록 사고하게 하는 것이다. 그런데 일반적으로 스토리텔링 수업의 효과로 제시하는 것은 학습을 재미있고 이해하기 쉬우며 기억하기 쉽다는 것이다. 이는 주어진 학습 내용을 얼마나 효과적으로 학생들에게 전달하느냐 이상의 역할을 기대하지 않는다. 이 정도의 역할에 그친다면 스토리텔링 수업 기법이라고 보아도 무방할 것이다. 반면 그 이상의 적극적 사고 활동을 통해 다양한 방식으로 이야기를 읽어 내고 이야기를 만들어 내는 데 주력하는 수업이라면 이는 스토리텔링 수업 모형이라 보는 것이 적절할 것이다. 따라서 우리가 앞으로 추구해야 할 새로운 사회과 스토리텔링 수업이란 수업 모형으로서의 스토리텔링 수업이라고 볼 수 있다.

2. 사회과에서 스토리텔링 수업이란?

(1) 사회과와 타 교과의 스토리텔링 수업

여기서 다룰 문제는 스토리텔링을 사회과에 적용한다는 것은 어떤 의미인가이다. 곧 사회과의 스토리텔링 수업은 다른 교과와 어떻게 다른가? 그리고 사회과 내에서도 지리, 역사, 일반사회 영역에서의 스토리텔링 수업은 차별적인가 아니면 유사한가? 등의 질문이 포함된다.

먼저 Bruner는 앞에서 보았듯이 문학, 그리고 역사를 포함한 사회과에서 내러티브 양식 개발에 뛰어난 성취를 보였다고 지적했다. 문학과 역사는 학습 내용 자체가 대부분 내러티브(서사) 구조의 특성을 갖고 있어 스토리텔링 수업에 적합한 것은 당연하다. 하지만 Bruner도, Lauritzen & Jaeger도 과학이나 수학 같은 자연과학 관련 교과에도 내러티브적 사고를 적용할 수 있다고 했고 그 사례도 제시했다. 따라서 스토리텔링 수업이 적용될 수 없는 교과는 없다고 보는 것이 타당할 것이다. 다만 어떤 교과에서 왜 더 내러티브와 스토리텔링 수업이 많이 활용되는지는 살펴볼 필요가 있다.

홍서영(2014)은 내러티브 교육 관련 국내 연구 동향을 학위 논문과 학술지 논문을 중심으로 살펴보았는데, 가장 먼저 내러티브를 적용한 교과는 1998년 도덕과이다. 이 때문인지 2009 개정 초등 교사용 지도서를 과목별로 살펴보면, '도덕 이야기 수업 모형'이라는 내러티브 관련 수업 모형을 유일하게 제시한 교과가 도덕과이다(교육부, 2014b: 54-55). 교육학과와 사회과에서도 도덕과의 뒤를 이어 활발히 논문이 발표되었다. 사회과의 경우 총 27편의 논문이 발표되었다고 하는데, 그중에서도 역사교육이 13편으로 가장 많고, 지리교육 8편, 일반사회 6편이었다. 이처럼 사회과 내에서는 역사교육이 월등히 많음을 알 수 있다. 반면 스토리텔링을 교과교육에 적용한 국내 연구는 영어와 수학 교과에서 가장 활발한 성과를 냈다. 영어 교과는 이미 1999년에 스토리텔링을 도입한 최초의 교과로서 2000년대 초반에도 상당량의 연구물이 나왔다. 반면 수학과는 2011년 이후에야 스토리텔링 논문이 나왔을 정도로 최근의 일이다(홍서영, 2014).

이를 정리해 보면, 내러티브 관련 교과 연구는 전통적으로 내러티브적 사고 구조와 친연성이 있다고 보는 도덕·사회과, 그중에서도 역사·지리과 중심으로 이루어져 왔다. 또한 내러티브 구조를 스토리텔링이라는 수업 방법으로 활용하기 위한 시도가 '텔링'과 밀접한 관련을 맺고 있는 영어과에서 시작되긴 했지만, 이것이 수학과, 특히 초등 수학과에 적용되면서[3] 스토리텔링의 교육적 가치를 새롭게 환기시키는 계기가 되었다고 볼 수 있겠다. 특히 2009 개정 교육과정은 스토리텔링을 강조하고 있는데, 초등 수학과, 초등 사회과 외에도 초등 과학과에도 일부 교과서 단원에 사회과와 유사하게 화자가 나오면서 학습 문제를 도출하고 이를 해결해 가는 과정을 이야기식으로 서술하였다(교육

• • •

3   2009 개정 교육과정에 따른 초등 수학 교사용 지도서에서는 "스토리텔링은 수학적으로 의미 있게 단원의 각 활동을 시작할 수 있도록 수학적 맥락을 고려하였다. 스토리텔링의 목적은 각 차시의 학습 주제를 포함하는 폭넓은 상황을 제시하여 학습 동기를 유발하는 것이다. 또한 교과서의 대부분에서 스토리텔링 기법을 활용하여 학생들에게 보다 재미있게 수학을 배우는 동시에 자연스럽게 다른 학문 분야나 생활 속에서 융합적 사고와 창의적인 사고를 하도록 시도하였다. 특히 스토리텔링 내용을 교과서의 생각 열기에 넣을 경우 지면을 많이 차지하고 수학적 상황보다는 읽기에 치중하는 난점을 해결하기 위해 스토리텔링의 내용은 교사용 지도서에 따로 수록하여 활용하도록 하였다"라고 밝히고 있다(교육부, 2014d: 35).

부, 2014a: 38).

따라서 다른 교과와는 차별화되는 사회과만의 스토리텔링 수업의 특성을 도출하기는 어렵다는 잠정적인 결론을 내릴 수밖에 없다. 하지만 다음에서는 사회과를 전체로 묶어서 보지 않고 사회과를 구성하는 지리, 역사, 일반사회에서 내러티브 또는 스토리텔링을 수업에 어떻게 활용해 왔는지를 비교해 봄으로써 사회과의 스토리텔링 수업의 특징이라는 문제를 다시 접근해 보고자 한다.

(2) 사회과의 영역별 스토리텔링 수업의 특징

여기서는 홍서영(2014)이 정리한 각 영역별 연구물들을 우선적으로 연구 대상으로 삼았고 이후의 연구물들을 추가하였다. 먼저 지리 영역에서는 내러티브 또는 스토리텔링을 어떻게 활용했는지 보자. 홍서영이 정리한 지리 영역 총 8편 외에도 최근에 발표되거나 누락된 논문 4편을 포함해서 살펴보면, 내러티브의 지리교육적 가치를 포괄적으로 다룬 논문(손유정, 남상준, 2009; 조철기, 2011b)을 제외하면, 내러티브를 교과서 텍스트에 적용하는 일반적 방식을 다룬 논문은 조철기(2011a), 박소영, 김대현(2012), 조철기(2013b) 이렇게 3편이다. 그리고 나머지는 전통적으로 지리교육에서 중요시했던 지역 또는 장소 이해, 가치 갈등적 문제 해결 능력, 지리적 상상력 향상에 내러티브를 활용하는 연구와 새롭게 지리교육에서 강조되고 있는 공감 능력이나 관계 맺음 및 소통 능력 등 정의적 영역의 능력을 기르기 위해 내러티브를 읽거나 말하기, 쓰기 등의 방식으로 활용하는 연구들로 나뉠 수 있다. 즉 내러티브 텍스트를 활용한 지역 지리 학습을 통해 학생들의 흥미와 관심, 지리적 사고력과 공감적 이해, 지역에 대한 편견과 고정관념 해소 등을 추구하려는 연구(조철기, 2012), 딜레마를 포함한 내러티브를 제시하고 가치 갈등적 문제를 해결해 나가는 수업 연구(조철기, 2013a), 내러티브를 지리 가치 수업 모형에 적용하는 데 초점을 맞춘 연구(신진걸, 2015), 글쓰기를 통한 지리적 상상력 향상을 위한 연구(홍서영, 2010)가 전자에 속한다면, 기존에 인지적 영역 발달에 치우쳐 있던 지도 그리기 학습에서 스토리텔링을 활용해 정의적 영역을 발달시키고자 하는 연구(조철기, 2013d), 내러티브 텍스트 독해 및 글쓰기를 통한 지리적 공감 능력을 향상시키고자 하는 연구(이지현, 2015), 학생들의 장소 경험을 함께 듣고 쓰고 말하면서 학생들 간의 관계 맺음과 소통을 강화하려는 목적으로 이루어지는 연구(장효선, 2014)는 후자에 속한다고 볼 수 있다.

내러티브가 아닌 스토리텔링이라는 용어로 지리교육에 접근한 사례로 강민정(2011)을 시작으로 홍서영(2014), 조대헌(2014), 홍다슬(2014) 등의 연구가 최근에 많이 나오고 있다. 이를 보면 지리교육에서는 내러티브와 스토리텔링이 동시에 주목받았고 거의 동일한 의미로 활용되고 있음을 알 수 있다. 지리교육에서 스토리텔링이 가지는 함의를 강민정(2011)은 장소 학습에의 기여, 감성 개발에의 기여, 교사의 교수 내용 지식 형성에의 기여(학생 수준에 맞는 다양하고 흥미로운 이야기로 재구성하는 교수학적 변환에 기여), 메타 인지 형성에의 기여 이렇게 4가지를 꼽으면서 이론적 논의로 끝내고 있다. 반면 홍서영(2014)은 우리 학습공동체 스토리텔링 수업과 유사하게 스토리 만들기-수정하기-나누기 순서로 구성된 디지털 스토리텔링 수업을 설계하고 실행함으로써 창의적 문제 해결력, 학습 동기, 학업 성취도를 높이고자 했다. 홍다슬(2014)은 학생들이 어려워하는 고등학교 지형 단원의 학습 내용을 이야기식으로 재구성하여 일반 강의식 수업과 비교하는 실험을, 조대헌(2014) 역시 인구 이동에 대한 학습을 이야기식으로 구성하여 GIS[4]를 활용해 학습하는 수업 모형을 개발하였다.

• • •

4 GIS란 Geographic Information System의 약자로서 지리 정보 체계라고 번역되는데, 다양한 지리 정보를 컴퓨터가 인식할 수 있도록 디지털화하여 수치 지도Digital Map로 작성하고, 이를 사용자의 필요에 따라 다양한 방법으로 분석·종합하여 제공하는 정보 처리 체계를 말한다.

이와 같은 연구물들을 통해 지리과에서 내러티브 또는 스토리텔링을 활용할 때 기대하는 효과는 지리 지식의 이해 증진, 지리적 상상력과 공감적 이해, 가치 탐구 능력의 신장(신진걸, 2015)으로 정리될 수 있을 것이다.

역사교육의 경우는 지리교육에 비해 상대적으로 많은 연구물이 나왔다. 역사교육에서 내러티브 또는 스토리텔링에 관한 연구 중 가장 많은 비중을 차지하는 분야는 텍스트 서술에 관한 것이다. 이는 "역사란 이야기다"(Stone, 1979; 안정애, 2003에서 재인용)란 정의에서도 볼 수 있듯이 역사 서술 체제로서의 내러티브의 역할이 매우 큰 비중을 차지해 왔다. 이영효(2003)는 내러티브 양식의 역사 서술이 갖는 의의는 단순한 흥미와 기억력 향상을 넘어, 역사 지식의 상대성을 인정하고 해체적 읽기와 쓰기 등을 통해 역사를 다양한 방식으로 이해, 판단, 의미 부여를 할 수 있게 한다고 주장하면서 내러티브 서술 사례를 제시했다. 교과서 전체를 내러티브식으로 서술한 대안 교과서의 장점을 분석(변웅룡, 2007)한 연구도 나왔다. 하지만 이현지(2014)의 경우는 주어진 역사 교과서를 교사 수준에서 내러티브 교육과정으로 재구성하여 학생과의 적극적인 상호 작용을 통해 학생 중심의 자기주도적 학습이 이루어질 수 있다고 주장했다. 나머지는 주로 내러티브를 역사 수업에 활용하는 방법에 관한 연구이다(최소옥, 2000; 김태훈, 2012 등). 김한종(1999)은 역사 수업에서 내러티브는 수업의 소재, 전달의 수단, 수업 내용, 역사 인식의 도구 이 네 가지 형식을 띠고 있다고 정리했는데, 이는 지리교육에도 적용될 수 있다고 본다. 이 중 조동근(2000)은 역사 교사가 학습 내용을 설명하는 방식으로 내러티브를 어떻게 활용하고 있으며 그 특성은 무엇인지를 탐구하고 있는데, 지리교육에서도 이처럼 교사의 내용 전달 방식으로서의 내러티브 방식에 대한 연구가 시도될 필요가 있다. 역사교육 역시 지리교육과 마찬가지로 내러티브보다 스토리텔링이란 용어를 사용한 논문이 상대적으로 적다.

포괄적인 의미에서의 사회과교육 및 일반사회교육 영역에서의 내러티브 연구는 내러티브를 수업 자료, 혹은 이야기 중심의 교수-학습 방법에 치중해 온 경향이 강했다. 하지만 최근에는 내러티브가 사회 현상에 대한 인식과 비판 능력을 제공하고, 타자를 공감하며 자신을 성찰하는 자기 형성의 과정을 도울 수 있는 측면에 주목하고 있다(홍미화, 2013). 전체적인 연구 경향을 보면 교과서 텍스트의 서술 양식이 학생들의 학업 성취도와 과목 선호도에 미치는 효과를 다룬 연구(주태연, 2008), 초등 사회 수업 방법의 변화로서 교사의 설명에 내러티브라는 언어적 표현 양식의 도입 필요성(정길용, 2009), 또는 스토리텔링 사회 수업이 지적 장애 학생의 참여에 미치는 영향(김은혜, 2014) 등의 연구를 제외하면, 대부분의 연구는 내러티브 또는 스토리텔링을 일반사회의 각 영역, 즉 사회·문화(이정연, 2011), 법(이수정, 2014), 경제(이희경, 2010; 노승윤, 2010; 신소영, 2013; 정고은, 2013) 등의 주제를 학습하는 데 활용하고자 하는 연구들이다. 이 중 압도적으로 많은 연구는 경제 학습에 내러티브를 적용한 것이다. 이는 학생들이 특히 경제 학습에 나오는 추상적 개념들을 낯설고 어려워하기 때문에 이야기라는 구체적 맥락을 통해 학습할 수 있고 경제적 가치와 신념의 학습에도 유리하다(정고은, 2013)는 장점이 크게 작용한 것으로 보인다. 하지만 흥미롭게도 스토리텔링을 도입한 경제 학습은 경제 원리나 관련 개념 또는 바람직한 경제적 태도를 학습하는 데 중점을 두고 경제 현상을 둘러싼 가치 갈등적 문제는 잘 다루지 않고 있다.

이상에서와 같이 사회과 내의 각 영역별로 내러티브 또는 스토리텔링을 어떻게 접근해 왔는지를 살펴보았다. 이를 통해 역사 영역은 '역사'라는 특성상 서술 방식으로서의 내러티브에 특히 많은 관심을 갖고 있음을 알 수 있었고, 일반사회 영역의 경우는 경제 같은 학생들에게 추상적이고 어려운 개념을 쉽게 설명해 주기 위해 교수-학습 방법 차원에서 많이 활용되고 있으며, 지리 영역에서는 최근에 가치 갈등적이고 정의적인 문제의 학습에 내러티브 또는 스토리텔링을 많이 활용하는 경향이 나타나고 있음을 알 수 있다. 그 외의 부분에 있어서는 세 영역 모두 내러티브나 스토리텔링에 대해 상당히 유사한 접근을 취하고 있음을 알 수 있다.

그런데 두 번째 질문에 대한 답을 풀어 가는 과정에서 우리 학습공동체에서 제기한 세 번째 질문에 대한 답도 도출되었다. 세 번째 질문은 스토리텔링 사회 수업에 적합한 학습 주제가 별도로 존재하는가라는 문제였다. Lauritzen & Jaeger가 이미 내러티브 자원을 장르별로 유형화하면서 문학적 내러티브, 역사적 내러티브, 협동적 내러티브, 쟁점/문제 중심의 내러티브를 제시하였던 것(강현석 외 옮김, 2007: 235-248)처럼, 실제로 사회과에서 내러티브 또는 스토리텔링 수업을 적용해 수행된 학습 주제는 특정 주제에 한정되지 않았다. 특히 우리 학습공동체에서는 가치 갈등적 문제가 스토리텔링 수업에 적합할 것인가에 대해서 회의적이었는데, 오히려 지리 영역에서는 가치 갈등적 문제를 내러티브 수업으로 진행하려는 최근의 경향을 확인할 수 있었다.

IV. 결론

본 연구는 초등 사회과 학습공동체 활동에서 스토리텔링을 적용한 초등 사회 수업을 공동으로 설계하고 실행한 과정을 성찰하고 그 과정을 통해 도출된 사회과 스토리텔링에 대한 몇 가지 질문에 대한 답을 찾고, 동시에 교사학습공동체 활동이 갖는 교육적 의의를 찾고자 하는 목적으로 이루어졌다.

먼저 교사학습공동체 활동이 갖는 의의를 정리하면, 첫 번째는 구성원들이 교사학습공동체 활동을 통해 스토리텔링 사회과 수업에 대해 수동적이고 수용적 태도에서 탐구적이고 주체적 태도로 변화되였다는 점이다. 즉 스토리텔링 수업을 그저 주어진, 적용하기만 하면 되는 수업 방법으로 받아들이다가 점차 스토리텔링 수업을 주체적으로 평가하는 모습으로 전환되어 갔다.

두 번째 의의는 보통의 스토리텔링 수업은 동기 유발 단계, 또는 마무리 단계에서만 사용되는 경우가 많은데, 우리는 수업의 모든 단계에서 스토리텔링이 적용되는 새로운 수업을 시도하고자 했다는 점이다. 그러나 실제 수업에서는 만족스러운 정도로 스토리텔링적 특성이 치밀하지 못했다. 이 때문에 스토리텔링 사회 수업에 관한 심화된 질문들이 도출될 수 있었다.

초등 사회과 학습공동체 활동을 통해 도출된 질문은 크게 3가지인데, 첫 번째는 스토리텔링 수업이란 무엇인가이다. 즉 스토리텔링은 내러티브와 스토리 등과 어떤 관계를 가지며, 다시 스토리텔링 수업이란 교수-학습 모형인가? 수업 기법인가? 등의 질문을 포함한다. 두 번째 질문은 스토리텔링 수업을 사회과에 적용한다는 것은 어떤 의미인가? 구체적으로는 사회과의 스토리텔링 수업은 다른 교과와 어떻게 다른가? 그리고 사회과 내에서도 지리, 역사, 일반사회 영역에서의 스토리텔링 수업은 차별적인가 아니면 유사한가? 등의 질문이 포함된다. 세번째는 두 번째 질문과 직접적으로 연관되는데, 스토리텔링 사회 수업에 적합한 학습 주제가 있는가라는 질문이다.

스토리텔링 수업이란 무엇인가라는 첫 번째 질문에 대해 찾은 답은 다음과 같다. 광의의 의미에서의 스토리텔링 수업은 우리에게 익숙한, 학생들에게 흥미를 유발하고 기억하고 이해하기 쉽다는 전달의 효과성을 목적으로 주로 수업 기법적 방식으로 내러티브(스토리)적 요소를 활용하는 것이다. 하지만 우리 학습공동체뿐만 아니라 최근 들어 교육의 영역에서 내러티브나 스토리텔링을 주목하게 된 것은 단순히 전달의 효과성 때문이 아니라, Bruner가 말한 내러티브적 사고를 육성하고자 수업의 시작부터 끝까지 의도적으로 설계된 스토리텔링 수업 모형 때문이다. 이를 위해서는 정답보다는 다양한 해답을 찾을 수 있도록 격려하는 교육에 대한 관점의 변화, 그리고 이것이 가능하도록 하나의 맥락적 문제에 충분히 몰입할 수 있도록 학습량의 조절 등이 필요하다. 우리 학습공동체에서 실행한 스토리텔링 수업이 기존의 스토리텔링 수업과의 차별점을 많이 찾지 못했다는 불만족은 바로 이 부분에 대한 충분한 고려가 없었고 또 교사학습공동체 차원에서 이를 실행하기 어려운 교육과정 등의 문제이기 때문으로 보인다. 이로 인해 학생들이 제시된 이야기를 이해하고 자신의 입장에서 다양한 이야기를 만들어 나갈 수 있는 충분한 시간이 주어지지 못함으로써 스토리텔링 수업의 특성이 반감된 점이 있다.

스토리텔링 사회 수업은 다른 교과와 어떻게 다른지를 중심으로 살펴본 두 번째 질문은 자연스럽게 스토리텔링 사회 수업에 적합한 주제는 무엇인가라는 세 번째 질문과 연결되었는데, 두 번째 질문에 대해서는 교과별 차이를 찾기 어렵다는 결론이 나왔다. 학습 내용 자체에 내러티브적 구조가 내재된 문학이나 역사 등에서 일찍부터 스토리텔링 수업에 관심을 가져왔으나 최근에는 수학, 과학 등에서도 적극적으로 스토리텔링 수업을 활용하고 있는 것으로 보아 교과별 차이를 찾기는 어렵다. 사회과 안에서 역사, 지리, 일반사회 영역별로 내러티브 또는 스토리텔링 관련 연구 경향을 찾아보았는데, 지리는 최근 가치 갈등적이고 정의적인 측면에서의 접근이 활발하고 역사는 교과서 서술 체제에 대한 연구가 많고, 일반사회 영역에서는 경제 같은 추상적인 개념을 학습하는 데 쉽게 이해할 수 있도록 내러티브나 스토리텔링을 많이 활용하는 경향이 나타났다. 이를 통해서도 세 번째 질문, 스토리텔링 사회 수업에 적합한 주제가 무엇인가에 대해서는 특정한 주제가 없고, 다양한 주제에 활용될 수 있다고 답할 수 있었다.

이상과 같이 1년간의 교사학습공동체 활동에서는 다양한 질문의 도출을 통해 스토리텔링 사회 수업에 대한 깊이 있는 탐구를 할 수 있었다. 또한 스토리텔링 사회 수업을 설계하고 실행하고 함께 토론하면서 의미 있는 질문을 도출할 수 있었다. 하지만 그 이후의 질문에 대한 탐구 활동에 구성원 모두가 참여하지는 못했다. 이는 바쁜 교사들의 여건상 쉽지 않았고, 애초에 교사학습공동체 활동을 시작하게 된 계기가 교사들과 교수 간의 신뢰를 바탕으로 자발적으로 형성된 모임이라기보다, 교대 연구원과 교대 부설 초등학교 간의 기관 대 기관의 한시적 협력 활동 차원에서 이루어진 한계 때문이기도 하다. 교사들이 자발적으로 교사학습공동체 활동을 할 수 있는 다양한 여건의 조성이 절실히 필요하다.

| 참고 문헌 |

강민선(2008). 내러티브 교재를 활용한 비판적 역사 이해 함양. 석사학위 논문. 한국교원대학교 교육대학원.
강민정(2011). 지리교육에서 스토리텔링의 활용방안에 관한 연구. 석사학위 논문. 경북대학교 교육대학원
강현석, 이순옥(2007). 내러티브를 활용한 교과서 진술 방식의 탐구. **초등교육연구**, 20(3), 한국초등교육학회, 177~207쪽.
곽희정(2007). 내러티브적 교재 구성 방안 연구:《한국 근현대사》교과서를 중심으로. 석사학위 논문. 숙명여자대학교 교육대학원.
교육부(2014a). 초등 과학 교사용 지도서.
　　(2014b). 초등 도덕 교사용 지도서.
　　(2014c). 초등 사회 교사용 지도서.
　　(2014d). 초등 수학 교사용 지도서.
권태윤(2005). 초등역사교육에서 내러티브 활용방안 연구. 석사학위 논문. 서울교육대학교 교육대학원.
김은혜(2014). 사회과 스토리텔링 수업이 경도 지적장애학생의 수업 참여 행동에 미치는 영향. 석사학위 논문. 이화여자대학교 교육대학원.
김태훈(2012). 고등학교 국사수업에서 내러티브를 활용한 인물학습 방안. **역사교육논집**, 48, 역사교육학회, 109~141쪽.
김한종(1999). 역사수업 도구로서 내러티브의 구성형식과 원리. **사회과교육학연구**, 3, 한국사회과교육연구회, 81~207쪽.
김한종 외(2005). **역사교육과 역사인식**. 서울: 책과함께.
노승윤(2010). 중등교사의 학생에 대한 효과적인 경제교육: 스토리텔링을 중심으로. 석사학위 논문. 울산대학교
류수열 외(2007). **스토리텔링의 이해**. 서울: 글누림.
류은영(2009). 내러티브와 스토리텔링: 문학에서 문화콘텐츠로. **인문콘텐츠**, 14, 인문콘텐츠학회, 229~262쪽.
박경애(2011). 역사교육에서 "내러티브" 서술의 현황과 활용방안: 대몽항쟁 및 삼별초 서술을 중심으로. 석사학위 논문. 목포대학교 교육대학원.
박소영, 김대현(2012). 한·미 초등학교 사회과 교과서의 내러티브 분석. **교육종합연구**, 10(4), 교육종합연구소, 125~150쪽.
박소화(2012). 스토리텔링 기반 교수 설계 원리 및 모형 탐색. 박사학위 논문. 서울대학교 대학원.
박인기, 이지영, 이미숙(2013). **스토리텔링과 수업기술**. 서울: 사회평론.
변웅룡(2007). 새로운 역사서술체제로서의 내러티브와 대안 교과서 분석. 석사학위 논문. 연세대학교 교육대학원.
서경혜(2009). 교사 전문성 개발을 위한 대안적 접근으로서 교사학습공동체의 가능성과 한계. **한국교원교육연구**, 26(2), 한국교원교육학회, 243~276쪽.
서민경(2008). 역사수업에서의 내러티브의 활용과 학습. 석사학위 논문. 단국대학교 교육대학원.
손유정, 남상준(2009). 뇌과학에 기반한 내러티브의 사회과교육적 함의: 장소 학습을 사례로. **한국지리환경교육학회지**, 17(2), 한국지리환경교육학회, 109~124쪽.
손은지(2012). 디지털 스토리텔링이 초등학생의 역사학습에 미치는 영향. 석사학위 논문. 청주교육대학

교 교육대학원.

신소영(2013). 스토리텔링 수업이 초등학생의 경제개념 이해와 태도에 미치는 영향. 석사학위 논문. 경인 교육대학교 교육대학원.

신진걸(2015). 내러티브를 활용한 지리 가치 수업 모형 개발 및 적용. 박사학위 논문. 경북대학교 대학원.

안정애(2003). 내러티브를 활용한 국가 교과서 서술모형. 역사학연구, 21, 호남사학회, 115~148쪽.

유정미(2011). 대비적 내러티브를 활용한 초등 역사교재 구성. 한국교원대학교 교육대학원, 석사학위 논문.

이수정(2014). 내러티브를 활용한 법교육 교재의 구성 원리와 효과. 한국사회교과교육학회 2014년 연 차학술대회, 한국사회교과교육학회, 138~149쪽.

이영효(2003). 내러티브 양식의 역사서술 체제 개발. 사회과교육, 42(4), 한국사회과교육연구학회, 93~121쪽.

이정연(2011). 내러티브를 활용한 사회과 수업방안. 석사학위 논문. 한국교원대학교 대학원.

이주연, 김인숙(2014). 내러티브를 적용한 역사수업이 초등학생의 사회교과 흥미와 학업성취도에 미치 는 효과. 통합교육과정연구, 8(3), 한국통합교육과정학회, 195~221쪽.

이지현(2015). 내러티브 접근을 활용한 지리적 공감교육 프로그램이 고등학생의 공감능력에 미치는 영 향. 석사학위 논문. 서울여자대학교 교육대학원.

이현지(2014). Gowin이론에 근거한 내러티브 교육과정 개발: 역사수업을 중심으로. 박사학위 논문. 영 남대학교 대학원.

이희경(2010). 스토리텔링 기법을 활용한 중학교 금융 교육 수업 구성. 석사학위 논문. 한국교원대학교 대학원.

장소연, 남상준(2015). "좋은 사회과 수업"에 대한 초등교사들의 인식: Focus Group Interview를 중심 으로. 초등교과교육연구, 21, 한국교원대학교 초등교육연구소, 83~106쪽.

장효선(2014). 장소 내러티브를 활용한 '관계 맺음'과 '소통'의 지리 수업 연구. 석사학위 논문. 한국교원 대학교 대학원.

정고은(2013). 초등사회과 경제수업에서 내러티브 활용 전략의 탐색. 석사학위 논문. 서울교육대학교 교 육대학원.

정길용(2009). 초등학교 사회과 수업 방법으로서의 내러티브. 초등교육연구, 22(4), 한국초등교육학회, 69~84쪽.

정지향(2005). 내러티브 서술 방식 적용을 통한 역사적 사고력 신장에 관한 연구. 석사학위 논문. 전주교 육대학교 교육대학원.

조대헌(2014). GIS 기반 스토리텔링 기법을 이용한 인구지리 수업 모형 개발. 한국사진지리학회지, 24(2), 한국사진지리학회, 81~96쪽.

조동근(2000). 역사교사의 설명방식으로서의 내러티브와 유추특성 및 활용사례를 중심으로. 석사학위 논문. 서울대학교 대학원.

조철기(2011a). 지리 교과서에 서술된 내러티브 텍스트 분석. 한국지리환경교육학회지, 19(1), 한국지리 환경교육학회, 49~65쪽.

(2011b). 내러티브를 활용한 지리 수업의 가치 탐색. 한국지리환경교육학회지, 19(2), 한국지리환 경교육학회, 35~52쪽.

(2012). 내러티브 텍스트를 활용한 지역학습 전략: 낙동강 유역을 사례로. 중등교육연구, 60(2), 사범대학부속중등교육연구소, 313~341쪽.

(2013a). 오스트레일리아 빅토리아 주 지리교육과정과 내러티브 지리교과서의 특징. 한국지리환 경교육학회지, 21(1), 한국지리환경교육학회, 49~63쪽.

(2013b). 내러티브로 구성된 딜레마를 활용한 지리수업 방안. 중등교육연구, 61(3), 사범대학부 속중등교육연구소, 513~535쪽.

(2013c). 정의적 영역의 발달을 위한 지도학습의 활용 방안. 사회과교육, 52(1), 한국사회과교육연

구학회, 71~84쪽.

주태연(2008). 텍스트의 내러티브 서술양식이 학업성취도와 과목선호도에 미치는 효과: 고등학교 '사회/문화' 과목을 중심으로. 석사학위 논문. 서울대학교 대학원.

차경수, 모경환(2008). 사회과교육. 동문사.

청주교대 교육연구원, 청주교대 부설초(2013). 교사의 전문적 학습공동체(PLC)와 함께 나누는 수업 이야기 – 교실수업 이해와 변화를 위한 워크숍 자료집.

최상희(2011). 사회과 신문 활용 수업에서 스토리텔링 기법 적용 방안 연구. 교육문화연구, 17(1), 인하대학교 교육연구소, 291~312쪽.

최소옥(2000). 내러티브를 통한 중학생의 역사이해. 석사학위 논문. 서울대학교 대학원.

최용규, 정범호, 박남수, 박용조(2008). 사회과, 교육과정에서 수업까지. 서울: 교육과학사.

홍다슬(2014). 스토리텔링을 활용한 지리 수업 방안의 모색. 석사학위 논문. 고려대학교 교육대학원.

홍미화(2013). 사회과교육에서의 내러티브 가치. 사회과교육연구, 20(1), 한국사회과교육학회, 161~173쪽.

홍서영(2010). 내러티브 글쓰기의 지리수업에의 도입. 석사학위 논문. 고려대학교 교육대학원.

_____(2014). 디지털 스토리텔링의 사회과 지리 수업에의 적용. 박사학위 논문. 고려대학교 대학원.

Bruner, J. S.(1996). *The Culture of Education*. Havard University Press. 강현석, 이자현 옮김(2005). 브루너 교육의 문화. 서울: 교육과학사.

Lauritzen, C. & Jaeger, M. J.(1997). *Integrating learning through story: The narrative curriculum*. Dalmar Publishers. 강현석 외 옮김(2007). 내러티브 교육과정의 이론과 실제 – 이야기를 통한 학습통합. 서울: 학이당.

Willingham, D. T.(2009). *Why don't students like school?: A cognitive scientist answers questions about how the mind works and what it means for the classroom*. John Wiley & Sons. 문희경 옮김(2009). 왜 학생들은 학교를 좋아하지 않을까?. 서울: 부키.

초등 사회과 지역화 학습에서 교사의 자기주도적 교수 역량 강화를 위한 PDS 구축 연구

대학과 현장의 협력 교사학습공동체 활동을 사례로

윤옥경

I. 서론

이 연구에서는 교사의 전문성 향상 방안에 대해 개인적 차원이 아닌 공동체로서, 자기주도적 역량으로 문제를 해결해 가는 교사의 삶 전체에 초점을 두어, 다음과 같은 세 가지 차원에서 논하고자 한다.

첫째, 그동안 교사의 전문성 향상을 위한 교육계의 노력은 교사 연수의 형태로 이루어져 왔다(구원회, 2011). 교사 연수에서 교사는 수동적 대상으로 자리매김되었고, 집단적 전달을 통한 연수 방식에 대해 교사들은 긍정적인 인식을 가지기 어려웠다. 이에 대안적으로 연수 내용과 교육 현장의 괴리를 극복하고, 현장 기반의 교사 전문성 향상을 위한 프로그램으로서 수업 컨설팅, 실행 연구, 멘토링, 교사공동체를 통한 접근 방식이 시도되고 있다(김경은, 2010). 이 연구에서 다루는 교사학습공동체 또한 이러한 현장 중심의 교사 전문성 향상 프로그램의 하나로 이해될 수 있다. 그런데 이 연구에서 다루는 사례는 단위 학교를 기반으로, 같은 학년 교사들이 공통의 기반을 가지는 장소와 지역에 대한 지역화 학습을 하는 과정에서 전문성 향상을 꾀한다는 점에서 특별하다.

둘째, 이 연구에서 중점을 두는 전문성은 교사 개인이 단위 수업에서 보여 주는 말투, 행동 등 퍼포먼스적인 요소와 수업에 활용되는 교수-학습 자료 및 매체, 수업 모형이나 교수 기법 등 일회성 수업에 대한 관심을 넘어서는 것이다. 즉 수업 시간에 다루어지는 지식에 대해 수업 전, 후에도 관심을 가지고, 삶의 전반을 통해 지식의 습득과 수업을 위한 구성에 의미를 두는 교사의 노력과 습관, 태도를 가지도록 이끌어 내는 데 초점을 둔다. 연구자와 교사들의 소집단으로 구성된 교사학습공동체 활동 과정에서 교사들이 이야기하는 고민과 연구자가 발견한 교사들의 고충을 중심으로 교사의 생애적 지리 지식 구성을 도울 것으로 기대하였다.

셋째, 교실에서 수업을 하는 교사들은 수업 과정에서 나타난 상황이나 문제를 홀로 감당하고 해결하게 된다. 그러나 그 과정이 적절하고 충분히 만족스러운 과정이었는지 되짚어 볼 필요가 있다. 이 연구에서는 교사 개인의 경험과 고충을 공동체 구성원들과 나누면서 협동적으로 해결 방안을 찾아가는 집단 지성을 추구한다. 이러한 협력적인 전문 공동체 활동 경험은 교사들의 전문성 향상에 긍정적 영향을 미칠 뿐 아니라 만족감을 향상시킬 것이다.

이 연구는 교사학습공동체를 통해 자기주도적인 참여와 노력, 단일 수업 시간의 교수-학습 지도를 넘어선 생애적인 전문 지식의 구성 및 실천, 개인적인 수업 경험과 고충 공유 등의 교사 전문성 향상의 과정을 살펴보는 데 목적을 둔다. 이 연구는 대학과 교육 현장의 협력 프로그램의 틀로 운영되었는데 이 연구를 진행하는 동안 연구자는 교사들과의 만남을 통해 새로운 협력 프로그램의 구축 가능성과 한계를 점검하고자 하였다.

이 연구에서는 C교육대학교와 S초등학교의 협력 사례를 다루었는데, C교육대학교 교육연구원에서는 교사의 자기주도적 교수 역량을 강화하기 위해 교사전문성개발체제 구축을 시도하여 왔다. 2012년에는 C교육대학교 교수들과 현장 초등 교사들로 구성된 교사학습공동체를 운영하여 대학과 현장의 새로운 협력 방안을 모색하여 왔다. 전체 교사전문성개발체제에서 연구자가 참여한 교사학습공동체 활동 과정을 통해 연구자는 교사들이 초등학교 사회과에서 지역화 교육과정의 구현물로 사용되는 지역화 교과서 《살기 좋은 충청북도》를 가르치면서 가지는 두려움과 어려움을 파악하고, 교사들이 수업 시간에 지역화 교과서에 전개된 지리적 지식을 어떻게 파악하고 재구성하는지 관찰하였다. 또한 교사학습공동체 활동을 통해 교사들이 지역화 수업의 어려움에 대처하는 방안과 활동 소감 등을 분석하였다. 이 연구에서 제시한 결과는 교사들의 소감을 기술한 방식으로서 일반화된 해석에는 한계가 있으며, 비교적 단기간에 수집한 자료로서 타당성의 엄정성에 다소 부족함이 있지만, 교사학습공동체 활동 중 대학-현장 협력의 기초 자료로서 하나의 사례가 될 것이다.

II. 초등 교사의 교과 전문성과 수업과 지역화 학습

교사 자신이든 다방면의 교육 관계자이든 교사가 자기주도적으로 수업을 설계하고 실행하며 성찰해야 할 필요성과 그를 위해 필요한 능력을 강화하려는 노력과 실천의 중요성에 대해서는 공감하고 있다. 전문성 논의에서 '아무나 할 수 없는 모종의 역할 수행 영역과 그에 수반하는 역할 수행 능력'을 가지고 있을 때 그 직종이나 영역의 전문성을 인정한다(손병노, 1998). 초등 교사의 수업 전문성 신장은 교사 개인적인 차원뿐 아니라 교원 양성 대학, 교사 재교육 프로그램 등에서 지향하는 목표라고 할 수 있으며, 이를 위해 초등 교사를 양성하는 대학의 교육과정과 초등 교사들의 대표적인 재교육 기관인 교육대학원의 교육과정에 대한 검토가 필요하다(설규주, 2012; 이기복, 2011). 또한 교사의 전문성을 수업에 국한하여 바라보기보다는 총체적이고 종합적으로 접근하여 수업 전과 후의 일련의 과정에 대한 전문성을 염두에 둘 필요가 있으며, 교사가 수업을 설계하고 실행할 때, 교과에 대한 인식과 목표를 얼마나 구현할 수 있는가에 집중할 필요가 있다(설규주, 2012).

그런데 전문성이란 한번 완성되어 지속되는 결과적인 개념이라기보다 오랜 기간 지속되고 있는 경험과 학습, 의도적인 실천의 과정에서 지속적으로 발달한다고 할 수 있다(김대훈, 2014). 교사의 전문성이라면, 수업에 대한 전문성을 먼저 떠올릴 수 있는데, 초등 교사에게 각 교과의 내용을 수업 시간에 다룬다는 것은 교과 지식과 관련하여 교사의 역량을 필수적으로 요구하는 것이다. 그러나 현재와 같은 학교의 체계와 제도의 틀에서 실제 초등 교사가 담당하는 교과와 영역은 교사 개인의 역량 범위를 넘어서는 것일 수도 있다. 모든 과목을 가르치는 초등 교사가 특정 교과에 전문성을 가지는 것은 어려운 일이지만, 특정 교과에 어려움을 느끼게 되는 것은 약점이 될 수 있고, 다루어야 할 내용이 방대한 사회과는 더욱 초등 교사들에게 어려운 과목이다(정민희, 2013). 이러한 한계를 극복하기 위해서 초등 교사는 개인적인 노력 이외에 교과별 동료성에 기반한 협력적 활동을 시도해 볼 수 있으며 이와 관련하여 초등 교사들의 현실과 한계, 가능성을 파악하기 위한 연구가 필요하다. 구체적으로 초등 교사의 교수 역량 강화를 위한 실제적이고 세분화된 방법과 체계에 관한 연구가 뒷받침되어야 할 것이다.

사회과 내용 구성 과정에서 '지역화 학습'은 구체적인 지역화 교과서를 통해 지역에 대한 지리적 사실과 정보를 습득하는 것을 포함하여, 학생의 경험 세계에 근거한 다양한 접근이 가능하다. 아동의 발달 과정은 직접 경험에 따라 개념 형성이 가능하며, 실제 세계의 경험에 따른 근거를 판단에 활용한다. 학생들이 살고 있는 지역은 일생에서 처음 경험하는 세상이고 지역 사회가 당면한 이슈 등을 접하는 곳으로 학습 콘텍스트를 형성한다. 지역 사회의 이슈는 학생의 경험과 세계에 대한 지식을 종합하여 접근될 수 있다.

학생들이 살아가는 곳에 대한 학습은 주변 환경에 대한 학생의 관심과 호기심을 자극하고, 학생들이 살고 있는 환경과 사람들에 대한 책임감을 가지게 할 뿐 아니라 조사(탐구), 문제 해결, 의사 결정의 기능을 향상할 수 있는 기회를 제공한다(Milner & Jewson, 2010: 181). 지역에 있는 건물이나 거리, 학교 주변의 환경은 가치 있는 학습 자원resources인데, 이를 대상으로 하는 답사fieldwork 또는 야외 활동outdoor experience은 초등학생의 호기심을 자극하고 창의적 사고를 촉진하므로 학생들이 살고 있는 지역은 학습 자원으로서 가치가 있다. 현장 답사를 통해 학생들은 교실에서 배운 아이디어나 가설을 확인하고 이 세계에 대한 이해를 넓히는 데 도움을 얻는다. 이와 같이 초등학교 사회과에서 지역을 학습의 장으로 활용하는 지역화 학습이 시도되고 있다.

교육과정의 지역화는 제도나 편제를 뛰어넘어 교사의 수업 실행에서는 개념이나 원리의 사례로서 일상적으로 실현된다고 할 수 있다. 그런데 우리나라 초등 사회과에서 지역화 교육과정의 실현은 주로 '지역화' 교과서의 형태로 구현되어 왔다. 초등학교 현장에서는 '사회' 교과서의 보조 교재로서 사회과부도와 더불어 사회과탐구가 사용되어 왔다. 지역화 교과서는 초등학교 3학년과 4학년 과정에서 사회과탐구 교재로 사용되어 왔다. 2011 개정 교육과정에 따라 사회 교과서와 사회과탐구가 통합된 하나의 '사회' 교과서 체제로 변화되었지만, 교실에는 각 시·도교육청 및 산하 연구 기관 등에서 발행한 지역화 교과서가 보급되어 있다. 교과서 체제의 변화로 인해 초등 교사들의 지역화 학습에 대한 부담이 제도적으로는 경감되었다고 할 수도 있지만, 교과 내용 지식에 대한 구체적 사례로서 제시되는 지역화 내용 요소와 기능 등은 여전히 교실에서 활용된다.

그런데 지역화 학습의 장점을 살리기 위해, 교육과정 차원에서 이루어진 지역화는 교사에게 지역화 교과서를 가르쳐야 한다는 부담으로 작용하여 왜곡된 면이 없지 않다. 이 연구의 교사학습공동체 활동의 중심에 있는 지역화 교과서 《살기 좋은 충청북도》는 초등 교사들에게는 낯선 지리 지식으로 엮어진, 부담스런 과제로 여겨졌다. 지리 지식에 대한 전문성을 담보하지 않은 경우, 초등학교 현장에서의 실제 학습 양상은 긍정적이라고만 할 수는 없는데, 이 연구에서는 S초등학교 교사학습공동체 활동을 통해 이러한 상황을 어떻게 개선하고 극복하는지 살펴보았다.

III. 초등 사회과 지역화 학습을 위한 교사학습공동체 활동

1. 교사학습공동체 활동 개요와 활동 방향

보통 초등학교의 학교 내 교육 활동에 따른 조직은 교과 지도나 행정 업무 분장보다는 동학년 교사 협의에 기반하여 이루어진다. 동학년 담임 교사는 학년의 교육과정 운영에서 협조 체제를 갖추며, 각 학급에서 같은 교과 내용을 가르치므로, 동학년 교사 모임은 동료 장학의 장이 될 수 있다. S초등학교 4학년 교사들은 이와 같은 동학년 교사협

의회의 형태로 교사학습공동체 활동을 구성하였다.[1]

연구의 진행 과정을 구체적으로 소개하면, 대학에 소속된 연구자는 충북 청주시 소재 S초등학교 교사들의 요청에 따라 2012년 5월부터 11월까지 초등 교사들과 10회의 정기적인 만남을 가지며 교사학습공동체 활동을 하게 되었다. 교사들로서는 기존의 동학년협의회와 달리 본격적으로 수업에 대한 논의를 하게 된 것이다. S초등학교 4학년 교사들은 사회과의 보조 교과서로 사용되는 지역화 교과서《살기 좋은 충청북도》의 학습 지도 방안을 협의하기로 했다. 연구자와 교사들은 교사학습공동체 활동을 통해 사회과의 학습 지도와 관련하여 애로점과 지역화 교과서가 가지는 교재로서의 조건 및 한계를 검토하고, 기존 교과서를 대체하거나 보완할 자료를 마련하기 위한 방안을 도출하고자 했다.

이 연구는 실행 연구action research 접근으로 수행되었으며, S초등학교 교사학습공동체 활동에서 토의와 협업을 통해 이루어졌다. 교사학습공동체 활동을 통해 교사들은 지역화 교재를 가지고 수업하는 과정에서 학생들이 겪는 어려움을 관찰하고, 또 교사 자신이 가르치면서 의문을 갖게 된 내용 등을 나누었다. 이와 같이 어려움과 실행 과정 중의 반성reflection in action이 이루어졌고, 교사학습공동체 활동 중에 이를 토의하였다. 교사들은 스스로 지역화 교재를 수정하여 새로운 학습지를 제작하고 수업에 적용하는 등 실행 후의 반성reflection on action을 통하여 새로운 수업을 설계하였다. 연구 과정에는 교사들의 목소리뿐 아니라 교사학습공동체 활동에 참여한 연구자의 성찰과 교재 분석의 접근법이 함께 개입되었다.

· · ·

1 제도적으로 S초등학교의 교사학습공동체 활동은 특수 분야 교육 연수 이수로 진행되었으며, 동시에 연구학교 프로그램으로 운영되었으므로 타 학교에 연구 결과를 일반화하기 위한 결과물을 도출해야 한다는 행정적인 부담을 배제하기 어려웠다.

표 2-15 '지역화 교과서' 관련 S초등학교 교사학습공동체 활동 내용(2012년)

모임	주요 활동		활동일
예비 모임	활동 주제 정하기	4학년을 맡아서 좋은 점과 고통(절망, 짜증), 4학년 교사학습공동체에서 했으면 하는 것 정하기	
1차	방향과 내용 설정	과제 수행에서의 두려움과 희망 나누기	5월 10일
2차	지역화 교과서 분석 및 대안 제시	《살기 좋은 충청북도》 교과서 수업 시 어려운 점 및 개선점 소단원 (1), (2)	6월 1일
3차		《살기 좋은 충청북도》 교과서 수업 시 어려운 점 및 개선점 소단원 (3), (4)	6월 7일
4차	활동 결과물 검토	개선 사항 및 개발한 매뉴얼 검토	6월 19일

2. 교사학습공동체 활동 내용

(1) 교사학습공동체 활동에 대한 두려움과 희망 나누기

교사학습공동체 활동을 위해 처음 만남을 가지면서, 연구자와 교사는 활동에 대한 두려움과 희망을 나누는 시간을 가졌다. 두려움과 희망 나누기는 이 연구를 총괄한 C교육대학교 교육연구원에서 각 교사학습공동체에 공통적으로 제공한 프로토콜을 활용하였다.

교사들은 자신의 전문성에 대한 확신이 부족하였고, 경험과 시간 부족이라는 현실에서 교사학습공동체 활동은 교사들에게 적잖이 부담이 된 것 같았다. 교사들은 교사학습공동체 활동을 학교 업무의 하나로 느끼는 한편, 활동 결과물에 대해 실용적 차원에서 활용 가능성의 가치를 추구하였고, 자신들의 수고가 헛되지 않기를 바라고 있었다.

그러나 지역화 교과서를 다루는 교사학습공동체 활동에서 교사들은 흥미와 자신감 있는 수업을 진행할 수 있을 것이라는 기대, 결과에 대한 뿌듯함을 갖게 될 것이라는 전망을 가지고 있었다.

교사들은 현재의 지역화 교과서를 보완할 자료를 개발하는 데 어느 정도 자신감을 드러내고 있었으며, 이러한 활동을 통해 학생들이 충북 지역에 대한 애향심을 고취할 수 있을 것으로 기대했다. 연구자는 활동 중 교사들의 수용 정도를 살피면서, 교사들에게도 활동에 무리하지 않는 수준을 유지하는 데 유의할 것을 언급하였다. 이는 연구자 주도적인 진행이 자칫 교사들의 참여를 저해하여 수동적인 참여에 머물 것을 염려한 것이었다.

표 2-16 교사학습공동체 활동에 대한 두려움과 희망

활동에 대한 두려움	활동에 대한 기대와 희망
- 실제로 활용 가능한 실용적인 자료를 개발할 수 있을까, 잘할 수 있을까 의심. - 뭔가 도움이 되는 자료를 만들어 내야 한다는 부담. - 실제로 이 교사학습공동체 활동을 시작한 시기는 전반부 단원의 경우 이미 학습 진도가 마무리됨. - 참고 자료가 많이 있을까? - 시간 부족, 학교 행사가 많아서 일정에 쫓기는 느낌, 시간 투자를 많이 해야 하지 않을까? - 인터넷, 전화, 직접 찾아가는 등의 수고로움. - 또 하나의 업무가 추가되는 것이 아닐까? - 자료 개발 경험이 부족하고 무엇부터 시작해야 할지 막연하고 막막함. - 기존 자료로 만들어진 것이 없어서, 활용할 것이 적고, 아이디어가 부족함. - 타 지역 출신 선생님들은 (어떤 경우에는 아이들보다도) 충북에 대한 사전 지식이 많지 않음으로 인한 어려움. - 연구자(교수)와 교사들 간의 낯설음을 극복하고 팀워크를 잘 이루어 갈지도 걱정.	- 사회 수업 지도 자료 제작 및 연구를 통해 흥미 있는 수업 진행 기대. - 연구학교 담당자로서 일반화 결과물이 나오는 것에 대한 안도감. - 《살기 좋은 충청북도》를 지도하는 데 일반화된 자료 제작. - 교사가 수업하는 데 한결 수월해질 것이라는 기대감. - 아이들이 즐겁게 흥미를 느끼며 직접 활동, 체험하며 《살기 좋은 충청북도》를 배울 수 있을 것이라는 기대. - 충청북도에 대한 새로운 지식이 애정으로 이어지길 바라며, 고향이 아닌 곳이라 사전 지식이 적은 편인데 이번 기회를 이용해야겠다. - 내 고장에 대한 꾸준한 관심과 애향심이 생길 수도 있지 않을까? - 우리 지역에 대해 전문가가 되어 자신감 있는 수업이 됨. - 아이들과 지역에 대한 애착 형성. - 수업 시 자료를 바탕으로 자신감 있는 강의가 이루어질 것임. - 직접 자료를 만들게 되어서 좋음. - 자료 개발 경험은 다른 교과에 전이될 것이며, 공부하는 즐거움과 뿌듯함 기대. - 성취감, 만족감, 뿌듯함 기대.

그림 2-3 교사학습공동체 활동 소재로 활용된 지역화 교과서

(2) 지역화 교과서(《살기 좋은 충청북도》) 수업에서 어려운 점과 대처 방안

S초등학교 4학년 교사들은 4학년 담임이 되었다는 것은 지역화 교과서를 가르쳐야 함을 의미한다고 생각하였다. 지역화 교과서는 초등학교 사회과교육에서 사회 교과서를 보조하는 사회과탐구 교재로서 4학년 과정에서 활용한다. 지역화 교과서의 구성은 사회 교과서와 유사하고 목차도 거의 비슷한데(윤옥경, 2007), 그 내용에는 지리적 지식과 기능적 요소가 많이 포함되어 있으며, 학생들의 활동으로 채워야 하는 학습지worksheet 형식으로 구성된 지면이 다소 포함되어 있다. 따라서 교원 양성 과정에서 지리 관련 과목의 수강 경험이 제한적인 초등 교사들에게 지리 지식과 기능을 갖추어야 지도에 용이한 지역화 교과서는 수업 설계와 실행에 어려움의 요인이 될 수 있다. S초등학교 교사들과의 정기적인 활동에서 연구자는 이러한 애로 사항을 파악할 수 있었다.

교사들은 지역의 모습을 살펴보는 도구로서 지도map를 접하고 가르치게 되는데, 지도의 요소 중 축척에 대해 '소축척', '대축척' 등의 용어

로 인해 개념상의 혼란과 학습 지도의 어려움을 토로했다. 초등 사회과 교육과정을 살펴볼 때 초등 교사들은 4학년을 담당하게 될 때 본격적으로 지도에 대한 내용을 가르칠 기회가 있다. 아래 경험담을 통해, 교사들은 학생들의 이해 수준을 파악하고 있었고 이에 따라 학습 수준을 조절하였음을 알 수 있다. 교사들에게는 교과서에 제시된 내용을 학생들에게 전달해야 한다는 의식이 뚜렷하여 여러 방법을 강구한 것이다.

E 교사 근데 저는 사실 별로 말씀드릴 게 없었던 게 애들이 이해 못 한다는 걸 알게 돼서 이번에는 외우는 식으로 했어요. 그냥. 이거는 축척이 크다고 하는 거다 애들아, 이거는 축척이 작다고 하는 거다 애들아. 왜냐면 옛날에 별거를 다 해도, 강호동을 데려다 놓고 줄였다 늘렸다 이런 것도 해 보고 했는데 애들이 그냥 멍하니 있고 개념 자체를 이해를 잘 못하더라고요.

연구자 학생들이 지도가 현실 세계를 축소한 것이라는 것을 이해하고 있나요?

E 교사 이해하는 애가 있긴 있는데 전체를 대상으로 얘기를 해 봐야 별로 알아듣지를 못하더라고요. 그래서 그냥 그림을 보면서 이렇게 지도가 넓은 면적이 크게 나오는 건 이런 건 축척이 어떻다 이렇게 한 다음에 대신 축척은 상대적인 거고 정해져 있는 게 아니고 우리나라가 여기서는 소축척이지만 세계 지도랑 비교하면 대축척이 된다 이런 정도로만 설명을 해요.

C 교사 아이들에게 줄이는 것을 설명할 때, 예를 들어 지도를 만들 때, 현재 세상을 줄이지 않고 그냥 만들면 사천동 지도가 엄청나게 커서 가지고 다니기 불편하고 한눈에 볼 수 없으니까 줄여야 된다, 이렇게 말하면 이해를 해요.

축척 개념, 특히 소축척, 대축척의 구분에 대해서는 초등학교 사회과 지도 학습의 계열성을 검토할 때, 또 수학 교과 교육 내용 수준과 비교하여 비율 개념을 학습하는 초등학교 고학년에 학습하는 것이 적합할 것이다.[2] 또 '소축척, 대축척' 용어는 교과서에 제시되지는 않았지만, 교사들에 따르면, 사교육 기관이나 문제집에서 시험을 염두에 두고 다루는 경우가 있고, 학생들이 간혹 질문하기도 한다고 했다. 축척을 확인하기 위해 실을 가지고 지도상의 거리를 재는 등의 활동이 지역화 교과서에서 안내되지만, 교사들은 학생들의 손 조작이 둔하여 곡선 구간의 정확한 거리 측정이 어려우므로 직선거리를 재는 활동으로 바꾸는 것이 적합하다고 했다.

지역화 교과서에 제시된 충북의 지형도는 언뜻 보기에도 상당히 복잡하여 가독성이 양호하지 않다. 또 좁은 지면에 제시된 조밀한 '등고선 색칠하기'는 높이에 따라 색을 칠하는 활동인데, 교사들은 교과서에 너무 조밀하게 그려진 자료가 제시되어 학생들이 색칠하는 데 어려움이 있으므로, 등고선 간격을 조정하는 것이 좋겠다고 했다. 또 교사들은 제시된 충북의 시군별 인구 통계치를 보고 인구 분포 지도를 완성하는 활동에서, 통계 자료의 급간 구분의 적절성에 의문을 제기했다. 충북의 교통로에 대한 조사표 작성 활동에서는 예시 자료로 제시된 내용이 상세하여, 교사들은 초등학생의 수준에 적합하도록 하려면, 어느 정도까지 상세한 수준으로 자료를 조사해야 하는지 서로 질문하며, 활동 예시 자료가 학습에 도움이 되지 않음을 토로했다. 전반적으로 지역화 교과서에 제시되는 지도와 도표 등은 지리적 개념을 바탕으로 해석되고 교수될 내용인데, 지도 제작의 원리 등을 접할 기회가 많지 않은 초등 교사 양성 기관의 교육과정에 따른 한계가 발견되

---

2 개정된 2011 교육과정에서는 이러한 의견을 반영하여 3학년과 4학년의 지도 학습에서 축척 관련 내용은 제외되었다.

었으며, 이를 극복할 방안이 마련되어야 할 것이다.

한편 교사들은 산맥 체계나 유역 분지, 하계망 등에 대한 개념이 잘 형성되어 있지 않아서, 지역의 자연환경을 지도하는 데 곤란을 겪고 있었다. 이는 충북의 자연환경을 학습할 때 우리나라 전체의 자연환경 체계에서 다루기보다 충북만 따로 학습하도록 구성된 교재의 문제점과도 연결된다. 지형도에서 충북의 산, 하천 찾아보기 활동은 충북 지역을 흐르는 하천이 어디에서 시작되며 충북 지역을 거쳐 어디로 흘러가는지 알 수 있도록 해야 할 것이다. 이처럼 충북 지형도에서 확인되는 하천 이름만 나열적으로 말하는 것은, 하천의 상류, 중류, 하류의 체계 및 유역 분지 등의 개념을 알지 못한 채 자연환경을 학습할 우려가 있다. 교사들의 경험담을 통해 이를 확인할 수 있다.

연구자 사실은 우리나라 전체 하계망도가 필요해요. 충청북도로 거쳐 가는 큰 강은 한강(남한강)하고 금강 두 수계거든요. 그래서 하천이 흘러들어오는 쪽과 나가는 쪽을 학생들에게 알려 주면 좋죠. 사회과부도에서 확인할 수 있어요?

E 교사 잘 모르겠어요. 찾아봤는데 금강은 못 찾고 남한강은 보여요. 아이들하고 찾아보면서 따라갔었거든요. 이렇게 해서 이름은 찾겠는데, 여기는…… 그런데 이게 이렇게 흘러서 내려가는 거잖아요. 그렇죠?

다음의 경험담은 답사 형식으로 축제를 방문하여 즐기기 활동에 대한 과제 부과 방법을 의논한 것이다. 연구자는 답사 목적지뿐 아니라 왕복 여정도 답사 활동에 포함될 중요한 과정이라고 언급했는데 교사들은 학생들의 행태를 잘 알고 있어서 답사에 관련된 과도한 과제 부과는 부적절하다고 했다.

D 교사　근데 애들 일기 같은 거 보면 중간중간에 쉬어 주는 것을 무척 좋아하더라고요. '휴게소 들러서 지루하지 않았다.' 이렇게 써 놓았더라고요.

연구자　이동 방법을 주의 깊게 볼 수 있도록 그 길을 쭉 지도에 표시해 보라고 하면 가능할까요? 길을 꼭 지도에 표시된 길은 아니라 할지라도 약도에 지점을 표시해서 연결하는 방법도 있어요.

C 교사　아니 근데 애들이 차를 타고 출발한 후 좀 있으면 자더라고요.

A 교사　너무 미션이 많으면 애들이 포기할 수도 있어요.

교사학습공동체 활동 중 지역화 교과서를 분석하고 수업 경험을 나누면서, 교사들은 자신들이 파악하고 있는 학생들의 지식 수준과 조작 능력에 맞게 교재의 진술 수준을 다운그레이드하거나 단순화하여 수업 및 활동을 재구성하고자 했다. 초등 교사들은 학생들의 학습 수준에 대해서는 세심하게 파악하고 있어 적절한 수준의 학습 과제를 부과하는 등 학습자에 대한 지식에서는 전문성을 가지고 있었다. 그러나 체계적인 지리 지식이나 지도학적 원리를 파악하지 못한 상태에서 수업을 구성하는 과정에는 한계가 있어 보였다. 여기에 지역화 교과서에 제시된 자료의 가독성과 완성도 등의 문제까지 더해져 초등 교사들에게 지역화 교과서는 불편한 대상으로 여겨지고 있었다.

표 2-17 지역화 교과서(《살기 좋은 충청북도》) 수업에서 어려운 점 및 개선점

	어려운 점 검토	교재 개선 및 수업 활용 방안
소단원 (1)	- 아이들이 축척이라는 개념 자체를 어려워함. - 컴퍼스를 가지고 거리 측정하는 것은 아이들 손이 정교하지 못해 힘들고, 나아가 실로 조작하는 다음 단계는 더욱 어려워함.	- 컴퍼스나 실 조작은 직선거리로 단순하게 과제를 제시하면 학생들이 활동하기에 적합할 것임.
소단원 (2)	- 지형도를 보고 충청북도 강, 산, 호수에 대해 공부해야 하는데 강에 대한 정확한 정보가 없어 어려움. - 지형도 : 강 물줄기가 보이지 않아 강을 찾기가 너무 어려움.	- 산이나 호수처럼 강의 이름 적어 주기. - 우리나라 하천의 전반적인 체계를 알 수 있도록 우리나라 전체 또는 충북 지역의 수계도 첨부. - 충청북도로 흘러들어 오는 강과 흘러 나가는 강줄기 구분하여 교과서에 실어 주기.
	- 등고선 색칠하는 활동 : 등고선 간격이 너무 좁아 색칠하기도 어렵고 각 칸마다 색을 달리하여 색을 칠하기도 어려움.	- 등고선 간격을 넓히고 산의 높낮이 정도에 따른 색깔 변화만 알 수 있도록 등고선 숫자 줄이기. - 2011년 교과서처럼 등고선 간격을 넓혀 색칠하기 쉽고 초록, 노랑, 주황, 고동색 등으로 간단하게 활동할 수 있도록 수정.
소단원 (3)	- 축제마다 특징이 제대로 나와 있지 않아 축제를 알고 느껴 보기에 부족함.	- 우리 도의 자랑거리와 관광지, 문화 행사 및 축제에 대한 영상 자료와 사진 자료가 필요함. - 답사 형식으로 축제 방문하여 즐기기. * 현장 답사 보고서 : 답사한 곳을 지도에 직접 표시해 보기, 답사한 곳의 위치를 방위로 나타내 보기 등.
소단원 (4)	- 인구 분포도에 스티커를 붙일 때 그림지도에 나타낼 수 있는 수를 반올림해야 하는데 아이들이 어려워함. - 시군별 인구 그래프 : 인구수가 일의 자리 숫자까지 나와 있어 4학년 수준에서 어림을 하여 25쪽 인구분포도 활동을 하기에 어려움.	- 인구표의 수치를 반올림한 자료로 표시하기. - 스티커를 동그라미 대신 사람 모양으로 바꾸면 인구에 대한 이해가 빠를 것임. - 표의 인구수를 25쪽 인구분포도 보기(동그란 스티커)에 나와 있는 단위로 어림하여 나타내기.
	- 충청북도를 지나는 고속국도와 철도는 무엇이 있는지 조사해 보자. - 예시로 35쪽의 표에 나와 있는 내용이 필요 이상으로 자세하여 조사 내용을 어떻게 정리해야 할지 막연함.	- 자세한 예시 내용을 없애고 교통도에 고속도로, 철도명을 ( )로 표시하고 사회과부도 등을 참고해 이름을 찾아 적어 보는 활동으로 대체했으면 좋겠음.

그림 2-4 지역화 교과서(《살기 좋은 충청북도》) 학습 자료 예시

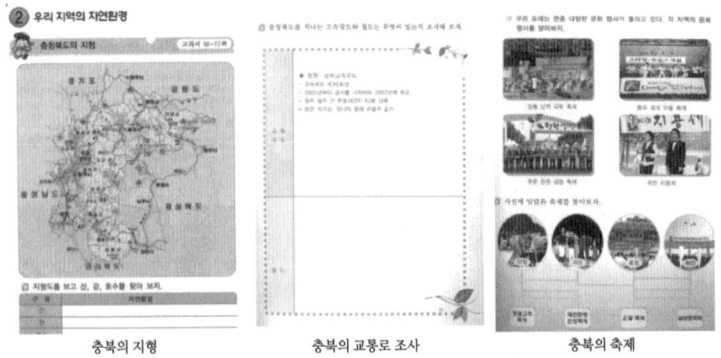

충북의 지형　　　　　충북의 교통로 조사　　　　　충북의 축제

(3) 교사학습공동체 후속 활동

한 학기 동안의 교사학습공동체 활동을 마무리하고, 개선 사항을 수업에 반영하기 위한 노력은 대외적, 공적 차원에서도 시도되었다. 연구자는 교사학습공동체 활동에서 지적된 여러 사항이 그 다음 해에 지역화 교과서를 통한 수업에 발전적으로 기여하기를 희망하면서, 구체적 확산 방법을 찾고자 했다. 교사들과 그들이 제안한 개선 사항을 반영하여 재구성한 교재를 보급하기 위한 방안을 의논하던 중, 연구자는 충청북도교육과학연구원 지역화 교과서 담당자와 전화 통화를 했다. 연구원 담당자는 2013년까지 현재 교과서를 사용하고 2014년 새로운 교과서를 만들어 사용할 예정이라는 정보를 주었고, 연구자는 연구원 담당자에게 S초등학교 사회과 교사학습공동체 활동 결과를 확산하기 위한 방안의 하나로서, 지역화 교과서 집필위원들에게 S초등학교 교사들이 검토하고 분석한 내용을 전달할 방법을 의논하였다. 연구원 담당자에 따르면, 교재 제작을 위한 공청회에 참석하거나 공문을 통해 개선되어야 할 내용, 예를 들면, 초등학교 4학년 인정 도서《살기 좋은 충청북도》에 대한 수정·보완 의견을 전달하는 방법이 있다고 했다. S초등학교 교사들이 지역화 교과서 지도를 위한 교사학습공동체 활동을 시작

한 직접적 원인은 교사용 지도서의 부재이므로 연구자는 이에 대해 담당 기관의 대책이나 제작 계획이 있는지 궁금해했다. 연구원 담당자는 교사용 지도서의 제작 계획 및 예산은 없으며, 새로운 교육과정에 맞는 새로운 교과서를 만들 때 협의하겠다는 답변을 했다.

이러한 전화 통화 후 다시 1학기 마무리 모임에서 지역화 교과서를 다룬 교사학습공동체 활동에 대한 소감 등을 들어 보았다. 교사들은 《살기 좋은 충청북도》 교과서에 대한 활용 방안에 대해 많은 연구가 되었고, 2학기 때에도 다음 소단원들에 대한 연구와 매뉴얼 개발에 노력하겠다는 의지를 보였다.

표 2-18 교사학습공동체 참여 교사들의 교재 구성 및 지도서에 대한 전반적인 의견 제시

---

1. 《살기 좋은 충청북도》 교재를 지도할 때 참고할 수 있는 자료가 없어서 당황스러운 경우가 자주 발생합니다. 수업을 준비할 때 활용할 수 있는 교사용 지도 자료를 제작하여 주셔서 효율적으로 수업의 질을 높일 수 있기를 바랍니다.
2. 사회 교과서에 나오는 내용이 《살기 좋은 충청북도》 교재에 또 나오는 경우가 있습니다. 중복된 내용은 삭제하여 이중의 수업 부담이 없기를 바랍니다.
3. 지역의 문화재 또는 지역 축제에 대한 다양한 사진, 영상 자료, 정보 등을 제공해 주셨으면 합니다.

---

3. 교사학습공동체 활동에 대한 평가

교사학습공동체 활동에 대한 평가는 활동 후 교사들이 작성한 소감문과 의견 나누기를 통해 이루어졌다. 교사들에게 제시된 질문은 '나에게 교사학습공동체란?', '교사학습공동체 활동을 통해 얻게 된 점', '교사학습공동체 활동에서 어려웠던 점', '교사학습공동체 활동을 하면서 기억에 남는 것', '앞으로 어떤 방향으로 교사학습공동체 활동을 해 나갈까?' 등이었다. 이 질문에 대한 답변은 교사들 자신의 교사학습공동체 참여에 대한 자기평가이면서 또 교사학습공동체 활동이라는 새로운 시도와 그 운영에 시사하는 바가 적지 않다.

지역화 교과서에 대한 분석과 수업 적용의 문제점, 대안 마련 및 교재 재구성 활동으로 진행된 S초등학교 4학년 교사들의 교사학습공동체 활동은 참가 교사들에게 의미 있는 활동이었으며 여러 변화를 가져왔다. 교사들에게 교사학습공동체란, '나의 수업을 되돌아볼 수 있는 반성의 시간으로서 부족한 부분을 채워 나가는 활동이며 수업 전문성을 신장할 수 있는 계기'로 인식하였다. 교사들은 교사학습공동체 활동을 신선하고 도전적인 충격으로 받아들이며, 또한 자신을 반성하며 수업 전문성을 키워 나갈 수 있는 계기로 평가하였다. 이러한 활동에서 가장 주목할 점은 교사학습공동체 활동을 비슷한 환경과 처지에 있는 동학년 교사들이 서로 부족한 부분을 채워 나가는 과정으로 평가한 점이다.

교사학습공동체 활동을 통해 얻게 된 점에 대한 진술은 대부분 동료 교사들과의 협업, 협동의 과정에 초점이 있었다. 교사들은 교사학습공동체 활동을 통해, 다른 동료 교사의 장점을 본받을 수 있는 기회를 가졌으며, 새로운 교육 흐름, 교수법을 공부할 수 있는 계기가 되었다고 했다. 선배 교사의 수업 및 운영 노하우, 새로운 수업 기술, 아이디어를 얻는 계기가 되었고, 수업 반성과 자기계발의 기회가 되었으며 이런 과정에서 성취감을 느끼게 되었다고 했다. 교사들은 이야기 나누기, 수업 노하우 공유 등을 통해 서로 연대감이 형성된 것을 추억하면서 만족해했으며, 앞으로도 지속적으로 수업을 공동 설계하거나, 실제 수업에서 바로 사용할 수 있는 다양한 수업 자료를 개발하면 좋겠다는 아이디어를 냈다.

교사학습공동체 활동에서 어려웠던 점이 무엇이었나에 대한 교사들의 답변을 통해, 학교의 업무와 병행하면서 따로 잠시라도 논의의 시간을 가진다는 것이 현실적으로 얼마나 어려운지를 짐작할 수 있었다. 더구나 교사들은 연구자를 낯선 외부인으로 인식하였는데, 연구자와 함께 구체적인 결과물을 만들어 내야 한다는 부담이 컸던 것

표 2-19 교사학습공동체 활동에 대한 평가

나에게 교사학습공동체란?

- 나의 수업을 되돌아 볼 수 있는 반성의 시간, 부족한 부분을 채워 나가는 활동, 수업 전문성을 신장할 수 있는 계기, 센 충격, 동학년 모임.

교사학습공동체 활동을 통해 얻게 된 점

- 반성의 기회, 다른 동료 교사의 장점을 본받을 수 있는 기회를 가질 수 있어 좋았음.
- 새로운 교육 흐름, 교수법을 공부할 수 있는 계기가 됨.
- 선배 선생님들의 수업 및 운영 노하우 전수, 수업 반성의 기회, 자기계발의 기회.
- 동료 교사 선배님들과의 의견 교류, 수업 tip, 좋은 아이디어, 도와 가며 함께 무엇인가 완성해 가는 성취감.
- 동학년 선생님들과의 의견 교환을 통해 새로운 수업 기술 및 아이디어를 얻게 됨.

교사학습공동체 활동에서 어려웠던 점

- 학교 업무와 병행하며 같은 시간에 모여 활동하기가 어려웠고 시간이 부족하여 부담스러움.
- 전문적인 지식이 부족한 상황에서 일반화할 수업 자료를 만들어 내는 것이 쉽지 않았고 압박감을 느낌.
- 낯선 교수님과의 심리적 유대 형성.
- 초기의 교사학습공동체 활동 방향 설정.

교사학습공동체 활동을 하면서 기억에 남는 것

- 동료 교사의 수업을 보며 분석하고 나의 수업과 비교해 보는 것.
- 선배님들의 수업 및 운영 노하우 전수.
- 혼자가 아니라는 연대감 형성, 어려움을 나눌 수 있었음.
- 공개 수업 준비하면서 여러 선생님들과 협의하며 만들어 갔던 점.
- 수업에 대해 깊이 이야기할 수 있는 기회가 있었던 점.
- 《살기 좋은 충청북도》 지도 시 어려웠던 점에 대해 논의하고, 교수님의 전문적인 조언을 들을 수 있었던 점.

앞으로 어떤 방향으로 교사학습공동체 활동을 해 나갈까?

- 실제 학교 수업에서 활용할 수 있는 다양한 학습 자료 연구 및 개발.
- 구체적인 수업 설계 기술, 교수법, 교육 현장에서 바로 적용시킬 수 있는 수업에 관한 아이디어 발굴.
- 관심 있는 주제를 정해 지속적으로 공동 수업 설계를 해 보고, 학급을 바꾸어 수업해 보며, 아이디어 수정 및 공유하고, 과정을 기록한다면 좋은 배움이 일어날 듯함.
- 내년에도 동학년별 모임으로 이어졌으면 좋겠음.

같다. 연구자는 교사들과의 첫 만남에서 지역화 교과서 지도의 고충을 듣고 이를 개선하는 노력의 과정을 구체적 결과물을 만들어 보자고 제안하였다. 그러나 교사들이 교사학습공동체 활동에서 어려웠던 점을 적은 것을 보면서 연구자가 교사들에게 과도한 부담을 지운 것이 아닌가도 생각해 보게 되었다.

IV. 요약 및 논의

이 연구는 대학과 교육 현장이 함께 운영하는 협력 프로그램의 하나로서, 새로운 방식의 교사 전문성 신장을 위한 실천 사례로부터 초등 사회과 지역화 교육과정 실현의 현실과 문제점, 그 과정에서의 교사들의 경험과 이를 극복하는 일련의 과정을 그린 것이다. 연구 과정에서 교사들의 요구에 따라, 전문가와의 협업이 필요한 교과와 내용을 선정하고, 지속적인 토론과 협업, 성찰을 진행하였다. 이 연구에서는 수업 시간에만 국한하지 않고 교사들이 만들어 가는 수업 전과 수업 후의 반성, 비평에 근거하여 초등 지리 영역에서 다루는 지식과 접근 방법을 살펴보았다.

이 연구는 수업 연구, 수업 실천, 수업 비평, 교사전문성개발체제에 대한 새로운 관점과 지향을 바탕으로 교사의 자기주도적 교수 역량을 강화할 수 있는 구체적인 방법으로 교사학습공동체 활동의 실현 가능성을 가늠할 수 있는 연구로 시도되었다. 이 연구는 향후 대학이나 전문가 집단과 학교 현장과의 협력에 기초한 교사학습공동체 활동의 가능성을 마련하기 위한 것이었다. 연구자는 교사들과 정기적인 만남을 가지면서, 지역화 교과서로 사용되는 《살기 좋은 충청북도》의 교재 분석, 수업에서의 지도 방법, 활용 방법 및 개선점, 나아가 재구성한 교재 개발 등을 시도하였다. 연구를 통해 지역화 학습에 대한 교사학습공동체 활동에서 노정된 어려움과 초등 지리교육 전문성을 고찰하였다.

교사학습공동체 활동 초기에 교사들이 지역화 교재의 지도에 대해 가지는 두려움과 어려움을 파악할 수 있었다. 실제 활동 과정에서 드러난 교사들의 지리 지식은 충분하지 않았으며, 이로 인해 교사들은 수업 시간에 지도할 내용을 구성하는 데 여러모로 고충을 겪고 있었다. 초등 교사가 전 과목 수업을 담당하기 때문에 지리 지식에 대한 전문성을 가지는 것에 한계가 있을 수 있다. 그러나 교사들은 학생의 학습 능력에 대해서는 잘 파악하고 있어 적절한 학습 과제 부과가 가능하였다. 이는 시간적, 공간적 측면에서 학생들과 접촉할 기회가 많은 상황에도 기인한다. 연구자로서는 교사들과의 이야기 속에서 지리 지식 및 기능과 관련된 내용 요소를 교사들이 초등학교 학생들을 대상으로 하는 수업에서 적용하는 것에 한계가 있을 수 있음을 느끼게 되었다. 이에 초등 사회과 지리교육에 대한 교사전문성개발체제 구축이 요구된다 하겠다.

연구자와 교사들이 함께 마련한 대안적 지역화 교재는 이러한 어려움을 해소하는 데 도움이 될 것으로 기대되었고 교사들은 자신들의 성과를 좀 더 확산하여 동일한 고충을 겪고 있을 초등 교사들에게 전파하고자 하였다. 이는 두려움이 자신감으로 변화한 사례로 이해된다.

교사들은 교사학습공동체 운영 과정에서의 소감, 느낌, 소통, 토론, 대안 마련의 일련의 과정을 경험하였다. 교사들에게 교사학습공동체 활동은 용어에서부터 진행 방식 등 모든 면에서 기존의 교사 연수와 다른 낯선 상황이라고 할 수 있다. 그러나 구체적으로 초등학교의 특수한 상황과 사회과의 지역화 학습의 애로점에 대한 진지한 논의와 공동의 대안 마련, 숙의 과정을 통해 수업 설계와 실행 능력을 강화하는 방법을 익히고, 교사들의 자기주도적 수업 개선을 촉진하는 효과가 있었다. 나아가 교사들이 자부심을 가지게 되고, 활동 성과를 확산시키려는 의지를 보이며, 향후 교사학습공동체 활동의 방향을 설정하기도

하였다.

대학과 현장의 협력을 통한 교사전문성개발체제 구축의 과정에서 현장 교사들이 교사학습공동체를 처음 시작할 때의 두려움은 대학의 전문가와의 거듭되는 만남에서 점차 성취감과 만족감으로 변화되었다. 전문가와 함께 교사들이 다루는 지식의 체계를 함께 이야기하면서 평소 일상생활에서도 교과 지식에 관심을 가지며 교실의 수업에서만 지식을 다루지 않는, 생애적 지식 추구의 경험을 하게 된 것이다. 그러나 보다 원활한 교사전문성개발체제 구축을 위해서는 전문가와 현장 교사 간의 심리적 유대 형성이 전제되어야 할 것이다. 연구자가 만났던 교사들도 심리적 유대 형성에 대한 어려움을 토로한 바 있다.

이 연구에서의 짧은 만남은 오래 지속되지 않았다. 연구자와의 만남과 별도로 S초등학교 동학년 교사 모임도 새로운 학년도가 시작되고, 학년 구성원이 바뀌면서 교사학습공동체는 새로운 구성원들과의 두 차례 모임을 끝으로 더 지속되지 않았다. 제도 및 행정에 근거한 공동체의 결말을 넘어서기 위해서는 확고한 교사전문성개발체제의 구축과 구성원들의 열정이 필요함을 느꼈다. 연구자의 경험으로 교사학습공동체를 지속하기가 쉽지 않았고, 활동을 실현하기 위한 동력이 공동체 내부에서 자발적으로 마련되는 데는 다소 한계가 있었으며, 이를 극복하기 위한 논의가 요구된다 하겠다.

초등 교사의 학교 생활은 여러 교과에 대한 수업 준비와 학생들의 지도 등으로 바쁜 일상의 연속이다. 이러한 가운데 동료들과의 교사학습공동체 활동을 진행하는 것이 쉽지는 않았지만, 공동체에 속한 교사들은 앞으로도 다양한 형식의 교사학습공동체 활동을 시도해 볼 수 있다는 가능성을 얻었다. 수업이라는 당면 과제, 지역화 교과서를 가르치는 데 어려움을 가진 교사들이 연구자와 함께 새로운 교과서를 만드는 등의 경험을 한 것으로 이 연구의 의의를 찾고자 한다.

| 참고 문헌 |

강대현(2008). 사회과 지식교수 PCK 분석 연구: 개념과 일반화 교수 PCK를 중심으로. 시민교육연구,
40(2), 한국사회과교육학회, 1~30쪽.

구원회(2011). 수업 전문성 신장을 위한 연수 프로그램 개선에 관한 연구: C교대 교육연구원 직무연수
사례. 교육과정평가연구, 14(3), 한국교육과정평가원, 211~237쪽.

김경은(2010). 사회 수업 전문성 신장을 위한 대학-학교 간 협력 프로그램 개발: C대학교와 S초등학교
사례를 중심으로. 초등교육연구, 23(3), 한국초등교육학회, 45~69쪽.

김남균(2013). 교사학습공동체에서 프로토콜을 적용한 사례와 그 유용성에 대한 연구. 초등교육연구,
26(3), 한국초등교육학회, 1~20쪽.

김대훈(2014). 지리교사들의 교사학습공동체 참여 경험에 대한 근거론적 연구. 대한지리학회지, 49(6),
대한지리학회, 970~984쪽.

김순희(2009). 교사의 반성적 수업실천을 위한 방안 탐색. 한국교원교육연구, 26, 한국교원교육학회,
101~121쪽.

김현숙(2000). 미국 교사교육의 오늘: PDS 교사교육을 중심으로. 사회과교육학연구, 4, 한국사회과교육
연구학회, 186~203쪽.

김혜숙(2003). 교원 '전문성'과 '질'의 개념 및 개선전략 탐색. 교육학연구, 41(2), 한국교육학회,
93~114쪽.

김혜욱(2004). 모둠별 지역조사활동이 아동의 지도이해능력 신장에 미치는 효과: 초등학교 3학년 아동
을 중심으로. 석사학위 논문. 서울교육대학교 교육대학원.

민윤(2003). 사회과 역사수업에서 초등 교사의 교수내용지식에 대한 이해. 박사학위 논문. 한국교원대학
교 대학원.

박영희(2011). 초등 수학 수업 전문성 신장을 위한 대학과 초등학교의 학습공동체 사례 연구. 한국수학
교육학회지 시리즈 E – 수학교육 논문집, 25(1), 한국수학교육학회, 47~61쪽.

서경혜(2005). 반성과 실천 : 교사의 전문성 개발에 대한 소고. 교육과정연구, 23(2), 한국교육과정학회,
285~310쪽.

서근원 편저(2009). 수업 이해하기 – 자기주도적 수업 전문가 양성 기초 과정 직무 연수 자료집. 청주교
육대학교 교육연구원.

설규주(2009). 초등 사회과 수업에 나타난 내용교수지식(PCK) 분석 연구. 사회과교육, 48(2), 한국사회
과교육연구학회, 29~51쪽.
    (2012). 초임교사의 사회과 수업에서 나타나는 수업 전문성의 변화와 한계를 고려한 컨설팅의 방
    향. 사회과교육, 51(1), 한국사회과교육연구학회, 65~89쪽.

손병노(1998). 사회과 교사의 전문성 탐색: 교수 내용 지식의 관점. 사회과교육학연구, 2, 한국사회과교
육연구회, 110~127쪽.

송언근(2009). 지리하기와 지리교육. 서울: 교육과학사.

심영택(2012). 교사학습공동체(PLC)의 운영 방안 모색: 개별 단위 학교를 중심으로. 한국열린교육학
회, 한국협동학습연구회, 청주교대교육연구원 공동 주관 학술대회 자료집, 한국열린교육학회,
211~222쪽.

윤옥경(2007). 지역화 교과서 분석을 통한 지역 학습 내용 구성 방안: 〈사회과탐구 서울의 생활〉을 중심
으로. 한국지역지리학회지, 13(2), 한국지역지리학회, 220~233쪽.

이기복(2011). 사회과교사 전문성으로서의 교수내용지식(PCK) 형성·강화와 교육대학원 교육과정. 사회과교육, 50(4), 한국사회과교육연구학회, 17~32쪽.

정민희(2013). 초등 교사들의 사회과 관련 PLC 참여경험의 의미 연구. 석사학위 논문. 한국교원대학교 대학원.

최승현, 강대현, 곽영순, 장경숙(2008). 교과별 내용교수지식(PCK) 연구. 한국교육과정평가원 연구보고 RRI.

최진영, 송경호(2006). 교사학습공동체 수준에 따른 사회과 교수: 학습활동에 대한 연구. 초등교육연구, 19(2), 한국초등교육학회, 217~239쪽.

Milner, A. & Jewson, T.(2010). Using the school locality. In Scoffham, S.(Eds.), *Primary Geography Handbook*, Sheffield: Geographical Association, pp. 180-193.

'C교육대학교와 부설 초등학교 간의 영어 교과 전문교사학습공동체 활동'의 실제와 의미

이현명

I. 서론

본 연구는 영어 교과 학습공동체에 참여하고 있는 교사들이 느끼는 대학과 부설 초등학교가 협력을 할 때 발생하게 될 갈등을 합리적으로 해결하고 교과의 전문적 역량을 대화와 소통을 통해서 확장시킬 수 있는 가능성을 탐색하고자 한다.

연구 문제는 아래와 같다.

첫째, 교육대학교와 부설 초등학교가 파트너십을 구축할 때 발생할 수 있는 갈등과 오해 요인은 무엇이고 이것을 합리적으로 해결하기 위해 필요한 대학 연구자들의 노력은 무엇인가?

둘째, 교사학습공동체 활동에 참여하는 구성원들이 경험을 통해서 축척한 실천 지식practical knowledge을 공유함으로 영어 교과에 필요한 지식과 역량을 확장할 수 있는가?

셋째, 교사학습공동체 활동을 통해 나타난 갈등과 오해는 어떤 방식으로 해결하고 있으며 다른 구성원들과 다양한 방식의 상호 작용을 통해 배운 것은 무엇인가?

II. 학습공동체 구성원과 연구 방법

1. 학습공동체 구성원

2011년 C교육대학교와 부설 초등학교는 '교사의 자기주도적 교수 역량 강화 및 확산을 위한 PDS(전문성개발체제)구축 연구'의 일환으로 교사학습공동체를 구성하여 운영하였다. 그중 영어 교과 교사학습공동체는 C교육대학교 교육연구원에 연구원으로 활동 중인 영어 교과 전문가 1명과 부설 초등학교 교사 4명(3학년 영어 교과 전담, 5학년 영어 교과 전담, 6학년 영어 교과 전담, 수석 교사 실과 전담)으로 구성되었다. 영어 교과 학습공동체에 참여하고 있는 부설 초등학교 교사의 특징은 〈표 2-20〉과 같다.

표 2-20 **영어 교과 학습공동체 구성원**

구분	담당 학년	교직 경력	비고
A 교사	3학년	7년	3학년 영어 전담
B 교사	5학년	17년	5학년 영어 전담
C 교사	5학년	19년	수석 교사 실과 전담
D 교사	6학년	21년	6학년 영어 전담

영어 교과 학습공동체에 참여한 각 구성원들의 세부적인 특징은 다음과 같다. 첫째 교과 전문가로 참여한 연구자의 경우 미국에서 영어 교육 박사학위를 받았으며 교사전문성개발학교 프로그램에 참여하였고 현직 교사와 예비 교사들의 전문 역량이 성장할 수 있도록 촉진하는 컨설턴트로 4년간 활동하였다. 현재는 C교육대학교 교육연구원에서 1년째 근무하고 있으며 C교육대학교와 부설 초등학교 간의 협력이 지속되도록 중개자coordinator 역할을 담당하고 있다.

둘째, A 교사는 초등학교 교사로 임용된 지 7년이 되었고 부설 초등학교에서 근무한 지는 2011년 현재 2년이 되었으며 3학년 영어 교과 전담을 담당하고 있다. 그는 교육대학교에서 영어 교과를 심화 전공하였고 현재 충북 지역 초등학교 교사를 대상으로 평가 방법 컨설턴트로 활동 중이다. 활발한 외부 활동과 교과 전문성을 갖추고 있음에도 불구하고 비교적 짧은 경력으로 인해 학습공동체 내에서 자신의 목소리를 내는 데 제약이 많다. 이러한 제약 조건에도 불구하고 교육 실습을 하는 동안 지도 교사로서 대표 수업도 하고 자기가 가르치는 학생들과 활발하게 상호 작용과 교감을 하는 매우 훌륭한 교사다.

셋째, B 교사는 2011년 현재 교직 경력 17년째이고, 부설 초등학교에 부임하여 5학년 영어 교과 전담을 맡고 있다. 교육대학교에서는 국어 교과를 심화 전공하였고 충북에 위치한 한 대학에서 교육행정학 석사과정에 참여하고 있다. 그는 영어 교과 심화 전공자가 아님에도 불구하고 영어 교과 전담을 하게 된 것은 육아 휴직 기간이 길어져서 복직에 대한 상당한 두려움을 느끼게 되었고 이를 극복하는 차원에서 영어 공부를 시작하게 되었기 때문이다. 복직 이후 정부와 각 지역교육청이 제공하는 다양한 영어 교과 직무 연수 프로그램에 참여하였고 부설 초등학교에 오기 전에는 다른 학교에서도 영어 교과 전담을 맡았으며 그 전문성을 인정받아 부설 초등학교 5학년 영어 교과 전담을 맡게 되었다고 한다. B 교사는 A 교사와 마찬가지로 경력이 상당함에도 불구하고 부설 초등학교에 부임한 지 얼마 되지 않아서 자기 목소리를 내기가 어렵다는 점을 간접적으로 시사했다.

넷째, C 교사는 교직 경력 19년 차로 부설 초등학교에 부임한 지 2년이 되었으며 현재 수석 교사로 실과 전담을 하고 있다. 그는 교육대학교에서 실과 심화 전공을 하였으며, 수석 교사로 실과 컨설팅 요원으로 지역 학교에서 활동을 하고 있다. 그가 영어 교과 전담이 아님에도 불구하고 영어 교과 학습공동체에 참여하게 된 데는 실과 학습공동체가 운영되지 않은 것이 가장 큰 이유로 작용했다. 특히 영어 수업에 대해 그는 매우 전통적인 방식을 선호하였고 본인이 담당하는 학생에게도 전통적인 방식으로 영어 학습 지도를 하고 있는 것으로 보인다.

마지막으로 D 교사는 4명의 교사 중에서 교직 경력이 가장 오래되었고, 부설 초등학교에서 근무한 지도 2011년 현재 6년이 되었으며 6학년 영어 교과 전담을 하고 있다. 교육대학교에서는 미술 교과를 심화 전공을 했고, 교육 실습, 예비 교사 교육, 학습 부진아 지도에도 상당히 관심이 많았다. 특히 영어 학습 부진 원인으로 학생의 사회문화적, 사회경제적 편차가 학력 격차를 해소하는 데 걸림돌이 되고 있다는 점을 인식하고 개인적인 연구를 통해서 학습 부진을 극복하려고 다양한 노력을 기울이고 있다. 특히 자신의 경험과 연구를 바탕으로 학습 부진, 생활 지도, 수업에 대한 노하우가 상당히 많이 축적되었으며 이를 기반으로 하여 학습공동체에서 동료 교사들에게 실천적 지식을 공유하려는 적극성을 보였다.

2. 연구 방법과 절차

(1) 연구 방법

본 연구는 질적인 연구 방법인 해석학적 현상학hermeneutic phenomenology

을 활용하여 C교육대학교 부설 초등학교에서 운영하고 있는 영어 교과 학습공동체에 참여한 교사들을 대상으로 학습공동체 내에서 이루어지는 다양한 경험과 그 의미를 심도 있게 성찰하기 위한 것이다(Gadamer, 1975). Husserl(1970)과 Schutz & Luckmann(1973)은 경험을 생활세계life-world에서 일어나는 사건 또는 현상이라고 정의하고 있다. 즉 해석학적 현상학에서는 생활세계에서 일어나는 현상을 좀 더 깊이 있게 할 수 있도록 우선 상황과 맥락에 맞게 개념화하고, 분류하며, 성찰할 수 있게 해 준다(Van Manen, 1990). 특히 그 속에서 일어나는 현상이 품고 있는 중요한 의미를 읽어 내는 일보다 현상, 사건, 혹은 사물들이 가리키고 있는 대상 자체가 명확하게 외부로 표출되어야 한다고 보고 있다. 이처럼 해석학적 현상학은 현장 자체를 명확하게 기술하고 그 속에서 핵심적인 의미를 찾아가는 과정임을 알 수 있다.

해석학적 현상학이 연구 방법으로서 의미를 가지려면 우선 연구자가 참여하고 있는 생활세계의 범주를 정해야 한다(Dilthey, 1985). 이 연구에서 생활세계 범주는 2가지 차원이다. 첫째, 대학과 단위 학교 간의 파트너십의 구성이다. 파트너십 구성에서 가장 주목해야 할 지점은 두 집단 간의 호혜적인 협력 관계 형성과 활동이다. 둘째, 두 집단의 구성원이 공동으로 정한 목표를 달성하기 위한 실험적 혹은 실천적 활동이다. 이러한 실천적 활동의 장을 교사학습공동체라 칭한다.

이런 관점에서 대학과 단위 학교 간 파트너십 구축과 관련된 경우 잠재적으로 발생할 가능성이 있는 갈등 요소를 드러내고 해결 방안을 도출할 수 있도록 했다. 또 영어 교과 특성 때문에 나타날 수 있는 다양한 문제에 대해 서로가 생각하는 문제점을 공유하고, 구성원 각각이 시도하는 방법을 공유함으로써 서로에게 배울 수 있는 기회로 활용될 수 있는지 확인하려는 의도가 포함되어 있다. 특히 이 연구에서 영어 학습 부진, 학생 참여 유도, 교육과정 개편과 관련된 학습공동체

활동과 연결 지어 경험을 통한 교사의 성장과 전문성 신장의 의미를
찾고자 하였다.

(2) 연구 절차

연구 절차는 교사학습공동체 구성, 조직 및 계획, 운영에 터하여 자
료 수집과 자료 분석을 하는 방식으로 진행하였다.

1) 교사학습공동체 구성, 조직과 계획 및 운영

먼저 교사학습공동체 구성에 대해 살펴보면 본 연구는 교사의 전문
성을 신장할 목적으로 2012년 2월에 시작되었다. C교육대학교 부설
초등학교는 일반 학교 체계와 달리 학년별 모임보다는 교과별 모임을
선호하는 것으로 나타났다. 이에 따라 교과를 중심으로 학습공동체를
구성하였다. 교과별 학습공동체는 '교사의 자기주도적 교수 역량 강화
및 확산'을 목표로 5개 교과(국어, 영어, 수학, 사회, 과학)를 중심으로 구
성했다.

특히 2011년 2월 22일에는 교사학습공동체 활동 경험이 없는 부설
초등학교 교사들에게 교사학습공동체 조직과 운영과 관련한 경험적
지식을 나눌 수 있도록 S초등학교 교사들과 'PDS에 대한 이해와 교사
학습공동체 조직 운영'이라는 주제로 실험적 워크숍을 가졌다. 실험적
워크숍을 통해 부설 초등학교 교사들은 다양한 종류의 교사학습공동
체 사례와 운영 계획 사례와 운영 계획 등에 대해서 들을 수 있었다.
이를 통하여 부설 초등학교 교사들은 교과별 학습공동체 구성원들과
다양한 아이디어 및 의견 교류를 통해 앞으로 진행하게 될 교사학습
공동체 활동의 계획을 세울 수 있었다.

그리고 2011년 3월 18일에는 실험적 워크숍에서 충분히 논의되지
않았거나 보충이 필요한 부분을 감안하여 교사전문성개발학교의 개
념적 이해를 확장하기 위한 오리엔테이션을 개최했다. 오리엔테이션은

표 2-21 **영어 교과 학습공동체 주요 활동 내용**

일시	주요 활동	활동 내용
3월 18일	교사학습공동체 조직과 운영 방향	- 교사전문성개발학교 비전과 목표(전체) - 공동체 구성원과 만남 및 요구 조사(분과별)
4월 14일	영어 학습 부진 대안 탐색	- 영어 학습 부진 - 사례 나누기
4월 21일	원어민과의 협력 수업	- 팀티칭 - 사례 나누기
6월 2일	영어 교과 학습 동기 부여	- 학습 참여 유도 방법 - 사례 나누기
6월 16일	교육과정 개편	- 개정 교육과정 - 교육 실습의 문제점 - 대안 탐색
6월 23일	영어 교과 학습공동체 활동 성찰과 2학기 계획	- 1학기 활동 성찰 - 2학기 활동 계획

원래 의도와 다르게 오히려 교사학습공동체에 대한 개념적 오해와 갈등의 단초로 작용했다.

오리엔테이션에서 나타난 오해와 갈등을 해결하기 위한 방편으로 영어 교과 학습공동체도 3월 18일에 첫 모임을 시작하여 6월 23일까지 총 6회 모임을 가졌다. 각 모임 시간도 최소 1시간 30분에서 최대 3시간에 걸쳐 진행되었다. 모임의 주제는 첫 모임에서 모두 정하지 않고 모임을 가질 때마다 새롭게 정했다. 〈표 2-21〉은 교사학습공동체 활동을 진행하는 동안 주로 논의된 주제를 간략하게 정리한 것이다.

2011년 3월 18일 첫 모임 주제는 대학과 단위 학교 간 파트너십 구축과 관련하여 교사전문성개발학교의 이해, 운영 전략으로 교사학습공동체 조직과 운영 방향을 정하는 데 대부분의 시간을 보냈다.

2차 모임은 주로 영어 교과를 지도하는 초등 교사들이 가장 많이 고민하고 있는 영어 학습 부진 문제와 그것을 해결하기 위한 대안 탐색 과정으로 요약된다. 영어 학습 부진 문제에 대해서 진단하는 이론에 대해 탐색하는 과정과 그것을 토대로 각 구성원들이 영어 교실에서 부딪혔던 문제의 해결 방안에 대해 논의했다.

3차 모임에서는 예비 교사의 교육 실습 기간과 겹쳐, 예비 교사들의 현장 적응성을 높일 수 있는 수단인 원어민과의 협력 수업의 잠재력과 가능성을 검토했고, 실제 사례를 선정하여 현장에서 자신의 수업 개선에 도움이 되는 방향으로 조정하려는 시도를 했다. 또 2차 모임에서 소홀하게 다루어졌던 영어 수업에서의 모국어 사용의 중요성과 사용의 적절한 시점에 대한 좀 더 심도 있는 이야기를 나누었다.

4차 모임에서는 교육 실습 이후 학습 태도가 산만해진 학생들이 수업에 적극적으로 참여할 수 있도록 어떤 유형의 학습 동기를 부여하는 것이 좋을지에 대한 논의를 하였다.

5차 모임에서는 교육과학기술부의 교육과정 개편, 바람직한 교육 실습 개편 방향과 대안을 탐색했다. 특히 최근 들어 자주 바뀌는 교육과정에 대한 교사들의 인식과 이에 따른 교실의 혼란에 대해 심도 있게 논의했다.

마지막으로 6차 모임에서는 영어 교과 학습공동체 활동을 하면서 배운 것과 앞으로 교사학습공동체를 조직하고 운영할 때 고려해야 할 사항에 대해 자기성찰적 관점에서 논의했고, 2학기 활동 계획을 세웠다.

2) 자료 수집

1~6차 모임으로 이루어진 학습공동체 활동의 전 과정에서 구성원들 사이에 이루어진 대화 내용을 구성원들의 동의를 얻어 녹음했고, 그 내용을 모두 전사했다. 그리고 2회에 걸쳐 이루어진 대학과 학교의 협력을 위한 실무자 간담회와 연구원 구성원들의 3회에 걸친 간담회 내용을 녹음했으며, 그 내용을 모두 전사했다. 또한 교육 실습 기간 동

안 부설 초등학교 영어 교과 전담 교사의 대표 수업 1회, 예비 교사 대표 수업 1회, 교육대학교 대학원생 공개 수업 1회를 참관하고 관찰 내용을 기록했다.

3) 자료 분석

교사학습공동체 활동과 관련해 수집된 자료는 ① 대학과 단위 학교 간 교사전문성개발학교 구축을 할 때 발생하게 되는 갈등과 오해, ② 갈등과 오해에 대한 대학 연구진들 내부의 쟁점, ③ 학습공동체의 실제로 구분하여 분석하였다.

첫째, 대학과 단위 학교 간 교사전문성개발학교 구축을 할 때 발생되는 갈등과 오해에서는 주로 3월 18일 교사전문성개발학교 오리엔테이션에서 다루어진 내용과 그것이 끝난 후에 각 분과별로 가졌던 첫 모임 내용을 주로 분석했다. 구체적인 분석은 부설 초등학교 측 구성원들이 제기했던 문제점과 C교육대학교 연구진의 반응 등이다.

둘째, 갈등과 오해에 대한 대학 연구진들 내부의 쟁점들에서는 주로 이 문제를 해결하기 위해 가졌던 C교육대학교의 대책 회의 내용을 분석했다.

셋째, 영어 교과 학습공동체 활동에 참여하면서 주로 논의된 주제를 중심으로 분석했다. 분석은 교사학습공동체 활동에서 교사들이 가장 많이 고민했던 영어 학습 부진, 학습 참여 유도 및 교육과정 개편을 중심으로 이루어졌다.

마지막으로 학습공동체 활동을 하면서 느낀 점과 경험의 의미를 중심으로 분석했다. 특히 첫 모임에서 발생했던 갈등이 해결되었는지, 활동을 통해 무엇을 배웠는지를 중심으로 분석이 이루어졌다.

III. 영어 교과 학습공동체의 실제와 의미

1. 교사전문성개발학교에 대한 갈등과 오해

Teitel(2003)은 교사전문성개발학교는 역사적으로 대학과 단위 학교 사이에 존재했던 갈등과 오해를 풀기 위해 마련된 장이라는 점을 강조하였다. 이는 대학과 단위 학교 간의 파트너십 구축에 터하여 새로운 협력 문화를 만들어 가기 위한 시도였다. 이와 같은 역사적인 배경을 바탕으로 부설 초등학교 오리엔테이션에서 교사전문성개발학교에 대한 개념을 설명했지만 교사들은 이를 쉽게 받아들이지 못하였다. 다음은 D 교사가 교사전문성개발학교에 대한 설명이 끝난 뒤 현재까지 C교육대학교와 부설 초등학교 간의 관계에 대해 논평한 내용이다.

> "수적으로도 지금 오리엔테이션에 참가하신 교수님들과 우리가 거의 비슷하게 구성되어야지 공동체라고 할 수 있잖아요. 또 교사전문성개발학교에서 주장하듯이 대학과 학교 현장이 동시에 변화를 꾀할 수 있어야지, 지금은 수적으로만 보면 지도하러 온 것처럼 보입니다."
>
> – D 교사, 1차 모임

부설 초등학교 교사 입장에서 보면 지금까지 교육대학교와 부설 초등학교 간의 관계는 존중과 신뢰를 바탕으로 한 수평적인 협력 관계가 아니라 위계질서에 따른 수직적 통제였음을 유추할 수 있다. 그래서 현실에서 일어날 수 없는 상황임에도 불구하고 그는 극단적이고 기계적인 협력 관계를 주장하는 데 이르렀다. 그의 시각에서 보면 협력의 최소한의 요건은 수적인 평등에서 시작되는 것이라 할 수 있다. 또한 역사적인 맥락을 살펴보면 새로운 교육 개혁 운동을 주장했던 Goodlad(1990)에 따르면 교사전문성개발학교의 목적은 대학과 단위 학교의 동시 변화이다. 그러나 D 교사의 말에서도 드러나듯이 부설 초등학교와 교육대학교의 관계 및 교수와 교사의 관계는 관료 조직에서 주로 나타나는 상하 관계라는 것을 알 수 있다.

반면 부설 초등학교 교사들을 설득해야 하는 교육대학교 교수들의 입장에서는 교사전문성개발학교를 도입하게 된 배경에 대한 설명을 하고 있다. 기존의 방식은 주로 대학이 학교에서 일어나는 문제를 고쳐 주려는 의도에서 시작되었다면 새로운 협력 관계에서는 단위 학교가 대학의 문제를 해결하는 데 일조하는 방식이어야 한다는 점이다(Snyder, 1994). 연구자 A는 대학과 단위 학교가 상호 의존적인 관계 mutual interdependence를 회복하기 위해 필요한 구조적인 조건에 대해서 다음과 같이 설명하고 있다.

> "이러한 문제를 해결하기 위해서 우선 인적 구성 방식에 대한 오해를 풀어야 하고 참여의 자율성을 보장하는 것이 좋을 것 같습니다. 그리고 실제로 학습공동체를 운영할 때 규칙을 정하여 연구자가 20분 먼저 이야기하면 다음에 교사가 20분 이야기할 수 있도록 만드는 것도 방안 중에 하나입니다."
>
> - 연구자 A, 1차 모임

그는 기계적인 평등에 기인한 협력은 현실적으로 실현되기 어렵기 때문에 이를 대신할 수 있는 방안을 강구하는 것이 바람직하다는 입장이다. 그가 대안으로 선택한 방안은 참여 방식의 자율성을 보장하는 것이다. 예를 들면 학습공동체 활동을 하는 동안 역할과 지위에 관계없이 공평하게 발언을 할 수 있는 기회를 제공하는 것이 그중에 한 방법이라는 것이다.

그러나 여전히 부설 초등학교 교사의 입장에서는 교육대학교와 부설 초등학교의 관계는 폐쇄적이라는 인식을 버리지 못하고 있었다. 부설 초등학교가 독립된 기관으로서 교육대학교와 동등한 지위를 부여

받지 않는 한 이를 극복하기는 어렵다는 것이다(김용, 2011). 앞으로 진행될 교육대학교와 부설 초등학교의 협력에 대해서 다음과 같은 염려를 가지고 있었다.

"토의나 토론 시간도 없이 일방적으로 교사전문성개발학교를 강의식으로 설명하면 절차상에 문제가 생길 것이라 봅니다. 충분히 시간을 갖고 앞으로 어떻게 진행될 것인지 알려 줘야지, 모든 교사들이 교사전문성개발학교가 무엇인지 개념을 파악하러 온 것은 아니라는 생각이 듭니다."

- D 교사, 1차 모임

만약 교육대학교에서 부설 초등학교 교사를 동등한 파트너로 받아들였다면 일방적으로 전문성개발학교의 개념적 정의를 설명할 것이 아니라 공동의 탐구 과정을 가졌어야 한다는 것이다(Aiken & Day, 2000; Diss, Buckley & Pfau, 1992). 여전히 교육대학교에서는 부설 초등학교 교사들을 동등한 파트너로 인정하고 있지 않기 때문에 지식을 공동으로 생산하는 주체가 아니라 가르쳐야 할 대상으로 보는 것이 아닌가라는 의구심을 가지고 있었다. 이러한 교육대학교의 태도로 인해 부설 초등학교 교사들이 역사적인 맥락에서 경험했던 교육대학에 대한 부정적인 기억들이 강화될 수밖에 없다는 것이다(Britzman, 2003; Giroux, 2001).

이와 같은 부정적인 시각을 가지고 있음에도 불구하고 부설 초등학교 교사들 역시 교육대학교와 관계 개선을 위한 새로운 노력이 필요하다는 점에서는 상당 부분 공감하고 있었다. 다음은 D 교사가 건설적인 협력 관계 회복을 위한 방안을 설명하는 내용이다.

"대학과 학교 간의 대화의 창이 정말 필요하다고 생각합니다. 서로가 대화를 통해서 서로에게 필요한 것이 무엇인지를 확인하고 그 다음에 그 부분에 초점을 맞추고, 공동 목표를 설정해서 간다면 지금과 같은 문제는 일어나지 않을 겁니다."

- D 교사, 1차 모임

새로운 협력 관계를 회복하기 위해서 먼저 새로운 교사 교육의 모델이 필요하고 전문성 개발에 대한 새로운 패러다임이 필요하다 (Darling-Hammond, 1994a; Lieberman & Miller, 1991; Little, 1993; McLaughlin, 1993; Stein, Smith & Silver, 1999). 새로운 교사 교육 모델이 만들어지기 위해서는 대학과 학교 간의 합리적이고 민주적인 의사소통 관계의 회복이 필요하고, 상호 호혜적인 의사소통을 통해서 서로에게 필요한 변화가 무엇인지를 확인하고 그에 맞는 공동의 목표 설정이 이루어져야 한다는 것이다(Clark & Peterson, 1986; DuFour, DuFour & Eaker, 2008). 이것이 이루어졌을 때만이 대학과 학교가 동시 변혁을 할 수 있는 계기가 마련될 수 있는 것이다. 또한 역사적인 맥락이 전승되어 온 부정적인 기억과 상대방에 대한 왜곡된 시간을 바로잡을 수 있는 기회가 생기게 되는 것이다. 연구자 B는 교사전문성개발학교 협력 관계 속에서 교육대학교가 부설 초등학교와 협력을 추진하는 이유에 대해 아래와 같이 설명을 하고 있다.

"교육대학교와 부설 초등학교는 다른 일반 학교와 매우 다른 관계라고 생각합니다. 저희가 협력을 하고자 하는 것은 일반 학교와 다른 색깔의 협력을 추진하고자 했기 때문입니다. 선생님께서 교사전문성개발학교 프로그램이 컨설팅이 되지 않을까 많이 걱정하시는데 현재는 교과별 모임만 구성되었을 뿐 실제 그 공동체 안에서 무엇을 할 것인지는 아직 정해진 바가 없습니다. 따라서 공동체에 참여하셔서 서로 대화를 나누고 논의를 통해서 앞으로 무엇을 할 것인지 정하시는 것이 좋을 것 같고요. 그 다음에는 학습공동체 이외 다른 프로그램들이 많이 있습니다. 연구 프로그램을 통해서 저희뿐 아니라 외부 전문가를 초청하여 다양한 이야기를 듣는 시간도 마련되어 있습니다."

- 연구자 B, 1차 모임

김용(2011)의 연구에 따르면 교육대학교와 부설 초등학교는 예비 교사 교육을 위해 설립된 특수 목적 교육 기관이다. 연구자 B는 두 기관의 설립 취지를 살리기 위해 혁신적인 개혁이 필요하다는 점을 강조하였다. 혁신적인 개혁의 일환으로 기존의 교사의 전문성 신장을 위한 컨설팅 프로그램을 대신할 수 있는 체제를 도입하고자 했다. 새로운 체제 즉 교사학습공동체는 공동체를 기반으로 하여 서로에게 배우려는 시도이다(DuFour, DuFour & Eaker, 2008). 서로에게 무언가를 배우기 위해선 상호 작용을 통한 대화와 소통이 이루어져야 한다(Vygotsky, 1978). 특히 공동체 내에서 대화와 소통을 통해서 해결할 수 없는 문제는 외부 전문가를 초청하여 다양한 시각과 의견을 듣는 것도 좋은 방법 중에 하나이다.

교사전문성개발학교에 대한 부설 초등학교 교사들의 갈등과 오해를 종합해 보면 첫째 교육대학교와 부설 초등학교 간의 협력이 존중과 신뢰를 바탕으로 형성되지 않았다는 점을 들 수 있다. 이 때문에 부설 초등학교 교사들은 교육대학교와 일종의 종속 관계에 놓여 있다고 생각하는 경향이 뚜렷하게 나타났다. 둘째, 수평적인 협력 관계가 구성되려면 상호 의존적인 관계가 구성되어야 하고 참여하는 구성원들에게 최대한 자율성이 보장되어야 한다. 셋째, 함께 변화를 이끌어 갈 공동의 주체로서 받아들여야 한다. 공동의 주체로 인정하게 됨에 따라서 일방적인 변화를 강요하거나 요구하는 관계가 아니라 동반자로서 서로의 변화를 촉진할 수 있는 가능성이 높아질 수 있기 때문이다. 넷째, 끊임없는 대화와 소통을 통하여 충분히 공감할 수 있는 공동의 목표를 설정하고 지속적인 신뢰 관계를 유지할 수 있도록 공동의 가치와 규범을 설정하는 것이 바람직하다. 다시 말하면 역사적인 맥락에서 부정적인 기억을 강화할 수 있는 가능성을 애초에 없애고 예비 교사 교육 기관으로 설립 취지에 맞게 그들이 좋은 교사가 될 수 있도록 준비하는 과정이 알차게 구성되어야 하고 그것을 위해 교사들의 전문 능력도 충분히 배양할 필요성이 있다.

2. 연구진 내부의 쟁점들

Darling-Hammond(2006)는 교사전문성개발학교의 가장 큰 쟁점은 협력 관계를 구축하고 유지하는 과정에서 나타나는 어려움이라고 지적했다. 특히 협력은 시간이 많이 걸리는 작업이고, 대부분의 학교는 협력을 위한 충분한 자원을 갖추지 못했으며, 각 구성원들의 역할이 명확하게 규정되지 못하고 있는 점을 어려움을 가중시키는 원인으로 보았다(Berry & Catoe, 2005). 전문성개발학교와 관련한 3월 18일 오리엔테이션 자리에서 일어난 사건의 원인을 연구자 C는 아래와 같이 진단하였다.

"협력을 하는 연구진의 입장에서는 그림이 전체적으로 명확하지 않아요. 그리고 비전도 명확하지 않고 로드맵도 명확하지 않은데 우리 연구진 각자가 해야 할 일이 무엇인지 모르는데 뭔가를 계속 요구한다는 느낌이 들어요. (……) 그리고 교사들과의 첫 만남부터 수업에 관련된 이야기를 바로 하게 되면 교사들이 굉장한 부담을 느낄 수밖에 없어요. 그래서 먼저 부설 초등학교 선생님들이 뭘 원하는지를 파악하고 그 방향으로 진행하는 것이 좋을 것 같아요."

— 연구자 C, 오리엔테이션 관련 후속 회의

부설 초등학교 교사들이 전문성개발학교를 통한 협력 체계 구성에 대해 오해를 갖게 된 근본적인 원인으로 연구원 내부에서조차도 자신들의 역할에 대한 명확한 입장을 가지지 못한 점을 들었다. 역할이 명확하게 정해지지 않았기 때문에 앞으로 추진될 협력에 필요한 확실한 계획을 구안할 수 없었고 부설 초등학교 교사들의 요구를 탄력적으로 수용하기 어렵게 만든 것으로 보았다. 특히 역사적으로 대립과 갈등 관계의 구도가 형성되어 있음에도 불구하고 갑자기 새로운 것을 시도한다고 했을 때 진정성의 문제가 나타날 수 있는 점도 간과해서는 안 된다고 보았다(Beach & Myers, 2001). 따라서 부설 초등학교 교사들이 진정성을 가지고 활동에 참여하기 위해서는 교사들의 요구를 최대한 반영될 수 있는 방안을 우선적으로 고려해야 한다는 것이다. 대학 연구자와 교사 간의 진정성을 회복하기 위한 방편의 하나로 연구자 A는 아래와 같은 내용을 제시하였다.

> "제 개인적인 입장으로는 제가 먼저 수업 공개를 하고 제가 고민하고 있는 것들을 선생님들과 나누고 타당성이 있다고 생각하면 합의가 이루어지는 것이고, 서로가 합의를 이루기 위해서 제가 먼저 노력한 것이고, 저와 협력하거나 할 예정인 선생님들도 그 부분이 타당하면 받아들이고 의미가 있다면 본인의 수업에 적용도 할 것이라고 봅니다."
>
> - 연구자 A, 오리엔테이션 관련 후속 회의

일반적인 시각에서 대학 연구자들은 초등학교 교사들이 하는 수업을 참여 관찰하는 방식 위주였다(Giroux et al., 1988; Schön, 1983). 연구자 A는 이와 같은 상식적인 방식을 뛰어넘는 새로운 방식이 시도되어야만 교사들이 대학 연구자들의 진정성을 신뢰할 수 있을 것으로 믿었다. 따라서 자신의 수업을 교사들에게 공개할 용의를 밝히며 자신의 수업에 대한 평가와 비평을 할 수 있는 가능성을 열어 놓고자 하였다(Freire, 1998; 이혁규, 2008; 사토 마나부, 2001).

반면 연구자 D는 연구자 C의 현재 상황에 대한 진단과 연구자 A의 협력에 필요한 진정성 회복 방안보다 더 구체적인 부분을 고려해야 한다는 입장이다. 그가 제기하는 것은 매일매일 일어날 가능성이 있는 문제를 해결하는 차원을 넘어서 이와 같은 원인이 발생하게 된 근원을 찾아야 한다는 관점이다(Gordon, 2004). 이를 위해서 사회, 문화, 역사적인 맥락을 숙고해 볼 필요성을 아래와 같이 제시하고 있다.

"지금 우리가 가지고 있는 접근 방식으로는 근본적인 문제를 해결하기 어렵다고 생각해요. 그래서 부설 초등학교가 가지고 있는 특징이 있다면 그 문화적인 특징을 살릴 수 있는 방안을 생각해 볼 필요가 있을 것 같고요. 또 한 가지는 지금까지 논의 내용들이 서로 공유되지 않아서 생긴 것 같아요. 또한 전체가 공유할 수 있는 큰 틀을 연구원 차원에서 만들고 그것을 가지고 설득한다면 좋지 않을까요?"

― 연구자 D, 오리엔테이션 관련 후속 회의

그에 따르면 지금까지 대학 연구진들에 제시한 다양한 방안들만으로 근본적인 문제를 해결하는 데는 한계가 있다. 그는 우선적으로 부설 초등학교만이 가지고 있는 학교의 전통에 대해 확인하고 그 다음 순서로 부설 초등학교의 문화적인 독특성을 살릴 수 있는 방안을 고려해야 한다는 점을 지적하고 있다. 예를 들면 부설 초등학교는 일반 학교와는 달리 예비 교사들의 교육 실습을 담당해 왔다. 따라서 교육 실습에서 예비 교사들의 현장 적응성 강화를 위한 방안 마련을 주제로 협력 체계를 구성한다면 지금보다는 진전이 될 수 있을 것으로 보인다. 특히 부설 초등학교 교사들이 제기했던 대화와 소통의 관점에서 서로의 생각과 아이디어를 공유하게 되면 많은 문제들이 해결될 가능성이 생기게 마련이다. 그리고 이를 토대로 협력의 필요성을 설명하고 설득한다면 협력 문화가 형성될 수 있을 뿐 아니라 실질적인 협력이 이루어질 가능성도 높아질 수 있을 것이다.

이를 위해 선행되어야 할 것은 첫째, 문제에 대한 명확한 진단이 있어야 하고 각 구성원의 역할이 명확하게 정해져야 한다. 공평하게 역할 분담이 이루어짐에 따라 구체적인 실행 계획의 구안의 가능성도 높아질 수 있기 때문이다. 둘째, 부설 초등학교 교사들이 대학의 연구진들을 신뢰할 수 있도록 먼저 진정성을 보여야 한다. 예를 들면 기존에는 전혀 이루어지지 않았던, 부설 초등학교 교사들을 대상으로 자기 수업을 공개하는 파격적인 시도가 필요하다. 이를 통해 서로에 대한 존중과 신뢰의 폭을 넓힐 수 있게 된다. 마지막으로 서로의 연관성 안에서 협력을 추진하는 것이 바람직하다. 예를 들면 교육 실습은 상시적으로 교육대학과 부설 초등학교가 해야 할 중요한 행사 중에 하나이다. 이를 단순한 통과 의례로 생각하는 것이 아니라 협력의 새로운 기반으로 받아들임으로써 변화를 위한 초석을 다질 수 있게 되는 것이다.

3. 교사학습공동체의 실제

Barron & Darling-Hammond(2008)는 교사학습공동체의 중추적인 역할은 지식과 맥락을 연결 지어 교사의 전문성을 증진시키는 일이라고 주장했다. 말하자면 전문성 신장이란 새로운 협력 관계-PDS의 개념적 이해를 돕기 위한 노력과 학교나 교실에서 교사가 변화를 실제로 실천하거나 변화를 실천할 수 있도록 공동으로 아이디어를 구성하고 계획하는 데 있었다.

그러나 이러한 노력에도 불구하고 교사학습공동체에 참여하는 대부분의 교사들은 교사전문성개발학교와 컨설팅의 차이를 인정하는 쪽으로 태도를 변화하는 게 감지되지 않았다. 다른 교과 학습공동체와 마찬가지로 영어 교과 학습공동체에 참여하는 교사들 역시 적극적으로 활동에 참여하려는 의지는 찾아보기 힘들었다.

이러한 거부 반응에도 불구하고 대학 연구자를 존중하는 의미에서 여러 차례 영어 교과 학습공동체 활동에 참여하면서 교사들은 새로운 호기심, 관심, 고민 등을 털어놓기 시작했고 그 속에서 다양한 해결책을 도출하려는 시도도 있었다. 그 과정에서 자신들이 가지고 있는 문제와 이를 해결하기 위한 전략을 찾으려 했다(Barrows, 1996; Hmelo-Silver, 2004). 문제를 정의하는 과정에서 학습 부진, 학습 참여 유도, 교육과정 개편 등 3가지 핵심 쟁점들이 드러났다. 다음은 영어 교과에서 나타난 3가지 핵심 쟁점에 대해 교사들이 문제 해결과 임상적 실천 과정을 경험한 내용이다.

(1) 영어 학습 부진

교사들이 영어 교과에서 고민을 가장 많이 하는 부분이 학습 부진이다. 물론 다른 교과도 학습 부진을 보이는 학생들이 많지만 영어 학습 부진은 시간이 지날수록 그 편차를 극복하기 상당히 어렵다. 영어 학습 부진을 고민하는 교사들은 영어라는 교과 특성을 고려한 학습 부진에 대한 정의를 알아보고자 하였다. 문제에 대한 정의를 토대로 문제를 해결하거나 혹은 자신만의 문제 해결 방안에 대해서 다음과 같이 의견을 표출하였다(Thomas, 2000).

D 교사 영어 학습 부진과 관련한 논문에서는 영어 학습 부진에 대한 정의를 어떻게 내렸어요?

연구자 학습 부진underachiever라고 언급하였습니다. 물론 학습 부진의 요인은 사회경제적 요인, 심리학적 요인 등으로 구분하고 있습니다.

D 교사 학습 부진을 유형별로 분류했다고 했는데 그 원인 분석을 지금 제시하신 근거에 따라서 다양하게 했나요?

C 교사 이 논문을 쓴 사람이 실제 연구를 수행했던 아동들에서 나타난 것인지, 아니면 배경 지식을 바탕으로 한 것인지…….

연구자 실제 아동들을 대상으로 연구가 진행되었고요. 한 반만을 대상으로 한 것이 아니라 전체 학생을 대상으로 진행했습니다.

D 교사 좋은 방법이긴 한 것 같은데 현실적으로 와닿는 방법은 아니네요. 지금 말씀하신 파닉스나 과업 중심 수업, 활동형 수업은 영어 학습 또는 영어 지도법이지 부진아를 위한 방법은 아닌 것 같아요.

D 교사는 영어 학습 부진과 관련된 논문에서 학습 부진을 어떻게 정의하고 있는지 물었다. 이에 대해 영어 교과 학습공동체 촉진자로 참여하고 있는 대학 연구자는 논문에서는 학습 부진underachiever으로 정의하고 있다고 설명하였다. 또 C 교사는 학습 부진에 대한 유형별 대처법과 그것이 실제 현장에 도움이 될 수 있는지를 알아보기 위한 질문을 하기도 하였다. 그리고 연구자는 그 질문에 대해 논문에 제시된 학습 부진 해결을 위한 전략과 기법에 대해 소개했고 이에 대한 반응으로 D 교사는 즉각적으로 영어 학습이나 영어 지도에 도움이 되지 않을 것이라는 평가를 내렸다. 다시 말하면 교사들에게 영어 학습 부진과 관련된 학습공동체 활동을 통해 추구하고자 하는 것은 문제에 대한 이해보다 그 문제 자체를 해결하는 것이 우선한다는 점을 발견할 수 있었다. 또 이 해결책이나 전략이 학생의 학습 향상에 도움이 될 수 있어야 한다는 것이다. 교사들이 학습 부진과 관련하여 문제 해결과 전략에 초점을 맞추게 된 이유에 대해 D 교사는 다음과 같이 기술하였다.

D 교사 학습 능력이 우수한 아이들을 얼마나 잘 키워 주느냐, 그 역할이

학교가 담당할 일이라고 보는데, 그런데 이것이 사회적 구조하고도 관계가 있잖아요. 어떤 가정에서 태어난 아이는 그 혜택을 많이 받기 때문에 앞으로 발달할 수 있는 가능성이 크지만 아이들에게 그런 도움을 주고 싶지만 사회경제적으로 그럴 여력이 없는 부모에게서 태어난 아이들은 상대적으로 잘 못하게 되는 거예요.

그는 교육은 궁극적으로 모든 학생들이 우수한 인재로 성장하도록 하는 것을 목적으로 삼고 있다고 보았다. 학교는 학생들이 학습을 잘 하도록 적절한 환경을 제공해야 하며 학생들은 자신들의 미래를 위해서 그 기회를 잘 살려 내야 한다고 믿고 있었다. 하지만 현실에서는 달성하고자 하는 교육의 목표에 도달하기 쉽지 않다는 점도 간과할 수는 없다. Reed(2004)는 학생들 개인의 의지와 상관없이 사회경제적으로 충분한 여력을 갖지 못한 학생들에게는 이 모두가 그림의 떡에 불과할 수도 있다는 점을 강조하였다. 더욱 심각한 것은 부모의 사회경제적 격차로 인해 아이가 학습 부진을 겪게 되거나 사회적으로 소외될 가능성이 높다는 데 있다(Giroux et al., 1988; Giroux, 2001). 따라서 학습 격차와 교육 소외를 해결하기 위해서는 교사 스스로의 의지와 외부 기관의 적극적인 도움이 절실히 필요하다. D 교사는 이와 같은 문제를 해결할 수 있는 방법을 다음과 같이 제시하였다.

D 교사 집에서는 전혀 안 되는 거예요. 그럼 결국 학교에서 이 문제를 해결해야 하는데 저는 아이들을 남겨서 보충 학습을 시켜요. (……) 영어 학습 부진 문제는 교사가 신경을 많이 쓰면 쓸수록 효과가 분명이 있어요. 고전적인 방법이기는 하지만 먼저 한글로 발음을 적게 하고 그것을 반복적으로 읽게 하면 부진한 아이들의 경우도 효과가 있더라고요.

C 교사 그게 구제할 수 있는 방법이에요.

B 교사 작년에 우리 반 아이들에게 아침 자습 시간에 단어 다섯 개, 중요한 표현 세 개, 매일매일 시험 봤어요. 그러니까 일 년 후에는 아이들의 성적이 쑥쑥 올라가더라고요.

D 교사를 포함한 대부분의 교사들은 해결 방법을 보충 학습에서 찾고 있었다. 방과 후 충분한 학습 지도를 받을 기회가 없는 학생들에게 가장 적절한 전략이라고 평가했다. B 교사는 보충 학습을 통해 효과적으로 학습 부진의 문제를 해결했던 예를 제시하였다. 하지만 교사들이 주로 사용하고 있는 방법은 행동주의에 따른 암기 위주의 전략이었다. 이와 같은 전략이 일시적으로 효과를 발휘할 수 있을지 몰라도 모든 학생들이 겪고 있는 영어 학습 부진 문제를 해결해 주기는 어려울 것으로 보인다. 왜냐하면 영어 학습 부진의 그 종류와 유형이 매우 다양하기 때문이다. 더불어 이와 같은 방식은 관리가 중요한데 실제로 다른 반 학생을 관리하는 것은 쉽지 않다. 다음은 다른 반 학생들의 학습 부진을 관리해야 하는 교과 전담 교사로서 고민이다.

B 교사 우리 학급은 가능한데, 옆 반은…….

D 교사 우리 반 아이들은 신경을 쓰기가 쉬운데, 옆 반 아이들은 따로 남겨서 시키기도 어렵고, 나도 바쁘니까 약속을 지킬 수가 없어요. 매일매일 잘하고 있는지 체크를 해야 하는데, 시도는 했는데 잘 안 되더라고요. 그래서 저녁에는 시간을 맞추기가 어려우니까 아침에 검사를 하고, 반복적으로 쓰게 하니까 스스로 외우는 방법을 터득하는 아이가 생기더라고요.

영어 교과 전담을 하고 있는 B 교사와 D 교사는 다른 반 학생들의 영어 학습 부진에 대한 관리를 어떻게 할지에 대해 심각하게 고민하고 있었다. 자신이 담임을 맡고 있는 학생들의 경우 상시적으로 관리를 할 수 있지만 다른 반의 경우 그 반 담임 교사의 관리 스타일도 고려해야 하고 사전에 협의 과정을 통해 합의에 도달할 수 있어야 하기 때문이다. 일반적인 제약은 자신이 관리하는 반의 학생들과는 달리 등·하교 시간에 차이가 있고 남겨서 보충 학습을 하기 어려우며 다행히 보충 학습을 위한 과제를 부과할 수 있다고 하여도 일일이 점검하기 어렵다는 점이다.

따라서 영어 교과 학습공동체에 참여하는 교사들이 영어 학습 부진 문제를 해결하기 위해서는 먼저 문제에 대한 정의를 명확히 할 수 있어야 한다. 정확한 문제 진단을 통해 다양한 유형의 문제 해결 전략과 기법 활용을 찾을 가능성이 높아지기 때문이다. 다음으로 영어 학습 부진의 근본적인 원인에 대한 심도 깊은 논의가 필요하다. 학습 부진은 학생 개인의 노력과 의지를 넘어서는 문제를 안고 있기 때문이다. 여기서 구체적으로 드러난 원인은 부모의 사회경제적인 역량의 차이에 따라서 영어 학습 부진이 발생할 수도 있다는 것이다. 학생들이 지속적으로 학습을 할 수 있도록 하기 위해 이와 같은 구조적인 여건의 개선이 필요하고 각 교사들이 활용하고 있는 해결책들을 공유할 필요성도 제기된다. 그리고 공동으로 그런 문제를 직면하고 있는 교사들끼리 모여 그 문제를 해결할 수 있는 방안을 찾는 것도 한 방편이다.

(2) 학습 참여 유도

Bransford, Brown & Cocking(1999)에 따르면 교사들은 경험을 통해서 습득한 사전 지식과 새로운 지식을 결합할 수 있어야 하고 자신이 했던 학습 경험을 모니터하고 반성할 수 있어야 한다. 특히 학생들이 수업에 참여하는 동안 적절한 동기 부여를 통해 적극적으로 수업에 참여할 수 있도록 유도하는 것이 필요하다. Guthrie & Wigfield(2000)는 정신적인 참여mindful engagement를 강조하였다. 새로운 지식을 기존의 지식의 구조와 통합하는 것이다.

학생의 학습 참여 유도라는 측면에서 부설 초등학교의 연례행사 중 가장 큰 교육 실습 이후 상당수의 학생들이 무기력해지고 적극적으로 학습에 참여하지 않는 경우를 보게 된다. 영어 교과 학습공동체에 참여하는 교사들은 다른 교과와 달리 영어 교과에서 학습 분위기를 회복하고 학생들의 참여를 유도하는 것이 중요한 과제였다. D 교사와 C 교사는 교육 실습 이후 생활 지도 문제의 심각성을 다음과 같이 드러내고 있다.

D 교사 원래 교육 실습 하고 나면 생활 지도고 뭐고 다 같이 아이들이 흐트러져서. 학습 분위기를 원래대로 돌려놓으면 방학해요.

C 교사 그런데 이것은 있잖아요. 아이들과 같이 노래를 부르자고 해 보세요. 처음에는 노래를 부르지 않죠. 그런데 한 명씩 다 돌아가면서 노래 부르라고 하면 그때는 다 부르기 시작해요. 이런 상황을 보면 아이들이 의욕 상실이라는 걸 알 수 있게 되는 거죠.

교육 실습은 대부분 4월 중순에 시작하여 5월 중순에 끝난다. D 교사에 따르면 5월 중순 교육 실습이 끝나고 학생들이 원래 3월 초에 갖고 있었던 학습 태도를 회복하려면 방학을 한다고 할 만큼 심각한 문제로 인식하고 있었다. D 교사와 마찬가지로 C 교사 역시 자신이 담당하고 있는 학생들에게 노래를 부르게 함으로써 흐트러진 학습 분위기를 감지할 수 있었다고 하였다. 미래의 교사를 교육하는 데 자부심을 느끼기도 하지만 실제로 학생을 가르쳐야 하는 교사의 입장에서 학생들이 무기력에 빠지는 것에 대해 안타까움을 나타내기도 했다. 학생들이 정신적인 참여를 하게 만들기 위해서는 학습 분위기가 흐트러지는 원인을 진단하는 것이 우선되어야 한다. D 교사는 그 원인에 대한 진단과 해결 방법을 다음과 같이 제시하였다.

D 교사 교육 실습을 나오게 되면 아이들이 일단 선생님들에게 받아 오던 제재보다는 덜하고 교사들 역시 제재하는 것을 좀 자제하는 편이죠. 그 틈을 타서 아이들이 자기가 편한 상태로 되돌아가는 거예요. 그런데 저 같은 경우 부설 초등학교에서 오래 있어서 그런 분위기를 아니까 교육 실습 온 선생님이 계셔도 평소처럼 제가 지도하던 대로 아이들을 지도하려고 해요.

B 교사 선생님, 그럼 6학년 영어 수업 할 때 선생님이 들어가서 교육 실습하러 온 선생님 수업 시간에 참여해서 수업을 보시는 거예요?

D 교사 네, 들어가서 수업 관찰도 하고 아이들의 수업 태도도 보고 그렇죠.

B 교사 그럼 그때마다 필요하면 생활 지도를 해 주시나요?

D 교사 그렇죠. 필요하다고 생각하면 생활 지도를 합니다.

D 교사는 학습 분위기를 해치는 근본적인 원인은 학생에 대한 교사의 통제력의 약화 때문이라고 보았다. 평상시에는 모든 학생들을 적절하게 통제할 수 있지만 교육 실습 기간에는 교사의 통제가 소홀해지기 때문에 아무래도 학습에 집중력이 떨어질 충분한 개연성이 있었다. D 교사는 경험적으로 이러한 문제가 발생한다는 것을 깨닫고 교육 실습 기간이라도 학생들의 학습 태도에 대한 간섭을 하고 있는 것으로 보였다. B 교사는 D 교사의 해결 방법을 알고자 구체적으로 어떻게 적용하고 있는지에 대해서 물었다. 이에 대해 D 교사는 예비 교사가 수업을 진행하는 동안에도 수업 참여·관찰을 통해 학생들이 올바른 수업 태도를 유지하도록 지속적으로 신경 쓰고 있다고 했다. 또 그는 학생들과 교감을 통한 학습에 대한 동기 부여의 필요성을 강조하였다. 동기 부여 방법과 과정은 학년별로 다를 수 있다는 것을 다음과 같이

보여 주고 있다.

A 교사 저 같은 경우는 저학년이다 보니까 아이들이 상대적으로 분위기를 많이 타요. 새로운 선생님에 대한 기대감이 많다 보니 실습이 끝나고 나면 여러 선생님들께서 고민하고 계신 것처럼 아이들이 활발해지긴 하지만 학습 분위기로 전환되는 데 이전보다 많이 걸리는 것이 사실이에요.

B 교사 그래도 저학년 같은 경우는 분위가 흐트러진다고 해도 금방 돌아오잖아요. 그런데 고학년 같은 경우는 쉽게 돌아오지 않아요. 그래서 고학년이 더 힘들죠. 예를 들면 한 아이가 실습을 하기 전에는 아주 수업도 잘 따라오고 그랬는데 실습이 끝나고 나서는 전혀 다른 아이가 되어 있는데 이런 때는 어떻게 해야 하나 난감해요.

D 교사 그런 때 아이를 조용히 불러서 상담하는 것이 좋아요. 물론 교육 실습이 영향을 주는 것이 사실이지만 꼭 그렇다고만 볼 수는 없으니까 다른 문제가 있는지를 확인해서 해결책을 찾아야 해요. 저학년 같은 경우는 분위기를 쉽게 타는 만큼 돌아오는 것도 빠르니까 선생님이 애들한테 좀 더 신경 쓰면 별 문제가 없을 것 같은데…….

저학년을 담당하는 교사는 학생들이 새롭게 바뀐 환경에 민감하게 반응하는 것을 걱정하고 있는 것으로 나타났다. 그래도 저학년은 교사의 노력에 따라서 분위기 반전이 쉽지만 고학년의 경우는 원래 상태로 돌려놓기 어렵다고 주장하였다. 두 교사 모두 구체적인 증거를 제시하지 않고 정황 증거로만 자신의 주장을 강조했지만 가능성이 전혀 없는 것이 아니다. 다만 경험적으로 보았을 때 두 교사의 주장은 어느 정도 타당성이 있는 것으로 보인다. D 교사는 두 교사가 진단하는 문제점에 공감을 하면서도 교사로서 간과해서는 안 될 중요한 문제를 제기하였다. 대체로 교사들은 교육 실습 때문에 학생들의 학습 분위기가 흐트러지거나 혹은 무력감이 커질 것으로 추측할 수도 있지만 이 외에도 다양한 원인에 의해서 문제가 발생할 수 있다는 점을 지적하였다. 따라서 교사들은 개별 학생과 상담 시간을 갖고 그 학생이 겪고 있는 문제들을 확인한 후에 해결책을 찾는 것이 바람직하다고 주장한다 (Gambrell & Morrow, 1996). 올바른 원인 진단을 통해서 드러난 문제에 대해 D 교사는 학생들의 학습 분위기 전환과 참여 유도를 위해서 주로 사용하는 방법을 다음과 같이 제시했다.

D 교사 애들 각자가 잘하는 것이 보일 때 교사는 칭찬을 하는 것이 필요해요. 특히 고학년에서 남자아이들은 쑥스러워서 여자아이들과 거리를 두는데 그럼에도 불구하고 도와주는 경우가 있을 때 특별히 칭찬을 해 주거나 하면 아이들이 수업에 좀 더 적극적으로 참여하게 되거든요. 그리고 상대적으로 학습 능력이 떨어지는 학생들 같은 경우 평소에 칭찬을 받을 기회가 별로 없잖아요. 학생의 능력을 감안해서 등수에 밀린다고 해도 모둠 활동 같은 것에 협조를 잘해 주면 칭찬을 해 주거나 스티커를 주는 거죠.

B 교사 그거 참 좋은 방법이네요.

D 교사 교사의 그런 작은 행동들이 아이들에게 굉장히 크게 영향을 미치게 되고 수업 전체의 흐름을 바꿀 수 있거든요. 그래서 제 생각으로는 많이 아는 것도 중요하지만 아이들을 가르치는 것은 아는 것과 또 다른 것 같아요.

C 교사 모둠 활동을 할 때 도와주는 것이 수업 시간에 굉장히 필요하고 교사는 도움을 준 아이들에게 칭찬을 해 주는 것이 정말 중요하거든요.

D 교사가 제시한 학습 참여를 유도할 수 있는 효과적인 방법 중 하

나가 칭찬이었다. 예를 들면 남학생이 여학생을 배려를 할 경우 매우 구체적인 칭찬을 함으로써 학생들에게 충분히 동기 부여를 할 수 있었다는 것이다. 특히 교사가 관심을 기울여야 할 경우는 칭찬을 받을 기회가 없는 학생들에게 칭찬할 때이다. 따라서 교사는 학생의 능력을 고려하여 그에 적절한 칭찬을 함으로써 학생들이 적극적으로 참여할 수 있게 된다(Goldenberg, 1991).

따라서 학생들의 학습 참여를 유도하려면 학습 분위기가 흐트러지게 되는 원인을 알아보고 그에 적절한 방법을 찾아야 한다. 부설 초등학교의 경우는 대체적으로 학습 분위기를 해치는 가장 큰 원인 중에 하나가 교육 실습이기 때문에 그 점을 감안하여 1년의 학습 계획을 세우는 것이 좋다. 또 교육 실습이 학습 분위기를 해치는 주요 원인이기는 하지만 전부가 여기에서 기인하는 것은 아니다. 따라서 학생들과 집중적인 상담을 통해서 다른 원인을 찾고 그에 맞는 전략과 기법을 활용하여 문제를 해결할 필요가 있다. 또한 학년에 따라 다르게 전략과 기법을 적용할 수 있도록 교사들의 노력이 뒷받침되어야 한다. 그중에서 학생들의 활동 내용에 따라서 구체적인 격려와 칭찬을 수반할 때 그 효과가 높아진다고 한다.

(3) 교육과정 개편

교육과정은 지배 사회를 유지하는 데 필요한 가치와 태도를 재생산하는 데 크게 기여하고 있다(Giroux et al., 1988). 즉 교육과정은 교사의 교수-학습 활동과 학생들이 배우게 될 내용을 통제하고 있다. 우리나라 영어 교육과정은 지배 사회의 문화를 재생산하는 관점에서 설계되었다. 최근 들어 영어 교육과정이 2회에 걸쳐 개편되었고 학교 현장과 교사들은 상당한 혼란을 겪었다. 더불어 영어 교과서도 국정 교과서에서 검인증 교과서로 전환되었고 학교에서 채택한 교과서에 따라 학생들이 배워야 할 내용이 상대적으로 늘어남에 따라서 그에 대해서 어떻게 대처해야 하는지 교사들은 여전히 혼란스러워하고 있었다. 특히 교육과정 개편으로 직접적인 영향을 받는 5~6학년의 경우 시수가 2차시에서 3차시로 늘었다. D 교사는 그 중압감을 다음과 같이 표현했다.

D 교사 저는 지금 초등학교 영어 교과 수준을 높이는 것에 대해서 굉장히 걱정을 많이 하고 있어요. 실질적으로 5~6학년의 영어 시간이 일주일에 2시간에서 3시간으로 늘어남에 따라서 아이들의 영어 교과에 대한 호응도, 선호도가 상당히 줄었거든요.

B 교사 지금 그러니까 완전히 역행하고 있는 거예요. 영어 교과 시수를 늘려서 사교육비를 경감한다고 하는데 제 생각으로는 오히려 사교육을 부추기는 결과를 낳는다고 보고 있어요. 시수가 1시수 늘어남에 따라서 영어가 차지하는 비중이 매우 커지게 되고, 5~6학년 같은 경우 성취도 평가와 맞물려 아이들의 영어 교과에 대한 선호도가 점점 줄어들고 있는 것이 현실이거든요.

Pinar, W.(2004)는 기술적 합리성에 근거하여 현장 교사의 의도와 무관하게 시수가 늘어났고 교과 내용의 지식의 범위가 확대되는 것은 바람직하지 않다고 보았다. D 교사에 따르면 현재 초등학교 5~6학년들은 교육과정 개편이 이루어짐에 따라 영어 수업에 대한 흥미, 선호, 호응도가 매우 낮아졌다. B 교사는 지금까지 어느 정도 정착된 영어 수업 문화가 바뀌어서 교사들뿐만 아니라 학생들도 혼란을 겪게 되었다고 했다. 특히 사교육비 경감 대책으로 내놓은 교육과정 개편은 그 실효성을 충분히 의심하게 만들었다. 오히려 시수 증가로 인해 영어 교과에 대한 비중이 늘어났고 학생과 교사의 부담도 가중된 측면이 있었다. A 교사는 이로 인해 발생한 폐단을 다음과 같이 설명하였다.

A 교사 영어 수업이 즐거워야 하는데 슬슬 시험도 봐야 된다고 하고 시험을 봐야 하니까 단어 시험도 자주 보게 되고 그러니까 싫어지는 거예요. 교과서 내용의 수준이 높아지게 되면 초등학교에서 영어에서 손 떼는 아이들이 점점 늘어날 거고……. 그래서 제 생각인데 초등학교에서는 한두 시간 정도만 즐겁게 배웠으면 좋겠어요.

A 교사는 영어 수업이란 지식을 습득하는 것보다 학생들이 흥미를 갖고 즐겁게 학습 활동에 참여하는 데 의미가 있다고 했다. 그런데 현장에서는 학생들이 배워야 할 분량이 늘어남에 따라 학습에 대한 흥미가 줄어들고 평가에 더 많은 힘을 쏟게 된다. 또한 교과 내용의 난이도가 높아짐에 따라 수업 목표와 수업 방식의 변화가 따르게 될 것을 염려하였다. 또 영어교육의 목표는, 내용을 다루는 것도 중요하지만 학생들이 느낄 수 있어야 한다는 것을 강조하였다(Heider, 1985). 더불어 교육과정 개편이 학교와 교실에 주는 혼란을 최소화하려면 일관성이 있어야 한다고 했다. 일관성 없는 교육과정 개편으로 발생할 수 있는 문제들에 대해서 교사들은 다음과 같이 기술하였다.

B 교사 보세요. 교육과정이 개편된 지가 얼마 지나지도 않았는데 8월에 또 바뀐다고 고시하고 그러죠.

D 교사 지금 교육과정이 적용되기도 전에 새 교육과정이 나온 거예요.

A 교사 그게 전부 2009년에 바뀐 교육과정인데…… 미래형 교육과정으로 들어가는 거예요. 그런데 주 5일제 수업에 대한 문제를 먼저 해결하고 난 후에 개편이 이루어졌으면 좋겠다는 거죠. 주 5일제로 바뀌면 학교 현장은 더 정신이 없어져요.

먼저 B 교사와 D 교사는 최근에 새롭게 개정된 교과별 교육과정에 대한 평가가 내려지기도 전에 또 다른 교과별 교육과정을 도입함으로써 교사들이 엄청난 피로를 느끼고 있음을 토로하였다. A 교사가 가장 염려하는 것은 전체 교육과정 속에 교과별 교육과정이 유기적으로 결합되어 개편이 결정된 것이 아니라 독립적으로 진행되다 보니 문제가 확대된 측면도 무시할 수 없다는 점이다. 구체적으로 주 5일제 시행과 더불어 영어 교과의 수업 시수가 2→3으로 늘어남에 따라 교사와 학생의 부담이 늘어난 것은 사실이다. 교사들은 주 5일제에 대한 논쟁이 완전히 마무리되고 난 후에 영어 시수를 늘리는 문제를 논의했다면 문제가 이렇게 복잡한 양상으로 흐르는 것을 막을 수 있었을 것이라고 주장하였다. 더불어 C 교사는 시수 조정에 따른 문제뿐 아니라 수업 내용에 대한 문제점도 지적하였다.

C 교사 지금 6학년 실과를 아이들에게 가르치다 보면, '애들아 선생님은 솔직한 이야기로 이것을 너희들에게 왜 가르치는지 모르겠다' 그러고, 애들도 '우리도 그래요. 이것을 왜 배워야 하는지 모르겠어요' 해요.

A 교사 아직도 재봉틀 나오지요?

C 교사 재봉틀도 나오고, 회로 연결하는 전기 기판도 나오고, 지금 그 내용을 배워서 가르쳐요. 저는 그 내용이 왜 포함되어 있는지 모르겠어요.

D 교사 평생 살다 보면 그것을 쓸 때가 있을까 싶어서 그러는 것이 아닐까요?

교사들은 때때로 학생들에게 교과 내용을 수업할 때 그 내용이 왜 포함되었는지 설명하기 곤란한 경우가 있다고 한다. 그의 경우 실과를 전담하는 교사로서 시대에 뒤떨어진 지식인 재봉틀 다루는 법을 배우고 있다는 점을 지적하였다. 그는 교육과정이 개편된다는 것은 학교와 수업을 운영하는 체제가 바뀌는 것인데 그러면 당연히 체제를 움직이는 내용도 동시에 바뀌어야 한다는 입장이었다. 그러나 실제 학교 현장에서 시스템이 바뀐다고 하여 그 내용이 바뀌는 경험을 한 사례는 극히 드물다는 점을 유추할 수 있었다. C 교사의 입장과는 달리 D 교사는 비록 시대의 흐름에서 보면 필요 없는 지식으로 볼 수도 있지만 학생들이 살아가는 동안 언젠가는 필요한 지식이기 때문에 포함되었을 수도 있다는 점을 염두에 둔 결과로 보고 있었다. D 교사가 바라보는 교육과정 개편의 올바른 방향은 다음과 같다.

> D 교사 지금 초등학교는 거꾸로 가는 거예요. 제가 6학년을 맡다 보니, 다른 선생님들도 마찬가지겠지만, 주에 2시수를 가르치는 것이 적당하다고 생각해요. 애들도 편안하게 초등학교에서 영어를 즐기고……

그의 관점에서 새로운 교육과정의 도입은 현재 학교와 교사가 직면한 문제를 해결해 주는 것이 아니라 오히려 가중시킬 가능성이 높아질 것으로 보인다. 왜냐하면 흥미 위주의 수업 활동은 내용을 중심으로 바꿀 수밖에 없게 되고 수업 시간에 설사 흥미를 끌어낸다 하여도 그것을 지속적으로 유지하기 어렵다는 점에서 새로운 교육과정의 적용은 바람직하지 않다고 생각하고 있었다. 교육과정을 기획하고, 편성하며, 실행하는 과정에서 주체로서 교육 당국은 학교 현실을 충분히 고려하고, 철학적으로 일관성을 유지할 수 있어야 하며 이것이 학생의 흥미와 학습과 연관되어 있어야 한다.

따라서 교육과정의 개편은 통제의 수단으로 작용해서는 안 되고 미래를 살아갈 학생들에게 필요한 역량을 길러 줄 수 있도록 해야 한다. 또 학교의 상황을 충분히 고려하여 현재 시행하고 있는 교육과정의 장점과 앞으로 시행될 장점 사이에 비교 평가를 실시하여 교육과정 개편에 신중을 기해야 한다. 그 다음으로 일관성 유지의 문제이다. 교육과정 개편이 자주 시행됨으로써 학교와 교사는 혼란에 빠질 가능성이 높고 정부의 교육 정책에 대한 신뢰가 떨어질 가능성이 농후해진다. 이런 점에서 교육과정을 설계하고 시행하는 기관에서 시스템을 바꿀 계획을 세웠다면 그에 맞는 내용도 포함시킬 수 있어야 한다. 이렇게 할 때만이 학교 현장의 혼란을 막고 교사와 학생들의 부담을 줄여 줄 수 있기 때문이다.

4. 교사학습공동체 활동의 의미

교사학습공동체 활동은 교사전문성개발학교를 운영하는 데 핵심적인 역할을 담당한다. Roberts & Pruitt(2008)에 따르면 교사학습공동체 활동의 핵심은 사람들이 전문 역량을 지속적으로 개발하는 데 있다. 교사학습공동체 활동을 통해서 목표를 공유하고 그 목표에 도달하기 위해서 다양한 활동을 하게 되고 그 속에서 자신들이 갖고 있는 문제들을 확인하고 그 해결책을 공동으로 찾아가게 된다.

특히 교사학습공동체 활동에 참여함으로써 다른 교사들로부터 무엇을 배웠는지, 처음에 생겨난 쟁점이 잘 해결되었는지를 확인하는 것은 상당히 의미 있는 일이다. 다음은 처음 교사학습공동체 활동을 시작하면서 교사들이 가장 크게 고민했던 부분이다.

D 교사 지금도 여전히 수평적인 협력 관계로 교사전문성개발학교가 추진되지 않는다는 점에서 문제가 있다고 생각합니다. 대학과 학교가 올바른 협력을 유지하기 위해서는 먼저 부설 초등학교에서 요구하는 사항들이 대학에 반영되어야 하고 반대로 교육대학교가 우리에게 요구하는 것들도 반영해서 일이 진행된다면 좋겠지만 현재는 반쪽짜리라고 생각합니다.

1학기 동안 많은 토론과 논의 과정을 거쳐 어느 정도 교사전문성개발학교라는 개념에 대해서 교사들의 이해의 폭이 넓어졌음에도 불구하고 여전히 교육대학교의 입장을 완전히 수긍하지 못하였다. 그 원인은 현재 새롭게 구성된 협력 관계 역시 대학의 변화를 동반하기보다 부설 초등학교에만 변화를 강제하고 있다는 느낌을 떨칠 수 없었기 때문이다. 현재의 관계가 건설적으로 변하기 위해 우선 부설 초등학교 교사들의 요구를 대폭 수용할 필요가 있으며 활동을 통해서 얻은 결과를 예비 교사 교육에 반영할 수 있어야 한다는 것이다. D 교사는 현재 협력 관계에 대해서 냉정하게 반쪽짜리라고 평가하고 있었다. 그의 지적처럼 교육대학교의 변화를 구체적으로 보여 줄 수 없다면 부설 초등학교 교사들에게 협력의 당위성을 설명하기 어렵게 된다는 점도 고려해야 한다(Eason-Watkins, 2005). A 교사는 반쪽짜리 협력 관계일 수밖에 없는 원인을 대학의 권위주의와 특권 의식에서 찾고 있었다.

A 교사 여전히 대학은 나름의 특권 의식을 가지고 있는 것 같아요. 특권 의식을 버리지 않는 한 좋은 협력 관계를 유지하기는 쉽지 않죠. 그리고 저희가 학습공동체에서 했던 것처럼 서로가 서로에게 솔직하게 대화를 통해서 소통을 하는 것이 좋은 것 같아요. 지금까지 제가 모르고 있었던 것이나 어려웠던 점들은 다른 선생님들로부터 많이 배울 수 있었거든요.

그에 관점에서 보면 대학은 여전히 특권 의식을 유지하고 싶어 하는 기관으로 간주되었다. 이러한 특권 의식이 호혜적인 협력을 방해하는 요인이 되고 있다는 점으로 인식하고 있었다. 이 문제를 해결할 수 있는 좋은 방법은 교사학습공동체 활동에서처럼 참여하는 모든 구성원들이 자신의 목소리를 낼 수 있는 민주적인 의사소통 구조를 형성하는 것이다. 이를 통해 서로가 고민하는 문제점을 공유함으로써 그 해결책도 공동으로 고민하게 될 가능성이 높아지기 때문이다. 또한 다른 사람으로부터 무언가를 배울 수 있다는 열린 마음 자세를 갖는 것이 중요하다는 점에 의미를 부여하고 있었다(Freire, 1998; Giroux et al., 1988; Gordon, 2004). C 교사는 영어 교과 학습공동체 활동을 통해서 배운 점을 다음과 같이 설명했다.

C 교사 정말 대학과 학교 간의 협력이라는 것을 통해서 대학에 있는 연구자들이 스스로 변화하려는 노력을 하고, 우리 학교에서 하는 교육 실습에도 좀 더 관심을 갖게 된다면 교사전문성개발학교가 상당한 의미를 가질 수 있을 것이라고 생각합니다. 물론 저는 영어 교과 전담이 아니라서 실제적인 내용에 대해서 깊이 있게 다루지는 못했지만 초등학교 상황상 영어는 언제든 가르쳐야 하는 거잖아요. 그렇기 때문에 지금 다른 선생님들이 겪고 있는 고민을 듣고 나름대로 대안적 해결책을 찾는 것에 대해서 학습공동체가 저에게 의미가 있었다고 생각합니다.

D 교사와 마찬가지로 C 교사도 큰 틀에서 기관 간의 협력 체제를 재정비해야 할 필요성을 공감하였다. 예를 들면 단위 학교뿐 아니라 대학도 변화를 위해 충분한 노력을 기울여야 하고 학교의 경우도 예비교사 교육 기관으로서 교육 실습에 지금보다 좀 더 진지하게 참여해야 할 것으로 판단하고 있었다. 특히 모든 교과목을 가르쳐야 하는 초등학교 교사로서 영어 교과에 관련된 다양한 문제를 진지하게 고민하였다. 지금은 전담 교사를 두어 영어 수업을 진행하고 있는 학교가 많지만 나중에 정책이 바뀌면 영어 수업을 해 본 적이 없었던 교사도 수업을 해야 하는 경우가 발생할 수 있기 때문이다. 교사학습공동체 활동을 통해서 실제적 혹은 잠재적으로 발생할 수 있는 문제들을 확인하고 그 해결을 도출하기 위해 노력했던 과정을 의미 있는 경험으로 보고 있었다. B 교사가 영어 교과 학습공동체 활동에 참여하면서 의미를 찾은 것은 다음과 같다.

B교사 제가 교사학습공동체에 참여하면서 얻게 된 것은, 같이 모여서 협의하면서 이제까지 우리가 전부 만나서 이런 이야기들을 할 시간이 많지 않았는데 어떤 시간의 장을 마련했다는 점에서 큰 의미를 부여하고 싶어요.

현재 초등학교 시스템상 교사들이 일과 시간에 모여서 교과에 대한 토론, 논의, 협의를 가진다는 것은 사실상 거의 불가능하다. 그런 점에서 영어 교과 학습공동체에 참여하는 교사들에게 정기적으로 모일 시간을 제공하였고 서로에게 배울 수 있는 기회를 가졌던 점을 높이 평가하고 있었다. 이를 통해서 확인할 수 있었던 것은 교사들에게 특정한 계기가 제공되고 활동을 할 수 있는 장소가 마련되면 변화가 일어날 상당한 개연성이 존재한다는 것이었다. 마지막으로 A교사는 영어 교과 학습공동체에 참여하면서 다음과 같은 의미를 찾게 되었다고 하였다.

A교사 저는 사실 교육 실습을 할 때 대표 수업도 하고 저학년을 가르치다 보니 활동형 수업도 많이 하고 그러는데 학습공동체에 참여하면서 고학년 선생님들이 느끼는 부담이 무엇인지 많이 알게 되었어요. 물론 다른 사람들에 비해 말수가 적긴 했지만 여러 가지 문제와 고민거리들을 같이 모여서 생각할 수 있는 기회가 있어서 저에게 의미가 있었던 것 같아요.

A교사는 고학년 영어를 지도하는 교사들과 달리 저학년을 담당하기 때문에 수업에 대한 큰 고민은 없었던 것으로 보인다. 하지만 영어 교과 학습공동체에 참여하면서 고학년을 지도하는 교사들의 고충을 상당히 이해하게 되었다. 전체적으로 본인이 고민거리를 제기하지 못했기 때문에 활동 참여 방식에 대해서 소극적으로 보일 수 있지만 새로운 문제에 직면하게 될 때 공동으로 문제를 해결할 수 있다면 예전보다는 시간의 효율성을 높일 수 있을 뿐만 아니라 학습 효과도 배가될 수 있을 것으로 생각하고 있었다. 더불어 자신이 지금까지 교직에

종사하면서 겪었던 고민과 문제에 대해 성찰과 자기반성의 계기를 마련했다는 점을 상당히 중요하게 여기고 있었다.

IV. 결론

교사전문성개발학교가 지향하는 목적은 대학과 단위 학교 간의 파트너십을 통해 교사의 전문성의 신장을 도모하고 두 기관의 동시 변혁을 이끌어 내는 데 있다. 본 연구를 통해서 협력 방식, 내용, 활동 등을 구체적으로 공유하지 않은 경우 협력에 상당한 갈등 요인으로 작용할 가능성이 높다는 점을 발견할 수 있었다. 예를 들면 두 기관 사이의 역사·문화적 맥락에서 협력 관계가 왜곡될 경우 새로운 협력을 시도하기 어렵다는 점이다. 이와 같은 갈등의 요인을 합리적으로 해결하기 위해서 협력의 구조적인 조건을 고려할 필요가 있다. 즉 부설 초등학교 교사들이 협력이 공정하다고 느낄 수 있도록 협력 과정과 내용을 결정할 때 참여할 수 있도록 하고 협력 활동의 참여는 당사자가 결정할 수 있도록 최대한 자율성이 보장되어야 한다. 더불어 인간적·사회적인 조건도 고려해야 한다. 협력이 원활하게 이루어지기 위해서는 우선 상호 신뢰를 바탕으로 하는 대화와 소통의 채널이 필요하고 이를 통해서 양측 모두에게 이익이 돌아갈 수 있도록 공동의 목표, 가치와 규범을 설정하는 것이 요구된다. 교육대학교의 경우는 교사학습공동체 활동에 참여하는 연구진들이 수용할 수 있도록 합리적으로 각자의 역할, 운영 체제 구축 및 실행 계획 수립이 이루어져야 한다. 또한 인간적·사회적 조건을 통해서 부설 초등학교 교사들로부터 신뢰를 회복하기 위해 권위 의식과 특권 의식을 내려놓을 필요가 있다.

둘째, 교사학습공동체 활동을 통해 축적된 실천 지식을 공유함에 따라 영어 교과에 필요한 전문 지식과 역량의 확장 가능성을 살펴보았다. C교육대학교 부설 초등학교 영어 전담 교사들이 가장 많이 고민하고 있는 문제는 영어 학습 부진이다. 물론 사례 연구를 통해서 대안을 모색하고 해결책을 찾아가는 것도 의미가 있지만 실제 현장에서 적용되고 있는 사례를 서로 공유함으로써 해결되는 문제도 적지 않았다. 현재 부설 초등학교 교사들은 보충 수업과 반복 학습을 통해서 학습 부진의 문제를 해결하고 있다는 점에서 미흡한 점이 있지만 영어 학습 부진의 문제가 단순히 학생 개인의 능력에서 비롯되는 것이 아니라 사회·경제적인 편차로 인해서 발생할 수 있다는 점을 인식하고 있다는 데서 새로운 가능성을 발견할 수 있었다. 즉 영어 학습 부진은 사회의 구조적인 모순에서 발생하기 때문에 교사와 학생 개인의 노력도 중요하지만 국가적인 지원이 반드시 수반되어야만 어느 정도 해결의 실마리를 찾을 수 있다는 점이다. 그리고 교육 실습과 학생의 학습권 보호에 대한 논의도 어느 정도 진전이 있었다. 부설 초등학교의 기능이 교육 실습을 담당하기는 하지만 그 학교에 다니는 초등학교 학생들의 학습권은 어떻게 보호를 해야 하는가에 대한 문제를 교사학습공동체 활동에 참여하고 있는 교사들은 고민하고 있었다. 특히 교육 실습 이후 수업 분위기를 전환하고 학생의 학습 참여를 유도하는 데 어려움을 겪고 있다는 점에서 많은 고민을 해 볼 필요가 있다. 교육과정 개편과 관련하여 기존의 교육과정이 정착되기도 전에 새로운 교육과정을 도입함으로써 학교의 혼란을 가중시키고 있다. 특히 고학년의 경우 시수 증가와 교과 내용 확대에 따라서 학생과 교사의 부담이 한층 늘어났고, 학생들의 영어에 대한 호응도 및 선호도가 낮아지는 것으로 나타났다. 따라서 교육과정 개편을 결정하는 정책 입안자들은 현장의 상황을 충분히 파악한 후에 정책 시행을 결정하는 것이 바람직할 것으로 보인다. 특히 초등학생들의 영어에 대한 학습의 흥미도가 낮아지게 되면 상급 학교에 진학할 경우 흥미도가 더 낮아질 가능성이 높다. 또한 실제 수업을 하는 교사들에게는 가르쳐야 할 내용이 늘어나게 되고 영어 능력 평가에 대한 부담이 높아진다. 따라서 영어 수업에 대한 두려움을 가중시키고 수업 내용에 대한 일관성이 결여될 우려가 높아진다. 수업 실천과 수업 내용의 일관성이 유지되고, 가능하면 하나의 정책이 정착된 이후에 새로운 정책을 시행할 수 있게 하는 것이 바람직할 것으로 보인다.

셋째, 영어 교과 학습공동체 활동 참여를 통해서 구성원들이 배운 것이 무엇인지를 살펴보았다. 교사학습공동체 활동을 정리하며 참여한 교사들에게 처음에 가졌던 고민과 문제들이 어느 정도 해결되었느냐고 물었을 때 여전히 협력 관계와 동시 변혁에 대한 명확한 입장 표명은 없었다. 협력 관계에 대해서 명확한 입장이 정리되지 않는 것은 교육대학교가 여전히 특권 의식과 권위주의적 사고의 틀에서 벗어나지 못했기 때문이라고 보고 있었다. 새로운 협력의 가능성을 만들어 내기 위해서 교육대학교는 부설 초등학교 교사들이 지적하는 문제점에 대해서 깊은 고민을 할 필요가 있다고 본다. 특히 다양한 대화와 소통의 채널을 확대하여 문화적인 교류를 지속적으로 해 나가야 할 것이다. 반면 교사학습공동체 활동의 의미에 대해서는 참여했던 모든 교사들이 긍정적인 반응을 보였다. 예를 들면 교육 실습에 대해 관심을 갖게 되었던 점과 초등학교 영어 수업에 대한 현재 상황을 파악하는 데 도움을 받았다는 점에서 교과 전문 역량을 신장하는 데 기여했다고 판단하고 있는 셈이다. 또한 교사학습공동체 활동을 통해서 수업 실천과 관련된 문제를 논의했다는 점에 대해서 상당한 의미를 부여하는 참여자도 있었다. 더불어 저학년과 고학년 학생들이 영어 수업에 참여하는 태도나 반응을 이해할 수 있다는 점과 동료 교사들과의 상호 아이디어 교류와 경험의 공유를 통해서 서로에게 배울 수 있는 기회를 가졌다는 점에 대해서 높이 평가하는 참여자도 있었다.

물론 전적으로 영어 교과를 중심으로 교사학습공동체 활동이 진행되었다고 볼 수는 없었지만 교사학습공동체 활동을 통해 제기했던 문제들을 상당 부분 해결했다는 점은 주목할 만하다. 앞으로 교과 중심의 교사학습공동체를 운영할 때는 좀 더 구체적인 실행 계획과 그 학교만이 가지고 있는 고유한 문화적 특성과 교사들의 고민이 반영될 수 있도록 한다면 대학과 학교 간 교사전문성개발체제 구축에 새로운 가능성을 발견할 수 있을 것으로 기대된다.

| 참고 문헌 |

구원회(2011). 교육대학과 초등학교간 협력(PDS) 프로그램 운영의 쟁점에 관한 내부자 연구. 한국교원
　교육연구, 28(1), 한국교원교육학회, 191~220쪽.

구원회, 박영희, 나귀수, 황연주, 하정미(2010). 자기주도적 교수 역량 강화를 위한 PDS 모형 한국 교육
　개혁의 진단과 분석개발에 관한 연구. 교과교육학연구, 14(3), 교과교육연구소, 579~599쪽.

권낙원(2007). 전문학습공동체 구성 가능성 탐색. 학습자중심교과교육연구, 7(2), 학습자중심교과교육
　학회, 1~27쪽.

김경은(2010). 사회 수업 전문성 신장을 위한 대학: 학교간 협력 프로그램 개발. 초등교육연구, 23(3), 한
　국초등교육학회, 45~69쪽.

김미혜(2010). 초등 교사의 국어 수업 전문성 신장을 위한 PDS 프로그램 개발 연구. 한국초등국어교육,
　43, 한국초등국어교육학회, 63~102쪽.

김용(2011). 교육대학교 부설 초등학교의 PDS 전환의 가능성과 조건. 한국초등교육, 22(2), 한국초등국
　어교육학회, 1~18쪽.

유솔아(2005). 반성을 통한 교사전문성신장을 위한 교사교육: PDS. 한국교원교육연구, 22(3), 한국교원
　교육학회, 97~121쪽.

이혁규(2000). 한국 교육개혁의 진단과 분석. 시민교육연구, 31(1), 한국사회과교육학회, 231~269쪽.

　(2008). 수업, 비평의 눈으로 읽다. 서울: 우리교육.

사토 마나부, 손우정 옮김(2001). 교육개혁을 디자인한다: 교육의 공공성과 민주주의를 위하여. 서울:
　공감.

서경혜, 이주연, 현성혜, 이자연 외(2007). 교육과정 개혁과 학습문화. 교육과정연구, 25(3), 한국교육과
　정학회, 155~191쪽.

서길원(2009). 참(authentic)교육 원리에 기초한 새로운 학교 만들기.

장훈(2010). 공립학교군별 전문학습공동체 형성 정도에 관한 연구. 박사학위 논문. 한국교원대학교 대
　학원.

Aiken, I. & Day, B. D.(2000). Teachers for a new century: Two premiere programs. *Kappa
　Delta Pi Record*, 36(3), Indianapolis, IN, pp. 124-127.

Barron, B. & Darling-Hammond, L.(2008). How can we teach for meaningful learning?. In
　Darling-Hammond, L.(Eds.), *Powerful learning; What we know about teaching for
　understanding*, San Francisco, CA: Jossey-Bass, pp. 11-70.

Barrows, H. S.(1996). Problem-based learing in medicine and beyond: A brief overview. In
　New directions for teaching and learning, 68, pp. 3-12.

Barth, R. S.(1990). *Improving schools from within: Teachers, parents, and principals can make
　the difference*. San Francisco, CA: Jossey-Bass.

Beach, R. and Myers, J.(2001). *Inquiry-based English instruction: Engaging students in life
　and literature(Vol. 55)*. New York: Teachers College Press.

Berry, B. & Catoe, S.(1994). Creating professional development schools: Policy and practice
　in South Carolina's PDS initiatives. In Darling-Hammond, L.(Eds.), *Professional
　development schools: Schools for developing a profession*, New York, NY: Teachers
　College Press, pp. 176-202.

Bransford, J. D., Brown, A. L. & Cocking, R. R. et al.(1999). *How people learn: Brain, mind, experience, and school*. Washington, DC: National Academies Press.

Britzman, D. P.(2003). *Practice makes practice: A critical study of learning to teach*. New York, NY: SUNY Press.

Burbules, N. C.(1993). *Dialogue in teaching: Theory and practice*. New York, NY: Teachers College Press.

Carr, W. & Kemmis, S.(1986). *Becoming critical: Education, knowledge, and action research*. Victoria: Deakin University Press.

Clark, C. M. & Peterson, P. L.(1986). Teachers' thought processes. In M. Wittrock(Ed.), *Handbook of research on teaching*, New York, NY: Macmillan, pp. 255-296.

Collins, J.(2001). *Good to great: Why some companies make the leap... and others don't*. NY: Harperbusiness.

Darling-Hammond, L.(1994a). Developing professional development schools: Early lessons, challenge, and promise. In *Professional development schools: Schools for developing a profession*, New York, NY: Teacher College Press, pp. 1-27.

_____ (1994b). *Professional development schools: Schools for developing a profession*. New York, NY: Teachers College Press.

_____ (2006). *Powerful teacher education: Lesoons from Exemplary Programs*. San Francisco, CA: Jossey-Bass.

Darling-Hammond, L., Barron, B., Pearson, P. D., Schoenfeld, A. H. & Elizabeth, K.(2008). *Powerful learning: What we know about teaching for understanding*. San Francisco, CA: Jossey-Bass.

Denzin, N. K. & Lincoln, Y. S.(2005). *The SAGE handbook of qualitative research*(3rd ed). London: SAGE Publication, Inc.

Dewey, J.(1938). *Experience and education*. New York, NY: Collier Book, Macmillan.

Dilthey, W.(1985). *Poetry and experience*(Vol. V). Princeton, NJ: Princeton University Press.

Diss, R. E., Buckley, P. K. & Pfau, N. D.(1992). Interactive reflective teaching: A school-college collaborative model for professional development. *Journal of Staff Development*, 13(4), pp. 28-31.

DuFour., R, Eaker. & R. DuFour.(2005), *On common ground: The power of professional development communities*. Bloomington, IN: National Educational Service. pp. 193-208.

DuFour, R., DuFour, R. & Eaker, R.(2008). *Revisiting learning community at work: New insights for improving schools*. Bloomington, IN: Solution Tree.

DuFour, R., DuFour, R., Eaker, R. & Many, T.(2006). *Learning by doing: A handbook for professional learning community at work*. Bloomington, IN: Solution Tree.

Eason-Watkins, B.(2005). Implementing PLCs in the Chicago public schools. *On common ground: The power of professional learning communities*, pp. 193-207.

Freire, P.(1998). *Pedagogy of freedom: Ethics, democracy, and civic courage*. New York, NY: Rowman & Littlefield.

Gadamer, H. G.(1975). *Truth and method*. New York, NY: Seabury Press.

Gambrell, L. E. & Morrow, L. M.(1996). Creating motivating contexts for literacy learning. In Baker, L., Afferbach, P. & Reinking, D., *Developing engaged readers in home and school communities*, Mahwah, NJ; L. Erlbaum Associates, pp. 115-136.

Giroux, H. A.(2001). *Theory and resistance in education: Toward a pedagogy of the opposition*. Westport, CT: Greenwood Publishing Group.

Giroux, H. A., Freire, P. & McLaren, P.(1988). *Teachers as intellectuals: Toward a critical pedagogy of learning*. Westport, CT: Greenwood Publishing Group.

Goldenberg, C.(1991). Instructional Conversations and Their Classroom Application. Educational Practice Report: 2. Center for Research on education, diversity & excellence paper EPR02. Retrieved December 2, 2006 (http://repositories.cdlib.org/crede/ncrcdslledcation/EPR02).

Goodlad, J. I.(1990). *Teacher for our nation's school*. San Francisco, CA: Jossey-Bass.

Gordon, S. P.(2004). *Professional development for school improvement: Empowering learning communities*. Boston, MA: Allyn and Bacon.

Guthrie, J. T. & Wigfield, A.(2000). Engagement and motivation in reading. In Kamil, M. L., Mosenthal, P. B., Pearson, P. D. & Barr, R.(2016), *Handbook of reading research*, 3, London: Routledge, pp. 403-424.

Heider, J.(1985). *The Tao of Leadership: Lao Tzu's Tao Te Ching Adapted for a New Age*. Atlanta: Humanics New Age.

Holmes Group(1986). Tomorrow's teachers. East Lansing, MI: Holmes Group.

        (1990). Tomorrow's schools. East Lansing, MI: Holmes Group.

Hmelo-Silver, C. E.(2004). Problem-based learning: What and how do students learn?. *Educational Psychology Review*, 16(3), pp. 235-266.

Husserl, E.(1964). *The Idea of phenomenology*. Leiden: Martinus Nijhoff.

Kincheloe, J. L.(1993). *Toward a critical politics of teacher thinking: Mapping the postmodern*. Westport, Connecticut: Bergin & Garvey.

Kincheloe, J. L. & McLaren, P.(2005). Rethinking critical theory and qualitative research. In Denzin, N. K. & Lincoln, Y. S., *The sage handbook of qualitative research*(3rd ed), London: SAGE Publication.

Kruse, S. D., Louis, K. S. & Bryk, A.(1994). An Emerging Framework for Analyzing School-based Professional Community. In K. S. Louis & S. D. Kruse(Eds.), *Professionalism and community: Perspectives on reforming urban schools*, Thousand Oaks, CA: Corwin Press, pp. 23-24.

Lick, D. W. & Murphy, C. U.(Eds.)(2006). *The Whole-faculty study groups fieldbook: Lessons learned and best practices from classroom, districts, and schools*. Thousand Oaks, CA: Corwin Press.

Lieberman, A. & Miller, L.(1991). Revisiting the social realities of teaching. In Liberman, A. & Miller, L.(Eds.), *Staff Development for education in the nineties: New demands, new realities, new perspectives*, New York: Teachers College Press, pp. 92-109.

Little, J. W.(1993). Teachers' professional development in a climate of educational reform. *Educational Evaluation and Policy Analysis*, 15(2), pp. 129-151.

McLaughlin, M. W.(1993). What Matters Most in Teachers' Workplace Context? In Little, J. W.(Ed.), *Teachers' work: individuals, colleagues, and contexts*, pp. 79-103.

Peters, K. H. & March, J. K.(1999). *Collaborative observation: Putting classroom instruction at the center of school reform*. Thousand Oaks, CA: Corwin Press.

Peterson, K. D.(2002). Positive or negative. *Journal of Staff Development*, 23(3), pp. 10-15.

Pfeffer, J. & Sutton, R. I.(2006). *Hard facts, dangerous half-truths and total nonsense: Profiting from evidence-based management*. Boston, MA: Harvard Business Press.

Pinar, W.(2004). *What is curriculum theory?*. London: Routlege. 김성천 옮김(2005). 교육과정이론이란 무엇인가?. 서울: 문음사.

Reed, W. A.(2004). A tree grows in Brooklyn: Schools of education as Brokers of social capital in low-income neighborhoods. In Kincheloe, J. L., Burztyn, A. & Steinberg, S. R.(Eds.), *Teaching teachers: Building a quality school of urban education*, New York, NY: Peter Lang Publishing, pp. 65-90.

Richardson, J.(2001). Shared Culture: A consensus of individual values. Results: Newsletter of National Staff Development Council. Retrieved February 24, 2008, from http://www. nsdc.org/library/publications/results/res5-01rich.htm.

Roberts, S. M. & Pruitt, E. Z.(2008). *School as professional learning communities: Collaborative activities and strategies for professional development*. Thousand Oaks, CA: Corwin Press.

Schön, D. A.(1983). *The Reflective practitioner: How professionals think in action*. New York: Basic Books.

⠀⠀⠀⠀(1987). *Educating reflective practitioner.* San Francisco, CA: Jossey-Bass.

Schutz, A. & Luckmann, T.(1973). *The structure of the life-world*. Evanston, IL: Northwestern University Press.

Sergiovanni, T. J.(1994). *Building community in schools*. San Francisco : Jossey-Bass. 주철안 옮김(2004). 학교 공동체 만들기. 서울: 에듀케어.

Stein, M. K, Smith, M. S. & Silver, E.(1999). The development of professional developer: Learning to assist teachers in new settings in new ways. *Harvard Educational Review*, 69(3), pp. 237-270.

Snyder, J.(1994). Perils and potentials: A tale of two professional development schools. In L., Darling-Hammond(Eds.), *Professional development schools: Schools for developing a profession*, New York: Teachers College Record, pp. 98-125.

Teitel, L.(2003). *The Professional development schools handbook: Starting, sustaining, and assessing partnership that improve student learning*. Thousand Oaks, CA: Corwin Press.

Thomas, J. W.(2000). A review of project-based learning(Prepared Autodesk Foundation).

Tichy, N. M. & Cardwell, N.(2004). *The Cycle of Leadership: How great leaders teach their companies to win*. New York: Harper Business.

Van Manen, M.(1990). *Researching lived experience: Human science for an action sensitive pedagogy*. New York: State University of New York Press.

Vygotsky, L. S. & Cole, M.(1978). *Mind in society: The development of higher psychological processes*. Boston, MA: Harvard University Press.

Wald, P. J. & Castleberrry, M. S.(2000). *Educators as learners: Creating a professional learning community in your school*. Alexendria, VA: ASCD.

초등 수학 수업 전문성 신장을 위한
대학과 초등학교의 학습공동체 사례 연구

———————————————————————————— 박영희

I. 서론

학교에서 교사가 하는 업무 중에 가장 많은 시간을 차지하는 것이 수업이며, 수업은 학생과 함께 하는 가장 핵심적인 활동이다. 따라서 교사의 수업 전문성을 신장하기 위한 다양한 방안들이 시도되고 있으며 정부에서도 이를 위하여 '수석 교사제'와 같은 다양한 제도를 도입하고 있다.

본 연구자가 속한 대학에서는 교사의 자기주도적 교수 역량 확산을 위한 '전문성개발체제Professional Development System, PDS'를 우리나라 상황에 맞게 개발하고 적용하기 위한 연구를 2008년부터 계속하고 있다. 그래서 전문성개발체제의 한 방식으로 대학과 학교 현장과의 수평적

인 협력을 통한 수업 전문성 신장을 의도하고 있다. 구체적인 방안으로 단위 학교인 초등학교와 대학 간의 협력을 통하여 교사의 수업 전문성을 높이고자, 본 연구자가 속한 C교육대학교와 교육청 연구학교로 지정된 S초등학교와 협력 프로그램을 개발 및 운영하였다. 그래서 학년별로 교과를 하나씩 정하여 각 교과의 대학 전문가와 학년 담임 교사 간의 학습공동체가 구성되어 1년간 운영되었다.

그동안 개별 교사에 국한된 수업 전문성 신장의 연구는 많이 이루어졌다. 하지만 최근에 교사가 처한 현실이 과학적 원리를 적용하면 해결되기 어렵게 변수와 불안정한 요소가 많음을 인정하고 학교와 수업의 환경 및 맥락을 고려하는 반성적 패러다임이 제기되고 있다. 따라서 최근에 학교 현장, 협력, 교사의 반성을 중시하는 수업 컨설팅, 실행연구, 멘토링, 교사공동체를 통한 접근 방식이 시험되고 있다. 이런 흐름에 맞추어 본 연구는 단위 학교인 S초등학교의 4학년 담임 교사들과 대학 전문가와의 학습공동체 속에서 수학 수업의 전문성을 신장하기 위한 활동 사례를 소개하고, 그 의미를 찾아보기 위한 것이다. S초등학교의 4학년 수학 수업 전문성 신장을 위한 학습공동체는 C교육대학교의 수학교육과에 재직하는 연구자(본 연구자) 1인과 S초등학교의 교사 5인으로 구성되었다.

II. 연구 대상 및 방법

1. 연구 대상

이 연구의 대상은 C교육대학교와 교육청에서 전문성개발체제 협력 학교로 지정한 S초등학교의 4학년 교사들과 교과 전문가로 참여한 본 연구자로 구성된 수학 수업 학습공동체이다.[1]

표 2-22 수학 수업 학습공동체 참여 교사

교사 구분	담당 학급	교직 경력	기타
A 교사	4학년 1반	30년	대표 교사
B 교사	4학년 2반	6년	
C 교사	4학년 3반	7년	
D 교사	4학년 4반	2년	
E 교사	영어 전담	2년	전담 교사

　　학습공동체의 구성원을 살펴보면 먼저 대학, 교수(본 연구자)는 C교육대학교에서 수학 교사 교육을 14년째 담당하고 있다. A 교사는 경력 30년 차로 4학년 대표 교사이며 수업에 대한 자부심을 갖고 있고 수학 부진아 지도에 대하여 많은 관심을 갖고 있다. B 교사는 6년 경력의 교사이며 수학 수업 및 학생 지도에 관심이 많다. C 교사는 수학 수업에 대하여 많은 것을 배우고 싶다는 의견을 갖고 있으며 수업 개선을 위한 연수에도 참여하였다. D 교사는 경력 2년 차이며 말이 별로 없었지만 수업 분석 등에 성실히 임하였다. E 교사는 영어 전담 교사인데 교육대학교에서 수학 심화를 전공하여 수학 수업에 관심이 많다.

2. 연구 방법 및 절차

　　이 연구의 학습공동체는 본격적으로 2010년 10월부터 12월까지 이루어졌다. 그 이전에 4월부터 6월까지는 학습공동체의 구성원끼리 공감대를 형성하는 시기로 A, B, C, D 교사의 수업 한 시간씩에 대하여

• • •

1 C교육대학교와 S초등학교의 PDS 협력체는 2학년이 수학 수업 학습공동체, 1·3학년은 국어 수업 학습공동체, 4학년은 수학 수업 학습공동체, 5학년은 사회 수업 학습공동체, 6학년은 과학 수업 학습공동체로 이루어졌다.

녹화된 자료를 보고 서로 간단히 수업 소감을 말하고 학교 현장, 수학 교과서에 대하여 열린 마음으로 토론하는 시간을 가졌다.

S초등학교의 교사들에게 '수업 전문성 신장을 위한 직무 연수 : 우리 학교에서의 수업 이해하기'라는 연수를 겸하여 수업에 대한 학습공동체가 운영되었다. 그 주요 절차는 〈표 2-23〉과 같다.

표 2-23 S초등학교에 대한 연수 절차

영역	연수 주제	시수	연수 유형
	개회식	1	
효과적인 수업 기술	효과적인 수업 기술의 활용과 실제	3	강의 및 워크숍
수업 모형 분석과 활용	수업 모형 분석과 활용 1	3	강의 및 워크숍
	수업 모형 분석과 활용 2	3	강의 및 워크숍
수업 전문성 신장	교과 전문가와 함께하는 수업 전문성 신장을 위한 활동 1~6	18 (3×6회)	세미나
팀별 활동 공유	각 교과 팀별 활동 공유하기	1	발표 및 토의
	수료식	1	
		30	

〈표 2-23〉의 연수 절차 중에서 '교과 전문가와 함께하는 수업 전문성 신장을 위한 활동 1~6'이 각 학년의 수업에 대한 학습공동체가 운영되는 시간이었다.

4학년의 수학과 학습공동체는 주로 S초등학교 4학년 2반 교실에서 정규 근무 시간 안에 6차에 걸쳐 〈표 2-24〉처럼 진행되었다.

수학과 학습공동체 주요 활동은 학습공동체의 활동 방향과 내용 설정하기, 수학 수업 함께 논평하기, 수학 수업 공동으로 설계하기, 활동 되돌아보기의 네 부분으로 진행되었다.

학습공동체의 활동 방향과 내용 설정하기에서 본 연구자와 교사들

표 2-24 수학과 학습공동체의 주요 활동과 내용

모임	주요 활동	활동 내용
1차	학습공동체의 활동 방향과 내용 선정	
2차	수학 수업 함께 논평하기	K 사이트의 4학년 수학 우수 수업 동영상 함께 보고 논평하기
3차		선정된 수업 단원에 대한 아이디어 공유 및 선정
4차	수학 수업 공동으로 설계하기	공동 수업 아이디어를 각 교사마다 각색하고 실천하기
5차		공동으로 설계한 수업 실천 되돌아보기 (수업자와의 대화, 수업 실천의 소감 공유)
6차	학습공동체 활동 되돌아보기	학습공동체 활동에서 얻은 점, 추후 내용 제안

은 수업 개선에 대한 공감대 형성 속에서 6차에 걸친 내용을 본 연구자가 먼저 제안하였고 이를 교사들이 토론을 거쳐 수정해서 결정되었다.

수학 수업 함께 논평하기에서 4학년 수학 내용에 대한 우수 수업 동영상을 보고 이에 대한 논평을 하였다. 수학 수업 공동으로 설계하기에서 4학년 한 차시의 내용을 선정해 공동으로 수업을 설계하고 각자의 교실에서 수업을 진행하며 이를 녹화하고 같이 수업을 돌아보는 시간을 가졌다. 마지막으로 학습공동체 활동 돌아보기에서 그동안의 활동에서 각자 느낀 소감, 아쉬운 점, 추후에 더 했으면 하거나 바라는 점을 말하였다.

이 활동 속에서 먼저 교사들의 의견을 충분히 들은 후에 본 연구자의 의견을 말하였다. 본 연구를 위하여 학습공동체 참여 구성원의 촬영된 수업(수업 동영상, 수업에서 사용한 자료, 학생들이 작성한 자료), 학습공동체 모임 기록(녹음 자료, 관찰 에세이) 등이 분석되었다.

III. 수학과 학습공동체 활동의 실제 및 의미

1. 수학과 학습공동체 활동의 실제

(1) 학습공동체의 활동 방향 및 내용 설정하기

1차 모임에서 수학 수업 전문성 신장을 위한 학습공동체의 방향 및 내용을 정하기 위한 시간을 가졌다. 본 연구자는 교사들에게 수업 개선을 위하여 했으면 하는 활동 내용을 제안하도록 하였는데 교사들은 본 연구자에게 우선 방향을 제시하기를 원하였다. 그래서 본 연구자는 주도하는 입장이 아니라 촉진자로서의 역할을 하기 위하여 교사들의 의견을 충분히 들은 후에 교사의 요구와 수요에 따른 방향 및 내용을 구성하려고 노력하였다.

(2) 우수 수업 동영상 논평하기

2차 모임에서 K 사이트에 제시된 초등학교 4학년 수학 우수 수업 동영상을 같이 보는 시간을 가졌다. 이 수업에 대하여 A 교사는 학생들이 정해진 역할을 하는 수업인 것 같다고 하였다. 학생 각자가 작은 칠판을 가지고 있었으며 그 작은 칠판에 이미 규칙성을 찾는 과정이 자세히 제시되어 있어서 학생이 그 과정만 따라가도록 되어 있다고 하였다. E 교사는 수업 중간에 소모임 토론을 하는 시간이 있었는데 그 시간에 아이들의 토론 내용 대신에 화면에 음악이 흐르면서 아쉬움이 있다고 하였다. B 교사도 이에 대한 지적을 같이 하면서 교사가 나눠준 활동지에 자세히 소개된 대로만 학생들이 답을 적을 뿐이라고 하였다. 특히 교사가 시키는 상황이 아닌데도 학생들이 손을 들기도 하는 부자연스러운 모습이 보인다고 지적하였다. 본 연구자는 교사가 제시한 그림 속에서 규칙을 찾는 자연스러운 학습이 일어나기보다는 그 밑에 교사가 이미 적어 놓은 숫자들 속에서 학생들이 그림과 상관없이 답을 찾는 활동을 한다고 지적하였다. 결과적으로 우수 수업 동영상을 보고 수업 개선의 아이디어를 직접적으로 얻는 것이 아니라 지양해야 될 점을 검토하는 것이 되었다.

(3) 수학 수업 공동으로 설계하고 실천하기

3차 모임에서 4학년 2학기에 진도가 아직 안 나간 내용 중에서 공동으로 수업을 계획하는 방안을 찾았다. 처음에 본 연구자는 수업 지도안의 기본 틀까지 공동으로 기획하는 방안을 제시하였다. 그런데, 교사들과의 협의 속에서 수업 지도안까지 공유하면 각 교사의 수업 운영의 자율성이 침해되어 획일화된다는 의견이 B 교사에 의하여 제기되고 이를 다른 교사들도 공감하여 내용 선정 및 수업과 활동지 구성의 기본 아이디어를 공유하는 수준에서 설계하기로 하였다.

교사들은 앞의 우수 수업 동영상처럼 철저히 기획되어 아이들에게 자율성이 없는 '대표 수업'의 단점을 극복하기 위하여 일상 수업에서 개선점을 찾는 것에 합의하였다. 교사들은 4학년 2학기 '평면도형의 둘레와 넓이' 단원에서 '직사각형의 넓이를 이용하여 여러 가지 도형의 넓이를 구한다'는 1차시 분량의 내용에 대한 수업 아이디어를 여러 가지 제시하였다.

이 수업에 대하여 A 교사는 수학익힘책에 제시된 것처럼 (큰 직사각형의 넓이-작은 직사각형의 넓이) 구하기, 작은 직사각형들로 분할하고 각 넓이의 합 구하기의 크게 2가지 방식으로 구하는 것을 지도하는 것이 좋겠다고 제안하였다. B 교사는 이 차시의 내용은 학생들이 바로 이해하기에 어려울 것이므로 사실상 2차시 분량이라고 지적하면서 실제로 2차시로 수업을 하는 것이 좋겠다고 하였다. C 교사는 가로로 구분하기, 세로로 구분하기, 전체에서 부분을 빼기의 방식으로 수업을 하는 것이 좋겠다고 하였다. 그래서 세 가지 방식 중에서 주어진 도형의 모양을 고려하여 가장 편리한 방식을 학생들이 찾도록 지도하기로 하였다.

4차 모임에서 설계한 수업 아이디어를 각 교사가 담당한 교실 상황에 따라 조금씩 변화된 모습 및 실제 수업의 진행에 따라 융통성 있게 변화시킬 수 있었다. 그리고 A, B, C, D 교사가 각자 자신이 담당한 반의 교실에서 진행한 수업을 녹화하였다.

(4) 공동으로 설계한 수업 되돌아보기

5차 모임에서 B, D 교사의 수업 동영상을 같이 보고 A, B, C, D 교사가 각자의 수업을 돌아보는 시간을 가졌다. C 교사는 예상처럼 학생들이 어려워하더라며, (큰 직사각형의 넓이-작은 직사각형의 넓이) 구하기보다 작은 직사각형들로 분할하고 각 넓이의 합 구하기를 더 잘 적용하였음을 말하였다. 그리고 학생들이 제한된 수업 시간에 그 모든 것을 자유롭게 활용하도록 익히기가 어려우므로 예를 들면 〈그림 2-5〉처럼 교사가 작은 직사각형들로 분할된 모양에 ㉮, ㉯, ㉰와 같이 기호를 붙이고 ㉮=(   )×(   ), ㉯=(   )×(   ), ㉰=(   )×(   )와 같이 값을 구하도록 하고 그 값들을 합하여 답을 얻도록 지도하였다고 진술하였다. 그런데 응용 문제로 제시한 'ㅅ'라는 형태의 도형의 넓이를 구할 때에 옆으로 기운 'ㅅ' 모양의 넓이는 교과서나 수학익힘책에 제시되지 않아서인지 해결에 어려움을 겪었다고 하였다.

D 교사의 수업에서 아이들이 모둠별 활동에서 '소녀시대'라는 모양으로 제시된 활동지의 여러 가지 모양의 넓이를 모두 구하는 모습을 보

그림 2-5 도형 넓이 구하기

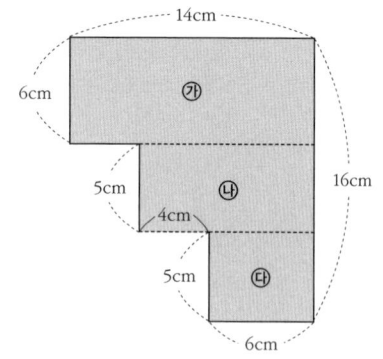

표 2-25 D 교사의 수업 돌아보기 에세이

1. 수업 개관
1) 수업의 목표 : '직사각형의 넓이를 이용하여 여러 가지 도형의 넓이를 구할 수 있다'이며 전 차시에서 이미 학습된 도형의 넓이 구하는 방법에 대해 발문하고 직사각형, 정사각형 모양의 도형이 아닌 새로운 모양의 도형을 적절하게 나누어 직사각형, 정사각형 모양으로 만들어 낼 수 있도록 지도한다.
2) 수업의 계획 : 여러 가지 도형을 적절하게 나누면 직사각형이나 정사각형이 될 수 있고 가로 ×세로의 넓이 공식을 이용하여 도형의 넓이를 구할 수 있음을 알기 쉽게 지도하기 위해 도형을 가로, 세로로 나눌 수 있는 실물 도형을 학습 자료로 사용, 실제로 나누어진 도형의 모양을 보고 가로, 세로의 길이, 이를 이용한 도형의 넓이를 구해 본다. 교사의 예시 자료를 보고, 식과 답을 차례로 적어 보는 활동을 통해 모양을 나누어 넓이를 구할 때 부분의 넓이를 빠짐없이 꼼꼼히 구할 수 있도록 익힌다. 여러 가지 모양의 도형을 직사각형의 넓이를 이용해 구할 수 있도록 반복적으로 학습한다. 활동 후 정리에서는 가로로 나누기, 세로로 나누기, 전체에서 부분을 빼서 구하기 등과 같이 여러 가지 도형의 넓이 구하는 방법을 구조화시킨다.

2. 수업 활동 내용
1) 단원 배경 : 본 차시 수업 단원인 평면도형의 둘레와 넓이 단원에서는 평면도형의 둘레를 구하는 방법을 알아보고 직사각형과 정사각형의 둘레를 구하는 방법을 알아본다. 또한 단위 넓이의 필요성을 알고 학습하며 직사각형과 정사각형의 넓이를 구하는 방법을 탐구한 후 이를 바탕으로 여러 가지 도형의 넓이를 구하는 방법을 학습하게 된다.
2) 수업 활동
　(1) 교과서보다 수학익힘책에 문제 풀이 해결 방법이 자세히 나와 있기 때문에 교사가 수학익힘책을 통해 먼저 문제를 해결할 수 있는 방법을 제시해 준 후, 평소와 반대로 교과서 문제를 가지고 반복 학습을 했다.
　(2) '소녀시대'라는 도형을 만들어 모둠원에게 직접 식을 세워 풀 수 있도록 하였다.
　(3) 각 모둠 이장(조장)이 나와서 문제를 해결한 방법을 설명하였다.
　(4) 교사는 문제 푸는 방법이 가로, 세로, 전체에서 부분을 빼는 방식이 있음을 마지막으로 정리해 주었다.

3. 수업의 잘된 점
처음 보는 도형의 넓이를 단순, 형식화할 수 있는 방법을 제시해 주고 반복 연습을 통해 학생들 대부분이 어렵지 않게 문제를 해결하였다.

4. 수업의 아쉬웠던 점
교사보다는 아이들 위주로 수업을 전개하려 하다 보니 교사의 충분한 설명보다는 모둠원끼리 문제를 해결하는 방안을 찾아 생각보다 시간이 많이 지연되었던 것 같다. 적절하게 교사가 개입하여 문제 푸는 방법에 해결 포인트를 조금씩 주었으면 시간의 적절성이 아쉽지 않았을 것 같다.

5. 수업 소감
항상 수업을 하지만 아쉬움이 늘 함께하며, 수업을 하고 나면 오히려 더 괜찮은 수업 아이디어가 떠오르곤 합니다. 학교 업무로 인해 바쁘다는 핑계로 수업 준비에 좀 더 충실히 하지 못했던 점이 저희 반 꼬마들에게 제일 미안한 마음이고요.

였다고 하였다. D 교사가 맡은 반의 학생들은 항상 4학년에서 가장 높은 성취도를 보인다고 하였고 이는 우수한 아이들이 D 교사 반에 많이 모여 있기 때문일 것이어서라고 다른 교사들이 진술하였다. D 교사의 수업 돌아보기 에세이는 〈표 2-25〉와 같다.

본 연구자는 현장에서 아이들 모두가 완벽하게 여러 가지 방법을 적용하여 주어진 도형의 넓이를 구하기는 어려움을 인정하고, 교사들과의 협의 속에서 가로로 구분하기, 세로로 구분하기, 전체에서 부분을 빼기의 방식이 전형적으로 적용할 수 있는 예임을 제시하여 이를 이용하여 각 방법을 아이들이 숙지하도록 하는 것이 먼저 필요함을 도출하였다.

이 과정에서 B 교사는 아이들이 과거보다 식을 쓰고 정리하는 것이 약함을 지적하면서, 그 이유로 교사들이 공학 매체를 활용하여 그림이나 동영상을 학생들에게 보여 주기는 하지만 식을 칠판에 정리하는 것이 거의 없음을 지적하였다. 또한 답을 맞히더라도 그 답을 유도하는 과정에 대한 글씨를 학생 자신도 잘 알지 못하는 경우가 많다고 얘기하였다.

B 교사는 전체적으로 본인 수업에서 학생들의 이해를 이끌어 내기가 어려웠다고 하면서 그 한 가지 이유로 모둠으로 문제를 해결하도록 한 원인을 진술하였다. 모둠을 새롭게 구성한 직후여서 모둠원들 간의 화합이 잘 안 된 상태에서 어려운 문제를 협동하여 푸는 분위기가 형성되지 않았다고 지적하였다.

2. 수학과 학습공동체 활동에 대한 교사 의견 및 평가 결과

(1) 수학과 학습공동체 활동에 대한 교사 의견
6차 모임에서 그동안의 활동을 돌아보고 느낀 점 및 추후 기대되는 활동을 자유롭게 얘기하는 시간을 가졌다.

C 교사는 다른 교사의 수업을 더 많이 보기를 원하면서, 그런 수업들을 통해 본인의 수업 운영 방식에 맞는 개선 방안을 얻을 수 있을 것으로 기대한다고 하였다. D 교사는 그동안 수학 수업에 대하여 상대적으로 관심이 적었는데 이번 기회로 애정을 가질 수 있었다고 하였다. 또한 공개 수업을 수학으로 도전해 볼 생각도 하였다고 진술하였다.

B 교사는 공동으로 수업 아이디어를 만들어서 실천한 '여러 가지 도형의 넓이 구하기'만 3차시에 걸쳐 수업을 하였다고 하면서 반복 연습을 해야 학생들이 제대로 이해하고 적용할 수 있는 능력이 생긴다고 하였다. 또한 모둠으로 풀게 한 것이 실패한 것을 다시 언급하면서 모둠 안에서 하위 수준 학생은 너무 어려우니까 딴짓을 하고, 상위 수준 학생은 혼자서만 해결하였다고 보고하였다.

A 교사는 수학 수업 개선에 좋은 기회였다고 언급하면서 수학 과목이 공개 수업으로 잘 채택되지 않는 이유를 진술해 주었다. 국어 수업은 역할극 등으로 많은 학생들을 발표시킬 수 있어서 학부모 공개 수업에서 특히 선호되는데 수학은 수업 목표가 뚜렷하여 성취 여부가 쉽게 드러나며 학생들 간의 수준차가 심하기 때문에 학부모 공개 수업에서 채택되기 어렵다고 하였다. 또한 아동 활동이 국어, 영어 등에 비하여 상대적으로 적게 보이고 교사 설명만 많아 보여서 활동 위주의 수업이 아닌 것처럼 비친다고 하였다.

E 교사는 교과서와 수학익힘책을 같이 보면서 수업 아이디어를 낸 활동이 인상 깊었다고 하였다. 그리고 이처럼 수학 수업에 대하여 토의하는 시간이 많기를 희망한다고 하였다.

이와 같이 전반적으로 교사들은 긍정적인 의견을 나타냈으며 수학 수업 그 자체에 집중하여 수업을 같이 계획하고 돌아보는 시간을 가졌던 것을 통하여 많이 배웠음을 말하였다. 특히 교수와 함께 편안한 분위기에서 수업에 관하여 진지하게 성찰하고 반성할 수 있는 기회를 가진 것에 큰 의의가 있다고 하였다.

(2) 전반적인 연수 및 학습공동체 활동에 대한 평가

〈표 2-23〉과 〈표 2-24〉에 제시된 연수와 학습공동체 활동에 대한 교사들의 생각을 알기 위하여 2010년 12월에 S초등학교 22명의 교사를 대상으로 설문 조사를 실시하여 다음과 같은 결과를 얻었다.

① (전체적인 만족도) 학기 중 직무 연수 프로그램에 대해 만족하십니까?

	빈도(%)	평균[2]
매우 만족한다	9(40.9)	
만족한다	11(50.0)	1.68
보통이다	2(9.1)	
총계	22(100)	

② 본 연수를 통해 자신의 수업 전문성이 충분히 신장되었다고 생각하십니까?

	빈도(%)	평균
매우 그렇다	8(36.4)	
약간 그렇다	14(63.6)	1.64
총계	22(100)	

• • •

2 매우 만족한다 1/ 만족한다 2/ 보통이다 3/ 불만족한다 4/ 매우 불만족한다 5로 평균 점수가 낮을수록 만족도가 높은 것을 의미함.

③ 본 연수 프로그램의 전체적인 내용 구성은 충실했다고 생각하십니까?

	빈도(%)	평균
매우 그렇다	14(63.6)	
약간 그렇다	7(31.8)	
보통이다	1(4.5)	1.41
총계	22(100)	

④ 대학과 협력(PDS)을 하는 경험이 자신의 수업 전문성 신장에 도움이 되었다고 생각하십니까?

	빈도(%)	평균
매우 그렇다	9(40.9)	
약간 그렇다	12(54.5)	
보통이다	1(4.5)	1.64
총계	22(100)	

⑤ 동학년-특정 교과별로 진행된 프로그램에 대하여 만족하십니까?

	빈도(%)	평균
만족한다	14(63.6)	
매우 만족한다	8(36.4)	1.36
총계	22(100)	

'본 연수를 통해 자신의 수업 전문성이 충분히 신장되었다고 생각하느냐'는 질문에 매우 그렇다가 36%, 약간 그렇다가 64%의 응답을 보

였다. 그리고 '대학과 협력(PDS)을 하는 경험이 자신의 수업 전문성 신장에 도움이 되었다고 생각하느냐'는 질문에 매우 그렇다가 41%, 약간 그렇다가 55%, 보통이다가 4%이었다. 이와 같이 전반적으로 연수에 대한 평가가 상당히 긍정적임을 알 수 있었다.

동학년-특정 교과별로 진행된 프로그램에 대한 만족도 조사에서 만족한다가 64%, 매우 만족한다가 36%로 나타났다. 본 연구에 제시된 수학과 학습공동체 활동을 포함하여 C교육대학교와 S초등학교 간의 교사전문성개발체제 협력의 중심 활동인 교사학습공동체 활동에 대해서도 교사들의 반응이 상당히 긍정적임을 알 수 있었다.

IV. 결론 및 제언

지금까지 본 연구에서 C교육대학교와 S초등학교의 협력 사업의 하나로 4학년 교사들과 본 연구자로 구성된 수학과 학습공동체가 활동한 내용을 설명하였다. 이는 교사의 핵심 업무인 수업의 개선을 도모하고 궁극적으로 학생과 교사가 수업을 통하여 행복해질 수 있음을 지향한다.

앞에서 소개하였던 수학과 학습공동체 활동을 통하여 참여 구성원들이 수학 수업에 대한 공동의 논평의 장을 마련하고 그 속에서 대학의 연구자와 학교의 교사가 수평적인 협력과 공감대 속에서 공동의 작업을 통하여 서로 소통하며 수학 수업에 대한 긍정적이고 유의미한 변화를 마련하였다. 실제로 우리나라의 교육 문화적 환경에서 대학 연구자와 교사 간에 수평적인 관계를 형성하면서 상호 이해 속에 수학과 학습공동체 활동을 한 것이 의미를 갖는다고 볼 수 있다. 그동안 정부 차원의 교육 개혁의 노력이 효과를 많이 얻지 못했던 것은 교사와의 소통 및 현장에 대한 이해의 부족에 기인한 면이 많다. 연구자와 교사의 활발한 소통과 현장에 대한 따뜻한 이해 속에서 교사의 수업을 보고, 수업을 계획하고 반성하는 활동 속에서 교사의 수업 능력의 개선과 교사 스스로의 수업 능력 향상에 대한 노력을 촉진할 수 있는 계기가 되었음이 본 연구의 의의라고 생각한다. 특히 연구자 본인에게도 현장의 수학 수업에 대한 이해와 아이들에 대한 수업의 어려움, 교사들의 환경에 대한 고려와 수학 수업에 대한 개선점을 다양한 관점에서 확인할 수 있었다.

그런데 이와 같은 수학과 학습공동체 활동이 여섯 번의 모임에서 그치는 것이 아니라 지속적으로 이어지는 것이 중요하다. 이를 위하여 대학과 학교, 그리고 지역교육청 차원에서 광범위한 지원이 계속되어야 한다. 궁극적으로는 교사들 간의 협력 네트워크를 형성하고 교사들 스스로 수학과 학습공동체를 이끌어 갈 수 있는 문화를 조성해야 할 것이다. 이를 위하여 대학의 연구자의 이론적 지식이 교사에게 흡수되고 교사의 실천적 경험이 대학의 연구자에게 전해져서 상호 교류와 협력이 단기간이 아니라 교사 교육의 체제 안에서 항상 역동적으로 작동될 수 있어야 할 것이다.

| 참고 문헌 |

고재천(2001). 초등교사의 전문성 탐색. 초등교육연구, 14(2), 한국초등교육학회, 159~179쪽.

곽영순(2006). 중등 과학교사들이 말하는 교과교육학지식의 의미와 교직 전문성 제고 방안. 한국과학
    교육학회지, 26(4), 한국과학교육학회, 527~536쪽.

권미선, 방정숙(2009). 좋은 수학 수업에 대한 초등 교사의 인식 조사. 한국수학교육학회지 시리즈 E -
    수학교육 논문집, 23(2), 한국수학교육학회, 231~253쪽.

김남희(2002). 수학교사의 전문성 개발을 위한 사례 방법. 학교수학, 4(4), 대한수학교육학회,
    617~631쪽.

김동원(2010). 우리나라 수학 수업 연구의 현황과 전망. 수학교육학연구, 20(2), 대한수학교육학회,
    121~143쪽.

김성원, 정세미, 황윤진(2005). 중등 과학교사의 전문성 향상을 위한 자기평가 도구의 개발과 적용. 한국
    과학교육학회지, 25(7), 한국과학교육학회, 736~745쪽.

김진호, 이소민(2008). 학습자 중심 수학 수업을 한 초등교사의 학습자 중심 수업에 대한 인식 변화. 학
    교수학, 10(1), 대한수학교육학회, 105~121쪽.

김혜숙(2003). 교원 '전문성'과 '질'의 개념 및 개선전략 탐색. 교육학연구, 41(2), 한국교육학회,
    93~114쪽.

김효남(2003). 초등과학교육 전문성 신장을 위한 방안 탐색. 교과교육공동연구 학술세미나 프로시딩,
    한국교원대학교 교과교육공동연구소, 359~369쪽.

남미정(2009). 중등학교 교사들의 교단일기에 나타난 교직 탈전문화 현상 연구. 박사학위 논문. 충남대
    학교 대학원.

박성선(2003). 수학 교사의 전문성 신장을 위한 논의. 교과교육공동연구 학술세미나 프로시딩, 한국교
    원대학교 교과교육공동연구소, 231~246쪽.

박영만(1996). 교원교육의 협력모형(PDS)에 관한 연구. 교육논총, 13, 경인교육대학교 교육연구원,
    97~146쪽.

손영민(1999). 교사교육을 위한 새로운 패러다임으로서의 PDS. 한국교원교육학회지, 16(2), 한국교원교
    육학회, 81~99쪽.

심재호(2003). 과학교과의 전문성 신장을 위한 방법. 교과교육공동연구 학술세미나 프로시딩, 한국교원
    대학교 교과교육공동연구소, 393~410쪽.

오영열(2006). 수업개선 관행공동체를 통한 교사의 변화 탐색: 수학 수업관행을 중심으로. 수학교육학
    연구, 16(3), 대한수학교육학회, 251~272쪽.

유솔아(2005). 반성을 통한 교사 전문성 신장을 위한 교사 교육 : PDS. 한국교원교육연구, 22(3), 한국
    교원교육학회, 97~121쪽.

    (2006). PDS에서의 교육과정 연구 및 개발에 참여한 교사들의 반성과 전문성 변화에 대한 연구.
    박사학위 논문. 이화여자대학교 대학원.

윤정일, 신효정(2006). 교사 전문성에 관한 교사, 학생, 학부모의 인식 연구. 한국교원교육연구, 23(2),
    한국교원교육학회, 79~100쪽.

조영달(1999). 한국 교실수업의 이해. 서울: 집문당.

진동섭, 이윤식, 유현숙(2003). 교원 전문성 신장을 위한 학교 지원 체제 구축 방안 연구. 서울대학교 사
    범대학.

최수일(2009). 수업분석 학습공동체 활동을 통한 수학교사의 전문성 제고에 관한 연구. 박사학위 논문. 서울대학교 대학원.

허병기(1997). 장학의 본질이탈 : 개념적 혼란과 실천적 오류. **교육학연구**, 35(3), 한국교육학회, 181~212쪽.

Teitel, L.(2003). *The Professional development schools handbook: Starting, sustaining, and assessing partnership that improve student learning.* Thousand Oaks, CA: Corwin Press.

교사학습공동체에서 프로토콜을
적용한 사례와 그 유용성에 대한 연구

——————————————————— 김남균

I. 서론

최근 교사의 실천적 지식을 바탕으로 수학교육의 전문성을 향상하기 위한 수학과 교사학습공동체에 대한 실천과 연구가 많이 이루어지고 있다. 교사학습공동체 활동에 참여한 교사들은 동료 교사나 자신의 수업을 관찰하고 논평해 본 경험으로부터 수학 수업에 대한 안목을 향상시키고, 수학 수업 분석과 수업 실천의 전문성을 향상하게 되었으며, 수학 수업의 관행을 개선하는 다양한 담론과 지식을 갖추어 나가게 되었다(구원회 외 2010; 나귀수, 2010; 박영희, 2011; 오영열, 2006; 최수일, 2009; Walshaw & Anthony, 2008).

한편 교사학습공동체의 운영에 관한 연구들에서 교사의 전문성 향상과 반성적 성찰이라는 장점 외에 난점들이 보고되기도 한다. 서경혜(2009)는 교사학습공동체는 교사 전문성 개발에 대한 새로운 대안을 제시하며, 동시에 새로운 쟁점을 제기한다고 하였다. 교사학습공동체는 협력을 핵심적 특징으로 하지만 협력 경험이 별로 없는 교사들에게 협력 관계를 구축하는 것은 매우 어려우며, 협력이 강제되어 진정한 전문성 향상을 꾀할 수 없음을 주장하였다. CFCs^Critical Friendship Circles라는 실천에 대한 비평과 반성을 하는 예비 교사의 학습공동체 모임을 연구한 Wachob(2011)은 개인의 전문성 계발이 이루어졌지만, 부정적인 반응, 두려움과 거부, 냉소적인 반응, 프로토콜과 적절한 언어를 제대로 사용하지 못하는 어려움이 있었다고 보고하였다.

우리나라에서 1990년대 중반에 거세게 일었던 열린 교육의 열풍을 지금은 전혀 찾아 볼 수 없는 이유도 열린 교육의 의미에 대한 허심탄회한 논의와 교사학습공동체와 같은 협력적 구조 내에서 담론을 형성하지 못하였던 것이 원인일 것이라고 필자는 생각한다. Easton(2009)도 비슷한 지적을 하는데, 많은 교육적 장치와 구조들이 영향을 크게 주지 못하고 사라져 갔는데, 그 원인은 실행상에서 오해와 합의가 부족했기 때문이라고 보았다. 교사학습공동체에서 교사들이 연구하고 논의하는 활동은 교사학습공동체라는 형식과 그것이 지향하는 바인 수학 교사의 전문성 향상에 매우 중요하다.

Carroll & Mumme(2007)은 교사의 전문성 향상을 이끄는 지도자를 위한 연수 모듈을 개발하였다. 그 모듈에는 과제와 수학적 내용 지식뿐 아니라 토의를 조정하는 모듈이 포함되어 있는 이유도 같은 맥락에 있다고 보인다. Easton(2009)는 교사학습공동체에서 전문적인 대화를 지속하기 위한 대화 구조인 프로토콜이 학습공동체의 촉진제 역할을 하며 활력을 불어넣을 것이라 하였다. 많은 책(McDonald, Mohr, Dichter & McDonald, 2007; Allen & Blythe, 2004; Easton, 2009)에서 토의를 조정하고 촉진하는 방법인 프로토콜에 대한 다양한 방법과 유용성에 대한 제안을 찾을 수 있다.

뿐만 아니라, 최근에 수행되고 있는 교사학습공동체 프로젝트 팀들은 교사 전문성 향상을 위한 촉진자들의 연수와 학습공동체 운영 프로그램을 개발하면서 다양한 프로토콜을 개발하고 있다. 예를 들어, School Reform Initiative: a community of leaders[1]에서는 교사학습동체와 CFCs의 지도자와 촉진자를 양성하는 프로그램으로 프로토콜을 활용하고 있으며, 인디애나주 Bartholomew 학교 법인에서는 교재를 채택하고 적용하는 데 교재 프로토콜text protocols을 활용한 교사학습공동체를 운영하였으며[2] 위스콘신-밀워키 대학University of Wisconsin-Milwaukee과 밀워키 공립학교가 협력하여 수학과 수석 교사Math Teacher Leader를 양성하는 프로젝트에서는 학생의 결과물을 분석하는 프로토콜을 활용하였다.

대부분의 프로토콜 적용 사례는 북미 쪽에서 찾을 수 있었으며, 국내에서는 교사학습공동체의 운영 방법이나 원리에 대한 접근법은 물론 구체적인 협력 및 반성적 대화의 구조에 대한 연구를 찾기 어려웠다. 본 연구에서는 대학과 초등학교의 협력적 교사학습공동체 운영 과정에 프로토콜 기법을 적용하여 국내의 교사학습공동체에 대한 프로토콜의 적용 가능성과 유용성을 탐색하고자 한다.

· · ·

1 www.schoolreforminitiative.org/
2 www.indiana.edu/~iucme/perspectives/14nowlin.pdf

II. 교사학습공동체와 프로토콜

1. 프로토콜의 의미

프로토콜은 다양한 분야에서 활용되며 의미를 가진다. 외교에서는 대통령과 총리가 만났을 때 누가 먼저 인사를 하는지와 같은 의전이나 절차를 말한다. 1991년에 튜닝 프로토콜Tuning Protocol을 제안한 사람들은 각기 다른 문화와 배경을 가지고 왔기 때문에 서로를 잘 모르는 상황에서도 여러 사람들이 성공적으로 그리고 생산적으로 소통할 수 있게 하려 했다.

프로토콜은 정보 기술력 분야에서도 결합이 되어 있다. 분산된 네트워크 안에서 컴퓨터끼리 서로 성공적으로 '이야기'할 수 있게 한다.

컴퓨터 프로토콜이라는 개념을 이해하려면 고속도로 체계와 비교해 보라. A 지점에서 B 지점으로 운전을 해서 가려는 사람에게 다양한 경로 조합이 가능하다. 그러나 의무 사항은 있다. 빨간 불이 켜지면 멈춰야 하고 흰선 밖으로 나가면 안 되는 등. 컴퓨터 과학자들은 이와 같이 이질적 요소들이 결합된 시스템 안에서 가능한 행동 패턴을 관장하는 규약이 되는 규칙들을 프로토콜이라 한다. 그러므로 프로토콜은 우연적인 환경 안에서 자발적인 규제를 할 수 있는 기법이다. (Alex Gallowway, 2004: 7, McDonald et al., 2007에서 재인용)

다른 과학 영역에서 프로토콜은 하나의 실험 혹은 의료적 처치를 엄격하게 따라 하게 하는 계획을 의미한다. 의사나 과학자가 어떤 것을 먼저 하고 나중에 무엇을 하는지 등을 지시한다. 사회 과학에서 관찰 템플릿이나 인터뷰에서 다룰 질문의 대본의 의미로 활용된다.

교사의 전문성 교육에서 프로토콜은 고상한 예절, 규칙에 따른 소통, 그대로 따라 하기, 그리고 스크립트라고 해석할 수 있다. 프로토콜은 교육계에서 생산적이지 않아 보이기도 하다. 자유롭게 이야기만 해서도 서로에게서 충분히 배울 수 있지만, 공식적인 상황에서 단지 이야기만 하는 것은 생산적이지 않다. 가령, EmilyWhite(2006, McDonald et al., 2007에서 재인용)는 심각한 문제를 해결하려는 모임이 종종 실패하는데 그 이유는 이야기가 제대로 조절되지 않았기 때문이라고 지적했다. 모임을 주도하는 사람들이 말을 너무 많이 하기도 하고 다른 이들에게 너무 많은 말을 시키기도 한다. 두 경우 모두 공동체의 목적과 활동을 이루어 낼 수 없을 것이며 프로토콜과 같이 대화를 중재하는 장치가 있어야 한다.

2. 프로토콜의 의미와 교육 분야에서 유용성

Easton(2009)은 교육 분야에서 활용할 때 프로토콜이 가지는 어원인 그리스어의 protokollon, 그리고 이 중에서 kolla라는 '붙이다'라는 의미에 주목하였다. '붙이다'라는 의미로 인하여 프로토콜이 교육적인 함의를 가지며, 그것은 집단 내의 다양한 아이디어를 하나의 과정을 통해 붙일 뿐 아니라 집단 내의 사람을 함께 붙인다는 것을 의미한다고 보았다. 따라서, 프로토콜이란 대화를 통하여 심오한 이해를 끌어내려는 집단을 돕는 절차를 말할 수 있다. 프로토콜은 집단이 학생의 결과물, 교육 현장의 인공물, 교육과 관련된 문헌, 교육자의 일상에서 벌어지는 쟁점과 문제를 탐구하는 데 도움이 되는 구조, 대화를 안전하고 효과적으로 하기 위해 모든 사람이 동의하는 대화의 가이드라인, 사람들이 일상적으로 행하지 않는 유형의 대화를 이해하고 동의하게 하기 위한 촉진 단계, 교육자들이 소위 비판적 동료 그룹 또는 교사학습공동체라고 불리는 협력적 공동체를 구성하는 방법이라고 할 수 있다.

프로토콜을 활용하는 이유는 공동체에 있는 구성원들이 협력의 중요성을 알지만 협력의 방법을 잘 모르기 때문에 이를 도와주기 위한 목적이 가장 크다. Blythe, Allen & Powell(2007, Easton, 2009에서 재인용)은 교사학습공동체에서 프로토콜을 사용하는 이유를 다음과 같이 들고 있다. 첫째, 교사가 프로젝트, 전시, 포트폴리오를 학생들의 학습에 좀 더 효과적으로 활용하기 위해서이다. 둘째, 교사는 교실에서 새로운 지도법이나 학습 활동을 시도하며 이러한 시도가 학생의 결과물에 어떠한 영향을 미치는지 면밀히 보고 싶어 하기 때문이다. 셋째, 동료와 지도, 학습, 평가에 대하여 심도 있게 대화하는 방법을 찾기 때문이다. 넷째, 다른 사람들과 자신들의 실천에 대해서 반성하고, 토의하고, 수정하기 위한 방법을 찾기 때문이다. 다섯째, 학교 내에서 이루어지는 지도, 학습, 평가에 대해 학교 외부의 더 넓은 공동체에 말할 수 있는 방법을 찾기 때문이다. 다시 말하면, 교사학습공동체에서 이루어지는 다양한 활동과 비전을 달성하는 구체적인 방법이 필요하기 때문에 프로토콜이 필요하다. 그렇다면 공동체에서 프로토콜이라는 장치 없이 대화하는 것도 가능하지만, 프로토콜은 발표자와 참가자를 보호하고, 대화를 심도 깊게 만들고, 전문적인 학습을 위한 훌륭한 전략이 된다.

3. 프로토콜과 교사학습공동체

McDonald et al.(2007)는 《The power of protocols》라는 책에서 교사전문학습공동체와 같은 학습 조직 내에서 프로토콜이 교사의 전문성 신장과 매우 밀접한 관계가 있음을 다음과 같은 네 가지 측면에서 설명한다.

첫째, 전문성을 향상시켜 나가고 있는 교사는 스스로를 교육해야 하며 자신의 학습에 책임을 져야 한다. 외부의 전문가가 제공하는 지식도 중요하지만 결국은 교사들의 실천적 지식과 결합해야 하며 교사는 내부적 탐구자가 된다. 하지만, 자신의 학습을 책임지는 내부자는 동료와 함께 협력하여야만 문제를 파악하고 분석할 수 있다. 개방적이고 솔직한 대화를 위한 기준, 탐구와 대화와 반성을 지지하는 모임 분위기, 그리고 특정한 작업에 속하는 사람들이 해당 작업의 개선 방향을 정할 수 있는 기회, 참여를 독려할 수 있는 촉진적 리더십, 형평성 확보, 신뢰 구축 등이 해당한다. 이러한 일들은 오로지 내부의 집단적 작업을 통해서 가능하다. 외부 압력이나 혼자서 하는 작업으로는 그 과제를 수행할 수 없다.

둘째, 전문가 교사는 학생들이 하는 작업의 이미지를 파악해서 그 이미지들을 조용히 그리고 성실하게 연구하며 그것들이 의미하는 바를 함께 탐색해야 한다. Allen(1998; McDonald et al., 2007에서 재인용)은 이를 두고 교사들, 학교 관리자들, 교사 교육가들, 개혁 성향의 교육가들과 함께 "학생의 작업을 본다"라고 하였다. 학생들의 작업을 면밀히 그리고 같이 보는 이유는 크게 두 가지이다. 하나는 학생들의 배움에 대해서 더 많이 알기 위해서이다. 가령, 그들의 강점과 약점, 그들의 오개념, 개념적 발견과 가깝고 먼 정도, 학생들의 고유의 사고 및 행동 방식 등을 파악할 수 있다. 두 번째, 교사의 지도와 평가 같은 작업의 효능을 파악해 낼 수 있다. 학생의 작업과 교사의 작업을 함께 파악할 수 있는 것이다. 하지만, 학생들의 작업을 분석하고 이를 통하여 교사가 실행에 대한 강점과 약점을 드러내는 것은 학교 현장을 협력적으로 개선하는 데 매우 요긴하지만 이러한 이유로 학생들의 작업을 함께 보고 분석하기는 매우 어렵다. 이 지점에서 프로토콜은 매우 유용하다.

셋째, 교육자들은 특히 프로토콜에 기반한 집중적 대화가 필요하다. 교사들은 가르침의 변화와 가르침이라는 행위는 학습을 낳는다는 신념을 지니기 쉬우며 이러한 신념이 교사와 학생의 활동에 내재된 복잡함, 불확실성, 애매모호함, 선택적인 사항 들을 간과하고 감추게 된다.

프로토콜에 기반한 대화는 교사들에게 반성적 성찰을 이루게 하며 교사의 전문성 향상을 꾀할 수 있게 한다. 뿐만 아니라, 수업에서 프로토콜을 활용하게 되면, 학습자는 메타 인지적 기능을 갖추게 되며 교실 내에서 지식을 사회적으로 구성해 나갈 수 있다.

넷째, 학교 개혁에 관한 최근의 연구들을 보면 전문적 실행 공동체가 발달되어 있는 학교가 성공적이라고 한다. Newmann & Wehlage(1995; McDonald et al., 2007에서 재인용)는 24개의 구조 조정된 학교에 대한 연구를 통해서 가장 성공적인 학교는 전문적 실행 공동체들이 작동하도록 재구조화하는 도구를 사용한 곳이라고 밝혀냈다. 그러한 공동체들이 끊임없는 리더십을 행사할 수 있는 문화적 구조적 조건들을 갖추고 있는 곳 그리고 자기 학생들의 작업의 질을 개선하는 데 초점을 두고 있는 곳에서 실제로 개선이 일어났다고 한다. 전문적 실행 공동체를 이루기 위해서는 분산된 촉진적 리더십 distributed facilitative leadership 발달에 체계적으로 투자를 해야 한다. 즉, 조직 전체의 모든 사람들이 하나의 목적으로 동료들과 모이고, 모임을 위한 효과적인 기본 규칙을 정하고, 기본 규칙에 적합한 행동과 맞지 않는 행동을 정하고, 동료들과 자유롭게 정보를 공유하고, 서로의 관점에 주목하게 하고, 집단이 만들어 낼 선택에 대해 집단적으로 노력할 수 있어야 한다. 프로토콜을 활용하게 되면 촉진적 리더십의 발달을 가속화시킬 수 있을 것이다.

III. 프로토콜의 개발과 적용 사례 분석

1. 프로토콜의 개발

B교육대학교에서는 2010년부터 A초등학교의 교사들과 협약을 맺

고 교사학습공동체를 조직하여 운영하고 있다. 2012년에는 교사학습공동체의 대화를 원활히 진행하고 교사들의 참여를 촉진하기 위한 절차 즉, 프로토콜을 개발하여 적용하였다. 교사학습공동체에 참여하는 전체 교사 연수와 개별 대학 연구자가 촉진자가 되어 교사학습공동체 운영에 프로토콜을 활용하였다. 프로토콜이 현장의 이슈와 상황을 드러내고 그에 대한 전문적인 대화를 통해 전문적 지식을 향상시키기 위해서는 대화의 구조가 필요하다고 생각되었기 때문이었다. B교육대학교와 A초등학교 모두 교사학습공동체에 참여하는 구성원이 학년이 바뀌게 되면 부분적으로 교체되어 교사학습공동체 활동이 정착되는 데 시간이 많이 소요되었으며, 정례적인 절차를 형성하게 되면 교사학습공동체가 지속적으로 운영되는 데 도움이 될 것이라는 생각도 있었다.

이를 위하여 대학 연구자들의 촉진자로서의 전문성 향상과 적절한 프로토콜을 개발하기 위해 교사학습공동체의 운영과 연구를 맡고 있는 연구팀에서는 별도의 스터디 그룹을 조직하였다. 이 팀에서는 교사학습공동체 운영의 방법과 프로토콜을 개발하기 위하여 2달 동안 매주 만나《The power of protocols》을 공부하는 정례적인 모임을 만들었다. 또한 이 책을 참고로 하여 몇 가지 목적에 따라 활용할 수 있는 프로토콜을 개발하였다. 그리고, 학생들의 결과를 분석하기 위해서는 교과교육 분야에서 내용 지식을 기반으로 프로토콜을 개발할 필요가 있어서 미국 매사추세츠주의 MLC[Mathematics Learning Community]에서 활용하는 교사학습공동체 촉진자용 연수 모듈을 참고하여 학생의 결과물 분석 프로토콜을 개발하였다. 한편 B교육대학교가 참여하는 교사학습공동체에서 수업 설계와 수업 비평을 많이 행하고 있기 때문에, B교육대학교 교육연구원에서 학생의 이해와 교과 발달을 연구하고 있는 팀과 수업 비평을 연구하고 있는 팀의 연구 주제와 관련된 프로토콜을 개발하였다. 그 목록은 다음과 같다.

표 2-26 개발된 프로토콜 목록

1. 소통의 중요성 생각하기
2. (   )에 대한 두려움과 희망 나누기
3. 공동 수업 설계
4. 수업 딜레마 자문하기
5. 수업 지도안
6. 자기 수업 이야기
7. 수업 관찰하기 - 교사와 학생의 상호 작용
8. 수업 관찰하기 - 교사의 경청
9. 수업 관찰 내용 비교하기
10. 수업 대화 나누기 : 성공 사례 분석
11. 학생 결과물 읽기 1
12. 학생 결과물 읽기 2
13. 학생 결과물 읽기 3(수학 교과의 예)
14. 자기 교육 생애사
15. 학생에 대한 이해

이 중에서 '수업 관찰하기'와 '수학 관찰 내용 비교하기' 프로토콜은 수업 비평 팀에서, '자기 수업 이야기', '자기 교육 생애사', '학생에 대한 이해'는 학생에 대한 이해와 교과 발달 팀에서 개발한 것이다. 나머지는 교사학습공동체를 운영하고 연구하는 팀에서 개발하였다.

2. 프로토콜 적용의 결과 분석

본 연구자는 개발된 프로토콜 중에서 '두려움과 희망 프로토콜'과 '학생 결과물 읽기 3'을 교사학습공동체에 적용하여 보았다. 두 종류의 프로토콜을 적용하는 과정을 음성 녹음 후 녹취하고 교사학습공동체 참여자(교사와 연구진)가 작성한 기록물을 정리하여 분석하였다. 다음에서는 두려움과 희망 프로토콜과 수학 교과의 학생 결과물 읽기 프로토콜의 적용 후 프로토콜의 유용성이 드러난 부분을 음성 자료와 기록물을 정리한 2차 자료 데이터를 인용하여 설명하였다.

학습공동체 구성원들은, 두려움과 희망 프로토콜을 활용하여 "교사학습공동체 활동"이나 수업 등 논의 주제에 대한 교사들의 생각을

이끌어 내고 해당 활동과 관련한 희망을 달성하기 위해 어떤 노력들이 필요한지, 불안을 해소하기 위해 어떤 노력들이 필요한지에 대한 아이디어를 공유하는 활동을 하게 된다. 현재 연구자는 A초등학교 6학년 교사들과의 교사학습공동체와 서로 다른 학년을 맡고 있는 교사로 구성된 C초등학교 교사학습공동체에 촉진자로서 참여하고 있다. 연구자는 2012년 4월과 5월에 B교육대학교 프로토콜 연구팀에서 개발한 두려움과 희망 프로토콜을 B교육대학교 교육연구원의 교수와 연구원의 교사학습공동체 운영 준비 과정, A초등학교 6학년과의 학습공동체, C초등학교 교사와의 학습공동체에 적용하였다.

(1) 연구진의 두려움과 희망 프로토콜 수행 결과

본 연구자 외에 다른 촉진자 역할을 하는 교수들과 연구원들도 두려움과 희망 프로토콜을 학습공동체 운영의 가장 첫 시간에 활용하였다. 두려움과 희망 프로토콜을 적용한 결과 특징적으로 드러나는 사항을 정리하였다.

B교육대학교 연구진들 중 교사학습공동체를 2년째 연구하게 될 연구자, 1년째 연구하게 될 연구자, 교사학습공동체를 운영하지 않지만 공동으로 연구하게 되는 연구자가 있다. 교사학습공동체를 진행한 경험이 많고 적음에 따라 그리고 교사학습공동체에 직접적으로 참여하거나 관찰자의 입장에서 연구하는 등 서로 다른 상황에 접해 있는 연구진들이 모두 모여서 두려움과 희망 프로토콜을 진행하였다. B교육대학교의 연구진이 학습공동체 운영에 참여하는 A초등학교와 C초등학교는 학교의 문화가 상당히 달라서 연구진들이 각 학교의 문화를 이해하고 교류할 필요가 있었다. 교사학습공동체에 직접 참여하지 않는 연구진들이 희망과 두려움 나누기 프로토콜에 참여하는 이유는, 전문성 신장 체제를 구축함에 있어서 학교 문화의 차이와 의사 결정 과정에 대해서 연구를 진행하고 있어 교사학습공동체 진행 준비 과정을 연구해야 할

필요가 있었고 내부 참여자뿐 아니라 외부 관찰자의 시선과 조언이 직접 참여하는 연구진에게 도움이 될 것이라는 가정 때문이었다.

두려움과 희망 프로토콜에 따라 연구자들이 네모 형태로 둘러앉아 포스트잇에 두려움과 희망을 간단한 단어, 문장, 설명 등 표현하고 싶은 대로 적어서 칠판에 붙이고 한 사람당 2분의 설명 시간을 가졌다. 본 연구자가 연구진의 두려움과 희망 프로토콜 진행의 촉진자 역할을 하였다. 이어서 두려움을 극복하기 위한 노력, 희망을 이루기 위한 노력을 포스트잇에 적어서 칠판에 자신이 적은 두려움과 희망 옆에 붙이고 같은 방식으로 돌아가면서 토의하였다. 연구진이 교사학습공동체 운영 전에 지니고 있었던 두려움, 희망, 두려움을 극복하기 위한 노력, 희망을 이루기 위한 노력 포스트잇에 정리한 내용을 교사학습공동체 운영 경력에 따라 정리한 결과는 〈표 2-27〉과 같다.

이와 같이 포스트잇에 자신의 두려움과 희망을 적어 다른 연구진들과 대화를 하고 나서, 연구진들 모두 서로가 비슷한 고민과 두려움을 가지고 있음에 놀라워하고 한편 자신만이 그러한 고민을 하는 것이 아니라는 것을 알고 심리적인 안정을 찾게 되었다고 하였다. 교사학습공동체의 촉진자 역할로서 참여한 경력이 있는 연구진들은 새로이 교사학습공동체를 운영하게 될 연구진에게 경험을 이야기해 주며 격려하기도 하였다. 교사학습공동체를 처음 운영하게 될 연구자들은 공동체에서 실행할 과제와 규칙을 노력의 방안으로 생각한 반면 교사학습공동체를 운영했던 경험이 있는 연구자들은 교사의 요구를 파악, 소통, 공유를 노력의 방안으로 생각하는 차이를 볼 수 있었다. 두려움과 희망 나누기 프로토콜을 운영하고 모든 연구자들은 교사학습공동체의 목적과 과정, 그리고 어려움과 그 후에 얻게 될 성취들을 공유하게 되었고, 교사들과 대면하는 자리에 대한 자신감과 여유를 가지게 되었으며, 교사학습공동체를 운영할 계획을 수립하는 데 도움을 얻었다고 말하였다. 두려움과 희망의 프로토콜 진행 결과를 정리한 표를 프로토콜에 참여한 연구진과 참여하지 못한 연구진 모두에게 이메일로 전송하여 공유하였다. 참여하지 못한 연구진 중에는 생각을 공유하는 데 도움이 되었다고 메일로 감사를 표현하여 준 이도 있었다.

표 2-27 연구진의 두려움과 희망

비운영	두려움	두려움 극복 방법	희망	희망 위한 노력
H	- 교사의 자발적 참여 내적 동기는 어떻게 이끌어 낼 것인가?	- 교사의 입장에서 생각하고 - 구성할 때 가능하면 자발적 참여를 유도하고 - 다른 운영자의 노하우 전수받기 등	- 만족스러운 수업 같은 성취감?	- 내가 지향하는 방향과 교사의 목표점을 최대한 맞춰 나감
M	- 선생님들이 싫어하지 않을까?(억지로 하는 게 아닐까?)	- 자신감 - 철저한 준비 - 선생님들의 마음 읽기	- 단위 학교 선생님들이 계속 하고 싶어 하는 것 - 도움이 되는 것 (전문성 개발)	- 열심히 준비 - 연구 - 공유
N	- 헛다리	- 잦은 만남(실제로 원하지 않지만)	- 교사들 안에서 전문가를 찾기를…… 내가 필요 없는 교사학습공동체	- Power of Protocol - 대통령 선거 잘 하기
LH	- 경험의 반복 - 중단 - 행정적 처리	- 경험 나누기 - 규칙 세우기	- 행복한 소통 - 학교 변화 - 사회 변화	- 열심히 하기 - 긍정적으로 생각하기
1년 차	두려움	두려움 극복 방법	희망	희망 위한 노력
RM	- 나태함 - 표면적 - 폐쇄성 - 지겨움	- 여유 - 웃음 - 듣기	- 익숙함 - 개방성 - 내면화 - 즐거움	- 준비 - 듣기
PH	- 얻는 것이 없는 시간이 될까 두렵다.	- 활동에 참여 - 의지를 이끌어 냄 (자발적/비자발적)	- 선생님들이 의미 있는 시간이었다고 생각했으면 좋겠다.	- 활동 후 공동체 활동을 통해서 얻은 점 적게 하기

SS	- 낮은 기대치 → 역시 낮은 만족감	- 교사들이 진짜로 하고 싶고, 할 수 있는 '과제' 찾아 내기	- 낮은 기대치 → 상승하는 기 대감	- 약속(시간 및 숙제) 잘 지키 기 - 교사들이 이끌 어 가게 하기(일 단 사회부터)
KS	- 과연 성과를 낼 수 있을 까? - 교사들이 스스로 깨닫 게 유도할 수 있을까? 혹시 내가 강의를 하지 않을까? - 교사들이 수업 시간에 아이들을 대하는 방법 이 변화가 있을까?	- 대상 학교를 바꾸자. - 교사들이 정말 원 하는 것이 무엇인 지 파악하고 대처 하자. - 교사들에게 정말 로 새로운 것이 있다는 것을 보여 주자.		
2년 차	두려움	두려움 극복 방법	희망	희망 위한 노력
HM	- 교사학습공동체를 통해 나는 바뀔 수 있을까?	- 자기성찰 : 내가 가고 있거나, 가려 고 하는 길이 옳은 길인가?	- 교사들과 친밀 감이 커져서 서 로가 원하는 것 을 얻었으면……	- 상시적으로 교 사들과 만나서 서로의 어려움 과 기대하는 것 들을 나누는 소 통
LS	- 정말 도움이 될까?	- 부족하거나 필요한 부분을 채워 줘야	- '함께' 배운다는 느낌	'가르침'에 대한 이해 증가
KB	- 새로운 것을 해야 함 - 교사들의 참여 이끌어 내기	- 프로그램의 충실 - 교사의 요구를 파 악하여 교사학습 공동체 실행	- 수업 실천의 변 화 - 수업 실천, 발달 의 이해	- 공감 - 경청 - 긍정
KN	- 교사학습공동체 활동 후에 교사들의 불만 또 는 부정적 평가 - 글쓰기, 학회 발표	- 교사가 원하는 것 - 욕심내지 말고 즐 기며	- 교과교육 연구 실천가로서 보람과 전문성 향상 - 새로운 도전과 연구거리 발견	- 작지만 output 만들어 가기 - 그때그때 정리

(2) 교사학습공동체의 두려움과 희망 프로토콜 수행 결과

본 연구에서 분석한 교사학습공동체 활동은 연구자가 촉진자로 참여하고 있는 C초등학교 6학년 교사들과의 대면 모임에서 진행한 두려움과 희망 나누기 프로토콜이다. 대학과 학교 현장이 협력한 사업에서 나타나는 난점 중의 하나는 구성원이 비전과 목표를 공유하면서 지속적으로 관계를 유지하는 것이다. 선행 연구들을 살펴본 바에 의하면 교사학습공동체는 협력의 경험이 적은 교수와 교사가 교사의 실행을 비평하고 분석하는 활동을 주로 하면서 전문성 신장을 도모하게 되므로, 구성원이 공감대를 형성하고 협력해 나가기 위해서는 협력을 돕는 기법이 필요하다. 연구자는 프로토콜이 교사의 전문성 신장과 협력에 도움이 된다는 연구 결과를 기반으로 교사들과의 첫 자리에서 프로토콜을 사용하고 그 유용성을 알아보았다. A초등학교의 6학년 교사학습공동체에서 두려움과 희망 프로토콜을 운영하고 그 의견을 적은 포스트잇의 내용을 정리하면 〈표 2-28〉과 같다.

A초등학교 교사들과 두려움과 희망 나누기 프로토콜을 진행해 본 결과 A초등학교 교사들은 교사학습공동체에 참여하는 두려움은 6학년의 바쁜 업무로 인해 시간을 내기 어렵다는 점과 어떠한 것들을 하게 될지 모르는 두려움을 말하였다. 하지만 S, J, L 교사를 보면 자신의 수업 실제, 수학 교과에 대한 이해, 교수법에 대한 두려움을 가지고 있음을 알 수 있다. 연구자는 6학년 교사들이 교사학습공동체에 참여하는 데 많은 준비가 되어 있으며, 교사들이 자신의 수업을 공개하고 함께 성찰하려고 한다는 것을 알게 되었으며 활동 내용과 방법을 조정하는 데 많은 도움이 되었다.

A초등학교 6학년 교사들에게 A초등학교의 다른 학년 교사학습공동체의 두려움과 희망 나누기 프로토콜 결과와 B교육대학교 연구진의 두려움과 희망 나누기 프로토콜 결과를 정리한 내용을 보여 주고 다른 팀과 연구진의 생각과 준비 상황을 엿볼 수 있게 하였다. 교사들

표 2-28 C초등학교 교사학습공동체의 두려움과 희망

교사	두려움	두려움 극복 방법	희망	희망 위한 노력
K 교사	시간이 부족, 일 외에 다른 것 생각할 여유 없음, 왜 할까? 목적성에 대한 의문, 무엇을 해야 할지 모른다는 두려움, 만약 결과물이 안 나오면? 어떻게 해야 할지 모른다는 두려움	what : 안내자와 함께 간다. how : 같이 연구해 본다, 힘을 합하여 why : 하다 보면 알게 되겠지 time : 이건 구조적이고 사회적인 문제이기에 해결 불가능 if : 할 수 없다, 모양이라도 갖추어서 해결	반짝이는 누군가가 있겠지, 공부하는 교사가 되겠지, 교사와 학교 이상과 실제의 연구	1. 교사는 대학교의 입장을, 대학교는 교사의 입장을 서로 귀기울여 듣고 존중해 준다. 2. 수업이든 연구든 이리 준비하면 공부하는 교사가 되겠지 3. 이런 걸 하다 보면 보석을 발견하게 되는 건 자연스러운 일일 것이다.
L 교사	학업 성취도 평가와 약간 상충되어 내가 하고 싶은 여러 가지 수업 방법을 적용하는 데 어려움(시간의 제약이나 진도의 압박) 등이 있을 것 같다.	단기적인 100점보다 장기적인 100점을 위해 서로 노력하자, 절충 필요.	수업에 대한 새로운 아이디어를 배울 수 있다. 다른 선생님들과 이야기를 나누면서 수학 수업 할 때 어려웠던 점에 대한 해결책도 생각해 볼 수 있다.	수업에 대해 이야기 많이 나누기. 아이들이 솔깃해하는 수학 도움 자료 및 수업 방법 찾기.
J 교사	수업 공개, 열심히 참여할 수 있을까? 이론과 실제의 괴리? 고민할수록 더 고민되는 수학 교과	아직 어리니까 괜찮다는 마음, 잘하고 있다는 마음, 허심의 자세, 아는 것과 모르는 것은 다르다는 마음, 아이들과 호흡할 수 있도록 연구 단원, 긍정적인 마인드	수업 기술, 교과에 대한 심도 깊은 이해.	논문을 써야겠다. 우리 반 아이들부터 오개념 어려움 이야기 듣기, 수업 이야기 多, 수학에 대한 긍정적인 태도
S 교사	자신이 있는 수업 전개, 수업 문제에 대한 설명 방법	이론적 무장을 통한 자신 있는 자세, 많은 교재 연구를 통한 해박한 지식 습득, 수학 수업 관찰을 통해 수업 방법 터득, 늘 시간에 쫓기다 보니 수업 연수 시간이 촉박하여 좀 더 자유로운 시간을 설정하여 연수를 전개	새로운 것 습득, 수학 수업 방법 익히기	꾸준한 연수, 스스로 노력하는 자세, 긍정적인 생각으로 연수에 임하는 자세

은 다른 공동체와 연구진에서도 비슷한 두려움과 희망을 지니고 있다는 것을 알고 공감하였다. 특히 연구진도 두려움을 가지고 있으며, 자신들과 비슷한 희망과 두려움, 그리고 노력을 해야 한다는 사실을 읽고 나서 의외라는 반응을 보였다. 교사들이 작성한 협의록 〈표 2-29〉를 보면 교사들의 두려움과 희망을 달성하기 위한 노력에 서로 존중하고 격려하기, 긍정적인 마음 갖기, 수업에 대한 좋은 이야기 나누기, 6학년 수준의 좋은 수업 자료 찾기, 반 학생들의 어려운 점 알아내기 등 연구자가 제안하지 않았는데도 연구자가 교사학습공동체 구성원들에게 제안하고 싶었던 사항을 이끌어 내고 합의하였음을 알 수 있다.

표 2-29 6학년 교사학습공동체의 1차 모임 협의록 일부

두려움을 해소하고 희망을 달성하기 위한 노력
- 좋은 수업 많이 보기, 긍정적인 마음 갖기, 자신감을 갖기
- 긍정적인 생각 하기. 멘토와 멘티가 서로 존중, 격려하기

부담감 대신 마음의 준비라도 긍정적으로 갖기
수업에 대한 좋은 이야기를 나누기
6학년 수준에 맞는 좋은 수업 자료 찾기
우리 반 아이들에 대한 어려움을 듣기

그 이후에 진행된 교사학습공동체 활동을 통해서 볼 때, 연구진이 주도하고 교사들이 학생처럼 배우려고 하기보다 협력하려는 자세를 가지고 임하였다고 생각된다.

(3) 교사학습공동체에서 학생의 결과물 보기 프로토콜 수행 결과

미국 매사추세츠 칼리지 오브 리버럴 아트Massachusetts College of Liberal arts에서는 매사추세츠주 초중등교육부와 협약하여 수학학습공동체를 지원하는 교육과정 자료를 개발하였다. 이 교육과정 자료는 K-8학년 수학 교사의 전문성 계발을 지원하기 위한 것이다. 이 프로그램은 연구 재단의 지원을 받아 개발되었다. 이 프로젝트와 프로그램을

MLC Mathematics Learning Community라고 한다. MLC는 최근 연구에서 합의되고 있는 조직화된 교실 기반의 내용 중심 전문성 계발의 수요에 초점을 두고 있다. 이러한 전문성은 도전적인 학습 규준 및 교육과정과 학생이 특정한 문제를 해결하는 과정에서 보이는 발달을 연결 짓는 실제적인 지식이 요구된다.

MLC는 RSRC에서 개발한 자료를 활용하여 일반 교사들이 전문적인 학습공동체를 형성하고 운영할 수 있도록 하는 것이 기본적인 흐름이다. 교사들은 MLC의 자료에 따라 공동체를 운영하면서, 먼저 관련된 수학 내용을 직접 접하고 학생의 작업을 검토하고 학생의 이해가 어떻게 개발되는지를 분석하게 된다. 기본적인 수학 개념을 소개하고 교사들이 수학과 교수법에 대한 이해를 확장할 기회를 제공하는 것이 목적이다. RSRC는 MLC 자료를 개발하고 공동체를 운영하기 위한 촉진자 연수를 제공한다. MLC를 운영하는 모델은 초반에는 자료에 제공된 구조화된 모듈에서 시작하여 나중에는 촉진자가 숙달됨에 따라 좀 더 자유로운 형태로 운영하는 것이다.

본 연구에서 적용하고 분석한 '학생의 결과물 보기 프로토콜'은 MLC의 연수 모듈에 예시로 제공된 활동을 변형한 것이다. 연구자는 A초등학교 교사학습공동체 활동의 3번째와 4번째 시간에 학생의 결과물 보기 프로토콜을 적용하였다. 학생의 결과물 보기 프로토콜 수행의 절차는 먼저 학생의 결과물 보기 프로토콜의 목적이 무엇인지를 함께 공유하고, 하나의 예제로 '리사의 심부름' 프로토콜을 수행하는 것이다. 학생 결과물 보기 프로토콜을 수행하는 목적은 평가 문항의 경우 채점하기와 올바른 평가 하기, 활동 과제를 설계하고 수정하기, 수업의 설계 조정하기, 수학 교과와 주제에 대한 학생의 사고에 대한 이해 심화, 교사의 교과에 대한 이해 심화하기이다. 교사들에게 취지를 간단히 소개하고 본격적으로 프로토콜을 수행하였다.

리사의 심부름이라는 문제를 교사들이 해결하고 그 안에 포함된

그림 2-6 리사의 심부름 문제

리사는 집에서 세 가지 일을 합니다.
- 3일에 한 번씩 강아지를 산책시킵니다.
- 4일에 한 번씩 설거지를 합니다.
- 6일에 한 번씩 청소를 합니다.

아래 달력에서 보듯 리사는 2일(월요일)에 세 가지 일을 모두 했습니다.

Calendar

S	M	T	W	Th	F	S
1	2 • 강아지 산책 • 설거지 • 청소	3	4	5	6	7
8	9	10	11	12	13	14
15	16	17	18	19	20	21
22	23	24	25	26	27	28
29	30	31				

리사가 세 가지 일을 같은 날 하게 되는 것은 또 언제가 될까요?
그림, 수, 말을 이용하여 해결을 설명하시오.

수학 주제와 올바른 해결 방법을 알아본 다음에, 미국의 학생들 4명의 해결법을 보고 어떤 오류와 사고 과정이 포함되어 있는지를 분석하였다. 그 후에 4명의 학생들의 오류, 사고의 특징, 사고 과정을 알아내고 이해를 돕기 위한 질문을 생각해 내고 이를 서로 비교하는 활동을 하였다. 교사들은 처음에 수학 문제를 나누어 주자 긴장하는 모습이 역력하였다. 하지만 문제를 해결하고 문제의 해결 방법과 관련된 수학 내용에 대해서 토의하면서 문제가 쉽고 간단해서인지 바로 긴장을 풀고 서로 적극적으로 문제의 해결 방법과 수학적인 내용을 나누었다. 4명의 학생 반응을 분석할 때는 자신의 반 학급 학생들을 떠올리면서 매우 적극적이고 활발하게 분석하였다. 교사들은 리사의 심부름 문제를 이용한 학생의 결과물 보기 프로토콜을 수행하고 나서 '재미있었다', '좋았다'는 말을 하면서 교사학습공동체 활동을 마무리하였다. 연구자는 교사들에게 '학급의 학생들이 이 문제에 대해서 어떻게 생각하는지 궁금하지 않은지'를 물어보았고, 교사들은 정말 궁금하다고 하면서 자신들의 학급 학생들에게 해결해 보게 한 후에 다음 모임에서 해결하게 하자고 제안을 하였다.

학생의 결과물 보기 프로토콜의 두 번째 시간은 A초등학교 6학년 학생들의 결과물을 분석하는 시간이 되었다. 각 교사들과 함께 자신의 학급 학생들의 반응을 분류하고 이를 학급 간에 비교하여 보았다. 학생들의 반응을 분류하면서 어떤 해결이 최소공배수를 형식적으로 이해한 것인지, 뛰어 세기를 한 비형식적 해결인지를 논의하였다. 교사들은 자신의 학생들에 대해 이해한 바를 바탕으로 그 학생이 이전의 해결과 비슷한 양상으로 해결하였는지, 의외의 해결인지를 아주 흥미로워하면서 논의하였다. 〈그림 2-7〉은 리사의 심부름 문제에 대한 미국 학생들의 반응 예나 교사들이 예측한 반응에서 찾을 수 없었던 A초등학교 학생의 특수한 반응이었다. 교사들은 이 학생의 반응에 대해서 탐구하고 많은 논의를 하였다.

〈그림 2-7〉뿐 아니라 다양한 학생들의 반응이 있었다. 교사들은 이전 시간에 미국 학생의 반응을 분석하였을 때는 4명의 특징적인 학생들의 것만 보았지만, 자신의 학급 학생들의 반응을 분석하다 보니 분류의 틀을 만들어 내야 하였다. 교사들은 연구자와 함께 협의하여 분류 틀을 만들어 학생들의 반응을 분류하였다. 그 결과는 〈그림 2-8〉과 같다.

학생들의 반응을 분석하고 나서 A초등학교 6학년 교사학습공동체 참여 교사들은 학생들의 반응에 대해서 학생들이 예상보다 훨씬 더 바르게 해결하지 못하였고, 비형식적 방법을 사용하였으며, 다양한 해결 방법을 이용한다는 것을 실제로 확인하고 구체적인 방법을 확인하

그림 2-7 A초등학교 학생의 리사의 심부름 문제 해결 예

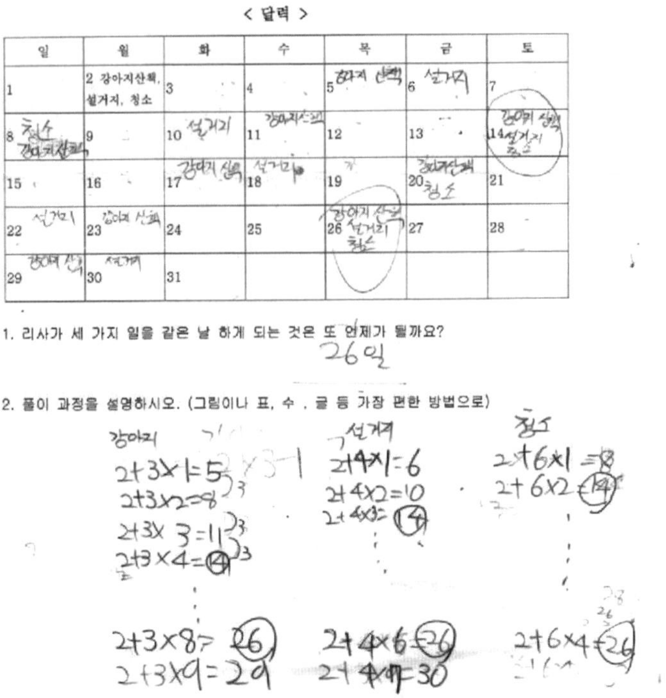

< 달력 >

일	월	화	수	목	금	토
1	2 강아지산책, 설거지, 청소	3	4	5 강아지 산책	6 설거지	7
8 청소 강아지산책	9	10 설거지	11 강아지산책	12	13	14 설거지 청소
15	16	17 강아지 산책	18 설거지	19	20 청소 강아지산책	21
22 설거지	23 강아지 산책	24	25	26 강아지 산책 설거지 청소	27	28
29 강아지 산책	30 설거지	31				

1. 리사가 세 가지 일을 같은 날 하게 되는 것은 또 언제가 될까요? 26일

2. 풀이 과정을 설명하시오. (그림이나 표, 수 , 글 등 가장 편한 방법으로)

강아지

2+3×1=5

2+3×2=8

2+3×3=11

2+3×4=14

2+3×8=26

2+3×9=29

선거지

2+4×1=6

2+4×2=10

2+4×3=14

2+4×6=26

2+4×7=30

청소

2+6×1=8

2+6×2=14

2+6×4=26

그림 2-8 A초등학교 학생의 리사의 심부름 문제 풀이 결과 분석

학급	14/26					14					26					오답				
	최소공	뛰어	둘다	답만	기타	최소공	뛰어	둘다	답만	기타	최소공	뛰어	둘다	답만	기타	최소공	뛰어	둘다	답만	기타
6-1	6	1	.	.	2	4	1	.	.	.	.	1	.	.	.	4	3	.	.	1
6-2	3	5	4	.	.	4	1	.	.	.	.	1	.	.	1	1	4	.	.	3
6-3	2	3	2	.	.	3	4	5	.	1	.	.	.	.	.	2	5	.	.	.
6-4	3	7	5	3	.	.	2	2	.	.	.	.	.	.	.	.	.	.	.	3
6-6	4	5	.	.	.	.	2	8	.	.	.	.	.	.	.	2	2	.	.	1
계	18	21	11	3	2	15	16	5	.	1	.	2	.	.	1	9	14	.	.	8
LASW								C									A B	D		

였다. 그리고, 학급별로 학생들의 해결 유형이 서로 상이하다는 것을 발견하였다. 발견한 내용을 토대로 A초등학교 6학년의 반 편성 당시 학생들의 학력 분포와 교사의 지도 방법과 관련지어 보면서 그 원인과 현상을 해석, 진단, 처방하려 시도하였다. 리사의 심부름 문제를 해결하고 분석하면서 학생들의 오류나 불분명한 해결은 문제에 포함된 부주의한 실수 때문이라고 보고 문제를 구성할 때의 방법에 대해서도 논의하였다. 6학년 교사학습공동체에서는 2학기 활동으로 공동의 수업을 구상하고 수업을 실행, 분석하기로 하였다. 연구자는 이 활동을 하고 나서 수업을 구상하기 전에 학생의 반응을 분석하고 나서 그를 기초로 수업과 과제를 구상하여 실행 연구를 진행할 수 있겠다는 계획과 가능성을 생각해 보게 되었다.

IV. 결론 및 제언

본 연구에서는 대학과 초등학교의 협력적 교사학습공동체 운영 과정에 프로토콜 기법을 적용하여 국내의 교사학습공동체에 프로토콜의 적용 가능성과 유용성을 탐색하여 보았다. 본 연구에서 적용·분석한 프로토콜은 '두려움과 희망 나누기'와 '학생의 결과물 보기'의 두 가지 프로토콜로 전자는 교사학습공동체의 비전과 목표를 설정하고 구성원들의 공감을 이끌어 내는 것이며, 후자는 학생들의 사고 이해, 과제 구성, 교사의 수학에 대한 이해를 돕는 것이다. 본 연구에서는 전자를 교사학습공동체 활동의 초반에, 후자는 본격적인 교사학습공동체 활동에 적용하였다.

적용 결과 교사학습공동체에 참여하는 교사들이 자신의 감정과 사고를 드러내도록 하는 데 유용하였다. 단지 몇 개의 정해진 절차를 이용하여 진행하였는데 교사학습공동체에서 많은 변화를 경험할 수 있였다. 교사학습공동체의 구성원은 다른 구성원, 다른 공동체 구성원, 연구진의 두려움과 희망을 공유하고 나서 소통에 있어서 훨씬 자신감 있고 적극적으로 활동하였고, 학생의 결과물 보기 프로토콜을 활용하여 학생에 대한 이해와 수학 교과 지식 탐색을 적극적으로 하게 되었다. 뿐만 아니라, 교사와 연구진이 실행 연구를 구성하고 함께 수행할 수 있는 기반이 조성되었다.

본 연구에서는 프로토콜을 적용한 사례를 논의하여 프로토콜과 같은 절차가 교사학습공동체에서 유용함을 알아보았다. 연구 결과 프로토콜은 실용적인 절차이지만, 연구, 모델 정립, 확산에 도움이 되는 조정자의 역할을 할 수 있다는 작은 결론을 내릴 수 있었다. 본 연구는 프로토콜을 활용하여 교사학습공동체를 운영하고 다양한 유용성과 가능성을 탐색하는 데 초점을 두었으므로, 앞으로 가능성의 폭을 확장하고 일반화할 수 있는 장기적이고 다양한 시도가 이어져야 하겠다. 다음과 같은 제언을 하면서 연구를 마무리하고자 한다.

먼저 교사학습공동체에 장기적으로 적용하고, 심층적인 분석과 연구가 이루어져서 프로토콜을 활용한 교사학습공동체 활동이 어떤 측면에서 교사의 전문성을 향상시키는 데 도움을 주며 어떠한 과정과 경로를 보이는지를 분석하여 교사 전문성 개발 시스템 구축의 모델로 활용할 수 있을 것이다. 둘째, 여러 목적으로 개발된 프로토콜들을 범주화하고 이를 적용하여 본 후에 교사학습공동체를 운영하는 방법으로 확산 적용하는 연구도 필요하다. 마지막으로 교사의 전문성 향상을 위해서는 대학의 전문가가 포함된 교사학습공동체가 아닌 교사들의 자생적인 교사학습공동체가 조직·운영되어야 하는데, 다양한 유형의 프로토콜을 개발하고 그 적용 사례를 정리한 모듈 자료를 축적하고 대학에서 촉진자 교사 연수에 활용하고 촉진자 교사가 교사학습공동체를 운영하도록 돕는 방안도 유용할 것이라 판단된다.

| 참고 문헌 |

구원회, 박영희, 나귀수, 황연주, 하정미(2010). 자기주도적 교수역량 강화를 위한 PDS모형 개발에 관한 연구. 교과교육학연구, 14(3), 교과교육연구소, 597~599쪽.

나귀수(2010). 초등학교 수학 수업 학습공동체 활동에 대한 연구. 수학교육학연구, 20(3), 대한수학교육학회, 373~395쪽.

박영희(2011). 초등 수학 수업 전문성 신장을 위한 대학과 초등학교의 학습공동체 사례 연구. 한국수학교육학회지 시리즈 E - 수학교육 논문집, 25(1), 한국수학교육학회, 47~61쪽.

서경혜(2009). 교사전문성 개발을 위한 대안적 접근으로서 교사학습공동체의 가능성과 한계. 한국교원교육연구, 26(2), 한국교원교육학회, 243~276쪽.

오영열(2006). 수업개선 관행공동체를 통한 교사의 변화 탐색 : 수학수업관행을 중심으로. 수학교육학연구, 16(3), 대한수학교육학회, 251~272쪽.

청주교육대학교 교육연구원(2011). 교사의 자기 주도적 교수역량 강화 및 확산을 위한 PDS 구축 연구. 2011년도 중점연구소 지원 사업 보고서.

최수일(2009). 수업분석 학습공동체 활동을 통한 수학교사의 전문성 제고에 관한 연구. 박사학위 논문. 서울대학교 대학원.

Allen, D. & Blythe, T.(2004). *The facilitator's book of questions: Resources for looking together at student and teacher work.* New York: Teachers College Press.

Carroll, C. & Mumme, J.(2007). *Learning to lead mathematics professional development.* Thousand Oaks, CA: Corwin Press.

Easton, L. B.(2009). *Protocols for professional learning.* Alexandria, VA: ASCD.

Jaworski, B.(2005). Learning communities in mathematics: Creating an inquiry community between teachers and didacticians. In Barwell, R. & Noyes, A.(Eds.), *Research in Mathematics Education,* 7(1), London: BSRLM, pp. 101-119.

(2007). Learning communities in mathematics: Research and development in mathematics teaching and learning. In Bergsten, C., Grevholm, B., Strömskag Måsöval, H. & Rönning, F.(Eds), *Proceedings from NORMA 05, Nordic conference on mathematics education,* Trondheim: Tapir Academic Press, pp. 71-96.

McDonald, J. P., Mohr, N., Dichter, A. & McDonald, E. C.(2007). *The power of protocols: An educator's guide to better practice*(3rd ed.), New York: Teachers College Press.

Wachob, P.(2011). Critical friendship circles: The cultural challenge of cool feedback. *Professional Development in Education,* 37(3), pp. 353-372.

Walshaw, M. & Anthony, G.(2008). Creating productive learning communities in the mathematics classroom. *Pedagogies: An International Journal,* 3(3), pp. 133-149.

http://www.doe.mass.edu/omste/instructional.html

http://www.doe.mass.edu/sda/regional/courses/?section=MLC

www.umassmed.edu/Mathe_Learning_Community/index.aspx

초등학교 전문학습공동체의
환경 수업 공동 설계와 실행 사례 연구

환경 수업 전문성의 관점에서

———————————————————————— 김남수

I. 서론

　개인의 학습과 성장 경로가 수없이 다양하듯 교사의 학습과 성장을 위한 경로는 매우 다양할 수 있다. 환경 교사의 경우 넓게 보면 교사 그룹과 환경교육을 지원하는 사회단체, 교육과정과 학교 문화, 그리고 환경에 대한 문화적 내러티브 등도 교수 내용 지식을 형성하는 문화적 자원과 학습의 기회가 된다(황세영, 2012). 가장 전형적이고 제도적인 경로는 교사 연수 프로그램이라 할 수 있다. 매일같이 다양하고도 복잡한 쟁점들이 생겨나고 있는 상황 속에서 환경 주제를 다루려는 현직 교사들에게 도움을 줄 수 있는 다양한 연수를 마련하여 제공하는 것은 매우 중요한 과제이다(이성희, 최돈형, 2007; 맹희주, 손연아, 최돈형,

2009). 그런데, 교사 연수의 대부분은 교사들이 근무하는 학교 밖에서 이루어진다. 연수에서 접하고 배운 내용이 실질적으로 수업으로 이어질 수 있으려면 상당한 의지와 노력이 필요할 뿐 아니라, 수업 전문성은 실천 속에서 반성을 통해서만이 축적될 수 있는 부분이 있다. 따라서 현장 기반 전문성 신장job-embedded professional development(Smith & Gillespie, 2007) 접근에도 관심을 기울일 필요가 있다.

교사학습공동체 활동은 지속가능발전교육과 환경교육의 관점에서 더욱 주목해야 할 필요가 있다. 먼저, 현장 교사들에게 통합적이고 간학문적인 주제인 환경 수업을 위해 협력할 수 있는 기회를 제공할 수 있다. 또한 교사학습공동체는 단순한 모임이기보다 모두가 함께 협력하고 학습하며 공동으로 의제를 설정하고 결정하며, 책임을 공유하는 공동체를 뜻하며, 그런 점에서 지속가능발전교육에서 중요한 사회적 학습social learning을 위한 장이기도 하다.

이 연구는 초등학교 6학년 교사들이 교사학습공동체를 구성하여 환경 수업을 공동으로 설계하고 실행하며, 반성한 사례를 소개하고자 한다. 이 사례를 통하여 초등학교 교사들이 동료들과 함께 환경 수업을 설계하고 실행하는 과정에서 어떠한 고민을 하며, 결과적으로 무엇을 학습하는지 파악하고자 한다. 이를 통해 환경 수업 전문성과 관련하여 교사학습공동체에서 이루어진 공동 수업 설계와 실행의 의미를 알아보고자 한다. 구체적인 연구 질문은 다음과 같다.

- 초등학교 교사학습공동체에서 교사들은 환경 수업을 설계하면서 어떤 논의를 하는가?
- 초등학교 교사학습공동체에서 환경 수업을 함께 설계하고 실행하면서 교사들은 무엇을 배우는가?
- 초등학교에서 환경 수업의 공동 설계와 실행은 환경 수업 전문성의 관점에서 어떤 의미인가?

연구 질문을 해결하기 위해서 먼저 이 연구의 이론적 배경으로 환경 수업 전문성, 전문학습공동체, 지속가능발전교육과 사회적 학습 등과 관련해서 논의를 하고, 둘째, 연구의 대상이자 사례인 A초등학교와 6학년 학습공동체에 대한 소개와 연구 방법에 관하여 소개하고, 셋째, 6학년 학습공동체에서 공동으로 환경 수업을 설계하고 실행한 과정을 시간의 흐름에 따라 기술하며, 그 속에서 교사들의 이야기를 분석한 결과를 논의하고자 한다.

II. 이론적 배경

1. 환경 수업 전문성과 '교육적 적용'에 필요한 지식

환경 수업을 위해서 교사들에게는 어떤 전문성이 요구되며, 그 전문성을 기르기 위해서는 어떠한 방법이 필요할까? 손연아 외(2009)의 연구는 Hungerford, Volk & Winter(1994)의 '환경교육자의 전문성에 관한 틀'과 한국교육과정평가원(2002)의 '좋은 수업을 정의할 때 고려되는 요소'를 참고하여 환경 수업 전문성의 틀을 제안하고 있다. 이 틀을 보면 환경교육 전문성(혹은 환경 수업 전문성)을 생태학적 기초(영역 1)와 개념적 인식(영역 2), 조사와 평가 능력(영역 3) 및 환경적 행위 기능(영역 4)을 갖추어야 하고, 이와 관련된 교수 자료를 효율적으로 적용할 수 있는 능력(영역 5)으로 규정한 것으로 판단된다. 이 정의는 교사 스스로 환경 소양을 갖춘 환경 주제 전문가가 되어야 함을 전제로 하며, 교사 고유의 능력으로 자신이 축적한 경험과 지식을 수업에 잘 적용하고 전달하는 '교육적 적용'을 덧붙인 것으로 해석된다. 수업 전문성과 관련해서 우리는 이 '교육적 적용' 능력에 더욱 주목할 필요가 있다.

수업 상황에서 학문적 지식과 학습자 사이를 매개하는 요소들은 매우 다양하다. 그 요소들로 교과서(기술 내용과 그림 포함), 교육과정, 교구, 교수-학습 매체 그리고 교사를 생각해 볼 수 있다. 교사는 교구, 교수-학습 방법, 교수-학습 매체, 언어 등 수업과 관련된 모든 사항을 선택하고 결정하면서 학문적 지식과 학습자 사이를 적극적으로 매개한다. 이 과정에서 학문적 지식은 변형될 수밖에 없는데, 일부 학자들은 이를 학문적 지식의 왜곡이라고 표현하기도 한다(김민정, 2002). 이와 같이 학문적 지식을 가르칠 지식으로 바꾸는 과정을 교수학적 변환didactic transposition이라고 한다. 설규주(2013)에 따르면 이러한 교수학적 변환은 "단지 교사와 학생의 눈높이를 맞추기 위해 부분적으로 번역했다는 의미가 아니라, 특정한 내용에 가장 적합한 교수-학습 방법을 융합하고 적용하기 위한 포괄적·종합적 차원에서의 재구성을 의미한다". 이러한 변환의 과정에서는 학습자와 수업 상황을 충분히 고려할 수밖에 없으며, 교사들이 만나는 학습자와 수업 상황은 끊임없이 바뀌므로, 교사는 학문적 지식을 어떻게 바꾸어 학습자에게 경험하게 할 것인지를 두고 끊임없이 고민하고 공부하는 존재일 수밖에 없게 된다. Shulman(1987)이 처음으로 제기해서 교사 교육 분야에서 널리 확산되고 있는 교수 내용 지식에 대한 관심은 이러한 교수학적 변환과 밀접하게 관련이 있다. 교수 내용 지식은 특정 주제에 적합한 교수법에 관한 지식이라고 할 수 있다. Shulman(1987)은 교과 내용 지식, 교육과정 지식, 교수 내용 지식, 일반 교수법 지식, 학습자에 대한 지식, 교육 환경에 대한 인식, 교육 목적에 대한 지식 등 7가지의 교사 지식 중 교수 내용 지식을 교사 전문성의 핵심으로 보았다.

이상의 논의를 고려할 때 환경 수업 전문성에 대한 관심은 교사의 환경 소양만큼이나 교수 내용 지식, 학생 이해 지식, 교실 상황 지식 등으로 그 관심을 확장할 것을 요청하고 있다. 그렇다면 교사들은 이러한 지식을 어떻게 배우고 익힐 것인가?

2. 수업 전문성 신장과 교사학습공동체

교사의 성장과 학습에 있어서 반성적 실천reflective practice(Schön, 1983)의 중요성은 이미 현장 교사들과 교사 교육 연구자들 사이에서 널리 받아들여지고 있다. 그러나 개인적 반성만을 가지고 교사가 실행 지식을 획득하는 것은 한계가 있다. 수업에 반영되는 다층적인 맥락을 고려한다면 교실 수업 개선은 개별 교사의 노력만으로는 한계가 있으며, 교사의 개별 지식을 정당화할 수 있는 타자를 필요로 한다(박선미, 2006). 이러한 맥락에서 교사의 전문성에 관한 논의에서 동료와의 협력과 소통을 중요한 의제로 포함시키는 사례가 늘어나고 있다(임찬빈 외, 2004; 진영은, 함영기, 2009; 천은수, 2009; 김현진 외, 2010).

환경교육 분야의 경우, 이성희, 최돈형(2007)은 '동료와 지역 사회와 의사소통 및 협력'을 초등 환경교육 교사의 전문성 중 하나로 제안하고 있다. 그 이유로 "환경교육의 내용도 더 이상 생태적 지식, 환경 오염 또는 환경 문제를 해결하는 수준에 머물러서는 안 된다. 사회적, 경제적, 정치적 측면을 균형적으로 고려하는 시각을 가지기 위한 교양과 아울러 합리적인 의사 결정과 협력과 비판적 사고력 신장을 위한 논의와 소통을 배우는 일은 매우 기본적인 일"이라고 전제하고, 초등 교사는 동학년을 중심으로 협력과 소통의 체계가 확립되어야 한다고 주장한 바 있다. 이와 같이 동료 교사와의 협력과 소통의 중요성에 대한 관심은 곧 교사학습공동체에 대한 관심으로 이어지고 있다.

교사학습공동체는 사회적 학습과 밀접한 관련이 있다. 사회적 학습은 어떤 문제와 관련된 당사자들이 함께 모여서 다루어야 할 문제에 대해서 탐색하고, 토론하며, 다양한 관점과 해법을 검토하며, 네트워크를 만들어서 끊임없는 상호 작용과 소통을 하는 것을 의미한다(Krasny & Lee, 2002). 교사학습공동체는 다양한 매개 활동을 통해서 구성될 수 있는 한편, 그 안에서 활동을 통해서 다양한 사회적 학습이 일어날 수 있다. 학교에서 가능한 활동으로는 수업 비평, 학생 결과물 검토 및 공동 수업 설계와 실행 등이 있다. 따라서 학교에서 구성된 교사학습공동체는 수업 실천과 개선을 목적으로 하는 실행 연구 공동체라고 볼 수 있다(김남수, 이혁규, 2013). 이러한 점은 지속가능발전교육의 차원에서도 매우 중요하다.

3. ESD 학교와 학습공동체로서 학교

지속가능한 발전sustainable development 개념은 경제적, 환경적, 사회적, 정치적, 문화적 측면들을 모두 고려해야 하고, 제 측면들의 균형 혹은 조화를 강조한다. 균형 혹은 조화를 이루어 내려면 기본적으로 종합적이고 체계적인 사고 혹은 복잡성 사고를 요구한다. 또한 종종 상충할 수밖에 없는 다양한 이해 관심들interests에서 비롯되는 다양한 요구들을 드러내고 나누고 이해하는 소통의 과정과 그 속에서 일정 정도의 합의를 이끌어 내어 집단적 결정을 하는 과정을 필요로 한다. 요컨대, 지속가능한 발전과 환경 문제 해결을 위해서는 사회적이고 의사소통적인 학습 접근인 사회적 학습이 필요하다. 사회적 학습은 그 과정이나 역량 그 자체를 직접적으로 겪을 수 있는 수업과 학교 문화 속에서 가장 잘 익힐 수 있다. 당연히 그러한 과정에 참여할 수 있는 역량 구축 또한 필요하다. 그런 점에서 유럽의 환경교육네트워크인 ENSI에서 지속가능발전교육 학교Education for Sus-tainable Development School, ESD 학교(Breiting, Mayer & Mogensen, 2005)라 명명한 학교의 특징에 주목할 필요가 있다. ESD 학교는 미래를 위한 학습에 참여하는 학교로 교사와 학생들을 '복잡성의 문화'로 초대하고, 가치를 명료화하며, 비판적 사고를 통해 탐색하고 도전하며, 참여와 실행 학습의 가치를 깊이 생각해 보고, 모든 과목과 수업을 ESD의 관점에서 재조명한다. 이러한 점은 모두 학생들의 실행 역량action competence을 개발하는 데 있어서 핵심 요소가 된다. 따라서 이들은 복잡계로서 그리고 학습 조직으로서 학교라는 개념을 강조하며, 학교 풍토와 내적 관계에 주목할 것을 주문한다.

주문한다.

학교의 성공 여부는 경험, 반성, 혁신, 협력을 얼마나 잘해 나가는지에 달려 있으며, 조직 체계로서 학교의 경험은 학교 문화라는 집단적 기억에 저장한다. 새로운 경험, 반성, 혁신 등이 학교 문화에 통합되면서 사람들의 상호 작용, 논의, 행동의 방법을 바꾸어야 한다. (Breiting, Mayer & Mogensen, 2005: 10-11)

한마디로 ESD 학교는 민주적 의사 결정 과정, 모든 이해 당사자들의 참여, 실행 연구 접근, 책임과 접근의 공유 등의 특징을 가지며, 경험과 반성을 통하여 혁신하는 학습 조직이다. 그런데, 조직이라는 은유로 보게 되면 자칫 학교를 낱낱의 개인과 그들이 담당하고 있는 교과와 업무로 나누어 볼 가능성이 있다. 반면에 학교를 공동체라는 은유로 본다면 네트워킹, 상호 작용, 연결을 통한 사회 발전 가치를 강조한다(Sergiovanni, 1992; Mullen, 2009). 이 점에서 본다면 ESD 학교가 지향하는 모습은 학습 조직보다 학습공동체라 부르는 것이 적절하다.

정리하면, 교사학습공동체는 교사의 수업 전문성을 신장시키고, 교사들의 집합적 지식을 확장시키는 데 있어서 매우 중요한 통로가 될 것이며, 이는 사회적 학습 역량을 강조하는 지속가능발전교육에 있어서도 매우 중요한 실천이라고 할 수 있다.

III. 연구 방법

1. 사례 선정 이유

본 연구는 사례 연구로서 A초등학교의 6학년 학습공동체에서 이루어진 환경 수업 공동 설계와 실행 과정을 사례의 범위로 선정하여 기술하고자 한다. 이 사례는 대학과 초등학교의 협력 프로젝트의 일환으로 교사학습공동체를 구성하고, 환경을 주제로 단원을 재구성하고, 공동으로 수업을 설계하고, 실행한 사례이다. 이러한 성격의 사례는 현재 초등학교에서 일반적으로 일어나고 있는 실천이 아니기 때문에, 환경 교육의 관점에서 그리고 학교와 수업 변화의 관점에서 기록할 필요가 있다고 판단하여 연구 대상으로 삼게 되었다. 또한 협력 학교 교사들의 협력적인 수업 개선 활동을 기록하고 의미를 구하여 널리 공유하는 작업은 A초등학교 학습공동체 활동을 지원하고 있는 연구자로서 당연히 해야 할 역할이기도 하다.

2. 연구 참여자

이 연구의 참여자인 A초등학교 6학년 학습공동체의 교사들과 이와 밀접하게 얽혀 있는 A초등학교라는 학교 전체의 맥락은 다음과 같다.

(1) A초등학교 학습공동체의 배경

A초등학교는 충청북도의 한 도시의 외곽에 위치한 공립 초등학교로서, 1994년에 개교하여 올해 27개 학급이 편성되었으며, 모두 33명의 교직원이 근무하고 있다. A초등학교는 2009년부터 B교육대학교와 파트너십을 맺고, 교사학습공동체를 중심으로 교사전문성개발체제 구축을 위한 실행 연구에 참여하고 있다. 대학과 초등학교 간의 관

계와 대학의 교과교육 전문가들의 협력 방식은 매년 조금씩 달라지고 있다. 그러나 2012년까지는 공통적으로 학교 전체에 여러 개의 교사학습공동체를 구성하고, 각 교사학습공동체에 대학의 교과교육 전문가들이 참여하여 활동하는 방식으로 진행되었다. 2013년에는 그간의 경험을 바탕으로 교사들이 주도적으로 활동을 하고, 기존에 모임의 촉진자와 리더 역할을 하던 교과교육 전문가들은 교사들의 요청에 따라서 필요한 경우에 자문을 하는 수준에서 협력하기로 결정하였다.

(2) 2013년 교사학습공동체 활동 주제 : 공동 수업 설계와 실행

2013학년도가 시작되면서 A초등학교는 B교육대학교에 직무 연수를 마련해서 진행해 줄 것을 요청하였다. 이에 B교육대학교는 교사학습공동체 활동을 위한 주제들을 모아 15시간의 직무 연수를 진행하였다. 이 연수는 2013년에 자율적으로 교사학습공동체를 운영하는 데 필요한 주제로서, 교사학습공동체에 대한 안내, 구성을 위한 워밍업 활동, 수업 비평 활동, 공동 수업 설계와 실행 프로토콜 등으로 구성하였다.[1] 한편, A초등학교 교사들은 자체적으로 교사학습공동체 활동 방향에 관해서 논의를 진행하였고, 공동 수업 설계와 실행을 모든 학년 공동체의 활동 주제로 삼았다. 이는 교사학습공동체 활동을 기반으로 수업 혁신을 하고, 그 내용이 널리 알려지고 있는 경기 성남 보평초등학교의 사례에서 영감을 얻은 것이다. 다른 한편으로는 2010년과 2011년에는 수업을 공개하고, 함께 보는 작업을 한 반면에 2012에는 연구에 집중하면서 수업 자체를 다루지 않았기 때문이기도 했다. 한편, A초등학교는 B교육대학교와의 협력 사업을 주제로 연구학교로 지정되었다. 따라서 연구학교 프로젝트 결과물을 만들기 위하여 공동 수업 설계와 실행 후 최종 수업을 공개하고, 그 수업 지도안과 수업 동

• • •

1   교사학습공동체를 위한 프로토콜은 [Easton, 2009; Mcdonald et al., 2007; 김남균, 2012] 참고.

영상 등의 결과물을 만들어야 할 현실적인 과제가 있었다.

(3) 6학년 학습공동체 구성원

A초등학교 6학년은 모두 5개 학급으로 구성되어 있다. 6학년 학습공동체는 개인적인 사정으로 참석하지 못하는 3반 교사를 제외한 나머지 4개 학급의 담임 교사와 음악과와 영어 교과 전담 교사로 구성되었다. 공동 수업 설계와 실행은 주로 4명의 학급 담임을 중심으로 이루어졌다. 교사들의 인적 사항은 〈표 2-30〉과 같다.

올해로 경력이 6년 차인 이 교사는 6학년 학년부장으로서 모임을 주도적으로 이끌었다. 그리고 한 달에 한 차례씩 열린 교사학습공동체 리더 모임에 참석하여 6학년 모임이 어떻게 진행되고 있으며, 그 고민이 무엇인지를 공유했다.

배 교사와 정 교사의 경력은 올해로 5년 차, 최 교사의 경력은 4년 차이다. 네 교사 모두 올해로 6학년 담임을 세 번째 맡고 있다.

표 2-30 6학년 학습공동체 구성원

이름	경력	A초등학교 근무 경력
이 교사	6년 차	3년 차
배 교사	5년 차	1년 차
정 교사	5년 차	1년 차
최 교사	4년 차	1년 차

3. 자료 수집 및 분석 방법

이 연구에서 정리하고 분석한 자료는 2013년 3월부터 7월 사이에 수집되었다. 그 내용으로는 교사들이 작성한 모임 일지, 모임에서 공유한 각종 자료, 수업 지도안, 수업 동영상, 수업 동영상 전사록 등이 있다. 6학년 학습공동체에서 연구자의 역할은 관찰자로서 참여 관찰자participant as observer(Gold, 1958)에 가까웠다. 즉, 매우 적극적으로 어떤 역할을 맡아서 수행하기보다는 교사들의 모임에 참석하여 요청이 있거나 필요하다고 판단될 경우 관련 자료를 제공하며, 모임을 참관하였다. 참석한 모임과 참관한 수업을 녹음하거나 녹화한 경우 전사록을 만들어서 보내 주었다. 이는 교사들에게 시간 관계상 쉽지 않은 작업이지만, 제공할 경우 수업 반성에 도움이 될 것이라고 판단했기 때문이었다. 직접 참관하지 않은 모임은 교사들이 작성한 모임 일지를 참고했다. 수집된 자료 중 녹화 혹은 녹음된 파일은 전사록을 작성하였고, 전사록과 문서 자료는 오픈 코딩을 통해서 분류한 뒤, 시간적 흐름에 따라서 재배치하였다. 같은 지도안으로 여러 교사가 진행한 수업 동영상을 비교하여 분석한 자료는 반성의 자료로 삼을 수 있도록 교사들에게 전달했다.

4. 연구의 신뢰성과 전이 가능성

사례 연구는 다수의 사례들 속에서 일정한 패턴과 규칙성을 찾아 일반적으로 적용할 수 있는 진술을 도출하는 데 목적을 두지 않고, 개별 사례를 고유한 맥락과 함께 살펴보고 함의를 구하고자 한다. 연구의 신뢰성credibility과 전이 가능성transferability(Lincoln & Guba, 1985)을 확보하기 위하여 맥락을 포함하여 그 과정 자체를 가능하면 상세하게 기술하고자 했다. 또한 참여 관찰과 면담 등 여러 방법으로 다양한 자료를 수집하여 다각도로 분석하려고 했으며, 그 해석 결과를 연구 참여자에게 검토하는 과정을 거쳤다.

IV. A초등학교 6학년 학습공동체의 공동 수업 설계와 실행

이 사례에 대한 연구의 결과는 6학년 학습공동체 활동을 시간 흐름에 따라 기술하되, 특별히 주목해야 할 내용과 결과에 대해서 해석을 덧붙이고자 한다.

1. 첫 모임 : 공동 수업 설계와 실행 주제 탐색

첫 모임에서 교사들은 〈두려움과 희망 나누기〉, 〈규칙 정하기〉, 〈역할 정하기〉, 〈활동 방향 정하기〉 등을 했다. 먼저 교사학습공동체 활동에 대한 두려움과 희망에 대해서 교사들은 "시간 약속의 번거로움, 수업 공개 시 실수와 비판에 대한 두려움" 등을 두려움으로, "수업 개선, 전문성 신장, 동학년 유대감 강화" 등을 희망으로 꼽았다. "시작과 끝 시간 지키기, 긍정적이고 편안한 분위기 조성, 모임 전 미리 준비, 적극적 참여" 등을 모임의 규칙으로 정하고, 매번 모임에서 사회와 기록은 누가 어떤 방식으로 담당할 것인지를 정했다. 그리고 한 학기 활동 방향에 관해서 논의를 했다. 그 결과, 6학년 사회과의 3단원인 〈환경을 생각하는 국토 가꾸기〉와 과학과의 4단원인 〈생태계와 환경〉을 환경 주제로 통합하여 재구성하여 수업을 하기로 결정했다. 이들이 환경을 주제로 두 과목을 통합하기로 결정하게 된 배경은 무엇일까?

사회 3단원과 과학 4단원을 수업할 때면 늘 비슷한 내용을 과목만 달리해서 동어 반복을 하고 있는 것 같다는 생각이 들었다. 중요한 내용이라 여러 번 강조해야 하는 것은 분명하지만 초등학생에게 거듭되는 환경 문제에 대한 주입식 교육은 더 이상의 흥미를 자아내지 못하고 있다.

－ 고릴라와 휴대폰 수업 지도안(2013년 5월 2일 모임 중 함께 검토) 중에서

교사들은 초등학교 6학년 사회 교과서의 3단원과 과학 교과서의 4단원을 유사한 내용으로 해석하고 있었다. 교과서를 자세히 살펴보면 다루고 있는 개념과 지식에 있어서 그 차이가 분명히 있으며, 접근에 따라서는 매우 다양한 수업으로 전개될 수 있다. 그럼에도 불구하고 교사들은 두 단원을 포괄적으로 비교해 볼 때 공통적으로 '환경'을 다루고 있다고 본 것으로 판단된다.

2. 수업 설계

(1) 핵심 용어 분석과 단원 재구성

두 번째 모임에서 교사들은 교과서의 두 단원을 함께 검토하면서 각 단원의 키워드를 분석하였다.[2] 그리고 이 모임 이후 일주일간 각 교사는 키워드를 중심으로 두 단원을 통합하여 단원을 재구성하였다 (〈표 2-31〉). 그리고 그 내용을 세 번째 모임에서 함께 검토하였다.

〈표 2-31〉에서 보는 바와 같이 교사마다 통합 단원을 재구성한 내용은 조금씩 다르다. 두 명의 교사는 공통적으로 환경 문제 해결을 강조하고, 이를 위해서 나에서 출발하여 점차적으로 그 범위와 차원을 확대해 가는 틀을 제안하고 있으며, 배 교사는 하나의 스토리와 단원을 재구성하려고 했다. 최 교사의 경우 두 교과의 특성을 그대로 살리는 방식으로 재구성하였다. 교사들은 여러 안을 검토한 뒤, 배 교사의 틀을 주된 틀로 채택하고, 이를 중심으로 총 14차시의 차시 계획을 마련했다. 그리고 이 중에서 3개의 주제를 정해서 공동으로 설계하고 실행하기로 했다.

• • •

2 사회 : 환경 친화적인 삶, 환경 문제와 해결, 국토 개발과 녹색 성장, 사회 환경 경제 균형, 지역 사회 문제 해결
과학 : 생태계 이해, 생물·비생물 요소의 상호 작용, 생물의 환경 적응, 인간 생활에 영향, 환경 오염 등(2013년 4월 9일 모임 일지 중에서)

(2) 수업 주제와 아이디어 공유 및 고민 나누기

6학년 교사들은 재구성한 교육과정에 따라서 각자 수업을 진행하되, 3차시 정도의 수업을 공동으로 설계하고 실행하기로 하였다. 교사들은 각자 자신이 주도적으로 지도안을 구성할 수업의 주제를 고민하기 시작했다. 이를 위해서 교과서와 관련 자료를 검토하였다.[3] 그리고 수업에서 다룰 주제를 구체적으로 결정하고, 대략적인 수업의 흐름을 구성해서 모임에서 이야기를 나누었다.

표 2-31 환경 주제 통합 단원 제목(2013년 4월 16일 모임 일지 중에서)

이 교사	정 교사	배 교사	최 교사
생태계 알기	나와 환경	누구냐? 환경!	생태계란 무엇인지 알기
사람과 환경과의 관계	우리와 환경	환경이 아파요!	자연과 인간의 관계 알기
환경 문제	우리나라와 환경 문제	환경은 우리의 친구!	환경 문제 파악하고 해결 방법 찾기
환경 문제를 위한 노력(小)	세계와 환경		프로젝트 도입
환경 문제를 위한 노력(大)			환경과 인간 더불어 살기 프로젝트

이 교사 제가 참고한 자료는 로컬 푸드 운동과 푸드 마일에 대한 것입니다. 동기 유발은 좋아하는 연예인이 우리 집을 방문한다고 하는데, 그때 '저녁식사랑 후식은 어떻게 대접하고 싶습니까'로 해서 시작하고 싶습니다.

• • •

3 A초등학교에서는 학년별 교사학습공동체 활동을 공유하고 문제점을 함께 해결하기 위해 한 달에 한 차례 교사학습공동체 리더 모임이 이루어졌다. 이 모임에서 6학년 학습공동체 리더는 환경을 주제로 단원을 통합하고 재구성하려고 하는데 구체적으로 어떻게 해야 할지 고민이라고 했다. 따라서 몇 가지 자료를 보내 주었다. 이 자료들은 그 내용뿐 아니라, 내용들을 조직한 목차를 참고하면 단원 재구성에 도움이 될 것이라고 판단했기 때문이다. 그리고 이를 계기로 6학년 학습공동체에 비정기적으로 참석하게 되었다. 유네스코한국위원회(2012), 이도원, 윤순진, 김찬국(2009), 모경환 외(2010), 김이성 옮김(2011) 등의 자료를 제공했다.

정 교사 저희가 과학과 사회를 통합하기로 했으니까 생태계랑 환경과 사회가 같이 접목될 수 있는 게 뭘까 하다가 경제 발전과 환경 보전에 관해서 같이 선택할 수 있는 부분을 정했고요. '고릴라는 핸드폰을 미워해'라는 거예요.

최 교사 저는 환경과 사회와 경제가 조화가 되어서 발전할 수 있는 그런 지속가능한 발전에 대해서 하고 싶었거든요. 자료 중에 '나는 버리고, 너는 굶고'라는 멘트가 인상적이고, '세계가 만약에 100명의 마을이라면' 이것도 해 보려고 해요. 잘 사는 나라는 경제도 많이 발달하고 기술도 많이 발달을 했지만, 쓰레기가 진짜 많이 나오고, 못 사는 나라는 쓰레기 배출은 적지만 자원도 부족하고, 이 둘을 잘 조화시켜서 살아갈 수 있는…….

- 2013년 5월 2일

이 교사는 푸드 마일과 가격을 모두 고려하는 합리적 녹색 소비 생활에 대해서 관심을 보였다. 정 교사는 콩고의 콜탄 채취를 둘러싼 문제점에 관심을 표명했고, 최 교사는 자원의 생산과 소비와 관련하여 나라별 형평성에 관심을 표명했다.

교사들이 교육과정 재구성 이후 개별 차시 수업을 설계한 기간은 4월 말부터 5월 말까지로 대략 한 달가량이 소요되었다. 이 기간 동안 교사들이 수업을 설계하면서 나눈 이야기들은 몇 가지 범주로 구분할 수 있었다. 크게 수업의 흐름과 구조(동기, 활동 1, 활동 2, 활동 3, 마무리), 학생 활동 형식(역할극, 장보기, 토론 학습, 직소, 스토리텔링 등 교수-학습 방법), 교구를 포함한 교육 자료의 내용과 제작 방법, 참고 자료, 수업 주제(기후 변화, 온실 기체, 녹색 성장, 지속가능한 발전, 푸드 마일, 로컬 푸드 등)에 관한 질문이나 이해, 학생들의 이해 수준 등에 관한 이야기를 나누었다.

이러한 이야기들은 이미 결정된 내용이기보다는 고민하고 선택해야 할 사항들이었다. 가령, 교구를 어떤 내용으로, 어떤 재료로 만들 것인지, 로컬 푸드나 푸드 마일과 같은 용어를 한국어로 번역해서 사용할 것인지, 아니면 의미만 전달하고, 용어는 사용하지 않을 것인지, 만든 자료는 언제 제시하면 좋을지를 상의했다. 이들의 고민을 들여다보면 교사들이 수업을 설계하면서 얼마나 많은 의사 결정을 해야 하는지를 파악할 수 있다. 이들이 털어놓은 고민들은 한 번의 모임에서 모두 해결되지는 않았다. 모임 안에서 잠정적 대안이 나오고, 그 대안을 가지고 각자 고민을 하면서 수업안을 수정하거나 보완한 뒤에 다시 모여서 이야기를 나누며 조금씩 수업안을 만들어 갔다.

(3) 수업을 설계할 때 질문들

교사들이 함께 나눈 고민들은 소소한 것에서부터 큰 질문에 이르기까지 다양했다. 그중에서 다음의 질문들은 환경 수업을 설계하면서 교사들이 공통적으로 거치게 될 질문들로 볼 수 있다.

첫째, 교과서의 내용을 어떻게 해석하면 좋을까? 교사들은 수업의 주제로 선택한 내용에 대해서 교과서에 서술된 내용의 모호함을 지적하고, 이를 적절하게 해석하여 구체적인 수업으로 설계하는 데 어려움을 느끼고 있었다. 이들은 특히 교과서와 탐구 교과서에 제시된 지속 가능한 발전 개념에 대해서 이야기를 많이 했다.

> 정 교사 교과서 주제 자체가 환경, 사회, 경제의 조화거든요. 결론도 교과서에서 흐지부지하게 나와요. 그냥 조화롭게 지내야 한다. 이렇게 하니까 좀 어렵더라고요.
>
> - 2013년 5월 2일

교사들에게 교과서와 교육과정은 반드시 가르쳐야 할 내용을 제시하고 있는 동시에, 수업을 위해서는 해석이 필요한 텍스트이다. 수업을 위해서 교사들이 가장 먼저 해결해야 할 중요한 질문이기도 하다.

둘째, 학생이 결론을 정하는 수업은 어떻게 할까? 교사들은 환경 수업을 통해서 학생들이 구체적인 실천을 하기를 기대하지만, 그것을 학생들에게 직접적으로 강요하거나 결론을 유도하는 수업은 피하고 싶어 했다.

> 배 교사 뭔가 너무 의도한 것 같아서…….

> 이 교사 그냥 똑같은 카드로 장을 보는 건데, 애들이 이렇게 가르쳐 주면 당연히 가까운 걸로만 골라 오겠죠. 그런데 그렇게 하면 환경에 따라 가까운 것 사라는 도덕 수업이 될 것 같아서 (……) 그런데 건강지수로 하면 애들이 너무 건강에 끌릴 것 같아요.

> 이 교사 그렇다고 내가 이렇게 하라고 말하기는 싫고.
> - 2013년 5월 2일

환경 수업은 다른 교과 수업과 비교할 때 상대적으로 구체적인 실천을 더 많이 강조한다. 교사들은 실천의 중요성을 수용하면서도 이를 학생들에게 강요하기보다는 학생들 스스로 판단하고 선택하는 수업을 지향하고 있었다. 무엇보다 환경 수업은 가치 판단 및 선택과 밀접하게 관련이 있어서 자칫하면 정해진 결론으로 유도하기 쉬운 측면이 있음을 우려하면서 이 점을 피하기 위해서 고심했다.

셋째, 어떻게 하면 학생들에게 와닿게 할 수 있을까? 교사들은 환경 주제가 어떻게 하면 학생들의 마음에 가닿을 수 있을지를 고민했다.

> 이 교사 '조화'는 되게 좋은 말인데, 이걸 어떻게 가르쳐야 될까, 어려운 것 같아요. 어떻게 아이들 마음에 와닿게 가르칠까. 근데 이것(고릴라와 핸드폰 사례)도 잘하면 그렇게 될 수 있지 않을까요?

정 교사 저도 줄여야 될 것 같아요. (……) (역할극에서) 여러 입장을 버리고 더 간단하게 하는 게 아이들에게 이해가 쉬운 건지, 아니면 여러 입장을 폭넓게 이해하는 게 더 중요한 건지는 잘 모르겠어요.

- 2013년 5월 2일

학문적인 지식은 추상적이고 일반화된 지식이라면 교사는 이러한 지식을 학생들이 이해하기 쉬운 용어나 개념으로 혹은 사례로 바꾸어 소개하는 역할을 해야 한다. 이때 활용할 수 있는 다양한 자료 중에서 학생들에게 적합한 자료를 취사선택하고, 학생들 수준에 맞추어 '번역'하는 과제가 중요한 것이다. 교사들은 환경 이슈의 복잡성, 혹은 지속가능한 발전에 있어서 다양한 측면들이 서로 연결되어 있으며, 다양한 이해관계가 상충되는 모습을 학생들이 어느 정도 이해할 수 있을지, 그리고 어느 수준에 맞춰야 할지를 고민했다.

넷째, 수업의 정리를 어떻게 할 것인가? 교사들은 환경 수업의 결말을 어떻게 지을 것인가에 대해서 고민을 많이 했다. 이 점은 결론을 강요하지 않는 수업에 대한 고민과 관련이 있다. 특히 고릴라와 핸드폰 사례를 다루는 수업의 경우 사례에 대해서 탐구를 하고 역할극을 한 뒤에 그 결과를 어떻게 정리할 것인지를 두고 내내 고민을 했다. 환경 수업의 경우 환경 문제를 탐구하고 나서 그 해결 방안을 생각해 보는 것으로 마무리하는 것을 당연하게 생각하는 한편으로 지속가능한 발전 사례의 경우 구체적인 해결 방안을 학생들이 생각하기에는 무리가 있다고 판단했기 때문에 고심을 했다.

최 교사 결말을 어떻게 해야 할까요? 교과서에서도 '여기서 실천해 보자' 이렇게 마무리하는데……. 그래서 '갈등이 이렇게 있다, 해결해야 된다, 노력해야 된다'는 것까지만 하고 애들 수준에서 해결 방법은 나올 수가 없을 것 같더라고요.

이 교사 그러면 자기 입장을 다 이야기한 다음에 마지막에 어떻게 했으면 좋겠는지를 얘기해 보라고 할까요?

- 2013년 5월 2일

지속가능한 발전을 다루는 수업에서 마무리를 얼마나 할까에 대한 논의는 상당히 오랜 시간 진행되었다. 잠정적으로는 해결 방안을 묻기 보다는 고릴라와 핸드폰 사례 탐구와 역할극을 통해서 배운 지속가능한 발전 개념을 본인의 입장에서 정의해 보는 형식으로 마무리를 하기로 했다.

(4) 함께 만드는 수업 지도안

수업 아이디어를 공유하고, 이에 관하여 의견을 나누는 작업은 여러 차례의 모임에 걸쳐서 이루어졌다. 시간이 지남에 따라서 처음에 제안된 아이디어가 폐기되기도 하고 확장되기도 하며, 새로운 내용으로 채워지기도 했다. 중간에 제기된 큰 질문들은 모임 내에서 해결되거나 나름의 방안이 제시되었다. 물론 수업과 관련해서 의사 결정을 하는 것은 해당 차시를 주도적으로 설계하는 교사였다. 그러나 그 결론에 도달하는 과정에서 동료들은 자신의 질문과 고민을 받아서 새로운 방향으로 인도해 주는 역할을 해 주었고, 모임 후 개별적으로 고민해야 할 동기를 제공했다.

이 교사 저번 시간에 1차에서 푸드 마일을 통해서 무작위로 장을 본 뒤에 푸드 마일이 뭔지 알고, 다시 장을 보는 지도안을 짰습니다. 그런데 저번 회의에서 이 푸드 마일의 길이를 실제적으로 몸소 체험할 수 있는, 아동들에게 와닿는 그런 수업을 하나 더 만들자고 정리가 되었어요. 이거를 만드느라 머리가 한계가 왔는데…….

- 2013년 5월 14일

교사들은 수업 지도안을 고치고, 관련 교구와 자료들을 함께 만들고 검토하면서 확인하는 작업을 이어 갔다. 최종적인 수업 지도안은 처음 구상했던 모습과 많이 달라졌다(〈표 2-32〉).

이 교사의 처음 아이디어는 학생들에게 푸드 마일을 알려 주고 합

표 2-32 수업 구성 1과 수업 구성 2

주제 제안	이 교사	정 교사	최 교사
주제	합리적 소비	국가별 형평성, 경제 발전과 환경 보전	형평성, 지속가능한 발전
참고	로컬 푸드 운동, 합리적 소비	고릴라는 핸드폰을 싫어해	나는 버리고 너는 굶고, 세계가 만약 100명의 마을이라면
수업 구성 1 (2013년 5월 2일)	• 동기 유발 : 좋아하는 연예인을 위한 밥상 차리기 • 활동 1 : 1차 장보기, 식단 카드 작성, 푸드 마일 계산 • 활동 2 : 푸드 마일에 대한 설명 • 활동 3 : 2차 장보기 (푸드 마일, 가격 고려), 건강지수 비교	• 동기 유발 : 고릴라는 왜 핸드폰을 싫어하는가 • 활동 1 : 읽기 자료 순서 맞히기 • 활동 2 : 역할극(주민, 고릴라 연구학자, 휴대폰 회사 사장, 공장장, 선진국 환경운동가) • 활동 3 : 휴대폰 개발에 관한 토론을 통한 일반화 정리 : 행복해지는 법, 상생, 공생에 관해서 이야기	• 도입 : 모둠별 국가 정하기, 자원(사탕) 나누기 • 활동 1 : 자원 부족국과 쓰레기 다량 배출국 구분, 각 국에서 사회부, 환경부, 경제부 장관 역할 및 입장 밝히기 • 활동 2 : 각국, 각 장관이 생각하는 문제 공유 • 활동 3 : 직소 토론, 각국 문제 해결하는 광고 만들기 정리 : 우리가 같이 잘 살려면 사이좋게 나눠야 한다.
수업 구성 2 (2013년 5월 14일)	• 동기 유발 : 과일 고르기 • 활동 1 : 자신이 고른 과일의 푸드 마일에 비례해서 교실 안을 이동하면서 과일 그림에 방부제와 이산화탄소 도장 찍기 • 활동 2 : 그 과일을 먹으면 어떤 표정일지 표현하기 • 활동 3 : 〈두 개의 독〉 (읽기 자료)과 로컬 푸드 안내 • 정리 : 네 컷 만화 그리기	• 동기 유발 : 고릴라는 왜 핸드폰을 싫어하는가 • 활동 1 : 모의 국제 환경회의 개최, 입장별로 중점 요구 사항 정리해서 주장 만들기 • 활동 2 : 여러 주장을 듣고 투표하기 • 활동 3 : 입장 차이를 해결할 수 있도록 양보할 수 있는 것을 이야기하기 • 정리 : 지속가능한 발전은 ○○○이다.	• 동기 유발 : 〈슬픈 괴물 이야기〉 동영상 보기 • 활동 1 : 괴물이 사는 데가 어디일까? 학교 식당 잔반 처리 모습 보기 • 활동 2 : 괴물이 진짜 슬픈 이유, 음식물 쓰레기와 관련된 사회적, 경제적, 환경적 문제 탐구(전문가 학습) • 활동 3 : 모둠으로 돌아와 친구들에게 알려 주기 • 정리 : 괴물에게 편지 쓰기

리적 선택을 하는 과정을 수업 상황으로 설정하려고 했다. 그러나 모임에서 푸드 마일 자체를 학생들이 몸으로 느낄 수 있는 활동이 필요하다는 의견이 나왔다. 이를 둘러싸고 논의를 거듭한 끝에 결국에는 학생들이 여러 가지 과일 중 하나를 선택한 뒤, 자신이 선택한 과일과 지구를 그린 다음, 두 그림을 들고 각 과일의 푸드 마일에 비례해서 모둠별 책상 사이를 한 책상씩 이동하면서 이산화탄소와 방부제를 상징하는 스티커를 붙이는 활동으로 구안하게 되었다. 그런데 이후에 다시 논의를 통해서 스티커가 아니라, 도장을 찍기로 했다. 교사들은 이 활동을 '스탬프 투어'라고 불렀다. 그 구체적인 투어 방법에 대해서도 논의를 했다. 스탬프 투어 후에는 푸드 마일과 이산화탄소 그리고 방부제와의 관계에 대해서 생각해 보는 활동과 배운 내용을 네 컷 만화로 표현하는 활동을 하기로 했다.

정 교사는 휴대폰에 들어가는 콜탄 채취로 인해 서식지를 잃고 있는 고릴라의 사례를 탐구하고, 이와 관련해서 여러 입장으로 나누어 그 입장이 되어 표현하는 활동을 하기로 했다. 이를 통해서 사회, 경제, 환경의 조화 혹은 지속가능한 발전에 대해서 생각해 보기로 했다. 모임에서는 역할극을 한다면 어떤 역할로 나눌 것인지가 논의의 초점이 되었고, 다른 한편으로는 역할극 뒤에 정리를 어떻게 할까를 고민하던 중 마무리 활동으로 투표를 하기로 했다. 그리고 투표를 한 뒤에 그 결과를 바탕으로 서로에게 양보를 할 수 있는 방안에 대해서 생각해 보기를 권하기로 했다. 정 교사는 지속가능한 발전 개념을 학생들을 위해서 '양보'라는 단어로 전환시키려고 결정한 것이다. 그리고 '지속가능한 발전은 ○○이다'라는 미완성 문장을 채우는 활동으로 수업의 마무리를 하기로 결정했다. 이 점에 대해서 동료 교사들이 지지를 보냈다.

최 교사는 처음에 사탕을 이용한 시뮬레이션 게임을 통해서 음식물과 자원의 형평성에 대해서 다루려고 계획했다. 특히 각국의 사회부, 환경부, 경제부 장관으로 역할을 맡아서 의견을 이야기하는 방식의 토론을 생각했다. 그렇지만 한 수업에 다루고자 하는 아이디어가 너무 많다는 의견을 받아들이면서 다시 일주일 동안 고민을 하고 논의를 거친 뒤에 음식물 쓰레기의 환경적, 사회적, 경제적 측면의 비용을 탐구해 보는 시간을 갖기로 했다. 이를 위해서 환경부에서 제작한 음식물 괴물 동영상을 보고, 학생들의 잔반 처리 모습을 직접 찍어서 수업에서 활용하고, 음식물 쓰레기의 환경적, 사회적, 경제적 비용에 대해서 각각 두 모둠씩 전문가 모둠을 만들어 탐구하기로 했다. 그리고 전문가 탐구 후에는 원래 모둠으로 돌아가 동료들에게 자신이 탐구한 내용을 모둠원들에게 알려 주기로 했다. 학습 활동의 마무리로 괴물에게 편지 쓰기를 하기로 했다.

요컨대, 교사들의 수업 설계 과정은 교육과정과 교과서에서 제시된 내용을 해석하고, 이를 본인이 생각하는 바람직한 환경 수업관에 비추어서 학생들에게 적합하다고 생각하는 교수법과 교구를 선택하고 결정하는 과정이었다고 할 수 있다. 이 과정에서 교사들의 질문과 고민은 교사학습공동체에서의 집단 사고 과정을 거치면서 확장되거나 구체적으로 변화되었다. 그러나 교사들이 설계한 지도안은 실제로 이루어진 수업의 모습과 또 달랐고, 그 실제 수업 역시 계속해서 조금씩 바뀌었다.

3. 수업 실행과 반성

(1) 조금씩 달라지는 수업

드디어 처음 수업이 이루어졌다. 교사들은 첫 번째 수업을 '1차 수업'이라고 불렀는데, 모두 세 가지의 1차 수업이 있었다. 말하자면 '로컬 푸드' 1차 수업, '고릴라와 핸드폰' 1차 수업, '음식물 쓰레기' 1차 수업을 한 셈이었다. 각 1차 수업은 해당 수업을 주도적으로 고민하고 설계한 교사가 자신의 학급에서 수업을 했다. 함께 수업을 설계한 동료들이 수업을 참관하며 기록을 도왔다. 1차 수업을 마치고 교사들은 모여서 자신들이 하고 본 수업에 대해서 이야기를 나누고, 필요한 교구를 고치거나, 자료를 바꾸거나, 수업의 일부를 바꾸기도 했다. 그리고 다시 2차 수업이 이루어졌다. 2차 수업 후에도 역시 교사들은 모여서 자신들이 하고 본 수업에 대해서 이야기를 나누었다. 그리고 3차 수업도 같은 방식으로 이루어졌다. 협의는 교사들끼리, 혹은 연구자가 참관해서, 혹은 A초등학교 수석 교사가 참석하여 이루어졌다.

3차에 걸쳐 진행된 한 주제에 대한 수업은 전체적인 틀은 유사했지만 미묘하게 달라졌다. 여러 시간 동안 진행된 수업의 변화를 몇 문장으로 기술하는 데는 한계가 있다. 변화된 부분만 간략하게 정리하면 다음과 같다.

〈로컬 푸드 수업〉 1차 수업에서는 학생들에게 과일을 선택하라고 할 때 과일 그림에 이동해 온 거리를 제시했다면 2차 수업부터는 이동 거리를 제시하지 않고 여러 종류의 과일만을 제시하고 선택하게 했다. 1차 수업에서는 활동에 사용할 지구 그림을 학생들이 직접 그렸다면 2차 수업부터는 사진으로 대체했다. 학생들이 선택해야 할 과일의 종류는 1차, 2차, 3차 수업에서 모두 달라졌다. 스탬프 투어 활동 요령에 대한 설명 시간이 2차, 3차 수업으로 갈수록 길어지고 상세해졌다. 1차 수업에서는 스탬프 투어 후 자신이 선택한 과일을 먹는다고 하면 어떤 표정일지를 그려 보라고 했다면, 2차 수업에서는 직접 소감을 물어보았고, 3차에서는 두 가지 종류의 표정을 나타내는 스티커를 주고 선택해서 붙이고 그 이유를 쓰라고 했다. 1차 수업에서는 모든 활동을 마친 후에 네 컷 만화를 통해서 활동 소감이나 배운 내용을 표현하였다면 2차 수업과 3차 수업에서는 이전 시간에 여러 가지 음식을 골라서 마련한 식사 메뉴판을 다시 꺼내어서 원산지와 푸드 마일을 고려할 때 선택한 내용을 바꿀지 여부를 물어보았다. 3차 수업에서는 이때 제시한 여러 음식 목록의 형식이 조금 달라졌다(〈표 2-33〉).

표 2-33 로컬 푸드 수업

수업 흐름	1차(1반)	2차(4반)	3차(2반)
• 과일 소개 • 과일 종류 선택 • 과일 그리기 • 과일 원산지 확인하기 • 지구 그림	• 칠판에 여러 개의 과일 사진과 거리가 적힌 A4 용지 부착 • 과일 4종류 • 과일 선택해서 그리기 　- 세계 지도에서 과일 원산지 찾기 　- 과일 그리기/지구 그림도 함께 그리기 　- 어떤 과일을 선택했을지 확인	• 전지 크기의 보드판에 여러 개의 과일 사진 • 과일 5종류 • 과일 선택해서 그리기 　- 어떤 과일 선택했는지 확인 　- 이동 거리(푸드 마일) 확인 　- 지구 사진 클립으로 끼우기	• 컴퓨터 화면으로 과일 사진 • 과일 6종류 • 과일 선택해서 그리기 　- 과일 그리기 　- 어떤 과일을 선택했는지 확인 　- 지도 위에서 원산지 확인하고 표시하기
과일의 이동 거리와 방부제, 이산화탄소에 대한 안내/활동 안내	"이 싱싱한 과일들이 어떤 여정을 거쳐서 내 손으로 들어올까?" 방부제와 이산화탄소 도장 찍는 요령 안내	"음식이 멀리 오려면 뭘 해야 하지?" 오늘 수업 소개, 도장 찍는 요령 안내	"과일이 어떻게 올까요?" C와 P에 대한 설명 활동에 대한 자세한 안내 (각 과일에 도장을 몇 개 찍어야 하는지 함께 계산하고 칠판 그림 옆에 표시)
활동 1. 스탬프 투어	선택한 과일에 따라서 오래 이동하는 학생들이 몇 몇 있었음	장거리 이동한 과일을 선택한 학생이 없어서 상대적으로 일찍 끝남	오래 이동하는 학생들이 많음
활동 2. 감상 표현하기 및 발표	• 이 과일을 내가 먹을 때의 나의 표정과 이유 • 지구를 본 나의 느낌 감상 발표	• 커다란 종이에 과일 그림을 모으고 옆에 표정 그리기, 표정 그린 내용 발표 • 로컬 푸드 용어 설명	• 과일과 그림에 표정 스티커 두 개 중 하나 선택해서 붙이기 • 발표
내 몸의 독, 지구의 독	방부제와 이산화탄소에 대해서 알아보기(학습지 활용)	방부제와 이산화탄소에 대해서 알아보기(학습지 활용)	• 방부제와 이산화탄소에 대해서 알아보기(컴퓨터 화면 이용) • 로컬 푸드의 정의 설명
활동 3. 배운 내용 표현하기/확인하기	네 컷 만화 그리기	어제 작성했던 메뉴 수정하기, 수정했거나 수정하지 않은 경우 확인 및 이유 발표	• 아침에 작성했던 메뉴 수정하기 • 수정했거나 수정하지 않은 경우 확인 및 이유 발표
용어	'산지 음식'	'로컬 푸드'	'로컬 푸드'

〈음식물 쓰레기 수업〉 1차 수업과 2차 수업에서는 도입 단계에서 음식물 쓰레기를 먹고 태어난 괴물이 등장하는 동영상을 보여 주었다면 3차 수업에서는 다른 사진으로 대체했다. 1차 수업에서는 일종의 직소 수업을 채택하여 전문가 집단 학습 후 모둠 토론으로 진행되었다면 2차 수업에서는 모둠별 학습으로 대체하거나, 교사와 학생 다수간의 대화형 수업으로 바뀌었다. 1차 수업에서는 음식물 쓰레기의 사회적, 환경적, 경제적 문제와 관련하여 상당히 많은 분량의 자료를 제공했으나, 2차와 3차 수업에서는 그중 일부 자료만 취사선택해서 사용했다. 2차와 3차 수업에서는 모둠 학습 후 학생들 각자 토론 후 소감을 표어와 포스터 등의 형식으로 표현하는 활동을 했다(〈표 2-34〉).

표 2-34 음식물 쓰레기 수업

수업 흐름	1차(5반)	2차(2반)	3차(1반)
괴물 동영상 보기	괴물 동영상 보기	괴물 동영상 보기	괴물 동영상은 전 시간에 봄. 음식물 쓰레기, 북한의 꽃제비 사진 등 수업 중 소재가 될 내용을 알려 주는 사진을 보고 내용 맞히기
괴물과 나	급식실 촬영 동영상 - 식사 장면, 잔반 처리 장면, 이후 음식물 이동 경로 순으로 제시 환경 오염에 관한 내용 정리(학습지 활용)	"괴물 친구가 어디에 있습니까?" 1차 수업과 유사한 순서	〈타임머신 5분 전〉 급식실 잔반통의 음식물 쓰레기 사진 제시 후 잔반 처리 장면 그리고 식사 장면 순으로 제시 음식물 쓰레기의 정의 소개
음식물 쓰레기의 환경적, 사회적, 경제적 측면 조사하기 전문가 조사 활동	원래 모둠에서 전문가 모둠으로 재구성, 각 전문가 모둠에서 여러 가지 자료 읽기 및 분석, 전문가 학습지 작성	(사전 활동 : 이전 차시에서 전문가 모둠 구성. 환경, 경제, 사회적 측면 연구) 오늘 차시에서는 연구 내용 발표 자료 제작	교사와 학생들의 일대다 문답 및 대화식 강의와 설명, 학습지 작성 1, 2차 수업에서 활용한 자료 적극 활용

		경제, 환경, 사회 영역 담당 모둠 각각 2모둠, 각 영역에서 일반 자료 분석과 QR코드 자료 분석으로 구분	
조사 활동 정리 및 발표	원 모둠으로 돌아가서 동료들에게 설명	경제, 환경, 사회 영역 담당 모둠 각각 2모둠, 각 영역에서 일반 자료 분석과 QR코드 자료 분석으로 구분	
마무리 활동	4절지 색 카드에 음식물 쓰레기가 사회, 경제, 환경에 미치는 영향 마인드맵 그리기	칠판에 마인드맵 그리기 개별 학생은 학습지 작성 및 교과 공책에 정리	배운 내용 표현하기, 표현 방식 다양(네 컷 만화, 공익 광고, 포스터 등)

〈고릴라와 핸드폰 수업〉 1차 수업에서는 고릴라와 핸드폰 사례를 탐구하고 정리하는 시간이 매우 짧았다면 2차, 3차 수업으로 가면서 이 사례를 탐구하거나 정리하는 시간을 길게 배정했다. 사례 탐구 후 역할극 준비를 위해서 필요한 자료 또한 조금씩 달라졌다. 공통적으로 역할극 후 투표를 했으나, 투표 이후 정리 방식은 조금씩 달랐다. 1차 수업에서는 교사가 지속가능한 발전 개념에 대해서 소개하고 정리하는 강의로 끝을 맺었다면 2차 수업에서는 '나에게 지속가능한 발전은 ○○이다'라는 문장의 빈칸을 채우는 활동을 했다. 3차 수업에서는 학생들 각자가 생각하는 대안을 포스트잇에 쓰게 하되, 개발 찬성과 개발 반대를 양쪽으로 가까운 쪽에 포스트잇을 붙이는 활동을 했다. 그리고 포스트잇 활동 결과를 가지고, 지속가능한 발전 개념을 소개하고 끝을 맺었다(《표 2-35》).

(2) 교사들이 주목한 학생들의 반응

교사들은 자신들이 이런저런 의도를 가지고 설계한 수업안이 학생들과 만났을 때 어떤 결과를 만들어 낼지 상당히 궁금해했다. 실제로 수업 중에도 학생들의 반응에 매우 주목한 것으로 보인다. 따라서 수업 후 대화 내용 중 자기 수업에 대한 이야기들은 대부분 자기 학급 학생 반응에 관한 것이었다. 가령, 학생들은 교사들이 계획한 활동을 수행하는 데 생각보다 오랜 시간을 보냈고, 교사가 제공한 교육 자료

표 2-35 **고릴라와 핸드폰 수업**

수업 흐름	1차(4반)	2차(2반)	3차(5반)
도입 : 고릴라와 핸드폰 사례 소개	고릴라와 영상 통화 장면 고릴라가 미워하는 것 알아맞히기	고릴라와 빈 말풍선 그림으로 질문	고릴라 소개, 고릴라가 미워하는 것 알아맞히기, 모두 알게 될 때까지 말하지 않기
고릴라가 핸드폰을 미워하는 이유 탐색	읽기 자료로 개인 탐구(3분가량 소요), 읽은 내용 확인하고 정리하기	자세하게 같이 읽기	읽기 자료로 개인 탐구(8분 소요), 어떤 갈등이 있는지 구체적으로 확인하고 여러 명에게 내용을 확인
국제 환경 회의 준비 및 발표	활발한 준비, 각 모둠별 발표, 질문(논쟁) 없었음	활발한 이야기, 지속 가능한 발전 용어 나옴	활발한 준비, 각 모둠별 발표, 질문(논쟁) 없었음
투표	기권 : 2 찬성 : 14 반대 : 11	기권 : 4 찬성 : 13 반대 : 10	기권 : 6 찬성 : 9 반대 : 11
투표 결과에 대한 의견 물어보기, 지속가능한 발전 개념 소개와 정리	어떻게 하면 좋을까? 지속가능한 발전 개념에 대한 소개와 설명	'지속가능한 발전이란 ○○이다'	대안 써서 붙이기 가운데 내용을 뭐라고 할까? '지속가능한 발전'

와 관련해서 예상하지 못한 반응을 보이기도 했다.

배 교사 　우리 반은 제목 적는 데만도 10분, 15분 걸려요. 시간이 얼마나 들지 감이 안 와요.

최 교사 　처음에는 되게 재미있어할 줄 알았거든요. 당황스러운 거예요.

(책 사이에) 띠지도 붙여 가지고 보면서 우와우와 하면서 재미있어할 것으로 기대했는데…….

이 교사 모둠별로 뭔가를 만들라고 하는 거를 처음 시켜 본 거예요. (……) 그런데 의외로 이야기를 잘하더라고요. 내가 애들을 잘못 생각했나 그런 마음이 들었어요.

　　　　　　　　　　　　　　　　　　　　　　　- 2013년 6월 25일

최 교사는 자기 반 학생들이 자신이 선택해서 그린 과일 그림에 도장을 찍을 때 가능하면 과일 그림이 아니라 그림 밖 여백에 찍으려 했다는 점에 대해서 이야기를 했다. 단순히 검은색의 C 모양과 P 모양의 도장을 찍는 것임에도 불구하고, 학생들은 마치 진짜 이산화탄소와 방부제가 쌓이는 것으로 여긴 듯했다. 실제로 활동 후에 학생들에게 그 과일을 먹는다고 상상하면 기분이 어떨지를 물어보았을 때 학생들은 즉각적으로 "으윽"이라는 반응을 보였다.

학생들이 수업 중에 만들어 낸 글과 그림 등의 결과물을 가지고 와서 함께 살펴보기도 했다. 가령, 학생들은 지속가능한 발전에 대해서 다음과 같은 은유로 표현했다.

새로운 도전, 개발, 저울, 끝이 없는 고민, 양날의 검, 양보, 내 친구끼리의 싸움, 재활용 쓰레기, 평등, 연못, 불가능, 친구 사이, 물과 용암, 생명, 평균대, 환경을 지키는 길, 하늘, 공존, 양날의 칼, 모두의 노력
　　　- 고릴라와 핸드폰 3차 수업 중 '지속가능한 발전은 ○○이다' 학생 결과물

수업을 설계하면서 교사들은 학생들에게 지속가능한 발전 개념이 상당히 어려울 것이라고 예상했다. 그렇지만 학생들이 써낸 은유를 보면 지속가능한 발전 개념이 가지고 있는 특징이나 지향에 대해서 나름

의 의미를 구성한 것으로 해석된다. 교사들은 또한 고릴라 수업의 역할극에서는 학생들이 발표한 내용[4]에 대해서 이전 시간에 배운 생태계 수업의 결과라고 해석하기도 했다.

교사들은 다른 수업이 아니라 환경 수업인 만큼 수업 후에 학생들의 태도 변화를 기대했다. 수업을 설계할 때는 실천을 강요하지 않고 스스로 판단하고 결정할 수 있는 수업을 희망했지만, 암묵적으로 실천에 대한 기대가 있는 것도 사실이다. 음식물 괴물 수업을 했음에도 불구하고, 여전히 급식 시간에 음식을 남겼다는 점을 지적하면서 아쉬움을 토로했다.

교사들이 자신들이 본 다른 학급의 수업을 이야기할 때는 주로 자신이 담당하고 있는 학급의 학생들과 해당 학급의 학생들을 비교하거나 자신이 그것을 보고 자기 수업을 어떻게 바꾸게 되었는지를 이야기했다. 가령 같은 활동을 하는데도 불구하고, 1차 수업과 2차 수업과 3차 수업에서 학생들의 반응은 조금씩 다르게 나타났다. 콜탄 채취를 둘러싼 투표 결과나 로컬 푸드 수업에서 선택하는 과일의 수, 그리고 모둠별 탐구와 발표 과정에서 참여 정도는 매우 달랐다.

(3) 함께 만든 수업

1차, 2차, 3차 수업이 이루어진 시간 간격이 짧았기 때문에 수업 반성을 위한 대화에서는 수업 동영상을 함께 보거나 수업 동영상 전사록을 보면서 깊이 있게 분석하고, 대화하는 작업을 하지는 못했다. 따라서 교사들에게 반성은 주로 수업을 하면서 그리고 동료의 수업을 보면서 이루어졌을 것으로 해석된다.

• • •

4 "휴대폰이 꼭 필요한 것은 이해합니다만 저희가 멸종된다면 생태계가 파괴되고, 곧 사람들에게도 피해가 갈 것입니다. 당장 중지해 주세요." (고릴라와 핸드폰 1차 수업, 역할극 중 고릴라연합의 주장)

이 교사 저희는 과일 종류가 여섯 종류였어요.

최 교사 저희는 다섯 개였어요. 칠레 포도를 빼서요.

배 교사 저는 여섯 종류였어요. 그런데 2차 수업에서 보니까 고루 선택하지 않더라고요. 장거리를 안 하니까 활동이…… (하하하) 그 모습을 보고 충격을 받았어요. 저는 아이들한테 미리 물어봤어요. 좋아하는 과일이 뭔지 물어보고 그 종류로 제시했어요.

- 2013년 7월 10일

아직은 수업 공개가 일상적이지 않은 상황에서 동료 교사의 수업을 보는 것, 그것도 함께 설계했던 수업이자 앞으로 내가 해야 할 수업을 염두에 두면서 참관하는 작업은 교사들에게 매우 의미 있는 과정이었던 것으로 보인다. 즉, 교사들은 동료 수업을 참관하면서 본인이 해야 할 수업에 대해서 미리 반성하게 되었다.

교사들이 동료가 하는 수업을 보고 가장 많이 생각하고 조절했던 부분은 '시간'이었다. 가령, 로컬 푸드 1차 수업의 지구 그림 그리기를 2차와 3차에서는 지구 사진 나누어 주기로 바꾸었고, 음식물 쓰레기 1차 수업에서 했던 전문가 모둠 학습을 2차와 3차에서는 모둠별 토론으로 바꾸거나 교사의 설명으로 대체했는데 이러한 결정을 내리는 데 시간이 매우 중요한 기준이 되었다. 시간이 예상보다 많이 걸리는 활동을 시간이 적게 걸리는 활동으로 바꾼 경우는 한 차시에 필요하다고 생각하는 내용을 모두 다루기 위해서 현실적으로 타협한 것으로 보인다. 그러나 반드시 필요하다고 생각한 경우 다른 활동에 배정된 시간을 줄이거나 바꾸어서 배정된 시간을 늘리기도 했다. 음식물 쓰레기 수업은 원래 1차시 분량으로 계획하고 1차 수업을 했지만 2차 수업은 2차시로 나누어 진행하였다.

교사들은 수업 지도안뿐 아니라 필요한 교구와 활동지와 자료도 함께 만들어서 수업을 해 보고 필요한 경우 고쳐서 활용하기도 했다. 예컨대, 고릴라 수업과 음식물 쓰레기 수업에서 활용된 PPT 파일과 각종 자료와 활동지 그리고 역할극에서 주장을 적는 판 등은 1차 수업 교사가 만들고, 이를 수업에서 활용해 보고 다음 시간에 그대로 활용하거나 수정 및 보완을 하기도 했다. 로컬 푸드 수업을 위해서 교사들은 두꺼운 종이와 지우개를 이용해서 4가지의 도장을 만들었다. 도장은 각각 이산화탄소와 방부제를 상징하는 C와 P가 찍히는 두 종류를 만들었고, P 도장과 C 도장은 또 푸드 마일 1,000km와 100km를 상징하는 큰 도장과 작은 도장 두 종류로 각각 나뉘었다. 또한 학생들이 그린 과일과 지구 그림을 양면에 붙여서 들고 다니며 도장을 찍을 수 있도록 A4 용지 1/4 크기에 해당하는 검은색 종이 판에 나무젓가락을 이용해서 손잡이를 달았다. 이 교구는 모든 학급에서 활용되었다. 이 과정에서 이 수업은 나의 수업이 아니라 우리의 수업이 되었다.

> 최 교사 피켓으로 하는 것도 정말 좋고요. 맨 처음에 동기 유발도 선생님이 주신 거, 그냥 거의 그대로 했잖아요. 말만 진짜 몇 마디, 그것만 바꾸고. 다 좋았던 것 같아요. 저는 밥상에 숟가락만…….

> 정 교사 아니에요. 저는 정말 좋았어요. 내가 하고 싶던 그런 거였어요.
> — 2013년 7월 10일

고릴라 수업을 마지막으로 한 최 교사의 수업 지도안(2013년 7월 2일)에는 여느 수업 지도안에서는 찾아볼 수 없는 다음과 같은 내용이 포함되어 있다.

1차(원작) 수업 : 정 교사(6-4)

2차 수업 : 배 교사(6-2)

3차 수업 : 최 교사(6-5)

요컨대, 교사들에게 자신이 한 수업은 동료들과 함께 만든 수업인 것이다.

4. 그간의 활동 정리 및 반성

이 사례의 교사들이 교사학습공동체를 구성하고, 공동으로 수업을 설계하고 실행하게 된 배경에는 일정 정도 외부적인 요인이 작동했다. A초등학교가 수행하고 있는 연구학교 프로젝트의 일환으로 학교 전체가 하기로 결정한 주제라는 점에서 그러하다. 따라서 교사들의 1차적인 관심은 연구학교 프로젝트의 결과물을 만들어 내는 의무를 수행하는 데 있었을 수도 있다. 그런데 일반적으로 교사들에게 공동 수업 설계와 실행을 제안하면 1명의 교사가 수업을 하고, 이를 동료들이 도와주는 방식을 가장 많이 택한다(김남수, 이혁규, 2013). 반면에 이 사례에서 교사들은 새로운 방식으로 공동 수업 설계와 실행을 시도해 보았다. 3개의 수업 지도안을 함께 마련하고 4명의 교사가 돌아가며 그 수업들을 하고, 중간중간에 수업 대화를 나누었다. 따라서 상당한 자발성에 바탕을 두고 활동이 이루어졌다고 할 수 있다.

이 속에서 6학년 학습공동체에 참여한 교사들은 몇 가지 의미 있는 성과를 얻은 것으로 보인다. A초등학교는 1학기 교사학습공동체 활동을 마무리하면서 각 학년 교사학습공동체 리더들이 나와서 그간의 활동을 소개하고, 공유하는 시간을 가졌다. 이 자리에서 6학년 학습공동체 리더는 자신들의 활동을 소개하고, 마무리하면서 다음과 같이 그 결과를 정리하였다.

"첫째, 같은 수업 다른 느낌입니다. 똑같은 지도안에 똑같은 교구로 수업을 하지만, 선생님이 누구냐, 학생들이 누구냐, 심지어는 수업이 언제냐에 따라서 달라지는 그러한 것들을 보는 재미가 쏠쏠했고요. 둘째, 수업이 정교화되는 과정을 느꼈습니다. 로컬 푸드 수업과 같이 그냥 이 정도면 됐겠지 했는데 자료가 추가되고 정교화되는 과정이 먼저 생각했던 사람 입장에서는 더 뿌듯한 경험이었고요. 다음은 공동체적 과제 의식이었습니다. 제가 짠 지도안을 옆 반 선생님도 할 거고, 또 옆 반 선생님도 할 것이니까 수업에 대해서 안 풀리던 것들을 질문을 했을 때 성의 있게 대답을 해 주시고, 서로 같이 수업을 어떻게 풀어 갈 것인가 얘기하는 시간을 가졌고요. 아쉬움이 남는 거는 약간 물꼬만 튼 느낌입니다. 로컬 푸드 같은 경우에는 학생들이 가진 돈이 이만 원으로 한정되어 있을 때 오렌지와 제주도 감귤이 있으면 더 싼 거를 살 수도 있는 것이잖아요. 그럴 때 합리적 소비는 무엇이 될 것인지에 대해서도 조금 더 생각해 보고 싶고. 음식물 쓰레기의 영향을 알았으면 남기지 않는 것도 중요하지만 어떻게 버리고 활용하는 게 좋은지 수업을 해 보고 싶었고, 콜탄, 지속가능한 개발 같은 경우에는 서로 양보하자라고 수업이 끝나기는 하지만 왜 이렇게 지속가능한 발전이 어려운지 학생들과 조금 더 살펴보고 싶은데 이 수업을 준비하려면 엄청난 노력과 시간이 걸리기 때문에 약간 두렵기도 하고 그렇습니다. 그리고 단원 재구성한 것을 보셨잖아요. 정말 그렇게 단원 재구성을 해서 수업을 했느냐입니다. 솔직히 저희가 짠 세 가지 수업만 하고 사회 진도 그대로 나가고 과학 진도 그대로 나가고 시험도 잘 치고 그렇게 했는데, 확실히 통합 수업을 하려면 많은 준비와 기간이 필요하다는 것을 느꼈습니다."

- 2013년 7월 18일, 이 교사

V. 요약 및 결론

이상에서 A초등학교 6학년 학습공동체에서 진행한 환경 수업 공동 설계와 실행의 과정을 정리하고 기술하였다. 교사들은 6학년 사회 교과서의 3단원과 과학 교과서의 4단원을 환경 주제로 통합하여 재구성한 뒤, 3개 차시의 수업을 함께 설계하고 실행하였다. 수업 설계의 과정에서 수업의 흐름과 구조, 학생 활동 형식, 교구 및 교육 자료 제작 방법, 학생들의 이해 수준, 환경 주제 등에 관해서 이야기를 나누었다. 이 과정에서 교사들은 교과서에 제시된 지속가능한 발전 개념의 해석, 학생들에게 가닿을 수 있는 접근 방법, 학생 스스로 실천적 과제와 결론을 도출하는 방법 등에 대해서 고민했다.

교사들은 환경 수업을 설계하고 실행하면서 나름의 교수 내용 지식과 학생 관련 지식을 얻었다. 가령, 로컬 푸드의 의미를 학생들이 간접 체험할 수 있도록 이산화탄소와 방부제를 상징하는 도장을 만들어 과일의 여행이라는 스탬프 투어 활동을 구안해서 실행했고, 지속가능한 발전 개념을 소개하기 위해서 고릴라와 핸드폰이라는 사례를 도입하여 역할극을 시도했으며, 음식물 쓰레기의 사회적, 경제적, 환경적 비용을 알아보기 위해서 직소 방식의 모둠 탐구 활동을 시도했다. 이 과정에서 각 주제들과 자신들이 결정한 교수법이 자기 학생들과 만나서 어떻게 구현되는지를 보면서 개념에 대한 학생들의 반응과 이해 정도 뿐 아니라, 해당 교수법이 자기 학급의 학생들에게 적합한지 여부와 해당 주제를 충분히 다루기 위해 필요한 차시와 구안한 활동에 배정해야 하는 시간에 대해서 생각하게 되었다. 또한 학생들과 해당 주제에 적합한 교구와 자료에 대해서 그리고 수업에서 사용하는 용어를 학생들의 수준에 맞추어 바꾸고 안내하는 방법 등에 대해서 반성하며, 고유의 실천적 지식을 얻었다고 할 수 있다.

교사들은 수업의 설계 과정에서 해결해야 할 질문들과 선택해야 할 지점들이 많았다. 이를 해결하기 위해서 필요한 다양한 시각과 경험과 지식을 동료들과의 대화를 통해서 일정 정도 구하면서 수업에 대한 생각을 확장하고 정교하게 만들어 나갔다. 또한 수업에서 필요한 교구를 함께 만들어 사용하면서 수업에 보다 적합하게 만들어 나갔다. 무엇보다 동료들의 수업을 보면서 자신이 해야 할 수업에 대해서 미리 반성하고 새롭게 개선할 수 있었다. 개별 교사가 자기 수업을 설계하고 실행하고 반성하면서 개선하는 과정을 실행 연구라고 한다면 이들의 활동은 협력적 실행 연구라고 할 수 있다. 무엇보다 초등학교에서는 한 차시의 수업을 여러 학급에서 시도하면서 개선할 수 있는 기회가 전혀 없다. 이러한 상황에서 동료의 수업은 내가 한 실행만큼이나 반성의 토대가 되어 개별 교사의 수업 개선을 위한 계획에 일조했다고 할 수 있다. 이러한 점은 교사학습공동체에서 할 수 있는 여러 가지 활동 중에서 공동 수업 설계와 실행 활동이 가지는 중요한 의미라고 할 수 있다. 활동의 한계라면 수업 실행 중간의 시간 간격이 상대적으로 짧아서 수업 비평과 같이 충분하게 수업을 들여다보고, 자신의 교육 방식이나 수업 기술 혹은 학생관 등 다양한 이야기를 하지 못했다는 점이다. 무엇보다 학생 반응이나 결과물에 대해서 심도 깊은 분석을 하지는 못했다.

이러한 공동 수업 설계와 실행이 환경을 주제로 이루어졌다는 점에 주목할 필요가 있다. 이들 교사들에게 환경 주제는 "그냥 지나가는"(정교사) 주제였기 때문에 "이렇게 환경 수업을 열심히 해 본 적이 없다"(배 교사). 그런데 이렇게 해 보니 재미가 있고 환경 수업을 제대로 하기가 어렵다는 점을 알게 되었다고 밝혔다. 이 점은 초등학교 교육과정에서 환경 주제가 다루어지고 있는 모습을 단적으로 드러내는 동시에 환경 수업을 공동으로 설계하고 실행하는 활동이 중요함을 말하고 있다. 초등학교 교사들에게 환경 주제는 언제나 누구나 그리고 어느 교과에서나 시도할 수 있는 주제라고 여겨진다. 그러나 동시에 각 교과에서 중심적인 주제가 아니기 때문에 관점을 가지고 깊이 탐구하고 학생들을 위한 좋은 수업을 기획하고 시도할 기회가 많지 않다. 이 사례에서 교사들은 혼자였다면 간략하게 다루었을 환경 수업을 제대로 해 볼 의지를 서로 다지고 그것을 실행하는 과정에서 서로의 짐을 덜어 주고 서로의 학습에 기여하며 새로운 환경 수업을 시도했다는 점에서 의미가 있다. 결국에는 우리나라 초등학교 환경교육이 양적으로 질적으로 성장한다는 것은 현장에서 이러한 시도와 사례들이 충분히 축적되는 것이기도 하다. 한편, 첫 모임에서 교사들이 만든 역할 분담이나 나름의 규칙들이 잘 지켜졌기 때문에 원활한 소통과 학습이 가능했다. 이 점은 이후 교사학습공동체를 통하여 환경 수업 전문성을 기르는 데 있어서 반드시 염두에 두어야 한다.

환경 수업을 위한 교사 연수와 외부 전문가들이 만든 활동 자료와 지도안 혹은 자료 등은 환경 수업을 시도하려는 교사들에게 매우 중요한 원천을 제공한다. 동시에 그것만으로는 환경 수업 전문성을 보장할 수는 없다. 수업을 위해서는 현재 자신의 학생들과 다루고자 하는 수업 주제, 적절하다고 생각하는 교수법 세 가지가 만나서 어떤 결과를 만들어 내는가에 대한 끊임없는 반성의 과정이 필요하기 때문이다. 누군가의 표현처럼 수업에서는 오늘의 성공이 내일의 성공을 보장하지 않는다. 이러한 과정에서 이 사례에서와 같이 현재 자기의 수업 상황과 직접적으로 관련이 있는 학교 동료들과 함께 실천하고 반성하며, 그 변화와 개선의 동력을 구한다면 확장적 학습이 가능한 동시에 개인이 아니라 학교 단위의 변화를 가져오는 데도 유리할 것으로 판단된다.

이러한 점을 바탕으로 몇 가지를 제언하자면, 먼저 환경 관련 자료를 제작할 때 지도안과 프로그램뿐 아니라 관련 자료를 바탕으로 실제 수업을 해 보고 이때 나타나는 학생들의 다양한 반응과 활동 결과물을 함께 제시한다면 환경 수업을 하려는 교사들이 더욱 유용하게 사용할 수 있는 자료가 될 것이다. 또한 교사학습공동체 활동과 결합되거나 혹은 지원할 수 있는 연수 프로그램을 개발하여 이를 통하여 공동 수업 설계와 실행을 제안하고, 공동 수업 설계와 실행 과정 속에서 축적된 교수 내용 지식에 관한 연구도 필요하다.

| 참고 문헌 |

곽영순(2002). 과학과 교육 내실화 방안 연구: 좋은 수업 사례에 대한 질적 접근. 한국교육과정평가
　　원.권낙원(2007), 교사의 전문성 향상을 위한 전문 학습공동체 구성 가능성 탐색. 교육과정연구,
　　7, 한국교원대학교 교육과정연구소, 1~19쪽.
김남균(2012). 교사학습공동체(PLC)활동에서 프로토콜. 학교 문화 변화를 위한 컨설팅의 현황과 전
　　망. 한국 교원교육학회, 한국학교컨설팅학회, 청주 교대교육연구원 공동 주최 학술대회,
　　105~118쪽.
김남수, 이혁규(2013). 연수 프로그램을 통한 공동 수업 설계와 실행 사례 분석. 교육문화연구, 19(1), 인
　　하대학교 교육연구소, 29~56쪽.
김민정(2002). 지리수업에서의 교수학적 변환에 근거한 극단적인 교수현상. 한국지리환경교육학회지,
　　10(2), 한국지리환경교육학회, 115~126쪽.
김현진 외(2010). 예비교사의 수업능력개발을 위한 교육방안 연구. 연구보고 RRI. 한국교육과정평가원.
모경환 외(2010). 지속가능발전교육 역량 개발 프로젝트(ESD Competency Project) : 초등학교 ESD
　　수업모듈. 유네스코한국위원회.
맹희주, 손연아, 최돈형(2009). 환경교육 연수에 참여한 교사들의 환경교육 범주에 대한 인식과 환경교
　　육 전문성 함양의 변화 분석. 환경교육, 22(3), 한국환경교육학회, 136~151쪽.
박선미(2006). 협력적 설계자로서 사회과 교사 전문성 개발을 위한 패러다임 탐색. 사회과교육, 45(3),
　　한국사회과교육연구학회, 189~208쪽.
설규주(2013). 사회과 수업에서의 PCK 탐구. 수업전문성 연구 가로지르기: 교과별 수업 역량 강화 I.
　　한국초등국어교육학회, 한국 초등수학교육학회, 한국사회과교육학회, 한국초등과학교육학회,
　　한국음악교육학회 및 청주교육대학교 교육연구원 공동주최 학술대회 발표논문집, 31~44쪽.
손연아 외(2005). 초등교사의 환경관련 수업에 대한 교사전문성. 초등과학교육, 24(2), 한국초등과학교
　　육학회, 174~182쪽.
유네스코한국위원회, 황혜진 옮김(2012). 기후변화교육 길잡이. 유네스코한국위원회.
이도원, 윤순진, 김찬국(2009). 초등학교 교사를 위한 지속가능발전교육 참고 교재 개발. 환경부.
이성희, 최돈형(2007). 초등환경교육의 전문성 신장을 위한 교사 연수 프로그램의 구성 요소 탐색. 환경
　　교육, 20(2), 한국환경교육학회, 54~66쪽.
임찬빈, 이화진, 곽영순, 강대현, 박영석(2004). 수업평가 기준개발연구: 일반 기준 및 교과(사회, 과학,
　　영어) 기준 개발. 연구보고 RRI, 5, 한국교육과정평가원.
진영은, 함영기(2009). 수업 전문성 재개념화 연구 동향 및 과제. 열린교육연구, 17(2), 열린교육학회,
　　47~71쪽.
천은수(2009). 어느 역사 교사의 '가르치기 위한 지식' 연구: 내용교수지식(PCK)과 교수학적 전환(DT),
　　그리고 실천지식. 역사교육연구, 10, 한국역사교육학회, 85~121쪽.
황세영(2012). 환경교육에 대한 교사 전문성 발달 연구를 위한 내러티브 탐구. 한국환경교육학회 학술
　　대회 자료집, 한국환경교육학회, 19~22쪽.
ESD 教材活用ガイド制作プロジェクト 委員会(2009). ESD 教材活用ガイド: 持続可能な未来への希望.
　　財団法人ユネスコ アジア文化センター (ACCU). 김이성 옮김(2011). ESD 교재 활용 가이드 – 지
　　속가능한 미래로의 희망. 유네스코 한국위원회.
Breiting, S., Mayer, M. & Mogensen, F.(2005). *Quality criteria for ESD-Schools: Guidelines*

to enhance the quality of education for sustainable development. Austrian Federal Ministry of Education.

DuFour, R.(2004). What is a "professional learning community"?. *Educational Leadership*, 61(8), pp. 6-11.

Dufour, R. & Eaker, R.(1998). *Professional learning communities at work TM: Best practices for enhancing student achievement*. Bloomington, IN: Solution Tree.

Easton, L. B.(2009). *Effective decision making dialogue deep understanding: Protocols for professional learning*. VA: ASCD.

Gold, R. L.(1969). Roles in sociological field observation. Issues in participant observation. *Social Forces*, 36, pp. 217-223.

Hord, S. M.(1997). *Professional learning communities: Communities of continuous inquiry and improvement*. Austin, TX: Southwest Educational Development Laboratory.

Hungerford, H. R., Volk, T. L. & Winter, A. A.(1994). Issue investigation & citizenship action training: An instructional model for environmental education. In Bardwell, L. V., *Environmental problem solving: Theory, practice, and possibilities in environmental Education*, NAAEE.

Krasny, M. E. & Lee S-K.(2002). Social learning as an approach to environmental education: Lessons from a program focusing on non-indigenous, invasive species. *Environmental Education Research*, 8(2), pp. 101-119.

Lincoln, Y. S. & Guba, E. G.(1985). *Naturalistic Inquiry*. SAGE.

Louis, K. S., Marks, H. M. & Kruse, S.(1996). Teachers' professional community in restructuring schools. *American educational research journal*, 33(4), pp. 757-798.

Mcdonald, J., Mohr, N., Dichter, A. & Mcdonald, E.(2007). *The power of protocols: An educator's guide to better practice*. New York: Teachers College Press.

Mullen, C. A.(2009). *The handbook of leadership and professional learning communities*. Palgrave and Macmillan.

Newmann, F. M. & Wehlage, G. G.(1995). *Successful school restructuring: A report to the public and educators by the center on organization and restructuring of schools*. University of Wiscon- sin-Madison: Center on Organization and Rest- ructuring Schools.

Schön, D. A.(1983). *The reflective practitioner: How professionals think in action*. New York: Basic Books.

Sergiovanni, T. J.(1992). *Moral leadership: Getting to the heart of school improvement*. San Francisco, CA: Jossey-Bass.

Sergiovanni, T. & Strarratt, R.(2007). *Supervision: A redefinition*. New York: McGraw Hill.

Shulman, L. S.(1987). Knowledge and teaching: foundations of the new reform. *Harvard Educational Review*, 57(1), pp. 1-23.

Smith, C. & Gillespie, M.(2007). Research on professional development and teacher change: Implications for adult basic education. *Review of Adult Learning and Literacy*, 7(7), pp. 205-244.

교육대학과 부설학교 간 협력에 기반한 과학과 학습공동체 운영 사례와 시사점

이선경

I. 서론

교육의 개혁을 논할 때 또는 새로운 교육과정이나 패러다임의 적용을 꾀할 때 이를 수행할 수 있는 교사 교육과 이들이 수행하는 교수teaching에 대한 관심은 핵심적 요소가 된다. 1990년대에 출간된 미국의 과학교육 기준은 과학 내용 기준이나 평가 기준과 같은 다른 여러 영역에 앞서 과학 교수 기준science teaching standards과 과학 교사 전문성 신장 기준professional development standards을 명시하고 있으며(National Research Council, 1996), 초·중등학교의 과학 및 수학교육의 실태를 조사한 문서(Weiss et al., 2003)에서는 교사의 지식과 믿음, 경험 등이 수업 전략에 가장 큰 영향을 미치는 변인이라는 사실을 지적하고 있다. 따라서 과학 교수와 과학 교사의 전문성은 과학교육의 성패를 좌우하는 핵심적인 요소가 됨을 알 수 있다(오필석 외, 2008).

본 연구에서는 교육대학교와 부설 초등학교 간 협력에 기반한 과학과 학습공동체를 운영하고, 이의 수행 사례를 통하여 두 주체 간의 학습의 양상과 과학과 교사 전문성 발달과의 관련성을 탐색하고자 하였다. 이를 위해 과학과 학습공동체에 참여하고 있는 초등 교사들이 인식하고 있는 학습공동체의 필요성, 과학 수업에 대한 인식, 학습공동체 운영의 의미와 쟁점 등을 파악하고자 하였다.

II. 과학과 학습공동체의 구성원과 연구 방법

1. 과학과 학습공동체의 구성원

교육대학교와 부설 초등학교 간 협력에 기반한 과학과 학습공동체는 과학교육을 전공한 교과 전문가 1인과 1학년 담당 교사 1인, 3학년 담당 교사 1인, 4학년 담당 교사 1인, 5학년 담당 교사 1인 등 교사 4인으로 구성되어 있다. 개별 교사의 구체적인 특징을 정리하면 〈표 2-36〉과 같다.

먼저 과학과 학습공동체 운영에 참여하였던 교과 전문가는 과학교육 전공자로 2011년 현재 교육대학교에서 11년째의 근무 경력을 가지고 있다. 교육대학교에 오기 전 중학교에서 생물 교사로 8년간 근무한 경험이 있으며, 그 이후 교육부 출연 연구소에서 근무하면서 7차 교육과정에 따른 초등 과학 교과서 집필 업무를 담당하였다. 따라서 초등 과학교육과정, 초등 과학 교과서, 교과서 집필 과정 등에 대해 전문적인 지식과 실제를 가지고 있으며, 교육대학교에서도 생물학 관련 과목

표 2-36 2011년 과학과 학습공동체의 구성원

구분	담당 학년	교직 경력[1]	비고
A 교사	1학년	22년	교육 실습 담당
B 교사	3학년	10년	체육 전담
C 교사	4학년	15년	대표 교사
D 교사	5학년	7년	5학년 과학 전담

은 물론 초등 과학 교재 연구 강좌를 계속 담당하고 있어 초등 과학의 교과서와 수업에 관한 현장감도 가지고 있다고 볼 수 있다.

A 교사는 경력 22년째의 교사로서 부설 초등학교에서 3년째 근무를 하고 있고, 교육 실습을 담당하고 있는 교사이다. 교육대학교에서는 과학 심화를 전공하였으며, '이론이나 원리에 밝은 교수들보다 교사들이 수업에 대해서는 전문성을 더 많이 가지고 있다'는 인식을 가지고 있었다. 즉, '교수들은 주제나 내용, 원리 등에 대해서는 전문가일 수 있지만, 그걸 현장에 투입하고, 학생들과 수업 과정을 밟아 가는 면에서는 교사들이 더 많은 노하우를 가지고 있다'는 것이다. 그러나 대학과 현장의 연계나 이들이 함께하는 교사학습공동체에 대해서는 긍정적인 시각을 가지고 있어 '충북에 있는 초등학교의 기존 협력 사례를 접하면서 이런 노력이 필요하다는 생각을 했었다'고 언급하였다.

B 교사는 경력 10년째의 교사로서 부설 초등학교에 근무한 지 2년째이며, 교육대학교에서 체육 심화를 전공하였고 현재 체육을 전담하고 있다. 교사학습공동체 중에서 과학과 학습공동체를 선택한 이유는 '체육 교과에 관심이 많은 교사로서 과학의 영역과 체육이 관련되는 부분이 많아서, 체육에서 가르치거나 고려해야 할 원리나 이론에 과학

• • •

[1] 교직 경력은 2011년 과학과 학습공동체 참여 시를 기준으로 함.

이 기반이 되는 경우가 많으며, 과학이나 수학 영역에서 '좋은 수업'의 이론들을 적용한 사례들을 많이 보았기 때문'이었다. 또한 초등학교 교사는 '특정 교과를 깊이 파기보다는 특정 활동을 할 때 범교과적으로 각 요소들을 통합하여 학생들에게 의미 있는 경험을 제공하고, 의미 있는 생각을 유도해야 한다'고 생각하고 있었다.

C 교사는 경력 15년째의 교사로서, 부설 초등학교에서는 3년째 근무하고 있다. 교육대학교에서는 과학 심화를 전공하였으며, 석사과정을 거쳐 박사과정으로 과학교육을 전공하고 있는 교사이다. 교육대학교의 초등 과학 교재 연구 등의 강좌를 담당한 적도 있지만, 초등학교 현장에서는 한동안 영어 전담을 하여 과학을 가르칠 기회가 적었다가 올해 다시 과학을 가르칠 기회를 갖게 되었다. 개인적으로는 영재 교육 강사로서의 활동, 충북 지역의 초등과학교과연구회와 현장과학교육학회 등 과학교육과 관련된 활동을 꾸준히 수행하면서 전문성을 증진시키고 있었다. 과학과 학습공동체 활동 시기와 박사과정 이수 시기가 겹쳐서 매우 분주했음에도 불구하고, 활동에 적극적으로 참여하였다.

D 교사는 경력 7년째의 교사로서, 2011년 부설 초등학교로 근무지를 옮겼다. 교육대학교에서는 과학 심화를 전공하였으나, 대학원에서는 학부 시절 사물놀이를 다루었던 동아리 활동 경험에 기반하여 음악을 전공하였다. 부설 초등학교에서 5학년 과학을 전담하게 됨에 따라 3월에는 5학년을 대상으로 새로이 도입된 자유 탐구를 학생들과 함께 해 보는 시도를 하는 등 과학 교과에 대한 관심이 큰 상태이다.

2. 연구 방법과 절차

본 연구는 교육대학교와 부설 초등학교의 교사들로 이루어진 과학과 학습공동체의 분과별 활동을 주로 하여 이루어졌으며, 이는 2011년 3월 시작되었다. 그러나 이에 앞서 2010년 12월과 1월에 걸쳐

C교육대학교의 교사전문성센터의 연구원들과 담당 교수들이 부설 초
등학교의 교장, 교감, 연구부장, 교무부장 등을 면담하고, 협력에 관한
의견을 교환하는 과정, 즉, 교사전문성개발체제 구축을 위해 협의체를
구성하고 협의하는 과정이 먼저 이루어졌다.

　그런 다음 교사전문성개발체제 협력을 위한 상호 이해 및 교사전문
성개발체제의 가치와 정신을 공유하기 위하여 2011년 2월 22일 교사
양성 대학과 현장과의 교사전문성개발체제 적용을 위한 워크숍이 실
시되었다. 이 워크숍에서는 관련하여 교육대학교에서 수행되고 있는
과제들의 내용과 성과가 발표되었고, 2차년도에 수행되었던 도내 초등
학교와의 협력 사례에 대한 발표가 있었다. 그리고 각 교과별로 분과
회의를 통해 교사전문성개발체제와 관련된 초등학교 교사들의 의견
을 수렴하였다. 과학과 학습공동체가 결성된 3월 18일은 전체 모임과
분과별 모임으로 구성되었으며, 전체 모임에서는 비전과 목표, 2010년
협력의 성과 및 결과 논의 등 강의가 먼저 있었고, 그 후 각 분과별로
회의를 진행하였다.

　과학과 학습공동체의 분과 활동은 3월 18일부터 10월 24일에 걸
쳐 총 11회의 모임으로 구성되었으며, 각 모임은 1~2시간 동안 진행되
었다. 각 모임의 시간은 특별히 고정하지 않고, 모임의 마지막에 참가
자의 일정을 고려하여 그 다음 모임 시간을 정하는 형태로 하였다. 각
모임의 주제들은 기존 연구(김경은, 2010; 나귀수, 2010; 박영희 외, 2010)
등에서 다루어졌던 것들을 참고하여 정하였으며, 활동 내용을 간략히
정리하면 〈표 2-37〉과 같다.

　이 표에서 보는 바와 같이 처음 1차 과학과 학습공동체 활동에서
는 교사전문성개발체제에 대한 인식에서 출발하여 교사학습공동체
의 방향을 설정하는 작업을 시작으로 과학 수업에 대한 인식, 어려움
등을 공유하였다. 전체적으로 3차에 걸쳐서 두 교사가 수업 공개를
실시하였는데 이들 중 1, 2차의 수업 공개는 교육대학교 1학년 학생

표 2-37 2011년 과학과 학습공동체의 주요 활동 내용

일시	주요 활동	활동 내용
3월 18일	과학과 학습공동체의 학습 방향과 내용 탐색하기	- 교대와 부설초의 첫 만남 - 교사전문성개발체제의 개념과 특성 소개(전체 모임) - 참가자 인사와 요구 조사(분과별 모임)
4월 11일	과학 수업 및 과학 교사에 대한 관점 확인하기	- 좋은 과학 수업이란? - 좋은 과학 교사란? - 과학 수업 시의 어려움 - 과학과 학습공동체 활동 내용 설정 - 1차 과학 공개 수업 지도안 함께 검토하기
4월 18일	1차 과학 공개 수업 보기 (C 교사)	- 대상 : 4학년 2반 학생 - 단원 및 차시 : 2. 지표의 변화 　　　　　　　　　2-1. 소중한 자원, 흙 - 적용 수업 모형 : 발견 학습 모형
4월 25일	1차 수업 분석 및 비평하기	- 수업자의 자기반성 - 수업 관찰 소감 - 장점, 문제점 및 개선 방안 등 논의
5월 16일	2차 과학 공개 수업 지도안 함께 검토·논의하기	- 작성된 수업 지도안 검토 - 수업의 범위, 내용, 접근 방법, 유의할 점 등 논의
5월 24일	2차 과학 공개 수업 보기 (D 교사)	- 일시 및 장소 : 5월 24일(화), 부설초 5-3 교실 - 대상 : 5학년 3반 학생 - 단원 및 차시 : 2. 전기 회로, 8차시 전기를 안전하게 사용하는 법 알아보기 - 적용 수업 모형 : STS 수업 모형
6월 2일	2차 수업 분석 및 비평하기	- 수업자의 자기반성 - 수업 관찰 소감 - 장점, 문제점 및 개선 방안 등 논의
6월 14일	과학과 학습공동체 활동 되돌아보기	- 자유 탐구 지도 내용 발표 및 비평하기 - 1학기 과학과 학습공동체 운영의 의미 공유 - 2학기 과학과 학습공동체 운영 계획 및 일정 논의
8월 30일	3차 과학 공개 수업 지도안(9월 워크숍 수업 지도안) 함께 검토·논의하기	- 9월 워크숍 공개 수업 검토 - 수업의 모형, 내용, 준비물, 유의점 등 논의 - 수업(안) 수정 방향 논의

| 9월 30일 | 워크숍에서 3차 과학 공개 수업 보기 | - 일시 및 장소 : 9월 30일(금), 부설초 과학실
- 대상 : 4학년 2반 학생
- 단원 및 차시 : 1. 식물의 세계
　7차시 강과 연못에 사는 식물 / 발견 학습 모형 |
| 10월 24일 | - 3차 과학 공개 수업 다시 함께 보고 분석·비평하기
- 1년 과학과 학습공동체 활동 되돌아보기 | - 수업자의 반성
- 수업 관찰 소감
- 장점, 문제점 및 개선 방안 등 논의
- 1년 과학과 학습공동체 활동 되돌아보고 향후 유의점 제안 |

들과 4학년 학생들을 대상으로 한 교육 실습과 연계되어 있었다. 과학과 학습공동체 활동에서는 이 수업들을 함께 준비하고, 함께 보고, 함께 비평하였다. 마지막 수업 공개는 교육대학교와 부설 초등학교와의 협력을 보고하기 위한 수업 공개와 워크숍의 성격을 담은 것으로 지역교육청에서 근무하고 있는 교사들과 학부모들을 대상으로 하였다. 이 외에도 과학과 수업의 일환으로 한 교사가 수행하고 있던 자유 탐구의 운영을 공유하고, 이를 좀 더 잘하기 위한 방안을 함께 논의하였다. 그런 다음 과학과 학습공동체 활동을 되돌아보면서 그 의미를 정리하였다.

이들 활동은 모두 참가자의 동의를 얻어 녹음되었고 전사되었으며, 이들 전사 자료 이외에 두 교사의 수업 지도안과 매회 활동 후 기록한 연구자의 활동 기록 일지 내용 등이 분석 자료로 사용되었다. 분석 시에는 전사된 자료를 검토하면서 본 연구에서 주의 깊게 탐색하고자 한 주제들, 즉, 학습공동체 운영의 의미, 과학 수업에 대한 인식 또는 의견, 학습공동체 운영 시의 쟁점 등의 항목별로 구분하여 코딩하였으며, 의미가 불분명한 경우는 녹음 자료를 들으면서 의미를 확인하였다. 각 회 차에서 논의된 주제에 따라 구분하되, 다른 회 차의 경우에도 관련되는 항목이 있으면 함께 코딩되고 분류되었다.

III. 연구 결과

1. 학습공동체 운영의 실제와 의미

(1) 교사전문성개발체제나 학습공동체는 필요한 것

1차 모임에서는 먼저 교사전문성개발체제의 개념, 비전 등에 대한 발표와 기존 사례를 접한 후, 과학과 모임에서는 학습 방향과 내용에 대한 관심의 공유와 탐색이 이루어졌다. 참가자들은 스스로를 소개하면서 교사전문성개발체제 및 교사학습공동체의 활동과 관련하여 가지고 있는 기대를 표현하였다. 첫 모임은 연구자로서는 힘든 시작이었는데, 분과별 모임에 앞서 있었던 전체 모임에서 일부 교사들이 교사학습공동체의 운영이 과거에 수행되었던 수업 컨설팅과 무엇이 다른지를 질문하고, 문제 제기를 하였기 때문이었다. 따라서 연구자는 반성적인 실천가로서의 교사라든가, 연구자로서의 교사, 실행 연구 등의 분야에 관심이 많고, 실제로 연구를 했으며, 교사학습공동체에서 지도자라기보다는 촉진자로서의 역할을 수행할 것임을 표현하였다. 우려와는 달리 과학과 학습공동체에 참석한 교사들 모두 교사전문성개발체제의 운영과 참여에 대해서 긍정적인 관심을 표명하였다. 그러나 각 교사들이 교사학습공동체에 대해 갖고 있는 기대는 유사한 점도 있었지만, 약간씩 차이도 존재하였다. 충북 청주 지역 S초등학교의 교사학습공동체 운영 사례를 보면서 교사들로 구성된 또는 교사들과 연구자들로 구성된 교사학습공동체가 필요할 수 있겠다는 생각을 하면서(A 교사), 교사학습공동체를 통해서 '선생님들의 현장 경험과 연구자의 내용적 지식' 등이 합쳐지게 되면 서로 도움이 될 수 있을 것 같다는 생각을 공유하고 있었다(A 교사, C 교사). 그러나 교사학습공동체를 통해 과학교육 분야의 새로운 정보를 얻고 싶다거나(C 교사), 또는 교육대학교 교육과정과 현장과의 괴리를 극복할 수 있게 될 수도 있다는 기대와 더불어 스스로의 성장에 관한 기대(D 교사)를 가지고 있기도 하였다.

> "결국엔 현장에서 경험이 많은 선생님들이 실제적인 지식은 더 많이 가지고 계신 거고요. 교수님들은 내용적인 지식을 더 많이 가지고 계시는 거고요. 두 개가 겹쳐져서 더 발전된 모습이 되면 좋겠는데, 교사전문성개발 체제라는 게 나온 이유가 지금까지 두 개가 분리된 형태로 지속되었기 때문에 합쳐 보자라는 의미라고 생각을 했어요."

- C 교사, 1차 모임

> "저번에 S초등학교가 발표할 때 '아, 교육 현장에서 필요한 거다'라는 생각은 했어요. (……) 교수님들도 이론적으로는 깊고 전문성도 띠지만 현장과의 접목에서는 조금 부족함이 있고, 저희들도 전 과목을 가르치다 보면 어느 부분에서는 취약한 게 느껴져요. 그래서 서로 시너지 효과를 얻으면 저희는 저희들대로 좀 더 깊게 제대로 알고 가르치고, 또 교수님들은 '아 현장에서 이러한 것들이 실질적으로 문제가 되고 중요하구나'라는 것들을 받아들이시고. 그러면 서로 윈윈하고 소통이 되는 모임이 되지 않을까 싶어요."

- A 교사, 1차 모임

> "최신의 경향이라든지 서양에서 논의되는 새로운 분야들에 대해서 교사들은 정보에 노출이 많이 안 되는 편이니까, 교수님들께서는 그런 케이스들을 많이 소개해 주세요. 또 그것을 어떻게 수업에 접목시켜 볼 수 있을까 하는 관심이 있거든요. 실컷 연구했는데 시대에 뒤떨어지거나 불필요한 것이 되는 게 아니라, 새로운 시도를 통해 기여할 수 있는 공부를 할 수 있을 거라고 기대를 가지면서 왔습니다."

- B 교사, 1차 모임

"처음 들었을 때 교사전문성개발체제가 도대체 뭔가 (……) 종합을 해 보면 앞으로 수업 면에서도 이야기해야 할 것 같고요. 또 교대 커리큘럼과 현실에서 괴리감이 발생하는 이유가 무엇인가 이야기해야 할 것 같다는 생각이 듭니다. 교수님이 말씀하신 대로 저도 이 과정을 거치고 나면 1년 후에 나름대로의 어떤 발전이 있으면 좋겠다는 바람을 가지고 있습니다."

— D 교사, 1차 모임

그러면서 교사학습공동체의 활동에서 수업이 중심 주제가 될 수 있다는 점, 즉, 각자의 수업을 공개해야 하는 것에 대해서는 약간 부담을 가지고 있었다.

"수업 컨설팅으로 생각했어요. 그래서 아, 누가 수업을 해야 되겠구나. 주제가 '수업 관찰' 이렇게 돼 버리니까……."

— C 교사, 1차 모임

그러나 과학과 학습공동체는 차별성을 가져야 하며, 이것이 과학 수업 또는 과학실에서의 실험 등과 관련될 수 있다는 생각을 하고 있었다.

"앞서 다른 초등학교에서 활동한 사례를 들었을 때 과학과여서 특징적인 것을 찾을 수가 없어서 그 부분에 대해서도 많이 논의를 했었거든요. 일반 수업하고의 차별성이 뭐냐. 우리가 과학과로 모였다면, 과학에 관심 있는 사람으로서 과학과만의 특별한 뭔가가 있지 않아야 되겠느냐 이런 논의를 하다가 마쳤었는데요."

— C 교사, 1차 모임

(2) 과학을 가르치는 것은 어려운 일

2차 모임에서는 1차 모임에서 이루어졌던 교사전문성개발체제에 대한 기대에 이어 요구 조사가 계속되었고, 과학 수업 및 과학 교사에 대한 관점을 확인하는 작업이 이루어졌다. 좋은 과학 수업이란 무엇인지, 과학 교사의 전문성이 무엇인지, 실제로 과학 수업을 수행할 시의 어려움은 무엇인지 등에 대하여 질문을 하였는데, 과학 수업에서의 어려움을 시작으로 하여 이들 내용이 종합적으로 언급되었으며, 이는 교사학습공동체를 통해서 하고 싶은 내용으로 이어졌다.

과학 수업에서의 어려움으로 언급된 내용은 과학 수업에서 야외 학습 시 생물의 명칭을 알려 주어야 하는 어려움과 식물 채집 활동을 하는 동아리 활동 지도의 어려움, 자유 탐구 지도의 어려움, 과학실에서 실험 활동 지도의 어려움 등이었다. 이들 중 생물의 명칭을 알려 주는 것이 부담스럽다고 어려움을 토로한 교사는 이를 개선할 수 있는 어플이 개발되기를 희망하면서 교사학습공동체에서 이와 관련된 활동이 이루어지기를 기대하였다.

> "밖에 나가서 관찰을 할 때 저 같은 경우에도 사실 생물 이름을 잘 모르거든요. 풀 같은 경우 그게 그 풀 같고, 먹을 수 있는 건지 없는 건지 잘 구별도 안 되고. 그런데 만약 야외에 나가서 사진을 찍으면 그 생물에 대한 정보가 간단하게나마 검색되는 프로그램이 있다면 학생들도 대부분 스마트폰을 가지고 있다 보니까 큰 도움이 될 것 같아요. 어플리케이션이 상업적인 용도로 주로 개발되고 교육적인 용도로는 전무하니까요."
>
> – B 교사, 2차 모임

식물 채집 활동을 하는 동아리 지도의 즐거움과 어려움을 동시에 언급한 교사는 활동을 좀 더 의미 있게 수행하기를 원하였으며, 과학 전담 교사로 자유 탐구 지도를 하는 교사는 이와 관련된 논의를 통해 교육의 실제가 개선되기를 원하였다. 또한 과학 수업에서 실험 활동 지도의 어려움은 낙후한 과학실 환경과도 밀접한 관련이 있어 이들과 관련된 내용을 교사학습공동체에서 논의하고, 이를 통해 실제적인 개선을 도모하기를 바라고 있었다. 이는 1차 모임에서도 언급된 바 있다.

> "4학년 때 막상 이런저런 실험을 하려고 하니까 수업 목표에 관련된 그런 활동들을 해 내기 어렵더라고요. 교육과정이 애들의 발달 단계보다 좀 앞서가지 않나. 그래서 한 시간 안에 주어진 차시의 활동을 제대로 끝마친 적이 없어요. (……) 4학년 올라와서 첫 번째 단원인데 원리를 찾는 (실험) 활동이 과연 애들에게 적절한가. 교육과정이 적절하지 않나 아니면 제가 수업 준비를 제대로 못 하고 아이들 수준을 파악하지 못해서 적절한 자료와 과정을 제시하지 못해서 애들이 어려워한 건가. 그것에 대한 고민은 좀 더 해 봐야 되겠지만, 지금으로서는 뭐 둘 다인 것 같아요."
>
> — C 교사, 2차 모임

> "책상 구조 자체도 좀 문제가 있는 것 같고요. 2인 1조 아니면 4인 1조만 되더라도 뭐 얼마든지 역할 분담을 해 가면서 실험을 할 수 있는데, 6명이 앉으면 일단 거리도 너무 멀어요."
>
> — C 교사, 2차 모임

> "제가 몇 주 동안 겪었던 것은 여섯 명이 한 조가 되고 실험 기자재가 부족하고 이러다 보니까 아이들은 실험하는 걸 참 좋아하는데 기회를 균등하게 줄 수가 없어요. 애들이 과학 수업을 처음에는 되게 신나서 왔는데, 실험을 다 같이 할 수가 없어서 몇 명만 하게 되고, 그 다음에 여섯 명이 한 조가 되니까 교실에서보다는 통제가 좀 힘들어지고, 그러면 선생님들은 통제를 해야 하고, 실험을 (통제에 따라) 해야 되니까 점점 얼굴 표정들이 변하게 되는 거예요. '재미없어' 이렇게. 과학실의 환경을 개선하는 부분에서 도움을

주시면 좋을 것 같아요."

- C 교사, 1차 모임

이와 같은 요구 조사에 기반하여 과학과 학습공동체 운영은 1주 후로 수업 공개가 예정되어 있던 교사의 수업을 함께 보고 비평하며, 기회가 되는 대로 자유 탐구나 과학실 환경 개선과 같은 문제를 함께 논의해 보기로 하였다.

(3) 수업을 함께 계획하고, 함께 보고, 함께 논의하고

2차 모임에서는 상견례를 겸한 저녁 모임도 이어졌는데, 이 모임에서는 C 교사가 4월 18일에 4학년 실습의 일환으로 수업 공개가 예정되어 있어서 수업 지도안을 함께 검토하기를 원하였으므로 이에 대한 검토도 이루어졌다. C 교사가 공개하기로 한 수업은 4학년 〈지표의 변화〉 단원 중 식물이 잘 자랄 수 있는 흙에 대해 알아보는 내용이었다. 담당 교사는 이를 발견 학습 수업 모형을 적용하되, 화단 흙과 운동장 흙에 물을 부어 특성을 비교하고, 이로부터 식물이 잘 자랄 수 있는 흙에는 부식물이 많이 포함되어 있다는 것을 확인하는 활동으로 구성하였다. 그러나 논의 과정에서 수업의 초점이 분명하지 않다는 지적과 활동이 너무 많으므로 활동을 단순화할 필요가 있다는 지적이 있었다. 이에 대해 수업을 준비하고 있는 교사는 차시명은 식물이 잘 자랄 수 있는 흙에 대해서 알아보는 것으로 되어 있지만, 내용은 흙 속에 부식물 즉 생물학적 성분이 많이 들어 있다는 것이 너무 강조되어 이 둘이 잘 연결되지 않아 수업 설계가 어려웠음을 언급하였다. 그래서 이들을 연계하기 위한 전략이 필요함을 느끼게 되었다. 논의를 통해 화단 흙과 운동장 흙 이외에 잠두봉의 흙, 즉, 숲의 흙 같은 것이 필요할 수도 있으며, 이를 잘 연계하여 수업을 구성할 것이 제안되었다.

3차 모임은 C 교사의 공개 수업을 함께 보는 형태로 진행되었다. 수업은 4학년 학생들을 대상으로 과학실에서 이루어졌으며, 지구과학 단원 중 소중한 흙에 대한 내용이 발견 학습 모형을 적용한 형태로 이루어졌다. 수업은 두 개의 활동으로 구성되었다. 먼저 화단 흙과 운동장 흙을 비교하여 부식물의 차이를 알아보고, 숲에서 가져온 흙을 비교하는 활동을 추가적으로 실시하는 형태였다. 과학과 학습공동체의 모든 교사들은 수업에 직접 참여하였으며, 연구자는 강의 일정상 참여할 수 없어 촬영된 동영상을 보았다. 교사들은 수업을 보고 난 후 수업에 대한 의견을 작성하여 수업을 공개한 C 교사에게 전달하였다. 연구자는 동영상을 보면서 수업을 분석하고, 이를 비평하는 작업을 진행하였다.

4차 모임은 먼저 3차에서 수업을 공개했던 수업자의 자기반성과 과학과 학습공동체를 포함한 다른 교사들이 개진한 비평 의견서를 언급하는 것으로 시작되었으며, 각 교사들이 개인적으로 수업에 대한 비평을 하였다. 이 비평에는 좋았던 점, 문제점 및 향후 개선 방안 등이 논의되었다. 먼저 수업을 했던 C 교사는 학습공동체에서 과학실 환경과 자리 배치 등과 관련된 1, 2차 모임에서의 논의를 바탕으로 과학실에서의 수업을 위해 학생들의 모둠을 새롭게 구성하여 학생들의 실험 기회를 증가시켰으며, 실험 설계와 관련된 논의를 바탕으로 실험을 잘할 수 있었음을 보고하였다.

"일단 그때 모둠을 어떻게 구성할 것인가에 대해서 상당히 많이 고민을 해서 여러 가지 의견들이 나왔었잖아요. 과학실 여건상 5인 1조, 6인 1조가 될 수밖에 없는데, 그러면 아이들이 실험을 못 하기 때문에 상당히 불만이 많다. 그래서 그날 토의한 다음에 제가 수업을 바꿨어요. 책상을 바꾸고, 한 테이블에 두 모둠을 구성을 했어요. 생각해 보니까 한 테이블에 한 모둠일 필요가 없더라고요. 책상을 옆으로 돌리고 한 테이블에 6명을 앉혀서 그 아이들을 반을 나눠서 3명, 3명 해서 두 모둠을 구성하게 되면 아이들이 실험을 하겠다고 전체가 다 일어서서 어수선해지는 것도 막을 수 있고요. 그 다음에 실험할 수 있는 기회가 조금 더 골고루 돌아가니까 아이들의 불만도 해소를 할 수 있고요."

- C 교사, 4차 모임

"실험은 그때 주신 아이디어 덕분에 잠두봉에 있는 흙을 가지고 와서 실험을 했거든요. 실험은 잘됐는데요, 지렁이가 나오고 벌레가 나오니까 그 순간 엄청 시끄러워졌고, 애들이 막 여기 있던 모둠이 저쪽까지 가지고 가 관찰하고 그거 하나로 분위기가 많이 소란스러워졌어요. 조용한 분위기를 원하시는 분들은 안 좋게 보겠지만, 저는 그게 자연스러운 현상인 것 같거든요."

- C 교사, 4차 모임

공개 수업에 대해서 모든 구성원들은 수업과 관련하여 특별히 부각되었던 점은 '질서 있게 원하는 실험들이 이루어졌다'거나, '아이들이 내용과 무관한 질문들이 나올 때 과학적으로 사고를 유도해서 이끌어 낼 수 있게 유도를 잘했다'는 등의 의견이었으며, '안정된 수업 태도' 등 긍정적인 면을 부각하였다. 또한 수업 공개 전 과학과 학습공동체 모임에서 수업 지도안 검토를 하면서 공동의 노력으로 개선된 수업의 운영과 효과에 만족을 표명하였다.

"어떻게 보면 호기심을 자극하고 서로 탐구하는 자유로운 분위기는 아니었고 공개 수업이었기 때문에 딱딱하고 경직돼 있긴 했지만, 그래도 질서 있게 원하는 실험이 이루어지고, 잘 흘러간 것 같아요. 그리고 중간중간 실험 결과나 관찰 내용에 대해서 질문을 하실 때 선생님께서 아이들의 질문이 발문에 비해 간단하거나 주제에서 벗어날 때마다 과학적인 사고를 할 수 있게 유도하는 것을 참 잘하신 것 같아요. 그래서 아이들이 발표했던 것을 다시 생각해 보고 '아, 이게 아닌가 보다' 하고 방향을 잡아서 다시 찾아 가고, 그런 것들이 굉장히 보기 좋았어요."

- A 교사, 4차 모임

"저희가 모였을 때부터 많이 고민을 하고 준비한 수업이라서 확실히 준비가 잘된 수업이구나라는 걸 느낄 수 있었고요. 저도 과학 수업을 하고 있지만은 하나의 롤 모델로 삼아야 될 그런 수업이라고 생각될 정도로 정말 준비도 잘돼 있고 운영도 잘한 그런 수업 같거든요."

- D 교사, 4차 모임

"아주 수업을 잘하신다, 그러니까 교생들이 안정되게 보겠다' 이런 생각을 했습니다. 그리고 ○○○ 선생님께서 말씀하셨던 것처럼 실험을 세 개를 다 놓고 하는 것보다는 따로 분리를 해서 참 좋았다고 생각이 들어요. 의문의 형태로 이거 어디서 퍼 왔겠느냐 이렇게 생각해 볼 수 있게 했던 것도 아주 좋았던 것 같고요. 그래서 앞의 분위기와 확 달라지는 걸 느꼈거든요. 선생님들은 그 안에 있으셔서 느끼셨을지 잘 모르겠는데, 동영상으로 보다 보니까 숲에 있는 흙을 가져왔을 때 애들이 갑자기 논의가 더 활발해졌어요. 아, 이 수업이 잘 설계가 되었구나 하는 느낌을 받을 수 있었거든요. 아이들의 탐구심도 자극할 수 있었고. 지난번에 세 개를 다 하냐 어쩌냐 고민을 많이 하셨는데, '아, 좋은 해법을 찾으셨구나' 생각을 했어요."

- 연구자, 4차 모임

그러나 교사의 목소리가 빠르고 너무 급하게 진행이 되었다거나, 실험에 예상하는 과정이 포함되었으면 좋겠다거나 또는 학생들끼리의 상호 작용이 좀 더 잘 이루어질 수 있도록 해야 한다든가 하는 등의 문제점과 개선 방안도 지적이 되었다. 이 모임에는 교육대학교에서 교육행정을 가르치고 있는 교수 1인이 함께 참석하여, 과학과 학습공동체 운영과 부설 초등학교에서의 수업 공개 등에 관하여 질의하고, 토론을 함께 하였다.

5차 모임은 2차로 수업을 공개할 D 교사의 공개 수업안을 검토하는 형태로 진행되었는데, D 교사는 처음에는 수업 공개를 할 예정이 없었다가 학습공동체에 참여를 하면서 공개를 해 보고 싶다는 생각과 결정을 하게 되었다. 따라서 5차 모임에서는 미리 작성된 과학 공개 수업 지도안을 함께 보고, 검토하는 작업이 이루어졌다. 이때 수업의 범위, 접근 방법, 유의할 점 등을 자연스럽게 논의하였다. 공개 수업의 내용은 5학년 〈전기 회로〉 단원의 8차시 전기를 안전하게 사용하는 방법에 대한 것이었다. 수업안은 교과서에 충실하게 수업을 하는 방향으로 작성이 되었는데, 사진을 바탕으로 잘못되게 전기를 이용하는 상황을 찾고 까닭을 알아보고, 전기를 안전하게 이용하는 방법을 알아본 후, 자기 생활을 반성하는 형태로 구성이 되어 있었다. STS 수업 모형을 사용하여 작성되었으며, '생활에 밀접한 자료들을 찾아서 수업을 진행'하고자 시도하고 있었다. 그러나 실제로는 너무 교과서와 실험 관찰을 위주로 하여 작성이 되었으며, 학생들의 실생활과 연계한다는 목표가 잘 드러나지 않는 형태로 수업이 구상이 되어 모임에서는 이에 대한 지적과 제안이 많았다.

"그러니까 도덕 수업 같은 느낌이 든다는 거죠. 개별 활동이라고 할 수 없을 것 같아요. 어떤 주제를 던져 주고, 그 애만이 해결할 수 있는 방법을 찾아서 탐구하고, 어떤 결과물을 얻어 내는 그런 식의 과정이 있어야지 그냥 교과서를 보고 잘못된 걸 나름대로 찾아서 발표해 보고, 이런 거는 개별 활동이라고 명칭을 짓기에는 좀 빈약한 것 같고요. 그저 바른 사용법을 알아서 안전하게 사용할 수 있다는 것은 도덕 수업하고 다를 게 뭐 있어요. 과학 수업이 아니잖아요. 토의를 하든, 탐구를 하든 어떤 생활 주변에 있는 것을 끌어들여서 한번 밥상에 올려놓고 서로 찾아보고 발견하고, 거기서 의문 가는 거나 문제점이 있으면 어떤 줄기를 만들어 가야 하는데 글쎄요. 물론 실험 관찰의 흐름이 꼭 알아 갈 요소들이긴 하지만, 그 단계를 그대로 밟아서 보여 주는 수업을 한다는 거는 좀 재미가 없지 않을까 싶은 생각이 드는데요?"

- B 교사, 5차 모임

"자기네 집에 전기를 쓰는 어떤 상황이나 현상이나 경험 같은 것들을 사진도 좋고 아니면 일화도 좋고 그런 것들을 가지고 와서 다양하게 떠올려 보면 '아, 저 부분은 뭔가 문제가 있다' 해서 찾아내고, 엄마의 습관 중에 '우리 엄마는요, 꼭 뭐를 하면 플러그까지 뽑아 놔요'라든지 그런 사례가 있을 거 아니에요? 그래서 '우리 엄마는 참 유난스러워요'라고 발표했을 때 그것이 어떤 건가. 그러니까 아이들이 스스로 판단해 보는 기회를 주는 거예요. 유난스럽지만 전기를 바르게 사용하는 태도라든지 아끼는 길이라든지 뭐가 있을 거 아니에요, 그죠? 그런 개인적인 사례들을 떠올려서 거기다 무게를 많이 둬도 나쁘지 않을 것 같아요. 그걸 통해서 우리가 학습에서 찾아내고자 하는 것들을 건져 낼 수 있으니까."

- A 교사, 5차 모임

"○○○ 선생님께서 지도 조언해 주신 게 과학 수업인데, 왜라는 질문을 유도하는 요소들이 너무 없지 않느냐 말씀을 해 주시더라고요. 그래서 각각의 잘못 이용되는 상황들을 제시해 주면서 그 상황을 찾아내는 것도 중요하지만 '그것이 왜 잘못됐는가' 질문을 해서 유도를 해 봐라. 그렇게 해야 더 과학적인 수업이지 않겠느냐 말씀을 해 주셨는데요."

- D 교사, 5차 모임

6차 모임은 D 교사의 공개 수업이었는데, 교육대학교의 1학년 학생들의 실습 기간 동안 시범 수업의 형태로 이루어졌다. 수업은 5차 모임을 통해 다소 수정된 내용으로 이루어져 있었는데, 전기 관련 단원에서 실험을 하지 않고 전기를 안전하게 사용하는 방법을 내용으로 하여 STS 수업 모형을 적용한 수업이었다. 처음 계획된 안에서는 활동이 3개 들어가 있었으나, 이를 조정하여 잘못된 전기 이용 상황을 바르게 고치는 활동이 주된 활동으로 이루어지고, 이로부터 자기 생활을 반성하는 내용이 그 다음 활동으로 제시되었다. 선생님이 나누어 주는 학습지에서 제시된 상황에 대해 1차 공개 수업에서와 같이 교사들은 수업을 보고 난 후, 의견을 작성하여 수업을 공개한 D 교사에게 전달하였다. 연구자 역시 수업을 분석하고 비평하였으며, 별도로 이를 전달하지 않고 7차 모임에서 의견을 표명하였다.

7차 모임은 2차 공개 수업에 대한 분석과 비평을 위주로 진행되었다. 먼저 D 교사가 스스로의 수업을 반성하고, 동료 교사들에 의해 지적된 사항들을 평가서에 근거하여 보고하였다. 이후 각 교사들은 수업 관찰 내용 중 중요하다고 생각이 되는 내용을 다시 언급하였으며, 연구자도 함께 의견을 제시하였다. 수업의 좋았던 점, 문제점, 개선 방안 등이 논의되었다. 수업에서 좋았던 점으로는 아이들이 수업할 때의 집중도가 높았던 점, 아이들이 '진짜로 과학 수업을 재밌어하고 있는' 것을 느낄 수 있었다는 점 등이 언급되었으며, 문제점으로는 토의 수업은 좋았지만 실제적인 토의는 일어나지 않은 것 같다는 점, 그리고, 이미 학습한 내용과의 연계를 통해서 과학적인 토의가 될 수 있도록 해야 한다는 점, 시간에 쫓겨 좀 우왕좌왕했다는 점 등이 제기되었다. 그러면서 좀더 과학적인 토의가 될 수 있도록 하기 위해서는 교사가 이를 유도할 수 있도록 해야 한다는 점 등이 개선 방안으로 논의되었다.

"일단 수업을 준비하는 입장에서 말씀드리면요. 이런 모형은 이렇게 수업하는 게 좋다, 또 실생활을 잘 끌어들이는 그런 수업을 한번 계획해 봐라 말씀해 주셔서 그쪽으로 준비를 많이 하려고 했습니다. 근데, 또 막상 준비를 하려고 하다 보니까 실험을 보여 주는 그런 수업을 할까 하다가……. 뭐 실력도 없지만은 새로운 것에 도전하는 걸 또 좋아하다 보니까 원래 계획했던 대로 토의 수업을 한번 해 보자. 그리고 선생님들께서 조언해 주신 대로 해 보자. 그렇게 준비를 했습니다."

- D 교사, 7차 모임

"제가 6학년도 (담임) 해 보고 1학년도 해 보고 다 해 봐도 아이들이 체육을 제일 좋아해요. 그런데 과학이 1순위라는 거는 선생님이 그동안 과학 수업을 어떻게 해 왔고, 아이들한테 어떤 자극을 줬는지가 그 결과를 통해서 나타나는 거거든요. 그래서 아이들이 과학이라는 과목을 그렇게 좋아할 수 있다는 것은 온전히 선생님의 어떤 영향력이라고 생각해요. 또 그날 수업 시간에 아이들이 집중도가 높았어요. 엉뚱한 질문을 하기는 했지만, 자기네들이 재미있어서 막 이것저것 사고를 자극해서 엉뚱한 질문을 하는 게 느껴졌기 때문에 아이들이 진짜로 과학 수업을 재밌어하고 있구나……. 엉뚱한 것을 하는 데 재미를 붙여서 엉뚱한 방향으로 흘러가지 않도록 선생님이 잘 잡아 주기만 한다면 잘될 것 같아요. 아이들이 과학을 즐거워하고 재미있어하는 면에서 선생님이 성공을 했다고 보거든요."

- A 교사, 7차 모임

"과정이나 활동 자체가 중요하기 때문에 차라리 모둠별로 문제 상황을 던져 주고 아이들이 토의를 통해서 상호 교환을 할 수 있고, 모둠별로 발표할 때 그 의견에 대해서 아니면 더 좋은 의견이나 그렇게 생각하지 않는 어떤 의견을 활발하게 나타냈어야 살아 있는 과학 수업이 아닐까 생각하거든요."

- A 교사, 7차 모임

"근데 토의 수업은 어느 과목에서나 다 하는 거잖아요. 그런데 과학에서의 토의 수업은 과학만의 특징이 있어야 될 거라고 생각을 해요. 토의가 전체적으로 잘 이루어졌는데 애들이 자료를 조사했기 때문에 의견을 잘 나눴고, 사실 모둠에서의 토의는 그렇게 많이 이루어지지는 않았어요. 발표를 하고 나서 아이들이 일어나 의견을 더하는 과정에서 토의가 일어났다고 본다면 그 토의가 앞서 배운 표현을 사용해서 말하는 방식이어야 해요. 예를 들면, 부도체랑 도체에 대한 얘기가 조금 나오긴 했는데 그 부분을 조금 더 이끌어 가지고 '선을 잇는다', '부도체를 붙인다' 이런 얘기를 했을 때 '왜 그렇게 생각하느냐', '왜 부도체를 붙여? 도체는 왜 안 돼?' 그러면서 우리 전 시간에 나눴던 '도체는 전기가 통하고 부도체는 안 통하고' 이런 얘기까지도 끌어낸다면 좀 더 과학적인 토의가 되지 않았을까요. 선생님이 시간에 쫓기고 애들이 엉뚱한 얘기 하니까 당황스러워서 그것까지는 생각을 못했을 것 같은데, 앞으로 토의가 계속 진행이 된다면 그렇게 가야 되지 않을까. 아이들이 말한 것에서 내가 실마리를 잡아서 과학적으로 이끄는 게 조금 더 필요할 것 같다는 생각이 들었어요."

－ C 교사, 7차 모임

8차 모임은 1학기 과학과 학습공동체의 활동을 되돌아보는 활동과 더불어 5학년 과학 전담을 맡은 D 교사가 수행하고 있는 자유 탐구 지도와 관련된 내용을 발표하고, 이에 대해 함께 논의하였다. 그리고 1학기 과학과 학습공동체 운영이 각 교사들에게 어떤 의미가 있었는지를 공유하였으며, 2학기 과학과 학습공동체의 운영 계획과 일정을 논의하였다.

9차 모임에서는 9월에 실시될 교육청 관내 교사들을 대상으로 한 공개 수업 및 워크숍과 관련하여 공개 수업을 함께 계획하였다. C 교사가 초안으로 작성해 온 공개 수업 지도안을 함께 검토하고 논의하였다. 이를 통해 수업의 모형, 내용, 준비물, 유의점 등이 논의되었고, 수업의 수정 방향, 참고 자료 등이 논의되었다. 이 수업에서는 강과 연못에 사는 식물의 특징을 환경과 관련지어 이해하는 것이 학습의 주된 목표와 내용이었지만, 과학과 학습공동체에서는 9월 말의 전체 워크숍 주제가 '자기주도적' 학습이 되어야 한다는 것 때문에, 논의의 핵심은 온전히 자기주도적으로 이루어질 수 없는 수업을 어떻게 자기주도적으로 해석해야 하는가 하는 것과 관련된 것들로 이루어졌다.

"어떻게 보면 주제 선정부터도 애들이 학생 입장에서 봐야 되는데, 엄청 어려운 거 같아요. 교사가 수업에서 말 그대로 애들이 자기주도적으로 가야 하는 건데, 교사가 수업을 이끌어 가게 되는 게 참 어려운거 같아요."

- C 교사, 8차 모임

"근데 내 생각에는 목표가 자기주도적 학습이라고 해서 처음부터 지금 얘기한 것처럼 완전히 애들한테 자율적으로 하라는 건 아닌 거 같아요. 초등학교, 특히 저학년 단계에서는 자기주도적 학습을 할 수 있도록 안내를 해 주는 거죠. 교사 중심에서 아이들 중심으로 점점 단계적으로 옮겨 가면서 나중에 고학년이 되거나 컸을 때 자기주도적 학습을 할 수 있도록 기반을 만들어 주어야 해요. 자기주도적 학습을 한다고 해서 아주 저학년 때부터 계획까지 혼자 다 하게 할 수는 없는 것 같아요. 자유 탐구를 할 때도, 3학년 때부터 제대로 자리가 잡힌다면, 5, 6학년 가서는 주제도 자기가 선정하고, 계획하고 실험하고 보고서까지 쓸 수 있겠지만 3, 4학년 단계에서는 같이 해 줘야 한단 말이죠. 그래서 그런 과정도 자기주도적 학습을 위한 기초 단계기 때문에 자기주도적 학습이라고 불러도 되지 않을까요."

- A 교사, 8차 모임

논의 끝에 자기주도적 수업과 관련하여서는 저학년의 경우 교사의 안내가 중요하며, 고학년으로 갔을 때 실제로 이를 전적으로 수행할 수 있도록 하는 것이 중요하다는 인식에 기초하여, Hart(1992)가 제안한 참여의 사다리ladder of children's participation를 고려하여 이들 중 본 수업은 어느 수준에 해당된다는 것을 지도안에 표기하기로 하였다.

10차 모임은 교육청과 외부 관련자들에게 준비된 수업을 공개하고, 1년간의 과학과 학습공동체 활동을 돌아보는 워크숍 형태로 수행되었다. 공개된 수업은 4학년 학생들을 대상으로 과학실에서 실시되었으며, 〈식물의 세계〉 단원 중 7차시의 '강과 연못에 사는 식물'에 대한 것이었다. 수업에서 교사는 9차 모임에서 논의된 사항을 중심으로 활동을 재조직하였으며, 수업에서는 생물 카드를 이용하여 강과 연못에 사는 식물의 특징 알아보기, 옥잠화와 부레옥잠의 생김새 비교하기 등의 활동이 수행되었다. 수업은 과학실에서 이루어졌으며, 학생들은 모둠활동과 전체 활동을 통해 강과 연못에 사는 식물의 카드를 이용하여 관찰하고 특징을 발견하는 등의 활동을 수행하였다.

11차 모임에서는 9월 말에 공개된 과학 수업을 다시 한 번 보고, 이를 분석 및 비평하는 활동과 1년 동안의 활동을 돌아보는 과정이 이루어졌다. 수업 성찰 과정에서 수업을 실시한 C 교사의 반성과 수업 관찰 소감 등이 토의되었으며, 장점, 문제점 및 개선 방안 등이 논의되었다. 그리고 마지막으로 1년 동안의 활동을 돌아보고, 향후 과학과 학습공동체를 계속해 나갈 때의 쟁점과 유의 사항 등이 토론되었다.

2. 과학과 학습공동체 운영의 의미와 쟁점

(1) 과학과 학습공동체 운영의 의미

한 학기 동안 수행된 과학과 학습공동체 활동은 이에 참여한 교사는 물론 연구자에게도 의미 있는 활동이었다. 먼저 연구자는 초등학교 현장과 초등학교 수업의 실제, 교사의 전문성의 중요성, 부설 초등학교의 정체성 등을 좀 더 잘 알 수 있게 되었다. 즉, 초등학교 현장에서 수업이 어떻게 고민되고 수행되는지, 계획된 내용과 수행된 수업 사이에 어떤 간극이 존재하는지, 학생들과의 상호 작용이 어떤 형태로 이루어 질 수 있는지 등에 대해 알 수 있었다. 과학 수업을 좀 더 과학적으로 만들기 위해서는 교사의 과학 내용 지식 이외에 과학 탐구에 대한 이해, 학생들과의 상호 작용 등을 통한 수업의 방향 유도 등 수업 상황에서 교사의 경력과 전문성이 중요한 요인이 된다는 점도 알게 되었다. 또한 부설 초등학교에서 교육 실습생의 지도와 관련하여 수업을 공개하는 게 얼마나 일상적으로 이루어지는지, 그리고 그 공개되는 수업의 완성도를 높이기 위해 얼마나 많은 고민과 노력이 필요한지 등을 파악할 수 있었다.

> "사실 저도 말씀을 나누다 보니까 피상적으로 알았던 것들을 많이 느끼게 되는 것 같아요. 그래서 재미있는 것 같아요. 사실 재미로 출발한 것은 아니었지만요." (웃음)
>
> — 연구자, 3차 모임

> "저는 계속 수업을 보면서 아 진짜 초등학교 선생님, 특히 부설학교 선생님은 정말 힘든 업무를 하시는구나, 이런 생각을 많이 했어요. 수업을 공개하는 게 너무 일상적이 되다 보니까요."
>
> — 연구자, 7차 모임

> "그 부설 초등학교가 가지고 있는 정체성도 많이 이해를 하게 된 것 같아요."
>
> — 연구자, 8차 모임

교사들은 교사학습공동체를 통해서 과학을 가르치는 일에 대해 함께 고민할 수 있다는 사실과 실제로 하고 있는 자유 탐구 지도와 과학 수업 등 교수 실제를 좀 더 개선할 수 있다는 점 등을 중요한 의미로 파악하고 있었고, 참가한 교사 모두가 만족을 표명하였다. 그러나 만족스러운 부분은 교사에 따라 수업에 대한 강조, 과학 수업에 대한 집중과 반성의 효과, 선배와의 친목 도모, 필요한 것을 해결할 수 있는 것 등 차이를 보였다.

"처음 시작할 때부터 제 수업에 대해서 여러 가지로 조언도 많이 해 주셔서 다행히 무사히 잘 끝냈어요. 계속 얘기 드린 것처럼 과학을 참 오랜만에 가르치는데 이런 모임을 하면서, '아, 그래 이런 부분도 있었지' 제가 잊고 있었던 것을 되새겼어요. 그 다음에 자유 탐구처럼 새로운 부분에 대해서 제가 손대지 못했던 것들에 대한 새로운 정보도 얻고요. 교사전문성개발체제를 하지 않았다면 자유 탐구에 대해서 고민도 아마 덜 했을 것 같고요. 수업에 대해서도 여러 가지로 많이 힘들었을 것 같거든요. 그래서 그런 부분에서 저는 도움을 많이 받은 것 같아서 일단 만족스럽고요."

- C 교사, 8차 모임

"사실은 시간 내는 게 제일 어려운 거지 일단 이런 집단 구성으로서 나누는 대화는 뭐든지 다 도움이 되는 것 같아요. 초등학교 교사는 더 많은 교과들이 이렇게 서로 허심탄회하게 어려운 걸 듣고 나누면 좋은데……. 그래서 과학과 교사전문성개발체제 같은 경우는 사실은 크게 중점을 두지 못했던, 관심 밖에 있던 그런 교과 중에 하나였는데도 모이는 시간만큼은 집중해서 뭔가를 생각해 보게 되고 또 반성해 보게 되고, 또 새로운 것들에 대해서 얻어 나가서 참 좋았던 것 같아요."

- B 교사, 8차 모임

"전에 근무하던 학교에서 과학 전람회를 한번 나갔었는데, 운이 좋아서 상도 받았어요. 과학과를 나왔으니까 과학에 좀 관심이 있었는데, '한번 해 봐야겠다' 싶었어요. 또 옆에 도움 주실 분들도 많았어요. 그래서 이런 기회에 공부 좀 하고 애들하고 좀 많이 활동도 해 봐야겠다 하다가 한 해 하고, 다음 해에 한 번도 못 하니까 그 후로 안 하게 되더라고요. 근데 여기 와서 또 이렇게 교사전문성개발체제도 하고, 자유 탐구를 하다 보니까 저 개인적으로도 또 어떤 연구를 위해서도 계속 활동을 좀 해야 되겠다라는, 그런 의욕도 더 생기게 되고요. 일단은 여러 선배님들하고 조금 더 가까워진 것이 제일 좋습니다."

                                                            ― D 교사, 8차 모임

"우리가 시간을 상의하고 무리가 되지 않는 범위 내에서, 또 필요한 것들에 대해서 논의를 하고, 충분히 논의한 만큼 또 좋은 결과물을 얻은 것 같아서 감사드려요."

                                                            ― A 교사, 8차 모임

(2) 교사학습공동체 운영의 쟁점

서로 다른 주체들이 만나서 협력을 하는 것은 쉬운 일이 아니므로 갈등이 수반되기 마련이다. 여러 교과의 학습공동체에 참여한 연구자와 교사들은 교사학습공동체의 운영과 관련된 경험이 거의 없는 상태였으므로 교사학습공동체에 대한 참여 구성원들의 이해도 기대도 달랐다. 교사학습공동체를 운영해 나가는 방식도 차이가 있었다. 대학의 연구자와 교사가 만났을 때 흔히 수행하는 방식처럼 연구자가 특정 모델을 제안하고, 이를 교사가 따라오기를 요구하거나 연구자의 관심을 교사들의 수업에 반영하기를 기대하는 경우도 있었다. 한편, 과학과의 경우처럼 교사들이 필요로 하는 것을 기초로 하여 수업 공개와 검토를 진행하는 경우도 있었으므로, 각 교과의 학습공동체별로 만족도와 효과에는 다소 차이가 있었다. 실제로 과학과 학습공동체의 경우는 비교적 잘 운영이 되었지만, 교육대학교와 부설 초등학교 간에 수행된 교사학습공동체 모두의 운영이 매끄럽지는 않았고 갈등을 겪고 있는 모임도 있었다.

따라서 1년을 결산하는 마지막 과학과 학습공동체 모임에서는 이러한 갈등과 관련하여 논의와 제언들이 있었다. 그중 가장 중요하게 언급되었던 것은 연구자의 이론을 강요하기보다는 초등학교 현장에 있는 '교사의 계획'이나 '수업자의 의도'를 '존중'하는 것이 가장 중요하다는 점이었다(B 교사). 또한 대학과 학교 간의 협력 체계에서는 서로 비난을 하거나 탓을 하기보다는 스스로를 성찰하고 좀 더 돕기 위해 노력해야 한다는 점도 제안되었다(A 교사). 또한 연구자와 교사가 함께하는 교사학습공동체에서는 서로의 요청에 적극적으로 응답하고 지원하는 '상호 협력' 체제가 중요하다는 점도 지적되었다.

> "어쨌든 교사전문성개발체제라는 게 대학과 학교 간의 협력 체제잖아요. 그래서 협력이 안 되는 이유는 여러 가지가 있을 텐데, 잘되려면 일단은 내가 좀 더 (노력)했어야 되나 이런 생각을 먼저 했어야 되는데…… 그게 아니라 상대방이 도움을 주지 않아서 이게 이루어지지 않는다고 생각하면 이게 한도 끝도 없는 거 같아요."
>
> - A 교사, 11차 모임

> "또 하나 과학이 잘된 것 중의 하나는 수업 계획이나 이런 데서 수업자의 의도라든지 그쪽에 대한 존중이 사실은 제일 컸거든요. 협의할 때 그게 가장 존중을 받았었는데, 사실은 ○○과라던지 △△과 같은 경우는 그 교수님들이 특정 분야에 무언가 하나를 밀고 있기 때문에 그걸 받아들이지 않았다는 거에서 굉장히 큰 불만을 가지고 있다는 느낌이 들었어요."
>
> - B 교사, 11차 모임

> "제가 수업을 두 번을 했으니까 그럴 때마다 필요한 게 있으면 교수님한

테 요청을 하고요. 이번 연구도 교수님 도움이 상당히 컸잖아요. 그러니까 선생님들이 뭔가 필요한 게 있을 때 물어보고 요청을 하면 도움을 줄 수 있는 거를 해 주고, 그러면 또 교수님이 필요한 게 있을 때 저희가 도와주고 이런 상호 협력체가 돼야 되는데……"

- C 교사, 11차 모임

실제로 교사의 계획이나 수업자의 의도를 존중하는 것이나 서로 노력해야 한다거나 또는 상호 협력해야 한다는 것 등은 어떻게 보면 상당히 일반적이고 이론적인 것처럼 보인다. 그러나 1년간 학교 외부의 연구자와 내부의 교사들이 만나서 함께하는 교사학습공동체에서는 이러한 일반적인 요소들을 진정성 있게 고려하는 점이 가장 중요하다는 것을 교사와 연구자 모두 절감할 수 있었다. 또한 교사전문성개발체제에 포함되어 수행되고 있는 교사학습공동체 구성원 간의 합의가 이루어져 이것이 개개 연구자와 교사의 노력으로 그치지 않고, 시스템으로 접근이 되어야 할 필요성이 제기되었다. 이를 위해서는 참여 교사와 연구자들의 성찰과 평가 과정이 중요하다는 점도 제안되었다.

"교수님들 사이에서도 일종의 명확한 합의가 좀 많이 부족한 편인 거 같아요. 그래서 이게 결국은 시스템으로 돼야 되는데 시스템이기보다는 개개 교수와 선생님들의 노력에 너무 많이 의존을 하는 형태가 되어서 그 부분이 전반적으로 짚어져야 될 것 같아요. 그래서 저는 교사전문성개발체제에 참여하셨던 선생님들하고 교수님들하고 한번 모여서 일 년을 평가해 보는 자리를 마련해 보면 어떨까 그런 느낌도 좀 드는데 어떠세요? 좀 번거로워질까요?"

- 연구자, 11차 모임

IV. 결론 및 제언

본 연구를 통하여 보고된 내용은 2011년 3월부터 10월에 걸쳐 수행된 교육대학교와 부설 초등학교 간의 협력에 기반한 과학과 학습공동체의 운영 사례이다. 이 사례에서는 11차에 걸쳐 모임을 진행하면서 교사와 연구자들 사이에 의미 있는 변화를 경험할 수 있었다. 시간을 내는 것은 어려운 일이지만, 시간을 쪼개어 함께 만나는 과정을 통하여 과학 수업에 대한 자신감도 증진시키고, 수행하고 있는 수업의 개선도 도모할 수 있었다. 또한 이 과정을 통하여 다른 교사가 수행하고 있는 자유 탐구 등과 구체적인 수업 내용과 실제들을 접할 수 있었고, 이를 통해 자극을 받을 수 있었다. 세 번의 수업 공개를 전후하여 수업 계획, 수업 공개, 수업 비평 등을 함께 하면서 교사들은 다른 교사들이 수행하고 있는 수업을 통해서 서로의 수업을 볼 수 있는 안목도 증진시킬 수 있었으며, 과학 수업이 다른 수업과 다를 수 있기 위해서는 토의·토론과 같은 공통의 교수-학습 방법을 사용한다고 하더라도 과학적 내용에 대한 학습과 연계하고, 탐구 과정과 연계해야 한다는 점에 대한 학습도 이루어졌다. 잘 준비되고 수행된 수업을 보고 배우는 효과도 있었으며, 학생들은 흥미로워하지만 다소 산만한 수업을 통해서도 과학 학습공동체 구성원들은 과학 수업의 정의적 측면에 대한 고려도 할 수 있었다. 또한 1년간의 활동을 통하여 서로에게 도움이 되기 위하여 특정 영역에 대한 지식이나 정보를 제공하는 것도 중요하지만, 서로에 대한 신뢰와 교사들의 요구와 실제를 존중하는 것이 더욱 중요하다는 점도 알 수 있었다. 연구자 측면에서도 초등학교 특히 부설 초등학교가 가지고 있는 정체성을 이해하고, 과학 수업의 실제와 어려움을 접할 수 있었던 것은 향후 교육대학교의 예비 교사 양성 과정에 큰 도움을 줄 것으로 생각된다. 이후에도 계속되고 있는 과학과 학습공동체의 활동은 운영 첫해에 얻어진 성과에 더하여 교사와 연구자 모두의 전문성 신장에 기여함은 물론 부설 초등학교에서의 수업의 질 향상 및 교육 실습생 지도 등의 수행에 기여할 것으로 생각이 된다.

그러나 과학과 학습공동체는 과학과만의 특성을 담은 차별적인 활동일 필요가 있어야 한다는 점을 고려할 때, 이를 어떻게 접근하고 운영할 것인지에 대해서는 고민이 필요하며, 과학 내용 지식에 대한 토의, 과학적 접근에 관한 고려, 과학 수업 모형에 대한 이해, 과학교육과정에 대한 충분한 이해 등 필수적으로 포함되어야 할 내용이 많다고 할 수 있다. 또한 교사학습공동체 운영에 있어 학교 외부의 연구자와 학교 내부의 다양한 교사 등 참여하는 구성원들 간의 신뢰를 구축하는 것은 쉽지 않으며, 아직도 교사전문성개발체제와 교사학습공동체 활동과 관련된 교사 및 교과 전문가들의 인식이 낮다는 점은 넘어야 할 한계 중 하나라고 하겠다. 더욱이 본 연구에서 다루고 있는 사례는 교육대학교와 부설 초등학교라고 하는 기관 차원의 협력을 기반으로 하고 있고, 교사전문성개발체제라고 하는 시스템을 전제로 하고 있지만, 전체적으로 표준이 될 수 있는 시스템에 의해 운영되기보다는 개개 연구자와 교사들의 역량과 의지에 의존하는 개별적인 수준이라는 한계를 지닌다. 따라서 교사전문성개발체제와 이를 기반으로 하는 교사학습공동체의 활동을 정착하고 확산하기 위해서는, 그래서 이들 활동에 기반하여 실제적인 변화가 학교 수준에서 일어나기 위해서는 이를 매뉴얼화, 유형화, 제도화하려는 노력이 필요하다.

| 참고 문헌 |

김경은(2010). 수업전문성 신장을 위한 사회 수업 학습공동체 활동 사례 연구. **열린교육연구,** 18(4), 열린교육학회, 31~55쪽.

김미혜(2010). 초등 교사의 국어 수업 전문성 신장을 위한 PDS 프로그램 개발 연구. **한국초등국어교육,** 43, 한국초등국어교육학회, 63~102쪽.

김자영, 김정효(2003). 교사의 실천적 지식에 대한 이론적 탐색. **한국교원교육연구,** 20(2), 한국교원교육학회, 77~96쪽.

나귀수(2010). 초등학교 수학 수업 학습 공동체 활동에 대한 연구. **수학교육학연구,** 20(3), 대한수학교육학회, 373~395쪽.

박영희, 나귀수, 김미혜, 권혁순, 구원회, 김경은(2010). 수업전문성 신장을 위한 청주교대-새터초교 협력 프로그램. PDS를 적용한 대학과 학교의 협력 프로그램 개발과 운영 세미나 자료집, 청주교육대학교, 7~30쪽.

소경희(2003). '교사 전문성'의 재개념화 방향 탐색을 위한 기초연구. **교육과정연구,** 21(4), 한국교육과정학회, 77~96쪽.

오필석 외(2008). 과학 교사 전문성 연구의 방법론적 고찰. **한국과학교육학회지,** 28(1), 한국과학교육학회, 47~66쪽.

유솔아(2005). 반성을 통한 교사 전문성 신장을 위한 교사 교육 : PDS. **한국교원교육연구,** 22(3), 한국교원교육학회, 97~121쪽.

Abdal-Haqq, I.(1998). *Professional development schoolss: Weighing the evidence.* Thousand Oaks, CA: Corwin Press.

Abell, S. K.(2007). Action research: Inquiring into science teaching and learning. *Science and Children,* 45(1), 64.

Adler, S.(1991). The reflective practitioner and the curriculum of teacher education. *Journal of Education for teaching,* 17(2), pp. 139-150.

Bullough Jr, R. V., Kauchak, D., Crow, N. A, Hobbs, S. & Stokes, D.(1997). Professional development schools: Catalysts for teacher and school change. *Teaching and Teacher education,* 13(2), pp. 153-169.

Dana, N. F. & Yendol-Hoppey, D.(2008). *The reflective educator's guide to professional developmentt: Coaching inquiry-oriented learning communities.* Thousand Oaks, CA: Corwin Press.

Darling-Hammond, L.(1994). *Professional development schools: Schools for developing a profession.* New York: Teachers College Press.

Elbaz, F.(1981). The teacher's "Practical Knowledge": Report of a case study. *Curriculum Inquiry,* 11(1), pp. 43-71.

Elliott, J.(1988). Teachers as researchers: Implications for supervision and teacher education. Paper presented at the Annual Meeting of the American Educational Research Association. New Orleans, LA. April 5-9.

Hart, R. A.(1992). *Children's participation: From tokenism to citizenship.* United Nations Children's Fund.

Holmes Group(1986). *Tomorrow's teachers: A report of the Holmes Group.* East Lancing, MI: The Holmes Group.

Johnson, M.(1989). Embodied knowledge. *Curriculum Inquiry*, 19(4), pp. 361-377.

Mule, L.(2006). Preservice teachers' inquiry in a professional development school context: Implications for the practicum. *Teaching and Teacher education*, 22(2), pp. 205-218.

National Center for Restructuring Education, Schools, and Teaching(NCREST)(1993). Vision statement : Professional development schools network. *PDS News(1)*. New York: National Center for Restructuring Education, Schools, and Teaching.

National Research Council(1996). *National science education standards.* Washington, DC: National Academies Press.

Schön, D. A.(1983). *The reflective practitioner: How professionals think in action.* New York, NY: Basic Books.

Stenhouse, L.(1975). *An introduction to curriculum research and development.* London: Heinemann.

Weiss, I. R., Pasley, J. D., Smith, P. S., Banilower, E. R. & Heck, D. J.(2003). *A study of K-12 mathematics and science education in the United States.* Chapel Hill, NC: Horizon Research.

| 표와 그림 목록 |

[표 목록]

[그림 목록]

| 글의 출처 |

· 1부 ·

1. 구원회, 박영희, 나귀수, 황연주, 하정미(2010). 자기주도적 교수 역량 강화를 위한 PDS 모형 개발에 관한 연구. 교과교육학연구, 14(3), 교과교육학회, 579~599쪽.

  * 이 논문은 2008년 정부(교육과학기술부)의 재원으로 한국연구재단의 지원을 받아 수행된 연구임(KRF-2008-411-J04103).

2. 김용(2011). 교육대학 부설 초등학교의 PDS 전환의 가능성과 조건. 한국초등교육, 22(2), 서울교육대학교 초등교육연구소, 205~225쪽.

  * 이 논문은 2008년 정부(교육과학기술부)의 재원으로 한국연구재단의 지원을 받아 수행된 연구임(KRF-2008-411-J04103).

3. 박윤경, 김미혜, 장지은(2018). 교사학습공동체를 위한 교육과정 문해력 프로토콜의 개발 및 적용 가능성 탐색. 교육문화연구, 24(5), 인하대학교 교육연구소, 31~56쪽.

4. 김남수, 이혁규(2012). 연수 프로그램을 통한 공동 수업 설계와 실행 사례 분석. 교육문화연구, 19(1), 인하대학교 교육연구소, 29~56쪽.

  * 이 논문은 2012년 정부(교육과학기술부)의 재원으로 한국연구재단의 지원을 받아 수행된 연구임(B00002).

5. 김민조, 심영택, 김남균, 김종원(2016). 교사들의 '반(半) 자발성'에서 출발한 학교 내 교사학습공동체 운영 사례 연구. 한국교원교육연구, 33(4), 한국교원교육학회, 223~248쪽.

  * 이 논문은 2014년 정부(교육부)의 재원으로 한국연구재단의 지원을 받아 수행된 연구임(NRF-2014S1A5B8067246).

6. 심영택, 김남균, 김민조, 이현명(2014). 교사학습공동체 참여 교사들의 인식 분석. 학습자중심교과교육연구, 14(7), 학습자중심교과교육학회, 233~254쪽.

  * 이 논문은 2012년 정부(교육과학기술부)의 재원으로 한국연구재단의 지원을 받아 수행된 연구임(B0002).

7. 김종원(2016). 자기연구를 통한 교사학습공동체의 리더 역할 성찰 – 학교 안 과학 학습공동체 사례를 중심으로. 학습자중심교과교육연구, 16(5), 학습자중심교과교육학회, 811~836쪽.

  * 이 논문은 2014년 정부(교육부)의 재원으로 한국연구재단의 지원을 받아 수행된 연구임(NRF-2014S1A5B8067246).

· 2부 ·

1. 김병수(2014). 수업 전문성 신장을 위한 학습공동체 사례 연구 – 초등학교 국어 수업을 중심으로. 청람어문교육, 50, 청람어문교육학회, 7~35쪽.

  * 이 논문은 2012년 정부(교육과학기술부)의 재원으로 한국연구재단의 지원을 받아 수행된 연구임(B00002).

2. 김미혜(2018). 독서교육 전문성 신장을 위한 교사학습공동체(PLC)의 활동 사례 연구. 독서연구, 48, 한국독서학회, 73~103쪽.

3. 심승희(2015). 전문적 학습공동체(PLC) 활동을 통한 초등 사회과 스토리텔링 수업에 대한 탐구. 한국지리환경교육학회지, 23(1), 한국지리환경교육학회, 19~35쪽.

   * 이 논문은 2011년도 정부(교육부 인문사회연구역량강화사업비)의 재원으로 한국연구재단의 지원을 받아 수행된 연구임(NRF-2011-413-B00002). 또한 2014년도 청주교육대학교 교육연구원의 지원을 받아 수행된 연구임.

4. 윤옥경(2017). 초등 사회과 지역화 학습에서 교사의 자기주도적 교수 역량 강화를 위한 PDS 구축 연구 – 대학과 현장의 협력 PLC 활동을 사례로. 한국지리환경교육학회지, 25(2), 한국지리환경교육학회, 15~27쪽.

   * 이 논문은 2014년 정부(교육부)의 재원으로 한국연구재단의 지원을 받아 수행된 연구임(NRF-2014S1A5B8067246). 또한 2014년 청주교육대학교 교육연구원의 지원을 받아 수행된 연구임.

5. 이현명(2012). 'C교육대학교와 부설 초등학교 간의 영어 교과 전문교사학습공동체(PLC) 활동'의 실제와 의미. 학습자중심교과교육연구, 12(4), 학습자중심교과교육학회, 585~623쪽.

   * 이 논문은 2012년 정부(교육과학기술부)의 재원으로 한국연구재단의 지원을 받아 수행된 연구임(B00002).

6. 박영희(2011). 초등 수학 수업 전문성 신장을 위한 대학과 초등학교의 학습공동체 사례 연구. 한국수학교육학회지 시리즈 E-수학교육 논문집, 25(1), 한국수학교육학회, 47~61쪽.

   * 이 논문은 2008년 정부(교육과학기술부)의 재원으로 한국연구재단의 지원을 받아 수행된 연구임(KRF-2008-411-J04103).

7. 김남균(2013). 교사학습공동체에서 프로토콜을 적용한 사례와 그 유용성에 대한 연구. 초등교육연구, 26(3), 초등교육연구학회, 1~20쪽.

   * 이 논문은 2012년 정부(교육과학기술부)의 재원으로 한국연구재단의 지원을 받아 수행된 연구임(B00002).

8. 김남수(2013). 초등학교 전문학습공동체의 환경 수업 공동 설계와 실행 사례 연구 – 환경 수업 전문성의 관점에서. 환경교육, 26(3), 한국환경교육학회, 315~335쪽.

   * 이 논문은 2012년 정부(교육과학기술부)의 재원으로 한국연구재단의 지원을 받아 수행된 연구임(B00002).

9. 이선경(2013). 교육대학과 부설학교 간 협력에 기반한 과학과 학습공동체 운영 사례와 시사점. 초등과학교육, 32(4), 한국초등과학교육학회, 437~451쪽.

   * 이 논문은 2012년 정부(교육과학기술부)의 재원으로 한국연구재단의 지원을 받아 수행된 연구임(B00002).

* 일러두기

수록된 논문 중 면담 조사에 기반한 인용문이 들어 있는 경우 책을 편집하는 과정에서 가독성을 높이기 위해 일부 윤문하였음을 밝힙니다.

교육공동체 벗

교육공동체 벗은 협동조합을 모델로 하는 작은 지식공동체입니다.
협동조합은 공통의 목적을 가진 사람들이 모여서 만든
권력과 자본으로부터 독립된 경제조직입니다.
교육공동체 벗의 모든 사업은 조합원들이 내는 출자금과 조합비로 운영됩니다.
수익을 목적으로 하지 않기에 이윤을 좇기보다
조합원들의 삶과 성장에 필요한 일들과
교육운동에 보탬이 될 수 있는 사업들을 먼저 생각합니다.
정론직필의 교육전문지, 시류에 휩쓸리지 않는 정직한 책들,
함께 배우고 나누며 성장하는 배움 공간 등
우리 교육 현실에 필요한 것들을 우리 힘으로 만들고 함께 나누고 있습니다.

조합원 참여 안내

출자금(1구좌 일반 : 2만 원, 터잡기 : 50만 원)을 낸 후 조합비(월 1만 5천 원 이상)를 약
정해 주시면 됩니다. 조합원으로 참여하시면 교육공동체 벗에서 내는 격월간 교육전문지
《오늘의 교육》과 조합 회지 〈벗마을 이야기〉를 받아 보실 수 있습니다. 출자금은 종잣돈으
로 가입할 때 한 번만 내시면 됩니다. 조합을 탈퇴하거나 조합 해산 시 정관에 따라 반환합
니다. 터잡기 조합원은 벗의 터전을 함께 다지는 데 의미와 보람을 두며 권리와 의무에서
일반 조합원과 차이는 없습니다. 아래 홈페이지나 카페에서 조합 가입 신청서를 내려받아
작성하신 후 메일이나 팩스로 보내 주세요.

홈페이지 communebut.com
카페 cafe.daum.net/communebut
이메일 communebut@hanmail.net
전화 02-332-0712
팩스 0505-115-0712

교육공동체 벗을 만드는 사람들

※하파타순

후쿠시마 미노리, 황지영, 황정일, 황정인, 황정원, 황정욱, 황이경, 황윤호성, 황순임, 황봉희, 황미숙, 황기철, 황규선, 황고운, 홍정인, 홍유지, 홍용덕, 홍순성, 홍세화, 홍성은, 홍성구, 홍석근, 홍미영, 현복실, 현미열, 허효인, 허성균, 허보영, 허기영, 허광영, 함점순, 함영기, 한학범, 한지희, 한지혜, 한정혜, 한은옥, 한영옥, 한영선, 한소영, 한성찬, 한봉순, 한미혁, 한만중, 한낱, 한경희, 하인호, 하승우, 하승수, 하순배, 하광불, 탁동철, 최희성, 최현숙, 최현미, 최진규, 최주연, 최정윤, 최정아, 최은희, 최은정, 최은숙a, 최은숙b, 최은경, 최윤미, 최원ull, 최영식, 최영락, 최연희, 최연정, 최애영, 최애리, 최승훈, 최승복, 최슬빈, 최선영a, 최선영b, 최선경, 최봉선, 최보람, 최병우, 최미영, 최미선, 최미나, 최문정, 최류미, 최대현, 최기호, 최광용, 최경미, 최경련, 채효정, 채종민, 채유, 채욱엽, 차종숙, 차용훈, 진현, 진주형, 진응용, 진영효, 진영준, 진냥, 지정순, 지수연, 주윤아, 주순영, 주수원, 조희정, 조형식, 조현민, 조향미, 조해수, 조진희, 조지연, 조준혁, 조주원, 조정희, 조용현, 조은정, 조윤성, 조원배, 조용진, 故조영희(명예조합원), 조영현, 조영옥, 조영실, 조영선, 조영란, 조여은, 조여경, 조수진, 조성희, 조성실, 조성대, 조석현, 조석영, 조상희, 조문경, 조두형, 조남규, 조경애, 조경아, 조경삼, 제남모, 정희영, 정희선, 정흥윤, 정혜령, 정현진, 정현주, 정현숙, 정혜레나, 정태희, 정춘수, 정철성, 정진영a, 정진영b, 정진규, 정종헌, 정종민, 정제학, 정이든, 정은희, 정은주, 정은균, 정유진, 정유숙, 정유섭, 정원석, 정용주, 정예슬, 정영현, 정영수, 정애순, 정수연, 정보라a, 정보라b, 정미숙, 정명옥, 정명영, 정득년, 정남주, 정광호, 정광필, 정광일, 정관모, 정경원, 전혜원a, 전혜원b, 전정희, 전유미, 전보선, 전병기, 전민기, 전미영, 전난희, 장효영, 장홍umm, 장현주, 장진우, 장충성, 장인화, 장인수, 장은하, 장은미, 장윤영, 장원영, 장시준, 장슬기, 장상욱, 장병훈, 장병학, 장근영, 장군, 장경훈, 임혜정, 임향신, 임한철, 임지영, 임중혁, 임종길, 임정은, 임전수, 임수진, 임성준, 임성빈, 임성무, 임선영, 임상진, 임동헌, 임덕연, 이희옥, 이희연, 이효진, 이화현, 이호진, 이혜정, 이혜린, 이현, 이혁규, 이향숙, 이한진, 이태영a, 이태영b, 이태구, 이충근, 이초록, 이진혜, 이진주, 이진숙, 이지혜, 이지현, 이지향, 이지옥, 이지연, 이중석, 이준구, 이주희, 이주탁, 이주영, 이종찬, 이종은, 이정희a, 이정희b, 이재형, 이재익, 이재두, 이인사, 이용휘, 이은희a, 이은희b, 이은향, 이은진, 이은주, 이은영, 이은숙, 이은경, 이윤엽, 이유진a, 이유진b, 이월녀, 이원님, 이우진, 이용환, 이용석a, 이용석b, 이용기, 이영화, 이영혜, 이영주, 이영아, 이영상, 이연진, 이연주, 이연숙, 이연수, 이애영, 이성숙, 이성수, 이설희, 이선표, 이선아, 이선애b, 이선미, 이수경, 이소형, 이성원, 이성우, 이병준, 이병곤, 이범희, 이미아, 이민숙, 이미호, 이미면, 이미숙a, 이미숙b, 이미라, 이문영, 이명훈, 이명형, 이해남, 이동철, 이동준, 이동갑, 이도종, 이덕주, 이남숙, 이난영, 이나경, 이기규, 이근희, 이근철, 이근영, 이균호, 이광연, 이광백, 이경a, 이경숙, 이경언, 이경아, 이경림, 이건희, 이갑순, 윤홍은, 윤근별, 윤지형, 윤은정, 윤우람, 윤영a, 윤영훈, 윤영빈, 윤여강, 윤상혁, 윤병일, 윤규식, 유효성, 유재솔, 유은아, 유영길, 유성희, 유성상, 위양자, 원지영, 원윤희, 원성제, 우창숙, 우지영, 우완, 우영재, 우승인, 우수경, 오혜원, 오중근, 오정오, 오은정, 오은경, 오유진, 오승훈, 오수미, 오세희, 오세란, 오상철, 오민식, 오명환, 오동석, 오경숙, 염경신, 여희영, 여태전, 양희진, 엄지선, 엄재양, 엄기호, 엄귀영, 양희진, 양해준, 양지선, 양순주, 양순숙, 양영희, 양애정, 양선화, 양선형, 양석영, 양상진, 안효빈, 故안혜영(명예조합원), 안찬원, 안지현, 안지윤, 안지영, 안준철, 안정선, 안영덕, 안옥수, 안영빈, 안순억, 안경화, 심향일, 심은보, 심승희, 심수환, 심동우, 심경일, 신혜선, 신혜경, 신승일, 신창호, 신창호, 신중휘, 신소희, 신소회, 신미옥, 신관식, 신관석, 송화원, 송호영, 송혜란, 송현주, 송진아, 송정은, 송인혜, 송용석, 송승준, 송명숙, 송근회, 손호만, 손현아, 손진근, 손은경, 손성연, 손미승, 소수영, 성현주, 성현석, 성유진, 성용혜, 성열관, 성나래, 설은주, 설원민, 선휘성, 선미라, 석옥자, 서강선, 석경순, 서혜진, 서지연, 서정오, 서인선, 서은지, 서유진, 서예원, 서금자, 서강선, 상형규, 복헌수, 복준수, 변현숙, 백현희, 백인식, 백영호, 백승범, 배희철, 배희숙, 배주영, 배정현, 배정원, 배일훈, 배이상헌, 배영진, 배아영, 배성호, 배경내, 방득일, 방경내, 반영진, 박희진, 박희영, 박효정, 박효수, 박환조, 박혜숙, 박형진, 박형일, 박현희, 박현주, 박현숙, 박춘애, 박춘배, 박철호, 박진환, 박진근, 박진교, 박지희, 박지원, 박지필, 박지혜, 박중하, 박정아, 박정미, 박은하, 박은정, 박은아, 박은경a, 박은경b, 박유희, 박옥주, 박욱균, 박영실, 박영미, 박영림, 박신자, 박숭철, 박숙현, 박수진a, 박수진b, 박수연, 박소현, 박소영, 박세영a, 박세영b, 박성찬, 박성규, 박선영, 박복선, 박미희, 박명진, 박형숙, 박동혁, 박도정, 박덕수, 박대성, 박나래, 박내현, 박나il, 박계도, 박경화, 박경진, 박경주, 박경a, 박건형, 박건진, 민형기, 민은식, 민애경, 민병성, 故문홍빈(명예조합원), 문지훈, 문용석, 문영주, 문순창, 문순옥, 문수현, 문수영, 문수경, 문세이, 문성철, 문봉선, 문미정, 문경희, 모은정, 명수민, 류형수, 류형아, 류장모, 류지남, 류정희, 류재향, 류우종, 류영애, 류명숙, 류경원, 도정철, 도방주, 데와 타카유키, 노영필, 노상경, 노미경, 남효숙, 남주형, 남경민, 남유경, 남원호, 남예린, 남미자, 남동현, 남궁억, 날맹, 나규환, 김희정, 김회숙, 김규라, 김훈태, 김효승, 김환희, 김홍규, 김혜영, 김혜순, 김혜림, 김형렬, 김현진a, 김현진b, 김현주, 김현영, 김현실, 김현경, 김헌, 김헌택, 김필일, 김태훈, 김준성, 김천영, 김찬영, 김찬용, 김진희, 김진향, 김진향, 김진, 김진명, 김진연a, 김지연b, 김지미, 김지성, 김중하, 김준휘, 김준연, 김주영, 김주립, 김종현, 김종욱, 김종성, 김종만, 김정herb, 김정현, 김정주, 김정식, 김정섭, 김정삼, 김정기, 김재황, 김재민, 김인순, 김이은, 김이민경, 김은희, 김은파, 김은영a, 김은영b, 김은아, 김은식, 김은숙, 김은남, 김윤주a, 김윤주b, 김윤주c, 김윤정, 김윤자, 김원석, 김원태, 김옥경a, 김옥엽, 김옥섭, 김용만, 김용진, 김영희, 김영진a, 김영진b, 김영진c, 김영주a, 김영주b, 김영아, 김영순, 김영삼, 김연정, 김연일, 김연오, 김연미, 김애숙, 김애령, 김시내, 김승규, 김순천, 김수현, 김수진a, 김수진b, 김수정a, 김수정b, 김수경, 김소희, 김소영, 김세호, 김선정, 김선보, 김선희, 김선우, 김선산, 김선a, 김선구, 김선경, 김석춘, 김석규, 김상희, 김상경, 김상일, 김상숙, 김상기, 김봉석, 김보현, 김병희, 김병준, 김병섭, 김병기, 김민희, 김민곤, 김미경, 김미향a, 김미향b, 김미향c, 김미진, 김미숙, 김미선, 김무영, 김묘선, 김명희, 김명섭, 김동현, 김동춘, 김동일, 김도연, 김도석, 김대성, 김다online, 김다영, 김대성, 김다online, 김나래, 김기웅, 김기오, 김기연, 김규향, 김규태, 김규리, 김광민, 김근영, 김규숙b, 김가연, 기형희, 기세라, 금혜진, 금현숙, 금명순, 권희중, 권혜영, 권태윤, 권자영, 국찬석, 구희숙, 구지혜, 구자숙, 구완희, 구수연, 구본희, 구미숙, 꽹이눈, 광훈, 곽혜영, 곽혜주, 곽진경, 곽노현, 곽노근, 공현, 공영아, 고춘식, 고진선, 고은정, 고은미, 고윤정, 고유준, 고영주, 고병헌, 고병연, 고민경, 강현주, 강현정, 강현이, 강한아, 강한아, 강진영, 강준희, 강인성, 강이진, 강은정, 강영일, 강영구, 강열, 강순원, 강수미, 강수돌, 강성규, 강석도, 강서형, 강병용, 강경모

※ 2019년 12월 4일 기준 862명